中国社会科学院老年学者文库

中国社会科学院
老年学者文库

第五册

曾业英 编著

# 蔡锷史事日志

社会科学文献出版社
SOCIAL SCIENCES ACADEMIC PRESS (CHINA)

# 目　录

# 1916 年

(中华民国 5 年)

## 1 月

1 日

▲蔡锷与唐继尧、李烈钧发表讨袁檄文，历数袁世凯二十大罪，并宣布与国人要约五义，与军中约“杀勿赦”诸事。说：

维中华民国五年元旦，中华民国护国军政府檄曰：

盖闻辅世之德，笃于忠贞，长民之风，高于仁让。使枭声雄夫，野心狼子，逞城狐之凶姿，弄僭窃于高位。则我皇王孝孙，并世仁贤，谊承先烈，责护斯民，哀恫郁纡，成兹愤疾，大义敦敕，谁能任之！

国贼袁世凯，粗质曲材，贼性奸黠。少年放僻，失养正于童蒙；早岁狂游，习鸡鸣于燕市。借其鸣吠之长，遂入高门之窦。合肥小李，惊其谲智，谓可任使，稍加拂濯，遂蒙茸泽，起为雄狐。不意其浮夫近能，浅人侈志，昧道懵学，骋驰失轸，遂使颠踬东国，覆公餗以招虎狼；狡诈兴戎，缺金瓯以羞诸夏。适清廷昏昧，致逃刑戮。犹复包藏秽毒，不知愧耻，殚其暮夜之劳，妄窃虎符之重。黄金横带，卖孱主于权门；黑水滔天，引强敌以自重。虽奸逆著明，清廷已知，犹潜伏戎羽，隐持朝野。

降及辛亥，皇汉之义，如日中天，浩气扬飞，喷薄宇宙。风云飙沛，集兴武汉之师；士马精妍，远响东南之鼓。造黄龙而会饮，纳五族于共和。大势坌集，指日可期。天不佑华，诞兴贼子。蠢彼满室，引狼自庇。袁乃凭借旧恩，攀援时会，伪作忠良，牢笼将卒，胁逼孤寡，夺据朝权。复伪和民声，迷夺时贤，虚结鬼神，信誓旦旦，懦夫惧戎，过情奖许。维时南京渠帅，实亦豁达寡防，堕彼奸计，倒持太阿，豢此凶逆。迨大邦既集，威势益专，遂承资跋扈，肆行凶忒。贿奔虺蜮，棋布阴谋。毒害勋良，谣惑众志。造作威福，淆撼国基。背法叛民，破坏纲纪。癸丑之役，遂有讨伐之师，天未悔祸，义声失震。曾不警省，益复放横。骄弄权威，胁肩廊庙。是以小人道长，凶德汇征。私托外援，滥卖国权，弑害民会，私更法制，纵兵市朝，威持众论，布散金璧，诱导官邪。冀以其积威积恶之余，乘世风颓靡，廉耻灭殁之后，得遂其倒行逆施，僭登九五之欲。故四载以还，天无常经，国无常法，民无定心，官无定制，丹素不终朝，功罪不盈月。游探骄兵，睚眦路途，贪官污吏，渎乱朝野，以致庶政败弛，商工凋瘵。犹复加抽房亩，朝夕敛征，假辞公债，比户勒索，淫刑惨苛，民怨沸腾，凶焰所至，道路以目。此真世道陵夷之秋，天人闭隐之会，四凶之所不敢为，汤武之所不能宥者矣！

维皇汉九有，莫安东陆，时流漂荡，越在遭迍。缅维祖德，孰敢怠荒？复我邦家，义取自拯。故辛亥之役，化私为公，志在匡时，道惟共济。袁乃睥睨神器，妄欲盗窃。内比奸邪，既多离德；外遂屃赑，甘为犬豕。是以四郊多垒，弗知惭悚；海陆空虚，弗思整训；材用匮竭，弗事劝来；健雄失养，弗兴学艺。室如悬磬，野无青草。犹复养寇外蒙，削国万里，失驭东鲁，屡堕岩疆。要约之兴，复仓皇失措，舆璧惟命，遂使满蒙多离散之民，青徐有包羞之妇。扼我封疆，搰我心腹，皇皇大邦，苟为侮戮，日蹙百里，媚兹一人。此尤我侠士雄夫所腐目切齿，惊惧忧危，而不可一朝居者也。

夫天道健乾，义维精一，在德则刚，制行为纯。故士不贰节，女不贰行，廉耻之失，谥曰贱淫，四维不张，国乃灭亡。自民族国家，威灼五陆，雄风所扇，政鹜其公，国竞以群，是以乾德精刚，宜充斥里间，洋溢众庶，旁魄沈澄，蔚为骏雄。故辛亥之役，黜君崇民，扬公尊国，所以高隆人格，发扬众志，义至精而理至顺。故虽旧德老成，去君不失忠，改官不降节。袁氏身奉先朝，职为臣仆，华山归放，仅及四纪，载瞻陵阙，犹宜肃恭，故主犹存，天良安在？顾藐然以槽枥余生，不自揣量，妄欲以其君之不可者而自为其可。是何异饰马牛之骨，扬溲勃之灰，以加臭乎吾民，以淫污乎当世？而令我名公先德，为其贱淫，白璧黄金，渲其瑕秽。此尤我元戎巨帅、良将劲卒、硕士伟人所同羞共愤，深恶痛绝而不能曲为之宥者也。汇此种种，袁氏之恶，实既上通于天，万死不赦。军府奉崇大义，慨念生民，谨托我黄祖威灵，恭行天罚，辄宣兹义辞，告我众士，招我同德。今将历数其罪，我国民其悉心以听。

夫国为重器，神严尊惮，覆载所同。建国之始，义当就职南京，明其所受。袁乃顾影自惭，妄怀畏惧，阴纵部兵，称变京邑，用以要挟国人，迁就受职，使国权出于遥授，玩视国家之尊严，其罪一也。活佛称异，势等毛羽，新国既成，鼓我朝锐，相机挞伐，举足之劳，瞬将威伏。袁乃瞻顾私权，妄怀疑忌，全国请讨，置不听从，迁延养敌，废时失机。授他邦以蹈隙纵刃之间，失主权于外力纠纷之后。遂失蜿蜒巨嶂，弃此南金，万里边城，跃马可入。贻宗邦后顾之殷忧，损五族雄飞之资望，其罪二也。政体更新，荡涤瑕秽，私门政习，首宜改迁。故内阁部首，须获议院同意，所以树公政之础，明众共之义。袁乃病其严责，阴图放佚，于第一次内阁联翩去职之后，尽登嬖宠，嗾使军警，围逼议员，索责同意，用以示威国人，开武力政治之渐，使民意机关，失其自由宣泄之用，其罪三也。国有大维，是曰法纪，信守不正，溢为国疑，乱政亟行，于焉作俑，故侵官败法，为世大诟。袁为元首，尤宜凛遵，乃受事未几，即不依法定程序，滥用政府威权，诬杀建国勋人张振武，使法律信用，失其效能，国宪随以动摇，政本因而销铄，其罪四也。国宪之立，系以三权，共和之邦，主体在民，立法之府，谊尤尊显。地方三级，制实虚冗，建国除秽，亦既罢黜。袁乃急欲市恩，妄复旧制，不俟公决，辄以令行，使议院立法，失其尊严，国权行使，因以紊乱，其罪五也。财政负担，直累民福，外债侵逼，尤伤国权。议案成立，特事严谨，众院赞可，宪尤著明。袁乃私立外约，断送盐税，换借外资二千五百万镑，厉民害国，不经众院，瞬息挥霍，不事报闻，蔑视通宪，为逆已甚，其罪六也。国有元首，政俗式凭，行系国华，止为民范。袁乃知除异己，不自爱重，阴遣死士，狙杀国（民）党领袖宋教仁。以元首资格，为谋杀凶犯，既辱国体，且贻外讥，国家威严，因以扫地，其罪七也。共和之国，建础为公，民意所在，亦曰圣神，百尔职司，亦宜退听。国会初立，人民望治，袁恐政治严明，不获罔逞，乃私拨国帑，肥养爪牙，收买议员，笼络政客，用以陷辱国会，迷夺众情，使议政要区，化为捣乱之场，法案迁延，借作独裁之柄，其罪八也。元首登选，国有常经，揖让讴歌，盛德固尔。抑共和定疑，国宪崇废，悉于是觇。世法凛凛，斯为第一。袁于临时任满，正式更选之际，鄙夫患失，至兵围国会，囚逼议员，使强选总统，以就己名，致元首尊官，成于劫夺，共和大宪，根本动摇，国势益以危疑，后进难乎为继，其罪九也。国民代表，职司立法，非还诉民意，毋得关阔。袁于总统既获，复虑旁掣，辜恩反噬，遽为枭獍。乃假托危词，罗织党狱，滥用行政权，私削议员资格，用以鸠杀国会，并吞立法，使建国约法，由是推翻，元首生身，等于孽子，其罪十也。国家组织，法系严明，苟非选民，焉能造法？袁于戕杀国会之后，妄以私意召集官僚，开政治会议、约法会议，冒称民意，更改约法，摹拟君主，独揽大权，使民国政制，荡然无存，澒洞新邦，悬为虚器，其罪十一也。民国肇造，本以图存，时风所迁，民强则兴，发挥群能，腾达众志，公私权利，宜获敬尊。袁乃倒行逆施，黜民崇吏，既吞立法，复尽灭各级地方议会；密布游探，诬报党狱，良士俊民，任意捕杀，人民权利，全失保障。致群黎股栗，海内寒心，毒吏得以横行，民业日以凋瘁，民力壮盛，有若捕风，国势颓陨，益以卑下，其罪十二也。国局始奠，海内虚耗，财用竭蹶，义宜根本整理。袁乃专事虚缘，日以借债政策，利诱他邦，为私托外援之计，断送利权，绝不顾惜，逐鹿争臭，垄集庙朝。遂妄以中北二部横断铁道，分许他人，惹起国交之猜嫌，增益宗邦之危难，其罪十三也。欧陆战争，义宜严守中立，及时奋进。袁乃内骄外谀，折冲无状，既反复狼狈，贻羞东鲁，复徘徊雌伏，巽立要盟，失蒙满矿权，至于九处，承他邦意旨，发布誓言，辱国辱民，倾海不涤，其罪十四也。民族虎争，领土强食，外债毒国，既若饮鸩，竭泽厉民，何异自杀？袁于欧战既发，外资猝断，乃专事掊克，内为恶税，房亩烟赌，一再搜括。复先后发行内国公债，额逾万万，按省配摊，指额求盈。小吏承旨，比户勒索，等于罚锾，致富户惊逃，闾里嗟怨，国民信爱，斫丧无余，神州陆沉，殷忧可畏，其罪十五也。生利致用，民贵有恒，纵搏浪游，谥曰败子。盗贼充斥，此为厉阶，修政明刑，首宜致谨。袁乃纵容粤吏，复弛赌禁，使南疆富庶之区，负群盗如毛之痛。苛政猛虎，同恶相济，清乡剿杀，无时或已。政以福民，今为陷阱，其罪十六也。烟害流毒，久痼华族。张皇人道，仅获禁约，奋厉阒绝，犹惧不亟。袁乃饪其厚获，倚以箕敛，宠登劣吏，设局专卖，重播官烟，飞扬淫毒，失信害民，辱国贻讥，其罪十七也。民权政治，积流成海，国家公有，炳若日星。世室旧家，且凛兹盛谊，汲汲改进；华族后起，方发皇古训，追踪世法，断脰流血，久而后得。大义既伸，近则不忠；乔木既登，返则不智。袁则身为豪奴，叛国称帝，监谤饰非，炰然求是，狐假虎威，因以反噬，使凶德播流，戾气横溢，妖孽丧邦，甘为祸首，其罪十八也。易象系天，筮日无妄，圣学传经，谊惟存诚。故忠信笃敬，保为民彝，衍为世德。袁乃机械变诈，崇事怪诡；貌为恭谨，潜包祸谋；秘电飞辞，转兴众口；涂乌引鹿，指称民意，欺世盗名，载鬼盈车；背誓食言，日月舛午；使道德信义，全为废词，民质国华，尽量消失，其罪十九也。硕德良能，民望所归；公道正义，人理所维。袁乃利诱威胁，爵饵璧谋，预拟推戴劝进之书表，唆使蝇营狗苟之党徒，托盗高名，自称代表。恍如优剧，俨若沐猴。强辱我民，求肆盗欲。丧心病狂，廉耻泯灭，其罪二十也。

维我当世耆德，草野名贤，或手握兵符，风云在抱，或权领方牧，虎贲龙骧，或道系乡间，鹤鸣凤翔，细瞩理伦，横流若此，起瞻家国，悲悯何如。凡属衣冠之伦，幸及斯文未丧，等是邦家之主，胡堪义愤填膺。谯彼昏逆，洵应发指，修我矛戟，盍赋同仇。书到都府，勋耆便合，聚众兴师，郡邑子弟，各整戎马，选尔车徒，同我六师，随集义麾，共扶社稷。昆仑山下，谁非黄帝子孙；涿鹿原中，会洗蚩尤兵甲。

军府则总摄机宜，折冲外内，张皇国是，为兹要约曰：

凡属中华民国之国民，其恪遵成宪，翊卫共和，誓除国贼，义一。改选中央政府，由军府召集正式国会，更选元首，以代表中华民国，义二。罢除一切阴谋政治所发生，不经国会违反民意之法律，与国人更始，义三。发挥民权政治之精神，实行代议制度，尊重各级地方议会之权能，期策进民力，求上下一心，全力外应之效，义四。采用联邦制度，省长民选，组织活泼有为之地方政府，以观摩新治，维护国基，义五。[1] 建此五义，奉以纲维，普天率土，罔或贰忒。

军府则又为军中之约曰：

凡内外官吏与若军民，受事公朝，皆为同德。义师所指，戮在一

---

[1] 1917 年 7 月出版的《会泽首义文牍》的记载与此不同，故而录之于下："为兹要约曰：与全国民戮力，拥护共和国体，使帝制永不发生，义一；划定中央地方权限，图各省民力之自由发展，义二；建设名实相符之立宪政治，以适应世界大势，义三；以诚意巩固邦交，增进国际团体上之资格，义四。建此四义，奉以纲维，普天率土，罔或贰忒。"

人，元恶既除，勿有所问。其有党恶朋奸，甘为逆羽，杀勿赦；抗颜行，杀勿赦；为间谍，杀勿赦；故违军法，杀勿赦。如律令。布告天下，迄于满、蒙、回、藏、青海、伊犁之域。中华民国护国军政府都督唐继尧、第一军总司令官蔡锷、第二军总司令官李烈钧。①

**按**：这个檄文所体现的思想和主张，多有与蔡锷的一贯思想与主张不符之处，如蔡锷历来主张统一，反对联邦制度，可知为团结各个政治派别，实现讨袁的共同目的，蔡锷是做出了一定妥协的。

▲袁世凯舆论机关报载所谓蔡锷四大罪。说："在京各师长致电各省，谓蔡逆前在滇谋割据川、黔，自为大汉王，中央查得凭据，未加深究。今又跳梁，神人共愤，并数其为臣贼、国贼、民贼、家贼之四大罪状。"②

又公布蔡锷1915年8月25日赞成帝制之签名。说："当君宪问题发生之时，在京军界重要人物曾开会讨论，蔡锷首先赞成，并亲笔署名于首，表示坚决之意。此次滇事发生，蔡锷又首先列名反对帝制，似此反复无常，实小人之尤者，匪独为国民所共弃，即现被彼等煽惑之人亦何能始终共事，行见其多行不义必自毙也。兹将当日开会签字之原件录左，以供国人之观览（按：本书前已录，这里从略）。"③

10日，又刊发专文，斥责蔡锷说：

此次改建君主政体，出于全国国民之真意，故帝制既定，举国欢然，渴望新君正位，以图长治久安之策。蔡锷独敢冒天下之不韪，轻举妄动，以期鼓惑国人之耳目，其罪诚不容诛矣。然锷之反复无常，固不自今日始也，分四时期以证明之。

一、革命前之蔡锷。夫锷之隶于革命党，为日已久。当夫武昌起义之先，固与两广党人互通消息，然阳则师事梁启超，主张立宪，大言妄论，持之甚坚。盖彼以首鼠两端，为一生之长技，自彼时固已然矣。昔季文子有言曰：信不可知，义无所立。如锷之为人，世之有识者，久有窥其隐也。

---

① 曾业英编《蔡锷集》（二），第1248—1254页。
② 《北京专电》，上海《亚细亚日报》1916年1月1日。
③ 《蔡锷之反复无常》，上海《亚细亚日报》1916年1月1日。

　　二、第一次革命时之蔡锷。当第一次革命之际，锷手握重兵，乘时而起，以共和名义号召天下，而潜取贵州，阴袭川省，以为自固之地。后以大势既定，中央集权，故敛其奸谋，不得狡焉以逞耳。是割据之图，所以迟至今日始行举动者，盖非其初志也。

　　三、第二次革命时之蔡锷。于此之时，锷虽名为拥护中央，反对乱党，未尝公然背叛，显附孙、黄。然阴则进图川南，潜窥湘桂，思据剑阁之险，席洞庭之势，奄有西南数省，为大汉王。以乱党不久覆亡，大局已定，故强戢异志，降心相从耳。郁郁居此，彼固将伺隙而动也。

　　四、最近之蔡锷。自君宪问题发生以来，锷联合军人首先签名，以示赞同之意。乃未几遽潜往云南，顿反前说，奋其螳臂，欲以当车，其诈可诛，其愚尤可悯也。夫锷诚不主张此说，尽可发为议论，表示己意。乃先则从之，继则诋之，其用心果安在哉。盖狡展成性，不悟其非，不自今日始也。

　　合前四时期观之，锷之反复无常，症结毕见矣。今人之论锷者，以锷具枭雄之略，窃据滇省，虑其或能横行，重祸吾国，不知是不足患也。夫古未有以小人而成事者，更未有以反复无常之小人而成事者。昔陆宣公有言曰：一不诚，则心莫之保；一不信，则言莫之行。推之锷之所为，适足以自败而已。谓余不信，请以古证之。[①]

18 日，又载文称"蔡锷之蓄谋甚早"。说："此次滇乱实以蔡锷为之主动。闻诸熟悉蔡氏行动者，谓其包藏祸心，实非一日。当帝制问题发生之时，即思借端煽乱，后以布置未妥，外间又有谣言，遂集合高级军官于将校联欢社首先签名赞成君宪，以遮掩世人之耳目，及托病东游时，则已布置略有头绪矣。其派往各省及外国之调查员，其中即有与闻密谋之人先期挟款出都，如殷承瓛、周钟岳、张耀曾等皆是，现闻均在云南供蔡氏之指挥。又闻蔡氏在局时曾借汇寄美国调查经费为名，支用美金一万余元，刻该调查员尚在美国，需款甚急，迭次来电索款，而局中则已开支有账，一时殊难解决。据此则蔡氏怀挟逆谋，不必到东京始然也。又据某君云，蔡锷之倡乱，其黑幕中实有少数权利热最发达之政客为主动。有粤人潘某曾

———————

① 笙：《论说·斥蔡锷之反复及其妄动》，上海《亚细亚日报》1916 年 1 月 10 日。

于半年前为之奔走南方各省，借词蛊惑，各省长官以其稍负文名，又尝自称为某处谘议，亦颇加以延接。然于其谋议则皆一笑置之，以为此特书生妄言耳。不料潘某误认各处已为所动，遂怂某政客劫制蔡锷首先发难。蔡氏以为潘言可信，遽赴云南倡乱。讵意各省长官皆深明大义，拥护中央，连名电请讨贼者万口一声，蔡锷遂陷于孤立，其少数政客则徘徊上海、香港间，不知所往，且有致电政府辨明心迹者。蔡氏至此时当自悔其孟浪也。记者按某君所云，与本社所得蔡锷蓄谋最早之消息甚相映证，观此则滇乱之内幕，可以晓然矣。"①

26 日，再次刊专文，攻讦蔡锷"阴险"。说："当筹安会成立，研究国体时，蔡锷联合军界，首先署名赞成帝制。迨国体既定，则顿反前说，潜往云南，勾结唐、任，反抗政府，何其前后若斯之悬殊也？论者曰：蔡锷背信食言，实反复之徒，首鼠两端，二三其德，而不知蔡锷之反复，实蔡锷之阴险。何也，盖蔡蓄志谋叛久矣。辛亥革命时代，值天下纷扰，潜据滇省，拥兵自卫，此其志不在小，将以求其所大欲也。然则蔡之所大欲果何如？割据川、滇，囊括湘、桂，奄有西南数省入彼掌握之下，为所欲为。特事与愿违，形格势禁，志卒不得逞，而其心固未尝一日息也。奉召入都，悉返军柄，书空咄咄，又焉能郁郁久居此耶。故借京华冠盖时，虚与政府委蛇，旅进旅退，实阴以侦察机密，潜布阴谋，狼子野心，兽性难驯，蔡之谓矣。虽然，崇垣厚墉，穿窬擅绝技，终莫得而逞也。蔡居都门，屡更寒暑，思欲谋乱，而苦无隙之可乘。适帝制问题发生，由扰攘而进升平，由纷纭而趋统一，蔡冷眼旁观，愈生嫉忌，以为不急起直追，乘机窃发，则过此以往，更无逞志之期。故据滇称兵，以反抗帝制为口实，不知帝制蔡固反，不帝制蔡亦反，反抗帝制云云，不过欲借此以为号召之计耳。不然，则当筹安会研究国体时，蔡尽可发抒己见，反对一切，何乃签名赞同，惟恐落后，是以知蔡之为此，别有隐图。若曰时不再来，机不可失，我当抱薪救火，因乘隙以盗窃宝器，岂不妙甚。故蔡之阴险狡诈，实无有比伦。虽然，帝制者，经大多数民意取决者也，先得蔡一人之赞同，不足为重也，后得蔡一人之反对，不足为轻也。蔡举兵内叛，且晚将受诛戮，绝不足以阻帝政之进行。然其前后反复，如出二人，狼毒性成，有如蛇蝎，蔡之徒

---

① 《蔡锷之蓄谋甚早》，上海《亚细亚日报》1916 年 1 月 18 日。

侣，尚亦加之意哉。"①

2 日

▲统率办事处通电各省，"已奉令褫夺蔡、唐、任职官，嗣后致电，可用其名"。说："华密。迭得报告，滇省确于二十六日宣告独立，并通告驻滇各领事。洋员中颇有劝其改悔者，均悍然不顾。此举实蔡锷、戴戡主谋，李烈钧确亦在内，梁启超在沪，常有函电与滇往来。逆谋将吞并黔、川、湘、桂，另立新国组织，蔡为大总统，梁为总理，李为陆军长，戴为内务长，其他未详等语。此项举动，直同儿戏，川、湘、桂均有重兵严防，已由湘遣兵援黔，逆徒兵只万余人，恐难越雷池一步。现已奉令褫夺蔡、唐、任职官，嗣后致电，可用其名。[处]。一月二日到。"②

▲报载是日"滇省绅耆杨琼（前参议院议员、临时议长）、黄德润（前云南司法筹备处处长、东川铜矿公司总理）、赵藩（前四川藩司、参议院议员）及滇中知名之士发起开会，欢迎蔡氏于三迤总会。是日绅商学界到会者几及万人，会馆附近道路为之拥塞不通，市民老幼男女夹道鹄立，皆以一见颜色为荣。适是日蔡氏因喉病不能发声，未能莅会，电约改期，杨会长遂宣告于众，群以未接声容为憾，要求开第二次大会。杨会长琼致蔡函云：日昨三迤人民欢迎大驾，到者几万人，途为之塞，方思一见颜色，温如挟纩。讵意尊体违和，未蒙移至，愈用怅然。《菁莪》之诗云：未见君子，我心惙惙。然固谅君子之心，而益悯君子之劳也云云。亦足见滇人爱戴蔡氏之出于至诚也"。③

4 日，又载"商学绅军各界全体假座陆军第一师司令部开大会，欢迎蔡松坡、李协和两君，与会者数百人，极一时之盛。军界代表为唐都督，绅界代表黄德润，商界代表陈炳熙，学界代表由云龙，各致欢迎词。蔡、李两君致答词，略谓：滇中为某等旧游之地，实第二之故乡，有不可解之因缘。今因国家急难，奸人窃国，特联袂入滇，随我父老昆弟之后同伸大义，从此滇人在历史上长留无限之光荣。某等得附骥以尽其天职，虽成败利钝不可逆知，惟必鞠躬尽瘁，以报国、报滇云云。声情激越，掌声若雷。

① 芜公：《论说·阴险哉蔡锷》，上海《亚细亚日报》1916 年 1 月 26 日。

② 《护国运动资料选编》上册，第 120—121 页。

③ 护国军从军记者无伪：《云南倡义纪闻》（1916 年 1 月 9 日发），上海《中华新报》1916 年 1 月 29 日。

主客间因在该部中厅以朱笺特书格言六种：一、开诚布公；二、和衷共济；三、不争权利；四、不避艰险；五、誓死报国；六、保障人权"。①

3 日

▲张敬尧电告参、陆两部，所部已于 1 月 3 号陆续抵汉。说："华密。职师已于一月三号陆续抵汉，现由汉向宜，已开拔步兵三团、炮兵两营、机关枪两连。师长即于三号下午两点钟由汉开往岳州，与曹总司令接洽后，直抵宜昌。其余部队弹药军需及零星物品，约一二日即可输送完毕。特禀。师长张敬尧。江叩。印。"

13 日，再电告参、陆两部说："师长本拟十二号由宜出发，奈因步兵一营及山陆炮各一连，于十二号夜始行抵宜，故未前进。师长已于十三号上午十时率步廿五团及步卫队一连、山陆炮各一连、机关枪一连、工兵一大排，由宜出发。其十三旅饬［第］一团，已饬夏旅长久荣抵宜后，即行换船前进。十四旅各部队，师长抵宜时，又派小轮数只开赴下游拖带，以期前进迅速。并责成吴旅长新田在宜督饬后方各部队，及照料一切事宜。特禀。师长张敬尧元叩。印。"②

▲袁世凯舆论机关报载蔡锷反袁称帝是"辜恩自弃"。说："据某要公云，元首派蔡锷在统率处任差，原有任为参谋总长之意，蔡不知仰承帝意，为国宣勤，忽而附逆，可谓自甘暴弃。"③

4 日

▲黄兴函告彭丕昕，蔡锷"赴滇首难"，除袁独夫，"当不在远"。说："两书诵悉。蔡君松坡赴滇首难，邻省响应，昨接电云，东南各省亦相约保滇。除彼独夫，为期当不在远。兴义当归国，效力战场。惟今欧战方酣，不暇顾及东亚，能为我助以抗制日人之侵入者，厥为美国，势不得不暂留此，以与美政界接洽，或为将来财政一助。蔡君军事优长，亦负［孚］众望，指挥如意，所可断言。且自袁贼乱国以来，一般士夫以权利相尚，即

---

① 特派驻滇记者潜广五年一月十日发《云南共和军纪实》（四），上海《中华新报》1916 年 2 月 6 日。
② 以上二电见《护国运动》，第 522—524 页。
③ 《北京专电》，上海《亚细亚日报》1916 年 1 月 3 日。

民党之铮铮者亦侈言之，恶德相沿，成为习气。若不改革，国必大乱，不可底止。兴屡与国人相勖，见义而不谋利，明道而不计功，兴所以不急急求归者，亦在此也。又，目前经济奇绌，不能成行，缘发难前，将所有旅费，并罗贷他款（不偿还不能动身）以汇归也。足下如欲归，请自筹及之，乞谅。书不尽意，即问年禧。黄兴手启。民国五年一月四日。"①

▲李伯东函告蔡锷，广东龙济光"不足虑"，尽可"放胆赴川"，先除陈宦。说："松坡仁兄大鉴。日前驾过香港，急于赴滇，未尽东主之谊，无限歉然。当日在陈竞存兄处，议定到滇后讨袁重任由兄负之，在粤运动龙军各事由弟任之。顷者有电传来，同人欢忭，仰见筹谋深远，袁贼必倒，可以拭目而俟。粤龙虽效忠袁贼，但彼部下各将官，自前岁弟奉吾党总理孙先生及陈同志英士函命入粤运动后，与弟往返已久，渐知民国疆土，不能任袁贼视为私有物。滇电到后，弟即往探各将官意见，郑旅长开文、段旅长尔源表示决不附龙，王旅长循良、纳旅长洪顺虽不明白表示反龙，然亦谓袁叛民国，龙不应盲从附袁，其余旅团长李文富、赵樾等不过土鸡瓦犬，全不足用。龙所恃者，仅其兄觐光一人，亦井中之蛙。如彼不明大义，欲谋反对，其失败可以预言，毫不足虑。请兄放胆赴川，先除为袁义儿之陈宦，则大事定矣。后有复示，可由香港陈竞存兄转，以免失误。特此敬颂勋祺。冀赓先生统此致意。五年一月四日。愚弟李伯东顿。"②

**按**：由此函可知，蔡锷在香港还与革命党人陈炯明、李伯东见过面，并议定由蔡锷任"讨袁重任"，李伯东运动广东龙军。

月初
▲某袁世凯帝制派"巨子"函告反袁称帝的蔡锷，勿"一失足成千古恨"。说：

松坡足下：江沪［户］分袂，忽忽十年，每念起居，无任延企。窃以足下在同学中为翘楚，一言一动，不可失于轻躁，大丈夫当抑郁牢骚之会，偶一失足，恒另坠一世之令名，贻千秋之唾骂，此仆所以遁世逃

---

① 《黄兴集》（二），第791页。
② 台北中国国民党党史馆藏件档案，档案号：400/20。

名而不悔也。足下自入时务学堂后，墨守梁任公之说，数十年如一日。当时青年志士凋零殆半，其激烈者或背师说，而附和宋、黄。综任公在湘之弟子，所存而不悖者仅足下一人。革命党所以不敢引为同调者，谓足下为保皇系，疑忌横生，倾陷迭出，足下岂忘之耶。仆在当时所以深致崇仰者，以足下光明磊落，无反复之行；有一定主义耳。

殷、谷等组织统一共和党之初，戴足下为首领，当时任公深致不满，其致友人书有"贤如松坡，竟致反复"之语。孙、黄等渐与足下恢复感情者，即发轫于斯时。厥后统一共和党与同盟会合并而为国民党，足下未正式入党，其实精神上已为革命系矣。当是时也，保皇、革命两派以足下为带兵都督，各有引以为重之心，而均疑足下宗旨之反复，公之名从此愈著，而北京政府罗致足下亦愈殷，仆于是失望灰心，窃不能不致疑于足下矣。

自是之后，仆方以足下为功名利禄中人。霹雳一声，乃有滇省独立之传闻入于耳鼓，仆虽无意于政权，岂能忘情于国家，愿以最后一言为足下正告之。共和四载，无补于民贫国弱，转甚于亡清。以我辈当日主张共和最力之人，复何说以自解？且国会议员既堕失其代议之信望，南京诸子复醉梦于权利之竞争，乃不得不举大权以奉袁总统。试思四载以来之总统，其实质与君主何异？民国总统之权较英、德君权孰重，三尺童子所知。仆在当时，曾屡次致函同学诸君，以为共和不能救国，则曷若改帝政为宜，共和国之秩序，必待操有君主实权之总统始能维持之；共和国之乱事，必待操有君主实权之总统始待戡定之，则共和政治之基础尚有丝毫存在之余地耶。诚以民国戴一有实无名之君主，尚不如帝国而戴一有名有实之君主为名正而实副，其理至明，其利害至显，是中国之宜有君主于民国时代，已成昭昭之事实。足下在京充将军府将军、统率办事处办事员，且曾为政治会议特派员，以参政而兼经界局督办者也，且于去年八月二十五日招蒋尊簋、孙武到家，亲笔署名赞成君宪，长安日下，闻见较真，岂不然耶。

君主政体之适宜于中国前提既无可移易，其次即为君主自身之问题，质言之即中国谁为君主之问题是也。保皇派意中之君主为康有为，革命派意中之君主为孙文，为黄兴。赣宁之乱，彼党不得总统而起也，此次沪上之案与滇中之变，亦以彼党不得皇帝而起也。四万万同胞之生命财产与青年志士之头颅，供若辈二三野心家之牺牲，美其名曰维持共和，将以全国人为尽可欺乎。足下始为保皇派，继入革命派，最近又曾改为政府党，究以谁为皇帝为宜，当已胸有成竹。

夫以举国一致赞成之袁总统为君主，今公犹左袒彼党动兵以争，若使康为君主，孙、黄能无争乎，或孙、黄为君主，康能无争乎，吾恐争君主之局无已时，而国已亡矣。昔北京政府始而罗致孙、黄，授以全权之任，隆以督办之名，仆早料其难以相处也，孙、黄固野心家也，而果也，最后取决于武力。继又罗致梁任公，仆又料其难以相处，何也，梁亦自藏野心之人也，而果也，又有今日取决于武力之事。今足下自信云南一省之军力、财力，较广东、湖南、江西、安徽四省为如何；今中央政府其实力，较民国二年为如何；今全国人心之厌乱，较辛亥为如何，成败之数无待著龟矣。保皇、革命两派历史上之仇雠甚于敌国，所抱之目的既异，而谓能以冰炭之殊类，妄思水乳之交融乎，况足下在民国二年固曾通电讨黄兴之罪状者乎。仆之为是言也，系以国家为主观，而非以皇帝为主观。足下此次之举，系以争皇帝为主观，而非以国家之存在为主观也。若谓云南交通不便，凭借险阻可作百日以内之小朝廷为慰情聊胜之计，征讨既至，不难席卷。金钱子女为他日海外之富家翁，此则革命党人信用之所由堕落，足下岂效之乎。足下固梁任公之徒，习闻爱和平之证者也，岂平时为平和说之倡，而临事反为破坏平和之祸首乎。仆不解足下自处之道之为何也，岂真如北京报纸之讥，足下固反复之尤者乎。梁任公曾撰劝五国劝告之文，今足下又实做劝五国劝告之事，使保皇派之声光扫地，步革命党之后尘，来国民同等之唾弃，窃为足下不取也。

抑更有进者，我国征兵制度未行，国家教育未普，关税政策未举，贫弱达于极点。爱国者不宜专存对内之心理，宜有对外之眼光，不宜专以政治竞争趋于官僚生活之一途，宜合力为经济竞争，免为世界列强所淘汰。足下之明，何竟见不及此，乃甘心争权攘利为暴徒之续？仆能不流涕痛哭而叹国事之不可救药也哉。古诗曰：一失足成千古恨，再回顾已百年身。愿足下三思为幸。[1]

---

[1] 《某巨子与蔡锷书》，上海《亚细亚日报》1916 年 2 月 9—10 日。

**按**：上海《亚细亚日报》是当时支持帝制的舆论机关，对蔡锷及孙、黄等反帝制人士极尽诬蔑、攻讦之能事。发表此所谓"某巨子"函时，还特地在函首加了如下说明文字："某巨子为留日学生之先辈，与蔡锷同学于士官学校，归国后愤清末亲贵之执政，隐于租界。当民国成立，曾迭受赵、熊两内阁之召，称疾不至。惟当有大事，常以精透之眼光，为挚诚之言论。滇乱初起，即致蔡氏一书。兹觅其原文录左。"

### 5 日

▲蔡锷电告梁启超抵滇后所得滇情梗概。说：

任师函丈：锷于抵东、抵滇之后，寄津、沪各一电，计达。弥月来周历万里，细察各处情形，多为始愿所不及。综言之，人心固结，气象发皇。前所谓急进派者反诸平实，稳健派者力去弛惰而已。兹将滇情陈告梗概，殊足以慰吾师也。

滇中级军官健者如邓泰中、杨蓁、董鸿勋、黄永社等，自筹安会发生后，愤慨异常，屡进言于蓂督，并探询主张，以定进止。蓂以未得吾侪之意向所在，且于各方面情形不悉其真相，遂一意稳静。荏苒数月，莫得要领。暨闻敝宅误被搜查，锷引病出京之耗，慷慨激昂之声浪复起。迄王伯群到滇，将锷在津所发一函递到（先锷五日抵滇），蓂意遂决，锷经越入滇，注意颇属周到，不欲以色相示人。乃此秘密消息，不瞬息而传遍，盖船埠、车栈、旅馆均有人坐候，遂至无可避匿。抵滇之日，儿童走卒群相告语，欣然色喜。不数日，金融恐慌为之立平，物价亦均趋平静。迄宣布独立后（廿五、六等日），人心更为安适。日来举办护国纪念会，人气敌忾，有如火如荼之观。滇人侠勇好义，于此可窥见一斑。

军事部署，悉如在京时所议。惟军队分驻地相距辽远，交通复极不便，动员集中，极为濡滞。现第一梯团五日内可达昭通（距省十三站），其前锋已将川边之燕子坡（为滇师入川要隘，系川境）占领（距昭通十站，距叙州三站）。第二梯团日内由省出发，俟抵毕节（为滇、黔、蜀用兵必争之地，距滇垣约十三站）后，相机进行。第三梯团须元宵后可集中省会，豫计非二月中旬不能抵川境。现决以蓂留守，锷出征，合并军、巡两署，恢复都督府，召集省议会，组织略如元、二年旧制。出征部只设总司令部。原议设元帅府，暂从缓，盖欲力事谦抑，以待来者。锷拟于一星期后出发，所部兵力虽不厚，亦应早发，以作士气而促进行。

此间军民长官群思一睹颜色，温如挟纩，曾历电函丈，不知均达览否？如能成行，则风声所被，不啻十万雄师也。

黔省当局初颇踊跃，继以该省准备一切颇需时日，各省意存观望，甚至倡言立异，加以袁政府之虚声恫喝、龙建章之暗中把持，心志为之沮丧，未敢同时宣布。然一切部署，仍着着进行。循若于二号启行赴黔，伯群亦已赴兴义。滇日内已赶编一混成旅及挺进军千人，为援黔及进规湘、鄂之用。接最近黔电，似已有义不返顾之决心矣。

旬日来滇电被阻，外电之来，多作枭声。然士庶晏如，上下一心，无复些须之疑虑。将士皆志切请缨，有请愿数次而不得者。出征之部，则皆意气奋扬，有不斩楼兰不生还之概。川军已与通联络，可望一致，惟须趁北方援军未抵川、黔以前，速与作战，一举破之乃佳耳（袁近命曹锟、马继增、张敬尧所部分道入川、黔，号称三师，其实至多不出两师）。宣布过迟，固有妨大局；宣布早，殊于军事计划大受影响。惟冀东南各省速起响应，使贼军不能远突，则西南方面军事乃易借手。吾师其注意是幸。此间于各省情况，苦不得真相，乞时邮告。

志清、幼苏、量侪仍留滇。幼山、劼丞、秋桐、远庸、敬民、季常、觉顿、佛苏、镕西诸人尚望敦促来滇，转道入川。此时虽为军事时期，而将来一切政治上规划，亦不得不早为着手。胡文澜、陈幼苏、邓慕鲁能促之返梓尤佳。滇经济极穷乏，近得侨商之接济二十万，尚有三十万可克日汇滇。但非有大宗款项到手，不特难以展布，现局亦难支持，祈函丈特为注意为幸。肃此，敬叩道安。赐函寄军署转交。锷上。①

▲政事堂发布袁世凯所谓"不敢务为姑容，竟废国法"的申令。说：

---

① 曾业英编《蔡锷集》（二），第 1255—1257 页。

"政事堂奉申令：前据参政院代行立法院奏称，唐继尧、任可澄拥兵谋乱，声罪请讨。又据各省将吏先后电称，蔡锷等通电煽乱，请加惩办等语。当时疑其另有别项情节，先将唐继尧、任可澄、蔡锷褫职夺官，听候查办。嗣据各路边报，蔡锷纠合乱党，潜赴云南，诱胁该省长官及一部分军人，谋叛国家，破坏统一，宣言独立，遣兵窥川，稍拂逆谋，横遭残害，妄自尊大，擅立官府，人民多数反对，饮泣吞声，不能抗其威力。又任意造谣，传播远近，妄称某省已与联合，某国另有阴谋，非诈欺惑众，即挑拨感情，呓语荒［慌］言，全无事实。各省军民，皆服从政令，拱卫国家，各友邦又皆希望和平，敦睦邦交，决非该逆等所得诬蔑。当滇变肇端，政府及各省官吏，驰电劝诫，苦口热心，积牍盈尺。而该逆等别有肺肠，悍然不顾以全体国民决定之法案。该逆等竟敢以少数之奸人，违反举国之民意，于政府之正论、同僚之忠告，置若罔闻，丧心病狂，至此已极。该逆等或发起改变国体，或劝进一再赞同，为日几何，前后迥异，变诈反复，匪夷所思。自古国家初造，类有狡黠之徒，包藏祸心，托词谋变。而如该逆等之阴险叵测、好乱性成者，亦不多见。至滇省人民，初无叛心，军士亦多知大义，且边陲贫瘠，生计奇艰，兵仅万余，饷难月给，指日瓦解，初何足虑。国家轸念滇省军民，极不愿遽兴师旅，惟该逆等倚恃险远，任意鸱张，使其盘踞稍久，必致苦我黎庶，掠及邻封，贻大局之忧危，启意外之牵涉，权衡轻重，不敢务为姑容，竟废国法。着近滇各省将军、巡按使，一体严筹防剿，毋稍疏忽。并派虎威将军曹锟督率各师，扼要进扎，听候调用。该省之变，罪在倡乱数人，凡系胁从，但能悔悟，均免追究，如有始终守正不肯附乱者，定予褒奖。所有滇省人民多系良善，尤应妥为抚恤，勿令失所，用副予讨罪安民之至意。此令。洪宪元年一月五日。国务卿陆征祥。"[1]

▲报载张一鲲被捕。说："蒙自道尹周沆、阿迷县知事张一鸥向与地方感情甚恶，此次一闻滇省独立，即将所存公款携逃。张一鸥并挟滇妓张素娥同去，至河口被副督办拿获。周未知下落，正在搜索中。高等审判厅长张仁普现为反对独立之嫌疑，故已被捕。"[2]

---

① 《护国运动》，第 522—523 页。

② 《云南快信（一月五日发)》，《申报》1916 年 1 月 21 日。

**6 日**

▲上海《时报》引《字林西报》1 月 2 日"北京通信"云："蔡锷前出京赴日时，闻曾在日与党魁谭人凤、陈炯明、李烈钧三人接洽，故滇事除蔡外，谭等亦均预闻云。"①

**按**：梁启超说，这时上海的有力报纸皆被袁政府"贿收"，仅《时事新报》《中华新报》两家为"我军机关"。《时报》此时发此信息，不仅旨在适应袁政府的意志，把蔡锷归入孙中山革命党人的"乱党"行列，也是为了与护国军撇清关系。

**7 日**

▲报载蔡锷严谕部下将士，要内而"安悦舆情"，外而"尊视礼节"。说："昨据某处接到蒙自来电云，云南独立军总司令蔡锷严谕部下将士，略谓我爱国之军队，原以对内维持共和为纬，而对外尊重文明为经，各将校士卒等须爱抚人民，内以安悦舆情，即对于外人则宜尊视礼节，万勿损毁国际关系云云。各军兵等颇知恪遵命令，故全省之中外人士，咸有欢迎独立军政情形，即如蒙自海关所雇佣之中国人，闻变逃走者已过大半，然关员中之外人则因信独立军之誓言，皆照旧安居执务，故现时海关诸务，依然毫无迟滞云云。"②

**8 日**

▲是日或稍后，梁启超托陈侪人连致蔡锷四函，通报其所了解的内外情势及各项应对方略。

其第一函说：

> 二十四日得两电后，消息便尔梗断，闻续有数电至，皆被伪政府押收，顷方以此罗织溯初也。此间亦续有两电由宁代发，其一极长，为对外通牒之全文，想亦不达矣。旬日来苦求所以与尊处通电之法，智尽能索，卒不可得。且闻各口岸厉行拆信，以至兹书不敢寄，今乃得专人赍此。

---

吾今所首宜请罪于诸公者，则在前托宁代发之旁（按：指20日）电。其时大树将军（按：指冯国璋）方有参谋总长之命，自危甚至，适吾方至，彼以人来言，盼滇速起（彼实未知滇内情，因数日前得亮侪一电，知有动机，彼方以为弟偕我同在沪也），彼当立应。吾为东南大局计，故徇其请。电发后，旋派溯初两次往与接洽，见其衷心，虽甚愤懑，然殊持重。且徐州（按：指张勋）（徐猬甚可厌）似尚未有所决，以故至今不敢发。此公虽知大义，而极寡断，吾恐其为曹爽也。以东南大势论之，大约非俟西南更得数省响应（都中有变当别论），复不能有所动作。此固由彼等所处地位较险艰，不足深责，抑其国家观念亦自有不能尽与吾辈从同之处也。缘此亦可见西南责任之重大，国家存亡，系此一片土而已。二十一日尊电言，二十日内揭晓。其改早之故，想是因吾旁电，不审曾缘改早（此书方写成，适得日本来书，言滇若缓发一星期，则对日交涉已妥协，然则速发终是幸事也），而生军事计画之支障否？果尔，则吾罪真未由自赎。然成事不说，今惟祝进取之胜善而已。

各省诘责滇军之电文甚多，皆由伪政府拟稿迫令拍发，与前此推戴之电文同一笔法。其实各军、巡中，安有效忠于贼之人，甚表同情于滇者，且什而八九，特响应与否，与应之迟速，自是别问题耳。此间除大树外，其直接间接通声闻者尚不少，而伪政府则亦无所往而不用其猜忌。一两月后，滇军进取稍得势，诸镇胆稍壮，而伪政府更从而煎迫之，则同时蹶起意中事也。

逆贼不患不覆亡，然谓覆亡之后，天下事即大定，则殊不敢言。莽、卓伏诛，大乱方始，前事屡然，今六胡幸［矣］。毒根既种之极深，而滋蔓极广，荑夷蕴崇，岂旦夕闲事，而况于海疆诸区，有人眈眈以视夫其侧者也？吾辈当认定西南一隅，为我神明氏胄唯一遗种之地，挟全副精神以经略而奠定之，而必毋或视他方之态度以为欣戚。吾军今所据之地利，既为不可胜以待敌之可胜，吾复何馁。所忧者，吾内部之不整而实力不充耳。大树为溯初言，闻四方之士云集于碧鸡、金马间者已数百人，能否保不生冲突？言次深致概念。而伪政府之御用报，则日以滇人内讧相谣煽，吾侪固信断无此不祥之事，然真不可不深自警惕，而力防此种恶兆之发生。当思自辛亥以还，苟非吾侪党派轧轹，意气相陵，何至两败俱伤，使夫己氏匿笑而坐大。前事不忘，后事之师，昔所作孽，今宜自赎。顷海上民党方努力从事于大合同，其大部分之有力分子既有觕觕无猜之感，滇中群彦，鳞萃气象，宜益郁葱。惟坐谈与实践殊观，临事各出所见，岂能遂无同异。然以鄙人生平所信，窃谓凡事若不从一身或一党派之利害上打算，则天下断无不可调和之意见。深望共和诸贤念敌氛之猖獗，审负荷之艰巨，求精神上之一致结合，分劳赴功，毋授敌者以丝毫口实，致为中国不适共和论增一证据，而其关键则在首义诸贤。现在担任最重要之职务者，各精白乃心，而勿以一毫将来之权利思想杂乎其间，则感化力所被，其或可以一洗前此之后［诟］病，而树模范于它方。天心悔祸，庶有其期，此虽常谈，然深愿于首事伊始，与同志共勉者也。

全力规复三川，自是滇军第一责任。顷所接蜀人所得蜀消息殊多，皆足强人意。此间蜀人及与蜀有关系者，皆极盼吾弟亲督师入蜀，所陈理由吾皆极佩。惟万里骞隔，何能悬断事势，孰为居者，孰为行者，想诸贤早已熟权得失，而有所决。惟吾所欲进言者，则必以主力注蜀而已。蜀军及蜀土其必踊跃欢迎义师，自无待言，惟蜀中党派繁多，意见久积，调停固殊非易易，万不可轻心以掉，必赖主军之帅德量机智兼备，乃能收六辔在手，一尘不惊之效。吾对于蜀事，乐观之中仍不免报一二分悲观，盖以蜀为根本之地，必内部不生丝毫问题，然后推出其力以定中原。然办到此着，谈何容易。颇闻前此蜀军之散在草泽者，其主人今已在吾军，计当已与义师作桴鼓应。谓宜令凡有枪支者，一律归伍，加以节制，而率之出境讨贼。盖在境内，则易触旧感而生轧轹，出境外则义不返顾，而益骁勇也。自辛亥（以）来，蜀中会党若日之升，今为当午，而与第五师之散于草泽者，若合若离，其系统颇闻别有所属，此曹滋蔓已广，不易淘汰，今日情势尤不宜操之过急，惟欲从事招集，必曲与其首领相接，但能助我讨贼，自当一视同仁，若犹有怀挟私见，不受节制，则所以镇慑之者，亦宜惟力是视，不能稍事姑息。盖必能奠蜀，然后能奠西南，必能奠西南，然后能奠中国。如有害马，在所必去也。凡此，悉当已在诸贤伟画之中，聊效一得，以助机断耳。川军宜结合，北军宜诛讨，在津已曾商及。联合之效，比复何如？亟愿有闻。

北军若成穷寇之势，似宜资遣，如往岁川政府解散端方军队之法。

伍军（按：指川南镇守使伍祥祯部）为川境北军中坚（闻近有觖望于陈氏），闻目前即单身赴叙，不审现在向背如何？此间有人与伍为道义交者，以委屈风以大义，今当更以明白痛快文字督劝之，此君为中国不可多得之良将，深望其能自拔于贼中也。补充兵之训练编制，计当为滇政府目前第一大业，下走素不知兵，云何敢参末议。惟以鄙见所及，则不能专注于练，而当尤注重于教。所教者，不能专注重于技术，而当尤注重于精神。须思我军方在极孤微之时，而滇、黔又为极贫瘠之地，将来经略四方，其所遭值万种艰厄，决无可避，即饷糈之时时不继，亦在意中。我有何所恃以与敌决胜？恃军心之固结而已，固结军心，以爱国观念为根本，自无待言，然抽象的爱国观念，欲兵士体会而刻入，谈何容易？真实之固结，要以将校与士卒个人感情之胶漆为最有力。曾、胡、江、罗、二李之治湘军，其情意与其成规，在今日之中国，尚最为适用，未可以新旧之见，而漫尔吐弃也。吾友某君为余言，颇怪辛亥以还，东西诸镇所部，号称十数师，历时一年余，曷为癸丑之役，不旬月间，而为猾敌运动净尽，无一旅可以自坚。推原其故，谓得毋群帅位望已崇，与军士太隔阂，所得望见颜色者，惟三数师长旅长，师长旅长之于其所属亦有然。帅与将校，将校与士卒，其联属之基不植于平日，故一旦有事，而瓦解不可收拾也。前事不忘，后事之师，愿诸贤常念诸。

抑下走犹欲有言者，吾前所云莽、卓伏诛，大乱方始，当知此实为今后无可逃避之祸矣。试思彼盗国逆贼，三十年来所播恶种于我军界者，其深广之度何若？自今以往，即为我国民茹此恶果之时矣。计非以兵止兵，则天地永无清明之日，以兵止兵者，以水灭火之义，非以火灭火之义也。夫必今之兵，有以异于昔之兵，然后能有所挟持以息之。呜呼！此责任实在今日之滇军政府，而练兵处之诸君实尸之矣。计滇之力，现在能出二师以上，但使得来补充兵中，有一二师受完全精神教育者为之后盾，则他日国防之（基）础，且植于是，而于国内之戡乱夫何有，是在诸君子也已矣。

承诸贤三次联电相召，恨不即飞越关山，就参帷幄，惟熟审现在情形，是不宜遽行离沪。其一，则东南诸镇今方蓄力待时，而多与此间密通声气，仆若他行，则各方面机局松弛不少，且各省一致响应，实早晚间事耳。其时各种艰窘难决之问题，计不知凡几，仆在此或能稍效涓埃，以裨补一二。其二，则此后外交实为国命所系，仆虽无外交才，然言论举动尚足为外人所重，必须随时局之发展相机表示，以求博世界之同情，若在交通隔绝之区，则此种效力必至减杀。仆窃认此二者，为我躬现最重之任务，未能舍去，若至时局发展稍可抽身，自必执鞭遄征，以从诸君子之后也。

通信大不易，故不惮缕缕，贡其所怀，其琐节应相商榷者，别具弟二书。蓂赓、志清、循若、幼苏、亮侪诸公一同道候，李君协和，相知相敬既久，恨无缘接颜色通闻问，希为我极致殷勤。此书能抄寄黔、桂两镇，以代问讯，尤所驰盼。朔飙正厉，为国自爱，不尽万一。松坡吾弟。知名。一月八日。

赍书者陈君佶人，为周孝怀高足弟子，四川合江人也。悱挚义侠，且熟蜀中会党（各派情形皆熟）形势，可留军中资臂助，若其归蜀运动，亦可委去。

陈君同行有刘君亚修，四川仁寿县人，熊所至亲，人甚明公，不执党见，并乞善遇之。①

**按**：据 1929 年黄群函告丁文江，梁启超"托宁代发之皙电"，是梁通过冯国璋幕友潘博（字若海）找冯的秘书长胡嗣瑗发的，但胡是著名的清帝复辟派。胡当时是冯国璋的秘书长，"颇有实权，其经手代任公所发之电，颇有为冯所不知者，后闻任公第一次致松坡之电，似冯未之先知……冯之内心固为反对帝制，赞同起义，然因种种关系，致其态度颇不显明，究竟不免略带观望色彩，此意胡深知之，故弟每次见冯（弟于起义前一年曾在南京任盐务署长，与冯本亦相识，惟不能深谈耳），必与胡先行接洽，以为进言之预备。至所言之最足以动冯者，不外总统则终有一日可以及，彼若为帝制，则彼终为人下而已。其言至浅，无可回忆。总之，冯之所以肯为任公代致电蔡者，其根本原因在其自身之总统梦，而助因亦有二：（一）为滇既发难，渐有响应，声势颇为不孤，足以促其决心；（二）胡之力劝，惟胡之反袁，当时冯已否深知其故，虽不敢断言，然冯、胡反袁原

---

① 曾业英编《蔡锷集》（二），第 1483—1487 页。

因之大不相同，则可断言也"。①

其第二函说：

> 松坡吾弟麾下：时局概势及鄙怀略具前书。今将应报告应商榷之事，条举如次。

> 伪政府对滇之法，威压与术取兼用。威压计尊处想已知之，吾敢信其悉属无效。彼气已全馁，仅虚张声势而已，其实无一兵可派也。术取之法，首在离间。滇人将军、新巡按之命，即其一端，此亦甚拙劣，不值一笑。其暗中最着力者，则用在京滇人归而运动，闻已派数辈，李即其一。然此辈即到滇，恐亦不敢施其伎。此外则各军官学生欲脱逃投效者，所在多有，而伪政府即利用此种心理，派人冒充，搀入以作侦探。此则在诸贤审其人平日性行及临时察颜观色，期于进不失人、退不失事而已。最当注意者，则敌确已派外国侦探数辈前来。癸丑之役，败于此辈之手者不少，宜慎之又慎。以吾愚悍所及，则凡可疑者，中国人至少予以拘禁，重则除之，外国人至少予以监视，重则遣之。宁我负人，勿人负我。危急之顷，不能空谈仁恕也。

> 外交之事，因现在仅有云南一省，未能公然着手，必俟两广或四川到手，乃易进行。然唐少川、温钦甫两君暗中极出力，王亮畴亦尽力，现在已着着预备。京沪有力之外人已渐认识我军之价值，法人殊敬重吾弟，表深厚之同情。有重庆法总领安君，吾借孝怀先生名刺为介绍于吾弟，相见时希善遇之（按：以上一段，原批拟不发表）。吾在此惟曾晤日领一次，余皆未晤。拟致书大隈、松方、犬养；又致书驻京英、法、美、日四使，日内即发。又拟派静生或觉顿往驻日本，若吾能抽空则当亲往一行，旬日即返（按：此段亦如前批拟删去者）。

> 此间言论极不自由，有力之报皆被贿收，外报亦然（路透电最可厌）。我军机关惟《时事新报》及《中华新报》两家，皆受压迫，未知命运能有几日。宁、沪久不动，此间立足之困难可想。吾每日皆竭全力以作文，然皆未发表，稍待时局发展，然后于数日间尽发之。盖发布后倘效力不能应时立见，则吾将不复能居此，而于大局甚有妨，

---

① 《梁启超年谱长编》，第754—755页。

故不得不稍忍待也。

伪政府今方以全力谋我，侦探暗杀密布寓侧，屡电严责军、使、道尹办理不力，情急可想。吾亦以四印捕自卫，室中不用一仆役，惟小妾执炊。吾终日不下楼一步，吾自信危害决不能及我，乞勿以为念。亮侨来电言欲北旋，外电且报其已行，确否？窃计亮在滇城不如在宁之得力，若犹未行，请勿维縶之。亮眷已代移至津，勿念。敬民嫌疑极重，已不能驻京。今在津，日内当与觉顿偕来沪。季常则非至万不得已时不行，欲借彼稍得北中消息，然现在无信不拆，消息亦殊不易通也。外电称滇政府提取盐税，稽核分所洋员请命中央等语。想是确耗。伍光建（前盐务署首席秘书，久以洋务能员著称）尝为人言，军政府实可以硬请稽核洋员离境，将盐税全部自由处分。盖稽核分所本为担保外债债权而设，外债本息能否照偿，当北京政府未倒前，彼当任其责，若至平和克复，新政府完全成立之时，我新政府亦自能任其责，此时我军占领地实无稽核洋员之必要，不妨以军政府命令护送出境，将来略地至蜀亦然。一则我军可以得大宗收入，一则使敌之财政亦陷困难（盐税余款无得可提，亦略足制彼死命），对外信用亦复坠地，斯亦足以速其自毙。兹事望决行之，虽于条约有小抵牾，要知外人既不能以兵力加我，则其干涉亦何所施。若云恐失同情耶，则彼洋员并非代表他国政府之人，而实为我之雇佣，其职务实属于我国内部行政之一部分。我出于应急手段而暂遣之。不遣，恐或为伪政府侦报我举动，尤当妨［防］也。可以恐保护难周，暂令避患为辞。因彼为中央任命之官，恐军民误会云云。外人安能苛相责备，感情虽伤亦有限。而他方面尚可别图良感之昂进，可无顾虑也。此实目前财政救急之第一策，望断行勿疑，但当其冲者须用一稍善于辞令之交涉员耳。京电谓已有令滇中国银行筹备处毁兑换券，不知该券已运到否，尚保存否？黔行之必能保，则可悬断矣。蜀若得手，亦宜首注意渝行，保得此物为要。军用票久为蜀、黔民所苦，若能勿用则宜勿用。吾今颇思筹得一款，在日本订造镍币若干运来，若得实值三十万之镍币，其名值可至三百万。现在内地所最缺乏者，辅币也，若得此款善推行之，实民所乐。因以吸集现银以充准备，则虽发千万以上之换券而信用不坠。今正设法筹集此项资金，能否筹得不可知，尽吾兄力而已。此时军政府若能不别发军票，即将所到之地所有中国银行券尽数提取，以渐发行，而别出五角、二角、一角之三种小票，以为之辅，使与银行券严保十进法。一面多铸铜元，应此种小票之兑换，亦救急之一法也。

尤有最要之一事，请将自筹安会发生以来，北京关于选举推戴各项事宜唆使之密电全份录出，交此间机关报发表，将彼阴谋尽情暴露。盖非此不能抵参政院反唇相诘之口实，且于外国人之观听关系极重。时前有派幼苏驻港之议，不审幼刻能离滇否？即不尔，亦须派别人来，海防亦宜有人。通信机关见扼，痛苦至不可状也。

又闻尊处近仍有多电寄沪，此间不能接到一通，闻敌正设法搜查密电本云。尊太夫人曾有书到津寓，询弟所在，并有谕帖与弟，想今早别有府报。原件已焚去，希谅。又续得川中书言伍祥祯近日甚堕落，大失军心云云。果尔，则此一旅亦不足平。又闻彼于我军起义前已来通款，确否？

## 其第三函说：

松弟麾下：行人未发，续有应相告语者，拉杂写为三书。数日前路透电忽传有段芝泉脱逃来宁沪之说。路透久被贿收，曷为肯传此耗，识者方滋疑诧。近闻段实被诱脱走，而于中途遇害。此说似确，贼险恶手段，真无所不用其极。

冯华甫可谓竖子不足与谋。最近一两日间殆已失其自由，其幕下参与大计之诸贤，已悉被伪政府驱逐而不能庇，恐此公为段芝泉之续不远矣。吾屡警告以当断不断，反受其乱，彼不能用，是以及此，益可信意志不强者，不足与共大事。惜乎此公质美，未而闻道也。今东南大势视数日前正剧变，同人应变之方约分三派：急进派主张直从下起，不顾成败，但求助西南声势，使敌狼顾不敢分兵西指；慎重派主张仍酝酿不动，以待此中之变，但使华甫一日不离宁，则终有可以利用之一日；折衷派则拟由彼军队拥胁使起，若办不到，则仍勿动。吾颇袒后说，然机局瞬息万变，亦不能刻身也。

张勋最猾险可恶，尊处发于南京、徐州、南昌、南宁四镇之密电，三镇皆秘守，惟张独以告密于北京。幸吾未与布腹心，不尔，几为所卖。

伪政府倡言征滇，只是虚张声势。曹锟虽奉命，至今犹逗留岳州，且密电所亲，求代关说免此行，其中馁可想。调张敬尧所辖原驻南苑之军南下，索饷要挟，几成变。今仍节节逗留观望，未知何时能达宜昌，即达宜昌，亦岂有救于川耶。此外则彼亦更无可调之兵矣，闻彼此数日内对于用兵威滇一节，亦已断念，惟力求敷衍离间胁迫他省，使勿响应。其对付东南各镇则既已精疲力殚，至于黔、桂，计决非彼所能动摇。惟滇之起义已及半月，而此两省态度尚未明了，颇难索解。据此间同人所推测，想是欲弄彼以攫取若干饷项。惟鄙意颇不谓然，与此狡贼斗智术，岂易操胜算，实恐反授以隙而为彼所乘。吾以此警告华甫，彼不能用，今殆败矣。黔、桂虽形势稍殊，然终不可不虑，且先声夺人，亦军事一种大作用。滇起而黔、桂久不应，外国且渐致疑于我之实力；而东南诸镇之观望者愈多愈益怯懦，其所关非细也。数日来黔似已动，而桂仍寂寂，此间已有人赶诣南宁陈利害，愿尊处更力促之。

日本警告之举，本为彼政府系之单独主张（即所谓外务省系），元老及陆军系乃至在野各党皆反对之。议会开会即以此为攻掊之第一口实，彼政府亦几于不能自持，遂将变其主张。吾南下时已闻对日交涉渐次得手，当十二月二十左右，交换条件殆已完全成立。及义师一起，而日本全国态度乃大变，政府系自以观察不谬大鸣得意，反对派亦尽屏息。今全国表同情于我如潮斯涌，伪政府派周自齐为特使送礼乞怜，而东邻婉拒，屡宕行期，即此一着，老贼之气已夺矣（按：此段原批删去）。

有自北来者，言老贼确已病重，都中人参尽被搜买，价为之飞涨。元旦入贺者见彼面目黧黑且瘦削至不可辨识云。津报载有太子监国之议，其原因实由此。此情理度之，此贼安得不气杀急杀，但若彼得正首丘，天道犹为无知耳。伪政府财力之窘不难推见，司农本久仰屋，此次国体运动费支出者又不少。前月中旬新借款稍有眉目，今已绝望，并盐税余款亦不能提。义军既起，各省托词防务，截流京饷，一文不解。湘、粤、桂各省且要求征讨费，既不敢给，又不敢不给，其北军之直接要索者又无论矣。本日京电称，中央官俸仿元年例，改为六十元均一。此电《亚细亚（日）报》亦已载，是其财政竭蹶情形既已暴露。今彼穷极无聊，惟恃中、交两行滥发纸币。然以吾度之，此两行不出两月必且破裂，其时即为北京兵变之时，亦即老贼绝命之时也。

大树若遂不能保现在之地位，则将来全局破裂后，东南更无人可以收拾，大约前清复辟必成事实，而主动者则非复我国人。沿江沿海一带，糜烂当不知何若，西南责任于兹更重矣，诸贤勉之。

滇中财政计划近稍有生发否？极盼以概略见示。前书言当自由处分盐税之全部，此事宜在所必行。更有请者，滇中巨富颇多，此时宜晓以毁家纾难之大义，半敦劝半强迫，亦非得已。其最两全者则莫如扩充富滇银行资本，强劝巨室投资，集得此资即以公债形式全部贷与军政府。此种办法不惟与献纳军资迥异，即与一般之强迫军事公债亦显殊。盖就银行方面论之，既得此资本，宜求放贷生息之途，而贷诸政府比较的最为可靠，然银行之所贷与者，以兑换券相授受而已，其现金则仍存储银行，专充兑换准备，但使兑换券信用能孚，则现金始终不动，岂惟不动而已，且使运用得宜，更可广为吸集，使准备日厚，银行对于股东负有债务，而对于政府取得债权随时可以相抵，而中间大增其活动之力。就军政府方面言之，但使能监督银行，使常有三分之一或四分之一准备，则兑换券之信用必无或坠。信用既立，其兑换券必有一大部分不来兑现，而此一部分不来兑现之券额即可化为永息公债。盖政府以公债之形式，而对于银行负有债务（一般公众以债权者之资格），银行以兑换券之形式，而对于一般公众以债权者之资格对银行，既信用其公券而不汲汲于兑换，则银行以债权者之资格，政府亦可以信用其公债而不汲汲于索偿，各国永息公债之起源皆由此也。就出资人方面言之，直接贷资于政府，一重担保而已；投资银行，而由银行贷与政府，则得两重担保，而在银行非所称世界金融总心脏者乎。考其起源，则不过二百年前英王因军资不给之故，向伦敦富室商借百二十万镑，富室允借而要求设此银行，取得发行兑换券之特权，其后逐渐发达，遂有今日。其动机本出于勒借，其结果乃得一福国利民之机关，为万邦取法，此实一最有趣味之历史，而正我前事之师也。彼中国、交通两行，不过一大钱庄耳，曷尝能尽银行之职务，且为袁贼蹂躏，倒闭行在旦夕。滇以首义之区，天下所宗，将来富滇之名，必且易为富国，在今日即宜以国家银行之职责自任。滇之富室，欲投资者，其特权优越岂有过于此哉。望以利益及义务两种观念，督劝滇绅商勉为担任，利赖曷极。吾始终不欲漫发军票，盖以今兹倡义，非图破坏而图建设，无论将来能否奏底定全国之功，而最少亦须整顿一切，树联邦模范，殊不愿以苟且之政，劳将来以收拾，故语及财政，辄斤斤注意此事。在北已经讨论极多，今特详赘者，以备出［示］好义之巨室也。

顷闻梁士诒勾通税司，假海关事为名，与滇税司往复密电甚多。此事至危，请即烦约束。凡外人往来之电，无论领事、教士、税司，只准用明码，不得用密码，必不得已须用时，非经检查员检查过视为无害，不得辄发云云。切要切要。伪政府顷对于各口岸通滇之电已如此办法，不然何至此间与尊处通电之路尽绝耶。寇能尔而我不尔，取败之道也。

第二书言将伪政府前后捣鬼之密电宣布一事，请速办。先由尊处发布且译寄各领事，并作一文，据此驳参政院呈文斥滇反复之语。一面仍将全件寄此间报馆发表，能将官印原电纸拍照寄来尤妙。

外电称精卫已在军，闻之喜而不寐。希为我极致相念之诚。余续布。

## 其第四函说：

松坡吾弟：前由法邮寄三书，托幼苏（按：陈廷策，字幼苏）转，复将原书录副托陈佶人带上，想均达。即夕得六日赐书，欣慰无量。今将应复应陈诸事列次。

佶人行时，尚托带扩充富滇银行说帖一篇，诸公谓此办法如何？若以为可行，即请复示，并请由滇印交港行转布，当设法在外招股，与募捐并行。

东南诸镇，真是朽骨，今惟观望成败而已，乃至桂帅亦同此态度，良可浩叹。大树已成曹爽，今无复可望。江浙间从下暴动，尚非不可能，乃胜算初无一二。吾力持不可，盖即此微微之势力得之亦不易，何可孤注一掷。夫战，勇气也，旋起立败，其挫实多，影响将及他方，且使敌得以夸于外人，谓彼尚有平乱之力，此大不利也。今即此酝酿亦不患时机之不至，所争者时日耳，吾侪亦无所失望。吾侪在津定计时，何尝希望他方之立应？此一月来，眩于空华，徒自扰扰耳。须知今日之事，不能与辛亥齐观，辛亥专倚虚声，今次惟斗实力。倚虚声故，故墙高基弱不能自坚，致为元凶所盗夺。今兹但能力顾藩篱，得寸则寸，得尺则尺，相持数月，诸方之变必纷作，而吾主力军既立于不可败，夫然后天下事乃有所凭借以得所结束。更质言之，将来必须以力征经营，庶得有净洗甲兵之一日，他镇之不遽应又庸知非福耶！诸公勿缘此而稍有懊丧，天下事惟求诸在我而已。凡人若只能听好消息不能听恶消息，便是志行薄弱，便不能任大事。须知我辈当此万难之局，而毅然以身许国，岂为高兴来耶。将来所遇困难失意之事，应不知凡几，若以小利小挫而生欣戚，则即此憧憬之心境已足以败事矣。吾书中不好报告好消息，而恶消息则必报，亦为此也。

有一事亟须奉闻者，则岑西林已于四日前抵沪也。此行诚未免失之太早，因党人以为两粤指日可下，故往迎之。及到港而情形不妥，不能淹留，乃以原船来此，幸极密，无一人觉，而在此无论何地皆难安居，乃迎来与吾同寓。惟其所响［向］，颇费研究，吾力主其入滇，盖一则可以壮军势；二则彼在蜀民望尤隆，得彼遥为坐镇，将来蜀中内部之整治裨助不少，且游说两广亦较有力也。而西林先生颇自引嫌，有所徘徊，其后商略之结果，谓入滇后只能作寓公，以赞襄帷幄，无论何种名义皆不居，若滇中允此条件，则甚愿行云云。审其意，殆恐到后有人议及位置，彼反无以自容，所虑亦至有理。今已决意先行东渡，日内如两粤能动，则彼自当留粤，若形势依然，则以彼地望，无论何处，皆难托足，舍滇奚适。请弟与蓂公速作一书来欢迎之，声明但请来指示机宜，无论何种位置决不奉强，则彼必欣然相就也。滇中财政之窘久在意中，来此荏苒匝月，一筹莫展，渐汗焦灼，不可言喻。顷已决派小婿周希哲往南洋募捐，彼为南洋产，多识其人。今得西林作书介绍，吾亦作书，或可有得。惟当由滇政府发一印文委任状，想已有空白状到港，彼得此即行。若富滇银行扩充办法可行，则并以招股事委之可耳。

前两书言提用盐款，护送稽核分所洋员出境事，不知已办否？此着屡经研究，确实可行，望勿迟疑。蒙自关税亦宜与商提取。即不能提，亦当办到存储外国银行，不解中央（上海银行）。

外交界消息极佳，日本公然拒绝卖国专使，闻三次警告不日将提出，且日本刻意联络吾党（青木少将特派驻沪，专与吾党通气，日内便到），饷械皆有商榷余地。张润农（按：张孝准，字润农）顷来沪，明日可到，到后便知其详。吾决以二十八日东渡，或能有大发展，亦未可知（按：此段原批删去）。

绥远起义，占领包头。潘矩楹免，以孔庚代。总统府发见炸弹，阴谋者为袁乃宽之子。顷方大兴党狱，人心皇皇。觉顿、孟希、佛苏三人中，日内必有多人偕往粤以说胁坚白，使迫龙、陆。闻桂之观望，颇由坚作梗，此行当破釜沉舟，凭三寸不烂之舌冀有所济也。镕西顷随西林东渡，似留彼在沪裹外交事。吾东渡后小住旬日便当来滇。孝怀、觉顿必偕行，孝怀性行才识为吾党第一人，尤谙川事，彼来所助不少也。来书尚约远庸，痛哉，痛哉，今失此人，实社会不可恢复之损失也，书此泫然。①

3 月 31 日，蔡锷电告梁启超说："前奉四书，以军书旁午，又邮路梗塞，迄未肃复。"② 9 月，又在上海为梁启超《盾鼻集·函牍第二》所撰《跋》中说："锷在军中凡得先生八书，每书动二三千言，指陈方略极详。先生既不存稿，而锷检行箧，仅得其一，其余七通，滇、黔军署皆有副本，他日更当补钞布之耳。蔡锷识。"③

9 日

▲唐继尧在第一师司令部"搭彩演戏，欢迎蔡松坡、李烈钧两人"，到会者约数百人，分别是"军界少校以上，政界科长以上，警界署长以上，学界教员以上"人员，"商界则派数人"。④

10 日

▲护国第一军第三支队"由省出发"。16 日，蔡锷电令行至沾益的中路前锋董鸿勋"赶速入蜀"。⑤

---

① 以上三函见曾业英编《蔡锷集》（二），第 1487—1494 页。

② 见本书 1916 年 3 月 31 日记事。

③ 曾业英编《蔡锷集》（二），第 1483 页。

④ 《云南通信（一月十四日发）》，《申报》1916 年 1 月 29 日。

⑤ 《董鸿铨入蜀讨袁日记》，上海《中华新报》1916 年 5 月 6 日。又见滇省耕云通信《董鸿铨入蜀讨袁日记》，《护国运动资料选编》上册，第 235 页。

11 日

▲日本驻天津总领事松平恒雄以"机密第 4 号"函告石井菊次郎，有关袁世凯"原教育总长汤化龙"自去年辞职移居天津后的"行动"。说："原教育总长汤化龙自去年十月辞职移住天津，蛰居在意大利租界的宅邸以来，因身为帝制反对者而受到中国官宪的监视。但汤与当时同寓居在意租界的梁启超有来往，已引发种种传言。据传汤与其弟湖南将军汤芗铭之间秘密通信，策划阴谋，待时机成熟将赴湖南，因此本地的中国官宪更严密关注其动向。去年十二月，梁启超离开天津前往南方后，传言汤也相继前往上海，但事实上仍滞留天津。闻知本月 3 日警察厅长杨以德曾拜访汤，因此派警察厅顾问原田向杨打探相关消息。杨该日前往汤化龙在意大利租界的宅邸，表示中国官宪对其未有任何限制性之意，汤可安心在华界自由行动，并力劝汤因迄今未曾公开表示反对帝制，不如此时进而表明赞成帝制。汤则表示现今如此表态虽十分困难，但袁世凯对自己常年的功劳也不会忽视，很难拒绝上述提议，暗中流露出希望授爵之意。杨 8 日即赴北京与大典筹备处商议，但大典筹备处认为如先由大总统方面向帝制反对者给予授爵的恩典，要求同等待遇者将会层出不穷，因此须由汤先向袁表明赞成帝制之意，再满足其愿望。因而目前是维持现状，注意监视汤之行动，以防其逃亡别处。杨以德 3 日前往梁启超宅（眼下因梁不在，其母亲、妻子、孩子等居住）晓以大义，称如据此时风传梁将赴美国等处从事反袁活动，一旦袁世凯有不测，同时国家也将灭亡，他日梁回来时中国将不复存在，故要求梁不要赴海外，并劝其家人派仆人去说服滞留上海的梁启超。此为杨以德向原田转述内容，特此报告以供参考。本函副本抄送日置公使。"①

12 日

▲"下午 0 点 10 分"，日本驻香港总领事今井忍郎密电石井菊次郎，告知他与"革命党领袖叶夏声"在香港密晤，以及云南财政窘迫等情况。说：

---

① 《关于原教育总长汤化龙的行动》，JACAR（アジア歴史資料センター）Ref. B03050719 800、『袁世凱帝制計画一件（極密）/反袁動乱及各地状況』第二卷、日本外務省外交史料館、1-6-1-75。外務省 1 月 17 日收到。

与当地革命党领袖叶夏声秘密会晤的要领如下：目前潜伏在本地。观察时局变化者有林虎（之前称其从广东前往江西省为误传）、李根源。李根源曾有在云南被排斥的历史，终究无法见容于当地，此次从最初就滞留本地。另，许崇智一周前赴上海，最近从济南到达新加坡的岑春煊于本月 5 日致函林虎，表示正在考虑近日赴上海或是海丰。无论是李烈钧还是蔡锷，素来都不服膺岑，正如所传岑将成为大总统候补，与他们的一贯主张是相互排斥的，报纸上所称他们推荐岑任大总统之传言不实。熟知此间消息的岑将来难言，但此时应不可能赴云南，自己则期待岑不日将搭乘日本船来香港，暂时潜居澳门观望形势。另外，陈炯明因其人格等问题，岑春煊及其他同志内心对其疏远，此次他的举兵未与云南及自己等同志的计划，没有任何联系，是完全孤立之举，他们身处澳门（之前称赴惠州的电报完全是误传），纠合了一批毫无训练的乌合之众，且多数为盗贼之徒，由不知名的头领指挥，在惠州因龙济光的机关枪和大炮，最后遭到彻底大败。这自然在意料之中，即便如其预期攻下惠州城，但广州城基本无关痛痒，根本不会对大局有任何影响。

云南省财政窘迫，除了李烈钧自南洋前往云南途中，收到本地的一商人因个人事业相关的 12 万美元的捐助，及之后蔡锷又从上海带来 3 万元的资金之外，没有其他军费。李虽然是巨富，但从其性格来看，此时也不太可能投入自己的资金。今后数月内如无其他省份的协力，仅财政困难而言，云南的将来不免悲观。作为战略，蔡锷计划与熊克武一同入川，但原本四川的六个师团全都对孙逸仙一派的革命党抱有同情，并不乐见蔡锷麾下的军队入省（以云南的联队长董鸿勋为主，各联队长经去年来秘密运动的结果，基本上成为孙一派）。且四川人惧怕云南军队的掠夺、强奸，当其入省时……（译电不明——译者注，下同），必然予以拒绝。蔡锷与李烈钧一度绝交，此次……（译电不明），且有与两者关系良好的唐继尧居中，两人应暂时不会冲突。两人都是极有野心者，且任可澄乃遇有压迫参加，云南的将来完全不容乐观。广西的陆荣廷极为同情革命党，现在仍将各代表留在香港，与党人保持联络。且陆常常不忘岑春煊的恩义，去年底还曾试图通过广东的华侨向岑寄 7000 美元，但龙济光知悉后进行了扣押。故此时陆旗帜不鲜明的理由完全是畏惧龙济光的兵力。据报纸风传陆的养子率征讨军前往云南，但根据前述事实及其养子为愚蠢放荡之人，根本没有统率征讨军才略的事实来看，相信只是无稽的谣传。总之，只要龙济光不倾向于革命党，陆的态度目前依然不明朗，即便有岑春煊的劝告也难预料。（待续）①

▲报载统率办事处电告云、贵以外各省军政长官，对蔡锷举动，"滇人赞助者甚多"，也颇有暗中"反抗者"。说："华密。顷接滇探电，李烈钧又回滇，蔡锷举动，滇人赞助者甚多，暗中颇有反抗者。乱徒因见势孤，志气阻〔沮〕丧，唐继尧向外人述说，颇露悔悟之意等语。特达。处。文。印。十三号到。"②

14 日

▲"下午 7 点 40 分"，日本驻汉口总领事濑川浅之以"第 26 号"密电石井菊次郎，告知从谭人凤密使谭蒙处获得的孙中山革命党人此次反袁称帝的"大体方针"。说：

此次谭蒙作为谭人凤密使，前往湖南途中路经本地，据其向本馆馆员透露要旨如下。革命党目前正努力与各方的帝制反对者取得联系，随着成效显著，总部已制定如下大体方针。

（1）暂时以云南、贵州为根据地，留下有力之党员援助蔡锷，接下来策动四川独立〔目前熊克武已在四川，联系刘、周（按：指刘存厚、周骏）两个旅团长〕。

（2）促使广东、广西两省独立（目前岑春煊的部下多数已进入广西省，正在活动中）。

（3）派党员赴陕西省联络回回教徒。

（4）联同河南省的白狼，扼守黄河，防止军队南下（隶属柏文蔚的部下多数已进入河南，正在活动中）。

① 《驻香港总领事今井忍郎致外务大臣石井菊次郎密电·第 10 号》，JACAR（アジア歴史資料センタ（一）Ref. B03050719600、『袁世凱帝制計画一件（極密）/反袁動乱及各地状況』第二卷、日本外務省外交史料館、1-6-1-75。1 月 12 日上午 11 时到外务省。

② 成都《国民公报》1916 年 1 月 25 日。

（5）迫使湖南的汤将军迅速宣布独立（谭人凤的部下，曾任湖南省旅团长的何士祺及唐蟒已进入湖南）。

（6）湖北省待湖南独立后，由驻襄阳的黎天才宣布独立。

（7）不与宗社党发生任何联系。

据称以上为本部方针的概要，各首领的多数目前聚集上海，等候时机，占领南京，计划袁发表登基的同时，占领南京建设临时政府。

此电已转发驻华公使。[①]

15 日前后

▲蔡锷发表誓师讨袁文。说："维中华民国五年月日，护国军第一军总司令蔡锷谨率所部官兵全体，以牺牲酒醴之仪，敢昭告于皇天后土而誓师曰：呜呼，天祚华胄，肇造区夏。治隆中古，实官天下。子氏始衰，不率厥德，朝觐讼狱，化家为国。玉食万方，宅中无外。丈夫如是，可取而代。狐鸣篝火，不寇斯王。人尧家禹，杀伐用张。亦有神奸，睥睨神器。狐媚孤寡，患生肘腋。天地大宝，于囊于橐。海盗致乱，一丘之貉。岁在辛亥，苍头特起。攘除旧污，复我先矩。易占无首，礼运大同。畇畇禹域，天下为公。相彼关东，群雄如堵。本初拥众，遂为盟主。眷怀国难，风雨漂摇。百尔退听，谁则旁挠。民怀其粒，待泽孔殷。彼昏弗恤，苛政繁兴。封豕启疆，协以谋我。彼昏曰诺，何求弗可。失我民依，斫我国脉。自我视听，天夺其魄。帝制自为，在法必诛。卓焚其脐，炀斫其颅。时日曷丧，天人共怒。海内汹汹，维一人故。重足侧目，湮郁待宣。奕奕南疆，为天下先。五百存田，六千报越。矧兹有众，而不克捷。谁捍牧圉，日维行者。与子同仇，不渝不舍。严尔纪律，服我方略。伐罪吊民，义闻赫濯。汝惟用命，功懋懋赏。违亦汝罚，钦哉弗谖。嗟尔有众，为国力勤。念兹誓词，其克有勋。"[②]

又发表《训示将士文》。说：

---

① JACAR（アジア歴史資料センター）Ref.B03050719700、『袁世凱帝制計画一件（極密）/反袁動乱及各地状況』第二卷、日本外務省外交史料館、1-6-1-75。15 日上午 5 时 30 分到外务省。

② 《〈义声日报〉汇刊》第 1 卷第 1 期，1916 年。又见《四川军阀史料》第 1 辑，第 220—221 页。蔡锷是 1 月 16 日启行出征的，由此推知此誓师文当发表于 1 月 15 日前后。

昔华盛顿之建设美国，血战八年；明太祖之光复汉族，汗马十五载。后人徒矜其战绩之雄伟、功业之炳耀，不知当日任事之茹苦含辛，千回百折，上而将校，下而士卒，有足以惊天地而泣鬼神、撼山岳而动风雨者，非偶然也。夫军国大事，非具有雄伟沉卓之毅力，不足以任仔肩；非得有心德同一之志士，不足以勘大难。勾践沼吴，整军实，尤奋士气；武侯伐魏，策将校，更励戎行。故敌忾之心，必共相磨砺，而后奋毅不衰；制胜之道，必群相效命，而后攻取有准。今锷与诸军士拥护共和，首义北伐，目的在诛锄独夫，复我民国。责任既如此重大，志力应如何坚定，皆我同胞所宜深求者。特为分别训示六端，与我诸军士共同遵守，借资勉焉。一、明忠义。军人天职，以保卫国家、服从命令为要义。祖逖慷慨击楫，志清中原；卫青努力从戎，心忘家室。古人以身许国，生死不渝。惟忠义之居心，即白刃之可蹈。宋华元军中绝粮，兵士之心益固；张睢阳易子而食，士卒之守愈严。故将校明忠义，必为勇烈之将；军士明忠义，即成铁铸之军。此身可死而不可屈，此志可亡而不可夺。愿我军士，共励此心。一、守纪律。士匄论兵，只贵整眼；廉颇为将，专务严肃。一营不严纪律，则一营之形势必涣；一军不严纪律，则一军之志气皆堕。故程不识之严明，终胜李广之宽纵。诚以纪律者，三军之精神也。今我诸军士，务期恪守军纪，幸勿妄犯秋毫，以成我等伐罪吊民之举，而慰人民大旱云霓之望。倘或不守规则，即是明知故犯，军法具在，决不姑容。愿我军士，各慎厥身。一、尚武勇。光武之战昆阳，无不一以当十；韩信之阵背水，无不一以当百。赵云百战疆场，遇劲敌身不落后；樊哙一生战绩，凡攻城已必先登。是知武勇者，冲锋破敌之要素也。既贵有乌获孟贲之材，尤贵有赴汤蹈火之勇。斩将搴旗，本军人之能事；擒贼擒王，真战士之勋劳。故古时豪杰，以马革裹尸为荣；而日本军士，亦以战死沙场为美。不入虎穴，焉得虎子。人人有杀敌致果之心，人人存一往直前之志，则西出巴蜀，北扫燕云，亦指顾间事也。愿我军士，追踪前人。一、振军威。吴起守西河，秦人不敢东向；魏尚镇云中，匈奴不敢南下。军威既已素著，先声自能夺人。未战之先，宜养精蓄锐；既战之时，宜奋力当先。谢安石淝水鏖兵，一战而秦师胆落；岳武穆仙桃对垒，一阵而金人心寒。古人兵一出，而威震天下、势如破竹者，声威先播，故所向无敌也。今我军北伐，固宜有一最猛烈，最名义之战绩，以慑敌人，而寒贼胆。将来过都越国，纵横燕赵不难矣。愿我军士，养气以待。一、耐劳苦。陶侃从军，终日勤劳；徐绩治旅，备极甘苦。古人身为大将，劳苦且然，况于士卒。即在平时，亦宜殷勤操作，况于出军。故晏安为酖毒之媒，劳动即立功之本。苦必有甘，劳而后逸，自然之理也。今兴师北伐，凡我诸军士，自此一举一动，一行一止，或披坚执锐，或秣马厉兵，务宜群相奋勉，力事操作。切勿希图苟安，以怠士气。一、笃亲爱。同心同德，武王以三千而王；离德离心，商纣以亿万而灭。亲爱者，致胜之根本也。《传》曰：师在和而不在众。《荀子》曰：攻战之本，在于一民。是故将帅和，而后三军之声气融；兵士和，而后行伍之血脉贯。出入相友爱，患难相周恤。对于长官，如家人父子之相亲；对于同类，如季昆金友之相契。勿见利而忘义，勿乐祸而幸灾。勿互相倾轧，如参商之间隔；勿彼此猜嫌，如水火之不容。务须同仇敌忾，如手如足。我诸军士，其勉之乎。以上数端，不过略举大概。凡诸将士，尤当竭诚尽忠，以尽天职，以全名誉，庶几众志成城。以此破敌，何敌不摧；以此图功，何功不克。愿与诸军士，互相勖勉焉。①

## 15 日

▲蔡锷与唐继尧、李烈钧发布告全国同胞誓词，宣布其职责"惟在讨袁"，"凡建设之事，当让贤能，而且将通力合作，决不自启分裂，但能助我张目，便当引为同志，绝无偏倚，更无何等种族界限"。说：

> 中华民国护国军都督唐继尧、第一军总司令官蔡锷、第二军司令官李烈钧誓告于我全国同胞公鉴：
>
> 袁为不道，窃号自娱，言念国危，有如朝露，尧等不忍神明之胄，递降舆台，更惧文教之邦，永沦历劫，是用奋发，力任驱除。首事不过兼旬，风声已播全国，具见时日之痛，悉本于人心，差幸疾风之节，犹光于天壤。惟是栋崩栋折，讵一木之能支，定倾扶危，将群材之是

---

① 《护国第一军总司令蔡训示将士文》（1916 年 1 月中旬），四川官印刷局调制原件影印件。

赖。尧等回天力薄，返日心长，不惜执梃效挞伐之先，所冀鼓桴有声应之助。乃如党分洛蜀，疑有异同；地判越秦，不无歧视，或谓伯符有坐大江东之势，抑恐敬业存觊觎金陵之心，凡此疑似之辞，虑不免于谗间之口。窃为是惧，用敢披沥肝胆，谨布誓词，以告国人，并自申警。

一、同人职责，惟在讨袁。天祚吾民，幸克有济。举凡建设之事，当让贤能，以明初志。个人权利思想，悉予铲除。

一、地无分南北，省无论甲乙，同此领土，同是国民。惟当量材程功，通力合作，决不参以地域观念，自启分裂。

一、倒袁救国，心理大同。但能助我张目，便当引为同志。所有从前党派意见，当然消融，绝无偏倚。

一、五大民族，同此共和。袁氏得罪民国，已成五族公敌。万众一心，更无何等种族界限。

兹四义者，誓当奉以周旋。苟此志之或渝，即明神所必殛。皇天后土，实式凭之。惟我邦人诸友，鉴此心期，或杖策以相从，亦剑履之遝及。其诸同仇可赋，必有四方豪杰之来，众志成城，不堕二相共和之政。谨告。唐继尧、蔡锷、李烈钧。[1]

## 16 日

▲蔡锷为"壮声势"而"争先着"，顾不得"后方部署尚多待理"，率部自昆明"启行"出征北讨。[2] 据义声日报社同人说，蔡锷先是"以西法所拍肖影，留置本社"，"同人等厕滇父老末而送公于郊，得瞻公乘马款行，意度闲雅，凛然其威，蔼然其容"。而"滇人士闻公之将行也，扬旗结彩，辉耀街衢，祖帐之盛，绵延于十里郊关之外，无论妇人孺子莫不以一睹公之行为幸者，是又公平日之恩泽，有以沦浃于滇民云尔。当师未行之先，北风微雪，天气阴晦。至师行之日，忽而豁然开霁，一晴无翳，旭日一轮，高捧中天，舒光泛景，晃漾于千旍万纛中。而士马无声，鱼鱼肃队，号令

---

① 《滇声报》1916 年 2 月 21 日。又见《四川军阀史料》第 1 辑，第 221—222 页。文字略有不同。誓词中有"首事不过兼旬，风声已播全国"一语，当可推知成文于 1 月 15 日。

② 见本书 1916 年 2 月 8 日记事。

寂然,是可以觇军容之盛已"。①

又发表《告滇中父老文》,对云南父老"扫境内之甲兵以属之锷",表示将"竭股肱之力,济之以忠贞,以求勿负我父老之厚望而已"。说:

> 锷去滇二年于兹矣。忆辛亥起义,仓卒为众所推,式饮式食于兹土者,亦既有年。自维德薄能鲜,无补于父老,而父老顾不以其不职而莫我肯谷焉,则父老之所以遇我者良厚。属以内迁,不获久与父老游。卒卒北行,伴食权门,郁郁谁语?睹此国难之方兴,计好义急公,堪共忧患,誓死生者,茫茫宇内,盖莫我滇父老若。今锷之所以来,盖诚有为国请命于父老之前者,愿父老之垂听焉。

> 民国成立以还,袁逆世凯因缘事会,遂取魁柄,凭权借势,失政乱国。内则金壬竞进,苛政繁兴,盗贼满山,人民憔悴。外则强邻侵逼,藩服携贰,主权丧失,疆土日蹙。乃袁逆曾不悔祸,犹复妄肆威权,排斥异己,挥金如土,杀人如麻,等法制如弁髦,玩国民于股掌,伊古昏暴之祸,盖未有若袁逆世凯之甚者。顾中国志士仁人,所以忍痛斯须、虚与委蛇者,诚念飘摇风雨,国步方艰,冀民国国体不变,元首更替有期,犹可徐图补救耳。乃袁逆贪黩,又复帝制自为,俾兹祸种,贻我新邑。袁逆之帝制成,吾民之希望绝矣。比者,胙土分封,绵蕞习礼,袁逆急急顾景,若不克待。而起视四境,则弥天恣叹,群发蒿里偕亡之恶声。武夫健士,则磨刀霍霍,莫不欲剚刃贼腹。袁逆日暮途穷,谋逆愈亟,惧人心之不附,则又援外力以自固。参加欧战之危局,承诺东邻之要求。以若所为,不惜以国家为孤注,以求彼一人之大欲。呜呼!袁逆冢中枯骨耳。石敬瑭、张邦昌之故事,彼固可聊以自娱。顾我神明华胄,共偷视息于小朝廷之下。嗟我父老,其又安能忍而与此终古耶?诸葛武侯有言,汉贼不并立,王业不偏安。今日之势,民国国民与袁逆义不共戴。三户亡秦,一旅兴夏,有志者事竟成。此匹夫之通责,而亦天下之公言。虽然积威约之渐,举国若喑,相视莫敢发难。独以西南一隅,先天下而声叛国之罪,是则我父老之提携诱导,其义闻英声,夫固足以大暴于天下后世矣。锷远道南来,

---

① 《本社同人送蔡松坡先生讨袁序》,《〈义声日报〉汇刊》第1卷第1期,1916年9月1日。

幸获从父老之后，以遘兹嘉会，而又过辱宠信，扫境内之甲兵以属之锷，俾得与逆贼从事。锷感激驰驱，竭股肱之力，济之以忠贞，以求勿负我父老之厚望而已。抑全功未必一蹴之可企，而有志岂容一息之或懈，锷行矣。其所贾余勇而策后劲，以期肤功迅奏，而集民国再造之大勋者，伊谁之责？愿我父老之一鼓作气，再接而再厉之，以期底于成。斯国家无疆之麻，而亦吾滇父老不朽之盛业也。①

3月4日，有自署南舟的记者读过蔡锷此文后，发表感言说："蔡公松坡少年日自号"击椎生"，曾著论载诸《清议报》者也。昔张子房为韩报秦仇，得力士仓海君操铁椎，狙击始皇博浪沙中，误中副车，始皇惊索弗得，令天下大索十日。后儒邱琼山氏论之曰：子房狙击始皇，未逾年，始皇竟死，自此陈胜、吴广之徒，相继而起，是……（按：此处报纸残缺）如哉。二千载来，英风寥邈矣，今何幸又以蔡公见之。公之号"击椎生"也，当在青年，不知何所取义。而证之以今日之倡义讨逆，一声霹雳，起于南天，是不啻博浪沙中之一击也，此公之勇也。回忆辛亥之役，公在滇反正，任军都督者二年，滇中秩序之安谧甲天下。癸丑冬入京，与当局共事者又二年。公烛照袁氏，将有僭窃阴谋，乃虚与委蛇，托病之天津。自天津而日本，而上海，而香港，而海防，以达于滇。即与滇都督唐公同心举义，以拥护四万万人共和之民国。时论比唐公、李公与公为三杰，不洵然哉。夫自袁氏盗国，一般功狗之附逆者，既不知礼义廉耻之谓何。其知之者，则又不能脱彼羁绊，即如副总统黎宋卿氏、陆军总长段芝泉氏，智矣，勇矣，而皆为伪政府所幽囚。其他之欲引避而不能者，又不知凡几也。惟公见几而作，譬如鲲鹏之图南，水击三千里，抟扶摇而上者九万里，袁氏虽大索之而终不可得，此公之智也。子房之智在击秦之后，公之智在讨袁之先，所谓易地则皆然也。论者又谓子房有儒者气象，公之风度，盖与之同。然子房优于运筹帷幄，而不能披坚执锐，以驰骋于千军万马间。公则文武兼资，英毅绝伦，古今人又何尝不相及也。今者，公膺护国第一军总司令，取道蜀川，吾人日闻捷音之震耳，益足见公之智勇深沉。要不难歼彼逆军，北取成都，东取重庆，出三峡，会师武汉，直捣幽燕。俾谋逆

---

① 曾业英编《蔡锷集》（二），第1243—1244页。

袁氏，一如独夫之授首，必至于是，而击椎生之志愿乃大偿焉。吾人读公《告滇父老文》有曰：民国国民，与袁逆义不共戴。三户亡秦，一旅兴夏，有志者事竟成，此匹夫之通责，而亦天下之公言。如公所志所事，岂不令人闻风兴起哉。故自滇军倡义来，各省民军，已如陈胜、吴广之继起，是子房一击而亡秦，公一击而亡袁，后之视今，亦犹今之视昔也。抑又闻之，公在少年日，曾师事梁任公先生，是应在任公著作《清议报》之时。然则谓任公为圯上授书之老人也，亦无不可。"①

按：综观南舟全文，虽然首句即言"蔡公松坡少年日自号'击椎生'，曾著论载诸《清议报》者也"，最后又说明"抑又闻之，公在少年日，曾师事梁任公先生，是应在任公著作《清议报》之时。然则谓任公为圯上授书之老人也，亦无不可"，意思是说，"抑又闻"蔡锷"少年日曾师事"梁启超，所以，其"自号'击椎生'"，也"应在任公著作《清议报》之时"。而梁启超之于蔡锷，则犹如秦时在圯桥上授《太公兵法》于张良的黄石公。

但是，这并不表明南舟真的清楚，甚至认定蔡锷"少年日"，即有"自号'击椎生'"一事。因为其文还有言：自张良"为韩报秦仇，得力士仓海君操铁椎，狙击始皇博浪沙中，误中副车，始皇惊索弗得，令天下大索十日……未逾年，始皇竟死"后，"二千载来，英风寥邈矣，今何幸又以蔡公见之。公之号'击椎生'也，当在青年，不知何所取义"。然后解释说："而证之以今日之倡义讨逆，一声霹雳，起于南天，是不啻博浪沙中之一击也，此公之勇也。""惟公"能"见几而作，譬如鲲鹏之图南，水击三千里，抟扶摇而上者九万里，袁氏虽大索之而终不可得，此公之智也"。所不同的是张良"之智在击秦之后"，蔡锷"之智在讨袁之先"。张良"优于运筹帷幄，而不能披坚执锐，以驰骋于千军万马间"，蔡锷"则文武兼资，英毅绝伦，古今人又何尝不相及也"。而张良"一击而亡秦"，蔡锷"一击而亡袁，后之视今，亦犹今之视昔也"。意思是说，蔡锷"之号'击椎生'也，当在青年"日，只要看一下他今日护国讨袁的表现，就可知他"自号'击椎生'"的"取义"了。

---

① 南舟：《书护国第一军蔡总司令〈告滇父老文〉后》，云南《义声报》1916 年 3 月 4 日。

可见，蔡锷自号"击椎生"，究竟是"少年日"，还是"青年日"，南舟自己也没定论。他之所以说蔡锷"少年日自号'击椎生'，曾著论载诸《清议报》者也"，并不是他真的清楚、认定蔡锷有此事实，而是凭借他目睹蔡锷"今日之倡义讨逆，一声霹雳，起于南天，是不啻博浪沙中之一击也，此公之勇也"，且"见几而作，譬如鲲鹏之图南，水击三千里，抟扶摇而上者九万里，袁氏虽大索之而终不可得，此公之智也"这一现实壮举，"抑又闻"蔡锷"少年日曾师事"梁启超的一种联想而已。

正因如此，五个多月后的 8 月 11 日，这个"南舟"再次著文谈及此事时，便不再说蔡锷"少年日自号'击椎生'"，而改口说："记者尝论蔡总司令当青年日自号'击椎生'，有似于张子房。子房击秦之明年，祖龙死，故邱琼山先生谓豪杰并起而亡秦，皆子房一击之功。因观于蔡总司令与唐抚军声讨袁氏之罪，一声霹雳，起于南天，犹博浪沙中之一击也。且云南首义后，公即率第一军入川，首当大敌，血战泸纳，北军挫败，自公讨贼之明年，袁世凯死。今日者黎大总统继任，其阔达大度，日本议员望月氏适拟之为汉高焉。昨阅中央策令，任公为川督，公以积劳多病，乞电退休。功成而不居，大有张良从赤松子游之风概，然后知公之青年即自号'击椎生'，至今日已偿其素愿，并遂其初心。亮节高风，与古豪杰后先辉映，此可见公之所挟持甚大，而其志甚远也。虽然在公，功成身退，固可为今人树一良模范矣。特是共和再造，来日大难，而公之一身，实为天下安危之所系，斯人不出，如苍生何？吾不禁崇拜英雄，而为之睪然高望，穆然深思也。"①

此外，还有值得一提的，就是《清议报》迄今犹完整存世，且非孤本，查考极易。可是，遍查全报，均未发现以"击椎生"之名发表的片言只字。可见，南舟所说蔡锷"少年日自号'击椎生'，曾著论载诸《清议报》者也"，纯属子虚，不过是他自以为是的武断推论罢了，并非信史。今天，自然也就不宜断章取义，仅仅依其所说，便断定蔡锷确有"少年日自号'击椎生'"一事。

**17 日**

▲ "上午 10 点 10 分"，驻纽约总领事中村巍以"第 79 号"密电石井

---

① 南舟：《蔡总司令功成不居》，《义声报》1916 年 8 月 11 日。

菊次郎，告知黄兴在纽约的"谈话内容"。说："黄兴数日来滞留在本地，
1 月 17 日与八木书记生秘密会面，其谈话内容如下。关于中国内地革命党
的活动，广东地区不期待成功，而云南、四川、贵州地区则相互联络，实
际上从当地报纸的报道推断，相信正取得良好的成功，如李烈钧应已进入
云南。但自己还没考虑回日本或是中国，打算一两日内再次返回费城。据
称其对革命党在美国筹措军费活动不甚期待。"①

18 日

▲冯国璋饬发统率办事处印刷之蔡锷等人主张君主政体签字名单。说：
"为饬知事。现准统率办事处函开，蔡锷等前次通电各处反对帝制，悖谬离
奇，惑人听闻，实属甘心倡乱，背叛祖国。查蔡锷本系主张君主政体之人，
前在京时，并发起提倡君主之议。昨曾将其亲笔签字名单照出，分送各处，
恐未周知，兹特再印多张，以资分布。相应检具十张函送贵处，希即查照，
转发所属，俾知蔡锷实系反复小人，毋为所惑，等因前来。合行将原送照
印署名单一张，发交该局，即便遵照，此饬。冯国璋。右饬粮饷局准此。
洪宪元年一月十八日。"

▲云南交涉署译呈上海法文报 1 月 4 日、5 日载李经羲拒绝赴滇。说：
"袁世凯特派李经羲前往云南劝谕该省取消独立，并反对帝制之举，李坚辞
不允。交涉署译呈。一月十八日。"②

▲日本驻天津总领事松平恒雄以"机密第 8 号"函告石井菊次郎，须
注意居住于日本租界内的中国人。说：

原本革命党或是袁世凯政府须注意之人物居住或来往于本租界者
有数人，他们似乎未在暗中策划阴谋，故本官只是对其密加注意，未
有任何特别报告。随着时局的发展，他们的往来也日渐频繁，中国政
府也向日本租界及外国租界派出众多密探，貌似在严密监视他们的行
动。他们大多经常住宿于法、英等租界，目前居住于日本租界、受到

---

① JACAR（アジア歴史資料センター）Ref. B03050719800、『袁世凱帝制計画一件（極密）/
反袁動乱及各地状況』第二巻、日本外務省外交史料館、1-6-1-75。1 月 18 日上午 10
时 10 分到外务省。

② 以上二文见《护国运动》，第 520、521 页。

中国政府注意者有如下数人，特此报告，谨供参考。

刘基炎，字庄甫，河南人。留日学生出身，妻子为日本人，居住于日本租界松岛街。第一（次）革命时作为沪军司令曾在烟台。

刘揆一，前农商总长，居住于租界内松岛街。

禹瀛，字余珊，湖南人。留日学生出身，曾任众议院议员。妻子为刘揆一之妹，居住于租界内新津里。目前在《大公报》从事执笔工作。

徐佛苏，去年12月时从北京逃出，暂居于租界内太和里。目前家人在津，其已赴上海。

汤睿，字觉顿。与蔡锷有交往，为梁启超部下，梁滞留本地时曾与梁同住，之后也经常往来，居住于租界内秋山街汪大燮处。

蹇念益，字季常，贵州人。之前就与梁启超往来，居住于租界内松岛街。

吴光新，前第二十师师长，为段祺瑞女婿，其自身意识到为政府关注之对象，不敢放松警惕，居住于租界内太和里。

本函副本抄送日置公使。①

▲报载袁世凯饬查蔡锷原籍家产。说："政府以此次滇事完全由蔡锷一人主动，若不严予惩治，不足以儆效尤。现已按照《国贼治罪条例》，饬查蔡锷原籍家产。闻据湘巡按呈报，蔡之不动产甚少，其弟业木厂财产早即分拆。其妻某氏乡居多年，不动产毫无云云。闻某机关以蔡曾出资办矿，宝庆一带采矿公司多渠经理，已饬查共有资本若干，概行入官没收云。"②

2月11日，汤芗铭、沈金鉴电复统率办事处说："华密。前奉一月谏电，饬查国贼蔡锷财产及最近直系家口一件。当即饬查去后，旋据宝庆、新化知事先后查复称，两县境内，该逆并未置有不动财产，其最近直系家口，于上年十二月即不知何往。惟关于新化华昌炼矿分公司占有股分，查据该公司协理刘廷举等禀称，蔡锷所占实只二百股，计洋一万元。确由总

① JACAR（アジア歴史資料センター）Ref. B03050720000、『袁世凱帝制計画一件（極密）/反袁動乱及各地状況』第二巻、日本外務省外交史料館、1-6-1-75。1月24日外務省接収。

② 《快信》，《无锡日报》1916年1月18日。

务干事曾广轼向总理杨度处借得，代蔡锷交纳，现在股券尚未发给。请将此项股分即由杨度承领，以免债务者犯罪致累及于债权者。至该逆名誉总理及创办人权利，公推股东陈介代补。除禀部外，理合禀请转详等情，详请示遵前来。查该逆家口潜匿最早，其久蓄逆谋实可概见。至公司股分一节，据刘廷举等称，经开股东会议决，并已据情禀部。其应如何办理之处，理合电请示遵。芗铭、金鉴叩。真。印。"①

2 月 29 日，又有报载查抄蔡锷湖南家产情况。说："查抄家产，蔡锷原系宝庆籍贯，此次首倡独立，已经中央电令湘使查抄其家产，由沈使查明蔡虽属湘籍，多年在外，不独无财产可抄，即其家人子弟，早已避匿无踪。惟华昌练〔炼〕矿公司蔡曾入有股款五万余金，业已饬令该公司将蔡之股款提出，解交使署验收充公，奏报中央察核矣。"②

3 月 10 日，又载"政府已将蔡锷名下中华公司股分洋三万四千元充公，并令他省将蔡锷产业如法处置"。③

12 日，又载"湘巡使报称，奉饬宝（庆）县知事查抄蔡锷财产，据复蔡在外久，原籍未置产业，亦无人口在县"。④

1919 年 2 月，还有人回忆说："国法不张，武人专横，今之绾兵符、膺疆寄者，率多家累百万，田连阡陌，其亲族姻娅，莫不乘坚策肥，位列要津，所谓督军万能者，天下皆是也。独同里有蔡松坡先生者，历任滇、川督军者也。服官之廉，海内共知。或意仕宦多年，鹤俸宜可得中人产，而事竟有不然者。先生家赤贫，然终不以此自累。其服官赣、桂等省时，每年赡家之费，汇不过三四次，每次未尝逾百元，后在各督军任内亦如之，故居官十余年，而家贫自若也。先生世居邑东乡，离城约三十里许，茅茨不剪，土阶数尺而已。老母及其妻在焉，洪宪僭号，先生起兵云南，于是老母妻孥，流离避匿。寻家屋亦为邻近所焚，盖畏株连也。时项城严饬地方官抄没先生家产，并逮其眷属。比由县知事陈继良据实转报，谓旧有茅屋数间，现已烧毁，妻刘氏无子等语。袁闻之，而胆益寒。屋既焚，其老母与妻乃栖息不定。或城居，则主〔住〕吾友陈君常家，有时亦从先生外

① 《汤芗铭祸湘录》，《近代史资料》总 43 号，中华书局，1981，第 114—115 页。
② 《军事声中湘省丛谈》，天津《大公报》1916 年 2 月 29 日。
③ 《译电》，上海《时报》1916 年 3 月 11 日。
④ 《专电》，《申报》1916 年 3 月 12 日。

姑居，至无所归也。闻之唐先生规严云：'先生当养疴东京时，自知不起，深念身后遗事，顾谓之曰，予奔走国事，未遑家计，白发老母，至今尚无安身之地，心实伤之，君其为予购适宜之宅舍焉！'先生卒数月，唐先生因商承营产管理处长刘建□君，出资购得邑城内旧协署废址，拟事修缮，竟以费绌不果，故先生所谓老母安身之地，今犹一荒坪也。先生没后，家无余财，难以自给，客冬，不得已，乃呼将伯于梁任公先生，闻于赴欧之前，赠与银五百元云。"①

### 19 日

▲蔡锷"驰书"河内"大法国越南印度支那总督鲁"，希望法国念中国"共和缔造之维艰"，对讨伐袁世凯"自为帝制"的护国军"共表同情之谊"。说："敬启者。前年卸职入都，取道贵治，馆驿延接，待以殊礼，私衷铭感，常不去心。此次南来，再过棠封，亟愿竭诚踵谢，并抒积悃，徒以身处变局，过门不入，耿耿歉忱，谅蒙鉴原。敝国不幸，元首谋叛，自为帝制，执意不回。对友邦则伪托民意，以相掩饰；对国民则又假称各国承认，以冀互相朦蔽。究之全国怨咨〔恣〕，除一二私昵佞幸而外，盖未有不深恶痛绝者。至文明各友邦，夙重正义，虽在君主之国，顾念东亚和平，亦不愿有此无事自扰之谬举，民主之国，更无论已。顾袁氏利令智昏，不恤祸乱，不畏人言。鄙人在京时，虽复竭忠尽智，希冀感格，卒归无效，不得已而早约同各省疆吏，回滇共举义师，驱除叛逆，拥护民国，以慰我人民倾向共和之真意，而副各友邦承认民国之厚期。吾国古训：多难兴邦。借鉴贵国历史，帝政王政屡起屡仆，而后卒定共和。先进国之徽烈具在，锷与国人亦步亦趋，何敢不勉！此举为维持我固有之国体，既承各友邦承认于前，知必蒙赞同于后。国际之关系，在我军本无变动，惟在袁世凯一方面擅更国体，或酿国际之纠纷。我军既起，自不能再认袁世凯有代表国家之资格。以后袁世凯政治上行动，我国民全体当然不负其责。尤望各友邦推承认民国之善意，扶持正义，永笃邦交。贵国为世界共和之模范，对于我军关注尤切，念共和缔造之维艰，知必共表同情之谊，而愿观我军之成也。锷统兵北讨，首途在即，不克躬承教言，良深惘怅。兹就徐交涉员

---

① 谢濂：《蔡松坡先生遗族纪略》，《法政学报》第 9 期，1919 年 2 月 25 日。

赴越之便，特驰书布诚。敬祝政躬百福。并颂国运炽昌。此致大法国越南印度支那总督鲁。中华民国护国第一军总司令蔡锷。中华民国五年一月十九日。"①

又电召赵宏钦赴川从事军务。

2 月 2 日，赵宏钦电复蔡锷正待命首途。说："蔡总司令钧鉴。昨晤法委，据称接哈瓦斯电报云，蒙古廿八亲王反对帝制，前已宣布独立，并会出重兵，由绥远城道进攻北京，现已占领归化。又阅西报载，得可靠消息云，桂林于一月八号，确已独立等语。特闻。再，钦前蒙电召，适徐交涉员方奉命赴越，钦暂承乏，未得遽行。兹伊不日归来，钦已预为摒挡一切，专待钧命以首途也。临时神驰，祗请崇安，并叩春祺。交涉署赵宏钦禀。冬。印。"②

其实，1 月 18 日陆荣廷、王祖同已"特急"电陈北京政府及除云南外各省，对广西独立事进行辟谣。说："近日沪上《中华新报》载有广西独立之耗，似此造谣煽乱，殊堪痛恨。除电请外交部暨冯上将军、齐巡阅使请向领团交涉，将该报查禁外，特电声明，如有上种报纸再登此类谣言，切勿轻信为祷。荣廷、祖同叩。巧。印。"③

8 日，徐之琛电陈蔡锷，赵宏钦应调"待命即发"，越南及本省外人对我态度"均极良好"。说："永宁蔡总司令钧鉴。顷自越归，奉皓电，并悉义麾所指，迭战迭捷，中外喧传，金碧生色，行见澄清全蜀，扫荡中原，迅奏肤功，倚马可待。琛虽不武，愿鞭相从，惟职务所羁，未克如愿，痛饮黄龙，期之异日。承调赵君宏钦，遵即转达，赵亦乐为驰驱，已觅替人，待命即发。越政（府）暨本省外人对我态度言论均极良好。并陈。之琛叩。庚。印。"④

▲杨蓁急电告知唐继尧、张子贞、蔡锷，该部完全占领横江。说："我军自克黄泡耳、燕子坡、凤来场等处后，节节进攻，复克棒印村。敌势不支，遂向横江退却。时敌军由叙府调集有炮队、机关枪等扼守横江一带。我军当即跟踪进蹑，于十八日午后三时，追至距横江接近之黄果铺时，有

①　曾业英编《蔡锷集》（二），第 1257—1258 页。
②　《护国运动》，第 400 页。
③　《护国运动档案资料摘抄》（稿本），云南大学历史系印，1979，第 67 页。
④　《护国运动》，第 326 页。

敌之北军约一混成团、汉军数营，已在该处将地扼守，形势极为坚固。我军遂分兵为两路前进，第一支队向敌之左翼攻击，本支队向右翼包围。至午后四时三十分，敌军不支，即纷纷逃散，被我军击毙数十人，击伤数十人，并生擒北军军官二员，击毙一员，生擒北军五人。于是第一支队一面整顿队伍，本队即驰向横江追击前进。至午后七时，距横江约三里，敌之后卫猛向我军射击，炮弹、机关枪弹势如雨下。蓁仍冒险前进，田营长（按：指田钟谷）亦率队继进，并一面派工兵两连、步兵一连，向敌之左翼潜进。时天色已黑，敌人枪炮乱发，约一时许，旋即崩溃。我军乘胜追击，敌兵遂纷纷乘船逃遁，遗弃炮一门并子弹无算。至午后十一时，遂完全占领横江。是役也，我军追敌至百余里，而官兵均奋勇忘饥，毫无倦容，故遂得此胜利。堪慰廑注。余情如何，续电闻。杨蓁。印。"

22日，又电告唐继尧、张子贞、蔡锷说："我军攻下横江，当已电陈大概。仓卒之际，磨盾飞书，所有夺获敌人山炮二尊、机关枪一挺及枪炮子弹多枚各情，未及详报。自克横江后，我军仍分两路，于十九日夜进击安边。北军前已三次失败，此次特出死力抗拒。我军第一支队先于东南岸射击，敌不稍却，蓁军冒险越关河、金江，自山后突出。敌军弹下如雨，蓁奋勇当先，各步队蜂拥继进，呼声震地，遂将敌人攻退，时二十日下午七时也。至七时半，敌人援队由屏山突至，我军奋勇冲击，其归路被我阻断，敌军尽力奔突，以机关枪奋力射击，蓁乃命各部队停止放枪，率敢死士齐上刺刀，向敌猛进。敌军旋退旋战，我军节节进攻，荡决数次，敌遂不支，抛弃机关枪等件于河，立即溃散。是役也，我军击毙敌军营长戴鸿智一员、敌兵无算，并俘获敌兵数十名。安边地方遂为我军确实占领。敌军黑夜奔逃，狼狈之形达于极点，我军夺获子弹及其他军需物品八船，容后详报。我军此次绕道包围，忍饥一日，夜行百里以外，又以敌力强固，死斗多时，疲劳特甚，然志气益锐，无不以一当百，敌军赴河坠岩而死者，不知凡几。清晨，第一支队渡河，整顿向前追击，敌人稍稍聚集，至是又复奔溃，弃柏树溪而遁。我军乘胜直捣，遂于二十一日占领叙城。人民安堵，各界欢迎，刻正安抚人民，分道进攻，详情容后续报，谨此电闻。蓁。养。印。"①

---

① 以上二电见《护国运动资料选编》上册，第215—217页。

陈宧、周骏也先后电告统率办事处，证实袁军战场"失利"。20 日，陈宧电告说："觯密。据伍祥祯效电称，我军自横汜〔江〕失利，退守安边场，距城仅九十里，在该场与敌死力坚持一昼夜，敌炮既多且猛，我军伤亡甚众，遂退出安边场，宜城危在旦夕。余留之步四排、炮一排已戒备战斗等语。查刘延杰援叙之兵筱夜出发，今日可到。冯旅率先行混成一营，于巧晚抵泸，亦已飞电饬令星驰赴叙。拟恳电催曹军之到渝者速开赴叙，并饬桂军暨入黔军队速进为祷。先谨闻。敬乞代奏。宧叩。号。印。" 21日，周骏电复说："华密。马电敬悉。叙确失守，黔若协寇，川境泸、渝颇危。渝现有步兵约四营，大炮数门，惟山炮弹甚形缺乏，祈设法补充，以固要地。骏已亲督所部严密筹防。特复。周骏叩。马。印。" ①

24 日，刘云峰则急电唐继尧、蔡锷说："本部抵昭，即督两支队兼程前进。本月十六日，一、二两支队先后行抵滇川交界之新场地面。十七日晨，我军在新场与敌军接战，节次进攻，敌军当之辄溃。进至燕子坡，敌人凭山列阵，一支队仰攻移时，敌不稍却。旋命二支队绕道许堰，突击敌军后路。敌军不支，弃山逃遁。我军乘胜追击，势如破竹，由黄泡耳、凤来场，直至棒印村，俱被占领。十八日晨，一、二两支队由棒印村先后进攻，午后二时，一支队抵横江附近之黄果铺。查此地左右崇山，路径崎岖，敌人以机关枪、大炮罗置两山，意在包围我军，伏击制胜。我军一支队突入山峡，敌军枪炮左右注射，弹下如雨，我军奋勇支撑，冒死争山。预命二支队乘夜出其不备，绕出右翼以蹑敌后，由山后振臂一呼，冲至山顶，敌军奔溃下山，我军乘势仰击，遂获全胜。左翼敌军亦闻风惊溃。枪毙逆官三人，杀伤敌兵约百人，夺获大炮一门、机关枪一架，一路追袭，直至横江，敌始夺船奔北。十九日，我军直捣安边。查安边地控金江，左右两山对峙，敌人高踞左山，阻绝江路。一支队踞右山，以大炮牵制敌军，云峰当率二支队绕道罗东，越金江，袭攻山后。约下午三点半钟，敌人方隔江射击，云峰亲率二支队蜂拥登山，直贯敌背。敌军前后无路，困兽死斗。我军左右荡决，拼命力击。战至夜分，敌军大溃，击毙敌军营长戴鸿智，杀伤敌兵、抢获军械无算。敌人自此一蹶，胆为之落，驻叙敌军弃城远遁，我军遂于二十一日占领叙城。统计叙南大小数战，我军死伤合计仅二十余

---

① 以上三电见《护国运动》，第 529—530 页。

人。谨驰露布以闻。云峰叩。敬。印。"

25 日，袁世凯电令四川将军陈宧，"着附近各将军及统兵大员分途进剿，以保地方"。说："政事堂奉申令，迳据四川将军陈宧电称，蔡锷等率领叛军，侵犯川边宜宾县及燕子坡、横江一带，防营八百余人被叛兵以大队突来围包攻击各等语。查蔡锷等反复变诈，入滇煽乱，当经褫夺职官，听候查办，冀其或能悔悟。乃竟率领叛兵，袭攻官军，甘心作乱，扰害治安，未便再事姑容。着附近各将军及统兵大员分途进剿，以保地方，而奠生灵。此令。洪宪元军一月二十五日。"①

21 日

▲ "下午 9 点 35 分"，上海中岛少佐密电日本电信局海军局军令部长，告知"岑春煊在本地与梁启超一派的进步党及本地的国民党稳健分子商议后，于 21 日乘坐春日丸出发赴日，在神户登陆后将前往箱根，在当地等待梁启超的到来。且其有意与孙（文）等取得联系"。②

▲日本某"参谋"以"支第 162 号"电陈参谋总长，告知云南护国军以及其他政局情况。说：

> 北京电报。1 月 21 日下午 1 点 35 分发。据今日中国报纸所载总统府收电，驻扎于四川、云南交界横江的四川部队约一个半大队 18 日遭到云南军邓太中所率混成联队的攻击，经一昼夜激战后，死伤五六十人，退至叙州西南 90 里的安边镇（位于长江北岸）。

> 北京电报。1 月 21 日下午 2 点 50 分发，下午 8 点 50 分到。21 日上午中国外交部通告相关各国称，袁总统已通过政府决议，决定阴历正月即位仪式取消举行。

> 青岛电报。1 月 21 日下午 4 点 35 分发，下午 8 点到。据《芝罘日报》日本记者通报称，该报社的中国员工五人昨日（20 日）被中国官宪绑缚，其他员工似乎也被绑缚。因有革命嫌疑且欲关闭日报社，21

---

① 以上二电见《护国运动资料选编》上册，第 218—219 页。
② JACAR（アジア歴史資料センター）Ref. B03050720100、『袁世凱帝制計画一件（極密）/反袁動乱及各地状況』第二巻、日本外務省外交史料館、1-6-1-75。晚 9 时 35 分上海局发，22 日上午 10 时 10 分到海军局。

日起已暂时停刊。①

**按**：日人情报竟预先近一月，就知道袁世凯将在"阴历正月"取消"即位仪式"。

22 日

▲唐继尧电告蔡锷说："行营蔡总司令官鉴。据检查员徐嘉福电称，奉饬到毕检查电报，均已通行，随处查看，地方情形，颇为安静。毕节及界连川边一带，黔军概行撤往他处，人民盼望我军甚殷。所有军粮等项，早经聂知事陆续预备，我军可以畅行。惟赤水河一带，地最紧要，闻川军已进永宁，距赤甚近，我军务须先扎赤水，俾占地利。唐营巧日到威，望饬速进等语。特闻。继尧。祃。印。"②

▲云南交涉署转发詹秉忠电请亲赴河内侦查。说："案奉都督令饬，据河口詹检查员秉忠皓电称，近闻袁逆特派浙江人章子贞、广东人何柏舟等携带巨款及文虎章来滇运动，日前银、章陆续到河内。又闻岑、杨、梁、刘已抵海防。拟亲到河内侦查一切，请即填发特别出口护照等因。当即由署答复。都督滇省起义以后，法委对于特别护照概不签字，若照普通办法粘贴相片，往返耽延。拟即专电河口转徐特派员就近设法或偕行出口，抑向法副领婉商另取，似较便捷。前拟就电稿答请衡核施行等由去讫。中华民国五年一月廿二日。"③

23 日

▲报载"熊秉三在湖南原籍时，曾两次致电云南蔡锷，动以利害，劝以大义，速即解除武装，当可代陈政府既往不咎。而蔡锷并无复电，恐去电有未能达到之处，拟再致长电于蔡锷，令其反悔，作为最后之忠告云"。④

---

① JACAR（アジア歴史資料センター）Ref. B03050720000、『袁世凱帝制計画一件（極密）/ 反袁動乱及各地状況』第二卷、日本外務省外交史料館、1-6-1-75。1 月 24 日外務省接收。

② 云南省档案馆藏档案，档案号：1106-003-00183-001。

③ 《护国运动档案资料摘抄》（稿本），第 91 页。

④ 《关于滇黔近闻之汇志》，天津《大公报》1916 年 1 月 23 日。

24 日

▲ "上午 2 点 30 分"，日本驻北京町田经宇少将电告总参谋长，"山县少佐 22 日午后 23 分自云南发来如下电报：云南军前卫部队抵达叙州，敌退却至□□（原文二字不明）。作为广西省所派代表，将军府参谋长（林绍斐/刘萍西，具体何人不明）19 日抵达本地"。①

▲ "下午 2 点 30 分"，驻北京公使日置益以 "第 81 号" 密电石井菊次郎，告知熊希龄此次突然回京原因。说："熊希龄此次突然回京一事，据熊之亲信称，熊原本反对帝制，在该问题木已成舟前，便留下妻女匆忙返回湖南。最近因帝制问题云南发生动乱，形势呈现颇为险恶之倾向，袁总统因熊希龄历来与蔡锷关系尤为亲密，此次应是出于某种目的让其回京。熊最初未轻易答应，但袁对熊及其北京的妻女使出种种手段压迫，熊为了自己及全家的安全考虑，才不得已急忙北上。因此其本人并非如外界传闻那样有意就任审计院或财政总长一职。"②

▲周骏电告统率办事处，蔡锷总司令部设毕节。说："华密。梗电敬悉。顷据确探报告，蔡锷总司令部设毕节，其由遵义进窥綦江等情，尚未得确报。特复。周骏叩。敬。印。一月二十四日发、到。"③

下旬

▲蔡锷通电各省都督、将军、巡按使、护军使、镇守使、师旅长、道尹，各商会、报馆，望其 "排除万难，早建大义"。说："前会滇、黔两省，劝阻帝制，良念风雨飘摇，不堪再经扰乱。如果袁逆悔祸，则吾言见用，弭患无形。我辈虽以言见嫉，终身顾额，尤所甘心。不图彼昏不悟，置若罔闻，尤复日肆狡谋。内则挥金四出，羽檄纷飞，挥国帑若泥沙，驱国军若犬马；外则输诚通款，乞怜外人，以国家为牺牲，引虎狼以自卫。迹其愤乱昏暴，直熔王莽、董卓、石敬瑭、张邦昌于一冶。似此遗臭心甘，

---

① JACAR（アジア歴史資料センター）Ref. B03050720000、『袁世凱帝制計画一件（極密）／反袁動乱及各地状況』第二巻、日本外務省外交史料館、1-6-1-75。上午 8 时 45 分到。

② JACAR（アジア歴史資料センター）Ref. B03050720400、『袁世凱帝制計画一件（極密）／反袁動乱及各地状況』第三巻、日本外務省外交史料館、1-6-1-75。26 日上午 12 时 10 分到。

③ 《护国运动档案资料摘抄》（稿本），第 41 页。

迁善路绝，更无委蛇迁就之余地。故万不得已，会商滇、黔，与袁告绝。滇督唐公、黔督刘公皆忠义奋发，各以所部编成护国军以属之锷。负弩之责既专，绝缨之志已决。是用整队北行，取道蜀汉，誓清中原。夫乱贼人得而诛，好善谁不如我。引领中原豪杰，各有深算老谋。尚望排除万难，早建大义，勿使曹瞒拊手，笑天下之易定；遂令伊川披发，决百年之为戎。国家幸甚。中华民国滇黔护国第一军总司令蔡锷叩。印。"①

▲唐继尧颁令准云南盐运使萧堃辞职，应蔡锷同意，"驰驱军间"。说："为饬委事。案据云南盐运使萧堃详称，为情殷赴义，志切从军，仰恳允准辞职，派员接替事。案奉军府饬开，自国体问题发生以后，人心惶骇，国势阽危，本都督为巩固共和、维持民国起见，迭电忠告袁氏，劝戢野心，乃悍然弗顾，竟冒天下之大不韪而行之。昨经通电各省联合进行，并照会驻滇各国领委，凡在前清政府及民国政府与各国（订）立之条约章程，均继续履行，本省文武各官吏，无论前此直隶于北京各部院处，或本省军巡两署者，均照常办事。惟应直隶于本都督府，业经分别饬知有案。该盐运使职司本省榷政，虽系京都直辖机关，亦应暂时直隶于都督府，以一事权。所有该署前此委用各员司均照常供职，免误要公，稽核分所洋员亦继续聘用。至所收本省盐款，按月拨济本省军事经费，早经派员议定办法，仍应照常办理，按月拨济。除函稽核分所外，饬即遵照勿违等因。适堃先因出巡磨黑井区，返至普洱，奉蔡总司令官驰电相召，遵即兼程回署，敬诵军府先后文电，大义昭昭，皎如日月，当即遵照通饬所属员司如常供职，实力办事在案。惟堃以民国分子，素具爱国学识，且躬逢厥盛，虽未能肩执戈之任，亦岂无绝裾之念，故昨经趋谒钧颜，面陈意志，并蒙蔡总司令许以驰驱军间，是以据实陈清［请］，仰恳都督准予辞职，并派员接替，俾得早日交代，随师启行，实为公便。理合备文具详，请祈军府察核照准施行等情。据此，当以当兹军兴之际，需才孔亟，理财筹饷，正赖贤达，惟据称该（盐）运使志切从军，未便过拂，所有云南盐运使职务，应准辞退等语，批示印发在案。所遗云南盐运使缺，兹查有云南财政厅厅长堪委暂行兼任，除分饬外，合行饬仰该厅长即便遵照前往接任视事，特饬。都督唐

---

① 曾业英编《蔡锷集》（二），第 1269 页。由文中"是用整队北行，取道蜀汉，誓清中原"一语，当可推知此电发于 1 月下旬。

继尧。上饬云南财政厅厅长籍忠寅准此。中华民国五年月日。"[1]

25 日

▲"下午 5 点 08 分"，驻上海总领事有吉明以"第 14 号"密电石井菊次郎，告知岑春煊的政治倾向及有关活动。说："关于本官致驻华公使 1 月 25 日第 9 号、贵电第 4 号有关岑春煊的行动，据革命党方的情报，1 月 19 日岑在法租界与陈其美会面，声称自己为了国家打倒袁世凯，除此之外并无他求，且即便多少不利于健康，但仍将赴日本与孙文会面。另据姚文藻秘称，为岑来沪商议一事，梁启超极力促使南京的陈之骥来沪，而冯国璋虽然反对袁世凯称帝，但此时无意与梁启超等共和派采取一致行动，来自南京的密使称陈已拒绝梁的请求。春日丸上的一等舱内载有三名中国人，岑赴日一事应是事实。"[2]

▲"下午 6 点 10 分"，驻北京町田经宇少将以"支北极密电第 16 号"密电参谋总长，告知此前传言的袁世凯大总统府内的两件阴谋事件的概况。说："关于此前传言的大总统府内的阴谋事件，已于极密电第 13 号报告，其真相未详。之后私下探知徐肃政史的调查结果，其概要如下。该阴谋事件分为反对帝制及机密泄露两案，此两案恰巧同时发生，又纠缠在一起。其一是反对帝制事件的发起人为原国民党员、第一次革命（辛亥革命）时曾作为上海军司令来芝罘的刘基炎。其原本即反对帝制，并说服留学日本时关系亲密的袁世凯管家袁乃宽的次子袁瑛，另外政府的机关报《国宪报》主笔刘积学因该报纸每月接受袁乃宽大额补助的关系也与袁瑛关系密切，又与刘基炎都是原国民党员，因此交情渐深，三人合作密谋种种反对帝制之策。袁瑛又因其父袁乃宽任拱卫军军需监，鼓动该军一部分高级将校加入，此外其原与张作霖关系匪浅，得知张封爵问题之后不满日增，认为奇货可居，遂将种种计划密告之，怂恿张加入。张作霖最初虽赞成此举，但此后又将该计划密告段芝贵，段又向袁世凯报告后，导致该事件全盘策划暴露。袁立即命令抓捕涉案人士，但刘基炎、刘积学早已逃亡，唯有袁瑛

---

① 《云南都督府饬第　号》，《护国文献》上册，第 112—113 页。

② JACAR（アジア歴史資料センター）Ref. B03050720400、『袁世凱帝制計画一件（極密）／反袁動乱及各地状况』第三卷、日本外務省外交史料館、1-6-1-75。26 日夜间 0 时 30 分到。

被监禁，现正接受讯问。而该事件的涉案者孙钟、景耀月、张绍曾等也被逮捕，他们与刘积学、袁瑛等因来往甚密而被视为同谋，但审讯结果表明仅限于往来交游，与反对帝制计划并无任何关联，他们也已被释放。概言之，本反对帝制事件如上所述仅为二三人之秘密活动，并无任何具体计划，因此绝非如报纸所宣传诸如准备了炸弹等大计划。另一起阴谋事件为泄密案，即袁在驻朝鲜公使时代作为秘书深受信赖的陈（ソケン）（按：应为沈祖宪）向外部泄漏机密一事。此次周（自齐）特使赴日之议刚起，上海方面即有传言称，周之赴日并非只是（赠勋），而是要就承认帝制与日本缔结大小条件。寓居上海的唐绍仪致密函旧友陈，请其密告真相，约定如属实可提供报酬四十万元，并先期送上五万元。陈遂将特使派遣的原委及日本人就此事致袁总统的副本送交唐，唐又将这些内容透露给上海的某国领事（英美的其中之一），而该领事将之报告给本国政府。此事出于偶然被中国政府得知，袁世凯大为震惊，怀疑是平时处理这些文件的陈泄漏，搜索其宅邸时发现前述唐绍仪的密函，因此立即以泄露机密罪逮捕陈。另外内史医官瞿克明也被逮捕，据称是与之有关。"①

▲日本陆军中将青木宣纯以"上海发报第一号"函告参谋总长男爵上原勇作其抵达上海任内的情况，以及 1 月 23 日夜与梁启超、1 月 22 日至 24 日与国民党各派人士谈话的内容。说：

> 本官 21 日到任后，立即拜访中国洋务局总办周晋镳及护军使杨善德，进行到任的寒暄。又向美、俄、法国总领事传达此次驻上海的使命，希望就德国人的阴谋随时告知情报，并得到慨允。其中俄、法两国领事颇为热情的招待本官，俄国武官克雷诺努斯基（音译）中佐先于本官拜访前即来访，称希望今后相互保持密切联络，本官也慨然应之。

> 尽管到任不过数日，但居住上海的中国各名士要求会面者也不在少数。已与本官直接见面者虽仅汪大燮、梁启超两人，但松井（石根）中佐应他们的请求，已接见国民党稳健派领袖、目前当地《中华新报》

① JACAR（アジア歴史資料センター）Ref.B03050720400、『袁世凱帝制計画一件（極密）／反袁動乱及各地状況』第三巻、日本外務省外交史料館、1-6-1-75。26 日上午 8 点 55 分接收。

社长谷钟秀，北京大学教授张耀曾、章士钊、殷汝骊，黄兴一派的稳健派张孝准、王孝慎（原第八师旅长）及数日前从云南归来的云南独立第六师师长方声涛等人，听闻的中国现状概要如下。

一、1 月 23 日夜梁启超之谈话

此次云南独立事件相较前两次革命，其主旨大为不同，即第一次革命正值人心背离前清政府之际，虽然事态迅速扩大，但发端不如说是突发，并非有周详的计划。而袁世凯介于双方之间，巧妙达成妥协，遂为自身赢得总统之位，组成共和政府，但这绝非根本解决之道。而第二次革命时，不仅革命党准备不周，当时人心也尚未背离袁总统，仍瞩望其手腕，其野心也尚未彰显，故以失败告终。与之相反，此次不仅已有周详的计划，经历长期的准备，且国民中十之八九反对袁称帝。即便表面不予反对，内心也并绝非表赞成，这从在北京的有识之士纷纷辞职他去也可管窥。这些迹象与第一、第二次革命时相比已截然不同，此次相信恐怕单凭吾等之力已可解决。现告以该计划的概要。

予尚在北京时该计划已开始实施，来当地与各方面联络的结果，对情况已了如指掌。根据该计划，将分别在西南部、西北部及东南部三方面起事。关于西南方面，原计划云南在蔡锷到达后约二十日宣布独立，贵州及广西进而在一个月后响应，但情况生变，不得不在蔡锷到达后立即宣布。贵州也在同样的状况下已起事，而广西还未有动静，是按照最初的计划，丝毫不为奇。盖如此不同时起事，一是因财政困难，二是因武器等不足，不仅需要准备的时间，且过早起事反而有招致迅速被讨伐之虞。广西方面已有确实之联络，起事之举毋庸置疑。至于广东，尽管会受到广西奋起的若干影响，但将军龙济光因曾残酷迫害国民党及个性顽固，还未对其有任何劝诱，待今后海军的动向确定后，预计可易于对其诱导。

云南军如财政许可，计划编成约十个师团，是否拥有相应的武器不明。但人民正竞相志愿加入军队，现已整编完成的为第一、第二两军。前者由蔡锷、后者由李烈钧分别指挥，第一军由三梯团组成（一梯团比一旅略大），已向四川省进发，其中一部分目前已抵达叙州。四川省方面的军队由陈宧率领，除北洋混成二旅与陕西混成一旅外，全部都是当地的军队。前者其中的一旅几乎都是新兵，不堪大用，一旅必须护卫陈自身，真正能对我方采取行动者仅一旅而已。四川当地的军队基本上对我方持善意，已约定第一军主力到达后即与之相应，故第一军自叙州沿江而下攻下泸州，进而占领重庆也轻而易举。而来自湖北方面北洋军的攻击，不仅地形上极为苦难，两军士气上也大有差异，举一例可知。云南军向四川进军时，各士兵都雀跃欣喜，竞相希望加入本军，省民也欢呼为其壮行，反观北洋军队，多不以出动为喜。如第七师号称是运送至信阳，但乘车后途中未停靠信阳，而是一下子被运送至汉口。据称列车经过信阳站时，士兵大为不满，极为喧闹。而达到湖北的军队又需运至四川，意欲征用所有民船时，据称船夫纷纷逃亡，并无人响应。因此军队运至四川，今后还需两三个月。

湖南的汤芗铭也有反袁之意，虽已暗中联络，但现在曹锟握有兵权，故难有作为。现其军队正逐批派往四川，待全部出发空虚之际应可起事。如此一自四川、一自湖南向武汉进发，攻下其当非困难之举。一旦实现，袁必将向这一方面动用其主力。

为牵制袁之军队对武汉方面的作战，也有计划在西北部起事，即在山西省北部，眼下正有部分人马活动的绥远城都统潘矩楹因此事被免职，其继任者孔庚为我党人士，已与之取得确切联络。幸好尚未被袁察觉，故该处也将在二月中旬高竖反旗。

东南部意欲起事者为冯国璋，我党已与其有联络。先前传闻袁有称帝之意时，冯国璋曾面见总统，前后三次确认其意向，但每次袁都予以绝对否认，因此冯归来后向其部下公开宣称实现帝制并不如实。之后筹安会成立，着手运作帝制运动，对与袁关系最亲密的冯也未有任何协商。冯一方面对袁不信任自己深感不快，另一方面又因其公开否认的帝制渐趋现实，导致失信于其部下而感愤怒，遂渐生反意。就具体时机，冯意欲承袁之军队受西北部及武汉牵制之虚先由其起事，并与江西及浙江秘密达成协议，再由他们响应。张勋虽与我方之主义完全不同，但届时无疑也会加入我方。

我方的计划及现在的状况如上所述，此时我方尤其是就日本政府对帝制的态度及是否能在暗中给予方便十分不了解，并热盼尽力探明日本的意向，暗中得到日本的援助。

梁又称岑春煊悄悄自香港来沪，在梁宅滞留三日后于 1 月 20 日乘春日丸以治病疗养为名赴日，其目的正是为了上述的两事，因此在日本应与何等人物会面，眼下仍在考虑。岑在日本的活动隐秘，预定滞留时日也短，如能确保秘密，在日行程也可延长，鉴于上述关系，希望可以尽力释出日本对岑的善意。关于段祺瑞，梁称段是袁的亲戚，且众人皆知段一向是袁的股肱。第一次革命时，段曾向袁进言不可施行共和，主张拥立宣统皇帝，但袁未与其有任何协商达成南北妥协，自己登上总统之位。但一旦实行共和，段则坚持应贯彻下去，坚决反对袁称帝。吾也曾听闻段曾上血书力谏，但真伪不详。吾之前提交反对帝制的意见，称病寓居天津时，段曾派使者前来探望，并告知反对之心。

二、1 月 22 日至 24 日国民党各派人士之谈话

关于中国南方各地的现状，所述情况与前述梁启超之谈话完全吻合。另据张耀曾所称，云南率先宣布独立，主要是出于南京上将军冯国璋之意。冯之前被任命为参谋总长，但坚辞不就，其屡屡接到袁世凯电召，已穷推脱之词。段亲自劝说蔡锷在云南起事，并表示自己坐拥陆军实力，意欲雄视两江。据称蔡锷也体察其意，且冯之去就与此次讨袁运动关系重大，故决定听从其意。

据张所述，江西将军李纯成为讨袁派内应的缘由如下。李纯在第二次革命任命讨伐江西后，段芝贵又作为讨伐江西叛军总司令到任，从此两人之间意见时有冲突，段甚至向袁世凯进谗言要求罢黜李纯，所幸李拜托黎元洪为之辩护，得以平息事端。自此李纯记恨段芝贵的同时，深感黎元洪之德。近来袁世凯听从段芝贵等人的花言巧语，推进帝制计划，自黎元洪等目前几乎都处于幽禁的境地以来，李深深憎恶袁世凯及其左右股肱之辈的阴谋，终于赞同此次国民、进步党的联合运动。李纯眼下正观望南方的风云，虽然仍保持自重，但贵州起事，湖北附近的北军逐渐移向四川，如湖南也起事，其必定会乘此良机奋起。

以上国民、进步两党人士所述内容，目前仍难以遽信。尤其如前述冯国璋向云南发送檄文一说，尚有难以置信之理由。虽然其真意究竟是共和还是保皇，难以遽下判断，但其心中怀有排袁之志，包藏与四方联络、伺机举事之野心已是毋庸置疑。加之孙文一派的过激派陈

其美、许崇智等人依然蛰居于当地法租界内，集结了昔日袭击机器局的壮士连至少百余人，并与当地的游荡工人之间来往密切。据称他们与前述黄兴派及稳健国民党之间虽无密切联络，但也正准备伺机在上海地区再行起事。

简言之，目前上海地区排袁气势超乎预想，已在学界、商界整体蔓延，连路上的苦力们都公然不惮痛骂袁世凯。除姚文藻等宗社党劝诱冯国璋、张勋等与青岛、天津的清朝皇族联合，暗中与在东京的升允等筹谋外，连郑孝胥、唐绍仪等前清以来的进步主义者也逐渐旗帜鲜明地反袁。现参政院副院长、此前在该院的帝制案投票时作为院长代理通过该案、表面上高呼袁皇帝万岁的汪大燮，内心对袁的行为深感愤怒，两个月前以整理家事为名休假返回杭州，至今仍滞留上海。本官到任翌日，汪匆匆来访，流涕不止，痛诉对袁失信行为的满腔不满。现袁身边除了部分阿谀奉承之徒外，其最为亲密的旧友以徐世昌、段祺瑞、冯国璋为首，大小官吏均对袁的行为抱有不满。大多官吏表面上仍装作服从袁，但究其内心并不以为然，如今天下的人心已离袁而去。至此在第二次革命时相较国家全体的顾虑，认为拥护袁更为有利，不惜抛弃政友国民党的进步党也决然而起，完全与国民党采取一致行动，即此次云南的动乱并非民间反袁派的妄动，而应视为官民中国有识之士整体感情的反响。因此其根基极为牢固，假定即便因袁政府的压力一时妥协，那也只是袁当权之时，之后决无安宁之日。汪为了中国、为了东亚忧虑不已，暗中讽刺要求我国居中调和之意，其自身断然不愿返回北京，而是意欲移居青岛，要求我方向当地官宪开具介绍信。

另本官询问段祺瑞、冯国璋与袁世凯的关系，其曰袁世凯称帝一说流传时，段即向袁送呈血书，力谏不果，因此如今两者突然宛若敌对关系。段屡屡遇刺，幸免于难，直至今日，今后其人身安全尚难预期。冯因人格关系与段不甚相洽时，闻知段的上述举动，大为佩服，并寄以无限同情。冯也绝对反对袁称帝，不仅已向政府劝告帝制延期，还反对讨伐云南，甚至称如能通过阁下劝告袁取消帝制，彼或能予以应承。

关于北洋军队内部之关系，其继续称袁就任大总统以来，不再信任其自直隶总督、北洋大臣时期培养的军队，转而选择河南省壮丁、河南派人物组织拱卫军。最近又以帝制问题为前提组建模范团，专门编入与自己亲近的兵将，在补给、人事等其他方面有失偏颇，故每次都有伤旧部下的感情。如今原北洋军中忠于袁者已寥寥无几，更勿提天下的人心已日渐离袁而去，据称相信今日已无人再为袁尽心尽力了。由此足以知道如今北京政界人士的真意。

据确实消息，岑春煊 20 日从当地出发，本日已到达热海。据称前述张耀曾、章士钊也将随其后于 27 日出发，共同至东京与孙文会合商议后事，并将努力探寻我政府当局及诸名士之意向。虽然云南独立先期爆发，纯粹革命者毋庸赘言，国民、进步两党派的联合运动也逐渐时机成熟，今后一个月内各地的排袁、反袁运动进而将陆续爆发，中国中部、南部地区无疑形势将更为严峻。而他们的实力是否足以达成其目的，尚存有巨大疑问，列国中尤其是我政府对袁世凯政府的态度如何，也必将左右此间的形势。[1]

"下午 8 点 13 分"，青木又以"致参谋总长秘电第 1 号"转电外务省政务局，告知此次云南起义"并不单纯是革命党的暴动，而是反对帝制运动、意图倒袁的一般有识之士的联合运动"。说：

> 抵任后拜访中国官宪及协约国各国领事，均受到极大礼遇。尤其是俄、法两国领事态度最为热情，约定应就如今的中国事变（按：即护国战争），特别是德国人的行动交换情报。与国民党、进步党及亡命官僚派的名士进行了会晤，听闻的中国概况如下。

> 此次的动乱并不单纯是革命党的暴动，而是反对帝制运动、意图倒袁的一般有识之士的联合运动。不仅是国民、进步两党在这一任务上达成一致，就连昔日身为袁世凯股肱者也与之暗通款曲，图谋合作倒袁。宗社党一派也试图乘此机会而起，民党正策划利用此与之呼应，已有若干眉目。

---

[1] JACAR（アジア歴史資料センター）Ref. B03050720900、『袁世凱帝制計画一件（極密）/反袁動乱及各地状況』第三巻、日本外務省外交史料館、1-6-1-75。其中"二、1 月 22 日至 24 日国民党各派人士之谈话"以下部分，除开头一段外，其余内容据日文档案补充而成。

云南的独立以上述国民、进步两党的联合运动为首，贵州基本上予以呼应，广西不日也将步其后尘，眼下正紧密筹备，并与湖南汤芗铭、江西李纯已取得联系，南部四川、广东及浙江各军队内部也大致尽数笼络，据称确信南京冯国璋也将趁机起而呼应。不仅如此，新疆省伊犁、绥远城附近之动乱也与该两派的联合运动有关，山西代县也与其党羽有联系。叙州〔徐州〕将军张勋虽为宗社主义者，现也倾向于因应形势，呼应南方共和主义者。眼下聚集上海、参与彼等运动者有谷钟秀、张耀曾、张宗祥、殷汝骊等国民党稳健分子外，还有黄兴一派的张孝准、方声涛，而梁启超、汤化龙、范源濂、王宠惠等进步党也与之联合，但与孙（文）一派的激进派陈其美、许崇智等未有密切联系。为呼应之前的袭击机器局运动，部分激进派壮士等仍伺机谋划在上海附近暴动。总之眼下本地的反袁氛围不仅限于前述的党人，甚至已波及到学界、商界上下，连苦力也毫不忌惮地恶骂袁。姚文藻一派的宗社运动者理所当然近日将从北京来此，就连参政院副院长汪大燮也于前日来拜访我，痛骂袁世凯，对中国的前途表示愤慨，希望日本予以干涉，以免中国走向亡国。须承认目前各界弥漫的排袁氛围远超预想。①

26 日

▲蔡锷电请唐继尧、刘显世，速饬驻边文武员弁严防"逆军奸细、间谍"的破坏活动。说："探闻逆军奸细、间谍分道阑入，刺取军情，或散布谣言，或潜谋不轨，而滇黔驻边文武防范甚疏，辄少发现等语。望两公速饬驻边文武员弁及内地管县，一体严密防范搜查，严令责成，毋任疏忽为幸。"②

31 日，唐继尧颁布《中华民国云南都督府饬第一号》说："为密饬事。准护国第一军总司令官蔡宥日电开，探闻逆军奸细、间谍分道阑入，刺取军情，或散布谣言，或潜谋不轨，而滇黔驻边文武防范甚疏，辄少发见等

---

① JACAR（アジア歴史資料センター）Ref. B03050720400、『袁世凱帝制計画一件（極密）/反袁動乱及各地状况』第三卷、日本外務省外交史料館、1-6-1-75。26 日上午 7 时 30 分到。

② 曾业英编《蔡锷集》（二），第 1258 页。

语，望两公速饬驻边文武员弁及内地管县，一体严密防范搜查，严令责成，毋任疏忽为幸等因。准此，查本省首义，现经月余，逆党奸细潜入内地，在所不免，自经此次密饬后，即责成沿边各文武长官督饬所属，遇有入境出境之人，务须认真检查有无异状，如果形迹可疑，准即扣留讯明详办，其出力人员并准优予奖励。各内外长官均有守土之责，应即随时派人认真侦察，严密防范，以杜奸谋，而消隐患。倘有奉行不力，致酿他故，即属放弃责任，一经查明，定即按照军法从严议处，决不宽贷。除分行外，为此密饬，仰即遵照办理，并转饬所属一体遵办。切切。此饬。都督唐继尧。右饬财政厅准此。中华民国五年一月三十一日。"①

　　▲报载"据二十日大阪《每日新闻》载，得有滇省革党之消息云，李烈钧、龚振鹏、熊克武三人于岁杪十二月十七日相继抵滇。其抵滇之后，龚振鹏、熊克武两人潜匿邓太中寓所，李烈钧一人则潜匿黄毓成寓所。当时云南省内，已有一班反对帝制之党人等到处演说，于是民论鼎沸，风声甚急，大有不稳之状。三人抵滇之明日，将军唐继尧亲往邓、黄各寓所，会晤李烈钧、龚振鹏、熊克武及方声涛等，约定起事。嗣后又接到南洋华侨之现款六十五万元，并若干之军火。至念二日，又有蔡锷、杨益谦、殷承瓛、戴戡、刘云峰接踵抵滇，当夜特开一大会议，遂决定宣布滇省之独立，即组成一军命名为云南护国第一军"。②

　　又载护国军第一军顾品珍梯团统率步伍出发。③

　　▲"下午12点20分"，日本驻香港总领事今井忍郎以"第42号"电石井菊次郎，告知说：

　　　　林虎、李根源及其他二三同志为与岑春煊密会，待岑抵达后立即前往澳门，现仍未返回本地。据叶夏声称，会谈自然与岑赴广西一行有关，不仅要探听龙济光的态度，且陆荣廷的态度近来明显偏向北京一方，或怀疑是接受了袁世凯的巨额贿赂。且王祖同的监视极为严密，即便今日岑赴广西也近乎不可能，云南已不让岑进入。像广西已是如此，其他地方则更为困难。

────────

① 《护国运动资料选编》上册，第173页。
② 《关于滇黔近闻之汇志》，天津《大公报》1916年1月26日。
③ 上海《时事新报》1916年2月26日。

与康有为、梁启超同辈的徐勤（前广东《万国报》记者）潜入当地，与在上海的康有为联络，企图通过指挥孔教会秘密收买革命党。尽管在反对帝制这点上其与梁启超一致，但与梁最初即与蔡锷沟通不同，徐与蔡并无任何联系，只是单纯企图扰乱广东，收买革命党人。虽然其已汇集了部分同志，但从其历史来看，革命党人预测其蛊惑较难奏效。

至于广东军队的收买工作仍在继续进行，上次的失败原因是李根源未与当地的支部联络，而是自己急切从在广东云南的豪商李某（之后被暗杀）处取钱收买三人，但不知其中一名联队长与龙济光有特别关系。革命党人一方确信，为求功名的联队长以下除金钱之外如愿意支持革命，那么不久的将来省城军队内部将产生混乱。上述革命党从前就密谋占领海南岛，现正等待约 1 万日元的资金到位后立即实行计划。海南岛的守军约四百人，据称因易守难攻，迟至两个月以内将会实行。

此电已转发驻华公使、驻上海、广东总领事。①

27 日

▲蔡锷函告夫人潘蕙英，16 日启行后"沿途俱安适"，并盼其分娩后寄电报平安。说："蕙英贤妹青睐。别后苦相忆，想同之也。十六号启行，按站北进，沿途俱安适。所部各队均恪守纪律，士气尤为奋厉。廿五抵黔境之箐头铺，豫计一星期内可抵毕节，两星期内可入川境与敌人接触矣。出发后，身体较以前健适，喉病已大愈，夜间无盗汗，每日步行约二十里，余则乘马或坐轿，饮食尤增。从前间作头痛，今则毫无此症象发生，颇自慰也。堂上以下，闻余此次举动，初当骇怪，继必坦然。盖母亲素明大义而有胆识，必不以予为不肖，从而忧虑之也。过宣威时大雪，尚不觉寒。据此间人云，今年天气较往年为佳，殆天相中国，不欲以雨雪困吾师行也。何君国镛亦甚健适，并闻。分娩后希寄一电，为男则云某日适居东门，为女则云某日迁西门，母子俱吉则云新宅颇安适可也。此问妆安。名心。印。

---

① JACAR（アジア歴史資料センター）Ref. B03050720400、『袁世凱帝制計画一件（極密）/反袁動乱及各地状況』第三卷、日本外務省外交史料館、1-6-1-75。27 日晚 9 时 40 分接收。

一月廿七于威宁发。"

　　▲梁启超函告蔡锷国内外大势及其"所以自处"与"效与国家"之道。说：

　　　　松坡吾弟麾下：由幼苏转三书，由冀赓转第四书，想悉达耶。从外电得确知叙州捷报，无任欣慰，士气当百倍矣。但一报称敌未战而逃，一报称血战一昼夜，究竟孰是？我军损伤不多耶？计已有书在途。事隔五日，尚未得沪、渝消息，当是尚待后军会集进发，旬日之内伫观第二捷报书也。平渝之后，不审进取计划，视在北所议，有无变动？鄙意谓除近击泝江之敌外，宜暂作停顿，先奠定全蜀，更图进取。此本北中原议，虑弟杀敌之志太锐，为义愤所激，而轻抛根本大计，故更言之。

　　　　东南之局，虽未能发展，然北中事故，殆刻刻蹙独夫于死地。外交已决绝，鼯鼠五技，无复可弄一也。库空如洗，中、交两行破裂在即二也。骄兵要挟，不能调遣三也。新华宫炸弹事件后，见影怖魅，左右近习，株连无算，人不自保四也。家庭内讧，树党纷争，庆、绪朝义之变，或将骤发五也。北客来言，都中已入恐怖时代，气象惨澹，视辛亥秋冬间且将过之，人人心目中咸谓不出两月必生奇变。以吾度之，待全蜀略定，邕桂景从时，恐北京亦从此已矣。老贼今方求转帆下台之法，然为彼计，亦正转无可转，恐几番潦［缭］绕后，必至捧出胜朝幼帝，使之代受矢石。其时诸镇之依违，必暂能收拾一部分，然纷争且自此益滋矣。津中诸贤，极力设法，欲拔黄陂于贼中，已托西人密往救挈。而黄陂声称惟待死耳，不愿更出，顷再说之，未审如何。若得此老归来，则元首继承，准据既布之法律，而适用已成之事实，不劳选举，既免内部之竞争，且系外人之观听。兹事能否有成，亦国家气运所系也。

　　　　日政府派青木中将常川驻沪，外交趋势可见，彼到此次日，即与我会晤，彼确已认识我辈实力，肃然加敬。彼言前此彼之国是未能一致，其中大部分人谋向我攫取权利，以致伤我感情。今识者皆知其非计，以后当决然舍此方针，专务与我多数国民联络云云。国际间之语调，虽不必刻舟以求，然亦可谓其交也以道，其接也以礼矣。吾初拟东游后即入滇一行，然季常频来书，皆言全局非久将有大变，力劝不宜远适，此间同人意见略同。以吾所感想，此时忧在亡秦，虽云艰瘁，然有公共之向心，尚可力图搏控，神奸既殛之后，人欲横流，自兹方始，以吾侪恬淡坦率之性，杂于虎豹犀象蛇蝎鬼域［蜮］中，而日与为缘，虽烂额焦头，于事何济，而痛苦乃至不克任。今大敌未去，大业百未一就，而此等恶象已见端矣，有时独居深念，几欲决然舍去，还我书呆子生涯。然曾文正亦有言，以忠义劝人，而以苟且自全，则魂魄犹有余羞。每诵斯言，又复汗出如浆耳。

要之，今后全国大局，决非坐谈之政客所能收拾，况拙于应变如鄙人者，何能为役。惟逆揣当冰山骤倾、鼎沸方始之际，终不可无人以周旋其间，谋减杀其危乱之程度。而环视全国，其能与各方面接洽而作缓冲者，舍区区外似尚无其人。为责任观念所驱，即亦不能自卸，然其结果何若，则固既可逆睹。故吾所以自处与所以效与国家者，今略可决定在目前一两月中，惟有竭尽心力，向种种方面加功，以殛此大敌。全幕既开后一两月中，全国神经异动，而对外亦在风雨飘摇之境，仍不得不献此身为大局装点门面，希冀此剧尚能开演。过此以往，则为演水帘洞，演恶虎村之时，决无我辈插足之地。惟有与吾弟共甘苦与邛蜀、滇僰间，冀庄严此土为国人觅一遗种地耳。最近百数十日中，竟不能与弟同其艰瘁，弟其谅之。吾既暂留，则此间最密切之诸贤，即亦不能远离，在此吃紧关头，恐遂无一人为弟疏附先后，吾党人中寥落至此，可痛叹也。书至此，觉顿适至，正有所痛谈，姑阁笔待续布。

孟曦顷赴粤作陆贾，无论能否有效，使命既毕，便当道滇入川。孟公任事之勇，见事之明，治事之敏，正是未易才。弟虽与久交，或犹未能深悉其才器，彼此行当助弟不细也。有蜀人张君名习、字佩严者，性行才识皆卓绝（留学日本，国学最优）。三年前曾任四川盐政局长，其人谙练川事，尤善理财。然性耻竞进，今在沪为人作蒙师以自赡，吾力劝其行，未见许也。弟宜亲作一书寄我代致之，以礼罗之，此弟之法孝直也。赵尧生先生耆德硕望，弟子遍蜀中，各派人士皆敬而爱之。宜以蒲轮迎致政府，待以宾师，勿劳以事，其于揽物望、融党见必有大神。虑彼不出，今别以书为弟敦劝也。来书属招蜀故吏某某某等三人，顾三人者皆非佳士，且蜀人殊而薄之，愿弟且勿与为缘。欲陈尚多，姑止于此。蜀中名宿尤有曾奠如先生，鉴者必宜礼罗。此公在蜀负重望，此次国民投票誓死不屈，请加礼敦聘。度彼断不肯就，不妨再四敦促，即不来亦足收众望也。式商容间，作用甚大，望勿忽。启超顿首。一月二十七日。①

▲刘显世、唐继尧、蔡锷"委充"戴戡为"护国第一军右翼总司令"。戴戡奉令后通电唐继尧并转各厅长、师长、旅长及各军官同志、各界、各报馆，表示"天职所在，惟有勉赴其难。即一面商承刘督，将黔出征军一律改编为护国第一军右翼，使滇、黔愈为融洽；一面组织总司令部，使军权不至纷歧。现各军均已就绪，准于三号出发，业经通电各省。区区愚忱，惟期与诸公铲除帝制，还我共和。否则，宁为玉碎，勿为瓦全。此心此志，皇天后土，实共鉴之"。②

随后，蔡锷又通电唐继尧、护国第一军各将领及永宁刘存厚等人说："准刘都督电称，黔拟东、北两路出征，军队编入护国第一军，名为右翼军，即会委戴前巡按使为该军总司令，已由世公行状委，并通告各军队，请即电委，以昭慎重。右翼军司令部组织法立即邮呈备核等因。刘都督拟将黔省出征军队编为护国第一军，并以戴公为总司令，系为统一事权、协合机宜起见，应表赞同，特电布达。"③

▲1月2日，段芝贵电告统率办事处，黔省"已为异日设词"。说："处密。顷奉东电，对于黔事，烛破奸谋，曷胜钦佩。昨接龙巡按使（按：指龙建章）卅电，持论尤谬，曾经转达大处，并附陈愚见，不知已否代奏？刻复接刘显世东电称，黔省兵单防阔，远辱钧注，至为铭感。承示力保疆土，听候朝命，老成硕画，无任钦佩。世前电所云滇省有起暗潮，恐有意外，系指滇事未发生以前而言，详情已具于俭日通电，谅邀洞览。文日前迭接探报，谓闲散军人及各处政客，纷纷赴滇。又谓连日开拔军队，向迤东进发，已到昭通，惟滇省军官省界素重，势难融洽等电〔情〕。最近电函均附详情，未悉黔□情形，彼必注重川省。至黔邻省各属，以（安）顺、

---

① 以上二函见曾业英编《蔡锷集》（二），第 1258—1259、1495—1497 页。

② 《护国运动资料选编》下册，第 352 页。

③ 《蔡锷集外集》，第 348—349 页。

（兴）义、盘县距昆明较近，刻无滇兵到来消息，黔幸安谧。并闻。等语。
先系芝贵因黔省态度不明，故以力保疆土，及黔省邻接滇境，兵力单薄，
必已防备，并滇省起事之先及现在各情形如何，黔与邻近消息较灵等语电
询，冀可于复电探查其内蕴。兹复电以电函均附及兵单防阔为答，似已为
异日设词之地步。只求不骤生变动，一面戒备，一面羁（縻），大兵一临，
必不敢再联结。惟有催曹军兼程速进而已，请再于便中奏闻。再，昨日言
龙事电，请宝斋上奏，复得电稿密检，不必令多人知，防有祖龙者或生意
见，于公无益也。并奉托，至恳。芝贵。沃。"

10 日，袁世凯发布查办戴戡申令。说：政事堂奉申令：前署贵州巡按
使戴戡，潜往云南，勾结煽乱，着夺去二等嘉禾章，听候查办。此令。洪
宪元年一月十日。国务卿陆征祥。"①

27 日或后一二日，刘显世发布贵州独立通令。说：

"为通令事。迩以袁氏背叛国家，窥窃神器，逞其凶焰，举兵逼
黔。我父老昆弟愤其僭窃，痛其凶残，以大义相责，重任相托。本都
（督）顾念国家，关怀桑梓，不忍四方豪俊无限头颅心血铸造之民邦，
沦于奸人之手，重以逆军溯湘流而上，咄咄逼人，亡国破家，迫于眉
睫。爰于本月二十七日，俯顺舆情，宣布独立，所有各种文告，业经
印发在案，犹恐各该县属于此种利害，未及周知，用再剀切布告，免
滋疑误。

北军之凶横，人所共怵，本都督何尝不深计及此。当滇省宣布袁
氏罪状，唤起国民救亡之初，本都督本于个人之良心，应即立举义师，
共讨叛贼。徒以战端一启，黔当其中，仓卒举兵，颇难运转，且意袁
氏向非至愚，一经忠告，或能悔祸，故不惜双方调处，委曲求全。何
图凶心不死，逆焰愈张，外强中干，虚声恫喝。日前劝阻滇军、北军
均不入黔之说，喧传各界，北军以准备未周，不敢轻入，亦姑以驻扎
湘边、查看情形等语敷衍吾黔，无识者遂谓滇军不动，北军亦可不来。
岂知曹锟率师东下，着着进行，希图一逞。曹兵残暴，邦人所知。赣
宁之役，淫掳烧杀，无所不至。倘使兵力集中，立即乘虚攻我，以达

① 以上二文、电见《护国运动》，第386—388页。

其分道进兵之计划，即令我以善意开门揖入，彼岂肯长驱直捣，进薄滇边，不疑我掊其后耶？则盘踞我城垣，迫散我军队，掳掠我金粟，荼毒我人民，城社丘墟，宁复顾惜？故无论如何，断未有逆军入境而不糜烂地方，亦绝无听其来黔蹂躏境土之理。惟查逆军近状，多所迟回，此不第直壮曲老之势，可以预决。即就其众叛亲离情状言之，亦绝无可畏。袁氏纵其二三鹰犬，伪造民意，帝制自为，中外同羞，天人共愤。沿江各省，相约枕戈，或以时机未熟，虚与委蛇，或与逆师杂居，尚虞投鼠，云集响应，指顾间事。袁氏亦自知罪恶通天，为众所弃，杯弓蛇影，处处筹防。不惟西北要塞、东南重镇，决不能抽提一军，以作曹兵之后盾，并从而分调畿辅重兵，麇集大江南北，以防各省之景从，情见势绌，亡无日矣。且曹兵之驻岳州者，不过一师耳，果使全数开拔，湘省变端立见。其用以逼黔者，号称一师一旅，无非虚张声势，震骇庸愚。近据探报，来兵不满一旅，舟行逆水，迁延日时。其沿岸陆行者，以久居平原之故，不惯跋涉，扶杖乘舆，其情甚苦。天寒冻合，岭复山重，悬军深入，首尾相失，欲与我逾越险阻，轻捷如猿之兵相决斗，庸有幸乎？夫主客势殊，逸劳所判，危峰壁立，一夫当关，虽有多兵，限于地势，不能横行山国；虽有巨炮，阨于道途，无法运逼黔边。矧我三军，勇气百倍，擐甲执戈，以阨天险，坚壁清野，以老敌师。后方空虚，群情解体，土崩瓦解，可立而待。最近曹锟被炸之耗，飞电传来，虽幸免毙命，奸魂已夺，畏缩不前。驻晃北军，复纷纷败去，内情可想矣。要之，顺逆既分，胜负可决。黔惟有保守疆土，整备兵戎，以待联合各省义师，共诛独夫，巩固民国，以图生存于大地而已。所有地方治安，本都督自应率属共负完全保护之责，各色人等，务望各安本业，勿得稍事纷扰，自招虚惊。为此通令，仰各该官长等，立即出示，晓谕人民，一体知照。切切，此令。①

28 日

▲蔡锷电劝张勋于江淮"登高一呼"，共抗袁氏。说："宥电敬悉。危言高义，佩感同深。此次袁氏罔民误国，对内对外，威信全隳，听其所为，

---

① 《护国文献》上册，第158—160页。

则种奴国亡，必无幸理。故各省主张反对，大致略同，都非得已。滇、黔穷僻，锷等材复驽下，以抗袁氏，明知卵石不敌，区区之意，特为诸公负弩先驱，亦恃人心不死，必能鼓枹相应耳。在我辈推翻专制，改建共和，本为安定国家，可告无罪于清室。若乃食言背誓，帝制自为，微论外侮内阋，无以为国，即我辈对于清室，已芒芒无可自解。我公眷怀故君，久而弥挚，纯忠大节，海内昭然。今袁氏置国家于至危，复陷我辈于不义，下走所由愤兴，度亦从者所深恶也。且袁氏何常之有？黎、段诸公，宣力效忠，可谓甚至，而拘囚窘辱，尚未知命在何时！鸟尽弓藏，古今同慨，时至今日，公犹不知所自处乎。□□（按：当暗指冯国璋）控制江淮，锁钥南北，更得我公登高一呼，必能使海内景从，中外倾听，举足轻重，立判存亡。凡此哓哓，要非过计，惟希亮察。不尽屏营。"[1]

▲梁启超函告犬养毅，已托东渡的周善培代陈其怀。说："木堂先生足下：分携以来，倏更五稔，缅怀凤惟，饥渴日积。犹记辛亥深冬，我公冒病西渡，在神户相见，促膝密语，公极言袁氏之必毒中国，忠告南军勿养虎以遗患，机先远瞩，令吾曹深愧斯言也。比已至图穷匕见之时，下走乃不能不更思所以自忏，乃与门人蔡君锷共谋申讨，规画数月，联络各派，筹策万全。今西南局势之进展，略如前次所预期，东南各方部署亦日益进，若蒙天之佑，其或能贯彻初志，一新国命。贵我两国，唇齿之势，在今日所期于患难相扶者，与他日所期于休戚永共者，千头万绪，不可不谋之于豫，而措之于安，非我公心力之雄、器识之远，其孰能与于斯？周君善培，仆之畏友，而与公有旧，今特托渡谒，代陈鄙怀，惟开诚相见，俾得饶益，岂惟下走私感，东方大局，其将利赖之。临书驰企，不尽所怀。"[2]

▲日本某参谋以"支第 172 号"电参谋总长，追加报告张勋、冯国璋等人动向。说："青岛电报。1916 年 1 月 25 日下午 2 点发，1916 年 1 月 27 日下午 1 点 55 分到。根据在徐州密探的报告，传言张勋以现职兼任安徽将军将驻蚌埠。另外定武军下月将增加十五营。冯国璋前日托病请求延期入京，北京方面正催促其入京，但最近徐州的主要文武官员都怀疑其态度。据称本月中旬某夜在上海的何海鸣秘密来南京，与冯国璋接连密谈三日。

① 曾业英编《蔡锷集》（二），第 1259—1260 页。
② 《梁启超年谱长编》，第 752 页。

又据可靠消息称，之前在北京被逮捕的袁乃宽次子袁瑛为革命党员、蔡锷的密友，其整合了一百名及眼下第二十八师驻地待编者，隶属讨伐军司令曹锟麾下，专门任命为斥候。以上谨追加报告。本函复本抄送驻华公使。秘受 1034 号。"①

　　▲朱家宝电请政事堂、统率办事处"敕下前敌诸将领厚集兵力，迅赴戎机"，殄灭护国军，以便"登极之期，不致久延"。说："漾电祗悉。窃自滇事发生，家宝以为一隅创乱，不难荡平，曾吁恳早登大宝，以靖人心，而固邦本。现蔡锷等既已进兵犯川，宜宾不守，匪势日炽，西顾之忧正亟。圣上临朝太息，念士卒辛劳，生民痛苦，加以外交不顺，不愿遽受庆贺之典，仰见圣德谦冲，神谟广远，曷胜钦服。家宝自当仰体上意，维持治安，抚辑人心，勉尽职守，静待时机。惟川中财富之区，非滇省贫瘠可比，叙、泸、重庆一带，菁华所聚，关系甚大，拟请敕下前敌诸将领厚集兵力，迅赴戎机，殄此巨寇，俾□地土匪不至勾结蔓延，肤功早奏，外人见我军事顺利，亦必无所借口，则登极之期，不致久延，此尤家宝所昕夕喁祷者也。依电内关系外交各语，遵已节去，宣示各机关，并闻。朱家宝。俭。印。"②

　　29 日

　　▲蔡锷电告刘云峰、赵又新、何海清、刘显世、戴戡，董鸿勋支队攻克雪山关，已饬乘胜进攻永宁。说："董支队于廿八日占领赤水河。廿九日攻克雪山关，敌军向永宁退走。今晚已抵末里，已饬乘胜进攻永宁，俾与左纵队协力攻泸。驻泸逆军现派一混成团据江安，似图恢复攻击。并闻。锷。艳。印。"③

　　又恐杨如轩部"孤军深入"，命"朱团（按：指朱德团）曹（之骅）营除去休息，火速兼程前进"。④

　　▲报载"此次熊希龄来京，实由中央迭次电催，并派员前往劝驾。极峰之意，以熊曾为湖南时务学堂监督，时蔡锷为学生，有此关系，劝其取

---

①　JACAR（アジア歴史資料センター）Ref.B03050720500、『袁世凱帝制計画一件（極密）/反袁動乱及各地状況』第三巻、日本外務省外交史料館、1-6-1-75。外務省政務局 1916 年 1 月 29 日接收。

②　中国社会科学院近代史研究所藏档案，档案号：洪 101（3）。

③　曾业英编《蔡锷集》（二），第 1260 页。

④　《杨如轩入蜀讨袁日记》，《护国运动资料选编》上册，第 240 页。

消独立，或易有效。闻熊入见时，即以此事重嘱，并令担任政府，决能实行立宪。如云南取消独立，所有首事诸人，概不追究，仍当量才任用，为将来刷新政治。但国体业经决定，实不能再行变更，彼辈当体此意。熊已允再去电劝阻，至能否有效，尚在不可知之数云"。①

下旬，熊希龄函请蔡锷"解甲释戈，以免国土之破裂，共筹政治之进行"。说：

> 松坡将军足下：本月初，湘垣寄电，计邀青鉴，未得复音，甚为悬念。嗣希龄迭奉中央电召，即于本月十六日抵京。略观时局情形，外界风云日益紧迫，竟有如希龄前电所预测者，敢再为足下言之。凡独立之国家，其能支持永久，不为列强所瓜分者，固系于其国之政治、历史、文化，然亦由于其国领土之广大、人民之众庶、语言之统一、种族之不甚复杂，有不易为处分之势也。苟失其势，自为纷裂，则鹬蚌相持，渔翁得利，将求为偏隅小国而不可得矣。近观之于土尔其国，当其强盛时，跨领欧、亚两域，巴尔干一岛几尽归其所辖。迨至国势稍衰，邻近俄、德、奥、意诸国，利其种族之复杂，各以外交手段诱令分离，遂有一千九百十一年之战。及塞、罗、勃诸国均经独立以后，俄、德、奥、意复于其同族关系之邦，阴相结合，且以武力相助，遂有一千九百十三年欧洲奥、塞之战，以迄今日，尚未结局，而土、塞各国危亡在即矣。是昔日之土尔其地广兵强，各国无能染指者，以其统一也。由统一而分离，则其国弱，弱则易为蚕食，此冒顿之所以喻诫众子，前清之所以多分蒙藩也。
>
> 中国自甲午以后，各国盛倡瓜分之说，庚子一役，群知国大民众，难以鲸吞，权利竞争，未能一致，故易瓜分而为均势。十余年来，中国得以苟延残喘者，赖此力也。辛亥革命之时，日人诱我南北分离，亦是此意。前计不行，故无日不思煽惑离间，以求达其目的。以吾国人凭借此统一之领土，卧薪尝胆，努力同心，尚恐未能补救，岂可堕渔人之术，操同室之戈，开门揖盗，甘使国土纷裂，蹈巴尔干之覆辙乎？殷鉴不远，公等当省悟也。历观中国古史，凡开国时，能占伟大

① 《熊秉三晋京之又一原因》，天津《大公报》1916 年 1 月 29 日。

之权力以统治天下者，非由于身经百战，驾服群雄，即由于数十年潜积之势力，维持统一。否则，偶然结合，断无可以成事之理。今观国内之人，孰能具此能力者？倘邦人不谅，而必欲于此能力之人多方以挠之，万一土崩瓦解，自失枢纽，则外患乘隙而入，金之于辽，元之于金，子孙奴隶，永劫不复，究于国家何益也？

况中国财政困难已达极点，自前清光、宣以迄民国，输入超过输出二万万两，赖有华侨汇款及各国借款以为调剂，故现货不致流出。欧战之际，借款无望，纸钞滥发，加以从前各项借款本息偿还，无一不须现货，金融恐慌，实为中国绝大危险，恐此一二年内，将有国家破产之患。倘再有饥馑军旅之事，南北增兵，纸钞加发，地方糜烂，财政益不可收拾。外人亦必借口监督财政，使我为埃及、朝鲜之续，谅非公等所深愿也。尤可危者，日人诡谋，颇以清帝居为奇货，设我汉族纠纷不了，彼若以兵力强加干涉，复挟清帝以临天下，则与公等数十年种族革命之宗旨，岂非大相矛盾乎？

希龄生平谨慎，实不愿公等以国家为孤注之一掷，致贻将来无穷之悔恨也。云南地瘠民贫，饷械缺乏，割据一隅，断难持久，公等热诚爱国，亦非忍心不顾大局之人。且元首对于足下深情厚谊，始终不衰，尚望诸公思防外患，洞察时机，勉从劝告，解甲释戈，以免国土之破裂，共筹政治之进行。幸甚！幸甚！特再奉告，并盼复音，无任迫祷。[①]

▲梁启超函告籍忠寅，"得松坡书，知公仍留滇，甚慰。初意极盼公来，专为与河间接洽，今河间已半失自由，若他尚有可以活动之时，此间亦自有人能与通声气，固无须公万里跋涉，为此一事也"。又说："别有一私情宜奉白者，此间《时事新报》为吾党唯一之言论机关，所关甚巨，前此支持本已极难，自筹安会发生后，本报首登密电，揭其阴谋，伪政府禁销内地，每月更须赔垫二千元以上，今为鼓吹主义起见，凡外邮可通之处，皆分途寄赠各机关，不收报资，所费逾［愈］浩……意欲请冀督命富滇行长张木欣就近筹拨一二万，交溯初支用，其大部分则用以支持《时事新

---

[①] 《熊希龄集》第5册，第435—437页。是书定日期为1916年4月，误。

报》，小部分则供同人奔走资斧。"①

30 日

▲蔡锷通电各省都督、将军、巡按使、护军使、镇守使、师旅长、道尹，各商会、报馆，护国第一军第一梯团已进占川南重镇叙州城。说：

　　滇黔组织护国军，锷被推为第一军总司令，当于一月中旬率师分道出发。十七日晨，第一梯团长刘云峰、第一支队长邓泰中、第二支队长杨蓁率所部行至滇川接壤之新场地方，与助逆北军交绥。我军奋勇激进，所向披靡，连克黄泡耳、燕子坡、凤来场、棒印村等处，逆军退婴［撄］横江之黄果铺。

　　十八日晨，我军进攻黄果铺。第一支队攻其左翼，第二支队攻其右翼，力战竟日，至午后四时，敌渐不支，我军乘势猛攻，遂获全胜。是役击毙逆军官长三人，捕获二人，毙逆兵百名，夺获山炮二门、机关枪一挺。至七时，乘胜追击，距横江约二里（按：《护国军纪事》第 2 期及其他报刊记载为"三里"），逆军后卫以山炮、机关枪死力拒战，我军绕道夹击，逆军惊溃奔窜，弃械弹无算，我军遂进占横江。

　　十九日，我军仍分两路直捣安边。第一支队踞金沙江右岸炮击敌军，第二支队经罗东渡江，夜间由山后猛击，敌势大衰。七时许，敌屏山援队突至，死力格斗。我军再四突击，敌终不支，弃机关枪于河，号哭奔溃，坠岩堕河而死者甚多。是役击毙逆军营长戴鸿智一人，杀伤敌兵数百，夺获军械及其他军需品八船。

　　二十日晨，我军渡江追击，逆军弃柏树溪，近踞叙州城。我军既至柏树溪，敌军望风哗溃，遂弃叙城，分头向自流井及泸州溃走。我第一梯团进取南溪、自流井等处。第二梯团现由毕节直趋永宁，会合川兵径窥泸州。

　　助逆北军在川奸淫抢掠，人民痛愤。我军纪律极严，川民爱戴，故所向克捷，士气大振。合亟奉闻。滇黔护国第一军总司令蔡锷叩。世［卅］。印。②

---

① 《梁启超年谱长编》，第 753—754 页。
② 曾业英编《蔡锷集》（二），第 1260—1261 页。

▲报载"统率办事处于二十九日，曾接特派云南高等密探员电报，略谓驻滇某国领事已有正式之照会，致答云南乱军政府。闻系承认蔡锷等前次通告宣示独立之照会，允电达该国政府等情，当即译呈留览"。①

31 日

▲蔡锷通电唐继尧、刘显世、陆荣廷，各省将军、巡按使、巡阅使、护军使、镇守使、道尹，各商会、报馆，护国第一军第二梯团所部已"入永宁城"。说：

> 本军第一梯团行至川边，与助逆北军之伍旅交锋，连战皆捷，已于二十（一）日进克叙城，当经电达在案。

> 现本军第二梯团第三支队取道毕节，直趋永宁。二十六日，与敌军前卫遇于赤水汛，我军直前猛攻，相持约四小时，敌军死伤狼藉，纷纷败退。二十七、八、九等日，我军乘胜追击，在雪山关、磨泥站、营盘山、高土坡等处迭次获胜，夺获敌军遗弃枪支百余杆。三十日午前九时，敌军大队据守滴水铺一带，我军第三支队长董鸿勋督率所部奋力攻击，别遣分队，抄出敌后夹击。敌兵惊溃，逃至龙硐湾集合抵抗。血战半日，敌乃不支。日晡后悉数遁去。是役敌军死伤无算，我军伤亡仅十余人。

> 本日我军乘胜追蹑，敌兵四散无踪。午后七时，董支队长督率所部整队入永宁城，地方父老壶浆出迎。川南各县，久厌驻防北军奸淫勒索，一律望风款附。合电奉闻。滇黔护国军总司令部叩。印。

又连发潘蕙英两函。其一诉说自己"素抱以身许国之心"，"万一为敌贼暗算，或战死疆场"，也"决无所悔"。说："蕙英贤妹妆次。由威宁发一函，计达。廿九号于贵州之毕节，因等待队伍，在此驻扎两日，现定二月一号向永宁出发。我军左纵队已占领四川之叙州、自流井、南溪、江安一带；右纵队之董团，今晚可进取永宁，旬日之内，即可会师泸州，三星期内定可抵成都矣。豫想成、泸之间，必有几场恶战，我军士气百倍，无不一以当十，逆军虽顽强，必能操胜算也。余素抱以身许

---

① 《关于滇黔近闻之汇志》，天津《大公报》1916 年 1 月 30 日。

国之心，此次尤为决心，万一为敌贼暗算，或战死疆场，决无所悔。但自度生平无刚愎暴厉之行，而袁氏有恶贯满盈之象，天果相中国，其必以福国者而佑余也。川中军民，对余感情甚洽，昨来电有奉余为全川之主云云。但川省兵燹连年，拊循安辑，颇非易易耳。手此即询近好。锷言。一月卅一号于毕节。"

其二从丈人来电中得知又添一男儿"佳报"，兴奋得连夜又发一函，嘱其可起名为"永宁，以志纪念"，并叮嘱要"善加调摄"身体。说："蕙英贤妹如见。顷发一函，计与此信同到。顷接尊严电示，吾妹复生一男，母子俱吉等因。曷胜庆慰。吾妹连年诞生麟儿，殆天公所以报吾妹为子之孝、为母之慈，何幸如之。惜堂上远隔在湘，电音阻塞，不能闻斯喜兆耳。今日为我军占领永宁之日，而得此佳报，与前年端午日在津养疴时，而得端生诞生之电，遥遥相对，可贺也。吾妹于归后，连年生育，因之气血大亏，宜善加调摄。如有良好之乳母，总以早为雇请为要。儿名可命名为永宁，以志纪念。余尚存若干款，在解义山处，已嘱拨交于尊严处，不久想可交到也。手此即问妆安。锷言。一月卅一号夜十钟于毕节行营。"[1]

▲唐继尧、任可澄急电各道、县知事、行政委员、分治委员、厘员，有"擅离职守，或弃职潜逃"者，军法处治。说："查官员擅离职守，国有常刑，况值义师初举，民心未定，各该员等或有表率之责，或膺地方之寄，或司国帑之重，亟宜照常任事，并加意振作，相与维持秩序，保裕饷源。如有未奉命令，擅离职守，或弃职潜逃，置地方安危、国款盈亏于不顾者，定即从严查拿，照军法分别处治，以为不明大义者戒。本将军、巡按使言出法随，各宜凛遵，勿轻尝试，仰即知照。军、巡。卅一。印。"[2]

本月

▲蔡锷电请柏文蔚"俯任南洋筹饷总代表"。说："民国不幸，元首谋逆，庶政等治丝而棼，四维几扫地以尽，诬民惑世，误国丧权。锷等慨念杌陧之邦基，伸郁结之民气，因与中原豪杰并力图谋，勉兴挞伐之师，期

① 以上二函一电见曾业英编《蔡锷集》（二），第 1262—1264 页。
② 《护国文献》上册，第 123—124 页。

复太平之治。惟是首义区域，负担特重，非厚集军实，不克大振兵威。滇省士气发皇，人心激愤，义声一播，众志成城。现编护国军，次第进发，并设筹饷专局，接济军需。顾集勇敢之边民，师已誓诸牧野，而睹贫瘠之山国，虑莫切于量沙。凤仰先生望重斗山，义薄云汉，频年硕画，群推海内人豪，登高一呼，定倾南中观听。用特专函奉推，务请俯任南洋筹饷总代表，就近筹措一切。素审侨南同胞爱国如命，见义勇为，闻义旆之飞驰，不少弦高捐乘，得明公之劝募，愈多卜式输财。某等誓提雄师，铲独夫之专制；载赓将伯，望义举之同襄。专肃，敬颂旅祺。不佞。"①

又请李根源任"护国第一军驻港专员"。②

又为云南《义声报》题祝词说："阐扬大义，传播仁声。蔡锷敬祝。"③

## 2 月

### 1 日

▲蔡锷电令行至宣威的第三梯团炮兵连迅速增援泸州。说："现本军与敌在泸州方面战斗开始，仰后方部队迅速增援。"该连"由此即强行军，兼程前进，经威宁、毕节至永宁，由宣至永十五程之远，十日即达"。④

▲安顺知事王兼彝电告唐继尧，密电已派警探投韩凤楼。说："滇都督鉴。饬探送韩参谋长五峰昆密电，已派警持电至即［郎］岱以上探投矣。安顺知事王兼彝禀。东。印。"⑤

▲毕节护国第一军司令部电告"滇都督府、总局、贵阳、威宁、宣威、昭通"，"蔡总司令官已于辰刻向川前进"。⑥

▲董鸿勋"与驻永宁之川军第二师师长刘存厚，直接磋商响应办法"。蔡锷在自毕节进军途中，"亦与刘用电话磋商"，决定"令董鸿勋率领前锋，星夜进兵，刘军则佯败后退。本拟俟退至泸州，然后宣布独立，不意刘军方至纳溪，守泸者已探知计划，遂阻止刘军进城，刘乃于纳溪地方正

---

① 曾业英编《蔡锷集》（二），第 1247—1248 页。

② 《雪生年录》卷二，第 11 页。

③ 何慧青：《护国之役云南起义秘史》，《逸经》第 21 期，1937 年。

④ 炮兵连连长孟雄成：《护国军蜀战通讯》（1916 年 4 月），《护国文献》下册，第 588 页。

⑤ 云南省档案馆藏档案，档案号：1106 - 003 - 00183 - 001。

⑥ 《护国运动》，第 208 页。

式宣布独立"。①

**按**：第三支队第二营副营长董鸿铨证实李曰垓此说不虚，其 2 月 4 日日记说："自一月三十号，我军第一营由赤水河出发，至雪山关与刘军相遇，佯作战争，刘军即诈败退让，我军便步步尾追，日日如是，直至本号，始与该军会合也。"②

▲日本驻香港总领事今井忍郎以"机密第 8 号"密函石井菊次郎，告知有关云南独立宣言前后的内部动向。说：

关于本件为当地革命军党支部长叶夏声将之后的调查结果告知本官，详细如下。

筹安会设立后，孙文向各地鼓吹革命，其中云南以联队长董鸿勋为首，其他联队长全都加入革命，首先于十月底第一师师长张子贞及罗佩金合谋，在张宅设宴，毒杀了顽固的袁派人物、第二十师师长沈汪度（按：叶夏声所述不实，沈汪度 9 月 20 日已亡故，不是"十月底"的事，地点也不在"张宅"，其亡故应该不是"张子贞及罗佩金合谋"的结果），进而于十一月初召集各联队长于将军府，逼迫唐将军举旗反对帝制。唐主张虽然原则上赞成，但时机尚早。各联队长纷纷拔剑以示决心，唐见状遂誓言当断然反对帝制。

此事被远在槟榔屿的李烈钧得知，李认为应趁此良机，便与熊克武、方声涛、龚振鹏一起来香港，为维持在云南的自身势力携带了其筹措的十二万美金。上述内容已在去电 22 号中报告了概要。听闻当时的内情是李先向云南银行分行副行长张木欣声称，近期将有一百五十万美元从槟榔屿电汇至该行，但张不信，置之不理。李从本地出发的前日，自槟榔屿有三封电报电达云南银行，均称次日将有七十五万美元寄达，余下的七十五万美元将于一周内送达，张才相信李之言。李表示翌日将出发前往海防，向张请求应急融通十二万美元。张暂时只得以个人名义申请银行资金十一万美元，并借出两万美元再贷给李烈

---

① 李君曰垓谈，周隐硕笔记《云南护国军入川之战史》（1916 年 12 月 25 日），《护国文献》下册，第 668 页。

② 《滇省耕云通信·董鸿铨入蜀讨袁日记》，《护国运动资料选编》上册，第 236 页。

钧。然而李出发后再无来自槟榔屿的汇款，张再三致电槟榔屿催促，但仍无任何回音，由此才得知被李欺骗，遂派人前往云南向唐继尧申诉，希图讨回金钱，但据称成功希望渺茫（另李烈钧在南洋的橡胶山等其他投资资金达百万美元，在槟榔屿也拥有《国华报》这一机关报）。

闻知李烈钧入滇计划的唐继尧疑心李的野心，决定紧急召回在日本的蔡锷以遏制李，并向蔡告知其目的。

叶夏声确言蔡在北京时即与唐密谋独立宣言的传闻为无稽之谈，且云南独立是借着蔡锷的名声而实行的说法也不可信，但召回蔡锷只是为了抑制李烈钧。

蔡锷经香港（李根源曾在香港请求与蔡会面，遭到蔡拒绝，据称是因为之前李在云南有金钱方面的不法行为）一到海防，唐继尧即派其弟前往迎接，并包下车厢一起抵达河口站。到该地后才与李烈钧一行会合，共同乘该车入云南府。车中未谈及任何机密，入城后蔡锷投宿在将军府，李烈钧另宿他处，数日间唐将军与李未有任何沟通。原本李烈钧与唐继尧均为我士官学校同期的毕业生，关系极为亲近，之后唐怀疑李的野心，有与蔡锷密谋共同将李烈钧驱逐出云南的前史。在这样的情况下，抵达云南后李烈钧既感痛心又怀惊惧，据称一时想要设法离开云南（本官从别处调查得知李烈钧曾致电当地云南银行分行，发出汇款两千美元的电报，该事实与前述叶夏声所谈吻合）。但知道此时离开云南究属无望后，李致函唐继尧一封长信，从两人交情说起，声称自己并无任何野心，甚至附言表示如唐有猜忌之念，可取自己性命。由此唐才拜访李之住所，商谈敲定与李烈钧合作一事。

蔡锷与李烈钧反目也是事实。据称蔡入川时唯恐自己的名字会引起川军的反抗，为方便起见决定带同熊克武以利用他。如此云南独立宣言前的去年 12 月 20 日前后起，开始针对四川方面的动员。另去电 15 号陆 [卢] 锡卿（师谛）已安全抵达重庆，重庆军队大部分倒戈，预测可与云南军队言和。

据上述消息，坊间所传此次云南独立时蔡锷与李烈钧等南洋组之间曾秘密协商一事并非事实，且在云南可见李、蔡两人之间多有分歧。而任可澄极为不喜革命，此次为勉强受迫，似正企图谋反。据观察云南的首领中围绕今后的走势可能会有分裂。

另李烈钧眼下正在省城，其目的在于不战而进入贵州。贵州的状况如按现状，李的入黔只能等待战争的结果，但据称李希望尽力避免战争损伤兵力。而张子贞如前所述为坚定的革命党主谋，虽与龙济光有姻亲关系，但并不容易背叛。只是从革命党方面来看，张欲成为云南将军候补的希望不大，接着又对削减师团长的权力、高授参谋长一职一事似多少有些不满。刘祖武并非像张子贞一样坚定的革命党，今后其行动值得加以注意。

以上叶夏声所述，其调查不保证没有谬误，但至少叶对本官并无任何试探之意，而是怀着自信诚恳而谈，因此可予以相信。特此报告所听闻的内容，仅供参考。①

**按**：叶夏声是孙中山 1914 年 7 月 8 日正式成立的中华革命党的坚定党员，所述与其身份不无关系。

## 2 日

▲李良材电唐继尧、李烈钧，已奉蔡锷总司令之命，在"黔毕节、大定两县招募壮丁一团，作护国各军预备补充队"，如有补充之需，乞电示，"当率队前来，听候指挥"。说："滇唐都督、第二军李总司令官均 [钧] 鉴。良材今岁赴川充任川军第二师第五团营长。此次滇省举义，组织护国讨袁军，师长刘积之任材为滇川黔军事特派员，命往毕节与滇军接洽。及材行抵毕节，面谒蔡总司令官、罗参谋总长，报告蜀中川、北、汉三军配备防守情形，并陈述扩张军备方法。猥蒙蔡总司令喻奖，饬材在黔毕节、大定两县招募壮丁一团，作护国各军预备补充队。现由蔡总司令通电黔都督转饬两县知事晓喻人民，无得阻挠猜忌。良材已在总司令部领足募兵经费，定于 2 月 2 号开始招募。随行将校数十员，均蒙蔡总司令委任募兵员，由良材指挥，自当同心同德，勉为其难。况袁氏阴贼险狠，战祸方殷，念民国之摧残，正吾人卧薪尝胆之日，无论如何艰巨，务必达到目的而后已。俟后编制成军，或第二军尚需补充之处，乞电示，材当率队前来听候指挥，

---

① 《关于云南独立宣言前后内部动向的相关详报》，JACAR（アジア歴史資料センター）Ref. B03050720800、『袁世凱帝制計画一件（極密）/反袁動乱及各地状況』第三卷、日本外務省外交史料館、1 - 6 - 1 - 75。外务省政务局 1916 年 2 月 10 日接收。

翘企待命，即赐电复。李良材。冬。印。"

**按**：此电档案原文上有两个批示。一是唐继尧批："呈阅后转李总司令，并登报。中华民国五年二月三日。"二是不知何人批曰："此电曾否照转李总司令？请示知。此致电报处。照。"电报处答复说："已由总局分送矣。二月五日。"①

▲戴戡电告唐继尧并通电各界、各报馆，毕节飞转蔡锷等人，"准于三号"出征讨袁。说："戡在滇同谋举义后，匆匆回黔，行抵两头河，即闻龙建章借故潜逃。至郎岱县，迭奉刘都督专函，当即兼程赴筑。黔中同志筹备已久，即于二十七号宣布独立。先日各界在省议会开会欢迎，当将袁逆叛国罪状、滇省首义情形，详为演说。各界于袁逆则痛心疾首，于滇举义则鼓掌如雷。旋得黔各团长及各军官来电，既佩滇中义举，又推戡任军职，足见人心所同，群情一致，不甚感幸。二十八号，复奉刘都督、唐都督、蔡军总司令委充第一军右翼总司令。自维谫陋，曷敢膺此重责，但天职所在，惟有勉赴其难。即一面商承刘督，将黔中出征军一律改编入护国第一军右翼，使滇黔愈为融洽；一面组织总司令部，使事权不至纷歧。现在各事均已就绪，准于三号开发［拔］，业已通电各省。区区愚忧，惟期与诸公铲除帝制，还我共和，否则宁为玉碎，勿为瓦全。此心此志，皇天厚土，实共鉴之。惟戡此行，于大局不无关系，尚祈时赐教言为祷。护国第一军右翼总司令戴戡叩。冬。印。"②

3 日

▲唐继尧颁布《中华民国云南都督府饬第一号》，"晓谕人民，勿得妄听谣言"。说："为饬遵事。据探报大理谣言甚众，有谓川军战胜，故调榆军队赴援者；有谓黔、桂尚守中立，袁克定已至黔省者；或称龙济光现正布置与滇为敌；或云袁逆来电，指蔡司令为党人，应速拿办；甚有谓长官眷属已送外洋隐避，种种谣言，应请严禁等语。查我军已于一月二十日占领叙府，北军向泸州方面溃散，而黔省于上月二十七日宣布独立，均经分

---

① 云南省档案馆藏档案，档案号：1106-003-00183-001。
② 《护国文献》下册，第592—593页。

别示知在案。近来逆军奸细潜入内地，希图造谣惑众，在所不免，应由各地方文武严行查禁，并一应出示晓谕人民，勿得妄听谣言，自相惊扰。并应随时派人密查，如有妄造谣言之人，即行严拿重办，以儆奸回，而维治安。除分饬外，为此饬布该厅长遵照办理，并转饬所属，一体遵办，切切，此饬。都督唐继尧。右饬财政厅准此。中华民国五年二月三日。"①

4 日

▲蔡锷电告唐继尧、刘显世并转戴戡、陆荣廷，各省将军、巡按使、巡阅使、护军使、镇守使，各道尹、商会、报馆，护国第一军第一梯团攻克叙州后右纵队讨袁捷报。说："我军第一梯团攻克叙城后，守叙之助逆北军伍旅已死伤星散，不能收集。讵驻防泸州一带之北军第十六混成旅冯逆竟率所部驰至南溪，意图犯叙。一月二十七日进至李庄，我军第一梯团迎头痛击，逆军死力抵拒，相持三日。我军直前突攻，更遣綦江绕攻侧面，逆军不支，惊溃奔窜，死伤狼藉。一部由陆溃退，一部抢乘民船，顺流而下。适值川军第二师师长刘存厚于二月二日在纳溪举义，闻冯旅下窜，当派刘支队（按：指刘柏心）拦路截击。行至江安之马腿子地方，适遇逆军十余船，当即开枪轰击，逆军仓惶无措，高悬白旗，口称愿降，纷纷抢渡，计沉溺入水及死于枪弹者凡数百人。现冯逆有意归诚。刘师长已派队进据江安。我右纵队进窥泸州，前锋已抵纳溪，泸城指日可下。又据杨支队长綦报称，雅州方面我军进行无阻，打箭炉已表赞同矣。合并电闻。滇黔护国军总司令蔡锷叩。支。印。"②

▲泽霖电告唐继尧、李烈钧，蔡锷5日可到永宁。说："滇唐都督、李总司令鉴。昨日、今日会董攻泸庄、马腿子等处。昨已大获胜利。松公明日可到，有示望电永。谨电祝捷，并申谢忱。泽霖叩。支。"③

▲湘西镇守使田文诏电请统率办事处饬马继增部克日入麻阳，以保湘西。说："华密。据芷江傅知事（按：指傅良弼）电称，晃县无兵，已被敌占。现国军已派机关炮队前往救援。惟麻阳文昌阁系湘西重要门户，恳迅添派重兵扼驻，湘民幸甚！大局幸甚！等因。查此次滇、黔叛逆计划迅

① 《护国运动资料选编》上册，第173—174页。
② 曾业英编《蔡锷集》（二），第1270—1271页。
③ 云南省档案馆藏档案，档案号：1106 - 003 - 00183 - 001。

速，滇［黔］军兼程前进，半月以前即抵湘边，攻守两策，布置完备。惜国军部伍太大，辎重甚多，又值船少水枯，进行迟滞，若能舍舟就陆，计日早抵湘边，谅不能为敌先发所制。晃县若果确失，麻阳可危，湘西一带必受影响。诏所部兵单械少，挡凤县一面尚难支持，何能分兵援麻？前所计划一切暨诏困难情形，业已迭电在案。事处危急，恳请马司令（按：指马继增）由陆拨队，兼程前进。现该司令所部殷营长（按：指殷本浩）已驻麻阳江口，距县城三十里，请饬该营长克日入城。能固麻阳，湘西即可支持。飞电详呈，不胜迫切待命之至。田应诏叩。支。印。"①

5 日

▲蔡锷"行次毕节、永宁之交"，获悉陈宧"调集徒众，悉力"反攻叙州，"乃饬董支队兼程进发，袭取永宁，即阳攻泸城以牵贼势，并催促黔军速攻綦江。一面迫刘积之从速发动，以解叙危"，并取得大胜。②

又电告唐继尧、刘显世，总司令部已抵永宁，受到各界热烈欢迎。说："本部今午抵永，官绅商民悬旗结彩，夹道欢呼。附近各属亦派代表前来接洽，群称我军之神勇慈惠，情愿编入戎籍，共效前驱。冯旅被我军水陆分击，歼灭殆尽，冯逆玉祥及其团长有舟覆溺死之说。董支队今日会刘师攻泸，逆军据兰田坝为阵地，将民房付之一炬，驱人民昼夜从事防御工事。荣昌、隆昌已为熊部据以独立，为我军援应，合电闻。锷叩。歌。印。"③

有报载董鸿勋 1 月 28 日占领赤水河，29 日攻克雪山关。"我护国第一军总司令蔡公，就于二月五日午刻（抵）永。到的那天，永宁官商绅学各界都是欢天喜地、悬灯结彩的欢迎，附近的各个地方也派代表前来接洽，都说是我军这么的神勇，这么样的文明，情愿编入队伍，共护民国。我蔡总司令见他们这种情形也是出于至诚，就一面用好言开导，安抚百姓，一面又命左右两支队会同四川的护国军往攻泸州，这便是护国军占领永宁的实在情形。"④

10 日，统率办事处通电除云、贵外的各省军民长官，承认护国军以攻泸战略牵制攻叙袁军，致使攻叙袁军未能"竟功"。说："近接川、湘各军

① 《护国运动》，第 611 页。
② 见本书 1916 年 2 月 8 日记事。
③ 曾业英编《蔡锷集》（二），第 1271—1272 页。
④ 昆明《义声报》1916 年 3 月 11 日。

报，川军减防泸守兵，合攻叙州。川将刘存厚本蔡锷旧部，率六营驻防永宁，见泸防空虚，伺隙密连滇寇，反兵攻泸。守将熊旅长（按：指熊祥生）带兵四营，坚守数日。六旅王团长（按：指王承斌）带兵到援，李旅（按：指李炳之旅）亦到两营，会合坚守。寇兵大至，猛力扑围，均被击退。十三旅今明日可截其后路，两面夹击，必可大胜。攻叙之兵，已薄城下，三面均有斩获。因泸防吃紧，未能竟功。须将泸州方面扫清后，方可合力攻叙，以免牵制。张敬尧本日率十四旅之一团，由渝驰往泸防调度。计第二路军队已到渝、泸，约在一师以上，此川省近日大概军情也。湘西方面，先有原驻湘省之第五旅集合前往，暂驻芷江，本旅尚未到齐，炮队亦在后，不克前进。马司令所部大队，因水涸船少，节节阻滞，前队甫至辰溪四营，马司令尚在辰州。黔寇在湘边无兵之区，分途抢掠。晃州、洪江一带，现将集合先到之兵力及湘省军队，合力进攻。黔寇实力甚少，当不难一鼓扫除。计第一路军队已到辰州以西，尚不及两旅，此湘省近日大概军情也。特通告。处。蒸。印。"①

▲报载蔡锷发表《誓告国人文》，全面揭露袁世凯把"我们公共的国家，化作他一家人的私业"，"又假托人民的意思，说是人民公推他作皇帝，孰不知是几个人作成的，或是利诱，或是威迫"，号召国人响应护国军，"弃逆从顺，执戈起义"，"把这个蠹国殃民的妖孽除了"。说：

> 我们中华民国成立已经五年了。组织这个民国，由我们全国的人民，同心同德的组织而成，所以民国是人人有责任的。革命以前，我们中国处在极危险的地位。志士仁人，奔走叫号，鼓吹全国的人民，拼了多少的头颅、多少的血肉，才换得这个中华民国。各国也承认了，总统也举起了，竟把我们国家作成公共的国家，人人都有国家的责任。若是大家同负这个责任，才能够保存我们国家生存于列强竞争的世界上。不料众人推举袁世凯作了大总统，第一件就大借外债，把盐款抵押与外国。外债到手，他就大肆挥霍，不上三月，把这款项用尽了，又再时时想方法再借。第二件就取消议会。民国的政体是取决于议会方得施行，议会也不用，就成一个人专横。第三件要加赋加税。民国的人民，本有纳税的

---

① 《护国运动》，第534—535页。

义务，中国人民的纳税比各国甚轻，若是正当支用，就是加赋加税也是常事，人民也要多尽点义务。不过袁氏得了人民的钱，不用在国家正经的事情上。如爱国储金一项，用在筹安会上鼓吹帝制。如大借款一项，多用在运动选举总统上。由此看来，袁氏加赋加税，只用在一人身上挥霍，并不有益于国家一点。第四件是他排斥异己。与他政见不合的，他就多方设计陷害他，如刺宋教仁就是一端。其余害死的也很多，也无人敢问。他就渐次的专横起来，忽然想起又做皇帝，要把我们公共的国家，化作他一家人的私业。把救国储金团的银钱，拿出办一个筹安会，四出蛊惑百姓，说我们中国不是君主立宪不能存在了。又假托人民的意思，说是人民公推他作皇帝，孰不知是几个人作成的，或是利诱，或是威迫。试问我们百姓那一人晓得这件事？那一个推举他作皇帝？所以他们英、德、法、俄、日本五国见他要作皇帝，就有警告前来。我们国家的内政，外人就干涉起来了。袁氏的野心不死，又极力运动登极，只管顾他一家人的尊荣富贵，不管我们国家的存亡。所以本军不忍我们国家亡在旦夕，应天顺人，首在云南起义，举兵北伐，要把这个蠹国殃民的妖孽除了。现在各省久已痛恨，不过尚未发动，听得云南起义，各省也就响应，粤、桂、湘、黔、江、浙已先联为一气，若是各省也同心协力，日后直到北京，把这国贼除了，另行组织我们原来的民国政府，改良我们民国的政治，万众一心，事就易成。惟望各省军界以及志士仁人，能够与我军同心协力把袁氏除了，共同维持我们的民国，我们就同享幸福，不至永远堕落在浩劫里了。现在我军到处，秋毫不犯的，贸易须照常贸易，也不得高抬市价，军人们也不准他强买估卖。此次出兵，是为众百姓驱除害百姓的独夫，百姓也不必惊慌，造些谣言互相惊恐。若是造谣生事，就是甘为袁氏的奸细，本军决不姑容。日后把这国贼除了，我们从新整顿共和的国家，改良我们共和的政治，同享共和的幸福。但是，此事的成就，须要万众一心，共同出力，就不难了。我们军民同胞，也不少热心爱国的，若弃逆从顺，执戈起义，就是此时此机。倘与本军响应，本军从重加赏，决不失信。皇天后土，共鉴此心。此檄。①

---

① 《要件》，《贵州公报》1916年2月5—6日。又见《护国军纪事》第2期，1916年4月10日。

▲汤芗铭电告北京统率办事处，证实晃县已失，麻阳危急。说："华密。据沅州汪旅长支日电称，玉屏滇军只混成一团，于冬日到晃抢粮，与警队冲突，胡旅十团第五连当经退回。现派十团张团长率二、三两营、机关枪连，固守蜈蚣关一带。又据探铜仁之敌约两团，于马脚岭、马龙溪、漾头司逐渐增兵，又运子弹。又报天柱之敌兵四十名，于江日早到大龙国，声言将下托口。漠滨有敌七八百名，约赴托口会合，并掠去大龙团丁二名等语。查晃县已失，麻阳又甚危急，托口若失，直捣黔阳、洪江，芷江后路即断，请飞饬胡旅长派队援黔阳、洪江一路。现在麻阳紧急，田镇守使（按：指湘西镇守使田应诏）以该地归马司令（按：指马继增）担任，尚欲将该处驻文昌阁军队调去。若各顾地方，则湘边各处，皆难保全。除飞电马司令、六师周旅长，速由辰州派队星夜救应麻阳外，并请将军飞电田镇守使，无分畛域，加兵速救；麻阳倘有疏失，该地方亦有不利，湘西各境即均不堪设想。职旅兵单分驻，炮兵较远，察看近日情形，竟有不幸料中之势。各处函电纷纷告急，实难措置，谨飞电陈明等情前来。本日复该旅长一电：'急。芷江汪旅长（按：指汪学谦）。靖密。支电悉。黔阳、洪江一带，已电李、汤两营长派兵往援。李团长日内亦可到，会同就近协商防堵，定可无虞。田镇守所部驻扎该处兵队，本已无多，已电夏营长刻日由浦市率部开往麻阳，并加电周旅长星夜拔队前往，以壮声援。现在大军指日可以齐集，进攻计划，自当另电饬行。仍希力持镇定，相机因应为要。'等语。特此电陈，借释廑注。汤芗铭叩。歌十一。印。"

7 日，袁世凯申令汤芗铭、马继增"调拨军队，分途痛剿"。说："政事堂奉申令：据湖南靖武将军汤芗铭、巡按使沈金鉴暨湘边文武官吏先后电称，蔡锷遣戴戡率一支队侵入贵阳，勾结黔省一部分军人，胁迫该省官吏，拥兵叛国。初三日，乘阳历春节，分遣逆徒千余人，突向湘边晃县一带大肆掳掠，焚衙破狱，抢劫市廛。该处向无防兵，逆徒乘虚侵入，蹂躏民商，将该处面糟米豆各物，搬运一空。又据署贵州巡按使刘显潜自黔西本籍电陈，滇省逆徒入贵阳，威迫官吏，宣布独立。病民者寇，害国者仇，黔西不能受其恐喝，所虑兵单械乏，无法防制各等情。蔡锷、戴戡等久蓄逆谋，托名政治，肇乱一隅，已为全国所愤，乃复侵据贵阳，拥兵肆虐，竟至分遣逆徒，抢掳湘边，连日骚扰城乡，夺取民

食，迹其行为，与盗贼土匪曾无少异。湘民何辜，横遭荼毒，岁寒冻馁，
悯念尤深。着汤芗铭、沈金鉴迅拨银二万元，遴派干员，即往受祸地方，
妥为抚恤，毋令乱后灾民饥寒失所。一面查明刘显世踪迹，奏报候核，
并着汤芗铭、马继增调拨军队，分途痛剿。被胁黔军，但经投首，概免
治罪，良善人民，加意保护。其黔省未经附乱各地方人民，着刘显潜没
法抚绥，免失生业，以副国家除暴安良之至意。此令。洪宪元年二月七
日。国务卿陆征祥。"①

### 6 日

▲蔡锷通电唐继尧、刘显世、戴戡、王文华、陆荣廷，以及各省将军、
巡按使、巡阅使、护军使、镇守使、道尹，各商会、报馆，我军正"鏖战
于兰田坝"。说："据护国军四川刘总司令存厚暨我军董支队长鸿勋电称，
昨日会师攻泸，鏖战于兰田坝，敌军右翼先退，本日晨七时，兰田坝攻克，
敌军投降甚众。八时，我军已进克泸城（按：此系宣传之词，实际并无其
事）等语。合电闻。护国第一军总司令蔡锷叩。麻。印。"

又电复刘显世，当"加意保护盐署"。说："微电敬悉。已电刘师长、
董支队长（按：指刘存厚、董鸿勋），俟下泸时，加意保护盐署，并先设法
维持晏〔盐〕运使矣。顷据刘师长电，我军与敌现正鏖战于兰田坝，敌军
右翼已退却，且夕即可得手。并闻。锷叩。麻。印。"

又电询贵阳刘显世并送戴戡、晃州王文华，熊其勋、华封歌团现抵何
处。说："奉周（按：指刘显世）微电，知电轮（按：王文华，字电轮）
已率所部攻克晃州。一击遂中，黔军首功，端推电轮。连日蜀、湘次第报
捷，声威已振，仍望鼓勇直前，力奏肤功。熊和（华）团现抵何处？希并
督促速进，早张北路威名为盼。锷叩。麻。印。"②

▲戴戡电告唐继尧、蔡锷、刘显世、晃州王文华并转各处，我军已占
领二涂岩。说："顷得殷处长转据熊梯团长报告，我军今早将油罗坪逆军诱
下，战于石南垭、二涂岩、上坝三处，我军大获胜利，已将二涂岩占领，
追敌至小珊门，击毙逆军一百余名，伤者尤多，夺获逆枪多枝。又据报，

① 以上二电见《护国运动》，第 612—614 页。
② 以上三电见曾业英编《蔡锷集》（二），第 1272—1273 页。

驻万（盛）场逆军约一连，忽于昨夜向重庆方面开去等语。查此股悍逆，据险抵抗，历七昼夜，熊梯团长亲往督战，现被击败，逆胆更寒。谨此电达。戡。鱼。印。"

8 日，又电告油罗坪逆军"肆意淫掠"，并请唐继尧"将此通电中外"。说："顷接殷参议长、熊梯团长、华团长合词电称，逆军数千，据油罗坪，经我军连日痛击，渐次溃散，余均伏匿不出。七号夜半，突有油罗坪多数百姓，纷纷渡河，团首、保正亦在其中。据其口述，北军占据油罗坪后，于昨午十二时，大肆掳掠，装运财物二十七船，每船能容百人，经三溪向綦江方面进发。又该逆大肆奸淫，妇女扑水死者数十人。查油罗坪为四川天险，四周壁立，中现平原，周围八九十里。前经张献忠之乱，未遭蹂躏。自前月起，綦江富户大都迁徙入内，计其财物，不下数百万。乃逆军行同盗贼，任意掳掠奸淫，应请将其罪状宣布全国等语。查此次我军所到之地，凡川中人民惨遭逆军种种蹂躏者，莫不泣诉军前，审讯所获俘虏亦供认不讳。且擒获逆军各官长，在其身上搜出袁逆伪谕，纵肆淫掠，证据确凿，应请唐都督先将此通电中外，俾众周知为叩。戡。庚。印。"①

▲刘显世电告唐继尧、永宁蔡锷，东路王文华部四号下午已占领蜈蚣关。说："据东路司令王文华电称，逆军于三号退据距晃州三十里之蜈蚣关，恃险抗拒，兵力约六连。我军攻击一昼夜，至四号下午占领蜈蚣关，击毙逆军官长数员、士兵八十余人，获战利品多件。我军伤亡军士各二人，正在追击中，详情续报。文华自晃州叩。等语。特闻。显世。鱼。印。"②

▲刘存厚电告唐继尧、刘显世、蔡锷，已占领兰田坝。说："本师于本日午前七时，已占领泸县兰田坝，敌军投降甚众，余情续报。存厚叩。鱼。印。"③

又通电唐继尧、刘显世、蔡锷并转各省军民长官，所部刘柏心支队已于 6 日攻克南溪。说："敝军刘柏心支队已于本月六号攻克南溪，夺获逆军山炮四尊、机关枪一支、各种子弹及军需品无算。逆军死伤甚众，向自流井溃逃，现正追击中。特闻。护国军四川总司令刘存厚叩。鱼。印。"④

---

① 以上二电见《护国文献》下册，第 596—597 页。

② 《护国运动资料选编》下册，第 355 页。

③ 《护国文献》下册，第 753 页。

④ 《护国运动资料选编》上册，第 246 页。

12 日，袁世凯颁令褫夺刘存厚军职。说："政事堂奉申令：据四川成武将军陈宧迭次电奏，四川师长刘存厚与蔡锷交密，前派率兵一旅防守永宁，竟敢迫胁欺蒙所部士卒，并潜引滇寇，招聚川匪，共计不下万余人，扰袭泸州。当经官兵痛剿溃窜，请将该师长褫职治罪等语。刘存厚身为军人，以服从为天职，似此背叛附逆，实为目无法纪，在所必诛。着即褫去军职，夺革官爵，并饬前方军队拿获，立即军前正法，以昭炯戒。该师各官长士兵，守正不附者尚多，着陈宧查明传谕嘉勉，以别良莠而示劝惩。此令。"①

7 日

▲蔡锷电告唐继尧，我军通饬川南官民当"遵守"划一规定。说："本军入蜀，连克名城，川南数十县官民望风来归，共拒伪命。当经规定划一办法，通饬遵守，大略如下。一、官绅一律照常供职，不加更动。若擅离职守，卷款潜逃者，缉获按军法从事。一、官吏暂行直接受成于总司令部，不得私通伪廷官吏。一、钱粮税课仍照向章征收，按期报解该管道署收存。一、知事对于盗匪，暂准便宜行事。一、各属应奉民国正朔，以遵国体。一经通布，各属均安静若素，秩序井然。恐远道传讹，特电奉闻。并乞设法通告全国，俾知真相，而免摇惑是幸。锷。阳。印。"②

10 日，唐继尧通电各省将军、巡按使并转镇守使，徐州巡阅使，承德、张家口、归化厅都统，上海、福州、宁夏府护军使暨各报馆说："顷准永宁行营蔡总司令电开，本军入蜀，连克名城，川南数十县官民望风来归，共拒伪命。当经规定划一办法，通饬遵守，大略如下（按：'通饬遵守'办法同上，这里从略）。等由准此，特电奉达。唐继尧。蒸。印。"③

▲刘显世电告唐继尧、永宁蔡锷、纳溪刘存厚，东路王文华部 3 日在泸平、矿山等处战况。说："顷据东路王司令文华电，据吴团长传声报称，三号在泸平、矿山等处与逆军接战，击毙逆军兵士十四名，生擒数名，击伤逆军连长一名、兵士十余名。逆军残部溃退，我军并无伤亡等语，特闻。

---

① 《护国文献》下册，第 754 页。

② 曾业英编《蔡锷集》（二），第 1273—1274 页。

③ 《护国运动资料选编》上册，第 175 页。

显世叩。虞。印。"①

    ▲6日，《字林西报》就"叙府滇军之人格"，发表"通讯"说："三星期前滇军遇官兵于川边（在叙府西北相距约一日至三日路程），官兵屡战屡败，当滇军距叙府尚有三十英里之遥时，叙府官兵即胡乱放炮，糜费弹药甚多，于一月二十日清晨踉跄奔逃，县知事亦随之俱去，至今不知下落。滇军严阵而进，二十一日午后入叙城，沿途无阻，叙府即组织地方自治机关，与滇军会同办理，城中自始至终秩序安宁，虽有谣言，不足为扰。三十一日，北军分两路同时进攻，在自流井大路上与滇军遇（距叙府北约二十里），交绥甫一日，北军即弃甲曳兵而走。叙府东十五里，在泸州大路上亦有战争，滇军人数较寡，初未得利，次日南军大至，逐退北军。交战两日，滇兵伤者约二百人，皆送至美国浸理会医院疗治。上星期中，叙府东北两面战事，继续进行，几无间断。昨叙府北三十里，又有大战，滇军伤数十人，亦抬至医院。统计此方面战线中，滇军阵亡者不过数十人，至于受伤兵士泰半伤势不重，不久即可复行入伍。滇军仅两梯团约三千人，从各方面调查，北军人数几多一倍，然北军每战辄败，叙府四周，滇军实占优势。今援军已至，声势更壮，一时似不致为北军所逐退也。比来邮电皆不通，吾人已与外界断绝，中国他处革命进行何若，无从知之。惟就滇军而言，其胆量之豪、能力之大、宗旨之正，皆足令人钦感。滇军有一种可惊之团结精神，且富于自信心，临事不畏困难。滇军由昆明出发，跋涉山径，经二十六站路程而至川边，不事休养，恶战经旬，无日不出入于炮弹、榴霰弹、机关枪、来复枪之下，其坚苦卓越之精神为何如哉。医院中枪伤遍腹之战士，诚为有豪杰魄力之绝大奇人，为吾人前所未见者也。伤兵不独无怨言，且亟盼伤势早愈，复入战场，少年军官热心尤甚，人人抱必胜之决心。且谓滇中大军陆续出发，今在此作战之一小军，不过为入蜀大军八分之一耳。蜀人亦谓，苟北军复至叙府，则除外人而外，百姓无宁日矣。此非言之过甚，北军实有种种行为，足以证明其为残暴不仁之懦夫。余（通信员自称）曾目观许多滇兵死尸，为北军支解者，或割舌或挖眼，种种惨状，不一而足。余又曾于滇军获胜后，在战地襄助掩埋死尸，目观北兵尸身二十余具，绝无支解或残割等痕迹。滇军购取民物，必予原酬。自入

---

① 《护国运动资料选编》下册，第356页。

叙以来，吾人从未闻有品行不端情事，革命军苟能皆如此路滇军，继续表示此种精神与能力，中华民国其庶几乎。"①

7日，美国医生露德挥也致函美驻滇领事代办贝有才，报告叙府战况及其对南北两军的观感。说："旅滇诸君鉴。自云南义军与北军及川军相遇于川边后，现已三星期矣，其为袁世凯出力之军队，每遇小战，均被击败逃窜。驻叙府之袁军，当敌军尚在距叙府三十里遥之地，即开枪击，乱花费军火无数，于正月二十日早狼狈逃窜，该县知事亦随之逃匿，不知下落。滇军于二十一日下午向叙府进发，入城时并未遇何阻力，即在该处组织临时官厅。当时谣风甚炽，惟诸事均极有秩序，人民亦不惊恐。至正月三十一日，北军复来，由两路进兵攻击，极为猛烈。在叙府北三十里沿自流井一路皆遇义军，连战数日，北军大败。翌日义军大队又到，复将北军驱出战地。统计此二日之战，滇军受伤者约二百人，均舁至本医院调治。前星期内，叙府西南及东北各地，均时有战争，昨日在城北三十里之地复有激战，滇军受伤舁至本医院者约数十人，其在战线被击死者总计不过数十人，在本医院医治之受伤军士，不久亦可出而复战。查滇军约数千人左右，而反对义军之军队几两倍之，然犹能使北军每战必败。叙府仍为义军所有，现时军队稳固，决非北军所能摇撼矣。至于中国其余各处起义之事，因邮政、电报均已断绝，故不得确知。滇军之居于此地者，人人均极勇武，深信能克尽其职，此次义举必能达其目的。盖彼等由云南起行，经三十六日之山路，复于枪林弹雨中争战一星期，其在本医院身体受伤之兵士，尤有一种英伟之气象，此为吾人所罕见者。而少年军官，非但无痛苦之心，且以不得从事于战争为憾，盖彼等确信能完全占领四川也。北军行为极为残酷，所行所为类皆暴虐之事。余曾亲见北军之被杀而遗弃于战地者约有百余人，余亦为之布置安埋。亲见滇军虽完全得胜，并无残害北军身体之事。对于普通人民，买卖亦即公允，自入叙府后，并未闻有何项不规则之举动，此吾辈之所以表同情于义军者，实因袁世凯之背叛人民也。自任总统以来，增加赋税，人民视之较满清尤为败坏，国政之进步、实业之进步、教育之进步，均无可言者。既为共和国之总统，尚欲帝制自为，为子孙万世计，其行为俨然如一暴主，凡新党之人，皆设法屏弃之而不用。若此次义军皆

---

① 《西报述叙府滇军之人格》，《申报》1916年3月10日。

能如云南军队之才力精神，则民国之希望未可限量也。医士露德挥。二月七日。云南交涉署译呈。"①

2 月间，时住北京后铁厂的"北京帝政促进会会长周震勋"等人的以下呈陆军部文，一定程度上证实了这位美国医生所说的袁军战败情况。该呈文说：

> 具呈。四川公民周震勋等为军官专横，擅杀守吏，吁恳查办，以惩既往而救将来事。
>
> 窃自云南独立，倡乱称兵，侵犯川边，叙州失陷，在不知者，以为此次滇逆战胜攻取，所向无前，乃一经详事实，皆由于统兵长官失险弃城所致。请为钧部缕陈之。
>
> 查叙州府屡为云南入川咽喉之地，防守最易得力。公民等于攻守计划虽未素谙，然据稍有军事知识者言之，川滇交界之处最称险要者，莫如老鸦滩。该处两山对峙，道路崎岖，中阻河流，水势汹涌，有铁索危桥一道，供人来往，不利舟车，真有一夫当关之势。当滇省独立之际，如果派兵驻守，滇逆断难飞越。其次则为燕子坡，该处山势险隘，不易仰攻。以外如横江、安边、柏树溪、三关楼等处，皆占优势，可驻重兵。金沙江、岷江汇合交流，尤资保障。从前骆文忠督川时，滇匪蓝大顺、李短鞑等先后来攻，当时城中兵队缺乏，居民登城守御，坚守月余，并未失陷，亦足见地利之重也。
>
> 乃此次滇逆犯境，伍祥祯身为镇守使，驻扎叙州，不知防守老鸦滩，以致滇逆猖獗。而汉军统领张占鸿一战而败，祥祯又不救援。燕子坡、横江以下，均不能守，滇逆直抵安边场。该处距城尚有七十余里，如果伍祥祯拒守柏树溪、三关楼，敌仍难进；即不然，于真武山、翠屏山拒守，亦可保护城池，以待援兵。乃祥祯一味骄横，计不出此。宜宾县徐知事知其必败，电达四川巡按使并钧部，历陈危险情形。事为祥祯所闻，恨之刺骨。及闻滇逆将至，突于一月十九日将徐知事迫胁出城，枪毙于合江门外，抛尸河内，竟自带兵弃城而走。张占鸿败归入城，见祥祯已去，孤掌难鸣，率领残兵卅余人，不知去向。滇逆

---

① 《美国驻滇领事代办贝有才君抄送叙府美国医士露德君来函》，《护国文献》下册，第547—549 页。

乘此占据叙州，全城遂以失陷。

所不可解者，以如此险要之地，伍祥祯部下又为北方劲旅，不战不守，竟以资敌；徐知事为该县守土之官，平日对于绅民，毫无怨仇，伍祥祯竟以狭嫌枪毙，此皆罪不容诛者也。现在伍祥祯究系官军，抑为叛逆，此中情节，暗昧不明，若不派员查办，恐滇逆去后，又将捏报功罪，朦蔽中央。当此用兵之时，赏罚宜严，如果功罪混淆，此后带兵长官，群起效尤，匪来逃走，匪去邀功，大局何堪设想？此公民等对于已往之事，应请钧部彻底追究者也。

滇逆占据叙州，合属居民备受惊恐，生命财产尤属可危。现在征滇军队业已抵川，不难克期收复。滇逆败走之际，必且掳掠一空。一旦官军进城，又不森严纪律，焚烧抢夺，听其所为，甚或指某某为同谋，称某某为通逆，借端敲诈，惨杀无辜。民国二年，熊、杨（按：指熊克武、杨庶堪）乱后，川东南被害之家，十居八九，有勒索至二三十万者。内中以自流井各盐商为尤甚，至今川民怨毒弥天，莫可伸诉。此又公民等对于将来之祸，应请钧部预为防范者也。

公民等或接家乡来信，或由本籍来京，所见所闻，均皆确实。惟有合词呈恳钧部派员查办，以惩既往而救将来。除呈陆军部，谨呈内务部总长钧鉴。

具呈人四川公民：

周震勋，四川庆符人，四十二岁，北京帝政促进会会长，住后铁厂。

易昌楷，四川富顺人，五十二岁，前稽勋局调查员，五等嘉禾章，住叙州郡馆。

朱天与，四川江安人，五十三岁，国史馆顾问，前清举人，住后门外吉祥寺。

包鉴文，四川南溪人，年三十岁，川南初级师范毕业生，前本县视学，住后门吉祥寺。

袁嘉征，四川富顺人，年三十岁，住叙州馆。

邹实，四川自流井人，年四十岁，前清都司，住叙州馆。

刘香廷，四川成都人，四十二岁，广东知事，住煤市街嘉兴店。

邹吉人，四川叙州富顺人，五十二岁，留东法学卒业，住西华门内东椅子胡同陈宅。

肖顺坦，四川富顺人，四十岁，住叙州馆。

洪宪元年二月日呈。①

8 日

▲曹之骅电告唐继尧、蔡锷、顾品珍，该营已抵毕节。说："滇唐都督、行营蔡总司令、威宁顾梯团长钧鉴。本营已于庚日抵毕，拟翌日休息。朱团长（按：指朱德）及炮连、机关排约佳日抵毕。营长曹之骅叩。"②

▲蔡锷在此前后，常夜不能寐，作《军中杂诗二首》。③ 其一说："蜀道崎岖也可行，人心奸险最难平。挥刀杀贼男儿事，指日观兵白帝城。"其二说："绝壁荒山二月寒，风尖如刃月如丸。军中夜半披衣起，热血填胸睡不安。"④

按：对第二首诗，还有另一个版本。题为《滇川途次》，曰："绝壁秋风九月寒，山风如刃月如丸。军中夜半披衣起，热血填胸睡不安。"⑤ 二者孰是孰非，存疑。

又电请唐继尧即抽调昭属警备队或新招兵队赴叙。说："据杨支队差遣员由叙到永面称，阳历十九日（按：应为十七日），邓支队破北军四百人于黄泡耳。二十日，杨支队破敌人七百于横江（按：应为十八日）。二十一日，邓队攻安边，杨队住横江。二十二日晨，会克安边（按：应为十九日夜），毙敌军七十余，投河死者无算。我军死十余人，伤二十余人。二十六日，邓队开赴宗场。二十七日，与北兵四百、川兵六百战于斗牛岩。三十日，杨队开赴白沙场，与敌遇，敌兵约五千人，鏖战两日夜。三十一日，邓队败敌于宗场，敌兵死伤四百余人。二月一日，杨队又破之于白沙场，毙敌千余人。敌纵火焚烧民舍数百，向南溪溃退。旅长伍逆（按：指伍祥祯）负创舁走，冯逆顺流东窜，计捕获北兵百余，持械投降者，北军汉军

---

① 《护国运动资料选编》上册，第 221—223 页。
② 云南省档案馆藏档案，档案号：1106 - 003 - 00183 - 001。
③ 蔡锷 17 日在致刘云峰函中说："就寝以后，则顾念前敌情况，展转不复成眠。"由此推知，此二诗当作于此时。
④ 曾业英编《蔡锷集》（二），第 1302—1303 页。
⑤ 《云南起义二十周年纪念专号》，《南强》第 1 卷第 3 期，1936 年。

计共六百余。我军伤亡共数十人。是役逆军由泸州、自井、犍为分道大举犯叙，兵数近万，陈逆（按：指陈宧）悬赏四十万，期在必克。宗场、白沙场既败，泸州、自井两路逆军已溃散，不能成军。犍为军至屏山，亦逡巡不进，我军队已派往攻。叙、泸之敌兵已尽，我军援应可通。经此一役，驻川北兵三旅，已去其二。请即抽调昭属警备队或新招兵队赴叙，以厚兵力。至祷。锷。庚。印。"①

又函告刘云峰"各方面情况及所欲告之事"。说：

> 晓岚仁兄麾下：别经月矣，企想为劳。横江、柏树溪诸役，足以寒贼胆，而振全国之气，岂胜额手！弟前月十六启行，欲以壮声势，而争先着，实则后方部署尚多待理也。行次毕节、永宁之交，知陈逆调集徒众，悉力犯叙，念台从所部孤军无援，深为焦虑。乃饬董支队兼程进发，袭取永宁，即阳攻泸城以牵贼势，并催促黔军速攻綦江。一面迫刘积之从速发动，以解叙危。嗣得我军捷音，乃为释然。伍逆数径败衄，似已不能成军。冯逆溃退（乘舟逃遁）至江支[安]一带，被积之所派之别动队所截击，歼擒无遗。所谓北洋袁世[氏]之劲旅者，何若是之惫耶？今将各方面情况及所欲告之事，条列于下。
>
> 一、蒙古二十八亲王宣告独立，反对袁逆，率师内犯，已占领归化城，声言攻北京。此事虽为吾人所不乐闻，目前亦足以牵制贼势，使不敢悉众南犯也。
>
> 一、江西李纯（或系冯华甫所使），于前月初通电各省，主张守中立，以求和平解决之方。曹锟被炸未歼，彼曾电奏袁逆，谓滇、黔地势险恶，不便用武，万一失利，威信扫地，请另设他法云云。袁任龙济光为征滇总司令，坚辞不就。继任乃兄觐光为征南大将军，亦支吾脱避。陆督派其义子曾彦至滇接洽，谓桂省饷力、械力俱不足以有为，只好暂守中立，待机而发。
>
> 一、黔省于二十六正式宣布反正，循若即于是时到筑，龙（按：指龙建章）于事前遁去。循任黔军总司令（命名为护国军右翼军）而受本总司令部之节制指挥（由滇、黔都督及总司令委任之）。循于三号

---

① 曾业英编《蔡锷集》（二），第 1274—1275 页。

出发向綦江，不日即着手攻击矣。黔省东路已于湘境与逆军接仗数次，连战皆捷，进占晃州及吴公关一带，一俟韩五峰（按：韩凤楼，字五峰）到，即大举入湘（五峰于九号可到筑，叔桓则率华文［支］队协循部规渝）。

一、刘积之自我军入境后即节节后退，二号在纳溪宣布反正。同时派别动队截击冯逆溃众于江安一带。四、五号派所部陈团（按：指陈礼门团）协同董团，合攻兰田坝阵地。董迁道绕攻，五号下午四时顷迫近敌垒，力战破之，逆军溃走。时已入晡，敌遂乘黑夜扬去。

一、六号，董支队会陈团攻泸，陈仍任助攻，董由上游渡河深入绕攻，昨今两日尚未接到报告。据积之电话谓泸城有助逆川军一团，新到曹兵一团。若然，则彼我兵力，相差悬殊。而助攻之川军，恐未必能如我军之勇劲，殊大可虞。本部（由省到永，未经休息且兼程行进）随行之炮连［由耿（按：即耿金锡，时任炮兵营长。）营长率领］，已饬于六号急进往援。赵梯团部也率警卫连、机排于七号续进，计明日可与董部合。后续部队何团（按：指何海清团）须三日到永，朱团（按：指朱德团）须一星期后到永，均不足以救董部之危。所恃者，我军将士上下一心，有视死如归之决心。敌则将腐而愚，兵骄而窳，当可转危为安。出师以来，我军横厉无前，迭犯险着，均能以勇敢补过失，可庆也。今晨致台从及和卿、映波（按：邓太中，字和卿；杨蓁，字映波）一电，嘱以近泸军队赶赴援董。此电系托由刘积之转送，想可达到也。如尚未到，望即以杨支队向泸急进为要。

一、泸城下后，我军进行方略，亟宜筹度。昨派杨参谋应煃赶赴前敌，与诸君接洽，征求意见，以期毫无遗算。鄙意所在，已嘱杨面告台从（并请商诸和、映二君）。如有所见，望速以告。

一、本部拟日内启程赴泸，善后部署，现已大致就绪。

一、台从可率邓支队及禄团（按：指邓太中支队、禄国藩团）之一部（酌留若干守叙），前进隆昌、富顺一带，扼要驻扎，以掩护大军之前进。

所怀万端，仓卒间未能罄言。良晤匪遥，尚冀为国珍重。弟锷顿首。（印）

同袍将士，希代优予慰问。

其余详情（我军现状及与刘师攻泸情形），已面告来员，当能面述。此外并有用商语一函，并交带陈，祈并收阅后转递前途阅看，至要。佩金附注。（印）①

17 日，再次函告刘云峰说：

晓岚仁兄麾下：杨参谋应烽归来，赍奉手示，并备闻擘画，既念贤劳，尤佩德量。同袍将士，为国苦战，白沙、宗场两役，转危为安，尤足光青史而励来兹，甚盛甚盛。

攻泸一役，因友军不力，遂至功亏一篑，盍胜扼腕！刘、赵（按：指刘存厚、赵又新）所报敌情，虽非张大其词，然日来递军亦无十分活气。十四日双同［河］场一役，竟为镜寰（按：何海清，字镜寰）五百人（敌约一混团）一战退去。继得执事遣来李营（按：指李文汉营），吾气遂为之旺，纳溪得以保固，刘师未致再溃，端赖有此。现凤阶于昨日率董团，由大洲驿返纳。棣［榕］轩昨日偕朱团［曹营先到，项营（按：指曹之骅、项铣营）明日到一半］北进，明午当可抵纳。顷得凤阶电话，谓左纵队今夕又到一营，甚慰。

据确报，泸城已添兵一旅，其一团为张敬尧之二十五团、李炳之之两营，其余则未悉也。积之溃卒已收集四营，似难为用。据称缺乏枪弹（刘师二营协攻兰田坝，耗弹十万以上。董支队则每兵平均不过四发），吾则谓乏弹不足虑，其精神不固，闻风即溃，大可忧也。董团转战旬日，何团（按：指何海清）亦经战五日，左纵队所派援师，亦系苦战之余，然皆力贾余勇，争为先驱。有此精神，何敌不摧？但保持而长养之，则弟与诸君之责也。

此间民事已略有部署，实则致全力于筹饷及抚绥地方耳。然泸城未下，究属劳而少功。弟早拟亲赴前敌，而群以为身系全局，不宜轻出，迟迟迄今，令我闷损。晨起治事，辄达宵深。就寝以后，则顾念前敌情况，展转不复成眠。为恢复精神上之愉乐计，决当一履战场，俾精神体魄，稍得自由，当亦爱我者所见谅也。

本日我军据阵于双同［河］场、马鞍山、棉花坡一带，静待敌来。

---

① 曾业英编《蔡锷集》（二），第 1275—1277 页。

乃逆军自午及晡,仅遥以子弹相馈,未伤一人,不揣其用意何在?凤阶人长厚,而易为人摇惑,殊少定见。经迭次严命勿浪战,勿轻进轻退,日来似已有活泼强毅气象。然棣[榕]轩未到,仍不放心也。

循部明日兵薄綦江,綦江非难下(李炳之一旅,除留渝及援泸外,驻綦者当不多),但綦下逆援必麇至,此时若能支撑则幸也。逆军入湘无重兵,王文华已攻克晃州、黔阳、洪江等处,昨竟占领沅州。电轮非军学出身,而能奏此伟绩,盖其豪气万丈,志趣不落凡近,有足多也。此间上下,均和洽一致,气象极佳,皆自信必得最后之成功。想尊处亦同然。余由杨君面述,不尽欲宣。此请伟安。蔡锷顿首。十七号夜二钟于永宁。

和卿、映波并付一阅。①

**按**:12 日,熊祥生电告北京,证实"泸围全解"。说:

旅长自拜防泸司令之命,适滇寇入永宁,刘逆(按:指刘存厚)即折回纳溪,遂以伪团长陈礼门率刘军约一混团,附工兵一营、炮二尊先发,伪支队长董鸿勋率滇军约一混旅、炮六尊继进,以围攻取泸城,为篡夺全川之逆计。当时冯旅(按:指冯玉祥)出发攻叙,防泸军队仅旅长所部,相地设防,仅足敷布。

至本月二号,刘逆之陈团即抵泸城西南二十里之大桥铺,一日百警,泸防紧急。三号,旅长欲缓其攻以待援,即挑敢死队乘敌未备,毅然夜袭,以扰其秩序。敌果在该处停止两日,不敢遽前。至五号,敌遂分三路猛攻我蓝田坝。守兵仅一营,奋力抵抗,负伤二十余名,相持十八小时,左右侧竟被由南寿山进攻之敌包围,子弹接济不上,遂乘天未明,退至城西南,沿江岸固守。六号上午十时,王团(按:指王承斌团)援兵始到,李旅长(按:指李炳之)亦继到。旅长即以城之东南罗汉场、五峰岭一带,划归李、王援军防守。是日,敌即以大炮轰击城西之快山,以谋掩护步兵由城西南渡江。经我沿岸防兵竭力抵抗,相持至七号晚,先后击沉敌船三船,敌竟不得渡。八号,敌

---

① 曾业英编《蔡锷集》(二),第 1278—1280 页。

乃留少兵牵制，以主力绕道潜向罗汉场渡江，经王团据罗汉场附近高地抗拒，鏖战三昼夜，计毙敌官长四五名，敌兵无算，至昨晚始将敌击退。王团亦微有伤亡。

九号，旅长见势非出奇无以制胜，乃于午后二时，集合所部，重申鼓励，仰仗德威，无不踊跃效命。遂令职旅王营长督率精锐两连，首先由沙湾渡江，继复加派职旅两连，兼调李旅屈营长全部续进，旅长即往五峰岭我炮兵阵地躬任指挥，向敌猛击数十发，效力大著，我各营连遂乘机得渡，奋勇直前，立夺营盘山，四、五峰岭，并夺获大炮两尊，附炮弹十余箱，毙敌营长王立本一名，擒斩甚众，抢获枪弹及军用品无算。我军亦有伤亡。十号拂晓，乘胜猛攻蓝田坝，敌犹顽强抵抗，我攻军拼死战斗，旅长复亲至龙透关炮兵阵地督射助攻，至晚六时，遂克复蓝田坝。是日，计毙寇工兵连排长三名，步兵排长四五名，伪团长陈礼门被我炮击毙，击杀寇兵尤夥，余众均纷向太安场方面溃退。十一号，李旅长复率所部加入会攻太安场之敌。至十二号拂晓，王营即首先将太安场占领，李旅所部亦随时继到，又夺敌大炮四尊，前后共获六尊（余详文、覃通电），敌遂完全向渠坝驿方向退却，泸围全解。

是役也，敌借两旅之兵力，复随时裹胁团匪，动盈千数，狡变百出，三面环攻，其势极为猖獗。我将士等与之相持十昼夜，鏖战五六日，沐雨栉风，万死不还，虽敌忾同仇，人所共愤，亦我大元帅及我将军、司令、师长等德威所被，有以鼓舞而激励之，故能获全胜而安重城也。[①]

13 日，再电告北京政府，夸大护国军攻泸部队"不下万余人"。说："本月初，滇寇及刘逆存厚叛兵由永宁进袭泸州，熊旅长祥生率部固守，李旅长炳之、吴旅长佩孚先后率部由渝赴援。滇寇分犯罗汉场、太安场、蓝田坝等处。八日，吴旅王团长承斌到泸，即率兵往剿罗汉场寇股。李旅派兵会击，鏖战三昼夜，斩获甚众。九日，熊旅选派精锐袭击太安场寇股，阵毙营长刘防，拟次日拂晓续攻，寇势不支，分向太安场、蓝田坝两路退走。我军乘势将各处收获，夺获大炮数尊，炮弹数十箱，阵斩、生擒寇兵

---

① 《护国运动资料选编》上册，第 250—251 页。

甚众，余寇复经三面兜击，歼殄无算。查是役，在罗汉场一带与吴旅、李旅接战者，系滇寇一混成旅，在太安场、蓝田坝与熊旅接战者，系刘逆所部陈礼门一混成团。此外，尚有滇寇一混成旅，取道纳溪，陆续赴泸，为寇后援，兼募合土匪等，为数不下万余人。经此次痛剿，所有窥泸各寇匪全数死亡奔溃云。"

15 日，陆征祥、曹汝霖则函告驻美公使，四川泸州"厚集"袁世凯的"雄师"约"三万余人"，近日"泸围全解"。说："少川公使台鉴。上次通信，计登签记。兹将国内近事拉杂奉告。滇省人民对于政体，向无反对改革之意，即唐、任迭次通电吁登大位，情词亦甚迫切。其最后致政府电，上年十二月二十一日，愿请早登大位，并谓宗旨夙定，布置周密，但得生命不受危险，绝不至有变故发生，乃才隔三日，即幡然一变。盖实因蔡锷、戴戡、李烈钧等到滇，受其胁迫所致。该省兵额向不过一万四千人，炮止四十余尊，新枪止八千枝，子弹亦仅足供平时防守之用。若论财政，则向为受协省分，中央政府每年协济百五十万，大宗出产，惟有盐斤一项，自起事后，盐务署恐扰乱全国醝纲，故仍照常在盐款收入项下月拨十二万元，彼此相关，盐政仍归中央主持，其窘迫可想。夫兵力则如彼，财力则如此，乃敢悍然发难者，不过恃其险远为负嵎计耳。政府若不声罪致讨，恐人民之受祸愈烈。惟川省与滇接境之处，防兵素单，以致叙州一带猝被袭据。褫职师长刘存厚驻守永宁，旧隶蔡之部下，当滇寇占据叙州时，泸军急于见功，奋勇前进，泸防空虚，刘遂乘此时机与滇相应，率师袭泸。幸援军四集，前路进攻之兵冒险折回，孤城得以无恙。现在曹将军率部已抵重庆，张师长敬尧前扎泸州，该处雄师厚集，约有三万余人。叠据报告，官军近日屡获胜仗，泸围全解，江北地面一律肃清，现更渡江而南，进规纳溪。按蜀道之难，自古所称，今大军已达目的地，现一军进攻叙州，一军直捣永宁，节节进取，当有把握，此关于川、滇军事情形，所当详述者一也……以上各节，统希鉴察。顺颂轺绥。陆征祥、曹汝霖启。二月十五日。"[①]

9 日

▲蔡锷通电唐继尧、刘显世、陆荣廷及各省将军、巡按使、巡阅使、

---

① 以上电函见《护国运动》，第 537—539 页。

护军使、镇守使、道尹，各商会、报馆，"驻川助逆北军号称三旅"，经叙州保卫一战，伍祥祯、冯玉祥"两旅均经击溃，不能成军"。说："据刘梯团长云峰专报称，我军自克叙城后，陈逆调集逆兵，四面图我，一由泸州犯叙东，一由自流井犯叙北，一由犍为犯叙西，一由泸州经高（县）、珙（县）绕出叙南。三十日，与自流井大股逆军战于宗场，经两昼夜，将逆军全数击溃，毙敌四百余人，获战利品甚多。三十一日，与泸州大股逆军战于白沙场，经三昼夜，击杀溺毙逆军十余人，捕获百余人，伪旅长冯逆玉祥负创夜遁等语。又报称，陈逆悬赏五十万元购攻叙城。四日拂晓，逆军约五营回攻宗场，以贪重赏，故殊死战。我军稳静抗战，至五日薄暮，敌力渐疲，我军冒雨冲击，敌遂奔窜，死百余人，伤者无算，夺获大炮二尊、机关枪一挺、弹药四十余驮等语。驻川助逆北军号称三旅，是役，伍、冯两旅均经击溃，不能成军。合电闻。滇黔护国第一军总司令蔡锷叩。青（按：1916 年 3 月 6 日《民意报》作'麻'电）。印。"[①]

11 日

▲10 日，1913 年"第二次革命失败之川边司令张煦"召集有械散兵"九百余人"，"闻云南第一军蔡总司令到永宁"，决计先到蔡锷处"与商一切。午前七钟出发，傍晚而达"。

11 日，张煦谒见蔡锷于其"行营。是时民军新在泸县退却，居民一夕数惊，前方战事甚为危急。张乃将川边司令名义取消，与滇军一致行动，以厚实力。午后，蔡总司令任张军为义勇第一支队，即以张为支队长，促令前往纳溪增援。十二号，张乃检阅全军服装、械弹，发给薪饷。十三号自永宁出发"。[②]

▲报载熊希龄"到京后，对于滇事颇主张和平解决，已两次通电蔡锷，动以利害，劝令取消独立"，蔡锷"均有复电声明意见，闻蔡氏之言十分强硬，有滇省独立，系出自军民公意，拥护共和，不负初心，政府如不实行打销帝制，不但无以服人心，且无以对天下，滇军愤激欲战，未可重拂其意云云。又据某君报告谓蔡氏已提出条件若干条，要求政府承认，便可取

---

① 曾业英编《蔡锷集》（二），第 1277—1278 页。
② 《特别纪载·泸县牛背石之战况》（一），《申报》1916 年 6 月 29 日。

消独立，熊君以此种条件尚可磋商，政府若能俯允所请，从此不难渐趋和平，故刻下对于调和滇乱运动甚忙，有敢于自任之意云"。①

▲东路司令官王文华通电唐继尧、刘显世、永宁蔡锷、遵义戴戡等人，吴传声部攻克黔阳、洪江。说："据吴团长传声报告，我军黎古支队于三号进攻金厂得胜后，官兵奋勇，争先恐后，于五号夺据黔阳，六号攻克洪江，义军所至，逆敌丧胆，湘边居民如庆再生。逆军死伤无算，我军只伤排长一名，士兵数名。谨闻。王文华叩。真。"②

15 日，又通电唐继尧等人说："东路本军自克晃州、黔阳、洪江后，即于元日进攻沅州。黎古支队由右截出，两面夹攻，自夜达旦，于十四号午前，即将沅州完全占领，逆军纷纷逃溃。该处房屋民船，多被逆军烧毁，残忍已极。现正进攻麻阳。特此飞报。王文华叩。删。印。"③

17 日，再通电唐继尧等人说："华率本军于铣日（十六日）拂晓进攻麻阳，逆军千余死力抵御抗拒，经我军节节进攻，酣战十余小时，逆复背城抵御，直至更深，始纷纷向凤凰方面溃退。逆军官兵死伤百余，我军伤亡约三四人，夺获机关（枪）一挺，锣锅、帐棚、工作器具无数。特此飞报，余情续报。王文华叩。霰。印。"④

18 日，田应诏电告北京统率办事处暨陆、参两部，证实麻阳确于"铣日失守"。说："华密。麻阳于铣日失守。因芷江危急，分兵往援，行至芷、麻交界之齐天坪，被黔寇包截，不能前进，国军退回江口。麻阳因兵分散，势力单薄，以致首尾不能照应，加以子弹告罄，后无援军，且司令大军仍驻辰溪舟中，仅派高营长一营援麻，行抵高村，闻该县失陷，停军不动，殷营一营力不能持，遂与援芷之军退回高村。此麻阳失守之实在情形也。查此麻阳战事，国军困难，由于地理不熟，处处受敌包抄。山路崎岖，皮鞋布靴，举步艰难，兼之万山重叠，枪炮难有效力。黔寇之所以战胜者，因生长山地，草履赤足，跋山越岭，进退敏捷。又用白兵数万，短刀相接，亡命争先，国军势挫于摄，麻城失守。麻城既失，芷江恐难扼守。辰溪虽驻大军，一旦黔寇直入，恐有措手不及之势。恳请钧座迅电马司令弃舟就

---

① 《中华新报》1916 年 2 月 11 日。
② 《护国文献》下册，第 617 页。
③ 《护国运动资料选编》下册，第 358—359 页。
④ 《护国文献》下册，第 618 页。

陆，择地驻军，堵塞黔寇出路。一面分派大军攻得麻城，图取铜仁，使敌首尾失应。不独芷江之危可解，而麻、晃、会、洪等处，亦可收复。诏所部萆军，仅能扼守凤县方面，枪弹缺乏，恨无进攻之能力。前电屡请湘将军发给子弹，至今未到，倘若早蒙发给，亦可为国军后盾，万不致仅守一凤。现麻阳既失，凤凰已成孤立，松桃方面又无重兵守，倘黔寇乘虚攻入，四面逼来，力何能支！即或奋力图守，而辰、泸不通，饷源必致于断绝。如凤凰再有疏虞，湘西不堪设想；能固凤凰，而乾、永亦可无虑，即日后国军进攻，亦不致面面受敌。伏乞钧座查核情形，准由就近拨发枪枝千杆、子弹二十万，以备攻守之用。势处迫切，不胜待命之至。湘西镇守使田应诏叩。巧。印。"①

25 日，王文华再次电告唐继尧、刘显世、蔡锷、戴戡，王华裔联络湘军于 12 日"进攻靖县"。说："顷接我军游击队统带王华裔自靖县报告，该队联络湘军于十二号进攻靖县，逆军两营抗战一夜，天明时仓皇奔逃，我军追击，连占通道、绥宁诸城。逆退守至天塘要隘，复鏖战一昼夜，弃械退入武冈一带。我军现正抚慰军民。详情续报。华叩。径。印。"②

## 12 日

▲日本驻华特命全权公使日置益以"机密第 42 号"密函石井菊次郎，告知肃政史庄蕴宽关于时局谈话的内容。说：

> 关于肃政史联名要求取消新年号、撤销大典筹备处、解散参政院三事，已经国务卿向大总统建议的传言近日甚嚣尘上，为确认真相，平素关系亲睦的书记官船津（辰一郎）曾要求面见都肃政史庄蕴宽，但庄因顾虑坊间的反应而回绝了其来访。2 月 6 日黄昏，庄请本人访问其私宅，告知上述传言的事实，同时透露了有关时局的种种内幕。谨另纸寄上上述会谈之情况，敬请查阅。

庄都肃政史谈话要领

正如此次蔡锷之乱有令人深思之处，蔡滞留北京期间兼任陆海军统

---

① 《护国运动资料选编》下册，第 359—360 页。
② 《护国运动资料选编》下册，第 365 页。

率办事处办事员、将军府员及参政院参政等要职，袁总统也有对蔡大为重用之意，如蔡继续忠于袁，现在将被授予参谋总长的要职。此是予从一消息确切人士处听闻的。但想来蔡极为聪慧，已知袁终非可共事之人，正如其早在帝制问题发生前已对袁怀有二心，而袁对此也有感知，因此蔡的宅邸曾受到两次搜查。当时军政执法处曾宣称将蔡的宅邸误认为其他嫌疑人的家宅，但此完全只是托辞。岂有军政执法处这样的机构不识如蔡这样知名官吏的府邸之理。然蔡也知大总统已对其起疑心，帝制问题初肇时其率先表态赞成，这仅仅是为了保全人身安全之策。果不其然，其在府邸被搜查后感到时机越发紧迫，提出辞呈的同时宛如脱兔一般离开北京。袁一见到蔡的辞呈，立即派人想要挽留，但已人去楼空。据称进而派人追至天津，但仍未赶上已赴上海的蔡。予自任都肃政史以来，也有就诸多政治问题进行献策或谏诤，每次袁总统都大加赞许，或是委婉地进行辩解，以往并无强行推行。至帝制问题发生时，予亦多次谏诤但无任何效果，尔来曾提出辞呈，亦未被接受，故此次为尽最后之义务，呈请：（1）取消洪宪年号；（2）撤销大典筹备处；（3）鉴于徒以雷同附和未尽任何最高咨询机构义务，类同无视国政的参政院已是无用之物，应予解散。但袁是否果真有吸纳实行的勇气仍是疑问。无论袁是否实行，予已决心待此地的事务处理完毕后，即归隐青岛的旧居。现已提出辞呈，希望返回时能介绍合适的青岛的贵国军宪认识（庄氏话到此处不胜感慨，长叹一口气后又继续谈话）。予虽极为厌恶我国之现状，多次想要就此放弃，但难禁一片耿耿之情，尽管可轻易赢得都督、巡按使之类的地位，且有物质利益，予仍舍弃不顾，以好事之心就任现职，希望利用该地位宣扬自己平生之理想，以謇谔之议论打破我国之积弊，一举挽回我国之颓势，并期待假以时日可达小成。又，袁氏本非予心服之人，但已远胜孙、黄之徒，故相信欲救我国，利用袁氏原先的势力方为上策及捷径，因此过往三年尽管不甚愉快，仍投身于此地政界。然而现今已无期望，滔滔我政界有力人士，胸中皆只有自身之利害，帝制问题的发起者杨度、孙毓筠之辈不足论之，如被视为帝制问题中坚的梁士诒、朱启钤、周自齐、张镇芳皆只顾及自身利益，将参政院最终变为解决帝制问题的一个道具，完全是出于梁士诒、张镇芳的运动。呜呼！若此辈有少许念及国家之情，必不至于有陷入今日之难局。至此不禁深深叹息。对于如何看待时局变化之问，其答称北军的势力虽占优势，所幸也不足以讨灭云南军，预计今后至少需三四个月。若不幸云南军欲割据四川，此动乱将长期延续，则其间发生如何变化将难以预测。从最近的趋势来看，遗憾的是予大为悲观。对内关系已然如此，再加以贵国之舆论越发不援助袁，南方之气势日盛，对外关系也因时局而日益陷入困境，最终将受到贵国干涉。然别除感情，以东亚大局百年之利害来打算，比起我国受欧美的蹂躏，在贵国的干涉指导下寻求我国的改善应更为有利。另外贵国一部分政客常常抱有此希望，认为不达此目的，日中之间的纷争终不能解决，故为确保东亚永远之和平，逐渐实现其理想，才是两国之幸福。然欲实现此理想，今后日本人平素对中国人的态度必须大为改变。历来如在满洲、山东仅靠威压、强制的政策绝不能收服民心，现应稍加施以一视同仁的王者之政。即便损害政府二三当局者的感情亦无妨，失去多数人民的民心并非上策。日本政府不宜懈怠在各方面收揽中国民心之策，如今中国的民心远远背离日本，将大为阻碍实现如上的理想。而这并非只是中国当政者之罪，日本当局者的措施不当也起到了很大作用。关于此点，予迫切希望日本政治家猛醒。

对于眼下各部总长之中，袁氏最为信赖者为谁，是否并非梁士诒之问，其答曰如陆（征祥）国务卿虽精通外国事务，至于内政则全然茫然，只知唯唯诺诺奉袁之命行事。袁每遇事自己处置，无容人之量，故各部总长皆不过傀儡而已，无一人得到袁氏信任。而信服袁氏者亦无一人，众人皆以自身利害向背，否则如帝制问题不可能成立。世间往往将梁士诒想象成袁的唯一股肱，此乃大大误解。梁士诒向来几乎全力为袁氏奔走，但其并非信服袁，而只是利用袁。故梁看似为袁最信任者，其实是最不被信任。梁何时豹变反噬亦难以预测。梁既然已如此，据称其他人也可知。另外，庄临别时未待本人提及，即再三强调，今日所谈是对多年来作为好友的阁下（而非对日本公使馆馆员的阁下）吐露的予之肺腑之言，绝对不要向他人提起。①

---

① JACAR（アジア歴史資料センター）Ref. B03050721400、『袁世凱帝制計画一件（極密）/反袁動乱及各地状況』第四巻、日本外務省外交史料館、1－6－1－75；『日本外交文書』大正五年、第2冊、28—31頁。外务省2月18日接收。

13 日

▲蔡锷"因泸州战斗激烈",战事"稍失利",命叙府第一梯团刘云峰"派队增援"。刘云峰"召集会议",派第一支队第一营长李文汉"率全营官兵,附炮一尊、机关枪一挺,由叙府乘船沿江而下。是夜在江安宿营,晋谒川军第二师长刘公存厚,请刘公同赴纳溪指挥"。①

又电复唐继尧,"战利品及(俘)虏自当酌量送滇"。说:"真电敬悉。战利品及(俘)虏自当酌量送滇。我军所至,商人极表同情。助逆北军连次败挫,气为之夺。俟我军各进队齐集,不难指日荡平矣。锷叩。元。印。"②

▲报载"日前京报皆力辟调停滇事之说,而英文《京报》则以熊秉三参政此次出京,带有调停滇事之使命。昨晤熊之所亲,据言其太夫人避乱赴省,道出黔阳,启行之次日,黔阳失守,其太夫人遂不知去向。熊闻信,即日请假回籍,与滇事毫无关系云。惟闻印铸局长袁思亮亦与熊同日出京,人谓袁君并无婚丧疾病之事,而又不先不后与熊氏同日出京。盖袁与蔡锷、梁启超等皆有私交,当局授意,令其赴沪试探有无调停余地,必无可疑云云。此言似亦近是,姑志之。又闻各省将军、巡按使等,以中国适在贫弱之秋,同室操戈,殊非所宜,因而颇有主张调停之说者。惟政府以一般乱党,志在破坏,调停之举,究不足恃,已决定无论如何,当以兵力作最后之解决,并将此中万不得已之苦衷,密电各省,详为解释,嘱其此后不便再行提出调停二字云"。③

又载"滇、黔乱事方炽,联邦之说突然发生,元首对此问题,殊为注意。兹闻昨日政事堂曾奉交谕,饬即查明此项论调所由起,及各疆吏所具之意见有无附和该说者,饬即呈复,以备核办。又闻元首以冯国璋、朱瑞两将军所陈之利害,颇足动听,饬即将该电通布各省,以辟他说"。④

又载《字林西报》刊文表示,肃政使庄蕴宽"并非国民党",而"与蔡锷相似,盖为梁启超一系之人,即所谓立宪党是也"。说:"北京华人通信员函云,都肃政史庄蕴宽辞职已准。按,庄当南京政府时为江苏都督,与当时临时总统孙逸仙颇通声气。一年前任命为都肃政史,后筹安会发生,庄于九

---

① 李文汉:《护国第一军第一梯团第一支队第一营战斗经过》,《护国文献》下册,第555页。

② 《蔡锷集外集》,第349页。

③ 《调停说之传信传疑》,天津《大公报》1916年2月13日。

④ 《元首密查联邦说所由起》,天津《大公报》1916年2月13日。

月间曾呈请总统中止帝制运动。其呈文几由肃政史全体署名，但该呈既上，留中不发，仅命令筹安会诸领袖于法律范围以内讨论帝制问题。庄之意见既不见听，旋即上书辞职，经元首婉留，庄亦不再辞。然对于帝制问题则不发一言，迨云贵宣布独立，庄又上书力请速停帝制，此次呈文并非由全体肃政署名，而仍被留中，于是庄乃决计辞职矣。庄虽与孙逸仙有密切关系，然并非国民党，而颇与蔡锷相似，盖为梁启超一系之人，即所谓立宪党是也。目下关于庄之谣言甚多，有人恐庄将赴沪，加入反对帝制派，然庄本拟赴汉，此举亦作罢，似将仍居北京，直至云贵乱事平定以后矣。"①

### 14 日

▲戴戡电告唐继尧、刘显世、永宁蔡锷、叙府刘云峰、晃州王文华，黔军北路已占九盘子，现正围攻綦江。说："戡于元日（按：13 日）抵松坎，本翼北路各军即于寒日（按：14 日）开始攻击，并由熊团长其勋、副官长李雁宾亲临前敌指挥。顷得第一次报告，九盘子全山皆为我军占领。查九盘子为川边天险，此次竟为我军所得。第二次报告，我军攻下九盘子后，逆军死伤数百人，降者尤众，夺得枪弹无算，刻已追至大沙沟。第三次报告，我军已夺踞大沙沟，逆军纷纷逃溃。现正围攻綦江，即日可以占领等语。特电飞报。戴戡。寒。印。"

15 日，又电告唐继尧等人说："顷得第四次报告，我军昨夕九时，夺踞赶水。逆军荡平后，即联络左右助军，进攻东溪，完全占领。特电飞报。戡。删。印。"又说："顷据熊团长第五次报告称，据六团团附胡忠相飞报，我军右支队十四号拂晓向青羊寺攻击，当将逆军出［全］队击破，跟追至青羊寺。逆军约步一营有余，机关枪二排，恃险抵抗，激战至午后三时，逆军败遁。我军遂将该寺完全占领，夺获机关枪二挺，辎重甚多，详情另报等语。查青羊寺后有路直通綦江，相距不远。现正饬前队鼓勇前进，余情续报。护国第一军右翼总司令戴戡叩。删二。印。"又说："顷据熊团长第六次报告称，我军昨今两日，完全获胜。在青羊寺夺获机关枪两挺，至九盘子、赶水两战，共计击毙逆军连排长五员、士兵二百余名，生擒得营

---

① 《庄都肃政辞职后之西讯》，上海《时报》1916 年 2 月 19 日。又见北京《群强报》1916 年 6 月 15 日。

连排长七员、士兵二百三十余名，夺获机关枪两挺、步枪多支，子弹无算等语。特先飞报。护国第一军右翼总司令戴戡叩。删三。印。"

16 日，又电告唐继尧等人说："顷得熊团长由东溪来第七次报告，我军已占领分水岭，击毙逆营长一名、兵甚多。逆军胆丧，均退扎扛子坝等语。又据本部副官由正安飞转来报，我军六团三营，于十三号由新州向南川方面攻击，已占领沙溪、大锅场、马嗓。逆军死数十余人，均败回南川城内。我军现仍进攻云云。谨此飞报。戴戡。铣。印。"

18 日，再电告唐继尧等人说："顷得熊团长第八次报告，我军于本日午前九时已攻克马口垭，现正在猛追。逆军在此约步一团、炮四尊、机关枪三挺，所有夺获伤亡详情，容查明续报等语。特电传达。戡。巧。印。"①

▲王恩贵、刘玉琦发现护国军的进攻重点在四川，有依据民众、"多用零星小队"、擅长夜战等特点，为此电陈北京统率办事处说："处密。贵、琦谨将闻见敌情，开列于下。一、叛匪计划注重川省，分两路进攻成都、重庆，势力较优，是为正攻。黔匪亦分两路，一遵义，一铜仁、玉屏、天柱，以镇远为后援，是为奇攻。二、器械不足，弹药缺乏。三、利用土匪及下等社会之人，造谣扰乱，借作声势。四、运动军队，假安商民，施用笼络手段。五、畏惧北军，专袭我兵力单弱之处。如遇大军，稍不得利，而改向他方，形同流寇。六、着军衣者，皆是新匪。老匪多服便衣，暗藏利器，隐匿城镇要隘，以红布扎于帽沿以为记号。白昼似甚安静，夜间暴起，乘我不意，得利则显露真相，失败则脱去记号，又为良民，且兼用暗杀手段。七、匪人战斗，多用零星小队，每起至多不过十数人，占据要路、山顶等处，各面乱射，加以山路崎岖，匪尤得利。总之，黔匪现虽乘我大军尚未集中，各处扰乱，然现在中央计划、后方战备均已完全，一俟第三旅至辰，便能长驱攻剿，直捣匪巢矣。谨闻。王恩贵、刘玉琦叩。寒。印。"②

15 日

▲蔡锷见纳溪战况激烈，命朱团曹营五、七两连即日前进。③

---

① 以上六电见《护国文献》下册，第 594—596 页。
② 《护国运动资料选编》下册，第 358 页。
③ 《杨如轩入蜀讨袁日记》，《护国运动资料选编》上册，第 241 页。

中旬①

▲蔡锷颁布一系列部署"筹饷及抚绥地方"等"民事"方面的告示、谕文。主要有以下一些。

（一）两则"入川告示"。

其一说："照得中华民国，成立已历岁月。外经各国承认，内由人民公决。不图袁贼世凯，竟敢自为帝制，私设筹安等会，倡议倾覆民国，假托人民公意，其实利诱威胁。五国警告频来，内政被人干涉。只图一家尊荣，不顾全国亡灭。本军应天顺人，用特仗义讨贼。各省闻风响应，粤桂黔湘江浙。众志既经成城，袁贼覆亡无日。咨尔士农工商，久已民国隶籍，须知国家存亡，匹夫咸与有责。其各闻风兴起，慎毋妄相猜测。兵至秋毫无犯，人民各安生业。市廛照常买卖，毋得抬价抑勒。若或军士占霸，骚扰不守规则，抑或奸宄生事，无端造谣煽惑，均按军法从事，决不宽贷片刻。特此通行布告，国民一体知悉。"

其二说："照得中华民国，人民铁血铸成。暨今已历五载，国体何容变更。袁逆背叛约法，妄想帝制自尊。本军起义讨贼，扶持共和不倾。告我蜀中父老，以及各界民人，军士皆守纪律，闾阎鸡犬不惊，四民各安生业，买卖务须公平。切勿谣诼生事，有碍义军进行。地方大小长官，勿得畏避逡巡，照旧供职唯谨，保护地方安宁。倘能闻风响应，本军勿任欢迎。设有土匪滋事，拿获即正典刑。兴亡匹夫有责，勿愧共和国民。逆党如能效顺，一律咸与维新。特此通行布告，其各一体凛遵。"

（二）《谕四川同胞文》。说：

（为）出示晓谕事。照得本军起义，宗旨正大，凡我中国人民稍明事理、稍有良心的，断无不赞成本军之理。但兵队所至，易惹人民惊疑，若不明白晓谕，恐因小有误会，遂至误事。所以一件一件的解说，使我四川同胞，大家俱得了然。

一、本军何以叫做护国军呢？因为我们中华民国已经成立五年，这个民国的国体，是中国人大家议定的，各国人都承认过了。今天袁世凯要想灭亡民国，称起甚么皇帝来，把我们人人有份之民国，变作

---

① 由蔡锷 17 日致刘云峰函中所说"此间民事已略有部署，实则致全力于筹饷及抚绥地方耳"一语，当可推知其以下告示、谕文及演说均成于此时。

他袁家私有之产业，还说是民意要他做皇帝。究竟谁叫他做皇帝？你们都是人民，可曾有过这种意思吗？似此当面扯谎，袁世凯还有一个中国人在他的眼中吗？况且袁世凯凤著的罪恶，大家是知道的。自从辛亥革命，他拥着重兵，勉强推他做临时大总统，只求宁人息事。到改选正式大总统的时候，他借了大借款，专供运动选举及个人之浪费，使我全国人民无故加此重担。无辞可借，他又百方挑弄，激战江西、南京之凶事，借此扩张势力，报销巨款。又恐国会说话，不便为所欲为，他又解散国会，取消自治。大权在握，肆无忌惮，加赋加税，横征暴敛，此种痛苦，是我们人人亲受的。虽说人民有纳税的义务，但总要取之于民，用之于民，才算是多取之而不为虐哩。袁世凯取我们人民的钱，果有一文用在人民头上吗？若论袁世凯的横暴，似乎对于外国人也该有点力量，看他抵押盐款，承认要求，这几年来之外交，无一事不是断送国家的命脉的。总之，对内则一味蛮横，对外则曲意将顺，袁世凯即不做皇帝，也要将国事闹坏。但不做皇帝，还有总统任满的时候，别人可以补救。他既做皇帝，我们中国必定由他一手断送了。我们深怕亡国，所以出兵讨袁，是永护中华民国的意思，所以才叫做护国军哩。

一、民国何以要拥护呢？因为今天的中国，若不保存民国的国体，必不免于乱亡。这个缘故，是一说就明白的。你想辛亥革命，伤了多少生命，费了多少款项，经了多少危险，才把满清皇帝推倒，建立民国，做成五族共和的局面。今天，袁世凯又胡思乱想，要做甚么皇帝，今日既有皇帝，当初何必革命？夺了满清的皇帝，又让袁世凯来享受，你想满清及拥护满清的宗社党，能够甘休吗？还有全国多少革命党，千辛万苦，才造成这个民国，以为从此人人都是主人翁了。今袁世凯又要做皇帝，把全国人仍旧贬做他袁家的臣妾，你想多少革命党人又能够甘休吗？唉！大家不能甘休，只要有了机会，有了力量，时时可以动作，处处可以发难，你想中国从此还能有宁静的日子吗？袁世凯的皇帝做成，恐怕大乱不止，终归于亡国了。还有一层最危险的事，民国是外国人承认过的，一旦变了皇帝，必得又经外国人承认，我们中国在世界上才算得一个国家；若不得外国人承认，则在世界各国中，我们国家的资格，尚未成立，就像一块无主的荒土一般，各国可以任意占据，任意割分。你想这种情形，危险不危险？若袁世凯不发皇帝的迷梦，好好一个民国，何致有此危险！自从袁世凯要做皇帝以后，日本及英、法、俄、意五国，也曾对他发了一个警告，就是叫他不要做皇帝的意思。五国警告的话，就是说他做皇帝，必定惹起内乱，与各国在中国的商务有害，这总算是五国的好意。袁世凯若有丝毫爱国的心肠，想到外国人都来说话，也就该罢休了。那知他贼心不死，一定要无事找事，硬要想做皇帝。外国人劝他不听，必定是各打各的主意了，一旦有所借口，必定派兵前来干涉。靠袁世凯外交的本领，还能够抵挡得住外国人吗？恐怕袁世凯的皇帝做成，割地送礼，酬赏外人，以求了事，我们中国也就不成一个国家了。因为他一个人要做皇帝，把国家弄成了一个孤注，这种心肠，真是狗彘不如。若是袁世凯不做皇帝，我们民国是外国人承认过的，他们对于我国，无话可说，我们中国也就照常无事了，所以民国是一定要拥护的。

一、护国军何以起于滇、黔，又何以先到四川呢？因为拥护民国，虽是全国人民公共的意思、通同的责任，但北方各省及沿江、沿海各省交通便利，一说反对袁世凯，他就把那些无知无识甘做他的犬马的军队开来攻打，朝发夕至，仓卒间恐受他的害，于事无益。只有云、贵地方，相离较远，我们的兵队可以从容筹备，陆续出发。到我们的兵队开到各处，各省借着声威，可以渐次响应，渐推渐远，声势浩大，就是替他当犬马的，也可以渐渐省悟过来。那时袁世凯孤立无助，不愁他不倒。这是凡事有个先后次第的意思，并非专是云、贵反对袁世凯，他省便不反对。现在广西、广东、江苏、浙江、福建、湖南等省已一概准备发动，江西省且有通电反对。这可见全国人心已经一致，不过情势不同，发动须分迟速。即如辛亥革命，武昌起义在八月间，南北各省有迟至十月、十一月才能发动的，这就是迟速不能一律的缘故。现在云、贵两省发动已经一个月，两省军队已开到四川，四川是应该发动的时候了。四川若趁此发动，会合我们的军队顺流而下，直到了武昌，中国的大局就算十成定了八九成了。四川的形势，据全国的上流，关系成败不小，我们所以前来四川，补助四川同胞赶速举义，就是这个缘故。但有一层，凡举事须有个系统，有个秩序，才不致紊乱。即如云、贵此次举义，是由两省长官决定，一纸风行，民间毫无扰乱。四川的长官，若能顾全大局，顾全地方，即由长官决定，也不过一纸风行，就算完事，民间不致丝毫受害，岂不甚善。倘长官犹豫不定，我们的兵队到时，不得不以兵戎相见，亦是无可如何。但我们的兵队处处申明纪律，不许有丝毫扰害民间。若有不守规则之人骚扰民间，一经查出，或被告发，必定从严惩治，决不宽贷。川省同胞具有天良，望大家齐心合力，共表同情，共卫民国，切勿轻听谣言，妄相揣测，致有误会，转多妨碍，至要至要。俟四川全局平定之后，我们大家同心协力，又分兵四出，辅助各省起义，共同驱逐袁世凯，另组织民国政府，统治全国。那时内忧也可以消弭了，外患也可以减少了。合全国的人提起精神，激发良心，同来整顿国事，何愁不有进步？那时才真算是我们的国利民福了。特示。

(三)《饬四川各地方官吏严拒伪命，效忠民国文》。说：

为通饬遵照事。照得本军入蜀，迭复名城，各该地方官吏，食民国之禄，自应效忠民国，共拒伪命。惟现在军务倥偬，各该地方官吏职守所司，自应逐一规定通饬，俾有遵循。除通饬并另案给发委状外，合将应行遵守条例饬发，仰该即便遵照办理，并即具复查考。切切。此饬。计发条例一纸。蔡锷。

### 护国军地方官吏应行遵守条例

第一条　各属县知事、县佐，榷税局、征收局、盐务官吏，警备队长、警察，民团局长等职，本军到后仍应一律照常供职，若有擅离职守及卷款潜逃情事，通缉拿获，均照军法从事。

第二条　各职为民国之官吏，暂直接受成于护国军总司令，不得私通伪廷官，违者查出重办。

第三条　各属钱粮、税课、厘金及一切杂项收入应行报解者，统由各该经收人查照向章，按月解缴永宁道署，不得滞欠挪移，违者究办着赔。

第四条　各属知事有维持地方安宁秩序之责，如有土匪、盗贼抢劫滋事，扰乱治安，或持械拒捕者，准其便宜行事。但办后仍应据实详报查核。

第五条　各属官吏皆应奉民国正朔，凡一切公文程序，均仍用中华民国字样，以遵国体，不得稍有歧异，违者以叛逆论。此饬。蔡锷。

（四）《饬各属人民惩敌效国文》。说："为通饬遵照事。照得本军入蜀，所向克捷。逆军天厌人弃，连战皆北，势已不能自振，但凶焰虽衰，逆谋未戢。我国民忿逆寇之稽诛，识匹夫之有责，知不少义愤填膺、亟思自效者。以后各属人民，如有能侦获逆军实情及擒获逆军间谍，或截获逆军军械、辎重送交各该部队、县署者，即由各该主管官查明虚实，有无关系，若果能裨益军事，自应权衡轻重，酌予优奖，具报查核。倘查有无端虚捏，借故诬陷及其他滋累情事，亦应分别轻重，酌予惩罚，毋稍姑息。除刊就示谕，饬发分贴并通饬外，合行饬仰遵照。此饬。蔡锷。"

（五）《饬各属地方官吏造册报核文》。说：

> 为通饬造报事。照得本军所至，各属地方官吏应暂行直接受成于本总司令部，当经规定条例，通饬遵照在案。现在百事谋始，一切统属关系，无案可稽。各衙署、局、所内部及隶属机关情形如何，应由各该主管官各将机关之组织，职员之姓名、履历、到任年月日及现行之办事规章，逐一分造册折，详送备查。各属专有之特别机关，未经奉饬造送者，即由该属知事查明函催造送，不得遗漏。各属县署、榷务、盐务及征收机关除照上开各节造送外，更应填表报核。兹将表式饬发，仰该使即遵照办理，并限文到五日，造具详复，勿延。切切。此饬。计饬发表式一种。蔡锷。
>
> 某县地方情形一览表式（略）
>
> 某县榷局情形一览表式（略）
>
> 某督销缉私局情形一览表式（略）
>
> 某县征收局情形一览表式（略）

（六）《饬各属筹设驿站文》。说："为通饬遵办事。案查本军师行所至，凡属公文要件皆以敏速为要，由邮传递，不无疏虞宕延之处，贻误军情，所关甚巨。惟有设立驿站，改为驿递较为妥速。查各属民团多已举办，应即责成各县知事督率民团筹设驿站。若民团尚未成立，该县知事应另行设法，务使驿递有资。以后凡本军公文到时，即由该团专丁按时递次传送。至本军现未经过之处，凡属要道，亦应预为设置，俾免临时周章，致滋贻误。为此通饬各该县知事，迅将所属驿站设立，以便传递，而重公要。除分饬遵照外，合行饬仰该知事迅即遵照办理，并将设立驿站情形详复查考，勿延。切切。此饬。蔡锷。”

（七）《饬粮税解缴叙永征收局文》。说："为饬遵事。案查本军入蜀，曾经饬令各地方官员照常供职，直接受成于本总司令。凡各属钱粮、税课、厘金及一切杂项收入，应即查照向章，解缴永宁道署验收，并发给委状官吏应守条例在案。现查永宁道署向驻泸城，值兹军务倥偬，解款距敌地近，不无可虞。叙永地方安靖，该县解款较为妥便。俟后该地方官署、局、所，所有应照章报解钱粮、税课、厘金及杂捐各项收入，按期径行解缴叙永征收局验收，并册报本部查考。除饬遵照外，合行饬知，仰该即便遵照办理，慎勿故怀观望，蒂〔滞〕欠挪移，违者即按军法从事。切切。此饬。蔡锷。”

（八）《饬叙永县知事晓谕通用中国银行纸币文》。说："为饬遵事。案据护国军中国银行总经理李临阳呈称，遵谕于叙永县设立中国分银行，业已组织就绪，于二月八号成立，并曾经蒙委曹观仁为分行行长在案。除将分行章程及办事细则一并呈请查核备案外，理合备文呈报，恳祈饬知各县知事出示晓谕商民，一体遵照等情。据此，查该分行既组织成立，应即发行中国钞票，准其持赴该行兑换现金，并准持票完纳钱粮税课，实属利国便民。但恐愚民无识，或生疑阻，合亟饬仰该知事遵照，迅即明白出示，晓谕绅商各界，使知行使钞票系为流通金融、便利商场起见。既经设行兑现，自与他省所发不兑现之军用钞票不同。且该行钞票全国流通，信用久著，又与他省省立银行所发之钞票，仅通行于一省区境以内者不同，该商民等务各安心行使，不得妄生疑议，区分畛域，低昂价格。若有造谣煽惑及故意阻滞留难情事，是即安心破坏。军法具在，一经扭禀告发，定即按法严惩，决不姑宽。除刊发告示，通饬晓谕外，仰该知事即便遵照办理。切切。勿违。此饬。总司令蔡锷。”

（九）《饬各地方官不得强拉盐脚夫为夫役文》。说："为通饬事。据叙永边计督销局员柯国藩折呈称，永边运盐公司由犍、富两厂购运盐巴，经由纳溪，另提拔船转运到叙，发交边计两岸承销，商店领盐缴本，分别运销。惟边岸承销各店，须转雇背夫驼马，运至黔省毕节县属及大定属之瓢儿井地方发售，层层迭运，以便民食。至叙、古两县各岸，在繁盛场镇设立分销店，晒卖摊贩食户。乃因戒严期间，兵差往来，需夫甚多，月来应发黔岸盐包，缺夫负运，兼之沿江拨船借口乏夫，在途逗留。现闻黔岸需盐孔亟，盐价渐增，民食大有妨害。一般乡愚无知，不免畏惧拉夫，互相缩匿，该船户等亦难免不借故拖延各等情。据此，查盐务关系课款转运，务须便利销路，尤贵流通。果如该员所称各节，则阻滞留难，商情既疲，民食亦困，殊非慎重醝纲维持财政之道。以后本军所至，所有应用夫役，应专雇觅闲人，并照给力资，勿使人民感其苦累。若遇负运盐斤之夫脚，即不得强拉应役，致碍盐运。除转饬各县知事分头出示晓谕外，合亟饬仰即遵照。切切。此饬。蔡锷。”

（十）《饬各军队不得拨调炮科人员文》。说：“为饬遵事。案准云南都督唐公函，案据第一师师长张子贞详，案据炮兵团长李朝阳详称，拟请转详通令各军队机关，以后调用人员，尽由他种兵指调，炮科人员一律免予拨调等语，详请钧府核准等情。据此，相应函请查照，并饬属遵照等由。准此，合行饬仰遵照。此饬。蔡锷。”

（十一）《饬各部队不得虐待俘虏文》。说：“为通饬遵照事。照得本军所向克捷，捕虏归降，随在而有。查《战时国际公法》对于俘虏之处置，大率严加管束，取足以剥夺其战斗能力而止。至于虐待杀戮，在所必禁。此在国际交战犹且有然，而况国内战事，谊属同胞，相戕何忍！且此次从逆军人，岂必尽出本心，卒为势迫利驱，遂至迷于所往。念其被胁之可悯，方且哀矜之不暇，若果战败被获，缴械归诚，是其悔悟已萌，即不应再加侮辱。合行通饬，仰本军各部队一体遵照。以后凡从逆军官士卒，战败被捕者，其处置方法，均应按照陆战规例办理，不得虐待擅杀，致悖人道。若夫不甘从逆，自愿归诚，查无反复情事及间谍行为者，尤应优加待遇，俾得自效。勿违。切切。此饬。蔡锷。”[①]

（十二）揭露袁军在川奸淫掳掠罪行。其《布告袁军在川罪行文》说：“驻川助逆北军，平时奸淫掳掠，无所不为。临战以来，其种种罪恶，有为

---

① 以上各文见曾业英编《蔡锷集》（二），第1290—1301页。

天理、国法、人道所万不能容者。一、叙城下后，陈逆宧分派重兵，四路来袭。其军中口述命令，有奉皇帝谕城破之日，准纵淫掠三日之说。虽终不得逞，而口令传播，道路皆知。一、我军进规泸州时，逆军在兰田坝筹防，先焚民舍数十家，尤借口于有碍防御工事。袭叙之役，逆军大败于白沙场，纵火焚烧民屋亦数百家。一、我军攻泸，既克罗汉场，逆军树立降旗，我军停战前进，逆军突开机关枪轰击。虽死伤未多，而战时规例，已蹂躏殆尽。一、我军下叙后，陈逆悬赏五十万购攻我军。我军攻泸，陈逆又悬赏二十万购守。现交绥尚只此两役，已无役不赏。如此其重，以后更何所底止！逆首既非钱树，不过重累吾民。而兵以利动，此风一播，以后军事前途，何堪设想！以上数端，皆信而有证。其他秽德得诸传闻者，更难缕数。以文明各国与野蛮人战所不忍出之事，悉刱而加之于同胞。一时之胜败何足恤，以后道德、风纪、财政、人民生命、国家名誉，将悉蒙其恶影响。推逆党之心理，连次败刱而恼羞成怒，苟可冀侥幸一逞，即牺牲一切，亦在所弗顾，此真可为痛恨者。我军虽捷，而逆徒肆恶，隐忧方大。尚乞设法广布，与国人共弃之。总司令于永宁。"[1]

其《布告袁军在川罪恶电》说："顷接松坎戴总司令来电，据殷参议长、熊梯团长、华团长合词电称，逆军数千，据油罗坪，经我军连日痛击，渐次溃散，余均伏匿不出……"（按：1916 年 2 月 6 日记事中已录）

（十三）蔡锷在川南讨袁前线民众欢迎会上发表的演说词。说："中国军队，在前清末叶，编练新军，成效颇著。自辛亥光复，袁氏执政以来，除锄异己，不但为彼摧残迨尽，即稍有资格者，亦不为彼所用，故此等军队退伍后，已散处四方。独吾云贵诸省军队，当未勃发之先，虽与袁政府虚与委蛇，其实均从新章编制，深受军事教育。至用兵不在多寡，以勇猛机警，人自为战。照现在袁氏之众，中国情势，只须一师之兵，即可以纵横天下，况现在全国同心拥护共和，以遍地仁义之师，攻彼残暴离德离心乌合之众，战无不胜，攻无不取，岂不信欤。至袁氏军火，自欧战以来，已无从购买，虽于〔有〕制造厂数处，所有制造之件，平时敷衍塞责，每多取材异地，其实无一能纯粹制造完全者。故军火原

---

① 上海《民国日报》1916 年 3 月 4 日。又见曾业英编《蔡锷集》（二），第 1301—1302 页。

料等件，无从购置，各省均告竭蹶，此兄弟在京时即所深知。综此以上大略情形，袁政府必将瓦解，束手待毙。而吾护国军方兴未艾，万众来归，岂不懿钦。"①

▲刘云峰等人电告蔡锷，袁军在川的暴虐情况。说："北军在川，奸淫掳掠，蹂躏地方，民怨沸腾，无心不腐。我军沿路抚循，如春及草。该军战败之后，无以媚贼。叙府之失，诬民背叛来助我军，不知彼自安边、横江等役，奔窜相属，不敢守城。我军到后，城中不但无兵，且并知事亦先亡去，此其慑我之威，丧心逾过，罪更不容于死。其尤有可恨者，此次分兵数道，图复叙城，陈宧既袭袁贼故智，以重赏陷其军，复示意入城后，准其骚扰。殊经我军分投进剿，又复大败。而该军此来，系为利诱，其锋之凶、其心之毒，世界人类所不忍为，不图袁贼用一人之私，而率以害我同胞，至于如此。昊穹不昧，归而行殊，盖其败后，羞愧凶残，遇事泄忿。白沙场之役，至烧毁多户，老弱妇孺，悉付一炬。败逃所过，尚复奸淫。有年逾五十尚被其污，抗拒不从，复遭枪毙。甚至鸡奸儿童，亦罹凶刃。在南溪县轮奸良家姐妹二人，并复殒命，言之酸鼻，深痛在心。至于获我之兵，挖目拔舌，剖腹抠心，断手残股，种种凶狠，复有令人不忍观者。将我伤兵斩去两手，求死不得，求生不能，其他情形，观此尤惨。我之所获，款待为优，伤者医调，并不歧视。凡此事实，中外人士所见明知，叙城有法、美两医院，足为明证。昔韩婴有言，希一人而得天下，仁者耻焉。袁贼拥兵胁民，自为帝制，即不好杀，已为民国之仇，何况率彼凶兵，残民以逞。秉彝含识，必不与彼为谋，贤智同胞，当然不屑。昔顾亭林以残民衙蠹，为民虎狼。夫衙蠹只削取民财，而人尤虎狼视之。今袁贼之兵，直养虎狼而附之翼。天祸中国，长此奸凶。云峰等职在戎行，虽灰灭此身，不忘湔洗。伏愿将此情形，明告中外，以正其罪。刘云峰、邓（泰中）、杨（蓁）等谨闻。"②

---

① 曾业英编《蔡锷集》（二），第1303页。据刊载此演说词的上海《民国日报》记者说，此演说词出自滇黔境内某盐商"卢君之口，入记者之耳。其间挂一漏万，以及卢君所言该处军队如何奋勇，举动如何文明，人民如何敌忾同仇，均不及备载，但就演说一则，略志如下"。

② 《护国文献》下册，第694—695页。

16 日

▲千叶县知事佐柳藤太以"高第 994 号"致函内务大臣法学博士一木喜德郎、石井菊次郎，警视总监西久保弘道，告知中国革命党人购买飞机之事。说："前日 14 日警视厅电话通报关于中国革命党人购入飞机一事，经密查得知如下事实。1 月 25 日革命党人、现住东京市神田区表猿乐町 15 番地的朱晴坡与居住府下荏原郡入新井村新井宿木原山 1510 号的吉永振作同行，拜访了千叶县千叶郡检见川町稻毛的民间飞行家伊藤音次郎。其检查了伊藤所有的飞机'惠养'号，并与吉永、伊藤共同乘坐该飞机试飞后，立即签订以 5000 日元购入该机的合同离去。但迄今尚未交付款项，飞机也仍放置于仓库。朱晴坡去年底曾往稻毛拜访伊藤，透露希望'惠养'号尽快完成，可知在未完成之时其已有购入之意。关于今后的动向将继续关注。谨此通报。"①

▲"下午 5 点"，町田经宇密电参谋总长，报告依据"上海革命党机关致该党在北京机关的极密报告"，"可推测"云南护国军的"作战方针"，以及"与附近各省"关系的"内情"。说："已入手上海革命党机关致该党在北京机关的极密报告书，据此可推测云南军的作战方针及与附近各省的关系内情。其概要如下。云南军欲倾全力先占领四川，是出于云南财政的当务之急，同时袁最为信任的北方精锐已悉数集中于四川境内，且难以转输他处。而攻略四川最初已约好内应，甚非难事。四川方面的行动目的达到时，袁最早失去劲旅，而云南军与广西已形成默契，将掉转方向开始攻略广西、广东运动。如广东归于云南军掌握，则冯国璋已事先约定将在江苏起事，另浙江军也全部约定予以响应。但将军朱瑞仍视军队的情况，或是在云南军进攻四川时，或是在云南军转而进攻广东之后，其时机虽尚未确定，但方针已定。孙文及陈其美一派虽进行种种谋划，但规模偏小，难有大作为，终究不成。襄阳的黎天才（新第九师师长）与荆州的石星川（湖北第一师师长）为决定去就，此次派使者前往北京打探袁的近况，因袁执迷不悟，不知大势所趋，知其命运终难逃可怜之结局。张勋对冯国璋抱有同情，因此冯起兵时张也将旗帜鲜明地加入南军。要言之，上述三人正

---

① JACAR（アジア歴史資料センター）Ref. B03050721300、『袁世凱帝制計画一件（極密）/反袁動乱及各地状況』第四巻、日本外務省外交史料館、1-6-1-75。外務省政務局 1916 年 2 月 17 日接收。

就起事时机与孙武进行密议。上海机关部（唐绍仪、伍廷芳、梁启超、汤化龙、张绍曾、汪兆铭、王成廷等）与云南机关部保持沟通顺畅，等待黎元洪南下的孙武如视时机拥立黎甚妙，应让黎知悉南方的情况，促其下定最后的决心。据传最初冯、张二人原将主持与云南的仲裁，或因上海、南京的原参众两院议员的国体解决再投票问题，也由于云南军的势头极好，共和维持的潮流呈现一泻千里之势，而暂时采取观望时局发展的态度。据称本秘密报告已呈阅黎元洪。"[1]

## 17 日

▲蔡锷电告唐继尧、刘显世护国一军抗击袁军四路犯叙战况。说："月初逆军四路犯叙。宗场、白沙场两役击溃东、北两路。南路逆军闻风北窜。西路由朱逆登五率众由柏树溪窥叙，我军派游击队迎击。朱逆退却，绕出叙西北之牛喜场，与陈逆所派之亲军两营及新增北军一混成团，复向叙城猛进。我军以守兵一营往御，七日晨又由宗场分兵绕出牛喜场后夹击约五小时，逆军奔溃，追杀三十余里，获大炮二尊，枪炮、子弹五十余船。兹据详报，合电闻。锷叩。筱。印。"[2]

又电令北路"黔军速下綦江，回攻江津，以便截击往援泸县之敌人"。[3]

## 18 日

▲梁启超电告陆荣廷，"去腊"蔡锷"由港函津，语所规划，尤亟亟道将军"。说："客春归省，远承贶问，感激相思，与日俱积。自帝制议兴，举国如饮狂泉，其能以直道正气系天下之望，矗然泥而不滓者，惟将军与冯华帅。去腊松坡由港函津，语所规划，尤亟亟道将军。启超自是益知今后之国命，系于将军者未有量矣。滇黔首义，晦盲顿开，转战两月，所向有功。然敌焰太张，大局久悬未定，薄海内外，视线咸集邕、桂间，谓但得将军一举手、一投足，则天下之势，将有所判。而荏苒数旬，义麾未见，

---

① JACAR（アジア歴史資料センター）Ref. B03050721300、『袁世凱帝制計画一件（極密）／反袁動乱及各地状況』第四巻、日本外務省外交史料館、1-6-1-75。"张勋对冯国璋抱有同情"以下内容根据日文档案补充而成。2 月 17 日 7 点 40 分到。

② 曾业英编《蔡锷集》（二），第 1280 页。

③ 杜权机：《护国军松坎、綦江战纪》，《护国运动资料选编》上册，第 326 页。

浅虑之士，辄窃窃然滋疑议，谓将军得毋有所蒇慑，甚则縻好爵以易素志。然而启超有以明其不然也。"①

▲下午6时，罗佩金、赵又新在安福街司令部给各支队长下达作战命令。说：

（一）敌情如昨。

（二）本军并蜀军准于明（十九）日实行拂晓攻击。

（三）禄支队长（按：指禄国藩，时任护国第一军第三梯团第五支队长）率李营，附山炮一门、机一排，由黄土坡向兰田坝进攻。

（四）朱支队长（按：指朱德，时任护国第一军第三梯团第六支队长）率郑、曹两营（按：指郑森、曹之骅），附炮一连、机一排，由棉花坡向菱角塘进攻。其交代即以曹营加入刘师（按：指刘存厚）棉花坡之防御线，进攻时川军即留现地。

（五）何支队长（按：指何海清）率周、蒋两营（缺一连），炮二门、机一连，渡河后由右岸向双河场进攻。

（六）史营长率步兵两营、炮一门，即在原地对于双河场之敌，由何支队长指挥助攻。其余两连并余连于十九日午前五时在黄土坡附近停止为预备队。

（七）蜀军全部于拂晓前进出现在阵地，担任纳溪城内外及其附近市街之警戒及掩护。又渡江对龙透关急作佯攻。

（八）本参谋长、梯团长于十九日午前五时在黄土坡附近。罗佩金、赵又新。②

▲报载"近日喧传调停之说，惟一部分之报纸与党人绝对的否认，至政府与滇军方面则无何项之表示，然其心理未必不欲和平解决。特有一极大困难问题，即帝制之能否取消为一最要条件，职是之故，恐终难圆满解决耳。现在又有一说，政府拟派与蔡锷感情甚好之人往滇劝说，并圈定陈

① 《护国之役文电稿》（1916年2月至1917年1月），未刊，中国国家图书馆藏。
② 曾业英编《蔡锷集》（二），第1281页。录载此令的《护国之役总司令部命令钞》卷首按语说："此系照抄五叔抄原本。原命令下尚钤蔡锷之章。民三十二年五月，生庄重抄于此。"由此可知，这是蔡锷以罗佩金、赵又新名义发布的命令。下同。

参政国祥等语。此说确非无因，但其地点则非滇而为黔也。陈本黔人，与刘氏兄弟甚洽。刘显世虽附和独立，而显潜似仍拥护中央，兄弟相持，于黔省大不利，派陈前往，即以此意开导之，促其取消独立，则滇之势孤，无论和平武力，解决较易，政府之用意不外乎此。至陈参政之能否成行，及将来劝说之有无效果，则尚难预决云"。①

19 日

▲晚 8 时，罗佩金、赵又新在纳溪城本部给各支队长下达作战命令。说：

（一）菱角塘方面之敌，于今日上午十一时顷，因我军朱支队抽取兵力，意图绕攻敌侧，火力稍薄，故小受压迫。当得新到兵力之一部并刘师两营增援，已退据原阵地之后，有难于久支之模样。

（二）本军准由现有各阵地于明（二十）日猛攻前进。

（三）禄支队长率李营并炮一门及机一排，由黄土坡向兰田坝进攻，并与右翼朱支队取联络。

（四）朱支队长率郑、齐两营（曹营长负伤，现委杨池生代理），炮六门（内四门即同曹营先到者）、机一排，由棉花坡经本道向菱角塘方面之敌进攻。于进攻前以炮六门集团注射后，该支队务竭力猛攻进击。

（五）何支队长率周、蒋两营（缺两连），炮二门、机二挺，并史营（即前唐营）全部、蜀军一连，由现地攻击敌之左翼。惟须酌留兵力在原地，警戒我之右侧。

（六）雷营长（按：即雷飙光）（由叙新到者）率所部全营为预备队，在黄土坡本道停止，向［相］机前进。

（七）本参谋长、梯团长现在纳溪东门外附近。

注意：蜀军杨营、郑营（各缺一连）仍在原地，杨营应受朱支队长指挥，郑营应受禄支队长指挥进攻。罗佩金、赵又新。

---

① 《调停说内容之传闻》，天津《大公报》1916 年 2 月 18 日。

20 日

▲罗佩金、赵又新在纳溪本部给各支队长下达作战命令。说：

（一）敌情如（各）该支队长所知。

（二）我军自今早以来，对敌攻击颇占优势。

（三）禄支队长率所部由马鞍山向兰田坝进攻。

（四）朱支队长率所部由棉花坡经本道向菱角塘方面之敌进攻。

（五）何支队长率所部由现对于菱角塘方面敌人之左翼猛攻，务使溃败，然须酌留少数兵力在原地，警戒我之右侧。

（六）杨营长率所部（即前之雷营）为总预备队，停止于本道，相机前进。

（七）本参谋长、梯团长现在纳溪东门外附近。

注意：本晚应转令各官兵格外注意，严密警戒。此敌歼灭在即，慎勿功亏一篑。罗佩金、赵又新。

21 日

▲罗佩金、赵又新在纳溪给各支队长下达作战命令。说：

（一）我阵地前面之敌人尚继续顽强抵抗，惟其左翼已被何支队击退。计击毙敌军十四名，捕虏二名，夺获枪支、子弹甚多。

（二）我军明日仍继续前进任务，何支队仍攻击前进，一面向棉花坡之敌人压迫其后侧方，使我正面阵地易转攻势；朱支队、舒支队（按：指舒营衢）仍暂取防御，惟须整顿队伍，待转攻势。本夜中，何支队对于牛背石方面须严密警戒阵地。各部队之前线须两翼互取联络。

（三）以后凡火线上如遇有伤亡士兵，即由其所属部队之官长将其枪枝、子弹留在战地，或其营、连本部中，以便补充，而免散失。罗佩金、赵又新。

▲蔡锷急电请唐继尧补充弹药，并向日本定购两三万发，借资接济。说："昆密。我军激战兼旬，耗弹颇多。炮弹现只存二百发，枪弹除原领者悉数用罄外，纵列弹药亦耗三之一。各部队纷纷告急，请予补充。逆料在

川境内，尚有数场恶战，务乞饬兵站速配解炮弹三千颗，枪弹每枝加发三百发，赶运来泸，不胜祷切。查滇存炮弹为数甚少，并恳向日本定购两三万发，借资接济。如何？乞示复。锷叩。廿一。"

▲晚 10 时，蔡锷在纳溪司令部给各支队长下达作战命令。说：

（一）菱角塘之敌已被我右翼何支队击退，现尚在石色沟与我对战中。

（二）明二十三号，暂取攻势防御。

（三）各支队就现在原阵地择要施行膝姿散兵壕（在炮兵则肩墙掩蔽部）。并择定据点，使各阵地间能互相侧射。惟工作间务以不使敌人察觉为要。

（四）转攻势各支队仍须互相策应，不失联系。

（五）夜间各阵地间及侧翼之警戒，务特别严密，互取联络。

注意：工作器具如未曾带到战地者，可酌借农具代用。但工作间务须严肃为要。蔡锷。[1]


**23 日前后**

▲李曰垓回忆，蔡锷亲赴纳溪各处察看阵地。说："（蔡锷）由永宁驰赴纳溪，到纳之次日，亲赴各处查看阵地，为引导者引近敌阵，从行者为赵又新、顾品珍及参谋副官数人、弁兵数十人，密集向前进行，为敌发现。于是飞弹雨集，紧随蔡总司令身后之马弁，有一人弹穿两颊，蔡总司令遽跃身下马，卧伏水田中，而流弹簌簌作响，掠身而过，移时匍匐绕越，始得脱险。然已自顶至踵，遍体泥泞矣。马弁中弹，而蔡获免，此其中盖有天意焉。回首思之，盖亦已险不可言矣。"[2]


**23 日**

▲蔡锷急电告知唐继尧、刘显世、戴戡、王文华，可照王文华主张，将戴戡所部编为一军，以"分立门户之为得"，按"普通称谓命名为黔省护国军第一军"。说："义密。电轮觳戌电悉。黔军此次分出川、湘，苦

---

[1] 以上各命令见曾业英编《蔡锷集》（二），第 1282—1285 页。

[2] 李曰垓谈，周隐硕笔记《云南护国军入川之战史》，《护国文献》下册，第 671 页。

战辛劳，每能出奇制胜，以少胜多，略地千里，迭复名城，致令强虏胆丧，逆贼心摧，功在国家，名垂不朽。将来事定，论功行赏，中枢自有权衡；扬清激浊，社会必有公论。乃黔东各团营将校纷纷以黔军与他处军队比较，名实竟有轩轾，请另编为一军，以存体制，并仍推锷兼领该军等语。查黔军东、北两路各部队编为第一军右翼军，系周、循两公所主持决定，且经发表后始行通知照办。其时，军事进行最急，无暇细为斟酌，实则川、湘作战，迢递数千里，强名东、北两路为右翼军，名实殊有未合。将来作战，局势渐进，滇、黔两军自有由合而分，或由分而合之时，右翼军名称亦难适用，不如另改名义较为适当。循部所辖合计不下两师，似可照电轮所主张编为一军，即照普通称谓命名为黔省护国军第一军亦无不可。至谓仍戴锷为万千军之都总司令一节，滇、黔作战之军联成一气，对外足以壮声势而树军威，对内足以资连贯而便统筹，为益甚巨。惟锷多病，兼营并骛，精力不及，现在直接指挥滇、川各军，已觉精疲力竭，力不任重，深惧弗胜，似不必〔如〕分立门户之为得。如何？仍乞卓裁。锷叩。廿三。"①

▲袁世凯被迫宣布缓办帝制申令。说："政事堂奉申令：近据各文武官吏、国民代表，以及各项团体、个人名义，吁请早正大位，文电络绎，无日无之。在爱国者亟为久安长治之谋，而当局者应负度势审时之责。现值滇、黔倡乱，惊扰闾阎，湘西、川南一带，因寇至而荡析离居者，耳不忍闻，痛念吾民，难安寝馈。加以奸人造言，无奇不有，以予救民救国之初心，转资争利争权之借口，遽正大位，何以自安？予意已决，必须从缓办理，凡我爱国之官吏士庶当能相谅。此后凡有吁请早正大位各文电，均不许呈递，将此通谕知之。此令。洪宪元年二月二十三日。国务卿陆征祥。"②

24 日

▲傍晚 7 时，蔡锷在纳溪司令部给各支队长下达作战命令。说：

（一）敌情如各指挥官所知。

---

① 曾业英编《蔡锷集》（二），第 1285—1286 页。
② 《护国运动》，第 682 页。

（二）明二十五号，我右翼何支队长率所部步兵两营及史营之两连，炮二门、机一挺为攻击部队。黎明前即秘密接近朝阳观，实行拂晓攻击。

（三）阵地正面各支队并蜀军各营、连长就本阵地暂取守势。但于黎明稍前时，各部队须猛烈射击。

（四）各阵地炮兵除射击本阵地前面敌人外，应举其余之全部，集中火力于朝阳观。如何支队已占领该地时，即放烟火，并吹起床号为记号。各部队务令各号兵特别注意，当发现此记号时，即对于朝阳观停止射击。

（五）史营长以所部之二连及蜀军八团第八连（内以一排掩护黄果树之炮兵）固守双河场前方阵地，余其二连归何支队指挥。蔡锷。①

▲报载"传闻蔡锷昨复书京中某巨公，略谓调停之说，与滇中起义初旨不合，不能遵命。现正拟联合南方各省，以实力与北军相见。至袁总统之帝制自为，听其自行酌度，滇中同志则毫无商量之余地云云"。②

25 日

▲傍晚 7 时，蔡锷在安富街行营给何海清下达作战命令。说：

（一）逆敌北军约两连及混杂军队共约三四百人，现在大江左岸松树山附近与我军对峙中。

（二）何支队长由该支队中酌调步兵一营，自安富街西端约五里之野鹿溪地点，于今夜秘密渡江，协同贵［友］军陈营长驱逐该逆敌，占领石棚附近之方山，对于右岸之敌竭力侧射。

（三）该支队现在占领阵地，须确实对于前面及牛背石方面严加警戒。蔡锷。③

又电告唐继尧、刘显世、戴戡，我军已于 22 日晨占领张敬尧牛背石司令部。说："据我军义勇队（即前四川师长熊克武所部，约一混成旅）第

---

① 曾业英编《蔡锷集》（二），第 1286 页。
② 《北京电》，天津《大公报》1916 年 2 月 24 日。
③ 曾业英编《蔡锷集》（二），第 1287 页。

一支队长张煦报称，本军猛向牛背石袭击，敌势不支，向后方逃窜，我军遂于二十二日黎明完全占领逆军司令部，现正追击等语。查悍匪张敬尧大营驻牛背石，现既夺其司令部，逆军根本已动摇，溃可立待。已令前方猛追，余续报。第一军总司令蔡锷。有。印。"①

▲王文华电告唐继尧、刘显世、蔡锷、戴戡，东路王华裔部 12 号进攻靖县，连占通道、绥宁，敌已退武冈一带。说："顷接我军游击队统带王华裔自靖县报告，该队联络湘军于十二号进攻靖县，逆军两营抗战一夜，天明时仓皇奔逃，我军追击，连占通道、绥宁诸城。逆退守至天塘要隘，复鏖战一昼夜，弃械退入武冈一带。我军现正抚慰军民。详情续报。华叩。径。印。"②

26 日

▲戴戡、殷承瓛电告唐继尧、刘显世、蔡锷、王文华，熊其勋部击败"意在恢复东溪，抄我后路"之敌。说："逆军由江津出三角塘，有步一团，炮六尊、机关枪二挺，于二十四号向龙台寺、高庙进攻我左路，意在恢复东溪，抄我后路。当由熊、华两团各派一营夹击，激战一昼夜。现据熊报，逆被击败，我军向三角塘方面追击。特闻。戡、瓛。宥一。印。"③

27 日

▲晚 9 时，蔡锷在纳城行营给赵又新等人下达作战命令。说：

（一）敌之主力仍与我阵地对峙中，其出现安富街对岸之敌，本日已被我军击退至石棚附近，现在围歼中。我友军熊司令克武率所部护国招讨军，以攻击泸州之目的，现取道泸北前进。我左纵队之金支队长（按：指金汉鼎）率所部两营，以加入右纵队，促决战之目的，于本日午后着纳。

---

① 转引自邓江祁《史海拾遗：蔡锷佚文 20 篇——纪念蔡锷诞辰 136 周年》，http://www.xhgmw.com/html/xiezhen/renwu/2018/1214/26085.html。
② 《护国运动资料选编》下册，第 365 页。
③ 《护国运动资料选编》上册，第 316—317 页。

（二）本军将于二十八日向前面之敌开始总攻击。

（三）何支队长率所部周营及史营，炮二门（刘排长治琛指挥射击）、机二挺为主攻部队，从侧面攻击逆军阵地据点之石色沟、七块田等处，与我阵地正面之朱支队取确实联络。朱支队长率所部王正鳌营、王允元营，炮三门（孟连长雄成指挥射击）、机一挺；王支队长（按：指王秉钧）率所部杨池生营、杨希闵营、杨一吾营，炮二门（解、张两排长指挥射击）、机二挺；蜀军各前线指挥官各率所部，均有［为］助攻部队，各就阵（地）准备转移攻势，与主攻部队协同动作，猛力攻击前进，金支队率所部两营，炮二门、机二挺为总预备队，在双河场附近。

（四）耿炮兵营长为炮兵总指挥官，受各支队长之命开始射击。并监督部下使各阵地不失联络，收协同一致之实。

（五）现防守双河场之蜀军刘营一连、驻白虎山之王营一连、驻青龙嘴之工程营一连，自攻击开始时起，统归赵梯团长指挥。

（六）本总司令与蜀军刘总司令编成督战队，亲在战线后方督战。凡无命令后退者，立即当地枪毙。

（七）攻击开始，顾梯团长在阵地正面后方督战，赵梯团长在双河场附近督战。

（八）廿八日午前八时以后，予在东门。

注意：何支队攻击开始时，即在该支队原阵地放烟火，并吹起床号。此时各支队之炮火，即行集团射击于石色沟之攻击点。如该支队得手，即就所占领位置附近，再放烟火一次，（吹）起床号一次。此时各支队不得再向该地集团射击，以免误伤我军。上令赵、顾两梯团长，并通报川军刘师长。总司令蔡锷。①

▲梁启超电告已赴日的岑春煊，"两国（按：指中日）交谊，乃民党全体所望，同盟之约应俟政府成立，目下难以代为迫袁退位，恐别生枝节。请执警告态度，最后俟我等自行决定"。又说："逼袁世凯退位事，十日前传达至云南，此事由蔡锷密告。此事时机尚早，我至少不能不达到长江流

① 曾业英编《蔡锷集》（二），第1287—1288页。

域，否则贻祸不浅，望请援军器。"①

29 日

▲蔡锷电告唐继尧、刘显世、戴戡，我前线各部详细军情。说：

> 亲译。义密。连日周历阵线，加以各事旁午，致未能以军情详告。查我军前方所控敌军，为张敬尧之一师及曹师、周师、李旅之一部。器械则系三八及三十年式，间有五响毛瑟，炮系德国及沪造管退，共约廿余门，手机关枪甚夥，近新到野战重炮一门。

> 我军兵力总计十营：刘师约千五百人，其用之于战线者，日来已达半数；义勇队约一营，器械除旧械毛瑟二营外，余尚精利。我军所占阵地，非系自由选择，纯为背水之阵。部队逐渐加入，建制每多分割。幸士气坚定，上下一心，虽伤亡颇众，昼夜不能安息，风餐露宿，毫不为沮。惟旷日相持，敌能更番休息，我则夜以继日；敌则源源增加，我则后顾难继。言念前途，岂胜焦灼。

> 今昨两日，举全力猛攻，逆军阵线，已成锐角形，其正面尚依然未动。良以地形艰险，守易攻难。现决心继续猛攻，如能击溃，可望转危为安。如再无进步，为全军计，只有另择阵地扼守，一以伺敌以制胜，一以迁延时日，用待时变。刘部子弹告匮，士气尤极颓丧，告急之书，日必数至。冯、伍余孽，亦有卷土重来之耗。合江方面，逆军千人，有已抵赤水绕出我后之说。并闻。锷。廿九子。

▲黄瑞保等北军被俘军士"泣告"北军"诸君从速醒悟"，"勿效我等不仁不义，误民误己"。说："奉劝北来各官兵均［钧］鉴。我等受命防綦致败，伤亡甚重，所余伤残未死者百余人，尽皆缴械。蒙义师各官待遇极厚，毫无暴气，此诚我中国自有军务以来，于战场中未有如此文明之举动。现将我等解至贵阳，沿途经过各县，县长预备食物，盘费毫

---

① 「暗号电报翻訳之件」（1916 年 3 月 5 日顷）、『袁世凱帝制計画一件（極密）/反袁動乱及各地状況』第四卷、日本外務省外交史料館、1-6-1-75-1-004、323 頁。此电原文有代字，内容乃根据日方情报人员所译日文转译。转引自承红磊《日本与护国战争期间的南北妥协》，《历史研究》2020 年第 3 期。

无所缺，体贴入微，且各该地方秩序极为安静。此次滇黔起义，实为我四万万同胞谋幸福，保持共和政［国］体，筹划极其美满，思虑极其周密。诚恐战后增重我国民担负，深望我军人早明大义，速为解决国体，保持共和。凡我北来官兵，尤当深思时局之艰，列强环伺，此乃千钧一发之时。刻下帝制未成，国权几于丧尽，设使将来万一改成帝制国体，我中国版图必然缩小，国权必然丧尽，瓜分之祸立待。我四万万人民，一为袁氏之奴隶，二为外人之牛马，此两层奴隶，我大家请试思之，言念及此，我等不禁感伤。我等未能早明大义，有负国民，有愧军职，诚中国之罪人耳。望诸君从速醒悟，直起急呼，亦未为迟。立万世不磨之功，青史垂名，勿效我等不仁不义，误民误己，悔则何及。言尽及此，诸君自择。黄瑞保、暴成喜、王名陞、纪宗元、张庆禄、金运昌、于广毓等泣告。二月二十九日。"①

## 3 月

### 1 日

▲蔡锷电请赵藩出任川南巡按使。说："国家多难，如溺待拯。以公硕学通才，久负斯人不出之望，应切舍公其谁之思。谨拟扫彗以迎，尚乞投袂而起。如蒙赐复，请冀赓代转。欲以为川南巡按使事。"②

### 3 日

▲蔡锷电告唐继尧、刘显世、戴戡，我军本日力攻朝阳观及七块田各地方。说："此间连日猛攻，逆势虽戢，但仍节节抵抗，辄复四出逆袭。本日力攻朝阳观及七块田各地点，战线亘长卅余里，朝阳观得手后，逆军全线震动矣。锷。江。印。"③

▲冯玉祥电告北京统率办事处，参、陆两部，"叙州完全克复"。说："我军于二号早占领岷江左岸各要隘，一面尾随追击，一面在各要隘赶筑工

---

① 《黄瑞保等俘虏致北军函》（1916 年 2 月 29 日），贵阳《铎报》1916 年 3 月 3 日。
② 以上二电见曾业英编《蔡锷集》（二），第 1289、1304 页。
③ 转引自邓江祁《史海拾遗：蔡锷佚文 20 篇——纪念蔡锷诞辰 136 周年》，http：//www.xhgmw.com/html/xiezhen/renwu/2018/1214/26085.html。

事，以固叙防。敌军仍在岷江右岸真武、翠屏两山据险死抗，官兵奋力扑攻，激战至下午三点时，将真武、翠屏两山次第占领。敌兵仍在金沙江右岸抵御，连夜战攻，至三号早，将白塔寺一带之高山尽皆占领。我军先后所占之要隘，尽皆居高临下，俯视叙城，叙府完全克复。此次攻叙官兵奋勇异常，职旅之连长李振芳身先士卒，冲锋吸〔吹〕火山，敌之堡垒遂陷，该连长阵亡。炮兵连长苏振海勇猛异常，身受重伤，立时殒命。其余亡官兵百余名，查明续报。毙敌千余名，俘虏、投降者百余名，夺获战利品甚多。余容续禀。十六混成旅旅长冯玉祥叩。江。"①

**按**：李曰垓回忆，叙府方面护国军实际已于 3 月 1 日 "退出"。原因是攻泸护国军主力 "因敌军数倍于我，彼得更番进战，而我兵力只有此数，鏖战数旬，不得休息。乃密调叙府左翼军队前来协助，拟以全力破敌中间。不意事为敌军探悉，冯玉祥又领重兵袭击叙府。我军守御力薄，退出叙府，扼守横江，此三月一日之事也"。②

4 日

▲晚 11 时 30 分，蔡锷在纳城司令部给各支队长下达作战命令。说：

（一）本军将移转阵地于上马场（永宁本道上）前方附近。

（二）金支队经双河场、白节滩向打鼓场背进，为行进本道军之左侧卫。

（三）何支队经纳溪、安富街、大渡口与蒋营（现在石棚附近，另有命令）会合，向兴文、古宋方面背进，为行进本道军之右侧卫。

（四）朱支队经双河场、渠坝驿向上马场背进。

（五）王支队及禄支队及现在马鞍山方面之蜀军，均按次序逐次出发，经纳城、安富街由本道向上马场背进。

（六）金支队、何支队之退却部署由各该支队长自定之；朱支队之退却部署由赵梯团长指挥之。

（七）退却部署之注意如下。1. 收容阵地：（甲）安富街后之观山

---

① 《护国运动》，第 546—547 页。
② 李曰垓谈，周隐硕笔记《云南护国军入川之战史》，《护国文献》下册，第 671 页。

附近；（乙）双河场附近。2. 收容部队：其兵力由各指挥官自定之。3. 本道行进之后卫及后卫阵地由顾梯团长定之，但兵力至少须能于收容阵地抵抗二十四时间后于阵地上。

（八）退却时间，除辎重行李外，各部队之动作，于四号夜间务极静肃脱出战线。

（九）予俟退却动作发起后，即先行赴上马场待诸部队之来会。

上命令由笔记送赵、顾两梯团长，金、何支队并蜀军。

注意：辎重行李可于日晡后出发，各部队自战线引退，约在十二时以后动作开始，但炮兵可先发。总司令蔡锷。①

▲凌晨4时，又令义勇军第一支队张煦说："（一）正面逆军据险白节滩之防御，且被我包围集成一团，非将其分散，我军攻击，徒然迁延时日，难见大效。本军于六号夜转移阵地至上马场附近。张支队长及贺连长、刘连长及廖管带均分驻牛背石、白节滩附近，为本军右侧卫。（二）该支队为能守牛背石更佳，否则应在大小南山附近择要扼守，并听候命令。"②

7 日

▲护国军坚守20余日的纳溪于7日失守。张敬尧、熊祥生"特急"通电北京政事堂、将军府、参谋本部、陆军部暨各部总次长、成都陈将军、除云贵外各省军民长官说："敝军进攻纳溪已阅两旬，昨夜逆军反攻数次，均被击退，毙匪甚多。细察逆军情景仓皇，似有摇动之势，当令各旅、团长乘逆军势懈，即当奋力痛击。今日拂晓，逆复猛烈来冲，我军奋勇痛剿，逆势不支败退。我军尾随痛追，将逆之坚固堡垒暨最高之无底山、螺丝山全行夺据，稍留防兵，余仍事追击。十事朵［时多?］完全克复纳溪，夺获枪枝、军用品甚多。本当趁势跟追，实以久战之后，兵力已疲，加之江安、南溪仍系匪徒占据，恐逆反攻夹击，受其奸计，未便穷追。当饬各部队在纳溪南方各里余最高之贯山，修筑沟垒，对于永宁、江安方面，严加防守。双河场系通永宁要路，亦酌派军队防堵。纳溪城内，尚有遗留受伤逆兵二百余名，业经受伤，当经派人抚恤，俟病愈后，再行分别安置。知关廑念，

----

① 曾业英编《蔡锷集》（二），第 1304—1305 页。

② 《护国第一军川边司令前任义勇军第一支队张煦战况述略》，《护国文献》下册，第 765 页。

用特先闻。第二路司令张敬尧、副司令熊祥生同叩。号〔阳〕。印。"①

8 日，北京政府收到袁军发回的"川路战况随闻"。说："纳溪方面，山势回环，竹树丛杂，且春雨连旬，渠道纵横。该处司令以正面进攻恐多损伤，决定先守战地，另由他方面分头行动，已有一处得圆满结果，余数处正在进行云。滇寇现成困斗之势，不时向官军猛冲。二月二十九日上午，寇兵渡江图袭我军右翼，我军迎剿，击沉寇船数支，下午又由双合场绕攻我军，亦经击退。三月五日，寇向我正面猛攻，两次均被击退，毙寇约百余名。寇于退时焚烧居民房屋。又有悍寇数百人向我左翼袭攻，亦被击退，毙寇八十余名，并毁寇炮一尊，炸毙寇兵二十余名，寇势穷蹙，已成釜鱼云。"②

9 日，又收到张敬尧"特急"电告"克复江安"。说："七号攻下纳溪，乘机派团长刘湘率步兵三营，酌配山炮、机关枪各两门，进攻江安。顷接该团长报告，八号下午四点行抵江安，该处逆寇整备以待，我军遂即展开奋力痛击，至六点逆势不支，向永宁方向溃败，我军完全克复江安。毙逆甚多，夺获管退炮三尊、步枪三十余枝，各项军用物品无算。理合布闻。第二路司令张敬尧、副司令熊祥生叩。佳。印。"

又收到"克复南溪"的报告。说："刘团长湘所部八日克复江安后，即于九日进攻南溪，在距南五里许之观音阁与寇接战，毙寇甚众，乘胜克复南溪，寇向长〔永〕宁方向溃退。同时我军在大渡口截击刘逆存厚余众，夺获管退炮一尊、炮弹五箱、枪枝及军用品多件。现在岷江上游两岸均无寇踪云。"③

又收到"克复纳溪详报"及两份"川路战况随闻"。其"详报"说："滇寇自攻泸失败以后，退踞纳溪，陆续调集援军，计三梯团，并刘存厚叛兵一旅，总数约在一师半以上。第二路司令张敬尧率所部三团，会合守泸一旅，屡向纳溪进攻，因该处山林丛杂，大雨连绵，久未得手，互相守攻，各有伤亡。滇寇于初六、初七等日，以全力向官军猛攻，经官军迎头痛剿，毙寇极多，寇随溃窜。官军乘胜追击，将纳溪完全克复，所有要隘均经官军占领，寇向永宁方面败退。所获军械、俘虏，正在调查。"其"随闻"

① 《护国运动》，第 548 页。
② 《护国运动档案资料摘抄》，第 23 页。
③ 以上二电见《护国运动》，第 552—553、544 页。

一说："三月七日拂晓，纳溪滇寇分路反攻，张司令所部将寇股击退后，随即攻占其中坚堡垒处，并夺据中左最高之螺丝山、无底山，乘高瞰射纳城。现在追击未休云。"其"随闻"二说："纳溪于本月七日已为官军克复，蔡逆及溃败逆军均已逃窜，官军追过纳溪，随即占领纳溪南方最高之冠山，布置防御。张司令等现正办理地方安抚事宜云。"①

同日，袁世凯申令奖励攻占纳溪各将士。说："政事堂奉申令：据将军陈宧、曹锟，第二路司令张敬尧等先后电称，逆首蔡锷伺川边兵力单弱，中央派遣大队尚未到境，遂挑集滇军精锐万余人，勾结四川叛将刘存厚一旅，先据叙州，继攻泸县，希冀据长江上游，占领富庶各区，上犯成都，下窥重庆，阴谋诡计，匪伊朝夕。上月初旬，刘逆会合滇寇，猛力攻泸。势颇岌岌，幸旅长吴佩孚率陆军二千，星夜到泸，会合熊祥生、李炳之所带各营，协力抵御，酣战数日，寇遂败窜纳溪，筑垒固守。蔡逆复调集所部，陆续增援，并招集土匪，分投窜扰，以期再举攻泸。适张敬尧率所部六千人赶到泸防，即向纳溪进攻。而滇寇精锐先后来援，悉聚于此。该处山道崎岖，竹木丛杂，大雨连绵，迄未得手。该寇恃其援兵日增，土匪麇集，时出反攻，均被官军击退，伤亡枕藉。复于本月初五、六、七等日，以大队分途猛攻，战斗剧烈。初七日，以全力进扑，经官军迎头痛击，伤亡甚众，寇遂不支，溃散窜逃。官军遂乘胜追击，先将各要隘山头悉行占领，纳溪城乡随即一律完全克复。寇向永宁方面溃逃各等语。蔡锷蓄谋作乱，借端称兵，竟敢攻略国土，扰害闾阎，希图割据，破坏统一，实属异常谬妄。现叙州先后克复，纳溪大股悍匪，亦经溃败，当不难指日荡平。张敬尧等督兵苦战，卒得克捷，忠勇奋发，殊堪嘉赏。各将士栉风沐雨，奋不顾身，连战多日，勇气百倍，尤属难能。张敬尧晋授勋三位，旅长熊祥生、吴佩孚、吴新田均升授陆军中将。其余出力官弁，着张敬尧就近查明，请给奖励。伤亡官兵，并查明优予抚恤。其被扰地方，着陈宧督饬该管地方官迅速妥筹绥辑，以安良善而靖地方。此令。洪宪元年三月九日。国务卿陆征祥。"

13 日，又申令奖励克复江安、南溪各将士。说"政事堂奉申令：据将军陈宧、曹锟，第二路司令张敬尧先后电奏，团长刘湘追剿滇寇，迭在况

---

① 《护国运动档案资料摘抄》，第 24—25 页。

堵、南丹、四方山、白沙场等处激战，毙寇夺械甚多，于本月初八日克复江安。当于九日进兵追剿至大渡口、观音阁等处截击迭胜，寇众奔溃，乘势并将南溪克复。所有岷江两岸，均无寇踪等语。刘湘奋力督战，连克要邑，肃清江岸，勤勇可嘉。着授为陆军少将，并授以勋五位。其余出力官弁，并准查明，择优请奖，以资鼓励。此令。洪宪元年三月十三日。国务卿陆征祥。"①

15 日，又收到袁军 8 日前后发回的"川路滇军溃散"详报。说："此次滇寇在泸方面兵力有三梯团，每团俱四营，加以炮、工各一连，刘逆（按：指刘存厚）两混成团。前太和［安］场之役，刘逆被我军痛击，确已溃散一团，其后复据纳顽抗。又招募土匪五千余人。蔡锷、刘存厚、罗佩金等俱亲在前线督战，持至本月六号夜，始向永宁方面逃遁。七号晨我军克复纳溪，逆寇拒守凡二十余日，死伤达三千人以上。经此次痛剿，滇寇约遗三四营，刘逆约遗二营，所招之土匪则各携枪弹溃散云。"②

不过，《字林西报》对"目下政府之所谓胜利者"却另有看法。说："北京通讯云，近两星期中，政府方面之军情似有进步，革军之最初目的，乃欲据蜀省以得成都兵工厂之军火，及四川之大宗财赋，蜀人本不欢迎北军，而当地军队又表同情于滇军，故滇军取蜀一举，初视之原非难事。当滇军奋起占据叙府之际，蜀军纷纷响应，四川大有朝不保暮之势。但滇军入川后军行滞钝，未曾席卷而下，虽素有富名之盐井，即在其北，而制造弹药之兵工厂，相距不过数日路程，然滇军徘徊于叙州四围之群山中，未克深入，于是北军遂能阻遏其进行。同时革军又在他方面数处发展攻势，扰湖南、据彭水、攻綦江、夺纳溪，察其行动，革军主力之不在于叙府方面也明矣。北军集中重庆，一面分遣一军南行，保护大军之侧翼，以防綦江之袭攻；一面以主军趋向叙府。在北军司令之意，固以为叙府即可指日夺复也。讵泸州事急，北军不得不分兵援泸，暂置叙事为缓图。嗣后，纳溪四周，恶战屡作（闻指挥纳溪滇军者即为蔡锷），今叙府恢复矣。然不能视为重要，何则？滇军之守叙府者人数无多，而北军得之并未大费力也。滇军主力在于纳溪，似将有一场大战。目下政府之所谓胜利者，充其量而

① 以上二申令见《护国运动》，第 550—551、557—558 页。
② 《护国运动档案资料摘抄》，第 29 页。

言之，亦不过暂保四川，并使革军转攻为守而已。在滇军方面，不能据有蜀省，未免失望，今欲击败川中北军，其事匪易。滇军弹药有限，再蜀军似不复有响应者，故滇军之退守亦意中事，且叙府西北二百五十英里长江极南转流处，有可注意之发展。闻该处蜀军若干从宁远府过江而入滇境，距昆明约百英里，滇省倘见此路军队，当不免惊恐，将促蔡锷回省以保昆明，果尔则滇军尤不能不退守矣。惟从宁远府出发之蜀军，不足重视，盖远道跋涉，接济不足，且此军是否忠于中央，尤不可恃，前曾哗变一次，与雅州、嘉定之军队同一行径。不过，此军既进逼滇军之根据地，而叙府又失，则蔡锷在纳溪之抵抗力，不无因以稍弱耳。龙军由百色入滇，又为战局之一发展，按李烈钧有兵二千，驻于广南府，稍北又有桂军若干。闻已与革军联络，使此两军果能携手行事，则龙军将不能进取，且龙军亦不可恃，若皆倒戈相向，则政府将处于困难之境矣。从表面观之，龙氏昆仲似已下观望之台，而趋入政府方面，但在粤桂军队态度未明之时，吾人殊不必作滇桂战事之讨论。湖南时局仍然暧昧，官报屡称官军胜利，革军败绩，但此种铺张扬厉无甚根据之词，吾人已熟闻之矣。可恃方面，云湘省绅士与军队之态度颇为可虑，此则确切可信者也。"[1]

8 日

▲蔡锷函复李曰垓、何国钧，前线部队不得已已自纳溪撤退情况，并请多方筹饷。说：

> 来示悉。纳溪战事，本可有为。弟一意主积极，而榕轩、积之则深以子弹不给、士气不扬、疲劳太甚为虑，非暂退不足以全师；议节节防守，俟子弹续到，元气稍固，再行进取。弟期期以为不可。退却之命，缮定不发者屡日，既发复予迁延一日。乃各方面煎迫多端，遂不得不以退为进矣。熬不过最后之五分钟，曷胜扼腕。昨今两日，默察将士情状，其精神似甚颓丧。现拟一面以少数部队扼止逆军之南进；一面将各部队在叙蓬溪、大洲驿一带停驻三数日，切实整顿；一面于上马场附近筑防御阵地，伺机转移攻势，此日来之部署也。

---

① 《〈字林报〉论南北军之局势》，《申报》1916 年 3 月 12 日。

逆军集团处，则其指挥统一，抵抗力甚强；分搏则破之较易，此亦历来事实。现我军分三路，中央军取道永、泸本道。右翼移置白节滩、牛背石方面，守则固我右侧，出则冲彼侧背。其兵力为最新锐之金支队及张午岚（按：张煦，字午岚）所部，益以廖营（按：指廖月疆），以榕轩统之。左翼则为何支队，令其循江安赴援叙军（益以川军之舒支队）。叙府方面，彼我人数殆相埒，第熊部（按：指熊克武）搀杂，不甚可靠；若增以何队，当可驱敌使返。昨接赤水知县文称，谓逆军第八师千人，有六号由合江经符家坞赴打鼓场之说，似系无根。如其有之，中央军压其前，榕轩拊其侧背，则为袋中鼠矣，不足虞也。

将士纷纷奔永宁者当不少，务截留押解前来，并择三数人诛之示儆（枭首示众亦可）。并希速以总司令名义，一、出示晓谕居民，勿得惊疑；二、文武官兵未经命令许可潜回后方者，一律枪毙；三、凡因误会向永宁奔赴者，速即回向前敌，其有逗留不前者，以逃遁论罪。

刘部（按：指刘存厚部）弹乏饷竭，士气尤为腐窳，不堪用之战线。前夜八时即由阵地争先溃退，势如潮水。路过司令部，经弟吓以手枪，复反奔。闻其出东门后，仍鸟兽散，可叹也！刘部溃后，我军尚静据阵线，待至预定之钟点，始徐徐引退，秩序井然。逆军未发一追兵，抑云幸也。此请梓畅老兄、干臣仁弟即安。锷顿首。八号上午九时半于大洲驿。

饷宜多方为谋，或希密商滇省，能否于海外协款酌筹若干，惠济本军。[1]

对于此次纳溪滇军"暂退"的情况及原因，《大陆报》成都通讯说：

某教士从事于红会者来书叙官军夺复纳溪之情形及曹军之性质颇为详晰，其言曰：滇军豪勇，力拒北军，嗣闻叙府不保之消息，乃真正退走，非同前此之佯退。蔡锷在滇军将退之前亲抵纳溪，遍谒红会教士，殷殷致谢，并至医院慰问伤兵。滇军退出纳溪，凡军中重要之物无一委弃，所留赠北军者不过无用之掘壕器具与背囊若干件耳。而北军大言不惭，诳称获械无算，殊可哂也。实则北军当时并不知滇军

---

① 曾业英编《蔡锷集》（二），第 1305—1306 页。

之已退，迨至次晨始知之，不敢追击退军，惟以据 [ 據 ] 抢财货、残杀老弱为快。当滇军退走之日，纳溪居民纷纷出城，全夜不绝。翌日，北军入城，见十室九空，乃随意闯入民家，予取予携，惟其所欲。余（某教士自称）亲见一老僧丧命于屋隅，一老木匠饮弹于内室，一少年横尸于庙前，眼珠暴出，军刀一柄尚植立其头颅中，二苦力死于街中，一农夫倒于户侧，一跛者毕命于麦田之旁，血浸浸出。后又见农家夫妇二人一伤腹，一伤臂，凡此皆北兵入城时所为者也。教士达维君因事稽留河下，竟于大街之上、白昼之中，为北兵强劫，苟外人不日夜在医院中，则医院伤兵定将为北兵所屠戮矣云云。

又有某外人来函，谓纳溪地方与人民，多赖达维君之力，得以免遭涂炭，华人甚感激之。达维君善华语，且熟悉华事，故能办理合宜云。按红会主任为叙府美国浸理会汤卜金斯医士，救护伤兵始终不倦，前在叙府曾疗治重伤三百起，后在纳溪又治伤兵七百人，滇军得此医学深邃之外人，诚为幸事。滇军未退前，先将伤兵移往永宁，其留院未去者仅七十人，上述各数皆甚确实，足见滇军死伤均不若北军之众。即泸州医院一处，北兵伤者已及千人，其未至泸州就医者尚不知凡几，大约北军损失必倍于滇军也。滇军刻在叙府南八十里攻击官军，泸州南面之江门及介于江门与边界中间之七县，仍在滇军掌握中，故滇军虽出叙府与纳溪，然犹活动，足使官军疲于奔命。吾辈平心论事，陈宧之军队尚有纪律，较之曹军殊有君子小人之别。陈军虽有暴动，尚非全为军官之过，若滇军则举动文明，又非陈军所可及，证据确实，无可为讳。滇军所至之处，蜀人无不极口称赞，北兵暴行政府当有所闻，何以绝不严饬曹锟约束兵士，是诚怪事。凡从重庆、泸州、纳溪等处来者，莫不异口同声言北军残暴事，所传各事如出一辙，固非一人一处之私言也。成都尚安靖，春季花会照常举行，虽不若从前之热闹，往观者尚不乏人，此可为成都安谧之一证。西北两方面土匪纷起，盖兵士有事于南方，若辈乃得乘机窃发。上星期入夜，辄两农夫咸欣欣然有喜色，米价不致增涨，且有低落之望，六星期中定得丰收。至于长江上游肃清之期，尚不知在何日也。[①]

_____

① 《叙泸间之南北两军评论》，《申报》1916 年 4 月 13 日。

14 日，又有报载滇军自出征以来在川南的作战概况。说：

滇事起，泸、纳方面滇、北两军，战斗极为剧烈……刻下战事已停一月，道路渐就平静，客有陆续归述其所见。记者就各方面所闻综而记之，亦新闻家所应有之事业也，兹补录其详于下。

当滇事初发，驻下川南第二师军队即奉令严防，继闻滇军进攻，则叙永邻封各州县凡有军队驻扎处所均宣布戒严，城门及关卡悉派陆军防卫，出入搜检，异常认真。前八团团长陈礼门亲往城南高山选择炮兵阵地，关于防务计划极力措施。一月十四号，师长刘存厚率第二支队及工兵营抵叙永。十六号奉将军电令，分饬各营连赴指派防区，第一支队任古宋、兴文一带防务，第二支队任叙永、古蔺一带防务，炮兵阵地选在城南一带高地，一面设置工事防御物，官兵均秣马厉兵，磨砺以须。是时此间民心皇皇，纷纷迁避，颇似敌军压境、祸悬眉睫之态。直至二十四、五号，传闻滇军分道来攻，一面已至雪山关、赤水河，一面已至古宋红桥坝，与川军接战，川军不能支持，司令部已下退却令。旋调集全军到永，翌日开秘密会议，中级以上军官均列席。会毕，即日见城内外纷纷拉夫封号，船只搬运子弹，忙碌万分。二十六号午前，第二支队完全出发，午后第一支队相继出发，均向纳溪方面伪为退却。至二十八号，城中川军全数退尽，滇军即于是日入叙永县城，川军退至纳溪。探闻第一师不为收容，缘二师退却时，刘司令（按：指刘存厚）似有电致周师长（按：指周骏），请一师为收容也，并悉泸县方面已设工事防御，知事已泄，遂变为攻击计划，派第二支队上攻江安、南溪二县。江安并无守兵，到即占领。时值第四混成旅由叙府败退，民船数只满载士兵下驶至江安，为第二支队截击，死者甚夥。二月三号，又有由叙下驶之船数只，为第二支队截留，内载第四混成旅之伤兵八十余名解送纳溪，经刘司令派军医为之疗治，旋于次日雇船数只，遣赴泸县。

滇军支队长董鸿勋率一支队为前卫，于二月三号抵纳，是夜在司令部会议进攻蓝田坝地方，略闻刘司令之计划，以川军第一支队为伴攻部队，由大江右岸取道前进，攻击正面；董支队为主攻部队，由双河场取道南寿山前进，攻击侧面。定于四号午刻开始攻击。董支队长不以为然，渠拟迂回由牛背石抄袭蓝田坝后方，并云倘二十四小时泸县不为我有，当自戕以谢全军。刘司令允之。至四号晨，两支队分道前进，第一支队抵大桥铺已正午，陈支队长派军使赴蓝田坝第一师驻军交涉，二钟返，知第一师不可动，遂下展开命令，开始攻击，于时枪炮声大作，如燃鞭炮，直至黎明，四钟时蓝田坝完全占领。至六钟，董支队始行到达，与陈会商渡河攻泸计划，以一营在蓝田坝佯作渡河，以牵制泸军，以一营在上游渡河攻击龙透关，一面董军在下游渡河至小市，攻击五峰顶一带，下令翌日拂晓开动。至次日，董军以所部士兵疲劳，拟休息一日，是日遂停止进攻，在蓝田坝附近选择炮兵阵地。七号，董军渡河，经对岸泸军抵死射击，遂仍退下，是日选泸城对岸之月亮岩为炮兵阵地。八号，大炮两尊进入阵地，是晚董军已渡河至小市。九号晨，大炮在月亮岩阵地放列，陈支队长亲往督战。是时各军官均谓宜以硫磺弹射击城中，使城内发火，则居民惊扰，影响所及，泸军各部队必致动摇，董军利用时机，易获胜利。陈支队长坚谓炮击城中，市面必或汇锦，此次系为国体问题而酿战祸，倘使黎民无辜而罹浩劫，则我义军名誉扫地矣，是决不可，遂下令射击泸军之炮兵阵地，即钟山、五峰顶、龙透关三处，以牵制泸军。董军遂由侧面进攻五峰顶、蓝田坝，留川军一营，以步兵二营至太安场预备，于是夜全行渡河。泸军有炮兵一连，亦于午后二时到月亮岩，炮兵耿营长适与陈支队长会商，尚未进入阵地，是时队伍游动，已为泸军窥见，知主力已移往太安场，月亮岩必无重兵。午后四钟，泸军冒险渡河。第一支队有步兵一连在河岸一带警戒，因连日疲劳，防范稍疏，泸军遂由沙湾登岸，直攻炮兵阵地。陈支队长适在阵地上，见泸军登岸来攻，掩护大炮之步兵只一排，不能支持。是时尚有掩护兵一连驻阵地后方之南寿山，相距约四五里，陈支队长遂率兵数人驰往南寿山。时已午后八钟，月亮岩大炮遂为泸军夺去一尊。滇军炮兵连即向太安场退去，步兵不能支持，纷纷退走，有至太安场者，有至蓝田坝者，秩序极为紊乱。是役致败原因有二，一河岸之警戒疏忽，二炮兵之掩护不力。再者各部队尽失联络，预备队过于单薄，故致各个击破，无法收容也。蓝田坝驻军得警后，当由电话报告，刘司令即于是夜派工兵两连驰往蓝田坝增援。十号晨，泸军又由蓝田坝对岸渡河，被第二师工兵击退,是晚即未渡河矣。刘司令恐不能支持,遂潜退江安,滇军辎重则退渠坝驿。次日天明,第二师军队陆续退尽,惟滇军尚有在城内外扼守者。渡河至小市之滇军见月亮岩失守,又兼本军子弹缺乏,亦退归纳城。刘司令退却时未下命令,至军队不识方向,有退向叙永者,有退至中兴场一带山上者。时护国第一军总司令蔡锷已抵叙永,得刘警电,立派总参谋长罗佩金率兵一支队来援,到纳时刘已退去,罗乃驰往江安,与刘筹商,于是刘司令仍率部返纳。第二支队长刘柏心不愿复返,遂将两支队另行编制,以舒荣衢为第一支队长,田颂尧代理第二支队长。返纳之第一日,刘与罗集合全军在较场誓师,训诫士卒。演说甫毕,忽枪声繁响,土人来报,北军一面由蓝田坝来攻,已至东关外,一面由双河场来攻,已至冠山上。两军闻警,乃立即展开,分头抵御。鏖战一昼夜,冠山之北军退至双河场,东关外之北军退至棉花坡。数日后,滇军复大至,以全力进攻此方面,棉花坡火线延长十余里。两军昼夜激战,无敢退却,盖因两方后面均编有督战队,即控制部队有私退者即行枪毙,以故进攻愈激烈。一昼夜间恒见冲锋数次,经一次之冲锋,两方面伤必数十计,然仍不得前进一步,噫,可谓劲敌矣。滇军总司令蔡锷见棉花坡北军久不退,乃亲率预备队一营来纳溪督战。至之日,正值北军由石棚抄袭纳溪侧面,已至大江左岸,滇军当即渡河,扼据河岸一带高山,猛力攻击,炮兵在冠山顶发射,北军不支,是夜退去十余里。闻蔡锷作战计划,以扫清野战军为目的,云野战军既经扫尽,泸城不攻自下。即日特下攻击命令,以一支队由双河场进攻牛背石,袭北军侧面,自与刘司令在东关外督战,催促棉花坡之各军猛攻正面。是日战争最激烈,北军退去数里,由侧面进攻之军队,即将牛背石占领。然第二师所部军队子弹已罄,无地补充,滇军子弹因道远难济亦缺乏,蔡司令电调叙府全支队来纳增援,此面兵力虽厚,然叙府不免空虚矣。至三月三号晨,忽传叙府为北军占领,此间滇军有退却消息。至四号晨,滇军及川军二师辎重驮马纷纷向叙永大道退却,人民见军队退走,惊皇万分,扶老携幼,拖儿带女,各自奔逃,一昼夜中络绎于道,其状至为凄惨。至夜,闻棉花坡枪声甚厉,知为最后之激战也。继见火线上队伍陆续退下,大河右岸之军队至天明始退尽。须臾,而北军入城矣,先搜索各街民房,过小河浮桥时，以大炮在城楼射击冠山、龟山之寺庙家屋等，继至安富街各处搜索殆遍。是夜，安富街大火延烧数十家，其致火之由，真难索解，人民畏惧，十室九空，道无行人。五号午前有飞机一架，由泸县方面飞翔而来，经过纳溪直向叙永而去，越十余分钟复回绕向江安、南溪方面飞翔，继复不见。此次纳溪战事，以棉花坡为最剧，激战三十余日未下火线，两方面伤亡约二千人。南京之役攻雨花台，死伤虽众，然无如是之久也，中国内地战争，此役为仅见矣。

附志：陈礼门在叙永将出发，该县高小学校校长某为之扶乩，史可法临坛有七绝，一章云：安危重系想当年，明月扬州有恨天。抱得雄心付流水，到头空怅旧江山。又答问一章云：好江山，此日已推翻，自古来能有几个英雄汉。多少人才多少事，好待他时出现；多少名将多少战，好待他时考验。我还想故国夕阳天，愿生生且把慈悲念。想起往事怕重提，此番又有乾坤怨；想起前功犹未远，此番更有中外变。中原犹有可为时，地从南北分疆甸。有人布德主神州，安乐昇平庆云现。案：此诚迷信之说，高明多不信。惟陈礼门既有此举，继又在明月岩失败自戕，说者以为验。特附志于此，非提倡迷信也，纪实耳。[1]

护国军舆论机关的报道则说："滇军在该地时，大得中外人士之敬仰，且示余以照画一幅，为滇军离纳溪时情景。由蔡锷步行率先，中杂妇孺无数，系由城中逃出，以免北军入城后大肆蹂躏者。"[2]

至于"暂退"的原因，当时就有护国军中人总结说："此次之背进也，原因有二：一、叙府友军战况不利；二、弹药缺乏，一时难以补充。故不得不背进于大洲驿。斯地位于永宁河与纳溪之中间，给养便利，且山势平坦，利于休养，以是至此。各部队均整理武器、服装，本连亦整理一切，士兵仍照平时出场教练，而士兵亦鼓舞精神，希望最后之胜利。"[3]

也有报载认为是中了"官军"中"蜀省之第一师团"的"诡计"。说："《字林报》三月十日叙府通讯云，数星期前余（通讯员自称）曾放胆函报当时叙府之状况，今拟续有所陈，以谂读者。近余曾赴下游泸州附近之纳

① 《下川南战地归客谭》，成都《国民公报》1916 年 4 月 14—16 日。

② 《叙州来函》（1916 年 3 月 11 日），上海《中华新报》1916 年 5 月 4 日。

③ 炮兵连长孟雄成：《护国军蜀战通讯》（1916 年 4 月），《护国文献》下册，第 590 页。

溪，滇军于此苦战一月，今已退走。滇军司令因叙府已于一星期前为官军克复，又闻官军援兵将抵战地，故乃下令退走，毫未受扰，此六日夜间事也。而北军直延至次晨八时始敢入城，终日从事，实其囊橐，杀人越货，已成常事。甚至游历至此，为战事所阻之某英商亦被逮捕。余曾目睹平民之遭惨杀者五，一为老僧，一为跛汉，一为老木工，一为贫窭之农夫，一为道中之苦力，尚有四人身负重创，其三恐已殒命。余书至此，须有所表明者，吾人并未因滇军政治上之进步而有所袒护，惟以两军得民心、主公道、重道德比较观之，则对于豪侠者，流露钦佩之意，亦人情之常耳。滇军之不能占据泸州，其失着实在二月初旬，当时滇军与蜀省第二师团占守泸州附近之扼要地点，而蜀省之第一师团密通款曲于滇军，谓愿作内应，他日滇军渡江进攻，请向空开枪。闻蜀省第二师团司令允如所请，不意此为官军之诡计，致滇军被逼弃要地退走二十里，继乃接战二十余日始行退走。蔡锷已至阵前，亲诣红十字会医院，以谢办事之教士四人，极形诚挚。据吾人近遇北军司令所言观之，北军损失远逾滇军，滇军退走之次日，有飞机一架由泸州飞过纳溪，向滇军退路而去。闻此机近由万县抵泸，乃法国所制，中载二人，装炮一尊。北军占纳之第一夜，城中曾起大火两次，一在巨刹，一在大当铺，均前滇军驻扎之所也。双方军官与领袖待遇外人颇为和蔼，且予以种种自由，情殊可感。红十字会之叙府医院及纳溪分医院，所治受伤平民及滇兵、蜀兵、北兵，共约一千二百人。又监督埋葬双方阵亡兵士及无亲友之平民共一二百人，当地商民赞助红会颇形踊跃，且有多人入会助理各事。"①

李曰垓则回忆说："左翼兵到纳溪，连战均极顺利，讵知接济子弹，尚未解到，而军中子弹已将告罄，万不获已，乃于三月六日夜半，退据险要，以待接济。我军既退之次晨，敌营枪声犹络绎不绝，盖屡胜之后忽然全线退却，敌亦莫测其所以然，故数日尚未发一追兵。然我军疲劳月余，其惨澹情况，盖亦不堪回首矣。凡战时退却，最伤士气。我军虽布置井井，为完全有计划之退却，然命令一下，锐气大挫，定力不足者几于不能自持。幸上级官长，均能出以镇定。而顾品珍尤极稳练，亲自断后，一丝不乱。"

对于入川滇军的物质困难和兵员情况，李曰垓又说："当在云南出发之

① 《叙泸间之两军评论》，《申报》1916 年 4 月 6 日。

时，兵饷有已欠三个月未发者，出发后每月仅给伙食，始终无发饷之说。又每人仅有单、夹服二套，外套毛被，一切无有。乃至四川，一上战线，时逢下雨，所服之夹军衣皆为雨水淋湿。质言之，着了一身湿衣去拼死而已……又为兵力单薄，不能更调，故一上火线，便无休息之期。月余战争，迨至退时，人人面上泥土厚涂，如出洞子磺下，两眼骤凹，虽熟识者亦几不能辨认，及闻声始知为谁某，衣服褴褛，有裁下衣半截补缀肩背者。此种惨苦情形，至今言之，犹为下泪也。"①

梁启超也回忆说："（蔡锷）从出兵后，头一次在叙府打胜仗，再往前进，到纳溪，与十万袁军相对抗；本来有三千多人，加上四川响应的军队，有一两万人，但是都不得力，打先锋的退下来了，他在后方努力支持，败军如潮水一般，旁的军官，都以为没有法子，主张退，他虽坚持，然拗不过大义的意思，慢慢地持冷静的态度退下。本来不退，到了非退不可时，还能看好地点、时间及步骤，一步步的往后退。那时他很悲愤，军中遗墨中，有这两句话：'熬不过最后五分钟，实在可惜。'退到大洲驿，士气异常颓丧，慢慢想方法恢复；他让大家休息，吃饭、洗脸、换衣、休息，用了两天工夫，一连一连的慰问，士气大振。他于是下命令说，再退一步，不是我们的死所，排长退，连长斩之；连长退，营长斩之；旅长、师长退，总司令斩之；总司令退，全军斩之，军容又从新恢复起来。"又说："这个时候，袁军队续到了，云南方面，可是毫无接济；以三千之众，当十万之兵，前后支持，凡两个半月。据后来在他军中的人说，他每天只睡一个半钟头；吃的饭，异常粗糙，带泥沙咽下；自总司令到小兵无不捉襟见肘，这几天的困难，就可想而知了。他与袁军接触，大战三回，小战六七回，每攻击一次，袁军总受大创。两个多月的工夫，袁军只能把他包围，不能把他击退，后来渐渐的袁军兵心离散，然后这三千多被包围的军队，复活过来。据他军中的人说，只有他，才能于大敌包围之下，如此镇定，饥寒交迫，士气仍然旺盛，换一个人，绝对办不到。大家都同心同德，自愿同生同死，皆因他感化力大，令人佩服，所以能以极少极微的力量，抵抗强敌，终能护最后胜利。"②

---

① 李曰垓谈，周隐硕笔记《云南护国军入川之战史》，《护国文献》下册，第 671—673 页。
② 梁任公讲演，周传儒笔记《蔡松坡与袁世凯》，《晨报副镌》1926 年 12 月 29 日，第 66—67 页。又见《〈饮冰室合集〉集外文》中册，第 1011—1012 页。

▲李伯东函告蔡锷，"不必因龙有征滇消息，有后顾之忧"。说："松波仁兄大鉴。昨奉陈竞存兄转到复示，欣悉各事就绪，先率第一师出川，将见扫除贼党，直指顾间事耳。近来袁贼派龙觐光征滇，弟以彼必取道广西百色，即商由同志李君永康急赴南宁，说陆部下劝陆响应讨袁，截击龙之部队。昨李君返，言及陆已向其部下表示，须待向袁请获饷械，相机而行等语。想陆必不食言。粤龙前数日征询部属，孰愿担任征滇职务？郑、段、纳、王各旅长均借故推诿，仅广南李文富、临安朱朝瑛因欲借事返滇，愿任司令。已由李文富率队先行，朱朝瑛继进，龙觐光督后，不日成行。彼辈妄冀邀功，以弟推测，龙觐光必难出桂境，兄不必因龙有征滇消息，有后顾之忧。弟与陈竞存兄拟即再派同志赴南宁说陆部勿失机会，特先奉闻，以纾尘虑。莫赓先生处已另函电，请其慎防。专此，敬颂捷绥。愚弟李伯东顿。三月八日。"①

10 日

▲戴戡自松坎电告唐继尧、蔡锷、刘显世、黄草坝王文华，"我军已将（草）坪垩北军击退"。说："顷得殷处长、熊梯团长、华团长蒸电称，勋部与右侧北军血战十昼夜，未得片刻休息。北军愈加愈众，战线延长二十余里，我军中路队伍亦加入战斗，歌并亲赴阵地，今日午后始将北军压迫。旋得熊方战报，我军已将（草）坪垩北军击退，北军官兵本日死伤七百余人，勋部一部分因与北军接近，以白刃战夺获完全机关枪一挺，枪支子弹甚夥，北兵盟证一张，队旗数杆。查其队号系第二十三团及二十七团一、二两营，川兵在外。据俘虏供称于阴正月十八号由涪州开来援綦等语。我军现正追击，详情续报，瑎、其勋、封歌叩等语。专此转达，敬乞公布。戡。蒸申。印。"②

13 日，再转告草坪垭战况说："顷得殷处长、熊梯团长报告，逆军在草坪垭大败后，我军分头追击、搜索，逆军遍野逃窜，藏于深沟狭谷之中间，经我军一一击毙。又夺得完全机关枪一挺并子弹四十余驮。谨闻。戡叩。元。印。"③

---

① 台北中国国民党党史馆藏档案，档案号：400/20。
② 《云南快信》，《申报》1916 年 4 月 2 日。又见《护国文献》下册，第 598 页。
③ 《护国文献》下册，第 598 页。

15 日，又通电唐继尧、蔡锷、刘显世、王文华等人并转各处，我军正与败退割草坪的逆军进行激战。说："昨日正午，我军与逆军约两营战于石牛口约两小时，逆军败退至割草坪，我军乘势追击。适增援步兵三营、江南管退炮六尊、机枪二挺，凭险抵抗，战至晚十二时，逆军动摇，我军冲锋上山，击毙逆军四十余人，伤者不知确数。夺获不完全机枪一挺、步枪六枝、子弹十四驮，我军亦伤亡十余名。今早黎明，逆援大至，复激战于割草坪之前方，尚未结局，谨闻。戡。删。印。"①

▲袁世凯"特派熊希龄为湘西宣慰使，会同该省文武长官，迅筹抚绥办法"。②

▲张敬尧、熊祥生通电北京及全国，"宣布"护国军乃至蔡锷等人的所谓"摧残人道"行为。说："本路克复纳溪、江安两县，先后电达在案。前次我军派赴牛背石之顾排长福元率目兵三十一名，因战争杀，目兵力疲劳，滇寇三四百名，乘夜四面困围。该步哨奋斗多时，子弹告罄，阵亡十余名，逃回五名，余均被生擒。及后我军大队克复地方，派员查验遗尸，被滇逆焚烧者，余均剥皮挖心，或削□去耳鼻，或削□四支［肢］，惨酷情状，不堪入目。其尤甚者，为我军寄埋该处之阵亡兵丁尸骸，经滇寇全□［数］起出，乱刃分尸，实为出乎人理之外。自接战以来，日夜激斗，及克复纳溪后，我军搜葬阵亡士卒遗骸，并将阵毙逆卒未埋各尸，妥为掩埋，以遁［循］人道。讵料逆军戕害我军遭擒士卒，残酷如此其甚！查国际交战，无论何军，遇敌受伤士卒，均须抬送医院疗治，绝不加害，敦重人道，理固宜然。此次蔡、唐诸人聚众叛乱，颠覆祖国，以致同种相酷，虽不能守万国公法，亦当稍存维持人道思想。今竟荒谬若是，实属残忍已极。初以为逆军士卒，因战时伤其同侪过多，故出此残辣手段，可泄私愤，无知之人，情尚可原。今到纳溪，细询土人暨生擒逆卒，均言前者戕害国军兵丁，挖心削足，此种惨状，系奉彼蔡总司令、赵加□队长之令而行，非敢私相加害。据此可见蔡逆等，不但背叛国家，亦摧残人道。不第此也，该逆并在纳溪附近，遣逆众暗赴我战线左右穷僻村落，抢掠货财，奸淫妇女，无所不至，反从中散布流言，诬赖我军扰害地方。其狡猾伎俩，莫可

---

① 《护国运动资料选编》上册，第 324 页。
② 《护国运动》，第 650 页。

推测。夫我军于战时拿获逆军侦探，不过暂时拘留，俾不得出，毫无苛待。滇逆退却，遗弃受伤逆卒，均经妥为抚恤，送院疗治，其遗留纳溪之伤卒，特派专员，抚慰医疗，发给零用，严责卫生队加意调养，并电请皇上发款抚养，并将滇寇遗尸概行掩埋。我之对待逆军，备极周到，乃以善易暴，实堪发指。用特缕晰、宣布逆党之行为，以证全国之公论。特闻。第二路司令张敬尧、副司令熊祥生叩。灰。印。三月十五日到。"①

▲日本驻上海总领事有吉明函告石井菊次郎，他近日与唐绍仪谈话的"全部"内容。说：

> 唐绍仪就梁启超赴广西及最近坊间所传妥协说等，于本月 7 日向本馆官员西冈直接告知概要，已先于本月 8 日去电第 34 号报告。谨将同人所谈内容另纸全部报告，以作参考。
>
> 众所周知，唐对袁怀有极大反感，因此其所言不免有过于极端之处，谨供查阅参考。
>
> 本函副本抄送驻北京公使、驻广州总领事。
>
> 唐绍仪直接告知内容要领：
>
> 1. 关于梁启超之广西行与陆荣廷态度的唐（按：指唐绍慧）参谋秘闻；
> 2. 关于最近妥协说唐的言论；
> 3. 唐绍仪与梁士诒的关系及其他。
>
> 1. 关于梁启超之广西行与陆荣廷态度的唐参谋秘闻
>
> 唐绍仪称梁启超广西之行，主要是受到陆荣廷绝密派遣参谋唐小〔绍〕慧赴当地劝说的结果。据唐参谋向自己（唐绍仪）透露的内幕，其也秘密前往南京，向冯国璋传达了陆荣廷表示应独立的决心。冯称自己如立即起事，可信赖的亲兵不过一万余人，而上海方面驻扎有大量袁派的军队，且南京仅有现金百余万元，上述军事费仅供维持三个月，如各省形势没有变化，将无法仓促起事。对于陆荣廷的独立决心，冯深表同情，但上述情况也请向陆转达。陆荣廷宣布独立时，唐参谋与梁启超一行共赴香港，唐则离开一行，经梧州回到南宁，向陆报告

---

① 《护国运动档案资料摘抄》，第 44—45 页。

长江方面的反袁真相，并切实负责李烈钧所率云南军第二军与广西军的联络，预计广西军完成在湖南、江西及广东省境相当数量的配置，很可能要到三月下旬。梁启超希望经广东从梧州尽可能早地进入广西，但广东省内的旅行恐伴有危险，因此预定从香港直接经海防、龙州进入广西。龙济光的态度依然不明，其尽可能避免广西与广东方面的交战，最近陆荣廷又尝试种种方法意图说服龙，因此就算其不宣称独立，暂时也会保持中立态度。据称梁急于赴广西，是因为广西独立后，企图动员在广东的其他梁派人士去劝诱曾与梁有交往的广东巡按使张鸣岐。

2. 关于最近妥协说唐的言论

唐绍仪进而称，最近坊间所传的妥协说，袁派的报纸记载称自己及伍廷芳有斡旋的意向，完全是无稽之谈。袁世凯对反对帝制的强烈反应意外吃惊，刚刚发布不彻底的即位日子延期命令，主要欲对警告进行辩解。接着又向国民列出有战祸扩大之虞及外国干涉两个理由，为向外国粉饰仲裁暗示妥协，一方面图谋缓和反帝制派之策，一方面又准备对云贵军及今后欲独立的各省加强防备。现在其向自己及伍廷芳等人间接派人探查是否有妥协调停之意，暗地里实际上派出暗杀队对付自己等。袁世凯眼下本无妥协的诚意，当然即便有此意目前已无妥协的余地。因此，自己向袁间接派来的人表示，当前并非妥协的时机，如袁有妥协之意应考虑与云贵军妥协。伍廷芳本来也反对袁帝制，关于妥协说也与自己基本持同样意见，因其子在北京为官，即便是私下场合也不便明确表态。而云贵军方面，此次与第一革命时不同，勿论本来即无妥协之意，此次的动乱不管今后经历多少曲折，最终仅有护国军失败或袁失败两种结局。依今日如此反袁的气势已渐普及，袁已然几乎不可能平定护国军。作为自己个人的意见，如袁世凯退位离开国内，南北未必没有妥协之道。袁企图实行帝制，已然是对民国实施犯罪，如中止帝制，以暧昧的借口谋求妥协，简直如同对于犯罪者不给予处罚，反而恢复犯罪前的地位，天下岂有如此矛盾的判决？袁氏或云，帝制是民意推举，自己做皇帝是顺应民意，如民意中止帝制，自己也应中止即位。盖如此这般，如同强盗头目率众多部下进行强盗行为，当被发现犯罪后，只要部下不自己承认犯罪事实，头目也一味坚称无犯罪事实。自己与袁世凯已有三十余年的深交，从私交情谊而言攻击袁氏亦感痛心，非心中所愿。但袁氏的行为既然是国家的祸根，从公义道德上不得不如此。

私情上期待可与日本及英国协商，让袁世凯及其党羽作为政治犯亡命日本，这是唯一的活路，恰好与孙逸仙等人的亡命同样待遇。第一革命时清帝并非犯罪，国民反抗清朝，开始革命运动，其达成妥协是有清室优待条件。此次对于袁的待遇条件没有讨论余地，尽管自己认为至少可保生命安全，但反袁派有不杀袁誓不罢休的意向。

所谓熊希龄之调停也是袁派的说法，熊本来就非通晓世界形势的人物，当然关于中国的内政也无显赫的阅历与经验，虽与杨度、梁启超、黄兴等人有深交，但与袁世凯则无深交。且对袁的人格尚不熟悉，因此袁也不信任熊，只是意图利用他。即便熊希龄多少有调停之意，云贵军也不可能答应。最终熊将被袁利用，上述调停之举根本不会奏效。据最近来自北京的消息称，袁世凯近日称病，试图让黎副总统出面，但黎根本不愿出面。据称如黎出面，各自拥护袁三子的在京模范团拱卫军，或是步军统领军等，将采取兵变立即杀黎。

3. 唐绍仪与梁士诒的关系及其他

唐绍仪继续称，去年夏末在北京设立筹安会时，梁士诒曾秘密派其弟梁士许（现任交通银行驻香港分行行长）赴自己（唐绍仪）处，告知袁世凯关于设立筹安会真意的同时，表示如梁（按：指梁士诒）反对筹安会将会被袁克定所杀，就是否要委身该人处来征询予之意见。予之回答如下："如君渴求一时之富贵，则可赞成筹安会，拥护帝制；如君不求一时之富贵，而考虑今后作为有良心之人士屹立于世间，宜对筹安会采取冷静态度，如感到切身危险，应像予一样辞职离开北京。"虽然梁士许将予之回答原封不动通知了其兄，但梁士诒还是为求一时的富贵，未能看破反袁行动正暗潮汹涌，而被袁的虚势所迷惑，赞成袁施行帝制。此前英人莫里循等人建议居中联络，以承认袁称帝为交换条件，将中国拉入协约国阵营，但最终失败。之后又策划周自齐一行赴日，向袁声称对日外交已有"把握"，意在讨取其欢心。当日本拒绝周特派使赴日后，该企划也宣告失败。据最近来自北京的消息称，周特派使被拒绝后，袁世凯叫来陆征祥与梁士诒二人，斥责称汝等断言对日外交已有把握，却招来如此失败，将自己（袁）陷入如此窘境，今后须进一步设法力图挽回。最近梁士诒也处于进退维谷的境地，一意唯恐触怒袁。由于袁政府难以筹措讨伐反袁军的经费，据称梁正设法向美国资本家等其他方面借款，但随着反袁派势力不减反扩，其日益陷入困境，虽然十分可怜，但这是小人咎由自取，无可奈何。另据最近从北京而来的友人言，袁世凯近日传见徐世昌，两人互相流泪倾诉某事。袁世凯之泪恐怕是对徐世昌的体面，充其量是砚箱中的水沾到眼中。且据称即便袁真的流泪，是谁引起今日之时局，岂有同情其流泪之理。

### 附参考：梁启超广西行一行人名表

| 本名 | 中国人化名 | 日本人化名 |
| --- | --- | --- |
| 梁启超 | 梁孝园 | 南孝一 |
| 汤觉顿（前中国银行总裁） | 唐大川 | 大川次郎 |
| 蓝志先（前众议员） | 王廷方 | 清水廷二 |
| 黄孟曦（梁之门生，本年赴广东与张鸣岐联系之人物） | 蓝餐 | 和宇田光曦 |
| 黄溯初（上海《时事新报》社长） | 黄溯行 | 石川行 |
| 吴柳渔（梁之门生） | 吴留园 | 柳田留三郎 |

另有陆荣廷参谋唐小〔绍〕慧。①

11 日

▲蔡锷函告李曰垓，我军"已悉达指定区域，从事整顿队伍，补充军需，休养兵力，一面详侦地势敌情，伺机行动"，并望"酌用强制"，"速筹"军饷。说："梓畅仁兄执事函示敬悉。我军现已悉达指定区域，从事整顿队伍，补充军需，休养兵力，一面详侦地势敌情，伺机行动。日来部署略有头绪，散兵已陆续归队。士气初甚颓丧，现已逐渐来苏，朝气横溢矣。所难者枪支多破损，未能刻日修理；衣服褴褛，未能换给；弹药未能悉加补充，而饷项已罄，乞灵无效。昨日石处员（按：指石陶钧）运回三千，顷即发罄，若无来源，则真不堪设想。如周竟推食食我，此情实可感激。冰寨距永若干里？望速派员于五日内赶运，先以一万交来前敌为要。原电未定数目，可提出五万。刘师似不可收拾，真无法以处，可胜浩叹。现嘱

---

① JACAR（アジア歴史資料センター）Ref. B03050722500、『袁世凱帝制計画一件（極密）/反袁動乱及各地状況』第五巻、日本外務省外交史料館、1 - 6 - 1 - 75。3 月 16 日到外务省。

积之亲赴古宋，赶为召集编配，将来或驻古宋一带，或令援叙，未知有效否也。桂省独立，合滇、桂之师以临粤，当为得手。得粤后，饷械可望源源接济，大局利钝，端视此着耳。匆此，即请近安。弟锷顿首。十一晨。散兵宜速令赴前敌归队。对川兵宜平和劝导。饷宜速筹，即酌用强制亦可。"[1]

12 日

▲大洲驿总司令部（嘉乐店）作战会议时对护国第一军兵员人数做出统计。"顾梯团：1000（千人）"。所部"王支队：620（人）"，其中"杨卫益五"装备"曼利忧"，"350（人）"；"杨卫池生"装备"九子"，"270（人）"。"禄支队：380（人）"，其中"王营"装备"九子"，"200（人）"；"杨营希闵"装备"新六八"，"180（人）"。赵梯团："八百五十人"。所部"朱支队"："550（人）"，其中"一卫沙云仙：350（人）连新兵"；"二卫张光焕：200（人）"。"何支队：周卫，300（人）"；"（蒋卫，300）"。"金支队：400（人）"。"张支队：300（人）"。"廖卫：300（人）"；"警卫队：160（人）；军警：120（人）"。总计："1850" + "400" = "2250（人）"。2250（人）+ "880（人）" = "3130（人）"。"电轻伤者速来。"[2]

关于此次作战会议的情况，会议参加者之一石陶钧说：

> 此松公于五年三月十二日大洲驿总司令部（嘉乐店）作战会议席上计算当时我纳溪方面各部队实兵数之一纸也。
>
> 我军苦战纳溪城东棉花坡一带阵地，昼夜不得更代，给养不及半具，子弹不以时至，与敌决死以互争尺寸地之进退者。自二月初蓝田坝不利起，至三月七日夕退军止，伤亡而外，每营平均不及三百人。彼其疲惫之度，在战斗续行中，殆已无可拟语。赖以支柱，精神之奋兴耳。一旦背进，衰竭之实，遂不可讳，甚者至陷于无神经。部将忧之，图减缩正面，以节兵力；合申意见，以谋专守，即此会议之前日也。

---

[1] 曾业英编《蔡锷集》（二），第 1307 页。

[2] 曾业英编《蔡锷集》（二），第 1308—1309 页。原件为一张兵力计算表，此为据此改成的文字表述。原件未标明时间。

松公以为循此现状，即专守亦无可言，非先作我士气不可。乃遍历行间，耳提面命，以血泪申大义，以军法励怯懦，竭移山填海之力，矢有进无退之心，将此生存战线之三千一百三十人，人人灌以一绝而复苏之兴奋剂，即以一己之精神力平均分配其几许于其所部之人人。此时直谓全军佐胜之具，确已不在枪械子弹之属，而直接取效于公一身之举动焉可也。激战之后，指挥官员之意志不为强压的群众惰力所摇迫者，陶钧经历战役屡矣，此事实平生仅见。

会议后坚决仍守三层铺、白节滩线，且相机出击。于时，我对抗兵力确倍我八以上。公命但以金、王两支队各自更番戍阵地，余皆集合后方从事休养，以备继进。卒乃获三月十七日至廿二日间之大胜，卒见廿三日之帝制取消，其关系略可较量矣。

顷自福冈护公丧返沪，检箧中得此纸，同人读之，益了然当日艰难支撑之实况。感泣宝爱，乃至各不敢私，将镂铜以饷［飨］当世。以陶钧为会议席中之一人，因命记之如右。五年十二月十二日，前滇黔护国军总司令部参议兼军参谋长石陶钧敬记于海上。①

## 13 日

▲李曰垓电请唐继尧，速与昭通法医院交涉可否速移至毕节，"协同疗治"。说："云密。后方应择地分设病院，永宁医士不敷分布。查昭通设有法医院，可否与之交涉，酌速移往毕节，协同疗治，并祈速饬西医人才，克日到永协助。盼切。垓叩。元。印。"

22 日，云南交涉署电复李曰垓说："查昭通并无法国医院，亦无医学专门人才，只有教士一人，略识医理，并附设施药医馆一所，且多系用中药，所请移往毕节之处，碍难照办。此复军医课台照，并缴还原电备案。交涉署。廿二发。奉批：交军医课阅送交涉署迅办。"

▲6 日，护国军所占湘西麻阳复失。13 日，袁世凯颁令奖励周文炳等官兵。说："政事堂奉申令：据代理第一路司令周文炳先后电奏，黔省叛兵勾结滇寇，迭扰湘边，由铜仁、镇远进袭麻、芷等处。本月初三日，司令率部进剿，连克高林［村］、岩门等要隘。在心仁溪与悍寇三千余人激战五

---

① 《蔡公松坡战地遗墨》，上海《时事新报》1916 年 12 月 14 日。

小时，寇始溃退。又在江口市东激战，毙寇甚众，随进至麻城东方。寇约二千余人，于河右安设多炮扼防，我军渡河，猛攻迭胜。初六日，进攻麻城，寇原有守兵及由江口市退回者约四千余人，我军渡河夹击，寇力不支，向芷江、铜仁分逃，当将麻阳克复，现正分兵追剿等语。该叛逆等乘湘无备，肆行扰掠，前令军队进剿，因山路崎岖，经月甫至，即将麻阳寇股痛加惩创，辛勤奋勇，殊堪嘉尚。周文炳着授为陆军中将，并给予二等文虎章；张中和授为陆军少将，并给予三等文虎章；卢金山给予二等文虎章；毕化东授为陆军少将。其余出力官弁，着由周文炳择优请奖，伤亡官兵妥优抚恤疗治。所有被兵灾民，着该省将军、巡按使会同宣慰使，饬属切实安辑，勿令失所。此令。洪宪元年三月十三日。国务卿陆征祥。"①

14 日

▲午前 11 时，蔡锷在大洲驿总司令部命令吕维周：

（一）逆敌主力现在纳城附近，已占领防御阵地，在鹞子岩、栽树子等处。但其一部已向泸州或重庆方面退去。牛背石、双河场有少数敌兵。三百坎、中兴场、合面铺、红桥坝、水口寺等处皆有我军部队。

（二）该骑兵连长率领所部，即由大洲驿出发，经合面铺、牛滚场、底棚、红桥坝、水口寺各处归还。对于江安、叙府方面之敌情详为侦探，并将经过地方编绘略图，加以说明报告。

（三）予在大洲驿。

上令吕维周、骑兵连长。总司令蔡锷。

下午 2 时 30 分，又命令何海清：

（一）逆军兵力现大部分散在纳城附近者约一团，并有一部回泸州及退赴重庆之说。

（二）该支队应进驻合面铺，对于江安方面之敌严密搜索警戒，并与红桥坝之友军取确实联络。

（三）该支队长务于明晨或午间来大洲驿本司令部，听候面示或会

---

① 以上三文电见《护国运动》，第 327、620—621 页。

议。如有特别事故，可派团副或一营营长前来。

（四）已令赵梯团长赴白节滩直接指挥金、张、廖（按：指金汉鼎、张煦、廖月疆）各支队；罗参谋长现饬其回永宁筹划后方事宜。

（五）予在大洲驿。

上令何支队长。总司令蔡。

下午9时，又命令贾紫绶、何海清：

（一）逆敌主力现在鹞子岩附近占领阵地。

（二）中兴场、合面铺一带现由何支队长进扎该地；该军警队所派出驻止该地之警戒部队，即撤回大洲驿。

（三）该军警队应即编督战队。另发督战队条例。

（四）予在大洲驿。

上令陆军警队长、何支队长。总司令蔡。①

▲王正雅电请北京统率办事处，陆、参两部，速发援兵救护国军围攻的大庸。说："华密。接大庸方知事、王参谋真电称，大庸匪党蜂起，全县皆入其范围，县城破亡危在旦夕。查大庸为九澧屏障，大庸一失，九澧莫保，而辰川腹背受敌，湘省全局必随之动摇。即祈俯察地势，重念生灵，加兵一营，饬速来县，以救危亡。否则，庸城即难保全。临电哀号，不知所云等情。查大庸此次匪势众大，彭军仅二百四十人，已尽发前敌，添募二百又为数甚少。澧县滨湖重地，乱党尤多，不能不严防。顷奉钧处元电，准由常德范师长派混成一营往剿，伏恳迅饬出发，以救燃眉。汤将军抽调田使、周总镇会剿，诚恐缓不济急，且湘西边邻黔壤，难保不自顾疆土。事在危急，延颈以待。常澧镇守使王正雅叩。寒。"

23日，张纪也"万急"电复北京统率办事处，永顺失守，古丈告急。说："华密。冯电敬悉。永顺于皓日失守，古丈现亦告急，兹遵谕饬令已到辰州职团之一营并加机枪二枝，驰赴古丈之铜柱、罗衣溪市等处，相机防剿，团长自带一营在辰力为戒备。惟查永顺匪人快枪甚多，动作迅速，惟有职团两营堵防数处，兵力太单薄。除电周司令、范师长外，谨此电闻。

① 以上三命令见曾业英编《蔡锷集》（二），第1309—1311页。

团长张纪叩。漾。印。"

同日，汤芗铭、沈金鉴又"万急"电复北京统率办事处，表示宜于衡阳驻扎重兵防桂。说："赓密。养电敬悉。湘省须有重兵防御，始可望和平解决，荩筹极佩。且刻当桂兵在境，湘边防营单弱，土匪暴徒势必以湘为尾闾，尤非得重兵驻守，不足以建威销萌。至驻扎地点一节，查衡阳据长沙上游，若驻兵该处，可以上固永、武，下卫会垣，旁援宝庆，且距桂边尚远，不致启其猜疑。春水方生，岳、衡之间轮帆便捷，由衡阳至长沙亦一日而达，极称便。湘潭邻近省垣，可以兼顾，似可无须大队。且该处商务殷繁，人稠地狭，加以茶市在即，聚人益众，若聚加军队过多，不特难于容纳，且虑易生事端。遵筹再四，似以驻扎衡阳最为适宜。愚虑如是，伏希裁夺。汤芗铭、沈金鉴叩。漾三。印。"

▲陆征祥、曹汝霖函告驻美公使顾维钧近日国内战况。说："少川公使大鉴。上月裁奉一缄，计尘台察。兹将迩来经过一切情形，请为执事述之。一曰军务。此次滇黔军侵入川境，分为三路，一由滇之昭通入叙州，意在进窥成都，此路由蔡锷部下主之；一由黔之遵义入綦江，意在进窥重庆，此路由戴戡主之；一由黔之毕节入纳溪，意在进窥泸州，此路由蔡锷自主之。其中以占据纳溪之军号 [队] 为精锐。官军赴川，水则逆流上行，陆则盘旋鸟道，辄以数十人牵一舟，百余人运一炮，行军极为困难。迨行抵前敌，会合川军，先解泸州之围，继乃进攻叙州，于本月三日克之，长江以北扫荡一清。而滇军自泸、叙失败以后，退聚纳溪，蔡复调集援军，并合刘存厚叛兵，总数在一师半以上。该处在万山之中，道路崎岖，竹树丛杂，又值大雨经旬，溪涧横流，进攻匪易。幸赖将士用命，奋勇前进，并绕道他处，前后夹击，先占领各要隘山头，遂完全克复纳溪。是役也，苦战二旬有余，所谓滇军精锐者，歼灭殆尽，一切器械，亦卤 [掳] 获无算。现虽溃窜永宁，而长江上游已报肃清，他日或回据滇池，恃其险阻，为负固之计，然而无兵无械，亦难持久。近据成都将军报告，川军统领杨起元自宁远潜渡金沙江，袭取摩鱼鲊，以次夺回云龙山、芝麻地等语，是官军已深入滇境矣。并闻彼中徒党，颇有互相龃龉之势，或将有内讧发生，亦未可知。是滇事不足平也。至湘桂与滇黔接壤地方，前戴戡率领黔军，并纠合各处土匪约万余人，乘虚侵入湘边，骚扰晃县、麻阳等处，进至沅州，专事劫掠，居民受祸匪浅。官军除第三、第七、第八各师调赴川省外，其

调赴湘省者为第六师。适值洞庭风信，舟楫稀少，自岳州上溯，渡湖维艰，
顷已驰抵沅州，麻阳业已克复，此后节节进取，当可顺手。黔省本无反抗
中央之意，惟恐滇军压境，兵力不敌，故勉强相从。现广西将军陆荣廷有
志请缨，已任贵州宣抚使，率师直取贵阳。而临武将军龙觐光亦任云南查
办使，率奇兵五千，由桂入滇，于本月二日攻取粤西、百莱两炮台，同时
克复剥隘。该处形势险要，官军仰攻两日，缘壁猱升，始获奏功，自此湘、
桂两省渐处于稳固之地位矣。迩来有少数人主张调停之说，夫事至于此，
安有调停之可言哉……以上各节，杂陈近事，但求详稿，不觉冗赘，统希
鉴察，即颂韬绥。陆征祥、曹汝霖。三月十四日。"①

15 日

▲陈炳焜等人"十万急"电告唐继尧、刘显世，并转各军司令，"宣
布广西独立，公推陆上将军荣廷为广西都督"。说："华密。敝省本日宣
布独立，通电京、省，文曰：民国成立，四载于兹，元首固无变更国体
之权，人民应负拥护共和之责。乃袁氏伪造民意，帝制自为，吸吾脂膏，
以供运动，禁吾言论，以遂阴谋，正气摧残，群邪并进，大信全失，邦
本动摇，我同胞艰苦缔造之中华民国，竟断送于袁氏之手，凡有血气，
莫不痛心。比者滇、黔起义，全国响风，事尚可为，责无旁贷。炳焜等
旁皇瞻顾，欲罢不能，当经会议表决，即日宣布广西独立，公推陆上将
军荣廷为广西都督，戮力和心，会师北伐，誓除国贼，恢复共和，邦人
诸友其亟图之云云。谨闻。陈炳焜、谭浩明、莫荣新暨全省军民同叩。
咸。印。"

同日，陆荣廷"十万急"电告唐继尧、刘显世并转蔡锷，表示"愿挈
旧部，共诛独夫"袁世凯。说："讨袁一檄，义声动天，窃意神奸丧心，当
窜身削迹，罪己输诚，以谢全国，不料帝制自为，悍然不顾，奴隶将士，
涂毒生灵，丧心辱国，至于此极。敝省军民，同仇切齿，义愤填膺。荣廷
不佞，愿挈旧部，共诛独夫，以完四年拥护民国之苦心，还我五族共和之
盛轨。幸锡方略，借资指挥。广西都督陆荣廷。咸。印。"

又"十万急"电告唐继尧、刘显世，转各军司令，并通电北京政事堂

----

① 以上三电一函见《护国运动》，第 624、627—628、558—559 页。

及各省，宣布广西独立。说："帝制发生，人心大惑，无信不立，荣廷早为国家危之。顾念改革以来，民力凋残，邦基未固，万不欲以一去作难，再致同室操戈。迩日滇中首义，黔阳从风，长驱川、湘，雷动响应，国民真意，昭若日星。宜袁氏罪己一身，削除伪号，罔拂百姓，以张国维。乃复包藏祸心，离间将士，以金钱为买命之法，以名器为佣奸之酬，猛虎牧羊，炙蝇盗口，玩五族于掌股，希万世之帝王，此而可忍，宁谓有人？及今不图，其何能国？兹我三筦父老子弟，枕戈以待，投袂奋兴，泣涕中原，瞻予马首。荣廷虽身起椎埋，尚知纲纪，不得不率此旧部，完我初心，誓除专制之余羞，重整共和之约法。除联合滇、黔声罪致讨外，敬告各省文武忠勇志士，协心戮力，诛彼民贼，载宣国帜，庶内慰四年死义之英魂，外固万国缔交之大信，伏兹正气，足压河山，无任呕心沥血，传檄以闻云云。谨闻。广西都督陆荣廷。咸。印。"[1]

广西独立后，兵锋所指，选择的是同时"出粤"与"出湘"，甚至主要是北进攻湘，而不是梁启超、蔡锷所希望的全力东下，"粤下再会师图湘"。有陆荣廷以及湖南沈金鉴、汤芗铭、梁启超、刘跃龙、熊希龄等人的电报为证。

陆荣廷"万急"电告唐继尧并蔡锷、刘显世，已派"两路出师"。说："华密。敝省现举义旗，亟谋进取，已派护国军分两路出师，一令谭师长率师出粤，一令林旅长率师出湘，誓灭国贼而后已。务望诸公积极进行，乘此时机，大张挞伐，以期会师武汉，直捣幽燕，巩我民国，仍冀指示方略，以通声气。至祷。荣廷叩。"3 月 22 日，袁世凯宣布取消帝制后，又发表《告湖南父老兄弟书》，号召湖南父老兄弟"诛彼国贼，还我共和"，"倘或昧于顺逆，甘心从贼，除恶务尽，势必歼旅"。直到 4 月 8 日，才由梁启超代电复陈炯明、李根源、杨永泰、文群、徐勤、朱执信、邓铿、叶夏声等人，表示"昨连接数电，敦促荣廷偕梁公东下，亟商规取中原之计。荣廷等已于本日首途，星夜前来"。[2]

3 月 18 日，沈金鉴"火万急"电陈北京政事堂、统率办事处，请"速以全力注意湘省，添调重兵，妥予规划"。说："赓密。筱、洽两电敬悉。

---

① 以上三电见《护国运动》，第402—403页。
② 《护国文献》下册，第792、795—796、794页。

同时接据永明知事急电称，桂省连日由南宁开来军队二十营，分驻湘、桂连接界之龙虎关等要隘，其情已可想见，并可决其必以全力图湘。现汤将军拟调胡旅赴东安、永明一带，以驻省之车旅驻宝庆。而衡阳过于空虚，省城且不暇兼顾，即胡旅兵力亦尚嫌单弱。总之，桂忽有此举，其处心积虑已非一日。湘内［各］路受敌，加之内匪蜂起，大庸又来急电，危在眉睫，人心惶惑，全局必危，湘危则大局益不可收拾。现青木探闻暂不来湘，然已有小泽在此，奥、日居心叵测。时势万急，非敢故作危辞，万恳速以全力注意湘省，添调重兵，妥予规划。迫切直陈，伏祈速筹，以救危局。沈金鉴叩。（巧）。印。"

汤芗铭也连日电陈北京统率办事处，报告湘南布防桂军情况。23 日说："赓密。据邻桂各营、县报称，桂省自独立后，声言不日派兵南下［北上］。查该省军队现已逼近永明属之龙虎关及全县属之黄沙河，距零陵仅九十余里，朝发夕至。零陵为湘南重镇，倘有疏虞，湘省全局必为摇动。业经飞饬望镇守使由城步星夜回永，并将江、永、道各县驻兵酌量抽调向零陵集合，勉为防堵。至宝庆为刘旅等后路，械弹、粮秣屯积甚多，零、宝相距不过二百余里，设零陵有警，寇军袭宝，三日即至，已饬胡旅长酌调所部，向该处扼要驻扎，以期维持后路。其边桂各县，已分饬该地方官取［及］各驻军官长严加防守，并力持镇静，毋自惊扰。谨此电闻。汤芗铭叩。漾四。印。"

25 日，又电陈桂军分两路进攻湘境。说："庚密。据零陵镇守使望云亭有电称，据永明谢营长电称，确探桂省大军一由全州出黄沙河，一系马司令率步队及机关枪炮队共十余营，现集龙虎关，准二三日内由桃川直下，会合永州等情。职使遵示，当即电饬该营长严加防范，多派妥探分途详查桂境内情，再行飞报等语。除电饬该镇守使力持镇静，转饬所部固守防地外，谨此奉闻。汤芗铭叩。有二。"①

28 日，梁启超则"万急"电请陆荣廷"以正义严词谢绝粤使"，勿"轻许"龙济光"把持"广东。说："行营陆都督鉴。勋密。顷已到龙州，沿途军民，备极欢迎，益增惭悚。奉勘电，敬悉。明午即偕曾君赴邕，亟图晤教。龙（济光）、张（鸣岐）来使，所商不知何事，但若以取消帝制

---

① 以上三电见《护国运动》，第 645—647 页。

为取消独立交换条件，务乞坚拒勿许。袁之无信而阴险，中外共知，若彼仍握政权，将来必解西南诸镇兵权，再施伎俩行专制。如此非特义军诸将校遭其荼毒，且地方治安亦不克保。今日之事，除袁退位外，更无调停之余地。现在外交极顺手，临时政府一成，可望承认。超在沪、港，与各方面熟商，拟遵照约法，大总统缺位副总统继任之条文，由现在之都督及岑（春煊）、蔡（锷）、李（烈钧）与超公同宣布，恭承黎公依法继任，并组一军务院，用合议制，执行军国重事。如此对外则有统一机关，承认可望办到，办法请就近问觉顿便悉，超来更面罄其详。龙、张调停之电及袁氏取消帝制伪令，反复已极，超即当拟稿复驳，呈备采用。粤之得失，为国命所系，彼若尚持异同，非使之屈而从我不可。即彼欲要求保其地位，亦请勿轻许。龙与超本有私交，岂欲过为已甚，但彼失政已甚，粤人共弃，望公如望慈父母，公安能舍而不救？至于为国家计，粤不得手，西南大局，终无法维持。公笃于念旧，但允保全彼生命财产，即为仁至义尽。若公轻许彼把持吾粤，则是不忍于一二友人之爵位，而忍于全粤数千万人幸福之消灭，忍于全国命脉之颠危，终不免以私害公，将难免于千秋之责备矣。以公血诚毅力，知必不为此等邪说所中。既承过爱，招商大计，愚见所及，不敢不披沥尽言，尚希以正义严词谢绝粤使。桂省幸甚，国家幸甚。公介胄在身，有进无退，若非有他要公，希勿返邕，超即兼程诣行营领教一切也。如何之处，尚盼示复。启超叩。勘。"[1]

4 月 14 日，刘跃龙也"万急"电陈统率办事处说："赓密。队电敬悉。据各路探报，通、靖、绥各县滇、黔之兵约近二千，内地土匪尤多。桂省全州属梅溪口、垂滩、瓜林等处实有步兵两团，山炮、机关枪俱备，现尤从城步、绥宁一带新招去退伍兵千余。变兵联合桂寇，于元日已将新宁县占踞，并声言不日即分两路来攻武冈等语。查武冈居中要冲，距新仅九十里，敌人在所必争，现已分布队伍于武冈附近各要隘，严为堵御矣。谨先驰闻。旅长刘跃龙。寒。印。"

23 日，熊希龄再电广西行营陆荣廷乞转肇庆梁启超，请桂军罢兵停战。说："昨奉复电，惊悉觉顿被戕，又弱一个。半年相违，遽成隔世，甚为悲痛不已！龄昨因老母陷于战境，星夜奔救，幸已出险。决意归养林泉，

---

① 以上二电见《护国文献》上册，第 207—208 页。

不闻理乱，乃行至常德，父老挽留办理救济事宜，不得不为担任。刻因滇、黔方面停战一月，湘西沿边农人或可趁此耕种。惟衡、永绅民又纷纷电称，桂兵尚在进行，不与滇、黔取同一态度，求龄函恳我公顾念振铎之乡，得邀止戈之幸。弟故于皓日电达左右，未知已入览否？时局日急，外患亦深，我公操纵其间，究系如何宗旨，能否及时罢兵？开议条款，对于吾湘能否暂缓进兵，俾免冲突？均乞我公迅速电示。如有政见，亦乞详电见告，以便答复。希龄叩。漾。"①

▲中午 12 时，蔡锷在大洲驿总司令部命令杨汝盛（按：时任黔军营长）：

（一）据探合江方面约有敌兵二连（北军一连，连长李钦；川军一连）、警备四队，约共二百余人。先市驻有民团约百余人、警备两分队，无前进模样。綦江我友军大获胜利，夺获机关枪二挺、子弹四十余驮。据报重庆逆军有转援綦江之说。又在纳溪之逆军，运兵四船退回泸州，亦有援綦之说。纳溪附近之敌约二三千人，其主力现在鹞子岩附近占领阵地。牛背石、双河场、朝阳观、棉花坡、纳溪城一带，皆驻有敌小部队，其兵力似甚分散。

（二）我军右翼朱支队、金支队，义勇第一张支队、第二廖支队，均集中白节滩附近，相机进取。本道上我军王支队、聂支队在大洲驿附近，以其一部在三层铺（渠坝驿后方十二里）附近占领阵地，扼止敌人之侵入，我军左翼何支队及川军各部队在合面铺、红桥坝一带，对于叙府、江安方面之敌警戒防止。

（三）该营可相机规取合江，得手后如能进袭江津，断綦逆之后路更善。

（四）我右翼各部队，现均受我军第二梯团赵梯团长之指挥，该营可就近与各部确取联络。

（五）予在大洲驿。

上令黔军（在赤水附近）杨营长汝盛。总司令蔡。

下午 3 时，又命令朱德：

---

① 以上二电见《护国运动》，第 648、660 页。

（一）敌情如该支队长所知。

（二）该支队长率所部即于明晨（十六日）开拔，前赴白节滩，受赵梯团长指挥。

（三）予在大洲驿。

上令朱支队长。总司令蔡。

下午 3 时 30 分，又命令赵又新、顾品珍、何海清：

（一）敌情如昨。

（二）顾梯团长应于本月十七日酌派所部驱逐前方逆军，占领茶塘子一带高地，威胁占领鹞子岩阵地之逆军。刘部已商令进扎牛滚场一带，威胁江安之逆军。

（三）我右翼各支队，其主要兵力应于本月十八号，由牛背石对于纳溪及兰田坝方面逆军攻击前进。

（四）予在大洲驿。

上令赵、顾两梯团长、何支队长。总司令蔡。

下午 3 时 30 分，又通报刘存厚说：

（一）敌情如昨。

（二）顾梯团长应于本月十七号以所部驱逐前方逆军，占领茶塘子一带高地，攻击占领鹞子岩之逆军。我左翼何支队应于明日进驻和风场一带，相机攻击敌右侧背。

（三）贵部务以其主要之一部进驻牛滚场一带，威胁江安方面之敌，并掩护我左翼。

（四）通报送大洲驿。

（五）子弹应送何处？乞速告。

上通报川军刘总司令。滇黔军总司令蔡。

下午 3 时 30 分，又发布《第一号训令》说：

（一）敌情如昨。

（二）顾梯团长应于本月十七号酌派所部驱逐前方逆军，占领茶塘子一带高地，威胁占领鹞子岩阵地之逆军。

（三）我右翼各支队，其主要兵力应于本月十八号，由牛背石对于纳溪及兰田坝方面逆军攻击前进。左翼何支队应于明日（十六号）进驻和风场一带，以警戒我左侧，并与顾梯团取联络，相机阳动。刘部已商令进扎牛滚场一带，威胁江安之逆军。

（四）予在大洲驿。总司令（蔡）。

傍晚7时，又训令顾品珍等人：

（一）本日下午三时三十分所发训令，想已接到。予之意旨已面授朱支队长，当转以告。

（二）鄙意拟于十七号，顾梯团长由本道阳攻，占领茶塘子一带高地后，以一部由三百坎攻逆军阵右翼，该梯团主力仍位置于渠坝驿附近，俾便策应。敌如动摇，则由双河场进出，以与右翼军联络进击。

（三）该梯团应于十八号进攻。牛背石之逆军似应于十七号驱除，俾主力容易进出。

（四）该梯团自逆军后方进攻纳城，宜以金支队自朝阳观以南进攻，占领朝阳观、棉花坡后，以主力向白虎山侧击逆军阵地左翼；以朱支队自朝阳观以北进攻，与金支队联络前进。纳城逆军如向兰田坝退走，勿遏其归路，宜从侧面猛击，使之溃走。宜以张支队向兰田坝进击，一以阻遏泸逆来援，一以警戒我右侧背。廖支队主力宜位于朱、张两支队之间，协同进攻，以一部留驻牛背石（或牛背石前方）以警戒后方。上开计划是否与敌情、地形适当，希详加斟酌后，决定施行。

（五）此次逆军撤退其一部，兵力已单，且零星分扎，兵力更薄，破之自易。逆军聚则死守难攻，分则胆怯易破。如前进至牛滚场，底棚、和风场、三百坎之逆军，一闻有红边帽来，莫不闻风遁走。要在我能激励士气，勇往无前，鼠辈不难平也。

（六）逆军极无攻击精神，我军对其正面，只宜配布少数之兵，而以主力冲其侧背，彼自溃走。宜切谕诸将领，务多留预备队在指挥官掌握，俾便运用。

（七）攻坚大不易，徒挫锐气。逆军如筑有防御工事，务从其侧背击之。此着虽属冒险，然对此顽于守、钝于攻之逆军，施以此种战术，尚无碍也。

（八）对于攻击准备，应十分注意，俾无遗算。切要！切要！

（九）预祝诸将士之成功，静待捷音。总司令蔡。

晚 11 时，又命令耿金锡：

（一）该营长即命所部刘连长治琛率炮一门，于明晨（十六号）开赴白节滩，受朱支队长指挥。

（二）予在大洲驿。

上令耿炮兵营长。总司令蔡。①

## 16 日

▲蔡锷电示北路黔军熊其勋部缩短战线，以免"腹背受敌"。说："近日敌军纷纷向重庆进发，恐泸州取守势，綦江取攻势，我军既是单弱，尽可竭力将范围缩小，以免将来腹背受敌。"②

又莅白节滩"巡视红花地阵地，指示一般方略"。③

下午 1 时，又在大洲驿总司令部命令顾品珍：

（一）据赵梯团长报称，据义勇队张支队第二营营长杨刚报称，逆军拟明十七日拔队，经大里村驻扎渠坝驿对门之老蒲山、鸡咖嘴。查大里村、老蒲山、鸡咖嘴各地敌若占领，均能使我军首尾不能相应，请派兵扼住等语。

（二）该梯团长应参考前情，即令所部严密侦察大里村一带，设法防范，是为至要。

上令顾梯团长。总司令蔡。

## 17 日

▲夜 0 时，蔡锷在大洲驿总司令部训令杨汝盛：

---

① 以上七命令见曾业英编《蔡锷集》（二），第 1311—1315 页。
② 杜权机：《护国军松坎、綦江战纪》，《护国运动资料选编》上册，第 331 页。
③ 《第二梯团战斗详报》，《护国文献》下册，第 556 页。

（一）报告悉。

（二）我军于明日以主力自白节滩方面攻击前进。广西已于昨十五日正式宣布独立。

（三）该营长对于合江方面宜相机动作，如时机未熟，可先择地扼要驻扎。

（四）予在大洲驿。总司令蔡。①

▲报载蔡锷反攻泸州情况。说：

据官场消息观之，重庆下游之扬子江滨三要城，似有重大之战端。三要城者，即涪县、酆都县、长寿县是也。公报指为土匪作乱，且称已为官军击败，日内即可剿平。至乱事声势若何未经述及，惟三城位置成犄角形，可于最难航行之地点控制扬子江，故以地势而论甚关重要。比者有滇军在綦江获胜之说，如果确实，则三城乱事之重大可以想见，或谓三城已入黔军之手。但是说必俟可恃方面证实后始能信以为确也。

滇军今确已折回纳溪，奋力进攻，击退北军，图复县城。据可恃消息，声称三日前，北军在永宁大败，死伤被俘者甚众。夫北军自纳溪进至永宁需时十日之久，今自永宁退至纳溪需时仅两日，则其所受损失之大从可知矣。前《帝国日报》（杨度之机关报）纪载此事颇有趣味，其标题曰《纳溪附近之血战》，其纪事之文，略谓蔡锷利用广西独立之机，复示虚威，率兵回攻纳溪。又谓纳溪附近之战事异常剧烈，该报仍恐异常剧烈数字，不足形容虚威，故复加以血战数日之久等语。其出言无伦，徒令人齿冷耳。

滇黔军之胜利，不仅限于纳溪一地，据传戴戡亦在綦江得手，大约即在蔡锷由永宁击退官军之时也。闻另有滇黔军一支已占领彭水，南川诸方面胜仗，以綦江最关重要。上说如果尽确，则官军必已由綦江向重庆退走。闻重庆周围之居民已得迁移之警告，盖若辈居处有转成战场之虞也。

观于滇黔军近今活动之情状，足征彼等既未在纳溪败北，亦未在

---

① 以上二命令见曾业英编《蔡锷集》（二），第1315—1316页。

綦江失利，彼等之退走果如记者豫料，乃战略上之行动，设陷井以诱敌，迫北军中计，乃反兵击之。惟滇黔军之目的，似在湘而不在蜀，其在扬子江上游之行动，不过图引官军赴湘援兵折而西向，以分湘省兵力，一俟目的已达，则滇黔桂三省之兵，将直扫湘江，进取长沙。盖长沙为武汉之门户，长沙既下，则武汉将不免摇动矣。[1]

李曰垓则回忆说，3 月中旬，护国军"接济已到，士气渐复"，蔡锷"乃力主反攻，分两道进取：以赵又新所部为主攻，顾品珍所部为助攻。自十七日起，赵部逐日连克敌垒，顾部亦于二十日行全线夜袭，敌军死亡枕藉，我军士气大振……中路全军战线，由滨江头脊梁起，沿棉花坡逦迤而南，凡亘二十余里。敌所据地形较优，尤以朝阳观、石堡沟为最险要。敌以机关枪扼置要隘，每逢吾军进攻，弹如雨落，吾军先死后继，攻入外墙，而子弹用罄，辄又退回。当进攻时，蔡总司令传令军中，如有能将朝阳观、石堡沟攻克者，每人赏银五十元。各兵士闻之，慷慨致辞曰：吾辈命且不要，何有于钱，顾官长令我辈进攻，虽死亦复何避云云"。[2]

18 日

▲下午 3 时，蔡锷在大洲驿总司令部训令顾品珍：

（一）逆军于我右翼军方面，如尧坝、龙车山等处有增兵模样，我右翼军以主力军于本日进攻牛背石附近占领大小山坪一带之敌军，以一部攻击尧坝。何支队已进扎和风场。驻赤水之杨营现暂扼扎赤水附近要隘，相机伴动。

（二）该梯团对于前面逆军应稳战稳守，俟有机可乘，或右翼军已得手，再行猛进。

（三）大里村地当我中央军及右翼军中点，极踞形胜，应由该梯团酌派兵一连前往扼扎（闻观音岩地最宜，其地当大里村之最北端），一便与右军联络，一以拒止敌人之侵入（该地东西岩侧，均可瞰制本道及通白节滩、牛背石之道路）。

① 《南方主张与战局现势》，《申报》1916 年 3 月 30 日。
② 李曰垓谈，周隐硕笔记《云南护国军入川之战史》，《护国文献》下册，第 672—673 页。

（四）予在大洲驿。

上令顾梯团长。总司令蔡。

又与戴戡、刘存厚联名通过唐继尧，转电日本领事表达欢迎之意。说："天祸吾国，元首谋叛，本军仗义讨贼，薄海同仇。贵国谊切唇齿，首敦睦谊，感佩同深。星轺遥临，愧未躬迓，谨电布臆，借表欢迎。并祝讲信修睦，邦交日固，作友谊之提挈，薪东亚之和平，无任企祷。中华民国护国第一军总司令蔡锷、右翼总司令戴戡、护国军四川总司令刘存厚率全军将士同叩。巧。印。"①

23 日，徐之琛代日本驻滇堀领事转电蔡锷，并请译转刘存厚、戴戡，对他们"致电欢迎"的"挚谊隆情"表示"谢忱"。说："义密。奉都督发交钧电，遵转驻滇日领收阅。顷堀领事来署晤称，承诸公致电欢迎，挚谊隆情，良深感纫，拟即奉答，用表敦睦。惟格于外交仪文，正式通电，究觉不便，请琛代达谢忱，并祝诸公捷安，义军胜利等语。特为转陈鉴察。云南交涉员徐之琛叩。漾。印。"②

▲报载"直隶巡按使准统率处电咨，以福建护军使电称，查得《义声报》一种，系云南发行，措词背谬。又准杭州巡按使电称，查得滇逆蔡锷由毕节寄发印刷物两种，诋毁政府，一报川境战情，措词均极悖谬，请即加意查检消毁，勿任散播等情。昨已据情通饬所属军警及各县，一体严密检察毁销，以免淆乱听闻云云"。③

## 19 日

▲蔡锷"急"电告知唐继尧、刘云峰、刘显世、戴戡，柑子垭行营殷承瓛、王文华，"我军自十七号开始进攻"的战况。说："我军自十七号开始进攻，中央军现已夺踞金盘山、龙头铺一带阵地，与敌对峙中。右翼军于十七夜袭夺沙山，十八日午后五时遂将大小山坪一带阵地完全占领。右翼军主力绕出牛背石之后，袭击金银坎，逆军纷纷溃走，现正追击中。查大小山坪、沙山一带阵地现占得，想逆军占据已久，筑有强固工事，沙山

---

① 以上命令及电见曾业英编《蔡锷集》（二），第 1316—1317 页。

② 《护国运动》，第 329 页。

③ 《查禁煽乱报纸》，天津《大公报》1916 年 3 月 18 日。

为该阵地锁钥。日前亲赴该地侦察，命金支队去攻，星夜袭沙山，幸获成功。翌日，逆军死命来攻，均被击退，全线遂动。所有此后进行计划，历经面授各该指挥官，如能恪遵所示，勇敢直前，当不难迅奏肤功也。锷叩。效。印。"

又电告陆荣廷、唐继尧、刘云峰、罗佩金、刘显世、戴戡、殷承瓛、王文华，18 日的大小山坪、沙山之战，取得大胜。说："顷接右翼军赵梯团长报告，十八号大小山坪、沙山之战，敌死伤甚大，尚遗弃尸体三十余具，夺获山炮一尊、炮弹十余箱、枪弹四十余箱，敌分向纳溪及兰田坝溃退。此次交战之敌系第七师二十五团。我军阵亡一人，伤六人。其尤为出力者，为何营长金璧。现饬遵照预定计划，协力进攻。特闻。锷。皓。印。"

上午 9 时，又在大洲驿命令赵又新：

（一）纳溪敌人之一部，于龙头铺、大湾坡一带占领阵地。顾梯团长之第六支队现与对峙中。我军已进占金盘山，拟由敌右翼进攻。何支队、聂支队现向敌军右翼运动前进，拟由永蛮滩、大渡口一带进攻。

（二）该梯团仍遵照前次训令，将金银坎、牛背石一带逆军驱逐后，向朝阳观、双河场方面猛烈进击，俾与本道之我军一气呵成，并以一部趋兰田坝，警戒我侧背。

（三）今晨已解送第一批子弹，第二批亦已由江门起运。

（四）予在大洲驿。今夕拟赴三百坎（按：疑为"金银坎"之误），明晨即返。

上令赵梯团长。总司令蔡。

上午 9 时，又命令顾品珍：

（一）我右翼军于十七号夜占领沙山。十八号下午五时占领大小山坪后，猛烈进行中。右翼军主力绕攻三百坎、牛背石之敌军，似已得手。

（二）该梯团可遵照迭次命令，相机进攻。务先将龙头铺、茶塘子一带逆军驱逐，俾与右翼军联络，收一气呵成之效。

（三）何支队受该梯团长之指挥（该支队现驻扎和风场）。

（四）予现在大洲驿。本日尚拟赴前敌，一览战况。

上令顾梯团长。总司令蔡。

上午 10 时，又命令何海清：

（一）我右翼军于十七号夜占领沙山，十八号下午五时占领大小山坪后，猛烈追击中。其主力绕攻金银坎、牛背石一带之敌，似已得手。本道上一部之敌占领龙头铺、大湾坡一带阵地，顾梯团之第六支队现与对峙中。聂支队已向永蛮滩方面进攻。

（二）该支队受顾梯团长之指挥，协同进攻。

（三）予在大洲驿。尚拟赴前线，一览战况。

上令何支队长。总司令蔡。

下午 6 时，又命令顾品珍：

（一）顷接赵梯团长由小山坪阵地（距白节滩约三十余里）来报告云，自昨十八日拂晓开始攻击以来，我军战况甚利。金支队昨已占领沙山，以何营由该正面猛攻敌之左翼，遂占领大小山坪及牛背石，并夺获山炮一门、弹药数匣，并敌营本部步枪弹四十余箱、炮弹五六十发。

（二）我右翼前面之敌，全数不过两营。现在敌之主力已向双河场方面退却，一小部分向兰田坝退却。敌兵死伤甚多（约百余名），并遗弃死尸三十余具。

（三）赵梯团长已令金支队全部，附炮二门、机一挺，向双河场猛攻；朱支队全部，并炮一门、机一挺，向朝阳观进攻；张支队在朱支队右翼同时进攻；廖支队已于昨日占领尧坝，继向分水岭、先市方面进攻。昨今两日，我军共阵亡一人，负伤五人。

（四）该梯团应向我正面之敌迅速猛烈进攻，使敌不能兼顾，以期同时歼灭。并分攻双河场，使我右翼赵梯团之攻击容易成功。

（五）赵梯团攻击军队之记号：士兵身上夜间均着交叉白布。又凡占领新阵地时，即同时举烟火两起。仰即知照，以免误会。

（六）予在大洲驿。

上令顾梯团长。总司令蔡。①

▲戴戡、殷承瓛电告唐继尧、蔡锷等人，北军师长马继增于 2 月 29 日"服毒而死"。说："据川各报登载，悍逆马继增于二月二十九号身死。闻其原因系该逆所率一师一旅在湘、川均被我军击溃，其逆官长等知为马欺骗，不愿为袁逆一姓之私牺牲生命，又负恶名，向马诘责，马逆情急，服毒而死云云。谨闻。戡、瓛叩。效。印。"

但袁世凯"矜恤"令则说是"因劳致疾，在军身故"。②

▲湖南沅州周则范、朱泽黄电告唐继尧，公举蔡锷"遥领湘军总司令"。说："本区各营占领靖（县）、绥（宁），战退北兵，即日进攻武（冈）、宝（庆）。惟饷械未到，请设法接济，公举松坡夫子遥领湘军总司令，请令遵行。除派刘烈前来面陈外，乞先派傅森、谢之翰兼程来靖办理一切为祷。烈在芷江，候电即行。受业周则范、朱泽黄同叩。效。"③

▲陈宧电告统率办事处所派侦探入滇探报情况。说："陆密。据派赴云南侦探赵炳麟由宁远电称，奉命潜入滇境，宣布朝廷德意，当即渡江，相机晓谕滇边官民。旋据大理知事□钺面称，初闻逆等言护国之举，深为奇异，我国实情，一无所闻。顷读尊示及各省文电，方知其详。惟迫于逆威，无所为□，恳速派重兵征讨，以拯生灵于涂炭。复据滇边绅商学界面称，阻帝制之进行，全出于蔡、李、戴三逆之胁迫，民等一无所知，恳乞早发大兵，拯民水火，恩同再造等语。查系实情，敢为代陈等因。谨电呈钧处察核，并乞代奏。陈宧叩。皓。"④

▲王汝勤以"百万急"特电报告护国军已于 18 日占领尧坝并逼近合江。说："北京统率处，参谋、陆军两部，重庆曹将军、李师长钧鉴。赓密。咸、谏两电均已聆悉。谨遵电示进行。据密探报告，三月十五日，赤水城内有黔逆三千余人，军装均白色，军帽红圈，子弹五百七十余箱。十八日，由五通场、龙洞场到滇逆约一千余人，子弹二百箱，但无大□〔炮〕。该匪已进卜〔至〕富家凹、二里场一带，此系合江西南方之匪

---

① 以上各电及命令见曾业英编《蔡锷集》（二），第 1318—1321 页。
② 《护国运动资料选编》下册，第 368—369、372 页。
③ 上海《民国日报》1916 年 3 月 21 日。
④ 《护国运动档案资料摘抄》，第 113 页。

情。又万节滩有刘逆所率部下及招集土匪二三百人，并附有机枪、炮位，刻下正在组织一切。十九日，又接张司令敬尧通告，敌逆五千人，带炮十六尊，其先头部队已扼拒叙七十里之安边场，后方仍有续到混成一旅。复接第二通报，尧坝于十八号已被敌人占领，夹鱼槽方面不时有逆军出没，并令职旅迅攻尧坝之匪。职旅除两连掩护炮队，两连由水路押运旁〔子〕弹外，其余五营于皓日陆续到合，旅长亦于皓日到合。据团长报告，其第一营现住先市，以防赤水方面之匪北窜，其第二营开赴新店，两连驻守合江。旅长查两方面之匪皆近逼合江三四十里，已派梁团长带两营及两连，于明早占领新店场及佛荫场之线，抵御尧坝之匪，相机进剿。旅长率田团长及卅团两营，明早占领先市一带，抵御富家凹之匪，一俟炮队来到，即双方实行攻击。合江四围数十里内外，匪徒时常出没，现留两连驻守合江，并请速催炮队及后方之队兼程前进。谨此禀闻。汝勤皓叩。印。"①

### 20 日

▲统率办事处电告宣慰使熊希龄，广西陈炳焜向来追随蔡锷，命其"激励田应诏，悬重赏使绝铜仁后路"，以定黔、桂。说："院密。顷据林道尹炳华电称，陈炳焜向迹蔡逆，陆当为陈所误。范师长宜驻辰，周司令宜速取芷、晃，夹攻铜仁。铜仁下则黔定，黔定则桂自息。自宜由熊宣慰使激励田应诏，悬重赏使绝铜仁后路，成功迅速等语。希即酌核见复。处。哿。"②

凌晨 3 时，蔡锷命张煦依然执行"道远尖沙"袭击北军大炮阵地计划。但"进攻弗及矣。拂晓，仍命由南寿山正面攻击"。张部"猛战而进，经两小时至山腹，占领罗嘴及石马寺"。③

▲下午 5 时半，又在大洲驿命令贾紫绶："该警卫队长速率所部全队，前往渠坝驿归顾梯团长指挥。勿延，切切！上令贾警卫队长。总司令蔡。"④

▲李伯东函告蔡锷广西独立有关情况。说："松波仁兄大鉴。第二号函，谅可邀览。桂陆在龙觐光父子率征滇军至南宁后，收到袁由粤拨给之饷械，

---

① 《护国运动》，第 560—561 页。
② 《熊希龄先生遗稿》第 2 册，第 1730 页。
③ 《护国第一军川边司令前任义勇第一支队张煦战况述略》，《护国文献》下册，第 767 页。
④ 曾业英编《蔡锷集》（二），第 1321—1322 页。

预备动作。闻于十四日唤其婿龙少怡（龙觐光之子）告之曰：'你同你爸爸说，叫他要醒醒了，云南人去打云南，不怕云南人骂吗？恐怕打败下来，面子不光。'龙少怡唯唯退去。至十五日早间，陆又使人唤龙少怡来，问之曰：'我的话，你对你爸爸说了吗？你爸爸怎样说？'龙少怡答曰：'我把你老人家的话对我爸爸说，我爸爸正打起麻将牌，他不作声。'陆闻之冷笑，令龙少怡退去。不多时，陆即宣布广西独立，命所部截击龙军，凡在船中不肯缴械者俱被击死，在百色一带者俱被包围缴械，仅李文富率少数军队先进滇境。弟前已电请蕡赓先生严防，想不能为害。昨郑君开文、李君永康及陈竞存兄派往南宁之王同志均到港，彼此谈及广西独立截击龙军，及粤龙闻桂陆包围龙觐光，各军被其缴械等情事，怒骂老陆不讲亲谊，并骂龙觐光无用云云，实属可笑。兄闻之，想必浮一大白。知关锦［谨］注，特为奉闻。川事如何？祈便示知。特此敬颂捷安。三月廿日。愚弟李伯东顿。"①

21 日

▲蔡锷电告唐继尧，蒙自李烈钧、刘显世、戴戡，柑子垭殷承瓛，晃州王文华，我军 19 日、20 日占领金盘山并尾追敌军、缴获战利品情况。说："十八号我右翼军于沙山大捷后，逆军主力向双河场退却。在本道上之顾梯团于十七日开始运动，十九占领金盘山。于廿号上午五时半全线夜袭，突入散兵壕，逆军猝不及防，全阵崩溃，拂晓后猛烈追击，逆军亦节节抵抗。自昨晨至今午，我军奋勇尾追，现已薄纳溪西城附廓一带。现逆军放火二十余处，当系退却之暗号。其陆路炮及步兵之一部已于昨夜渡河遁去。现已饬各队并力猛击，务期歼灭无遗，俾免死灰复燃。两日来，逆军死伤之数不下五百，其遗弃尸体遍满山谷及散兵壕中。我军阵亡十余人，伤二十余人，夺获马克心山炮四尊、炮弹二十余箱、机关枪三挺、步枪二百余支、枪弹百余箱。合先电闻。锷。廿一申。印。"②

22 日

▲袁世凯颁令"即行撤销"帝制。说："政事堂奉申令：民国肇建，

---

① 台北中国国民党党史馆藏档案，档案号：400/20。

② 曾业英编《蔡锷集》（二），第 1322 页。

变故纷乘，薄德如予，躬膺艰巨。忧国之士，怵于祸至之无日，多主恢复帝制，以绝争端而策久安。癸丑以来，言不绝耳，予屡加呵斥，至为严峻。自上年时异势殊，几不可遏，佥谓中国国体，非实行君主立宪，决不足以图存，饶有墨、葡之争，必为越、缅之续，遂有多数人主张恢复帝制，言之成理，将吏士庶，同此悃忱，文电纷陈，迫切呼吁。予以原有之地位，应有维持国体之责，一再宣言，人不之谅。嗣经代行立法院议定，由国民代表大会解决国体，各省区国民代表一致赞成君主立宪，并合词推戴。中国主权，本于国民全体，既经国民代表大会全体表决，予更无讨论之余地。然终以骤跻大位，背弃誓词，道德信义，无以自解，掬诚辞让，以表素怀。乃该院坚谓元首誓词，根于地位，当随民意为从违，责备弥严，已至无可诿避，始以筹备为词，借塞众望，并未实行。及滇、黔变故，明令决计从缓，凡劝进之文，均不许呈递。旋即提前召集立法院，以期早日开会，征求意见，以俟转圜。予忧患余生，无心问世，遁迹洹上，理乱不知。辛亥事起，谬为众论所推，勉出维持，力支危局，但知救国，不知其他。中国数千年来，史册所载帝王子孙之祸，历历可征，予独何心贪恋高位？乃国民代表既不谅其辞让之诚，而一部分之人心，又疑为权利思想，性情隔阂，酿为厉阶，诚不足以感人，明不足以烛物，予实不德于人，何尤苦我生灵，劳我将士，以致群情惶惑，商业凋零。抚衷内省，良用矍然，屈己从人，予何惜焉。代行立法院转陈推戴事件，予仍认为不合事宜，着将上年十二月十一日承认帝位之案，即行撤销，由政事堂将各省区推戴书一律发还参政院代行立法院转发销毁，所有筹备事宜立即停止，庶希古人罪己之诚，以洽上天好生之德，洗心涤虑，息事宁人。盖在主张帝制者，本图巩固国基，然爱国非其道，转足以害国。其反对帝制者，亦为发抒政见，然断不至矫枉过正，危及国家，务各激发天良，捐除意见，同心协力，共济时艰，使我神州华裔，免同室操戈之祸，化乖戾为祥和。总之，万方有罪，在予一人。今承认之案，业已撤销，如有扰乱地方，自贻口实，则祸福皆由自召，本大总统本有统治全国之责，亦不能坐视沦胥而不顾也。方今闾阎困苦，纲纪凌夷，吏治不修，真才未进，言念及此，中夜以兴〔忧〕，长此因循，将何以国。嗣后文武百官，务当痛除积习，黾勉图功，凡应兴应革诸大端，各尽职守，实力进行，毋托空言，毋存私见，予惟以综核名实，信赏必罚，为制治之大纲。我将吏军民，尚其共体兹意。此令。洪宪元年三月二十二日。国务卿徐世昌。"①

接着，多有社会名流敦促袁世凯退位。如 26 日，唐绍仪电吁袁世凯"毅力自退"为"唯一良策"。说："北京袁慰亭先生鉴。白宫暌隔，瞬已连年，忆从癸丑电请执事解职，既蒙严谴，即蛰居沪上，对于政事从未妄发一言、妄建一议，坐是亦久缺笺候，甚罪，甚罪！执事数年来，所有不衷于约法之行政，世人注视方严，固有公论微言，执事亦自知之。自帝制发生，以至滇、黔事起，举国骚然，不可终日，仪虽雅不欲言，而国事重大，亦万难漠视。近阅报悉撤消承认帝制之令，而仍居总统之职。在执事之意，以为自是可敷衍了事，第在天下人视之，咸以为廉耻道丧，为自来中外历史所无。试就真理窥测，今举国果有一笃信执事，复能真践前誓而实心拥护共和者乎。今兹之变，致吾同胞日寻干戈，自相残杀，仪亦深信执事目前所握兵力、财力之充足，亦暂胜于起义之滇、黔、桂数省。但力服不能心服，古有明训，此次义举断非武力所可解决。为执事劲敌者，盖在举国之人心，人心一去，万牛莫挽。兹陈唯一良策，则只有请执事以毅力自退，诚以约法上自有规定相当继承之人，亦正无俟张皇也。抑更有请执事深加注意于前事之可危者，庚子之攻使馆，壬子之掠商场是也。仪秉性狂戆，素荷恕原，愚昧所及，故敢呈最后之忠告，采纳幸甚。绍仪叩。宥。"②

3 月 30 日前后，康有为也函告袁世凯，以"当机立断"，急流勇退为上策。说：

> 慰廷总统老弟大鉴。两年来，承公笃念，故人礼隆三聘，频电谘访，累劳存问，令仆丧毕，必至京师，猥以居庐，莫酬厚意。今当大变，不忍三缄，栋折榱坏，侨将压焉，心所谓危，不敢不告，惟明公垂察焉。
>
> 自筹安会发，举国骚然，吾窃谓今之纷纷者，皆似锁国闭关之所为，皆未闻立国之根本，又未筹对外之情势者也。夫以今中国之岌岌也，苟能救国而富强之，则为共和总统可也，用帝制亦可也。吾向以为共和、立宪、帝制，皆药方也。药方无美恶，以能愈病为良方。治

---

① 《护国运动》，第 683—685 页。

② 《护国运动资料选编》，第 638—639 页。

体无美恶，以能强国为善治。若公能富强自立，则虽改共和而称帝，若拿破仑然，国人方望之不暇，若不能自立，则国且危殆，总统亦不能保，复何纷纷焉。自公为总统以来，政权专制，过于帝者，以共和之国而可以无国会无议员，虽德帝不能比拟，威权之盛可谓极矣。然外蒙、西藏，万里割弃，青岛战争，山东蹂躏，及十五款之忍辱，举国震惊，第五项之后商共忧奴虏，中国之危至矣，人心之怨甚矣。方当欧战至酣，列强日夜所磨厉者，武事也，忽闻公改行帝制，日夕所筹备者，典礼也，行事大反，内外震骇，遂召五国干涉，一再警告。及遣大使东贺加冕大典，道路传闻谓于割第五项军政、财政、警政、兵工厂外，尚割吉林全省及渤海全疆以易帝位，未知然否？然以堂堂万里之中国元首，称帝则称帝耳，不称帝则不称帝耳，虽古莽、操，然力能自立，安有听命于人如臣仆者哉。且公即降辱屈身，忍弃中国，祈请强邻，求称帝号，若晋之石敬瑭之于契丹，若梁萧詧之于周，若南唐李煜之于宋，然强邻必察民意，可以义动，不可以利诱也。今既见拒大使，辱益甚矣，且名为贺使，必无拒理，今之被拒，益为隳国，以易帝之证，而国民益怒矣。假令受使结约有效，若法之待安南，若英之待埃及，或要索称臣，或名归保护，则全国军队长官必皆派监督顾问，或派驻防之兵，或收财政之权，至是则国实已亡矣，虚留帝号，何能自娱？然公或者以伸四万万人之上，而甘屈于强国之下，能屈辱为之，而国民忧亡，必大愤怒，即诸将亦恐惧国亡而怒，不然亦忧强国之派监军，或顾问，或易而代之。彼诸将自知权位之必不保，必不肯从公为降虏也，则必斩木揭竿，胜、广遍地矣，幸而见拒中国尚得为中国耳。

然数月以来，举国之民，士农工商，贩夫妇竖，莫不含愤怀怒，党人日夕布谋，将士扼腕痛恨。顷上海镇守使郑汝成已遭刺死，海军之肇和兵舰亦已内变，广东既乱，滇、黔独立，分兵两道入川楚，破叙攻泸，遂争重庆，全川驿骚，辰沅继失，湖南大震，武昌、长沙兵变继告，长江将响应之，蒙古并起，而山西、归化、绥远亦沦陷，陕乱日剧，则掎北京之背，他变将作，外人将认之为交战团矣，公自以军队为可恃乎。昔者滇、黔岂非赞成帝制者哉，而今何若？今闻四川之陈宦，实与滇军交通，而贵州朝得助饷，夕即宣布自立，恐各省军队皆类此耳，广西即可见矣。公自问有何德及彼，以何名分范彼，而必听命尽忠耶。吾闻郑汝成告人曰：帝制事，吾不以为然，但无如何耳。郑汝成者，久事公，所谓忠臣、亲臣，赠以破格之侯封者，然乃若此，可以推全国诸将之心矣。公以封号能笼诸将之心耶，闻各省诸将受爵多不受贺，或不受称，而云南唐、任且即起兵焉。且公在清末亦受侯封，何能因是感激，而足救清祚哉。若军既含怒同时倒戈，于前数年突厥摩诃末废帝见之，吾时游突厥所亲睹者矣。然突厥尚远，公未之见辛亥之秋，武昌起兵不两月，而十四省响应，清室遂迁，夫岂无百万军队哉，而奕为土崩瓦解也，此公所躬亲其役者也。夫以清室三百年之深根固蒂，然人心既变，不能待三月而亡，公为政仅四年耳，恩泽未能一一下究也。适当时艰，赋税日重，聚敛搜括，刮尽民脂，有司不善，奉行苛暴，无所不至。加比款千万、五国之巨款二万万，四年之间，外债多于前清，国民之负担日重，然无一兴利之事。以盐为中国大利而税之，今全归之于外，以烟为中国之大害而禁之，今反卖之于官。近者公债之新法日出，甚至名为救国储金，欺诱苦工而取之，以供加冕之用，故顷兵急财尽，咸疑交通、中国两银行亏空，人争起款，不信伪币，其势将倒。国会既停，选举既废，自治局撤，私立参政院代民立法，则失共和之体，天下岂有号称共和而无议员者，士怒深矣。加以水旱洊臻，盗贼满野，民无以为生，民怒甚矣。即无筹安会事，尚恐大变之来，而公之左右谄媚者，欲攀附以取富贵，蔽惑聪听，日告公者必谓天下皆已治已安，人心莫不爱戴。密告长吏，令其妄报伪行，选举冒称民意，令公不知民怒之极深，遂至生今日之大变。汉朱浮曰：凡举事无为亲厚者所痛，而为见仇者所快。昔孙权为曹操劝进，操曰：是儿欲踞吾于炉火上耳。今诸吏之拥戴公者，十居八九闻皆迫于不得已，畏惧暗杀，非出诚心，举朝面从心违，退有后言，或者亦踞公于炉火上，假此令公倾覆耳。贾谊所谓寝于积薪之上而火其下，火未及燃则谓之安，以公之明，胡不察焉。

且使今日仍如古者闭关之时，则公为诸将拥戴，如宋艺祖焉，然犹未可，盖古之称帝者，固由力取，不必有德，然必积久坚固而后为之。然以曹孟德手定天下之雄，司马懿、司马师、司马昭、高欢、高澄有世济其美之才，皆为政数十年，举国臣民为其卵育，然尚徘徊逡巡，不敢遽加帝号。五代诸主，旦夕称帝，即岁月不保。然此皆闭关之世，若如石敬瑭者，借外力而立，亦即为外虏而亡矣。夫共和非必善，而宜于中国也，然公为手造共和之人，自两次即总统位，宣布约法，信誓旦旦，涣汗大号，皆曰吾力保共和，誓不为帝，于裒治平之请为帝，于宋育仁之言复辟，则皆以法严治之，中外之人耳熟能详，至于今日翻其反，而此外人因以大疑，而国民莫不反唇者也。

遍考地球古今万国之共和国，自拿破仑叔侄外，未有总统而敢改为帝者。美洲为共和国者凡二十，日寻干戈矣，然皆争总统耳，未有欲为帝者，更未有争为帝者也。中世意大利及德国诸市府之总统，未有敢为王者，如罗马之奥古士多咸定全国，实行帝权，亦兼用诸官职号，未敢用帝王之称。后世袭用恺撒奥古士多者，以前代总统之名为元首之号，行之三百年，至君士但丁迁都海峡，避去元老院之议，然后恺撒之号传于后世，今乃为帝者之称，即今德奥尊号是也。恺撒为罗马总统有手平法国、强安罗马之大功，有人进王者之月桂冠者，恺撒试戴之，其义儿渤尼斯即手弑之。近者墨总统爹亚士手平墨乱，七任总统，置三百年之墨乱于泰山之安，饰以欧美之治，其文治武功，欧美人莫不推为近今第一。吾游墨时，曾以殊礼待我，虽号为专制，然尚未废国会也，更未改称帝号也。然第八任总统迟不退让，遂使马爹罗振臂一呼，爹亚士遂夜出走，以其百战之雄，下车挞战，仅以身免。《易》曰：亢龙有悔，知进而不知退，知得而不知丧。故也。向使恺撒、爹亚士知亢龙之祸，识退让之机，则身名俱泰，照耀天壤。惜其聪明才武而忍俊不禁，贪而不止，遂至身死名裂，一至于此，况才望功德远不及恺撒、爹亚士，而所求过于恺撒、爹亚士者哉。老子曰：知足不辱，知止不殆。今已辱已殆矣，尚冒进不止，昔人所谓钟鸣漏尽，夜行不休，日暮途远，倒行逆施，则不止辱殆而已，必如恺撒而后已，求如爹亚士之能逃出不可得矣。以公之明，何不思之？且今公之心腹亲旧宰相，若徐世昌、唐绍仪，大将若段祺瑞，亲旧若张謇、费树蔚皆纷纷远引。其他黎元洪、熊希龄、赵尔巽、李经羲、周树模、孙宝琦、汪大燮、罗文干、马昶、汤化龙、梁启超、韩国钧、俞明震等纷纷挂冠，其余群僚尚不足计也。朝宇皆空，槐棘无人，即强留率迫一二人，或畏死复来，然人心大可见矣。所余在公左右一二谋议者，皆负罪畏死，怀抱异心，其余皆庸佞之徒，只供奔走而已。以此之人心，以此之人才，当承平继统之时犹不能支，而谓可当内讧外拒、中外大变之世乎。昔公之练兵小站也，仆预推毂焉，今公用以戡定天下，恃小站时心膂诸将遍布中外也。然忠贞若王士珍，自辛亥玉步之后，即已拂衣高蹈，今虽强率而出，闻其在陆军部上奏，于臣字必加涂抹，实与张勋之强劲同焉，虽受恩私室，然实心清朝者也。其沉毅若段祺瑞，以公之设模范团而夺其兵柄也，乃自疑而辞去，近者频遭刺客，日欲出亡。若蔡锷兼资文武，举滇来归，而久投闲散，近且居宅无端被搜，因以恐惧，远走举兵。故公之心腹旧将皆有自危之心，即有倒戈之志。盖以赵秉钧之忠而鸩死，以尹昌衡之壮而久囚，以黎元洪之公而久幽。若冯国璋、张勋、陈宦、汤芗铭、朱瑞、龙济光、陆荣廷皆公之股肱，借以坐镇南方者，乃闻宵小作间谍者，以造言生事为希荣邀功计，谓诸将互相联合，各有异志，果遂频调重兵南下以防之，或日遣刺客以杀之，致令诸将信而被疑，忠而见谤。即今张作霖、张绍曾亦有嫌疑，则必鉴于赵秉钧、段祺瑞、尹昌衡之危迫，益生携贰耳。今各省诸将暂为公用者，或有奉、陕、豫、徽耳，然师旅之长亦难一心，然则谁非蔡锷、唐继尧、刘显世、任可澄者，但观望待时耳。且夫各省将军师长率多段、冯、张、王四人部下，咸受卵翼于诸帅，而未有隶于公，其与明公恩义本浅，今主帅见猜，则部将生疑，咸恐不保，令之远征，诸将即不倒戈，谁肯为公出死力者？且公戎旅有几，不以遣征西南，则以防卫西北，所余军队不过三数千众，保卫都畿，万难他遣，则何以持久？万一有变，更以何师剿之？顷闻模范团、拱卫军有变，诛戮无数。夫模范团、拱卫军，公之心腹干城也，然犹如此，则腹心难作，防不胜防，若各省内外联合，公更何以为计？辛亥之祸，鱼烂瓦解，可为殷鉴，窃为公危之。近有新华宫内变，益令骇骇，以明公之族人，亲臣之爱子，警长之要官，且犹如此，袁英及公之二十年旧仆勾克明亦咸思剚刃于公，其他内史为公侍从近臣亦多有同谋者。然则公之近臣亲臣若此者，正不知凡几，皆包藏祸心，旦夕伺发，互相交通，密相容匿，公宵夕寝处，何以为安？朝夕饔餮，何以为食？门庭侍卫，左右仆役，何以为用？朝觐召对，引见臣僚，何以为信？天怒人怨，众叛亲离至此，公自思之，应亦为骨变心警，毛发耸竖，无一刻得安者矣。昔王莽之末，亲若王涉，国师若刘歆，宰相若董忠，皆谋杀之，且以宋文帝之明而死于元凶劭之亲，以明穆宗之正而杀于韩金莲之手，他若董卓死于吕布，王世充死于宇文化及，仇雠起于闺闼，猛兽发于辇毂，枯木朽株，尽为难矣。公虽若王莽之忧不能食，李林甫之夜必移床，何以防之？昔宰相杨再思谓一日作天子，死可无憾，果以叛诛。昔人谓左手据天下之图，而右手以匕首揕其胸，虽愚夫不为也。今天下汹汹，民生流血，百业停废，皆为公一人耳。南望川楚，惨痛何极？夫公奄宅天下四年矣，至今薄海驿骚，乃欲望统一于内国愤起、外警迭来之时，平定于银行将倒、内外将变之后，必无是理矣，故欲有所望则必无可望也。常人仕官，至出将入相，亦终有归老之时，假令公四年前汗病不幸溘逝，已极人生之望矣。况公起布衣，而更将相，身为中国数千年未有之总统，今又称制改元，衮冕御玺，而临轩百僚，奏臣陪位已数阅月，亦足自娱矣，又过求之，恐有大患矣。公自审其才，上比曾、左、李诸公应远逊之，而地位乃为羿□、王莽，势变之险如此，尚不急流勇退，择地而蹈，徘徊依恋，不早引去，是自求祸也。《易》曰：天下之所助者顺，人之所助者信，是以天佑之吉无不利。今公对清室则近篡位为不顺，对民国则反共和为不信，故致天怒人怨，不助不佑不吉不利，公之近状必无幸免矣。然则与其为国人之兵迫而退位，何若公自行高蹈之为宜耶。以公之明，宁待再计乎？

今仆为中国计，为公计，有三策焉。闻公昔有誓言，已买田宅于伦敦，若黄袍强加，则在汶上，此诚高蹈之节，远识之至也。若公早让权位，遁迹海外，啸歌伦敦，漫游欧美，旷观天地山海之大，娱游其士女文物之美，岂徒为旷古之高蹈、肆志之奇乐，亦安中国、保身名之至计也，为公子孙室家计，无以逾此。今既为左右所误，谬受大位，遂致内乱外拒，威信隳矣。然今为公计，为中国计，仍无以易此明哲保身，当机立断策之上也。次则大布明令，保守前盟，维持共和，严责劝进文武僚吏之相误、选举伪冒民意之相欺，引咎罪己，立除帝制，削去年号，尽解暴敛，罢兵息民，用以靖国民之怒，塞邻好之言，或可保身救亡。然大宝不可妄干，天下不能轻动，今者民心已失，外侮已深，义旅已起，不能中止，虽欲退保总统之位，或无效矣，虽欲言和，徒见笑取辱耳，必不可得矣，惟公审之。若仍逆天下之民心，拒列强之责言，忘誓背信，强行冒险，不除帝制，不改年号，聊以自娱，则诸将云起，内变飙发，虽有善者，爱莫能助，虽欲出走，无路可逃，王莽之渐台，董卓之郿坞，为公末路，此为下策。以公之明，何择焉，公之安危，在于今日，决于此举，及今为之犹可及也，过是欲之，亦不可得矣，悔思仆一言，则无能为计矣。往者，外论有拥戴仆为总统之事，此诚有之，然仆力拒，亦与癸丑之夏同也。仆一书生耳，终日以读书为乐，懒于接客，畏览公牍，癖耽书画，雅好山水，自以为南面王之乐，无以比之，而甚畏事权也。仆自释褐入部时，未尝一到署，但忧国危，不得已而发狂言，亦如今日耳。当戊戌时，仆毗赞大政，推毂大僚者十余人，而己身未尝受一官，上意命入军机，亦未尝受。前年某大党势焰弥一国，戴吾为党魁，且欲推为总理，吾亦力拒不受，且嘱党人切勿投票相举，此皆公所知也。夫五声繁会，人之所好，而《墨子》非乐，疡痛秽恶，人之所畏，而刘邕嗜痂，人之性各有所近，非能强也，况今艰难之时乎。猥以虚名，日被后生捃扯所谓元忠肉甘，徒供猎人之罗网而已。谣言无已，后必仍多，以公之明，想能洞之。故拥戴仆为将来总统者，仆视为凶危而力拒之。其推戴公以帝制者，亦为至险，望公亦力消除之。仆之不可受总统，犹公之不可受帝号、改元年一也。我惟不为总统，故敢以规公亦并谢去，运有荣瘁，时有穷通，惟我与公正可互相劝勉也。追昔强学之会，饮酒高谈，坐以齿序，公呼吾为大哥，吾与公兄弟交也。今同会寥落，死亡殆尽，海外同志，惟吾与公及沈子培、徐菊人尚存，感旧欷歔，今诚不忍见公之危，而中国从公而亡也。《传》曰：忠言逆耳，药石也。《书》曰：若药不瞑眩，厥疾不瘳。仆度左右之人，明知贴危，不敢逆耳。窃恃羊裘之故人，二十余年之交旧，当中国之颠危，虑执事之倾覆，日夕私忧，颉颃愚计，敢备药笼，救公急疾。吾闻君子爱人以德，小人爱人以姑息，今推戴公者，姑息之美疢也。《传》曰：疢美不如药石。惟智者能预见事几，惟善人能虚受善言。不胜冒昧屏营之至。惟公图之，仵闻明诲。北风多厉春色，维新为国自爱。康有为白。①

_____

① 《康有为致袁项城书》，天津《大公报》1916 年 4 月 2 日、3 日。

**按：** 康有为等人促袁退位的目的虽不尽同，但其函电所引有关事实，却多有为外间所不知者，诚如天津《大公报》发表这些函电时的"附注"所说："康、唐（按：指康有为、唐绍仪）诸公文章，道德当世，自有定评。此番函电交驰，力请项城退位，是否纯为维持共和起见，吾人不得而知。惟函电中所引事实，多有外间所未晓，而为世人所急欲一观者。故虽系明日黄花，仍为陆续录登报端。吾人丁此时局，目击沉沦，既不愿因人而热，讵忍为下石之谈。亦惟有据事直书，以供众览，俾阅者相与研究而已。本馆记者附注。"①

### 23 日

▲蔡锷电告唐继尧、刘显世、戴戡、东溪行营殷承瓛、晃州行营王文华等人，我军纳溪战绩与"近日军情"。说："我军昨今两日逼攻纳城，逆军四处放火，焚烧民房。双河场至纳溪一带炎焰弥空，火光彻天。其左翼濒河之敌，纷纷争渡，为我军火力所截击，辄复登岸，抵死抗拒。当饬追击部队缓行进攻。现据报称，逆军大部已退出纳城，分向大江左岸及兰田坝方向退走。时已入晡，未便穷追，即就茶塘子、鹞子岩一带宿营。查纳溪地当水陆通衢，防御颇难，于军事无甚价值；加之经逆军蹂躏，人民迁徙一空，物资扫荡无遗，拥兹空城，殊非得计，现仍饬扼扎原地，伺机以进。查此次战绩，夺获山炮四门、炮弹三十余箱，枪百数十枝、弹百余箱，机枪四挺，军需品三船，其他战利品无算。俘虏逆军廿余人，内有总兵站长陈庆周一名。据俘虏所称，连日剧战，逆军死伤、逃亡、俘虏，总计不下七八百人之多，其炮队孟连则已扑灭无遗。前者我军猛攻朝阳观、石堡沟之时，逆军屡次动摇思溃，张敬尧丧胆，即欲自裁，经伪参议陶云鹤力止，今遭大衄，或将步马继增后尘等语。溯本月初旬，我军连日猛攻，逆军兵将或遗书通款，或在战壕大声言去逆效顺，请求停战。因乃效三舍之退避，冀其幡然归诚。迄逾旬日，毫无朕兆，于是不得不与以剧烈之打击。现拟仍予以犹豫时间，希其践行前约。如仍顽迷不悟，再张挞伐。所有近日军情，合电缕陈，希转达各省为幸。锷。漾。印。"②

---

① 天津《大公报》1916 年 4 月 2 日。
② 曾业英编《蔡锷集》（二），第 1323—1324 页。

又电请唐继尧、刘显世、戴戡、晃州王文华、永宁罗佩金，昭通飞送刘云峰、熊克武转知各省，护国军"连日大破逆军于纳溪"。说："我军连日大破逆军于纳溪方面，逆军四路告急。江安逆军分拨一营循江而下，被我军一连迎头痛击，逆军饮弹投水，死伤狼藉，纷纷溃窜，当由何支队跟踪追击，进薄江安。守城逆军望风远扬，何支队入城抚慰，民庆再生。合电报闻，请转各省知照。锷。漾。印。"[1]

**按**：云南《共和滇报》则将以上二电合为一电刊出，内容也略有差异（见《蔡锷集外集》，第350—351页）。

▲下午12时，蔡锷在大洲驿训令赵又新：

（一）纳溪逆军被我军压迫至安富街、观山附近穷蹙。其一部已渡河退去，似得有新援，故尚能维持火线。综合各方面情报，逆军第八师之一旅已于日内抵合江（其旅长为王汝勤）。此旅夙以腐败闻，常闹风潮，军纪甚不振。据探报"二十日……城住"云云。希即多派侦探，将敌兵力配布及地形详细探知，火速报告。至要！至要！

（二）我军应暂取攻势防御，相机行动。顾梯团于本夜以其所部移就茶塘子一带阵地，其主力屯置渠坝驿，专事整顿部队，休养兵力。

（三）该梯团昨接退守命令后，如何处置，希速报闻！予意为休养兵力，整顿队伍计，此数日内，仍以退扼红花地，而以主力置于白节滩为宜。

（四）此次战役，出力最伟者，希详报！得战利品若干，亦应确为调查报告！以便照章给奖。

（五）予在大洲驿。

上令赵梯团长。总司令蔡。[2]

▲唐继尧电告刘显世、蔡锷等护国军各将领临、蒙、个大捷情况。说："前因龙氏阴遣党徒，勾结土匪，于本月九号夜间同时蜂起，分扑临安、蒙自、个旧三县，势颇猖獗。经蒙官军迎头痛击，立将蒙匪击散，个旧兵力

---

[1] 贵州《铎报》1916年3月27日。

[2] 曾业英编《蔡锷集》（二），第1322—1323页。

稍单，被匪闯入，临城亦被围数日。当由省派赵支队长世铭、马支队长为麟率兵分头援剿，先后击毙匪徒三千余名，已于二十一号晨间将个旧完全克复，临城匪众亦被击散。现在各属均已一律肃清，除饬蒙自何道尹国钧驰赴临安，会同李旅长修家妥办善后，并饬马、赵两支队长尽力搜剿余匪，以净根株外，特电奉闻。再龙觐光前带兵由桂窥滇，经我挺进军黄司令官毓成、护国第三军第一梯团长赵钟奇，由西隆节节进攻，迭获胜利，于巧日入抵百色。我第二军第一梯团张开儒、第二梯团长方声涛，于剥隘、龙潭方面攻击，毙敌千余人，夺获枪支、子弹无算。双方夹逼，龙已入楚歌四面之中。适省于咸日宣布独立，龙亦于二十号通电京、省，赞同我军，拥护共和，并下令犯滇各军同时停战矣。知注并达。继尧叩。漾。"①

24 日

蔡锷电请唐继尧、刘显世、戴戡、殷承瓛补充弹药和兵员。说："义密。近日两战虽获大胜，然未能将最顽悍之逆军第七师一鼓歼灭，殊为遗恨。盖一因子弹告罄，一因逆军得第八师之新援，流星光底，遂逸长蛇。查逆军现有兵力，系张敬尧之一师，计十一营，初入川时约九千人，历经战役，现时所存当不过五千人。益以新到第八师之王旅，仍在八千人以上。我军现额实不足四千，其中义勇队近千人，战斗力尤弱。刘师索饷则号称四千，临战则莫名一兵。近因我军大捷，不免见猎心喜。然欲其协同作战，似所难能，只能陈兵以张虚势。现在作战计划，仍以扼守要点，集结主力，多张疑兵，以分敌势，俟有隙可乘，分头击破之。所最苦者，弹药未能如时到手，每难收战胜之效。老兵伤亡，无已练之兵补充，致战斗力因而日弱。务望冀公将每枪所储弹药千发，悉数饬解，分存毕、永，并每月拨送补充兵五百乃至千人，则逆援虽众，不足平也。锷叩。廿四巳。"

又电请唐继尧、刘显世、陆荣廷、戴戡、广南李烈钧、晃州王文华，广布北军在川恶行，"人心大去，理无不亡"，护国军占尽"天时地利人和"，万无不胜之理。说："北兵在川，奸淫掳掠，无恶不作。举其所目睹者而言，逆军败后，民间被褥，媛女衣裤，狼藉满地。每见一逆兵，戒指手镯，辉煌满手，非男非女，怪状难名。每至围攻紧急或溃退时，迭纵火

---

① 《云南快信》，《申报》1916 年 4 月 20 日。

毁烧民居，几成定例。旬日来，牛背石、双河场及纳溪附廓各处，焚烧民房，殆近千家。有时发见伪示，尚谓滇军纵火，贻害百姓，乞请专款赈恤等语。横暴之极，济以贪骗。人民亲身目睹，衔之刺骨，故逆军所至，迁徙一空。其步哨、溃兵常被人民梃击，舁送本军。口操北音之人，非十人以上，不敢径行乡镇。我军所至，人民舞蹈欢迎，逃匿妇孺，相率还家，市廛贸易骤盛。甚至火线以内，常有人民携榼馈食。各野老村妪，大率彻夜讽经，祝滇军之战胜。故俘虏供词曰：天时地利人和，都为滇军占尽，北军万无全胜之理等语。天厌凶德，人心大去，理无不亡。特电奉闻，乞为广布。锷叩。敬。印。"

上午 11 时，又在大洲驿命令何海清：

（一）报告悉。

（二）我军现暂就阵地整顿部队后，再行进攻。赵梯团在红花地一带占领阵地，顾梯团在茶塘子一带占领阵地。

（三）该支队既经占领江安，可即照前命令交与川军防守。该支队即开拔至马庙附近驻扎。

（四）予在大洲驿。

上令何支队长。总司令蔡。

下午 2 时，又命令廖月疆：

（一）据督战队在皮沟所发报告，该支队此次激战，将士奋勇，甚堪嘉慰。现在大批子弹已经陆续运到永宁。该支队既已退守皮沟附近，应即择扼要地点防守，并赶筑坚固防御工事，以拒止逆敌之侵入。

（二）我正面之敌经此次痛击后，一时断无反攻之勇气。我军现暂就阵地整顿部队，稍事休养。惟据探合江方面，新到逆军第八师增援兵约一旅，是否确实，并其兵力如何分配法，希即多派侦探，详细探知报告。

（三）予在大洲驿。

上令廖支队长。总司令蔡。

下午 4 时，又命令赵又新：

（一）二十三日午后三时报告悉。

（二）该梯团长决心处置均适当。但仍以选定红花地一带为宜，以便集结队伍，休养兵力。昨日下午十二时命令已详之。

（三）予在大洲驿。

上令赵梯团长。总司令蔡。

晚9时，又命令杨汝盛：

（一）二十三日午后七时半于文武祠报告悉。

（二）我军自十七日攻击开始，连日激战，大获胜利。二十日本道方面夜袭成功后，逐次穷追，杀伤逆敌共约五百余人，夺获山炮三门、机关枪四挺、子弹百余箱、饷银粮秣等数船，又虏获总兵站长陈庆周一员。现敌已弃纳溪，（据）双河场、棉花坡一带险要固守。

（三）正面之敌被此次击溃后，已无反攻之勇气。惟合江方面，据报新到有逆军第八师之一部。该逆敌之意图，似已确知我正面不易进攻，有向我右翼取攻势之模样。

（四）该营长率所部与廖义勇队联络，对于合江方面之敌，务坚固防守，择险要地点，筑坚固工事，以拒止该逆敌之侵入。并赶速侦悉确实敌情，派得力军官，将附近地形详加侦察，制为略图，迅速呈报！

（五）予在大洲驿。

上令杨营长汝盛（请嘱参谋照缮一份）。总司令蔡。

又命令何海清：

（一）逆军似以正面取守势，由合江方面取攻势。现由先市、尧坝一带进兵，威胁我侧背，其在纳城附近之兵，则占领双河场至纳城东方一带阵地，隔江以守（观山及安富街、纳城均弃去不守）。

（二）我军拟对于右侧面之敌，诱之使进，一鼓歼之。

（三）该支队应于二十六日晨，由江安开拔前来大洲驿，为本总司令总预备队，以便策应各路。

（四）江安城即交由田支队，酌量派少数队伍留守（不必候交代，应先启程，一面通报田支队长可也）。

（五）予在大洲驿。

注意：此命令非常重要，该支队长务恪遵，不得稍有违误。切切！上令何支队长。总司令蔡。①

▲熊希龄电告广东巡按使张鸣岐，一月到京后曾奉命劝告蔡锷，但"迄今未见回音"，并示意张与龙济光"斡旋大局，保全国土，宜先注意与北方军将沟通意见"。说："高密。顷余观察持示尊电，承询近况，甚佩。甚感。龄奉使宣慰，专在抚绥湘西难民，对于黔、滇未负疏通责任。仅本年正月到京，元首谕令函电云南，劝告松坡，仅言外交、财政危险之状，亦无条件办法，迄今未见回音，未悉能否达到？然以私意揣之，国人爱国心切，苟见外患乘机，亦必不忍国土破裂，致滋渔利，适可而止，当在意中。今中央既允取消帝制，洵为釜底抽薪之上策。惟愚虑主持此政见者，以辽、皖、秦三将军为最力，其余左右各大僚，则因利害切己，骑虎难下。元首处此，亦甚为难，公与龙将军斡旋大局，保全国土，宜先注意与北方军将沟通意见。或电请徐、李出而相助，从此化除南北畛域，国家万世之福也。伟烈丰功，无任虔祝。谨借用高密电复，乞酌裁，并转致龙将军为荷。希龄叩。敬。"②

▲报载"黎元洪、段祺瑞、徐世昌于二十二日致电蔡锷、陆荣廷、梁启超，谓帝制取消，目的已达，请解兵待商"。③

25 日，又载"以黎元洪、徐世昌、段祺瑞三氏连名电致陆荣廷、梁启超、蔡锷、唐继尧诸氏，谓帝制取消，公等当初之目的已达，务鉴国家之大局，先收干戈，然后共求善后之策云云。据某要人言，右电署名之黎、徐、段三氏均拒署名，实系任便拍发，袁总统曾对前记三人言，所以取消帝制，调停南北者，其最大理由，系因日本此际有提出重大问题之形势云云"。④

27 日，又载"据政界消息，前日已由黎副总统、段芝泉将军、徐国务卿三人联名致电于陆荣廷、梁启超、唐继尧、蔡锷诸君，略谓推戴书件总统已退回参政院，帝制问题现已打消，公等举兵原系反对帝制，今目的已达，而国家大局危急，不宜同室操戈，应先行罢兵，然后商量办法云云。

① 以上各电及命令见曾业英编《蔡锷集》（二），第 1325—1329 页。
② 《熊希龄先生遗稿》第 2 册，第 1734 页。
③ 《译电》，《申报》1916 年 3 月 25 日。
④ 日本人组织：《东方通信社电》，《申报》1916 年 3 月 26 日。

惟据他方消息，此电虽以三氏名义拍发，而未发以前并无闻知，发后乃以电稿示三氏，三氏皆默无一语，不知其意究复如何也"。①

31 日，又载"帝制撤消之翌日，中央曾以黎、徐、段三氏名义致电蔡锷、唐继尧、刘显世、陆荣廷、陈炳焜等，请其先行停战，提出调停之意见。昨闻已来复电，不允先行停战，所提出之调停条款甚为严重，仍有要求袁总统退位及严惩帝制首祸等款。中央似尚未有承认之意，闻昨又特致电于龙济光将军及张坚伯巡按使，令其从中斡旋，所拟办法系先由双方互相停战，再行择相当地点，特开会议为条款上之讨论。刻下龙、张尚未复电，有无效果，正自难言。又据公府传出消息，近来中央诸要人连日迭开谈话会，讨论帝制取消后之大计问题。现议之政策已经略定，内容极为简单，据云首为电令日前所传闻之电请调停南北战事之五将军，婉商南军实时停战以维现状，次为设法疏通双方政见，以求总统退位问题不至成为事实，并请南军以国势现状为重，以外人乘隙干涉为可虞，勿专以约法来绳当局。其余关于政治方面各问题不妨详议，闻日内即将提出府会议讨论取决"。②

4 月 2 日，又载"现在南北政局之调和，外间纷传不一，所最重要者只为总统是否退位问题。昨据政府方面所闻之种种消息，袁总统实尚未有消极卸责之意念，中央近来所经营者，闻将以黎、段、徐名义，发表袁氏不能辞退总统职位之意见。同时密派多人分赴各省游说，令其速来密电，力陈袁总统断不能辞职之理由；一面令人在外散布消息，谓外交团中某某数公使均反对袁总统辞职之举；一面假托密探谓陆荣廷、陈炳焜、蔡锷、唐继尧、刘显世等尚不甚坚持此事，所坚持者惟少数之党人；又一面将以上各事传之京中各报，使国人知此次调和之重要枢纽即以此事为断，此款取消，余均可以通融办理，否则仍不惮以武力解决，此为近日政界中所忙忙碌碌以从事预备之要端也"。③

又载"《字林报》载叙府鲁德博士四月十三日来函，略谓三月二十四日叙府战局发生一种新气象，初冯旅长请汤庆斯博士与余二人担任双方间议和事宜，汤博士乃行四日路程，往晤滇军总司令蔡锷，余赴西南，行两

① 《取消帝制之应付与影响·段徐出处之所闻》，《申报》1916 年 3 月 27 日。
② 《退位问题之北京消息·连次密议之政策》，《申报》1916 年 3 月 31 日。
③ 《中央对于退位问题之踌躇·政界所筹备之要端》，《申报》1916 年 4 月 2 日。

站路，请刘司令暂缓进攻叙府，以便磋议条件。至三月二十三日，叙府两军议定各派代表与蔡锷接洽。余随之俱往，与蔡会商两次，蔡遂派员与余等同还叙府，俾可与冯旅长商酌，并往晤成都陈将军。当议和开始之际，余等闻帝制撤销之消息，然此不过为南军要求之一，南军决不因此而承认袁氏为总统也。袁氏作皇帝不成，乃自任为总统，直以民国政府为玩弄之具。今虽议定停战，磋商仍在进行中。依据所议之条件，陈将军与冯旅长应与南军联合要求召集国会，另选总统。目下南军数千人逼迫叙府，如北军不早宣告独立，则南军必逐去之。盗匪四处横行，船只即欲在叙府附近过江亦所不许，惟装载洋人或兵士者则不在禁例……蜀西交战之军，双方各有万人，南军损失较少，仅伤千人，死数百人，北军死伤之数较诸南军当多二三倍。教会事业未至，为战事所阻，不能照旧进行，但叙府教会在民间之势力，业已大增。余等外人同历困苦，同受恐慌，惟两军予吾外人以最大之自由与敬爱，且能信用外人，故余等得于议和之际，有所赞助云云。又十四日来函云，就目下和议观之，叙府方面似不致再有战事，而另举总统之要求，亦必更为强决云"。①

▲20 日，王汝勤以"百万急"特电告知北京统率处，参谋、陆军部，重庆曹锟、李长泰，他将"亲自督队改向尧坝进攻，直援泸州"。说："赓密。旅长于皓日晚到合。前电拟于今日率队向先市进攻，不意夜间迭接张司令敬尧通报，泸州方面万分紧急。除已派廿九团长带兵两营及两连于今早赴新店向尧坝相机进剿外，旅长俟炮队到合，即亲自督队改向尧坝进攻，直援泸州，合力进剿。但碱水方面，昨得探报，有黔匪三千余人，其先头已近逼二里场，不得不分兵抵御，已派卅团田团长率二营前往先市，以抵碱水之匪。谨禀闻。汝勤。哿。印。"

23 日，又"十万急"特电说："赓密。旅长亲率卅九团一、二营于廿二日拂晓进攻尧坝，血战一日一夜，逼近四五十米达，匪徒约千余名，异常凶悍，据险死守不退，当夜与敌对峙。复于二十三日早四点，挑选奋勇冒险猛攻，当于是日早五点半，由二营陈营长率第八连首先攻入，各连继之，遂将尧坝完全克复。除将虏获匪徒、器械、旗帜以及本旅出力人员并伤亡数目容查明续报外，谨将克复尧坝情形先行电闻，以释廑念。旅长王

---

① 《西人赞助川中议和》，《申报》1916 年 5 月 5 日。

汝勤。漾叩。印。"

24日，李长泰也"千万急"特转王汝勤21日之电于北京统率处，参、陆两部说："赓密。据王旅长汝勤马电称，迭接中央电令，迅速由尧坝侧攻，并相机援应泸、纳。又迭接张司令通告，火速分兵援泸。旅长谨遵命令，当派廿九团两营进攻尧坝，派卅团田团长率队两营占领先市，以抵赤水之匪。梁团长率队两连，经佛荫场向沙坎前进，以攻尧坝寨左测。二十日，二十九团陈营长如汉于夜十二点将尧坝东面马宗岭及灯杆山匪人击退，占据该两山。惟此股匪徒大约二千余人，均在尧坝后方鼓楼山，山势高险，炮队至今未到，仅恃步兵仰攻，不易奏效。现在两下正在对峙，两面步哨亦不时互相射击。旅长二十一日早十一钟，由合到尧坝阵地查看敌情，今夜下令实行拂晓攻击尧坝，此尧坝之情况也。赤水方面，迭据探报，有黔逆混成一团并土匪二三百名，大炮数尊。旅长因既已占据马宗岭及灯杆山，拟添加兵力，乘势抢夺尧坝并鼓楼山，当飞调田团长由先市抽调一营助剿，行至半途，忽接先市留防营长飞报，赤水已有匪向先市进攻，当即令该团长复转回先市抵御，此赤水之情况也。顷又接合江知事飞报，该县因职旅全队出发，城中空虚，忽有滇逆三百余人，已到合江四十五里之五亩田地方，旅长当抽派一连回合防堵，此又新添五亩（田）之匪情况。查尧坝、先市为合江之门户，合江为泸、渝之要塞，先、尧一失，合江难守，合江不守，泸、渝之声气断绝，军食、子弹亦不能运输，即泸州并前进之军，亦必均隔于匪窝之中，进退不能。旅长每接泸州危急之电，无不焦急万状，恨不能插翼飞援，无如先、坝两处兵力万难稍动，已饬今夜新到十六旅卅一团第一营星夜赶赴泸州，以资援助。拟请速派十六旅续到之队，迅速向泸前进，以救泸危，俾职旅得一意攻贼侧面。俟尧坝攻下后，即合力向泸州进攻。或命十六旅后到之队接代先、尧战地，职旅炮队之[1]到，旅长即率旅进援泸、纳，如（此）进行，庶泸、合两面均得顾全。若不俟十六旅接代后，即拔队赴泸，则匪必长驱赴合矣。事关国家大局，故敢不避斧钺，冒罪上陈。伏乞转奏等语。职旅明日向合兼程前进。谨闻。师长李长泰叩。敬。印。"[2]

---

① 《护国运动》原注："之"字旁原有疑问号。"之"字似为"一"字之误。
② 以上三电见《护国运动》，第563—565页。

25 日

▲蔡锷函告潘蕙英，"别经三月，想念弥笃"。说："别经三月，想念弥笃。余于疆场中，万事猬集，无暇致书通问，日来稍安闲，兹特以书告。我军入川以来，以攻则捷，以守则固，虽逆军兵力较我为倍，亦能出奇制胜。弥月以来，纳溪之役，逆军死伤三四千人，其胆已落。三月八号，我军移转阵地，竟不敢追出一步。日昨我军复分头出击，毙敌及俘虏不下千人，获敌枪、炮、子弹及其他战利品甚多。经此两役，逆众虽悍，不足虑也。予近来身体健适，第喉病尚未痊愈。全军将士，上下一心，无不奋勇图功。吾妹产后体态如何？乳儿壮健否？甚念！极盼常寄信来，以慰悬系。匆此，即问近佳，并颂阖府清吉。锷白。三月廿五于大洲驿。复函可寄永宁护国军总司令部转递。"

晚 9 时，又在大洲驿命令顾品珍：

（一）右翼方面敌人，仍盘踞双河场、朝阳观附近及南寿山一带顽强抵抗，似增有新援，但无前进之模样。

（二）金支队已于本日就花背溪、大小南山、金凤山一带阵地；朱支队亦就红花地、大小帽山一带阵地。从明日起，金、朱两支队拟按次以一支队替换驻防全部阵地，以便休养兵力。张支队仍占领阵地于雪坳、大旺场。廖支队现防守龙洞场附近一带（对于合江方面）。

（三）该梯团前面之敌情，希仍详密侦察报告为要。

（四）予在大洲驿。

上令顾梯团长。总司令蔡。①

▲报载"自去岁帝制发生，徐相国、段总长相继隐退。近因滇、黔事起，同类相残，大局岌岌不可终日。倪将军嗣冲到京后剀切密陈，元首遂决定取消帝制，并往敦促徐、段出山维持，以救危局。二十二日明令宣布，于是相继出而任事。徐于二十三日傍晚，曾便服晋谒，呈递所拟之极长电稿一道，请示可否照发。闻该电系分致蔡锷、陆荣廷及滇、黔、桂各军首领者，劝其和平了结，免致民生涂炭，大局糜烂。又闻前日已由黎副总统、徐国务卿、段芝泉上将三人联名致电于陆荣廷、梁启超、唐继尧、蔡锷诸

---

① 以上函及命令见曾业英编《蔡锷集》（二），第 1330—1331 页。

人，略谓推戴书件大总统已退回参政院，帝制问题现已打消，公等举兵原系反对帝制，今目的已达，而国家大局危急，不宜同室操戈，应先行罢兵，然后商量善后之办法云云"。①

26 日

▲午后 6 时，蔡锷在大洲驿命令赵又新②：

顷据部派侦察张参谋报称，闻玉合场系鼓楼山要隘，该地目下尚无我军占领等语。希即转饬该附近支队迅速酌派队伍，占领鼓楼山一带要隘为要。

此令赵梯团长。总司令蔡。

晚 8 时，又命令赵又新、何海清、廖月疆：

（一）我军对于纳溪、双河场方面之敌暂取防势，拟于日内对于合江方面之敌进攻。

（二）何支队率所部及由赵梯团长拨付之炮一门、机关枪一挺，并指挥黔军杨营长所部为主攻部队，向尧坝方面进攻。

（三）廖支队为助攻部队，向尧坝方面进攻。

（四）金支队为总预备队。

（五）予在大洲驿。日内拟赴右翼方面一行。赵梯团长为右翼指挥官。

上令赵梯团长、何支队长、廖支队长。总司令蔡。③

27 日

▲张敬尧、熊祥生"急"电告知北京统率办事处，参、陆两部，重庆曹锟，"职路现仍暂取守势，严密警戒"。说："赓密。本月逆寇仍以零星小部来攻，我军除严守阵地，亦即以少数部队与之抵抗，但亦不甚激烈。现逆匪犹在我两千密达处之三坝山、猫儿山、大南山一带，继续施设防御

---

① 《徐段再出与乱事之关系》，天津《大公报》1916 年 3 月 25 日。
② 《蔡锷集》原注："抄本原作 20 日，从前后命令的时间分析，疑为 26 日。"
③ 以上二命令见曾业英编《蔡锷集》（二），第 1331—1332 页。

工事。我军并派有多班侦探，详细搜索。敌虽屡欲进逼我之两翼，然终被驱逐，未能接近我之阵地。职路现仍暂取守势，严密警戒，拟待齐旅（按：指齐燮元）来到，即行进攻，以期一鼓而下。特禀，乞代奏。司令张敬尧、副司令熊祥生叩。沁四。印。"①

▲熊希龄电复张鸣岐，"拟先约集湘绅，明电三省，劝其罢兵"，"以冀补救万一"，并表示梁启超、汤觉顿、蔡锷绝非"坚执之人"。说："高密。迥电敬悉。具仰爱国血诚，无任钦佩。北方各军，倾向元首，直视为生计所托命。若果如遵〔尊〕处所闻，民党有要求退位一说，是不啻坚北军自固之心，将使公战变为私斗，必致兵连祸结，国土从而破裂。言念前途，甚为忧惧。惟我国民党血气用事，鲜察时宜，扶东而西又倒，此向所亲受之痛苦。尤可虑者，明知所提太酷，未必能行，亦必出价极昂，待其还价，民国二年之宪法起草是也。能否和平解决，实不敢作为乐观。目前中央既未电饬劝告，滇、黔、桂三省亦无从设法通讯。兹与余观察商酌，拟先约集湘绅，明电三省，劝其罢兵，待其复电如何，再为申辩，以冀补救万一。此电稿太长，另纸电达。任公、觉顿、松坡皆知中外危机，决非十分坚执之人。且此次三省长官握有议决权，或不致为激烈派所制，余详沁二电中。希龄叩。沁一。"

同日，又以其所拟湘绅公电致张鸣岐说：

高密。顷沁一电所拟湘绅公电，其文曰：

某省某鉴。昨因湘省西南久罹兵祸，土匪蜂起，老弱流离，农时荒废，情形之惨，痛切心骨。曾于本月廿二日奉大总统申令，取消帝制，废止洪宪年号，仍为民国五年，一切公文程序，仍照三年五月廿六日公布命令办理等因。是天心有悔祸之诚，亿兆遂生机之望，湘中躬当其冲，尤为庆幸。乃传闻双方前敌尚未罢兵，则又疾首蹙额，瞻念前途，非仅桑梓之危机，抑亦国家之险象。某等私忧过虑，有不得不竭诚以告者，盖有八端。

一时未致瓜分者，实由地广人多，又有历史上语言文字之统一，故成各国均势之局。辛亥、壬子两次革命，某国利用南北分离，即是

---

① 《护国运动》，第 565 页。

此意。若我自行破裂，日寻干戈，适足以堕渔人之计。试观巴尔干一岛，昔本土尔其所辖，自欧洲各国以种族语言之关系，诱令罗、布、塞、孟各邦分离后，土既日削，各邦亦几危亡。前车覆辙，宁可再蹈。今以人满之患，求于东北边荒自殖其民，尚为外人所挟阻，倘更割裂，安得有我回旋之地，此不能不虑者一。练兵强国，所以对外，今不幸而有阋墙之衅，则以正义武力解决胜负，对垒仇雠，释戈兄弟，亦不失为壮国。乃闻报纸人言，杀敌致死，南既诋北为暴酷，北又詈南为野蛮，是反以战事结南北之恶感矣。鼓舞兵气，南既加饷，北又增薪，与第一次革命时各省运动响应，情形相同，是以战事赖金钱之神力矣。万一外患乘机，亦以其道行之，则兵心易动，国亡可待。即幸而双方罢战，此等利用之军队，又将何以善后？此不能不虑者二。军械制造，国中只有数厂，普通药弹多仰给于外国，欧洲战事发生，输入业已无望，中央地方所存械弹，果有几何？战事不息，军火耗尽，不独外患忽生无以抵御，即内地土匪亦有何器足以救平？此不能不虑者三。财政支绌，中外皆同，外债之多，纸币之滥，自革命以迄今日，此大问题尚未能决。军兴三月，已罹困穷，倘再延长，将使国家及人民无不破产，外人之干涉监督，亦必接踵而来。胜负既决，犹获石田，虽有管、晏，亦无如何，此不能不虑者四。各国眼光，察我最真，彼于前清孝钦时代，即隐隐惧我内乱，维持无人。民国成立，大总统春秋已高，尤彼所深忧切虑者。日留善耆于大连，德容溥伟于青岛，皆有深意存焉。前年青岛危迫，伟欲他适，尝为胶督强留，其心实不可测。至于某国浪人，时时在京利诱清室，当为诸公所共闻。倘我汉族分争，相持未决，窃恐外人挟清帝以临天下，岂非与第一次革命之主义大相悖谬？此不能不虑者五。军兴以来，长江内河商务停滞，外人啧有烦言。闻某国已增陆师于青岛，组舰队于黄海，意盖俟我两锋及于商埠，则借口以保护各国商务为词，苟再不决，即出而干涉战事，处分国土。试思此时，宁有国人置啄之地？此不能不虑者六。欧洲战事，本为中国政治维新之黄金时代，乃不趁此机会，预备将来和平会议之加入，实行改革一切不良之政治，而因同室操戈，增兵置械，派探设防，使财力消耗于无用之地，人格堕落于奔走之中，凡可兴之交通、实业、教育政策，皆置之不论不议。即此解决，尚嫌误时，倘再迁延，万劫不复，此不能不虑者七。湘省自辛亥以来，民穷财尽，元气未复。此次再罹兵灾，迭遭匪害，沿边三十余县地方，老弱转于沟壑，家产付之一炬，伤心惨目，惟湘独苦。方今春耕之时，田亩荒废，栽插已迟，倘再不宁，饥馑荐臻，恐我黎民，靡有孑遗，其强而黠者亦必尽化为匪。非仅国家之所不忍，抑亦邻省之所不安，此不能不虑者八。

某等内忧桑梓，外察时机，窃愿诸公以爱国之热诚，谋和平之解决。果因政治而生争执，即应于政治范围详加讨论，切无旁及个人感情，致分南北畛域。务望实时罢兵，公同商榷，天下幸甚，吾湘幸甚！某某等叩。等语。

除电商在省各绅外，谨据所见，乞赐指示，俾有遵循。再此电即能发出，亦系无责任之人之言，恐无几分效力。仍乞我公暨龙将军电约吴、鄂、豫、浙诸省军、巡，同时劝告，方有力量，乞酌度为荷。希龄叩。沁二。

30 日，汪贻书等 4 人电复熊希龄说："华密。沁电极佩，惟地位、口气以公单衔为宜，书等在湘，拟另电松坡，劝其罢兵，似较妥洽。诒书、克刚、棣芬、礼鉴等叩。卅。"

4 月 9 日，熊希龄又通过泸州电局转电永宁蔡锷，表达其不得不竭诚以告"八端"。说："昨因湘省西南久罹兵祸，土匪蜂起，老弱流离，农时荒废，情形之惨，痛心切骨。曾于本月二十日公电中央，请求罢兵恤民，和平解决。旋于本月二十二日奉大总统令，取消帝制，废止洪宪年号，仍为民国五年。一切公文程序，仍照三年五月二十六日公布命令办理等因。（按：以下内容与熊 3 月 27 日致张鸣岐沁二电同，这里从略）……务望实时罢兵，公同商榷，天下幸甚，吾湘幸甚。希龄叩。"①

12 日，再电成都陈宦说："昨麻电中央，蒙准由泸州电局转电永宁蔡松坡，其文曰：'蔡松坡将军鉴。昨因湘省西南久罹兵燹（以下同致张巡按使沁二电云云。）吾湘幸甚！希龄叩。'等语。特奉达，乞赐教，并乞饬查泸局，如尚未发，即恳照转为荷。希龄叩。文。"②

▲肖英电告刘显世转唐继尧、陆荣廷、蔡锷、戴戡、王文华，"大庸、

---

① 以上四电见《熊希龄先生遗稿》第 2 册，第 1742—1745、1749、1752—1754 页。

② 《熊希龄集》第 5 册，第 396 页。

永顺、古丈各县正式宣布独立"。说："袁逆不道，叛乱共和，殃民祸国，天人共弃。英不忍坐视，爰组义军，同声讨贼。业将大庸、永顺、古丈各县正式宣布独立，兵士数千人，刻日攻击逆军后路。除声彰逆罪、檄告天下外，特电奉闻。中华革命军湖南湘西讨袁军事筹备委员肖英叩。沁。"①

### 28 日

▲张敬尧电请袁世凯收回"停战"成命。说："北京陆军部王总长、训练总监蒋总监、参谋部唐次长、统率处张厅长钧鉴。华密。昨由纳溪回泸，复奉养日钧电，旋又恭读圣上申令，当即电请代奏圣上收回成命。伏念司令一介武夫，渥受圣恩，久抱致身以事之心，应尽君辱臣死之义，惟有率队前驱拼命，与逆决一死战。但因求我之必胜，是以待集大军，今八师齐旅不日即可会合，且默审川中逆寇，迭经我军剿击，其精锐已伤亡过半。况逆军枪械既无来路，则日用日少，势力日蹙，理所必然。只须该师旅一到，即向永宁进攻，有此兵力，断无不即克复之理。永宁攻克，则逆之凶焰尽挫，逆之势力自穷，滇事即易办理。是以前日奉陈将军电称，龙上将军奏请停战，已奉圣上俯允等因。司令因未接奉谕旨，何敢遽遵，仍惟厉兵系甲，预备进攻。夫兵不可玩，寇不可张，设竟降贵纾尊，恐足以张逆之气焰，而转失朝廷之威严，不独一时之寇患未必能平，且恐日后之效尤者众，又将何策以处？以不忍人之政，转无以统驭海内，抚治群黎，利害得失之间，所关甚巨。况逆寇之肇乱生非，借此为言。在我圣上虽欲息事宁人，而逆寇势且得寸进尺，要挟多方，倒行逆施，俱属意中之事。现今蔡逆尚在永宁之底蓬，是其窥泸之心未死，悔祸之心毫无。我若停战，彼方疑我力弱，惟有大张挞伐，进取永宁，务使逆寇失其坚巢，则我军之势力方张，逆寇始能俯首帖耳。该时或征或赦，恩出朝廷，除暴安良，心蒙帝德。伏乞圣上俯念国家之重，恩威必当并济，务求收回成命，以维军民之心。倘今恩胜于威，则永懦而民狃，窃恐暴民专制之害小，引狼入室之害大，茫茫瞻顾，倍切杞忧。公等秉钧硕辅，诩赞圣明，敢期鼎力维持，勿以一时之艰难，遂坏已成之大局，勿以一隅之向背，遂违全国之民心。迅饬齐旅即行到泸，俾可即行攻击。而一得之愚，并请垂鉴。司令张敬尧

---

① 《护国运动资料选编》下册，第463—464页。

叩。勘。印。"①

29 日

▲梁启超以"明码加急"件，电询陆荣廷、唐继尧、刘显世，是否同意在以下五条件下，与逆党调停谈判。说："袁氏下令撤销帝制，广东龙（济光）、张（鸣岐）复借驻日陆使电引对外为口实，出而调停，固万无允许之理。然我绝不提条件，则逆党仍将以争意气，不顾大局相诬，各省对我之同情，恐不免稍减一二。今拟由三督联衔复粤一电，提五条与开谈判：一、将黄陂护送到沪，以安其生命；二、将筹安六逆及私发密电署名者之段（芝贵）、朱（启钤）、周（自齐）、梁（士诒）等十三人及顾鳌明正典刑，并将枪毙时影相寄来三省；三、将所封王等爵尽行撤革；四、将蜀、湘境内北兵全数遣散；五、有永远不行专制之保证，令三省军民满足者。若能实行此五条，未尝无调和余地云云。似此义正词严，可以博中外人同情。彼不照办，则我不得已而用兵之苦衷更可大白。若公等谓然，诸立示复，超当拟电稿备采用。再者，今日必须速建临时政府，俾各友邦得应时承认，然后讨贼乃益有力。愿诸公早抒伟划，议定办法。其一切对内对外文字之役，超当任之。启超叩。艳。借印。"②

▲上午 8 时半，蔡锷在大洲驿命令杨汝盛：

（一）二十八日上午十一时报告悉。

（二）右翼方面之进攻计划，暂缓实行，当已由赵梯团长转饬该营知照矣。

（三）本军拟为持久战，固守现地，俟援军续到，再行进攻。

（四）该营及所属各队，务于险要地方占领阵地，筑强固工事，并多设阻拦。即遇强敌来攻，至少亦须能支持三日夜为要。

（五）遇有紧急时，除报告赵梯团长外，并报告本司令部。

（六）予在大洲驿。

上令杨营长汝盛。总司令蔡。

---

① 《护国运动》，第579—580 页。
② 《护国之役文电稿》（1916 年 2 月至 1917 年 1 月），中国国家图书馆藏。

正午，又命令何海清：

（一）现在合江方面之敌，似有攻击赤水之企图。

（二）该支队即开拔赴五通场，对于合江、分水岭一带之敌，担任战守事宜。

（三）廖义勇支队、黔军杨营长所部，概归该支队长直接指挥。

（四）予在大洲驿。

上令何支队长。总司令蔡。

又令廖月疆、杨汝盛：

（一）现在合江方面之敌，似有攻击赤水县之企图。

（二）何支队即开拔来五通场，对于合江、分水岭一带之敌，担任战守事宜。

（三）该义勇支队及黔军杨营长汝盛所部各队，概直接归何支队长指挥。

（四）予在大洲驿。

上令廖义勇支队长。总司令蔡。①

▲报载蔡锷请弛党禁。说："某外人所述滇省蔡、唐等近有一电致北京政府，系要求弛党禁，凡党人中之有一技之长者，即由政府量予位置，不得歧视云云。北京政府尚未答复，不知能否批允也。"②

30 日

▲蔡锷自大洲驿行营转发统率办事处请求护国军议和电。说："顷接泸州电局送到北京电一件，如下：急。永宁毕节探送蔡将军、云南唐将军、南宁陆将军、贵阳刘护军使鉴。顷帝制发生，实非元首本意，当群□蜂起，元首尚认为不合时宜，乃中外有力之人群相推戴，诸公亦同在赞成之列，勉强承认，并未正位。滇省发难，致动干戈，元首既有罪己之文，吾辈亦负冈上之责，即诸君以为共和不宜改变，初可直言无隐，弭患无形。迨事

---

① 以上三命令见曾业英编《蔡锷集》（二），第 1332—1333 页。

② 《蔡锷请弛党禁》，上海《亚细亚日报》1916 年 3 月 29 日。

发而拒之以兵，已伤国家元气，大总统不忍生民之祸，且深体诸君维护共
和之忧，下令撤销，痛自引咎，诸君目的已达，帝制永无复活之期。而外
顾大势，内顾民生，渔利纷乘，哀鸿遍野，阋墙御侮，正在此时。若以爱
国始而以祸国终，诸君明达，当不其然。务望诸君罢兵息民，恢复原状，
则中外舆论亦以为诸君大公无我，确有诚意，必能捐除成见，感召天和。
若于撤销帝制之后，逞忿不已，相持太急，祸及同根，则昔以维护共和之
名奉诸君者，恐将责备随之。抑知辛亥以还，八方云扰，危而复安，伊谁
之力？此是平心之论，非阿好之言。禹汤圣人，不免罪己，诸军宁不念国
际地位，人民惨祸，而忍忘同舟共济之义，蹈抱薪救火之几［讥］乎。倘
必张脉偾兴，不为平情酌理，则瘠牛偾豚，惟力是视，为丛驱雀，为虎作
伥，诸君又何利焉。国之存亡，匹夫有责，转祸为福，在诸君一念之间耳。
国势不可再沸，民心不可再涣，唯诸君实图利之。政事堂、统率办事处。
三十。印。滇黔军司令部。东。印"。①

**按**：此电又见上海《时报》1916 年 5 月 6 日，题为《段内阁之新猷种
种·劝告南方要电》，但文字上却掐头去尾，删除了前言"顷接泸州电局送
到北京电一件，如下"与后语"滇黔军司令部。东。印"，改前言为"新
内阁成立后，对于时局问题，力求和平解决，日前由政事堂、统率办事处
致南中各要人电云"，又改"南宁陆将军"为"南宁陆上将军"。

下午 3 时 30 分，又在大洲驿命令顾品珍、赵又新、何海清："阵中日
报表为一切计划之根据，务自四月一号实行。其贻误不报或延期不报，从
重处罚。其钟点程限如下：各连日报，于是晚十二钟以前到营本部。各营
日报于翌晨六钟以前到支队本部。各支队日报，于翌日正午以前到梯团部。
各梯团日报于翌日下午八时以前到总司令部。其直接于总司令部者，视程
途远近酌定之。但一律须于当日造呈。上令顾、赵梯团长、何支队长。总
司令蔡。"

31 日
▲蔡锷电请龙州谭浩明、南宁陈炳琨探交梁启超，从南洋募款中"速

① 《伪政府请滇黔息兵之原电》，上海《民信日报》1916 年 4 月 23 日。

予运济百万，以纾眉急"。说：

> 阳密。前奉四书，以军书旁午，又邮路梗塞，迄未肃复。两月来，我军各路皆捷，逆锋大挫。近虽逆援大增，兵力较我为倍，然仍能保持现地，屹立不摇。泸城方面，系逆军第七师与第三师之第六旅，为袁逆之常胜军。与我搏战月余，死伤大半，现惟伏居战壕，不敢越雷池一步。即其新到之第八师，亦有闻风丧胆之势。一俟滇中新援续到，即可长驱东下。此次出征，师行未能大畅，实因宣布过早，动员缓慢，出师计划未尽协宜，以致与京、津所豫想者竟相凿枘。幸上下一心，奋厉无前，辄能以少胜多。

> 现袁逆以兵事失败，外交逼紧，财政困穷，人心鼎沸，不得已而取消帝制，以为目前和缓人心，将来复可卷土重来之计。吾侪亟宜趁此时联络各省，迫袁退位，照约法以副总统摄职，仍召集国会行正式选举。陈二庵昨派人来，言意在倒袁行联邦制。而举冯、段、徐为总统，并谓已派人联络湘、鄂、赣三省，已得赞同等语。吾师主张如何？望以见示。

> 锷部合滇、黔、川之众，数逾三师，供亿浩繁。滇、黔贫瘠，力已不支。川虽富饶，然连年兵燹，饥馑之余，罗掘亦至不易。我军出发以来，仅发火食津贴，无实惠以维持军心，殊非久计。前示南洋募款，务恳速予运济百万，以纾眉急，不胜盼幸。锷叩。卅一。

又电告泸州吕道尹译转陈宧，"已电饬滇、黔各军停战一星期"，望其也"飞饬前敌各军，勿稍冒进，免启冲突"。说："沁电敬悉。公谊私情，深感惓惓。国势阽危，岂堪内讧。故滇省起义之前，痛切陈词，亦不过求其取消帝制，惩办奸佞而止。不图项城不省，致构兵祸。数月以来，血肉横飞，生灵涂炭，同类相残，言之悲哽。今天牖其衷，翻然悔悟，削除帝号。在弟初意，原不乐再事多求。惟此后国家根本建设问题，应如何解决？项城仍继充元首，于纪纲法律，于对内对外之威信，有无窒碍？即置纪纲法律及国家信用于不顾，而委蛇迁就，他日之翻云覆雨，谁能为之保障？项城声言，曩者以救国不得已而出山，今睹人心之已去，威信之堕地，或将废然思返，则目前继任，自属黄陂，仍应召集国会，正式选举。无论为黎、为段、为冯、为徐，均无不可。凡此数端，均关国家大计，不能不早为抉择，以定从违。吾兄才望，冠冕南州，挈兹纲领，登高一呼，则海内向风，纠纷宜可速解。时若（按：雷飚，字时若）先来，能与杏村（按：刘一清，字杏村）偕临尤盼。此间现已电饬滇、黔各军停战一星期，以副雅命。惟连日接各路文电，主张颇属激烈，尚望飞饬前敌各军，勿稍冒进，免启冲突为幸。蔡锷叩。卅一。"

又电告唐继尧、刘显世、戴戡其复电陈宦内容。说："义密。兹复陈二庵电文曰：云云。全录至为幸等语。合电闻。锷叩。卅一。印。"

又"万急"电请唐继尧、刘显世、戴戡等人，对袁氏撤消帝制后应如何抉择，早作"确实推究"。说："亲译。昆密。袁逆之撤销帝制，一因兵事挫衄，外交逼紧，财政困穷，人心鼎沸，乃迫而出此；一因独立省份逐渐加多，护国军势力继涨增高，无力抗御；姑借此下台，以和缓国人之心理，孤我军之势力，仍盘踞现位，以为卷土重来之地。其狡猾无耻，实堪痛恨。吾侪既揭义旗，自须贯彻始终，方肯罢休。惟应审虑者：一、我军力量能否于短时期内速遣援师，将川、粤戡定，大举北伐；二、袁既取消帝制，我如用兵，各国及各省对于我军，能否仍有多数表同情；三、某国（按：指日本）能否实力助我，且保无别项野心；四、我军支撑数月，即不大得胜利，袁政府因种种难关，将自行倒毙否。以上四端，亟应确实推究，以为决心之根据。此间于各国暨各省情况，不甚明了，尚望冀、周两公速商梁新会及桂督，审夺时势，早予抉择是幸。锷。全辰。"

**按**：唐继尧接阅后，当即电复蔡锷，日本将"实力助我"。

下午4时，蔡锷在大洲驿命令赵又新、顾品珍、何海清，并通报刘存厚：

（一）昨接陈宦电称，军兴以来，倏忽三月，公私财产，军民生命，损耗不可数计。以兄弟之争，遂成国家之祸，凡属同气，岂出素心？此次军事发生，彼此断断者，帝制二字耳。元首以天下为重，业降明令，即予取消，并命徐东海（按：指徐世昌）复任国务，段芝老出掌参谋，黎黄陂亦函认参预政事，兄所抱政见，已完全得达，理应早日息兵，以重民命。近闻东邻亟亟，恐更有意外行动，若相持稍久，吾将不国。以兄明达，何待赘言。务恳推怀悲悯，迅赐分电各路贵军即日停战。一经俯允照办，即可妥筹善后，盼先示复，无任依驰。陈宦叩。沁。等因。本日复电，文略如下：国势岌危，岂堪内讧？滇省举义之初，亦不过要求取消帝制，惩办奸佞而止。不图袁氏不省，致构兵祸。数月以来，生灵涂炭，言之悲哽。今天牖其衷［衷］，削除帝号，在弟初意，本不乐更事多求。惟事有多虑者，袁氏继充元首，于纪纲法律，于对内对外之威信，有无窒碍？即置纪纲法律及国家信用于不顾而委蛇迁就，将来之翻云覆雨，谁复为之保障？袁氏矢言，曩者为救国不得已而出山，今见人心之已去，威信之堕地，或将废然思返，则继其后者，当然为黎黄陂，仍召集国会，依法选举。无论为黎、为段、为冯、为徐，均无不善。凡此数端，皆关国家大计。吾兄才望，冠冕南州，挈兹纲领，登高一呼，则海内向风，纠纷宜可速解。现即电饬滇、黔各军停战一星期，以副雅命。惟各路文电，日来主张，殊属激烈，尚望飞饬前敌各队勿稍冒进，免起冲突为幸云云。自本日起，算入停战日期内，希该梯团长（支队长）飞饬所属各部队一体遵照。

（二）陈宦前两次派人来言，主张一致倒袁，而取联邦之制，并推举段、冯、徐为继任总统。日昨冯玉祥由叙府派唐牧师前来交涉，谓系奉陈二庵意，其所言亦同。顷接刘梯团长来电，谓冯派马教士至横江交涉，词旨亦然。

（三）停战期中，逆军难保不破约乘虚以袭，我所有前线各部队仍应固守现阵地，严密警戒，万不可稍有松懈。但勿挑战，以免敌有口实。切切！

上令赵梯团长、顾梯团长、何支队长，并通报刘存厚司令。总司令蔡。

下午5时，又命令罗佩金：

（一）廿八号下午九时于建武行营发布报告悉。

（二）所报攻守计划甚适当。惟何支队（除所属蒋营已抵横江外）现不能全部开赴左翼方面，因此间他部队子弹关系，该支队暂不能他调故也。

（三）陈宦昨来电要求停战。本日已复电，自本日起停战一星期。因此一星期内，此间各部队不能不待子弹补充；即左翼方面由省开来之部队，及十七日起运之子弹，均须两星期前后方可达目的地。一切应行赶速准备，作战之件仍进行，不可稍懈。不过现在火线对峙之部队，以相约停战之名义，稍加注意而已。陈来电及本日复电文抄送如下（见本日下午四时命令文内）。

（四）予在大洲驿。

上令罗参谋长。总司令蔡。

4月2日，蔡锷电复唐继尧、刘显世、戴戡说："亲译。昆密。冀公卅一电敬悉。今就鄙见所及条列于下。一、日本既实力助我，应速与订约购械，并于最短时日交到指定地点后，赶速运滇。二、分派专员至各省，确实联络接洽。三、派专员驻日，并请唐、伍（按：唐绍仪、伍廷芳）等以半公半私之资格，赴欧美各国接洽一切，俟政府成立，即任为驻外代表。四、组织举义省份之总代机关，以资提挈。五、赶行筹划军备，以图大举。六、我军各路所控之敌，均较我为优势，非得新援及将器械、人员、弹药补充完备，决难移转攻势。在此一二月内停止战斗，实我所利，而敌所忌。而在袁政府方面，财政、外交两端，时日拖延愈久，困难弥甚。故彼辈请求停战，不妨虚与委蛇，从中腾出时日，为赶办上列各事地步。诸公如以为然，请即照此决行。锷叩。冬子。"

同日，又急电唐继尧、刘显世、戴戡说："昆密。黔译北京堂密黎、徐、段电及拟复电稿，均悉。此间转致之政事堂、统率处卅电，想均入览。此时各省情况不明，且无确实联络。陆督主张如何，迄未表示。日人虽云实力助我，尚未发生实效。此时对外声言，只宜取稳静态度。循公主张不复，未始非计。若欲作复，其词旨亦宜和婉，俾免老贼变羞成怒，或将践其瘠牛偾豚，惟力是视之语，则北方数省利权，殆将送赠于某国之手，是不可不慎也。冯玉祥两次派人来言，渠已决心效顺，其主张在倒袁以推冯，并担任联络北军。冯曾在滦州首义，后为袁所骗，故深恨之。其部曲亦多识大义。现已嘱令速举，并迫二庵宣布。并闻。锷叩。冬。"[1]

▲李长泰"千万急"电告北京统率办事处，参、陆两部及重庆曹锟，前方后路护国军军情，并恳请俯允其调回援泸各团营于合江。说："赓密。

---

[1] 　以上各电及命令见曾业英编《蔡锷集》（二），第1334—1339、1341—1342页。

职于卅日抵合江。现据各方面报称，尧坝、先市方面有滇逆千余名，赤水方面有黔逆一团及该县警兵、民团并土匪共千余人，长沙嘴方面有黔逆及土匪七八百人。日前合江下游王场地方来匪多名，欲劫十五师子弹船只，幸为掩护兵击退。查王场为国军运输要路，此匪不除，终为后患，一有隔阂，何堪设想。又永川来凤驿左近有土匪数百人，其余如白鹿坪、板桥等处或数十人、数百人不等，时聚时散，出没无常。廿九日，职行至松溉地方，查获匪探一名，据供称该伙七十余人，伊系头目，在白鹿坪左近抢劫多次，今闻军队过此，特来侦察多寡。当时讯明取供，即在朱家沱地方枪毙，以儆其丑。总之，此种逆匪飘忽无定，避实就虚，逆军利用以减我兵力，此为前方后路逆匪之实在情形也。职师十五旅自占领尧坝□［后］，该方面仅步兵二营，新店及马宋岭一带一营、炮兵两连，先市方面步兵两营、炮兵一连，任平两连，密溪一连。十六旅除留涪一团、炮兵一连及援泸步兵二营外，仅余卅二团第二营，现已派该营张营长率所部三连及炮二营，王营长率炮兵一连，往五亩田进剿长沙嘴逆匪，冀清后路，以备进攻。至工兵三连，除派电话队一连及编入无线电一连外，仅余工兵、步兵、炮兵各一连在合守城，此为职师现在攻守及分配兵力之实在情形也。职师接济悉积合江，现土匪四面环向，棋布星罗，左扑右起，希图牵制，若不分兵痛剿，则危险环生。诚以合江为渝、泸之枢纽，欲进攻尤必以合江为根据，故欲削平干匪，则不能不先剪除其枝叶也。查逆匪虽多，半皆乌合之众，殄灭尚不甚难，奈我兵力过单，不敷分布，既不能并力直前进攻，又不能不舒通后路，倘设备不周，必至顾此失彼，一或不慎，大局攸关，日夜筹思，焦急万状。惟有恳将驻涪一团及援泸二营调赴合江，或饬下齐旅速来合江，则兵力既厚，事权亦一，相度机宜，以扫除左、右、后三面之匪，庶克后顾无忧，长驱进剿。该逆等若闻风兽散，定当指日擒渠，此为职师现在筹划，谨请俯允之实在情形也。职师此次剿逆，将士一心，咸思效命疆场，尽歼丑类，用彰天讨，而快人心。又复屡荷温纶训勉，更尝奋不顾身，况职受殊恩，有加无已，何敢自负生成，稍加顾虑，□谣百出，何足容心。值此时势艰危，惟有砥砺将士，贯彻始终，以期稍报涓涓于万一也。所有报告逆情军事及请调回援防各团营等缘由，是否有当，理合电禀，敬请转奏，不禁迫切待命之至。谨闻。师长李长泰叩。卅一。印。"

按：此电透露，李长泰与泸州张敬尧为对护国军用兵问题，发生矛盾，出现内讧问题，以致陆军总长王士珍不得不于 4 月 7 日分别电诫曹锟与张敬尧，"师克在和"。其电曹锟说："重庆曹总司令鉴。华密。战事猝难解决，诸将纷临前敌，兄任指挥，责任益重，各将领多属年少气盛，难于驾驭。惟念师克在和，古有明训。兄资望既深，识量远大，必能使行阵和睦，以拯时艰。至诸将领或有不周之处，更望大度包容，是所企祷。士。阳。印。"其电张敬尧说："泸州张司令鉴。华密。执事力挫敌锋，独临险地，所部兵力单薄，损伤亦众。每念前方勤苦，寝馈弗安。现续派各队有先到者，尽贵师补充，其备补兵亦可添招，或就近，或来北募，希酌量办理。师克在和，古有明训。躬厚责薄，远怨之方，时艰待拯，识量宜宏，愿与执事共勉之。士。阳。印。"

7 日，曹锟"火急"电复王士珍说："华密。阳电敬悉。川军将领均甚和谐，惟地势限于仰攻，兵力仍须增厚。尚望总长恃稽史乘，详察舆图，指示机宜，制胜帷幄，俾锟等得所遵循，折冲疆场，是所至叩。曹锟叩。阳。印。"8 日，张敬尧也电复说："华密。阳电敬悉。伏蒙奖励周至，复承训诲殷拳，感勉交萦，悚惶靡极。谨当铭诸座右，永奉弗谖。司令识浅才疏，谬膺军寄，转战纳、泸之野，几有孤军深入之危，勉力支持，备臻艰困。每念逆氛之不能即灭，转贻中央西顾多忧，气愤填胸，语言率直，遂致开罪于同刘〔列〕，良由学识之粗疏。兹奉箴规，益当惕励，常怀训诲，随处遵循，庶免怨谤之繁兴，得无愆尤之丛集，则受赐曷有既极。肃电叩谢，伏望垂鉴。司令张敬尧叩。齐。印。"

而李长泰则于 11 日"甚急"电复北京统率办事处，参、陆两部，以及重庆曹锟、周骏和成都陈宧，一面对"准饬三十一团之两营援合（江）"表示"感佩"，一面解释电请该两营援合之举的"苦衷"。说："华密。奉钧处庚电、总司令齐电敬悉。准饬三十一团之两营援合，感佩莫名。昨今该两营前后抵合，已饬三十一团第一营驻扎坝场，该处为大头场、王皇场、小寨坎三路入合之通衢。三十一团第二营派驻合城附近各要隘，第五连驻江北岸白塔地方，第八〔六〕连驻城外江岸，第七连驻醒觉溪、教场两处，第八连各门守卫并保护子弹接济。三十二团第二营第五、八〔六〕两连驻扎小寨坎，为抵制五亩田前方长沙嘴之匪，第七连驻扎马衢子，掩护已设该处之山炮二尊，第八连驻扎密溪场，为联络尧、先并掩护输送。该处原驻之卅团第二营第八连已调驻真龙山，此为职师各营分头驻扎堵截匪逆之实在情形也。前以十五旅与寇相持，不遑内顾，是合江势处孤悬，守城只有两连，而全师子弹接济悉储合江，故赤水、鳛水、山网场、长沙嘴等处之匪，耽耽思逞，日有增加。默审危机，孰大于是，因有电请调回该两营援右之举，亦实出于万不得已之苦衷也。所有职师各营分防地点及详细数目，合谨电闻。师长李长泰叩。真。印。"①

▲报载"教育总长张仲仁昨有密电两通，分致蔡锷、梁启超，一面劝告，一面调停，电文凡千余字"。②

## 4 月

### 1 日

▲刘存厚急电告知蔡锷、李曰垓、唐继尧、刘显世、戴戡、殷承瓛等人，所部于 31 日复占南溪。说："敌军约一营占踞南溪，经我军田支队舒、谢营往攻，力战一昼夜，敌人不支，于三十一号拂晓，将城外民房焚烧退去。我军当即入城，置官安民，人民得庆复生。敬以奉闻。存厚叩。东。印。"③

▲报载王印川通电蔡锷等人，请息战端，共图大计。说："申报、新闻报、时报、神州日报、中华新报、亚细亚报、时事新报各报馆转蔡松波、唐赓冀、任子〔志〕清、刘显世、戴心〔循〕若、陆干卿、梁任公、汤济武诸公鉴。元首明断，取消帝制，诸公主张，完全得伸，全胜之功已奏，今后所虑者，惟如何收此全胜之局耳。为诸公计，为国家前途计，诸公惟有适可而止，即时罢兵，留此余勇，凭此优势，为改良政治、发达国家之用，则政治必可改良，国家必可发达。诸公不但为维持共和之巨子，亦且为富强中国之元勋，千秋史乘，畴不钦仰。若计不出此，感情用事，走于极端，怂气作主，一泄无余，则战祸绵延，胜券难操，引盗入室，同归于尽，以维持共和之初心，转而酿破坏国家之恶果。功首罪魁，转瞬易位，后之思今，虽悔何及？民国元年二月之国民党，及三、四年来之现政府前车之鉴，可为痛心。诸公素谙政理，饶有经验，此中机妙，谅早洞知。惟

① 以上六电见《护国运动》，第 566—567、569—571 页。
② 《北京电》，天津《大公报》1916 年 3 月 31 日。
③ 《护国运动资料选编》上册，第 309 页。

恐驱于感情，迫于众议，临崖勒马，大勇所难，故敢略布区区，敬乞审思，知我罪我，非所计也。王印川叩。"①

**2 日**

▲蔡锷电复黎元洪、徐世昌、段祺瑞，袁世凯若真有"悲天悯人之怀"，就应"为洁身引退之计"。说："北京黎副总统、徐国务卿、段总长鉴。华密。奉勘电，敬谂起居无恙，良慰远系。迩者国家不幸，致肇兵戎，门庭喋血，言之痛心。比闻项城悔祸，撤除帝制，足副喁望，遂听下风，曷胜钦感。惟国是飘摇，人心罔定，祸源不清，乱终靡已。默察全国形势，人民心理尚未能为项城曲谅。凛已往之玄黄乍变，虑日后之覆雨翻云，已失之人心难复，既堕之威信难挽，若项城本悲天悯人之怀，为洁身引退之计，国人轸念前劳，感怀大德，馨香崇奉，岂有涯量。公等为国柱石，系海内人望，知必有以奠安国家、造福生民也。临电无任惶悚景企之至。锷叩。冬。四月三号由泸州电局专丁陈玉兴带送。"②

▲报载"前都肃政史庄蕴宽日前致梁启超、蔡锷等一电，大意谓南北相持，国本摇动，帝制现既取消，公等目的已达，请顾念危局，速即罢兵，勿为意气之争，致招亡国之惨云云。"③

**3 日**

▲蔡锷电告唐继尧、刘显世、戴戡并转各处，张敬尧第七师"战斗力已甚微"。说："顷据北军中某参谋官面述，日前我军分头猛攻，张敬尧分电各处请援。大意谓连日受敌军强攻暗袭，各路败衄，官长死亡殆尽，士兵溃退，不能制止，有不战自溃之势，如无增援，必不免有全军覆没之忧等语。可见袁逆夙称常胜军之第七师，历次经我军摧破，其战斗力已甚微，赖得第八师之新援到，得苟延残喘。若再将其第八师击破，则袁逆精锐尽矣。特闻。锷叩。江。印。"

又"万急"电请唐继尧、刘显世、戴戡决行五策。说："亲译。昆密。联名通电稿读悉。敬举鄙见如下。（一）就各方面情形打算，此时不宜急切

---

① 《公电》，上海《时报》1916 年 4 月 1 日。
② 曾业英编《蔡锷集》（二），第 1343 页。
③ 《北京电》，天津《大公报》1916 年 4 月 2 日。

宣言，俟将各国各省情形侦实后，再行定夺。（二）以滇、黔两督名义复电北京及龙（济光）、张（鸣岐），承允于川、湘境内，暂先停战三四星期。如滇、黔军须加入粤战，即以第一军总司令名义复电前途亦可。（三）于停战期内，赶派增援，分赴川、湘，并补充弹药。一面提出条件与之磋商，拖延时日。一面派妥员分赴各省切实联络，速速举义，或守中立。（四）对粤宜促桂积极进行，赶速攻下羊城。（五）速向日本订购军火及制弹药器械运滇。以上五端，如以为然，盼速决行。锷叩。江申。"

又急电告知唐继尧、刘显世、戴戡，戴戡以留驻北路为宜。说："义密。周公卅亥电悉。熊部（按：指熊其勋部）固以仍留北路为妥，循公亦应留驻为宜。如循非东行不可，则马首其东可耳。请周、循两公酌之。锷叩。江。"

又电告唐继尧、刘显世、戴戡，拟复黎元洪、徐世昌、段祺瑞电。说："华密。拟致复黎、徐、段电文曰：7456、7994 至 4531[①]。等语。"

上午 10 时，又在大洲驿通报刘存厚说：

（一）敌军第七师分布于纳溪城至分水岭一带，其兵力经我军历次摧破，已甚微弱，似无前进模样。其新到之第八师，分布于分水岭至合江一带，有跃跃欲试之象。冯旅（伍旅所溃之一团亦归其节制）两次派人来通款，决计效顺，商定即举义。其未举义以前严守中立。其驻柏树溪及南溪之军队（南溪只败残之汉军百名）已撤退。

（二）本军拟对于第八师为攻势防御，对第七师暂取守势，得机则反攻。

（三）本军驻扎三百坎、木厢岩、石门子、马庙一带地区之部队，拟调回本道，以便与第七师角逐。拟请贵军派一支队，至少一营，填扎上开各地，以资警戒而便联络，并限于四月六号正午以前到防，勿稍歧误为要（可于五号率队到马庙，与聂支队长接洽）。右开各地，范围虽广，均系隘口，易守难攻，以势揣之，无敌军之来攻。

（四）对于叙州方面，无进攻之必要，饬贵军在南溪之部队毋庸冒进，以免因误会而启冲突。

（五）贵总司令部拟进驻底棚，甚佳，望速实行。

---

① 原文如此。

通报蜀军刘总司令。总司令蔡。

上午 11 时，又命令顾品珍：

（一）对于我前面之敌，停战期限以本月六号满期，现在战斗准备急须进行。

（二）南溪、江安现均为我军占领，我左翼较为安全，应由第五支队抽调一营来渠坝驿，作为该梯团长总预备队，但以一营防守我最左翼一带足矣。现已一面通报刘师长，嘱其派队填扎三百坎、木匦岩、石门子、马庙一带，限六号正午以前到防。如该军能依期到防，又将所余之一营撤回本道。

（三）该梯团所担任阵地，其右翼对于双河场方面极为紧要，务宜严密设法配备之。

（四）警卫队已撤去阵地，着即令其回大洲驿候命。

（五）予在大洲驿。

上令顾梯团长。总司令蔡。

又命令赵又新：

（一）对于我前面之敌，停战期限以本月六号满期，现在战斗准备急须进行。

（二）合江方面之敌，似有向我进行［攻］之模样。该梯团长务宜详细侦察地形、敌情，速完成我攻势防御之准备。

（三）予在大洲驿。

上令赵梯团长。总司令蔡。①

**按**：李长泰以下三电，表明护国军这时切实执行了蔡锷对袁军第八师采"攻势防御"，第七师"暂取守势"令。

6 日，李长泰"万急"特电北京统率办事处等处，报告护国军进攻五亩田，并迫请先前驰援泸州的该师第三十一团两营回援合江。说："华密。前派兵往剿长沙嘴之匪，业经电陈在案。因匪已遁入山中，合江紧要，遂

---

① 以上各电及命令见曾业英编《蔡锷集》（二），第 1343—1347 页。

令归合。今晨长沙嘴方面有黔匪约四五百来袭五亩田，该处炮队与匪抗战，奈兵力单薄，终不能支，伤亡数人，一面退出，一面飞报请援，遂拨派步兵两连，机关枪两杆、炮二门往援。该逆闻大军将至，遂焚烧民房，退回长沙嘴。顷据被匪虏去逃回之练丁报称，长沙嘴有黔匪四五百，又由鳛水县开来之黔匪千余人，声言进据五亩田，扑取合江。现已先遣招匪队分头窜入合境，潜伏各处各等语。查合江扼渝、泸中枢，五亩田为合江门户，而五亩田仅距合四十余里，万一为匪占据，则尧坝、先市势成孤悬。现合江附近逆匪啸集，夜间时来扰乱。职师之在合者仅步兵一营、炮兵两连，而防卫城池及看守子弹等物已用两连余，兵力单薄，攻防维艰。现泸州方面迫请速令职师三（十）一团之两营星夜来援，以救目前之危，倘泸防再有警，即令援泸。除电调该两营来援外，谨此电闻。师长李长泰叩。鱼。"

16 日，又"特急"电告北京统率办事处等处说："华密。据侦探及车网场团□〔练〕等报称，赤水于十一日到有黔军千余人，系胡锦堂所带，灰衣、黄帽、红圈，用毛瑟枪，有山炮四尊。于十三日午前八点，由赤水开有一营，驻扎车网场对岸约数里等语。又据东溪吴旅长报告，据侦探报称，松玻〔坎〕一带逆军有向赤水方面运动者不少，并闻该处增加苗兵甚多各等语前来。查该逆趋势，全力着重合江。除饬前线严防勿懈外，谨具电闻。师长李长泰叩。铣。"

27 日，再电北京统率办事处等处说："陆密。职在前方整备无懈，尧、先方面及合地附近一切布置，曾经电禀在案。查尧、先居泸、合之间，各距六十里，尧在合之西北，先在合之正西，大地图位置错误，敬请详察。十五旅扼守尧、先，十六旅三营于合城附近及尧坝、小寨坎等处，仅足分布守线，既不能收缩兵力，即万难抽调，想在洞鉴之中。设一旦泸防吃紧，若由合江抽援，势必双方失利，务恳于停战期内迅筹援队到泸，庶免临时棘手。前奉总司令寒电开，上官团已到巫山，寇团已到宜昌，在夔训练新兵三千人，业经上驶等情，定有相当办法，在钧处亦必策及万全，何待职鳃鳃过虑。但职目睹时艰，停战将届期满，有所见及，安敢缄默不言。所有请筹援队到泸之处，是否有当，伏乞裁夺施行。师长李长泰叩。沁。印。"①

▲赵世铭函告唐继尧，赴阿迷侦察所得情况。说："都督钧鉴。敬肃

---

① 以上三电见《护国运动》，第 568—569、571—572 页。

者。江电计达钧览矣。世铭抵阿侦察情形，姜梅龄家属实系助匪，并有假装来降反攻情事，拟请即日将该犯正法，以快人心而昭法纪。王锡吉、熊鼎、魏士祥、谢鸿恩诸人均在个安居，俟匪乱稍静，即解省讯究。刻间世铭解有要犯二人，一系猛丁经历何秉谦，充伪参谋兼营长，屡与我军鏖战。又林府中，系个商，临安人，此次我军住个遇害者，十有六七死于被〔彼〕手。本拟支日解省，因巡检司一带土匪猖獗，每有车来往均被检查，故暂拘留阿迷，容日再解送省。肃此。敬请钧安。学生世铭。四月三号。印。"

4 日批："鼎成贤弟如握。顷接来函，备悉种切。姜事应将确实证据查获后，再行讯办。要犯二人，刻已解到省城，一俟讯明，定当按法惩治，决不宽贷。此复。顺颂旅祺。唐○○启。印。"[1]

4 日

蔡锷电复张敬尧，已彻查并严禁停战期内放枪。说："泸州张司令鉴。华密。江电悉。于贯山附近放枪一节，已飞饬彻查严禁。近日选据前线报告，牛背石方面贵军亦常突出步哨线前，出没无端，枪声络绎等语。此种举动，疑系地方匪类所为，故亦置而未理。川中群盗如毛，假借名义，肆行骚扰，诚所不免，此时殊无术以清理之也。锷。支。"

又"万急"电告唐继尧、刘显世、戴戡、黄草坝刘存厚，已允准陈宧停战要求，再展延"三星期乃至一月"。说："义密。顷接二庵复电，已派时若、杏村前来接洽，并请延长停战期限，以便从容筹商等语。拟允予展限三星期乃至一月，如何？速复。锷叩。支亥。"

午后 7 时，又在大洲驿命令何海清：

（一）该支队于四月四号午前九时呈来报告及略图，均悉。

（二）该支队拟移驻地点，既以仁怀为适中，自应照准移驻仁怀，以便兼顾，仍对于各通道严密警戒，互相联络为要。

（三）该支队以后归赵梯团长直接指挥，所有一般报告，均须由该梯团部经过。

（四）据称龙洞场现无兵扼守，应如何分兵驻扎，仍仰该支队长报

---

① 云南省档案馆藏档案，档案号：106 - 3 - 1358，第 43—45 页。

告赵梯团长酌核，并一面直接商知廖支队酌量配备，以便联系。

（五）廖支队之服装，现已电饬永宁赶造，一俟运到，即当补充。

上令何支队长。总司令蔡。

又命令廖月疆：

该支队以后仍直接归赵梯团长指挥，所有一般报告，以从该梯团部经过，并与左右翼我友军仍常取联络为要。

上令廖支队长。总司令蔡。

晚8时，又命令赵又新：

（一）三号午前十时三十分李参谋长报告、四号午前六时二十分赵梯团长报告均悉。

（二）何、廖支队及黔军杨营，均归该梯团长直接指挥，关于饷项、子弹、粮食补充等（除杨营外）亦归该梯团部任其经理。

（三）廖支队所部军纪不整，结怨人民，影响颇大，应由该梯团长严饬该支队长切实整顿，所需服装俟后方运到即发。

（四）廖支队现在防御配备位置，据李参谋长报告，觉太退后，应仍移扎尧坝方面云云；又龙洞场尚无一兵扼守，应饬廖队移扎云云。均由该梯团长察配［酌］情形，妥为布置可也。

（五）炮弹及六米八枪弹，俟到日即飞速补充该梯团。

（六）何支队报告称，移驻赤水县较为适中，以便策应，已准行矣。

（七）予在大洲驿。

上令赵梯团长。总司令蔡。

又命令顾品珍：

（一）顷据川军刘总司令通报称，通报悉。敝军在古宋军队现止三连，已遵饬克日开扎马庙、木匠岩两处，余队刻因分扎江安、南溪、李庄一带，一时难以调回，三百坎、石门子仍请贵军并预云云。

（二）三百坎、石门子两处，应仍由该梯团派队驻扎，严密警戒。

其在马庙、木匠岩部队俟川军接防后，可调回本道。

上令顾梯团长。总司令蔡。

下午9时，又命令杨汝盛：

（一）该营长率所部直接受赵梯团长指挥。

（二）予在大洲驿。

上令杨营长汝盛。总司令蔡。①

▲梁启超电告李烈钧、方声涛、高尔登，若不得已，姑提三条件与袁逆停战谈判，并请将此意转告唐继尧、蔡锷等人。说："冬电想达。超前拟提五条件之电，因到龙日（按：梁启超3月28日抵龙州），得陆督电，告以有粤使来商。电意未明，读之焦急。当即电督，有'袁不退，对京无调停余地。龙不退，对粤无调停余地'等语。继思若不得已，姑提条件，则一须将群小明正典刑，寄枪毙影片；二尽黜封爵；三令蜀、湘北军，援百色例缴械，候遣散。三件办完，即许停战。一面派黄陂及袁克定为正副使来议，保证永绝专制之件云云。已拟电稿寄督。因此为袁所万办不到，不妨借以塞中立者之口。若彼果照办，则因惩凶而群小自危，内变必作，因缴械而剥去战斗力；且黄陂借此得自拔贼中，即亦甚佳，而所谓保证永不专制之件，余地甚多，断不至受其愚弄也。旋得行营来电，知督意甚坚，杞忧顿释。若能并此条件不提，尤为严正矣。一切俟晤督后当悉。恐尊处误会鄙意，谨陈颠末，并希转达唐、蔡及诸将。此间七电往滇，迄未得复，不审何故？乞一询赐复。启超。支。借印。"②

▲报载英文《京报》消息说，对于黎元洪、徐世昌、段祺瑞联名电请各省将军、巡按使就调停问题发表意见一事，"江苏冯将军与四川陈将军皆有极可注意之复电。冯电称，帝制取消，闻之欣悦，大局当可赖以挽回。惟南军领袖希望甚高，仅取消帝制恐未足餍其望。国璋愚见，政府应另求保障将来之充分方法，即从根本上解决此问题。又谓国璋对于君宪始终反对，早料必召祸乱，从前之所以不切实反对者，乃恐于众人咸信无事之际

---

① 以上各电及命令见曾业英编《蔡锷集》（二），第1350、1347—1349页。
② 《护国之役文电稿》（1916年2月至1917年1月），中国国家图书馆藏。

独持异议，致令人指国璋造成嫌疑也。尚望政府鉴于已发生之事，速另定大计，以救大局云云。陈将军之复电，其文甚长，指陈蜀省军情，对于前途，表示悲观。略谓三月来，川南大战多次，张敬尧部下兵士，受创颇重，进步无多。北军接济困难，而战斗力又不若南军之士气奋发，若徒恃武力，不易解决。今乱象蔓延迅速，渐及南方，一至海岸，时局尤危，纵令官军之力平乱有余，然南军领袖断难全数就擒，南军果败则领袖诸人，势必窜往外洋，永为国家之患。大总统以爱民爱国为前提，乞本此义牺牲一己，以救危局。宦已派员与蔡锷接洽暂停战事，蔡锷为人素有远识，知所先务，乞饬前敌司令止战，以待磋商条件云云。近日路透成都电，谓蜀政府已令前敌停战，此亦大可注意者也。日人电信亦谓蜀省双方军队，皆已撤退若干里，陈宦与蔡锷之磋议，目下正在进行中（四日）"。①

又载英文《京报》报道陈宦4日有电到京，说：

> 该电系特致黎、徐、段三君者，并请徐、段将该电原文抄录一份，转呈大总统。惟电文中，陈并未发表个人之意见，惟述其与南军总司令蔡锷往来信件之内容而已。兹转录于下：陈宦致蔡锷函，略云云南此次起事，全国皆知，原由爱国起见，并无丝毫个人恶感。兹者帝制经已取消，公等目的亦已达到，而大局尚岌岌不可终日，凡以国事为前提者，即当设法维持。蔡公爱国达士，想亦与表同意。兹请通示前敌，暂行停战，以便双方讨论善后办法。敝处亦当分示北军长官，立即停战。素仰我公大公无私，谅能不趋于个人感情作用，有以教我。其余详细办法，已面嘱敝处代表，亲赴台前，明述一切云云。闻陈宦之代表为四川道尹雷某。

> 其蔡之复函谓，敬诵大函，得领宏教，不胜钦佩。所云此次云南起事，特为护国起见，诚然诚然。当时锷等以为起事之后，可用军事上之态度，表示国人反对帝制之意。如袁氏而良心不昧，即当俯从民意，中止帝政行动。讵料袁氏并无悔祸之心，竟反调派大军南下，以实行武力压制，以为如此则真正之民意可以被其压倒，而帝制即可成功，因此致令生民涂炭，将士丧亡，举国骚然，四民失业，袁氏岂能

---

① 《译电》，《申报》1916年4月6日。

辞其咎耶。及见人民反对日烈，帝制终无成功之望，始不得已勉行取消。论者以为袁氏至此，必能退位，以让贤者。乃复尸位不去，此非吾人所能解者。试问袁氏居此失败地步，能否掌执国家大权，操纵如意，即使能之，又试问袁氏尚有何面目以见国人？今姑将道德廉耻暂置勿论，又试问当此纪纲法律，对内对外之威信荡然扫地之秋，袁氏焉能举国中之有才有德者，以供其指挥耶？袁氏独断独行五年于此，试问成效何在？据吾人所闻，袁氏屡次布告国人，自谓当初不欲再入政界，因辛亥时迫于公义，国人之请，不得已始出肩任国家大事，以尽爱国爱民之苦衷。兹者举国国民同声要求袁氏退位，为袁氏计亦止有自行卸职之一途，始不与其所谓爱国爱民之宗旨相抵触。否则，帝制今虽取消，焉知将来不死灰复燃？请问我公果有何等担保，足以取信于国人耶？或者以为袁氏退位，不免有新发生之竞争，致使国家趋于危境，锷则以为大谬不然。袁氏果能退位，继位问题不当以武力解决，应以法律解决之。约法不云耶，若遇总统退位，则其责任职权当以副总统继续肩任。袁氏果去，则黎副总统照法律上应继其后，同时应按约法召集国会，另行选举正式总统，以同人等遇见所及，将来正式总统不妨于下列四人中任举其一，即黎元洪、段祺瑞、冯国璋、徐世昌是也云云。[①]

按：1916 年 4 月 9 日，欧事研究会机关报上海《中华新报》发表蔡锷复陈宧电时，有意隐去了以下文字："以同人等遇见所及，将来正式总统不妨于下列四人中任举其一，即黎元洪、段祺瑞、冯国璋、徐世昌是也。"将此句换成了"当不至生若何纷争也"一语。

13 日，又载蔡锷致电黎元洪、徐世昌、段祺瑞说："木［本］月五日，南军首领蔡锷曾由泸州致黎元洪、徐世昌、段祺瑞等一电，略谓闻公等于此

---

① 《陈宧报告与蔡锷交涉之要电》，天津《大公报》1916 年 4 月 12 日。又见《川中停战交涉之陈、蔡书函》，《申报》1916 年 4 月 9 日。该报在蔡锷复电之后并加有如下按语："此函始终主张退位，出于蔡氏，似尚可信。惟措词迂回曲折，而信末又有指名其意可选总统之人物，颇与前此相传陈宧主张推举总统者相颇似，此中殆亦有可以研究之点也。"并说："同日，《亚细亚报》亦载有四川停战消息之新闻，其文略云四川将军陈宧昨有电呈政府，云蔡锷近有悔祸之意，顷来函提议请停战七日，以便协商平和办法等语。政府即于昨日特开国务会议讨论此事，闻已有电复陈将军准许停战。云云。据此以观帝制派报亦非全无消息，特因果黑白，往往适与真确之事实作成一反比例耳。"

大局危急之际，重入政界，极为欢迎。今此之危局，实帝制派欲将公于全国之共和国，改为一人私产之帝国有以造成。取消背道德、坏法律之帝制，诚为智者之举。但以国事之危险，与夫民心之怨背，仅取消帝制实有未足，元首之威严已损，人心之信用已失，虽欲恢复，已有不及。吾人但求元首退位，以安度民心所允许之生活。今日之事，实大局使之如此，盖大局已令其去职以让他人也。若元首能从民意，去总统之职，以与当肩此任者，国人必且感激之不忘。公等为国砥柱，今担任恢复平和秩序之重任，不胜企望云云。"①

## 5 日

▲蔡锷"急"电告知唐继尧、刘显世、戴戡、刘存厚，昭通飞送横江罗佩金，定于 7 日与陈宧代表"在纳溪会议停战规约"。说："义密。本日复陈二庵电，允予展延停战期一个月，俾便磋议一切，并请其速达前途，饬在湘北军立即停战，毋再违约，致生他虞。定七号双方派员在纳溪会议停战规约。杏村、时若计日内可到。冯旅效顺，似非虚伪，望榕兄派员再与接洽，促之速动为要。锷叩。微。"②

10 日，英文《京报》载"护国军总司令蔡锷于五日有电致黎元洪、徐世昌、段祺瑞，于退位一节坚执甚力。电意大略谓，欣喜三公当此大局岌岌之秋，慨然出而维持，爱国热肠，不胜钦佩。袁氏此次推倒共和，帝制自为，敢将四万万人之公产变为袁氏一家之私业，既知国民反对，帝梦中断，不得已始将帝制取消。于袁氏一方面，以为如此办法足以表其决心。吾人亦非不佩其为有识之行动，然仅取消帝制，实不足以取信于南方。袁氏数年以来种种失信背约行为，久激国民公愤，因此，国民对彼无论如何决难相信。盖民心已去，信义已失，威严已伤，不能仅以取消帝制而恢复之。袁氏常言，彼一生行动，皆为救国救民起见，吾人料彼必能本其救国救民之初心，即行退位。倘能办到，则国人将回想彼以前之种种功业，感激涕零，焚香以祷祝之。公等民国砥柱，必能妥筹善后办法，以奠国家于磐石之安也云云"。③

---

① 《蔡锷致电黎段之内容》，天津《大公报》1916 年 4 月 13 日。
② 曾业英编《蔡锷集》（二），第 1351 页。
③ 《蔡松波力持袁氏去职》，上海《民国日报》1916 年 4 月 10 日。原按："蔡锷之电系由泸州发来，足以证明本报前载泸州为南军占领之说为的确不虚也。"但实际未曾占领。

17 日，统率办事处将蔡、陈双方代表所议定的停战规约，电告熊希龄等人说："万急。常德熊宣慰使、辰溪周司令、宝庆刘旅长、辰州范师长：赓密。据陈将军电称，派赴永宁刘一清电称蔡锷规定南北两军在川、湘境内停战规约如下。（一）两军暂守防线，无论大小部队不得进出步哨线外一步，如违约冒进，格杀勿论。（二）军使及信差出入，以两军高级军官所指定之道路为限。军使除特别许可外，以二人为限，且不得携带军器。军使以两尺见方之白旗为标记。如军使无故被伤害者，依刑律治罪。（三）凡有着便服，携带器具，徘徊于两军步哨线之间者，准予射击擒捕。（四）此次停战自四月七号起至五月六号夜半止，并声明得宦同意电复到时，即应彼此通饬遵守等情前来。查此项规约，尚属可行，除饬知宦部各军队外，应恳呈明元首，迅予电令在湘、川各路统兵长官，转饬遵照办理，免致纷歧误会各等语。望即分饬所部准行照办。奉谕转寄。处。霰。印。"①

6 日

▲蔡锷电请南宁陈炳焜译送梁启超，告以"川中军事，现以维持现状为旨"。说："阳密。冀督电转尊谕，至慰。函丈入桂，知必有以策进行而作士气。羊城为我军所必争，桂师宜举全力东下。粤下，再会师图湘。川中军事，现以维持现状为旨，俟新援到，即行进取。袁逆精锐，悉集泸、渝，川事定，此后战事不难迎刃而解也。锷叩。麻。"

又"火急"电复唐继尧、刘显世、戴戡、刘存厚，"滇中增援之师，以全力趋泸或出綦、渝为当"。说："义密。冀公江电敬悉。龙部（按：指龙济光部）缴械遣散，滇、黔无内顾忧，曷胜额手。此后军事计划，以滇军规蜀，黔军规湘，桂军规粤，另组织第三军为各路策应，甚佩伟筹。惟于兵力分配，似尚有应斟酌之处，兹举鄙见于后。凡大军作战，首在将其主力摧破，其余自迎刃而解。次在夺踞其咽喉重地，使其于作战上感非常苦痛，力自不支。现逆军主力之第七、八两师，悉集泸、纳，我若将此军击破，则成、渝唾手可得。其次则重庆为逆军惟一之咽喉重地，我若得此，则在川逆军接济立断，久将不战自溃。故滇中增援之师，以全力趋泸或出綦、渝为当。就现在形势论，兵出綦、渝较易得手。盖现驻綦、渝之逆军

_____
① 《护国运动资料选编》下册，第494—495页。

系第三师及第六师之各一旅，战斗力较弱，不难一战破之。至宁远一路，山川险阻，给养艰难，只宜出奇兵偏师，为奇袭扰乱之用，临以重兵，甚属非宜。万一此路顿挫，川事可谓绝望。即使取得成都，而渝、泸未下，逆军尚可源源入川，战事终难结局。鄙见不惟滇师宜以全力赴綦，即黔军亦应酌留一部协攻綦、渝，俾奏肤功。此事关系至巨，尚望冀公一再审虑，俾无遗算是幸。当否？仍希卓裁示复。锷叩。麻丑。"

同日，再电告唐继尧、刘显世、戴戡，"仍以滇师举全力以出綦、渝为当"。说："昆密。麻丑电计达。顷据循公微电，所见大致相同。惟鄙意仍以滇师举全力以出綦、渝为当。盖泸、纳逆军现有两师，且较精悍。我军现只九营，激战之余，兵额大减。以言防守，尚足勉强支撑；以言进取，即增加两三支队亦无必胜之把握。刘师现虽编成五营，然蒲柳之姿，不禁霜雪。故就全川兵略言，叙、泸方面宜主守，俟綦、渝得手，或遇敌有隙可乘，乃并力冲出，綦、渝方面则积极取攻势，以必得为期。对湘亦宜暂取守势，王部力如单薄，由周公酌派援兵益之。桂师既准备出湘，则湘西军事，亦当稍松也。如何？希示。锷叩，麻申。"①

▲龙济光布告全省，宣布广东即日独立。说："为布告事。现据广东绅商学各界全体公呈，粤省连年灾患，地方已极凋零。近来各省多已反对袁氏，宣布独立，粤省危机四伏，糜烂堪虞。各界全体为保持全省人民生命财产起见，集众公议，联请龙上将军为广东都督，以原有职权保卫地方，维持秩序，此系拥护共和天经地义，请即刚断执行等情。查阅来呈，持议甚趑，本都督身任地方，自以维持治安为前提，刻经通电各省各机关、各团体及本省各属地方文武，即日宣布独立。所有各地方商民人等及各国旅粤官商，统由本都督率领所属文武担任保护，务须照常安居营业，毋庸惊疑。如有不逞之徒，假托民军，借端扰害治安，即为人民公敌，本都督定当严拿重办，以尽除莠安民之责。其各同心协力，保卫安宁，有厚望焉。特此布告。广东都督龙济光。"②

▲英文《京报》刊文回溯蔡锷所率入川滇军"近三四月来"的战略问题。说：

---

① 以上三电见曾业英编《蔡锷集》（二），第 1351—1353 页。
② 《护国运动资料选编》下册，第 592—593 页。

六日英文《京报》云，欲知长江上游战局之真相，则不可不取宜昌与叙府间近三四月来所发生之事实，而加以回溯之考察。滇军首取攻势，故记者今就滇军战略之似已发展者论之。滇军最初之行动，志在乘北军未抵蜀境之时袭取成都，席卷而下直扑武昌，以据南北铁路交通之一线，然后再谋取浦口以断津浦路线之交通，使北京政府不能遣兵南下。虽达此目的，其道何由？大足费人推测。然滇军未尝不有陷叙府、破渝城、率其雄师以沿江而下之想，则为记者所敢言者也。滇军入川迭获胜利，惜兵士太少，弹药不充，卒未能展其谋略。盖欲攻破成都，则必先有充分之劲旅，以阻北军之入川而后可。然黔省未响应之前，云南一省之兵力实不足以语此，迨黔省加入而北军已深入蜀境矣。推求滇军此谋失败之原因厥有一端，即滇省宣告独立略嫌过早是已，使稍忍两星期再行宣布则庶几矣。无如其时帝制进行一日千里，南方领袖忍无可忍，遂仓促起事，而夺取成都与盐井之初谋乃因以不成矣。

使北军司令而为深明韬略者，则必驻重兵于重庆之对面，以保成都之后路，于是滇军从贵州方面进攻者，将有腹背受敌之危，宁独成都可保无虞，且北军征滇之困难亦可大减，此固滇军领袖当时所引为深虑者。乃北军司令不解此谋，汲汲促兵溯江而上，似不欲撄黔军之怒。要知是时黔省兵单械少，并无作战之准备也。滇省有鉴于此，即遣重兵至贵阳，促其响应，虽减轻入川之兵力亦所不恤。至是黔省遂加入滇省方面，惟就夺取成都之计划而言，黔省加入之期终嫌已晚，盖北军已云集重庆，派兵千人趋援盐井矣。

滇中新兵由永宁入川，与刘存厚相遇，刘素与滇军接洽，当即响应，率其部下转取泸州，兵已过江，城陷在即。讵北军援兵适到，众寡悬殊，刘军被逼渡江而回，自此滇军与北军之恶战遂开始矣。纳溪之前战事亦烈，纳溪得而复失者两次，卒为北军所据。北军报捷，谓滇军战斗甚勇，终受重创而退。而滇军则谓退出纳溪，乃滇军战略之作用，证以后闻，其说不诬。盖滇军向永宁退走，四处埋伏，以待北军。迨其既至，伏兵悉起围攻之，北军大败，而滇军乘胜追击，复夺纳溪也。

北京政府，调兵入川，络绎不绝，曹、张之军，相继而进，北军既集泸州，滇军之地位，遂不能坚守，且龙济光之子发难于蒙自附近，尤足为后顾之忧。滇省至是不得不另有举动，以牵掣北军之进行，遂定出兵扰湘之策。滇军之攻湘者，为数仅及三千，避实攻虚，出奇致胜，成效卓著。湘兵多倾向共和，声势愈壮，于是黔阳、晃县、永州、麻阳、辰溪数处相继陷落。政府鉴于湘省之危，乃急调进援蜀省已抵宜昌之皖军十营，改赴湘境，以援马继增部下之残兵焉。

滇黔军以毕节及贵阳为根据地，趋赴綦江与南川，以窥重庆。但北方新兵（大约为豫军第九师）适抵前敌，滇黔军乃不能长驱直入。时纳溪陷于北军，蔡锷先在綦江指挥军队，一闻纳溪不保，即赴永宁重行组织从纳溪退出之滇军，旋有夺复纳溪之效果。

至于桂省独立，其详情非此篇之范围，故不赘述。一言以蔽之，桂省加入，极合时机，滇省遂可撤其防卫南界之军队，而用之于北方矣。

滇黔军最近之行动，在于夺取长江上游，湘省芷江方面战争暂停。蔡锷似已集其主军之力于永宁之前，屡次攻敌，所向披靡，江南各境，复被占领。曹锟陷阵，几濒于危，苟非张敬尧亲自率兵，奋勇营救，则曹锟将丧身于川南群山之间。开战以来，以此役为最重大，南军竟获全胜焉。北军不独丧失多城，死伤甚众，且张敬尧阵亡，关系尤重（按：张未亡，此消息不实）。今张氏殒命之说半，官报虽否认之，但记者探悉，确有人目睹张敬尧家属所接之私电，谓张氏已受致命之重伤。兹张之存亡，姑无置论，然北军之退至长江则固事实也。

戴戡之军，今亦占领彭水。彭水在涪州之东南，南军得此新凸角之要地，即可进攻，使曹锟军队不能得宜昌策应军之接济。记者料南军目下之战略，必由此方面进占万县或涪州，以断曹军之交通线。若此谋实行，则曹军惟有北退入川东，而赴陕西耳。南军欲厚其此方面之兵力，故已撤回战于湘境之军队，但若谓湘省已无滇黔军之踪迹，则断乎不可。盖南部为北军一部份所据，若辈已宣告独立，而西境则仍在黔军之手也。

记者今试就曹锟之地位而一言之，曹军后为重庆，右为泸州，左为南川，黔军由彭水而进，则适当曹军之侧翼，而堵其退后之路线。曹军败后再败于纳溪之南，又败于纳溪之东，士气沮丧，非有大批援军从速进援，则曹军必无斗志。预料戴戡必率兵北行赴涪州或万县，以堵北军来援之路。而涪州与万县两境，以涪州为适宜，因隔江之鄪都、长寿两县，土匪纷起，党人活动，已陷于被围之境也。至于綦江方面之北军，极其能事亦不过阻过滇黔军之前进，若曹锟恃此以拒戴戡之军，则必不能。故今日曹锟之地位，略如下述。其右为陈宧，陈施行一种中立政策，与滇军暂停战事。其前为蔡锷所统之胜军，其左为戴戡，有攻其侧翼之势。其后为盗匪与党人，若曹军沿江而下，将有倏被拦击之祸。今曹之运兵船，已有在中途两次被攻之消息，据路透电云，有一次运兵船已被击沉，足见曹军后路之梗阻。目下只须南军进行其侧击之谋，即足使曹军退入陕西。今戴戡所欲行者，殆在此欤。①

7 日

▲蔡锷急电刘显世、戴戡，请电告东路有关军情。说："义密。东路军事吃紧，至为焦念。乞将以下所列各件见示。（一）敌我兵力各若干？现分几路？（二）近半月战况。（三）王部（按：指王文华部）能否支撑？已否派兵增援？（四）五峰现抵何处？（五）如渊（按：刘显潜，字如渊）所部共若干营？可调赴东路否？锷叩。阳。"

又"万急"电复唐继尧、刘显世、戴戡，否定唐继尧"以重兵出宁、雅"之议。说："亲译。义密。麻丑、申两电计达。以重兵出宁、雅一议，不独于现在兵略上不甚宜，而停战期间，川、湘境内均须按兵不动，是滇、黔之师只能增援前线，不能另辟途径也明甚。若果于兵略上有绝大利益，且可全操胜算，即背约失信亦所非恤。无如我军现在所控逆军，兵力皆较我为倍，一旦决裂，利未见而害已形。务恳冀公俯采众议，将前说作罢，而以第二军主力及黄、赵（按：指黄毓成、赵钟奇）两军速出綦、渝，并准备第三军以便为各路策应。循部仍以担任原有任务为宜。盖綦、渝之得失，为彼我成败利钝所系，兵力愈厚愈佳。况熊部（按：指熊其勋部）于彼间地形最熟，深得人心，相需正殷，不宜他调。如虑指挥上有碍难之处，锷拟移驻松坎，而调榕轩回永。如照此议决行，锷当赶为部署，以便东行。

---

① 《长江上游战局之真相》，《申报》1916 年 4 月 9 日。

如何？希速示。锷叩。阳午。"

晚8时，又在大洲驿命令顾品珍、赵又新并通报刘存厚、郑英：

（一）本军前准陈宦电请停战一星期，已于昨日（六号）满限。兹复接陈电，请求于川、湘境内停战延期，及黎、徐、段诸公电劝，当允自四月七号起，继展限一个月，于川、湘境内彼我两军，一律停战至五月六号下午十二时止。

（二）该梯团应饬所属前线各部队，于原有阵地扩张强固工事，严密防守，不得稍有疏虞，亦不可冒进，遗敌口实。并宜节省兵力，轮流防御，以便休养。并加意教练新兵，整备一切，是为至要。

上令顾、赵两梯团长，并通报蜀军刘总司令、狙击义勇（军）司令郑英。总司令蔡。①

**按**：袁世凯宣布取消帝制后，护国阵营的战略分歧开始增大，不但蔡、唐意见不同，李烈钧与陆荣廷、唐继尧之间，乃至陆荣廷与唐继尧之间都暗藏着各自的盘算，唯蔡锷仍着力于消灭袁的有生力量。李烈钧以下数电，则是这一现象的真实反映。

4月1日，李烈钧致电陆荣廷、陈炳焜，要求黄毓成部仍与其所率护国第二军"东出赣、皖"，反对令其"班师回滇"。说："接挺进军黄总司令（按：指黄毓成，字斐章）百色来电，谓得我公通告，桂已专任攻粤，请即班师回滇，共图进取，当即准此，已定期返旆云云。我公老谋深算，对粤已有把握，使滇军得专力对袁，无事旁剿，至佩。惟纵览全局气势，义军方面非多出雄师，早进中部不可。今滇中第一、第三两军分道攻入川南、湘西，着着胜利。黄总司令本拟与敝军东出赣、皖，鼓动东南，揽取长江下游，与第一、第三两军首尾相应，会师武汉，直捣幽燕。今粤事已有我公担任，正可迅速北进，若遽班师回滇，觉大敌在前，为时尚早。且黄公为唐督挚友、同学、同事，此次举义，联洽各方，黄公实为之中心。其为人豪侠好义，威勇过人，所部多良将劲卒，屡经战阵者，故黄公行动如何，于国于滇皆有莫大关系，拟请我公仍催黄公前进，共扶大局，以免延误事

---

① 以上各电及命令见曾业英编《蔡锷集》（二），第1353—1355页。

机。如何？盼复。"

6日，又连致唐继尧二电，其一是请允黄毓成部"暂留桂境"，由他"相携东下"。说："袁氏伪消帝制，希冀调和，以图后逞。各省将帅为之瞠顾，无耻如某某（按：指龙济光）亦居然起作调人。邪说朋兴，面目诡变，非迅出得力军队，实占优势区域，宣扬正义，力拨奸谋，恐大局转为纷疑，贻害国基，无有穷已。长江流域实为全局枢纽，自桂省独立，钦、廉、潮、汕相继响应，东南进兵，较之西北形势益为便利，我军似宜乘此长驱之势，迅速北进，联袂中流，应付时局，势威已振，奸言自熄。拟请毓兄所部暂留桂境，弟当即日前行，相携东下。袁氏无耻，非人所料，时局变幻，未可预测，吾辈宜应几〔机〕急行，力求胜算。伟见如何？祈即指示。"

其二，甚至胁以如不留黄部，又不"允加劲旅"的话，就将甩手到上海去"从旁赞助"了。说："迭陈各电，谅均入阅。粤东方面，桂已独任，我军似可迅速出湘。果能冲断江流，即影响大局，获益尤巨，且川南得遥应之势，逆军将不战自溃。依目下情况，义军局势，益益发展，粤为后路关系，斯时已无须忧惧。为制胜全局计，冲出中部最为要图，但二军兵单将寡，毓兄所部如何动作，未奉公命。若止用敝部出湘，则兵力大形单薄，欲以取胜，自由〔然〕万难从事。前蒙允加劲旅，究竟所加若干、何时起程，乞赐旺命。若无兵可加，则拟从此而止，另派相当将领，代统所部，使按兵边邑，相几〔机〕因应。弟则拟单身出此口，闻行至沪，从旁赞助，并可稍养病躯，统希赐复。时局至此，护国倒袁，已可必其成功，后当注意者，唯政治刷新与善后问题已耳。"

7日，又通电唐继尧等人，对川、湘停战持有不同意见。说："滇唐都督，贵阳刘都督，蔡总司令，戴、刘两总司令，王司令，凤凰厅程、陈两招抚使，四川江门刘总司令、熊司令、陈宣慰使，横江罗总司令，顾、刘、赵、韩四梯团长，殷总参议，滇都督府任参赞、叶总参谋、庾厅长、张师长，蒙自刘师长、黄总司令均〔钧〕鉴。奉唐公电，有停战只两星期之语，未承示及理由，闻命惊讶，忡忡袭心。刻接港友专电，复谓：'黎公以副总统名通电调和，闻川、湘均已停战，国人大惊，佥谓袁氏平日好弄奸欺，特殊势力遍布国内，压伏群论，胁以逞志，非摧根削趾，国基政本，安获明光？且势局翻覆，等于儿戏。国赖雄才，万邦式瞻，岂能贻薄弱之讥，突梯［起］风云，启人讪笑！黎公为暴力包裹，尚未可倚信，仍恳举义诸公毅力坚持.'等语。滇、黔为首义之区，言行所披，海宇风动，人心壮怯，士气钝锐，皆系诸公一言，标示进退，得丧之几［机］，危乎其微。窃谓停战之约，于袁军有大利，于我军则不利。盖袁氏自经讨伐，神气沮丧，帝王声口，每况愈下，内部动摇，与日俱甚，兵无斗心，人怀新治，大势所奔，不可收拾。今与之停战，则袁氏得利用时期，维持整顿，其害一。国民恶袁，如火益热，时日曷丧，铜山可崩。闻逆军之败衄，知独夫之可锄，莫不奔走呼号，运动响应。今与之停战，则袁氏得利用时会，以缓和人心，其害二。违法背誓，对外信用，早已丧失。军将败衄，民心解离，鄙薄之声，当益高厉。今与之停战，则袁氏将利用时期，割让乞怜，谀媚求逞，其害三。我军根据公忠，建议讨贼，将士勇锐，气干青云，灭此朝食，慷慨无似。今忽停战，将令壮士疑沮，懦夫生心，朝锐顿挫，后难为继，其害四。中、北二部，良将劲卒，积极向义，准备反袁（之）旨，日有增益，忽闻停战，必怀观望，疑云已兴，袁氏反得及时羁制之，其害五。夫两军对峙，血战月余，能收最后胜利者，决在坚忍力最大之一方面。诸公博览战史，久握虎符，帷幄运筹，固无遗算。但钧以屯兵边邑，莫解其由，国运所关，在此一举。停战之约，影响于战局者其害小，影响于人心者其害大，还祈诸公决心奋志，扫除妖孽，建立新猷，永奠邦基，以解时危，以餍民望。遥瞻马首，谨贡区区。"

12日，又电复唐继尧，不以"转而攻川"为然，力主"以一支劲旅冲出中部"。说："尊电敬悉。粤事已定，转而攻川，为西南久远计，诚属要图。我公老谋，至为敬佩。然为策取全局计，乘此东南响震，逆军顾此失彼之时，急以一支劲旅冲出中部，不特大势可定，且川东逆军亦将不战而溃，成都、重庆仍计日可下。盖现在局势发展，与始义时已稍不同。初起时已嫌孤掌，且虑坐困，出兵之计，自以先定川蜀、巩固西南为宜。今桂、粤已振，不特后顾无忧，且袁氏有遍体疮毒之观，吾滇则游刃自如，乘隙踏瑕，四战于外。向者为独立与对抗问题，今则为发展与操纵问题，故钧意仍以出湘为上。至袭川问题，请以斐兄（按：黄毓成，字斐章）任之已绰有余裕，况川南有松公在，长城万里，钧何加焉。整军待命，统候示遵。"①

---

① 以上五电见徐辉琪编《李烈钧文集》，江西人民出版社，1988，第250—255页。

8 日

▲蔡锷电请泸州吕道尹译转陈宧，告知川军占领南溪，"实非背信"，并已饬思坡溪、仙人场部队"速为撤退"。说："支、歌电悉。查南溪李庄系于前月卅一号由川军刘师及讨逆军郑部占领，其时停战命令尚未发表。顷据刘师长面称，舒殿元率汉军百人占据南溪，经我军围攻四日，其时舒部已愿缴械归诚。适叙府唐牧师、冯旅张参谋、滇军伍副官路过南溪，居间作调人，只缴枪廿杆，纵之远扬。其时并无以南溪作中立地之说，证之唐、张、伍三人所述亦属相同。川军虽非由弟直辖，亦可加以制裁，然此次占领南溪，实非背信。至暗渡思坡溪、仙人场一节，现已严饬速为撤退，不得冒进，以副尊旨。滇军第一梯团及新到各部队并熊克武所部，前饬防守原地，不得冒进。现据别报，刘梯团已将前驻安边之部队撤回横江，以示让步等语。并闻。锷叩。齐。"①

▲报载蔡锷以"陈宧之真意不明"，"仍力进行军事行动"。说："安南转来云南电，云四川将军陈宧近尝电致蔡锷，谓袁总统忽然取消帝制，予曾致电反对。盖此次之取消帝制，既失袁之威信，又表示其无诚意之事实。故予今后已无服从中央命令之意，拟与护国军密议讲求四川治安之法等语。蔡氏以陈宧之真意不明，故未回答，仍力进行军事行动，昨日已将此情电告唐都督矣。唐都督商同广西、贵州两都督，及蔡锷、李烈钧等决定意见，以三省都督及他重要人物联名通电北京及各省，略谓袁氏在职四年，为私利而弄政治，搅乱道德，失坠国威，并违宪法，今虽取消帝制，不足偿此大罪，如是人物仍留总统地位，辱国已极，宜究其罪，至少须逐出中国政治范围以外。护国军决意继续战至最后之胜利，讲和等说，全然拒绝云云（八日）。"②

9 日

▲统率办事处电告熊希龄，"蔡锷请滇、黔方面停战一月"。说："院密。顷接将军（按：指陈宧）电开，蔡锷请滇、黔方面停战一月，以便接洽等语。除电周司令（按：指周文炳）停止进攻外，特闻。处。佳。"

---

① 曾业英编《蔡锷集》（二），第 1355—1356 页。
② 日本人组织：《东方通信社电·北京电》，《申报》1916 年 4 月 9 日。

徐世昌也电告熊希龄说："院密。阳电已呈元首鉴阅，昨二庵将军来电，已商定停战一月，业由统率处切电周司令，张、卢、汪各旅长，王团长等固守阵地，暂勿进攻。倪使毓芬一军虽已到湘，亦不至有进攻之事。特闻。世昌。青。"

又说："院密。顷复青电，谅尘台览。元首已有令，饬倪军勿轻开战。前电所述陈、蔡议定停战一月，黄军窥湘者，亦松坡所节制，均在停战之列，并闻。昌。青。"

杨士琦则电告熊希龄，陈宧、蔡锷商定停战一月，但广东又宣告独立，盼从速解决。说："院密。麻电敬悉。公与省绅联名劝告三省电文，所论八端，皆深明大势、洞见症结之谭。使三省诸君能平心体察，当可消除意见，专就政治范围详加讨论，国之福也。东海联合黎、段二公通电各省，共挽艰危。四川陈将军复称与蔡商定停战一月，妥筹解决方法。我军之在川南者均暂取守势。就现状而论，滇、黔似有退兵之意，惟桂图侵粤，龙、张从商民请求，不得已而宣告独立。局势又变，将来外交能否不生问题，实无把握。总之，相持日久，变态日出，蔓延愈广，收拾愈难。倘不从速解决，祸患之来，讵堪设想！公关怀大局，痛念民生，伟论匡时，苦心共仰，如得三省复电，仍望随时见示。士琦。青。"

▲熊希龄通过泸州电局再次转电永宁蔡锷。说："昨因湘省西南久罹兵燹（按：以下同致张巡按使沁二电云云），吾湘幸甚！熊希龄叩。佳。"①

10 日

▲9 日，袁世凯内史夏寿田电请熊希龄分电蔡锷、梁启超，"劝其息事"。说："院密。陆使电，日俄提携协约，已见新闻号外，要旨：一、长春至哈尔滨铁路让给于日本；二、日助俄军械；三、东清铁路附属地，准日本人行商；四、海参威辟为商港；五、互重满蒙利益，有乱事日本助俄弹压；六、为确保中国平和，必要行动时，任日本国之自由，第三国如妨碍时，俄与日协同防护等语。我不速弭内乱，人将自由行动，国亡必矣。蔡、梁尚知爱国，梁在南宁颇能主持，请分电劝其息事，无逞意气，挽回危局。其寄桂之电，已告交通部放行，希酌复。寿田。泰。"

---

① 以上五电见《熊希龄先生遗稿》第 2 册，第 1775—1778 页。

10 日，又电告熊希龄，致蔡锷电可由成都陈宧"转送"。说："院密。庚电敬悉。公处致蔡之电，可由成都陈将军转送，则必至也。寿田。灰。"

11 日，再电告熊希龄，"近闻有人赴湘运动独立"，而蔡锷既允停战，和平总有希望。说："院密。近闻有人赴湘，运动独立，以为如此可治安，免于兵祸。想系谣言，不足深信。然湘省情形实与他处悬殊，北军深入腹背，星罗棋布，现状可以维持，地方亦免糜［糜］烂，若有动作，不徒祸于国家，且亦先误桑梓。松坡既允停战，则无论如何困难，总有和平之望。湘若有事，冲突将在目前。近日谣言甚烈，公有所闻，希与颂年诸君设法消弭，并希先密复。寿田。轸。"①

12 日，熊希龄电复夏寿田说："院密。轸电敬悉。弟因病未能晋省。此事在广西未独立以前即有此谣，龄意以为省垣兵力单薄，环顾西南两路，均有重兵，当不致有冒昧。惟广东既入漩涡，人心恐易摇动，往往变之自下，事起仓卒，即长官亦处于被动地位，辛亥情形即是如此。顷已电汪、刘诸绅，得复再闻。希龄叩。文。"②

▲北京外交部电告驻日公使陆宗舆，须"趁假归机会"，"切探日本对于时局及元首之态度"。说："东已奉准假归，派刘参事临时代理公使。现广东虽传因保卫地方而独立，龙将军尚有电来，与中央并未断绝，且并未通电各省宣告独立。泸、叙、纳溪仍归官军驻守，蔡锷现在永宁，前请四川陈将军停战一星期，昨又请续停一月，以便商议。陈将军已奉准派员前往与蔡接洽。广西亦未出兵，其余各省均无恙。政府现仍巩固地位，力图改善，将来关于立宪应有之新政，自当切实举行。对外亦当明定方针，与日本切讲提携之道，以维持东方和平。惟闻日本对于元首问题颇多议论，此次可趁假归机会，历访政府及元老，参、陆各方面，切探日本对于时局及元首之态度，并切实陈明元首年高，本无所恋，惟对于各方面实尚无可以继任维持之人，为救国免祸起见，不能不勉为其难。友邦亦当共喻此意，极力扶助，使其政府之意此后弥笃转足为中日邦交前途之保证，见外部时可言明此意。再，日俄协商条件可速电粤、桂、滇、黔。外交部。申。"

16 日，又电告×说："顾（按：当指驻美公使顾维钧）顷电局扣留唐

---

① 以上三电见《熊希龄先生遗稿》第 2 册，第 1781—1783 页。

② 以上二电见《熊希龄集》第 5 册，第 397 页。

少川。致芮使电，略谓此次美款，袁政府决不为实业。现在两广、黔、滇已不认元首，浙江、江西亦已独立，万勿交款，并云已径电美外部云云。此次借款，并不用于军事，政府现决意和平解决。蔡锷来电，以日俄同盟，外患益急，亦已与政府同意，惟在商议条件中，如开国会、设内阁、地方分权、大赦党人等条，政府均可同意，余亦无甚难采。浙江已取消独立，江西无事，广东党争，仇杀甚烈，余省均安。美为维持中国和平及远东势力，此次借款亦关紧要，希速设法疏解，免为破坏。至要。电复。外交部。十六日。申。"

5月27日，外交部电询顾维钧说："纽约银行垫款事，有无确复？美使允以新内阁对于政事、军事负完全责任，并政府拟设临时立法院……（按：此电残缺）"①

▲报载"熊希龄致书政府，谓梁启超答复北京之建议，词稍和平。惟蔡锷之态度强硬如前，彼意双方如能各再让步，则可望得和平解决云云。昨日中国政界皆以熊书为讨论之材料"。

又载"陈宦、蔡锷互允自本月十二日起展长休战期限一月。陈宦已请政府允准此事"。②

又载"广西独立及取消帝制之举，蜀湘前敌之北军已渐知悉，出征军因此受至大之影响，士气沮丧，无进战之勇。惟惴惴自危，投降南军，或惧战逃亡者，日有所闻。溃乱之兆，已不可掩，故政府当事者对于前途甚为忧虑"。

又载"前由徐、段二氏具名，电致云南、贵州、广西三省，迄无回电。故又由张一麐以个人名义，急电梁启超，征求意见，亦杳无回答"。

又载"据由北京来电，谓袁政府曾电蔡锷，容其提出条件全部。惟据此间人之推测，以为此系袁氏怀柔南方，及预留妥协之余地，不过为一时弥缝之计而已。按诸今日之状况，袁尚未至退总统之位，且袁氏之真意必力固守现在之地位云（十日）"。③

又载"《字林报》十日北京通讯云，北京政府答复蔡锷之电，略谓中央为救国计，愿与南方磋议调停条件。但南方所提出之条件，必不可摇动

---

① 以上三电见台北中研院近代史研究所藏外交档案。
② 《译电》，《申报》1916年4月11日。
③ 日本人组织：《东方通信社电》，《申报》1916年4月11日。

国本，要求项城退位，其他条件不独削去元首权利者可以依允，即限制帝制复活者亦可承认云云。但南方领袖不以此电为然，仍主张项城让位黄陂，以待正式选举，故和平解决，殆无希望"。[1]

12 日

▲蔡锷"万急"电请唐继尧、刘显世、戴戡、罗佩金，速复滇军"增援计划"。说："义密。冀公两蒸电敬悉。京、沪密报所得川、湘军情，似均确实。袁逆一面用诡术以懈我之志而孤我势，一面于军事仍积极进行。我若不察，立为所乘。前于增援计划历陈意见，迄未准冀公示复。究竟兵力如何分配，将领何人，何日由何地出发，均迄迅决见示，俾前敌各军得以豫为计划，以便部署一切。陈二庵意在暂留袁，以和缓袁系之心，不欲急去袁，以树众敌。昨拟条款，计当入览。望速研议，示我旨趣。弟现正设法促冯、伍（按：指冯玉祥、伍祥祯）迫陈宣告独立，有无把握，尚难逆知。据杏村云，我将条款提出，袁如否认，陈等当祖我而拒袁。在大局未解决以前，陈部决取中立，不犯南亦不攻北等语。锷。文午。"[2]

关于蔡锷、陈宦谈判的情况，"《字林报》云，四川叙州西教士鲁特君近为南北两军间之媾和调停人，兹以其所亲历者函告本馆"，许将其"四月十三日自叙州发"之函"揭布如下。三月二十四日叙州军事状况形态一变，北军冯司令（按：指冯玉祥）遣人邀余及汤伯金斯博士居间与滇军议和。汤博士与余分道出发。汤走四日程，往会南军总司令蔡锷，余向西南行，历程二站，往见刘将军（按：指刘存厚），请伊停攻叙州，以便开议媾和条件。迨二十三日（原译者按：三字疑误）以居间之结果，北军派代表数人往会蔡锷，由余护送同行会蔡后，长谈两次，蔡乃派其幕中参军一员，偕余等返见冯司令面商一切，并往成都会陈二庵将军。当谈判初开之际，取消帝制令下，夫取消帝制，仅护国军要求中之第一款，此款即达目的，决不能仍认袁为总统，况称帝之后复自称总统，是明明侮蔑共和政体也。但当时双方仍议停战进行谈判，按照谈判纲领，陈将军与冯司令愿与南军协同设法召集国会，选举新总统。惟时滇军及川中民军数千人压迫叙州，声

---

① 《南军力主退位》，《申报》1916 年 4 月 15 日。
② 曾业英编《蔡锷集》（二），第 1356 页。

言北军若不立即宣告与北京脱离关系，即行进攻。各方盗匪蜂起，叙州附近船只，除载外人及军用外，概不通行"。又说他们到纳溪时，"县城已被围二日，北军苏团长率川军一百二十人为袁政府守城，当地革军数支，四面包攻，枪声继续不绝，与余同行之两军高级将校虽有令双方停战之权，但当此弹雨横飞之际，鲁仲连亦殊不易为。攻城革军大都系愍不畏死之绿林少年，降服敌人之决心甚坚，幸吾等卒将来意说明，革军司令允即停攻，而与城中人交通则又大难，同行之北军将校拟致一函于苏团长，乃送函人被城上开枪轰击，复返攻军司令部（即余等驻足处，距城约一英里）"。后由鲁特"持美国旗前导"，才终于进到纳溪城，"当日午后起直至翌日九时始谈判妥协。城内被围之兵，由一牧师护送出城，革军则入城占领。叙州、纳溪两方军队，此时已均允停战，余等乃返报蔡将军焉。综计川西战事，双方参加之兵，各约一万余人，护国军之损失，死数百人，伤一千余；北军之损失远过之，大约二三倍于南军也。叙州红十字会治疗伤兵，在叙州者五百人，在纳溪者七百人，其中不救者不满十分之一"。

"又十四日函云，目下之谈判表示，此间不至续有战事，惟南军对于选举新总统之要求，将坚甚决。"[①]

成都《国民公报》也有报道，说：

军署顾问刘君一清日前赴下川南晤滇军总司令蔡松坡代表一切往复情形……惟刘君晤蔡司令后所筹商事实，外间不知其详，多用慊然。记者特于昨日往晤之于私宅。寒暄毕，问之曰："先生此行诚辛苦矣。第所经历之事实，所发生之谈话，可得而闻之乎？"

刘君曰："然。秘密之事，例应不宣。苟可以醒人耳目者，何妨历历言之，以副先生枉顾之雅意。"

记者曰："先生此行究奉中央命令耶，抑奉陈将军之委任耶？"

曰："皆不然，此事由于平和解决问题发生时，蔡松坡约往，商筹要件。为息事宁人计，将军亦表赞同，此余晤蔡之起因也。由成都起程，四月九号抵大周［洲］驿。沿途经过各县镇，匪迹甚稀，或因有军队保护，匪徒避匿亦未可知。高原下田，常见农人从事其间，致足

---

① 《媾和中之民军占领叙纳谈》，上海《时报》1916 年 5 月 5 日。

乐也，惟商业不免萧条耳。抵沪大有安静景况，为之稍慰。城市商民，照常营业者，已十之七矣。继由泸至纳，乡野情形，为之大变，农夫失业，力穑无人，大好村庄，多半毁尽，断壁颓垣，一望萧条，县署亦然，甚可慨也。纳溪所驻北军系第七师之刘团长，纳城外五六里之谱均放步哨，出北军步哨线外约四十里之谱，即为滇军步哨。此四十里中，人民绝迹，雨水虽多，无人耕耨，益令人增忉怛。"

记者曰："两军停战，有无冲突？"

曰："时有小冲突，双方偶尔击伤一二兵士，不足怪也。"

记者曰："先生到滇军方面情形如何？"

曰："滇军防御甚严。余初到步哨线内，阻止盘诘。余告以来故，该军遂行敬礼。旋曰：'稍候，余即报告长官。'余与之立谈片刻，而官长至，言未奉有总司令命令，不便放行。稍候。移时，来副官一、参谋一，皆派来欢迎者。余即欲行，伊言命令未至，亦请稍候。居无何，命令至矣，遂启行。行约六十里，始抵大洲驿。先是由纳起程时，将余之保护军队屯扎该县。余则轻骑往，偕行者惟随员与轿班数十人而已，示以不疑，故双方皆坦然也。"

记者曰："晤蔡君之情形如何？"

曰："是日夜八钟晤蔡于司令部，畅谈至是夜二钟。蔡君自表其见：推君宪，护共和，无他意也。蔡君适患喉痛，谈论颇费事。嗣乃提议停战条件：（一）仍暂以袁项城为总统；（二）限两月内召集民国元［二］年已解散之参众两院议员在上海解决总统问题；（三）尊重民国元年《约法》，务期实行；（四）起义各省将军以下官长在今大总统任内，不得更换；（五）大赦党人；（六）在今大总统任内因维持国会起见，将起义各省军队编作两师，分驻于北京附近；（七）起义各省军队所用军费应由中央协济；（八）段祺瑞任湖北将军驻武昌，冯国璋仍任江苏将军驻南京；（九）因此次开拔到各省之北军当一律开回原防。此外，尚有一条件，不便与诸君言也，但此条件系最初所提议者，至蔡松坡之致陈将军及各省电文曾经报纸登载，是此事以后之电文非同时发生者也。据蔡君言，此次军事最初问题，达到帝制取消，已可中止。惟响应省份增多，其中不无窒碍。广西陆荣廷君持义最坚，窥其意似非达到项城退位，目的不能终了。盖以项城在位，不能不防其有他故。既防之，势必各省编军队驻京，以资监视，彼此交疑，殊多不便，故不如剀切敷陈请其退位之为愈也。于是将此条件电黔，黔电无所可否；电滇，滇复颇不谓然；电广西，迄无电复，此蔡最后之电文所由来也。余至彼已住十一日，遂于十九号起程回省矣。"

记者曰："回省仍由原路乎？"

曰："由江安、南溪至叙府回省。"

记者曰："江、南、叙一带近状如何？"

曰："各大乡镇尚有民人，余则见炊烟者聊聊［寥寥］矣。惟李庄驻第二师，江安则刘云峰（滇军梯团长）与刘积之驻扎，南溪则有招安军之余成龙在焉。以形势言，则江安、南溪已在滇军范围内矣。"

记者曰："先生观滇军之心志暨饷械何如？"

曰："饷械固不敢信其十分充足，而其军民之敌忾则有可惊者，故能抗北军而不之屈。总之，以饷械言滇、黔逊于北，以心志言北逊于滇、黔，恐有所未逮也。"

记者曰："雷时若接统二师是何缘故？"

曰："不知也。余晤蔡时，刘积之尚未改任，是何原因，不敢臆测。"

记者曰："停战期有延长之说，信乎？"

（曰）："停战期五月六号午后六钟已满，延长之说则未之前闻。"

言至此，已饱饫。闻所欲闻，乃与辞出。默记所问答大概于报端，以供留心时局者一览。[1]

此外，又有报载"成都电。路透访员由某要津探悉，蔡锷已允照陈宦之建议，如责任内阁成立，则项城可仍留任。蔡并规定北京陆军应由内阁管辖，总统不得过问。蔡锷现正征求各省意见"。[2]

又载"《大陆报》四月十七日成都通信云，自初次革命后，成都人心之振动，未有甚于近来三星期者。袁氏取消帝制消息到此，全城大为活动，仅少数有钱之老顽固大不高兴，其他大多数人民莫不欣然色喜，一时报纸

---

[1] 《记者与刘杏村君之谈话》，成都《国民公报》1916 年 5 月 2 日。又见《追纪四川代表往晤蔡总司令事》，《申报》1916 年 5 月 20 日。

[2] 《译电》，《申报》1916 年 4 月 19 日。

销路大畅。然袁氏此举实自示其弱，于是总统退位之要求，立时随之而起。关于成都当局之态度，谣诼纷起，或谓陈将军将赞助云贵宣告独立，但当局自始即否认之。惟派媾和员二人至永宁会见蔡锷，蔡亦派一员来此。省城士绅见此情形，乃两次劝告将军宣告独立，将军不允，仅允为调停之人。犹忆初次革命时，川军不受当局约束，排斥外省军民，骚扰地方，前车可鉴，陈将军之智，自不肯复蹈之也。陈提议仍留袁为总统，惟设责任内阁。蔡答称，袁倘将军权尽行让出，则可承诺。但他省愿承受此等条件否，迄今未有所闻。吾等外人颇喜陈宧之谨慎行动，盖盗匪四起，均急盼机会，攻掠成都城，内且有与盗勾通者。现当局已向南方陆续召回军队，防守省城。此外，又有一不能宣布独立之原因，即驻在重庆之曹锟军队，均野蛮不受约束，若一闻独立，势必乘势抢掠，故苟非万不得已，则省城不至揭独立之旗也"。①

又载蔡锷所谓袁世凯"将军权尽行让出"，就是"军权属之内阁"，说是"此次议和蔡松波所提出条件之一"，也"业经政府允准"。②

19 日，又载"北京电。袁总统于帝制取消之后，任意罗致排袁派人物之名义，捏造诸种电报，或撰文章，以示调停及妥协之进行，通电各省而为缓和之计。其里面则仍采用武力谋压迫南方之排袁派，如最近北军之南下即其实证也。在京南方人士以时势至此，设再急派北军续赴闽、浙、江苏诸省，徒招省民之反感，诱起骚扰，其实毫无效果，各同乡因虑乡里战乱之发生，反对者颇不少云"。

又载"北京电。据政府方面某要人谈，袁总统曩以黎、段氏名义，电致护国军商议和局，杳无回答，乃又由段电促蔡锷决答。旋得回电，谓非袁氏退位，无调停之余地，措词甚为强硬。而总统府则捏造蔡锷来电，提出八条，如能照办，即可调停。其条件，则一、袁总统留任；二、废总统制，组织责任内阁；三、此次之独立军文武各官应照未独立前一体待遇，从来之党人许其自由；四、北方派出讨伐军队悉行撤回，及某某等八条。此伪电已以陆军王总长之名义，通电各省将军、巡按使，并示外国新闻记者等，以图阻止南方诸省独立之续出。然其隐情已被北京民党同志密报各

① 《媾和中之成都近讯》，上海《时报》1916 年 5 月 5 日。
② 《关于西南战事之纪载·军权交付之会议》，上海《时报》1916 年 5 月 5 日。

省之关系者，是以徒招人之轻侮，事实毫无效果云"。

又载"北京电。重庆电云，近尝传闻双方之间交涉进行，陈宧、蔡锷两者之妥协案，为袁氏退位，云南军军费由四川省支付，起用革命党员，曹锟部下及第七师退出省外，及他数条，有行将解决之说。在渝内外人士以为果尔，则护国军复蹈第一次革命末期之辙，功亏一篑，颇为可危云"。①

又载"北京电。安南转来云南电，云陈宧初与蔡锷约定休战，继复提出妥协条件八条，其第一条即袁总统留任云云。当由蔡氏电告唐都督，并云该妥协条件本难承认，姑呈参考而已。唐都督将该条件出示，云南干部见有袁总统留任之一项，均非常愤慨，即由唐都督电致蔡氏速废休战之约，开始前进行动"。②

而蔡锷所说"袁逆一面用诡术以懈我之志而孤我势，一面于军事仍积极进行"，则有以下范国璋、谢重光、熊希龄、张学济、周文炳各电可证。

11日，范国璋电禀北京统率办事处，参、陆两部，所部已占领桑植。说："华密。前因桑植失陷，久未克复，由师将援庸队伍抽拨两营，带机、炮各二门前往攻剿，业由虞电陈明。讵在郑家驿途次，接营长王永寿支电，已遵王使（按：指常澧镇守使王正雅）命令，于鱼日开赴桑植一连等语。真日在辰接王使电开，桑植沦陷已久，日前仰托威福，敝军会同贵军依连长齐卿，完全克复等因。除得依连长报告再另详报外，先此电闻。师长范国璋叩。真。印。"

18日，又为17日袁世凯任其为"第一路副司令"事复电说："华密。顷读霰电，恭悉奉大元帅令，派范国璋为第一路副司令各等因。窃思国璋以一介武夫，学识毫无，曷克当此巨任。惟军人以服从为天职，既有成命，不敢固辞，自应遵照任事。惟查后方防守事宜，关系极重，范围极广，现当常、辰一带土匪蜂起，地方官吏纷纷告急之时，就本师现有兵力，通盘筹计，实不免左支右绌之虞。如因地阔兵单，不敷支配，不能顾大军后路，不能保地方治安，大局前途，何堪设想，此国璋再四筹维而不无鳃鳃过虑者也。今为担任后方防守事宜计，现有兵力既不敷用，拟恳仍将留长车旅一营克日调回遣用，并将本师新成八十团饬令直接来常，以厚兵力而便指挥，庶于后方防

---

① 以上三电见日本人组织《东方通信社电》，《申报》1916年4月19日。
② 日本人组织：《东方通信社电》，《申报》1916年4月26日。

守事宜，尚能勉为其难。若以□［职］有第一路责任，前方有事，仍令拨队往援，则非增加兵力，恐难尽职。究应如何规定，伏恳密示方针，以便遵守。临电不胜悚惶待命之至。师长范国璋叩。巧。印。"

24 日，谢重光电告熊希龄，保靖、永绥失守原因，是周文炳杀护国黔军来使。说："常德熊宣慰使钧鉴。宣密。保靖、永绥均于十八日失守，因周襄生杀毙敌使，并攻毁王村地方，结怨甚深，敌军对此两处人民，闻极仇视。刻正攻击古丈县，宴都司已经逃匿，该县随失，则北河全域将悉占有，乾城上戋戋可虞。北军开往一营防堵，必难济急。光行至凤滩，闻耗折回，焦灼无似。葆元亦于期日到辰，明日偕往凤凭［凰］，并兆［以］奉闻。"为此，次日熊希龄电询北京政事堂、统率办事处、长沙汤芗铭、沈金鉴，辰溪周文炳，辰州范国璋，凤凰田文诏说："华密。项据敝处派赴保靖调查绅谢重光电称，保靖、永绥（按：以下文字与上述谢重光致熊电同，略）……焦灼无似等因。查两军现既停战，所称杀毙敌使、烧毁王村各节，是否在停战期内？除电请周司令、范师长、田镇守使查明确实，（并）向黔军请问外，谨先电陈，乞查照。希龄叩。径。"

**按**：迄今未发现各方的答复回电，但从以下张学济电中所言北京政府将此事"交丹凤查办"，一推了之看，当可肯定事发"在停战期内"。

5 月 9 日，张学济规劝周文炳宣布独立，加入护国军。说："襄生镇军大鉴。前奉复示，当寄一函，想已入览（陈剑秋，名济时。表同情之片已回，共收到）。现济于本日午到乾，当与军学绅商各界会议，均各愤激，对于驱除国贼，巩固共和，一致赞同，已于下午五时宣布独立，全城欢声雷动，足见人心不死也。我公素明大义，望及早宣布，以快人心。闻袁逆以公烧毁王村、擅杀黔使，交丹凤（按：田文诏，字丹凤）查办，可见做好不得好。为公计，只有独立，庶足以表明公之素心。倘再瞻顾，后悔不及矣。现又有停战续展一月之说，此时决无战事，则独立后可整理一切，我军现属护国军支队，贵处亦可照办。公明达人，何犹有所牵制而不能决也，望熟思详审。济久闻公为当世人杰，故敢冒昧直陈。此请台安，伏乞鉴谅。张学济。九号。再者，前得手教，以饷项、枪械无着为虑，现此间组织军政府以后，已经筹有的款，饷项按月由敝处担任发付。至枪械前接唐都督来电，允为拨给，但须一月方到。此项枪械系由日本购买，因广东未独立，无从运入。现广东早经独立，是以一月后可以运到耳。此项乞勿忧虑，一切托陈君济时赴尊处面谈。此请台安。弟学济启。九号。"

7月4日，周文炳为袁军4月攻占芷江初级军官请奖事，详陆军部文说："详为克复芷江县出力初级军官造册请奖，请鉴核转呈事。本年四月六日奉前统率办事处华密先电开，支电悉。右中纵队及游击队酣战两日，斩获甚多，已将芷江完全克复，足见将士用命，奋力图功，殊堪嘉尚。周文炳晋级勋四位，卢金山给予勋五位，照格每营赏五千元，游击队照一营例，统望核明请领。出力官弁查明请奖，并分饬各路严密布置，防其反攻，奉谕转寄等因。奉此，遵将中级以上出力官佐电请奖励，奉准在案。兹将此案出力初级各军官造具衔名清册，拟定请奖官阶、勋章，理合具文详请钧部鉴核，俯赐转呈给奖施行。谨详陆军部。附详送清册一本（略）。第一路司令官、陆军第六师师长周文炳。中华民国五年七月四日。"①

▲报载"天津《益世报》云，闻龙济光、唐继尧、蔡锷、任可澄、陆荣廷、龙觐光、梁启超、唐绍仪、伍廷芳、康有为于十二日曾连名拍致宣武将军冯国璋紧要密电一道，内容甚密，略闻大概谓希望我公为正义计，为国家计，俯从公论，从速与粤、桂等省联合一气，共驱国民仇敌，俾维真正共和等语"。②

### 13 日

▲吕公望通电云南、贵州、广西、广东独立各省，自即日起"脱离北京政府关系，宣布独立"。说："帝制实行，贵省先后表示拥护共和，义声所播，薄海同钦。国民方谓袁氏以真正民意之不可违，翻然改计，惩祸首，急退位，根据约法以副总统继续肩任，由国会另举，如护国军所主张黎、段、冯、徐诸公为正式总统，国民犹可为袁氏曲谅；乃仍拥位不退，徒以一纸空文托词卸责，忍令战祸蔓延，生灵涂炭，保一己之地位，陷国家于危亡。公敌所在，军民同愤。公望等不忍时局日即阽危，特于本月十三日起脱离北京政府关系，宣布独立，并通电各省，劝告速即联合，与贵省力谋统一，以挽危局。素仰诸公荩筹硕画，必有以宏济时艰，奠定国基，尚

---

① 以上各电见《护国运动》，第 634—637、639—640、642—643 页。张学济致周文炳电，该书原署为 4 月 9 日，由函中"现广东早经独立"一语，可知有误。
② 《苏湘闽之今日局势·南军联电冯国璋》，《申报》1916 年 4 月 17 日。

祈时赐教言，俾策进行。临电无任企祷之至。浙江嘉湖镇守使吕公望率各属文武同叩。元。"①

▲英文《京报》报道，成都人心摇动，不久即有迫陈宧宣布独立之举。说："自南北两军昨已在川停战，故两军将领有书信往来，蔡锷与陈宧之往来尤密。蔡称陈为二庵老兄，陈称蔡为松坡贤弟，至曹锟、熊祥生等致蔡书则称松坡先生矣。又云南北两军在川停战一星期之约今已满期，四川将军陈宧以大局善后办法尚未议妥，特向南军总司令蔡锷商请延长一个月为期，已得蔡君同意，南兵在川湘一带战线者系归蔡君直接统辖，故蔡承认川湘可暂停止军事进行。至不归蔡君统辖之独立各省军事行动，在此范围内否，则不可知。陈宧既得蔡君同意，即电请参谋部速电饬在川湘之北兵将领同行照办。又闻停战之说，固系陈宧直接与蔡君交涉，实系当局授意于陈宧从中干〔斡〕旋。惟据《顺天时报》则云某机关消息，刻下综合四川方面所致中央之电报观之，四川境内到处均有土匪蜂起，俨然武装，声势甚炽，故维持治安，殆有极端困难之势。若欲延至休战满期与云贵军接战之时，恐陈成武之实力将有难于维持川省之情形。又据四川急电云，成都人心愈形摇动，军政两界现况纷纭，不久即有迫陈将军宣布独立之举云云。"②

14 日

▲蔡锷电请殷承瓛，"务于旬日内到永（宁）"。说："枢密。十二日电悉。冀督增援计划，已略更改，较前差胜一筹。此公近来颇喜武断，且好大务广，若过与争持，反有闹意见之嫌，且虞耽延时日，为害尤大。现惟请其早日决行，迅赴事机为妥。东路军情，王部如何〔可〕支持，粤、桂之师分道出湘，则循部仍以会攻綦、渝，或出南、涪，或直趋合江皆可，届时再斟酌情形决定可耳。执事何日启程？务于旬日内到永为盼。锷。寒。"③

又在永宁电告陈宧，"主急进（按：指四川独立），并派代表陈光勋"至成都"接洽"。陈宧命时任军务处一等参谋的季自求与"冯仲老（按：指冯

---

① 《护国运动资料选编》下册，第 601—602 页。
② 《川闽湘赣之局势日迫·陈宧为难之情形》，《申报》1916 年 4 月 13 日。
③ 曾业英编《蔡锷集》（二），第 1357 页。

学书，时任巡按使署政务厅长）商草一电复之。连日浙、赣（按：非赣，实为广东）继起独立，时局日坏，省垣谣言愈炽"。陈宧"见时事大势所趋，不欲开罪永宁，又未能遽有表示，邮书商榷，难煞中间秉笔人矣"。①

▲汤芗铭、沈金鉴电请熊希龄，严密防范程潜、陈强等"暴烈者"，"使稳健者得（以）转圜"。说："华密。元电敬悉。中央文曰：'赓密。电文如下，昨据洋人传说，程潜、陈强之徒潜伏湘境，图谋响应滇黔，学界人颇有附和者等语。查陈（宧）、蔡（锷）正在协商，川境、湘西已各停战，并由陈转嘱蔡与桂接洽。又令湖南各军暂时停进，免桂猜疑。现闻梁启超已在南宁，如再由秉使致电切劝外，实力镇慑，使暴烈者知所顾忌；内由各方疏通，使稳健者得转圜，未始不可息事宁人。倘湘省稍生变故，则各军混乱攻击，恐地方蹂躏将千百倍。方今日本外人久欲借口，以一旅驻长，垄断新矿权，必将成为事实，使湘人万劫不可复活。希贵军使严密防范，侦缉严惩。并希秉使开导各界，勿入歧途，自贻伊戚，并将随时复示。处。文。'等因。特译复。芗铭、金鉴。盐。"②

15 日

▲蔡锷电复赵钟奇，对该部改而援川，甚为欣慰。说："义密。旌从来援，三军气为之壮。惟此间尚未接准冀电，其旨趣所在，殊未了然。一切办法，俟询明冀公后，再以奉闻。华团（按：指华封歌部）集中遵义，可暂从缓。贵部风尘倥偬，备极劳顿，希代慰劳是幸。锷。咸辰。"③

▲朱德函告唐继尧"现值停战期间"，奉蔡锷令，"至红花地分地防守，取攻势防御主义"。说："都督麾下：敬肃者。幸隶鸿帡，咸趋虎帐。伏承翼展康庄，鹰扬大陆。祇维勋高郭、李，望重韩、范。缅想壮猷，倾心祝颂。团长久蒙训迪，得侧行间，扪心至再，覆悚堪虞。所幸我都督仁风久播，自滇以达蜀地，无不箪食而迎。二月中旬，记抵永宁，即闻前军偾事，因寡众之故，以致炮阵失守。即奉蔡公檄委，饬其星夜前进，赶接步二团事务。团长猥以凡庸，屡蒙闻寄，只得勉竭驽钝，重整甲兵，于十七号到纳溪。值战事方烈，于是宣布德意，鼓励士兵，刻即加入火线，所

① 季自求：《入蜀日记》，《陈宧研究资料》，第 40 页。
② 《熊希龄先生遗稿》第 2 册，第 1790—1791 页。
③ 曾业英编《蔡锷集》（二），第 1357 页。

有战斗各情，谅已早达钧鉴。惟是两营士兵，虽负伤营长四员，而勇敢锐利，势不稍衰，实所罕有。现值停战期间，奉蔡公命令，至红花地分地防守，取攻势防御主义。然补充者概属新兵，惟有督率各营长官认真教育，以资进度，用副我都督整兵经武之至意。喜民帜之复起，万国同钦；望荣载之星辉，五衷念切。此日在西，先修鲤启；他年旋南，再遂凫趋。更冀远锡惠言，金针时指，俾便遵循。公匆肃此，祗颂勋绥，幸加垂鉴。第三支队长朱德鞠躬（印）。四月十五号，由四川泸州城外红花地行营上。"①

▲王士珍"万急"电告陈宧，对蔡锷、陈宧谈判，"不得已，或先由滇、黔解决"。说："德密。闻蔡要求八条，尚不难行。协议有无头绪，希密示。取消独立，撤兵回境，是否议及？粤中分子甚杂，欲望甚大，恐难与滇、黔一律。不得已，或先由滇、黔解决，而粤自难坚执，请卓裁。士珍。删。印。"②

16 日

▲蔡锷"火急"电请唐继尧、刘显世、戴戡，速复黄毓成等部实况。说："义密。冀公寒电悉。增援计划，迄未能见诸事实，大足隳士气而失机宜。某君③竟率所部违命入桂，致令全般计划为之牵动，深堪扼腕。斐章复屡次坚持己见，欲出会理。冀公调处一切，煞费苦心。兹就鄙见所及，奉质左右，希逐一示复。（一）斐章所部人数及械种械数若干，乞确查见示。（二）斐既抱由宁远取成都之定见，现命其改道来叙，能恪遵所命，克期来川，不致中变否？（三）赵部调泸，是否含有华团在内？若将华团一并调泸，循部能否独力支持？如渊所部现在何处，可否以全部或一部增加綦江方面？（四）赵部调泸，似以由东溪袭江津，进规合江，与主军联合，夹击泸、合一带逆军为宜。（五）段、马两支队能照原议派令来泸否？以上各端，希卓裁速复为幸。锷叩。铣申。"④

▲11 日，贺培桐电请蔡锷"罢兵息民"。说："松坡学长大人足下，津

---

① 《护国运动资料选编》上册，第 309—310 页。

② 《护国运动》，第 583—584 页。

③ 梁启超签注："所谓某君者，李烈钧也。时松公以数千饥疲之众，固守泸州，与大敌十余万相持，盼援如岁。李部不赴前敌，乃乘桂省独立之时，率师东下，实所不解。"

④ 曾业英编《蔡锷集》（二），第 1358 页。

门一别，倏经半载，两地相思，谅有同情。数月以来，我兄为国宣劳，作民保障，所谓诸葛大名垂宇宙矣。虽经弟以为今日欧洲之战，是因甲国之国民与乙国之国民战，今日我国之战是以国民之共和与政府之专制战，今帝制取消，是全国皆国民也。《书》曰：民为邦本。民与民战是本残也。本立则道生，本残则道灭。为今之计，莫如罢兵息民，共商民国治本之法。本不固则邦不宁，此语大可风也。且以我国之现势论，根本暂相伤则国可兴，根本久相残则国必亡。呜呼，民国成立，我国之根本摧残亦可谓达于极点矣。所以不灭且亡者，真所谓天假之缘，不可以常理推也。究其受病之根，我国人无偏胜之资格，偏胜则负气，负气则灭理，灭理则凡我之所利无不可任意为之。民国二年之国会，一负气之国会也；民国三、四年之政府，一任意之政府也。国会以负气之故，致生赣宁之兵祸；政府以任意之故，致启今日之争端。前车已覆，来轸方遒，今幸共和恢复，民意大见，大好河山，正可趁此机宜，次第磋商条件，共谋前途。真正政治之刷新，立民国永远平和之基础，所有最关重要问题，必须俟异日国民公决，彼此方得借以收场，免生他变。善作必使之善成，善始必使之善终，此时万勿持之过激，再蹈诸大伟人崇尚意气之旧习，卒使爱国救民之热肠，留吾人异日美中不足之遗憾，则造福于民国前途者亦千古矣。况时势所迫有不得不速讲者数端，无论外交日逼日紧，双方皆穷于酬应，若南北久持，中外商务皆受莫大之影响，我纵不惜自扰，人岂有让我相扰之理？再无论银根日逼日紧，国民已陷恐怖时代，数日以来国家之银行已有大受影响之势，市面之现状既无维持之理，国本之摇动谁筹救济之法？再旷时日，邦之分崩离析者何堪设想？又无论兵为凶器，同室操戈，骨肉变为参商，趁此双方扦格之际，必有好事之徒乘间窃发，勾结土匪，以害地方。风声鹤唳，盗贼遍野，此时即双方罢兵，共筹弭乱之法，深恐击尾则首动，顾此则失彼，欲求勿危其可得乎？虽然，此犹其显焉者也。若夫隐微之中者，祸胎横伏，一发而不能收者，又常出英雄豪杰意料之所不及，兴念及此，能不慨然？以吾兄之雄才大略，如何解决之处，当筹之熟，而计之深。特惜如弟不才，有惭仲连，恃在知交，不敢安于缄默。倘蒙不弃，肯有以教我，使弟见恶之年，得参末议，以对国民，是不惟一人之幸，亦民国大局之幸也。虽效执鞭，亦欣慕焉。肃此，敬请伟安，诸祈垂教，不宣。"

16 日，蔡锷电复贺培桐说："磺矿湘南先生鉴。松坡铣电照转如下。

真电悉。承示大局垂危，不宜意气相争，万里箴言，感佩无既。国事至此，宁有容我内讧之余地？前以民意壅滞，祸机四伏，自知空言无补，远道南来，冀其有救，而事或可迴视易听。不图积诚难格，不得已而用兵，数日[月]以来，操戈同室，言之痛心。比者帝制撤销，战事告停，顾国家根本大计，亟待解决。若果筹有长策，足餍人心，则兵氛立解。锷等震惊国人，虽负荆请罪，亦所不辞矣。感切垂厓，敬布腹心。蔡锷叩。铣。等语。陈宧。皓。印。"①

5 月 4 日，报载贺、蔡往复电报的上海《亚细亚日报》，又对蔡锷的复电做挑拨性的报道。说："现住天津之贺君培桐，曾留学东洋，与蔡锷有旧。兹以大局纷扰，无有宁息，前由直隶朱巡按使嘱贺君电致蔡锷，劝其息事罢兵，勿沾沾于不可能之条件，致大局破裂，国计民生均被其殃，措词极为诚恳。兹贺已得蔡锷复电，其中辞旨，大略谓余以保持共和，起师滇中，现共和无恙，素志已达，此后决以维持大局为前提，雅不愿意气用事，沾一己之虚名，致国家于大祸。惟现在黔、桂各省以及各地之革命人物，意见极不齐一，非余一人所能左右云云。据此种之谈论，则最近蔡锷之意见及南方各省之内幕，昭然若揭矣。"②

13 日，又载"某外人云，云南护国陆军总司令蔡松波因不忍使兵戎再见，人民涂炭，故日前在永宁会议时，对于大总统留任一节已完全承认，事后黔、粤等省之激烈一派者，以蔡冒然见许此重大条件，谓受人运动，痛斥其非，并加以种种恫吓之词。蔡松波大为灰心，有潜行出洋，对于国事不再闻问之说云云"。③

▲报载袁世凯"对于南方问题，口中主张和平解决，秘密中又分派人员驰赴鲁、豫、陕诸地招募军队，一方面又力向某国银行磋商借款，作战计划仍着着进行。据个中人云，政府昨有密电致长江正副巡阅使张、倪两将军，令其各添招十余营，限于一个月招集练成，一方面电令四川陈将军商之南军总司令蔡松坡停战一个月。盖一俟新军练成，即可下令攻击，调停之语，恐终为纸上空谈也。此外，则对付鲁、湘、苏、鄂、川、闽、赣等省之目前局势，尤为一项紧要之问题。据官场人云，最近政府对于各该

①　以上两电见《贺培桐与蔡锷往来之电文》，上海《亚细亚日报》1916 年 5 月 8 日。
②　《蔡锷近日态度之旁讯》，上海《亚细亚日报》1916 年 5 月 4 日。
③　《蔡锷拟潜行出洋》，上海《亚细亚日报》1916 年 5 月 13 日。

省已另筹有特别办法，十一日曾分致该省文武长官密电各一道，指示一切机要，大致首为力持镇静，次为勉力维持秩序、抚慰军警等项，并详示其中之各紧要手续及理由，惟实际上之效用如何，则正难知也"。①

又载"顷据近息，北军司令官曹锟将军现在川中拍发一电，密告中央政府，略谓成都陈宦将军有与蔡锷等内通暗助之疑迹，余坚持武力解决，陈则主张妥协调和。然于今调和即为屈服于蔡锷辈之手段而已，余焉能耐之哉云云。闻陈将军亦有电致政府，称成都附近土匪充满，其众不下数万，省垣兵仅二团，无从讨伐，计惟有怀柔而已等语。其实陈二安与蔡松坡最近握手之情形，中央岂不详知，无如武力不继，大势已一去难回，只好与之虚与委蛇，以听大运之推移而已。曹氏以征滇总司令之名义，而至不能和战自由，则曹氏今日在川之情势，亦大可怜矣"。②

16日，又载北京接陈宦"内通蔡锷，计划四川独立之确报"后，"特严重密令曹锟沮［阻］止成都之独立"。③

18日，又载"北京电。重庆电云，据与驻渝四川军有关系之某氏言，陈将军与蔡锷通同计划四川独立，其原因：（一）成都文武官员以今春以来，叙州、泸州及他各处战役，两面死伤甚多，地方人民亦大受损害，不过为助袁氏一人，大悟此无意义残害同胞之非；（二）四川及陈将军所率之北军，兵饷及其待遇较诸曹锟部下云南独立之后入川讨伐之北军为薄，故甚不平；（三）袁氏曩欲实行帝制，及见其不可，忽又取消，如此施政毫无诚意，大失政府之威信。反之护国军所主张则义正理顺，今一般人民均已了解，兼之各省先后独立，遂愈激成排袁之思想。有此三因，故谋独立。惟因曹锟等反对，故近护国军有准备总攻击重庆之报，因此现在重庆四川军之地位进退两难云"。④

17 日前后

▲蔡锷电告唐继尧、刘显世、戴戡、韩凤楼、王文华，"前拟条件十款，不过就蜀使原议加以修正，征请众意，以供研究"，"不宜以一隅之小

---

① 《时局推移之关键·中央秘密策》，《申报》1916 年 4 月 16 日。
② 《川湘鄂闽之危机日迫·曹锟情势之可怜》，《申报》1916 年 4 月 16 日。
③ 日本人组织：《东方通信社电》，《申报》1916 年 4 月 17 日。
④ 日本人组织：《东方通信社电》，《申报》1916 年 4 月 18 日。

利害而易其喜戚，尤不可因小故而竟意气"。说："义密。电轮删电悉。前拟条件十款，不过就蜀使原议加以修正，征请众意，以供研究。一面迭电二庵，力辟首条之万不可行，促其联合各省迫袁退位。现陈已决心与我一致，正事准备，揭晓之期，当亦不远。总之，袁氏之取消帝制，不啻证明其已达到水尽山穷之时，且不啻根本取消其势力。就川情论，取巧如陈二庵，骁悍如张敬尧，狡狠如熊祥生，蒙昧如李长泰，近来态度大变，函电往来，皆有就耳〔尔〕就范之意。我军则屡濒于危，皆能绝处逢生，天意人事益可知矣。吾侪现宜各就职守所在，力量所及，为最后之奋进。百尺竿头，更进一步，则最初之目的，不难贯彻。际此浮图合尖、功成一篑之时，不宜以一隅之小利害而易其喜戚，尤不可因小故而竟意气，祈与诸君共勉之。锷叩。"①

▲唐继尧在与日本驻云南领事崛义贵谈话中称，"蔡锷本来思想复杂，所谓苦劳之性，忧虑国家前途也，难保是否万一妥协，有大加警戒之必要"，并表示"自己头脑单纯，当下致力于讨袁，对将来之事无暇考虑"，明显有借机讨好日本之倾向。②

17 日

▲报载陆荣廷、唐继尧、蔡锷等联名电请黎元洪等人，转陈袁世凯依据约法"速行宣告退位"。说："连电敬悉。当局痛怀国难，希望和平。瞻顾大局，酸心刺骨，荣廷无状，宁忍恝然？顾所以迟迟未答者，缘兹事体大，不能自专。首义滇、黔，必须征求意见，兹得滇、黔两省及蔡松坡来电，大旨均谓项城违反约法，自召兵戎，若仅削除帝号，复据总统，廉耻既亡，威信全失，只愈益国家前途之忧，绝无以慰中外圆满之望。曲予调停，无术解免。荣廷等伏乞诸公依据约法转陈项城，速行宣告退位，遵照约法继任有人。一面息兵，速集议会，扫除秕政，救亡之道，在此一举。想项城既无家天下之心，必不难牺牲此虚名，出生灵于涂炭也。回天之力，

---

① 《蔡锷集》（二），第 1364 页。原无日期，察其电中有"电轮删（按：15 日）电悉"一语，推知当发于 17 日前后。

② 《石井外务大臣宛堀领事电报》（1916 年 4 月 14 日）、『袁世凯帝制計画一件（極密）/反袁動乱及各地状況』第九卷、日本外務省外交史料館、1－6－1－75－1－009、478—479 页。转引自承红磊《日本与护国战争期间的南北妥协》，《历史研究》2020 年第 3 期。

惟当局一言决之，无任彷惶悚惕待命之至。广西都督陆荣廷、云南都督唐继尧、护国军总司令蔡锷、贵州都督刘显世、广东都督龙济光、前广东巡按使张鸣岐同叩。"①

29 日，又载"岑春煊、陆荣廷、梁启超、蔡锷等联电，再申明袁总统退位与国事前途之关系，请将退位令于一星期内公布，否则即认为和谈决裂"。又载"梁启超、蔡锷、陆荣廷、唐继尧、刘显世、陈炳焜、龙济光、任可澄、戴戡联名致电徐东海，请劝袁总统退位，以慰国人之望，并请徐东海毋再担调停责任，免将来双方争持，迫于公愤，或有开罪之处等语"。②

日置益据此电告日本外务大臣说，唐继尧、蔡锷等人致电黎元洪、徐世昌、段祺瑞，称取消帝制之举已晚，非袁退位，黎继总统，难以息兵。且问道："今日吾人纵甘取消独立，曾为劝告、目下持观望形势态度之五国，其能许否？"③

▲陈宧"急"电王士珍，密报派员赴永宁与蔡锷谈判情况。说："亲译。德密。昨电谅达。前派刘一清、雷飙赴永宁时，曾授以意旨，最要之件为须仍一致承认今大总统，此条如得赞同，其余不妨迁就。嗣据该员等来电称，第一条蔡已同意，并由蔡分电滇、黔、桂、粤等因。宧以事非正式，未便呈报。前奉我公电询，曾经声复。顷又据刘、雷等谏电称，顷得云、贵两省复电，对于第一条均似不大满意，而云、贵尤甚，松坡意欲俟电到再行酌定。桂电滞碍，久候无益，定十八日回泸等语。查该员等来电，语意似有为难情形，除饬该员等俟桂电到后再行回泸外，谨此密闻，并请密致黎、徐、段三公为祷。陈宧叩。洽。印。"④

又电请北京"中央""详切指示机宜，以便迅速解决"。说："窃宧前派刘一清、雷飙赴永宁与蔡锷磋商和平解决大端办法，以维持现政府为主。

① 《时局关键之陆陈两要电》，《申报》1916 年 4 月 22 日。又见《滇黔桂粤四省致北京徐段二公电》，天津《大公报》1916 年 4 月 25 日。
② 《专电》，天津《大公报》1916 年 4 月 29 日。
③ 《石井外务大臣宛日置公使电报》（1916 年 4 月 18 日）、『袁世凱帝制計画一件（極密）/反袁動乱及各地状況』第九卷、日本外務省外交史料館、1-6-1-75-1-009、615 頁；《参謀総長宛坂西大佐電報》（1916 年 4 月 18 日）、『袁世凱帝制計画一件（極密）/反袁動乱及各地状況』第十卷、日本外務省外交史料館、1-6-1-75-1-010、118 頁。转引自承红磊《日本与护国战争期间的南北妥协》，《历史研究》2020 年第 3 期。
④ 《护国运动资料选编》下册，第 494 页。

据禀报，蔡锷照议提出条件后，滇黔两省电复，于第一条仍承认大总统一节，未能满意。桂粤两省，并因电阻，迄未据复等情。似此意见庞杂，和解无期，后患何堪设想。宧望浅言轻，实难独膺艰巨。再四思维，惟有联合宁、浙、赣、鄂、湘、鲁各省，共同担承，再与滇、黔等省婉切协商善后。乃事关全局，应恳中央迅赐主持，指定适中地点，分电各该省军巡长官派员赴议，并详切指示机宜，以便迅速解决。时机急迫，敬乞裁夺施行。陈宧叩。"①

其间，有报载蔡锷、陈宧并未议妥允许袁世凯"留任"。说："昨北京某外国官宪接得确实电报，略云日前有某外人在成都与陈二庵将军面晤，当时将军语曰，今若欲维持四川省内治安，（一）须北军全队向省外撤退；（二）袁总统从速退位。凡此二事仍系与蔡松坡一致意见也云云。依是观之，外间所传蔡、陈已议妥允许总统留任云云，殆非事实也。又据《顺天时报》云，陈成武将军日前有电致政府，措词微露独立之态度……兹闻四川似已独立。月之十四日，胡景伊氏接其家电，报告独立之略情。政府昨接曹将军急电后，即电致陈成武询问实情矣。"②

又载"东京电。北京来电，有蔡锷许陈宧之哀恳，承认袁世凯仍留现在地位条件之报，但该地之内外人皆不之信"。③

28 日，又载"北京电。蔡锷又有电否认留袁之说，且要求袁即退位，否则滇、蜀停战期限满后，即将进兵北伐"。④

5 月 6 日，又载日本大阪《每日新闻》报道蔡锷派特使与陈宧谈判停战，并提示蔡锷是"南方侧之盟主，对于北京政府之交涉，勿论与何省谈判，均需取决于蔡君一人"。说：据其"重庆电云，南北议和特使陈光勋由云贵军总司令蔡锷派往四川，现住于德国宣教师之住宅，大受陈宧之优遇。彼关于讲和之真相，语人曰：余受蔡总司令之命令，与十六旅之张参谋共来成都，面会陈将军谈判关于四川云贵间之停战及与北京交涉之各条件。其要旨与外间所流布者虽无大差异，然不允袁氏留位为讲和条件之最要一条。袁世凯在职四年，其见于政治上之恶辣手段，神人共愤，今姑避去感

① 《时局关键之陆陈两要电》，《申报》1916 年 4 月 22 日。
② 《浙苏川闽之时局观·陈二庵态度之表示》，《申报》1916 年 4 月 21 日。
③ 日本人组织：《东方通信社电》，《申报》1916 年 4 月 21 日。
④ 《译电》，《申报》1916 年 4 月 28 日。

情之论，如我云南革命以来，不仰他省何等之帮助而给养二万之军队，当此次事变，更增四倍之兵数，并不借一厘之外债，而袁氏则以借债为生活。比于前清，更使国家之危险增多，其财政之不能胜任又可概见。今蔡总司令为南方侧之盟主，对于北京政府之交涉，勿论与何省谈判，均需取决于蔡君一人。乃袁氏一面利用停战期间补充军队，其无退让之意，可以明了，故我等难保无与倪嗣冲、曹锟等决一大战之日。苟为姑息之调停，遗国民异日之祸，决非吾党之真精神，亦我等所决不肯为者也"。①

9日，又载陈光勋答记者问，否认蔡锷有留任袁世凯为总统之意。说："今日（四月二十三号）午前八时，记者因辅仁学社社长谭毅公之介绍，订期会见滇军代表陈竹铭君（光勋）。是日，陈君在东升街美教士德斐士寓所出为延见，时适阅四川《群报》记者询以新闻中蔡松坡电留之事（按：指袁世凯留任总统一事）信否，陈君答云并无其事。此次到川谒见陈将军五次，关于和平办法亦未定有何种条件，川报前载五项绝非真相。记者复询日前川西孙、吴（按：指民军首领孙泽霈、吴庆熙）会商事件若何，陈君云，前言有巴县江波臣者，以孙、吴代表名义来此接谈，要求转达当道亦同停战，已为转达。又问此次到川情形，陈云先是冯旅长（按：指冯玉祥）派参谋张之江到大周［洲］驿蔡总司令行营接洽，系偕一外国教士同至。张代表述川军之意，欲谋一致进行之办法。蔡总司令故特委余到成都面见陈二安氏，详询真情。四月三号由永抵叙，接见冯旅长、伍旅长（按：指伍祥桢），颇为欢迎，立派军队护送。经过自流井、资中各处，川、北两军长官通行接洽，众意颇为激切，知袁现在万不能保存现在之地位，故多赞同南军。十三号到省城，连见陈氏，均允以迫袁退位为主脑。此种准备，成都军官虽未全体接洽，然见项城大势已去，自无能力再为拥护。陈君每日甚为忙碌，谈次间会他客数次，有大邑某议员要求议会赶速成立，成都各界往谈大局者亦甚多，观其情形，颇有应接不暇之势。继后陈君又言陈二安将军虽允迫袁退位，然尚未表明态度究竟如何，正属难知，余此间已不能久驻，一星期内定行回永宁大洲驿，向蔡总司令复命矣。言之此，记者乃告别。"②

---

① 《滇军否认姑息之调停》，上海《民国日报》1916年5月6日。
② 《成都通信·蔡司令代表之谭话》，《申报》1916年5月9日。

10 日，又载近来南军调和之说"真相，本不过片面之词。昨探闻驻京某国公使馆接到驻滇总领事来电报告现状，略谓此间军民上下，一致皆以排除专制之污秽，新设真正之共和为大政方针，排袁思想异常坚定，黔桂粤皆同此心，业已妥协一致，不达目的不已。非项城实行退位，则时局平定，断不可望云云。据此以观，南军要求袁公退位不稍松懈，蔡锷承认和议之说，全属不确可断言也。至于停战期展长问题，内而段国务卿、王参谋长，外而冯、陈两将军，迭经致电南中各要人一再协商，蔡、梁诸人以退位问题未经正式承认，对于停战之举，坚不允行。嗣经段等多方转圜，竭力协商，政界中传闻已得有复电，只允停战一星期，并要求于此七日中务将前此要求之件，一律正式承认，以便妥筹善后办法云云。确否？尚未经征实"。①

**18 日**

▲蔡锷致电政事堂、统率办事处②，请"合词规谏"袁世凯"以退而安天下"。说："帝制撤消后，二庵派员持条件来商，首言仍戴袁项城为总统，再以他条防微杜渐，冀可从速弭祸，维持调护，深佩苦衷。国势至此，若可以宁人息事，万不忍再滋纷扰，耿耿此心，尽人而同。惟兹事体大，有应从长计议者。以法理言，项城承认帝位时，已有辞退总统之明令，是国会选举之效力已无存在，此时继续旧职，直无根据。世岂有未经选举之总统，此而囫囵吞过，尚复成何国家？以情势言，项城身为总统，不能自克，及承认帝位，又不能自坚，一人之身，数月之间，而号令三嬗，将威信之谓何？此后仍为总统，纵使指天誓日，亦无以坚人民之信，则种种防闲之要求，自为理所应有。上下相疑，如防盗贼，体统何在，政令难行，此征诸内情而决其不可者也。帝制之议初起，五国同起警告，东邻实主其谋。今帝制撤消，彼国自诩警告成功，轻蔑愈甚。现已倡言袁氏忽皇帝忽总统，扰乱东亚和平，中国若仍认袁为总统，彼国必出而干涉等语。项城与彼国感情既恶，今又无事自扰，予以可乘之隙，在彼处心积虑，求之不得，万一我方推戴，彼竟干涉，此时英、法各国又无力牵制，我将何以对

---

① 《密议中之退位与停战·片面调和》，《申报》1916 年 5 月 10 日。
② 1916 年 5 月 2 日上海《时报》记载说，这是蔡锷通过四川将军陈宦转致"中央各非帝政派之要人通电"。

付？此征诸外患而决其不可者也。① 故以二庵条件，分头电商滇、黔、桂、粤各省，皆严词峻拒，海内外名流函电纷驰，语尤激愤，人心如此，项城尚何所恋乎！今有识者皆谓项城宜退，遵照约法由副总统暂摄，再召国会，依法改选。此时更公推东海、芝老、华老分任枢要各职，于法理、事势两无违碍。计今日大事所赖于项城者，黄陂、东海、芝老、华老诸公亦优为之；其致疑于项城者，黄陂诸公举皆无有。是项城退，万难都解。速弭祸乱之法，更无逾于此者。人生几何，六十老翁以退而安天下，尚复何求。缅怀让德，常留国人不尽之思；追念前功，犹为民国不祧之祖。若复眷恋不决，坐待国人尽情之请，彼时引退，则逼迫强制，终累盛德；不退则再动干戈，又为戎首，二者必居一于此。为国家计，为项城计，并恳诸公合词规谏，勿昧先机。锷于项城多感知爱，惓惓忠言，盖上为天下计，亦下以报其私，惟诸公鉴察。"②

**按：**《申报》发表此电时，其前有言："英文《京报》载四川将军陈二庵氏日昨拍致北京一电，转述蔡锷十八日复电，词意甚婉切沉挚。"

又急电唐继尧、刘显世、赵又新、戴戡，建议黄毓成部"由东溪袭江津，进规合江"。说："义密。毓部调泸，将来如赓续开战，于川局作战，必生极大影响。盖叙、泸各军，久经激战，人员器械损失颇巨，得此一支生力军加入，为力自是不小。至调泸办法，鄙意拟令由东溪袭江津，进规合江。其理由有数端：（一）可出敌之不意，袭击其后方，截断其水运之路；（二）待其分兵防御，我主军由上游夹攻，使之腹背受困，或可达歼灭之效；（三）进路捷便，较之折回遵义，复趋永宁，可省长途之跋涉；（四）仍可与循部联络，间接掩护黔北。毓部既决出江津，以规合江，现宜驻扎何地，届时拟出何道，后路应如何布置，以及侦察地形、谍查敌情、联络义勇队各事，均希毓衡妥定部署为要。毓部新到，情形不熟，届时如能由熊部（按：指熊其勋部）酌派部队偕之俱前尤佳。锷叩。巧。印。"

又电告唐继尧、刘显世、戴戡，广东发生会议冲突，汤觉顿等三广西代表遭枪杀。说："义密。接成都电，袁逆以张勋督皖、倪嗣冲往湘、贾旅

① 原注"中略征诸外交而决其不可者一节"，此据 1916 年 5 月 2 日上海《时报》所载补入。

② 曾业英编《蔡锷集》（二），第 1359—1360 页。又见《申报》1916 年 4 月 30 日，题为《蔡锷否认留袁之复电》。

调赴汉中，可见其心未死等语。又称粤省近日情形，龙济光困据观音山，各属土匪蜂起，党派竞争尤烈。桂省代表汤觉顿、谭学夔及警察厅长王广龄因会议冲突，被军士枪杀，徐勤受重伤，秩序大乱。梁、陆（按：指梁启超、陆荣廷）由桂抵粤，不敢登岸，要求龙至兵舰会议云云。特闻。锷。巧。"①

又与唐继尧、刘显世等人联名发表以下护国军军政府宣言。

其一说："前大总统袁世凯受民委托，为国元首，不思奉公守法，福国利民，反蓄逆谋，图覆国命，嗾使徒党设立筹安会名目，紊乱国宪，公然倡乱。又阴唆政府大员密发函电，勒逼各省军民长官干涉选举，矫诬民意。其密电多至五十余通，皆有政事堂密码及官印原纸可凭。当国体投票尚未举行之前，已在总统府设立大典筹备处，预备登极，卒乃公然下令自称皇帝。其种种谋叛实据，应受弹劾裁判，载在约法。今袁世凯谋叛罪之成立既已昭然，即将帝制撤消，已成之罪固在。特以约法上之弹劾裁判机关久被蹂躏，不能行其职权，任彼逍遥法外，除由本军政府督率大军务将该犯围捕，待将来召集国会依法弹劾、组织法庭依法裁判外，特此宣言：前大总统袁世凯因犯谋叛大罪，自民国四年十二月十三日下令称帝以后，所有民国大总统之资格，当然消灭。布告中外，咸使闻知。唐继尧、刘显世、陆荣廷、龙济光、梁启超、蔡锷、李烈钧、任可澄、戴戡、陈炳焜、张鸣岐。巧。印。"

其二说："前大总统袁世凯，因犯谋叛大罪，所有大总统资格当然消灭，经本军政府根据约法宣言在案。查民国二年九月国会参、众两院议决公布之《大总统选举法》第三条云：大总统任期六年。第五条云：大总统缺位时，由副总统继任，至本任大总统期满之日止等语。今大总统既以犯罪缺位，所遗未满之任期当然由副总统继任。本军政府谨依法宣言：恭承现任副总统黎公元洪为中华民国大总统，领海陆军大元帅；其递遗副总统一职，俟将来国会能召集时，再依法选举。再者，大总统现方陷在贼中，应俟他日完全脱离袁逆暴力范围时，其言论行动乃为有效，合并声明。为此布告中外，咸使闻知。唐继尧、刘显世、陆荣廷、龙济光、梁启超、蔡

---

① 以上二电见曾业英编《蔡锷集》（二），第1360—1361页。

锷、李烈钧、任可澄、戴戡、陈炳焜、张鸣岐。巧。印。"①

▲熊希龄电告汤芗铭、沈金鉴，滇、黔此次停战，"专为沿边农民栽插，并使蔡司令在川接洽，若以大多数意见，非兵至汉口不能开议"。说："祷密。筱、洽两电敬悉。承示桂事日急，甚为焦灼。龄前得中央电，允通电南宁，曾于本月十二日致电梁任公，探其行止，至今未见复音，即前通电三省，亦未见答，未悉是否中有留难，抑系三省党见不以为然之故？昨黔边稍有端倪，均由敝处所派委员朱树藩、张学济等径往铜仁、晃县，遂得与彼等接洽。惟据张学济等同去随从陈载棠回常面称，黔军司令等均谓，此次停战，专为沿边农民栽插，并使蔡司令在川接洽，若以大多数意见，非兵至汉口不能开议，盖以中央表面取消为不足信也等语。现在中央进兵，意在以实力为开议之后盾，而三省不肯释戈，亦以湖南为彼必争之地，以期接近中原。双方各存此见，则和解断无效力，不过于停战期内彼此补充势力耳。龄意，梁任公等即在南宁，恐亦不免疑龄为中央说话，言之未必见听。然重承尊意，又为桑梓起见，拟再电陆、梁，以尽其心，不敢必其有效也。俟拟稿后，电请指示。龄之愚，若湘、桂接洽，非派员前往，不足以通隔阂，此间廖君名缙，愿为此行。未悉尊处有无与陆、陈相熟之人，倘得两人前往，将来声气易通，比电报为有益。又倪、唐皆握拳透爪之人，桂兵若留，彼必轻开衅端。龄愚以为无可如何之时，只得听倪将军概行开赴衡、永，即与桂兵决一胜负，再定议和之局。长沙在各大军之后，或可维持秩序，未知高明以为何如？龄屡承见召，义应趋命，乃以咳嗽未愈，天气大暖，尚御棉裘。又以此次家母受惊之后，往往神志不宁，希龄未敢一时遽离膝下，致贻高堂之忧。此中情节，余道尹所深悉，非有丝毫诿卸。俟刘艾棠到常后，与之商榷，或奉家母移寓渠乡，或护送至岳、汉，直达津寓，再行趋承教示一切也。谨此先复，容另电详。希龄叩。巧。"②

19 日

▲蔡锷万急电告唐继尧、刘显世、戴戡、韩凤楼、王文华，戴戡部东移须注意事项。说："义（密）。黔东军情，近迭接各电，深为焦灼。循部

① 曾业英编《蔡锷集》（二），第 1361—1363 页。发表于 1916 年 4 月 29 日上海《民国日报》时，删去了龙济光、张鸣岐二人的名字。
② 《熊希龄先生遗稿》第 2 册，第 1805—1806 页。

东移，固有顾此失彼之虞，尤恐缓不济急。权衡利害：（一）循部非俟李、赵两军抵松坎加入战线后，万不可遽行东移；（二）电部（按：王文华，字电轮）宜赶事整顿，俾速恢复元气，一面于后方择定防御线数层，赶筑坚强工事，以为节节防守之计；（三）桂师出湘、资上游，适当逆军侧背，宜切商桂帅以主力向武冈、宝庆方面进攻，则黔危自解；（四）滇、黔各路增援军，应严饬立即出发，兼程前进，毋使借端逗留，致误戎机。锷叩。皓。"①

▲报载蔡锷已酌设军政公署于四川永宁，办理一切善后事宜。说："日昨探闻军署接蔡总司令来电，略云后方关系重要，现已酌设军政公署于四川永宁地方，办理一切善后事宜。其权限略仿滇省光复后之军政部，已委罗佩金先生为总监云。"②

▲17 日，北京政府夏寿田电请熊希龄速电南宁梁启超，"要其与滇、黔取同一态度"。说："院密。按使致处电有云桂境仍陆续调兵前进，湘人深惧再见兵革，请急电熊秉使设法电致南宁，实行停战。熊使关怀桑梓，为各界所信仰，又极拥护中央，计易见效等语。近日陈、蔡缔约停战，川、湘人民保全不浅，黔既望和平解决，桂省何独不然？中央在湘军队，不惟未入桂边，意望兵衅不开，了结较易。若滇、黔停战，桂独进兵，事出两歧，彼此穷于应付，不独大局生意外之枝节，且吾湘受无故之蹂躏。望我公迅速电南宁任公，要其与滇、黔取同一态度，告以桂军果不入境，中央军队决不越湘进桂，各遏其端，静候解决。局告部嘱常局，遇公致南宁电放行，并望复。寿田。霰。"

19 日，熊希龄电请南宁陆荣廷、陈炳焜、梁启超、汤觉顿，阻止桂省驻湘边军队前进，并照滇、黔办法，停战一月，以便接洽。说："前两电左右，均未奉复，未悉已否得达，殊为怅望。顷接长沙绅商汪君诒书等电称，永州绅民函电告急，均谓贵省师旅云集湘边，人心惶惶，迁徙流离，农时尽废，请电尊处劝止前进等语。查成都陈将军与蔡将军议定滇、黔方面停战一月，敝处亦派员与黔军司令及中央军司令接洽，照议停战。贵军本未接战，原不必声明停战之约。龄等昨因倪（按：指安武军司令倪毓棻）军

---

① 曾业英编《蔡锷集》（二），第 1363 页。

② 上海《民国日报》1916 年 4 月 19 日。

开赴湘南，亦曾联名电请中央转饬该军只驻衡阳，勿遽开衅，中央业经照办。桂与滇、黔当属一致，必不彼此纷歧。凤仰我公爱民如伤，亦断不忍使邻邦赤子，复罹战祸。南路去年秋成歉薄，正冀今春耕种，以补不足。倘因战事发生，又臻饥馑，哀我黎民，靡有孑遗，恐非我公救民之意。昔人有言曰：不战而屈人之兵，战之上策也。今因政治改革之故，当此滇、黔已议停战之时，正可于政治范围公同商榷，必得其平。若坚持武力解决之说，恐兵连祸结，两败俱伤，适堕渔人之计。近阅日本报载，某某对于满洲已结盟约，第五、第六两条关于中国乱事，某认某有自由行动之权，并不准第三国干涉。昨又闻有某国拟俟湘乱，即以一旅驻湘要矿权等因。惊心动魄，为之悚惧。任、顿两先生凤以外交为念，流览各报，具悉其详，当不以龄此言为危词耸听也。中国现象，等之散沙，能发能收，方免孤注。即以西路而论，两军剧战之间，土匪乘机而起，抢杀焚掠，千里为墟。两军皆未有余力兼顾平匪，人民身命财产丧失数千百万，嗷嗷无告，惨酷难言。南路再战，楚无完肤，湘民何辜，而遭此厄？尚乞公等痛念民依，电饬驻边军队，阻止前进，并照滇、黔办法，一律停战一月，以便接洽。龄等敢为桑梓人民九顿首以请。如荷允许，当派员迅赴粤边，商承和平办法，以舒民困，而便农时。希龄此次回湘，本为迎护老母出险，即拟林泉终养。乃因桑梓父老群起挽留救护难民，希龄一家虽获保全，而推己及人，其何能忍，不得已在此办理赈抚。今既目睹疮痍，尤恐生灵涂炭，谨再渎告，乞赐电复，无任迫感。熊希龄叩。效。"

同日，又电请北京教育总长张一麐密示袁世凯宗旨究竟为何？说："建密。时局至此，无法挽回。昨电三省劝告，均无回音，未悉其中有无阻隔，抑系三省坚执意气，不以弟言为然。而窥测双方内容，可据各方报告，似中央进兵无已，欲以武力为开议之后盾；三省不信取销帝制，亦欲直抵江汉，再议罢兵。而湖南四面受敌，痛苦万分，夜长梦多，将恐天下不可收拾，吾侪终为亡国奴耳。公在中央，宜设法商之政府顾全大局，总以诚意罢兵为第一义。弟无实力，言不足重，拟即归隐深山，奉母终养，不再与闻世事。而环顾桑梓，老弱流离，此心终觉不忍。未悉中央宗旨究竟如何，乞密示为荷。希龄叩。"①

熊希龄派往黔边劝告黔省同意在湘停战的委员朱树藩、张学济等人，回

---

① 以上三电见《熊希龄集》第 5 册，第 413—414、416 页。

到常德后则面告熊希龄，三省之所以对熊的"劝告，均无回音"，是因"敌军司令均不信中央取消帝制之诚，且疑希龄奉使宣慰系为中央说话之故"。①

### 20 日前后

▲中华革命军广东陆军第二师师长纳洪顺等人通电唐继尧转蔡锷、李烈钧，刘显世转戴戡，陆荣廷、吕公望等人，以及上海各报，表示愿率所部"效命出师"。说："袁氏盗国，普天同愤，民军所向，举国风从，誓讨国贼，灭此朝食。顷贼势穷力竭，犹复诈谋百出，鼓南北调和之谬说，弄辛亥缓兵诱敌之故智，扰我军心，阴蓄异志。以彼凶残，得寸每思得尺；嗟我同胞，一误岂容再误，万望努力进讨，毋为贼计所欺。本师全军现于香山方面业已组织成立，洪顺等愿率所部随诸贤后，效命出师，不除袁逆，誓不空返。邦人君子，尚其鉴之。中华革命军广东陆军第二师师长纳洪顺，参谋长刘少廷，旅长李周，团长凌霄、纳汝与、孙振兴、赵在湘同叩。"②

### 20 日

▲统率办事处依汤芗铭所请，电告熊希龄转知黔军同意所提"附带要求"，"并切嘱黔军分知永、庸、桑各路，在此停战期内，勿得擅自行动"。说："院密。汤将军电称，永顺、大庸、桑植各县向为土匪出没渊薮，此次滋扰，似仍匪党所为。现据各路报称，匪股到处扰害，有合力图占王村、抄袭驻辰国军后路之说，正宜亟时扫除，以清内患。兹黔军于借湘西停战，附带要求，与其详驳，恐于全局转生阻滞，再四思维，似只得迁就允行，用副钧处息事宁人之德意。除分电范师长暨湘省赴剿各军停止进攻外，拟请钧处速电熊宣慰使转知黔军，并切嘱黔军分知永、庸、桑各路，在此停战期内，勿得擅自行动，以符成议等语。希即查照办理见复。处。智。"③

▲报载《京津泰晤士报》发表社论，阐述"南方领袖"要求袁世凯退位，"实有理由"。说：

> 中国今日时局，恍惚迷离，极难知其真相。政府方面传布种种乐

---

① 《请转陈元首取消宣慰使致杨士琦电》（1916 年 4 月 20 日），《熊希龄集》第 5 册，第 420 页。
② 《护国文献》下册，第 810 页。
③ 《护国运动资料选编》下册，第 466—467 页。

观消息，谓陈宦与蔡锷之谈判进行顺利，蔡允袁氏留任云云。而他方面传来消息，则谓南方诸领袖（蔡锷亦在其列）要求袁氏退位仍极坚决，非袁辞职无调停之余地。双方消息，互相抵触有如是者。纵让一步而谓政府之说为确，然蔡锷仅代表滇省，其他独立各省并未有委蔡代表磋商和局之事，故蔡之所视为满意者，未必即为解决时局之最后办法。况官报之言未可轻信，而陆、蔡、唐诸要人近且有要求袁氏速行宣告退位之电乎？吾人苟从蔡锷等观察点而研究大局，则知蔡等必不致有允袁留任之事实。

方帝制阴谋发生之初，蔡锷适在京师，为保全自由、免遭暗杀计，不得已佯示赞成，乃得脱离北京，潜赴云南。十二月二十五日，遂有要求取消帝制、惩办罪魁之哀的美敦书传至北京，限期既满，滇省乃独立。政府以为滇省起事为癣疥之疾，大兵所指即足荡平，调兵赴川，以武力答之。迨黔、桂继起，延及南方，政府始撤消帝制，然对于发起帝制、制造民意者，绝无加罪之意。帝制虽除，他省犹相继脱离中央关系，足见南方一举，显在反对袁氏，不独反对帝制已也。今南军之势力，日见加增，苟不立即解决，则一二星期，扬子江南岸诸省，将尽非中央所有矣。今之袁氏，志在保全地位，其余条件悉愿依从。袁党日以保全国家，留袁在位，以免崩裂之况哀告南方，而多数外国亦愿早睹根据此意之调和。要知南方领袖之态度，为自全观念所决定，使袁氏在位，则今日起义者能保将来不丧失其生命，或丧失其应有之地位否乎？此南方领袖所必自问者也。袁氏纵有种种担保之言，终难见信于人，前事可为殷鉴。故南方领袖之不轻信袁言，不改其要求袁氏退位之主张，实有理由，吾人不可以此为南方领袖罪也。

外人多以袁氏为统治中国之唯一人物，但若易地而处，使外人而君［居］于南方领袖之境，则亦肯贸易［然］轻信袁氏保障之言乎，吾知其必不然也，此诚时局全问题中之真正关键欤。外人徒见袁氏政绩之皮毛，而未尝深究其内容，彼以袁氏留任为然者，不过谓帝制未发生之前，袁氏确能维持全国治安，今若再予以执政之机会，则本其从前经验当可得维持治安之成绩耳。至于袁氏求此治安成绩之手续，则固与外人漠不相关。盖中国安靖则外人于愿已足，若政府大权是否操于卑陋龌龊者之手，袁氏后援是否不为国民，而为狂妄无识之军人，与夫表面上安靖之气象，是否由于摧残异己者所致，则与外人无切己之关系，外人对之可漠然而不动心。然通达时务、热心进化之华人既已目睹武人政治之恶果，身受专制之淫威，讵肯甘心再蹈覆辙乎。袁氏不知任用贤才，共谋国福，是其大误，否则何致酿成今日之危局。今见四面楚歌，国内稳健派、激烈派皆群起而攻，始欲迁就，然辛亥以还之往事在人耳目，讵能有见信于人之希望乎，彼反对者二 [之] 肯低首下心，复托身于其权力之下乎。推求外人愿袁留任之理由，不外乎袁留则旅行政事易收驾轻就熟之效，袁去则政治机械或致停滞而已。但此纯为中国内事，当由中国人自解决之，勿庸外人干涉。吾人当从华人方面观察，而不可訾议南方起义之人，盖吾外人之遭遇，若与华人今所遭逢者同，则吾外人之举动，亦必与华人今所行者同也。苟吾外人处于蔡锷等之地位、而遇留袁在位，调和时局之问题，则自必改变吾人所抱留袁之态度矣。记者于帝制发生之初，即斥帝制运动为荒谬，且愿双方调和，以免政府机关失其运用之力。但记者雅不欲指斥南方拒绝袁氏留任一举为不当，盖留袁在位，则南方领袖自蹈危机，其拒绝也，谁曰不宜？①

## 21 日

▲蔡锷拟定致"北京黎副总统、徐前国务卿、段前陆军总长，各堂处部院局署，各省将军、巡按使、护军使、镇守使"电，征求唐继尧、刘显世、戴戡的意见。说："某密。今拟通电文曰：北京黎副总统、徐前国务卿、段前陆军总长，各堂处部院局署，各省将军、巡按使、护军使、镇守使鉴。帝制撤销，公是公非，其理大明。项城铸错已成，勿论法理事实，势宜引退，此实今日海内外之公论。而国中一部分人或尚持项城遽退，目前不易维持之说，此固出于爱国热诚，要其虑患太深，实不免其事相左。盖今日国势之宜维持者，莫亟于兵事、财政、外交三端，而要以兵事为枢纽。兵事不息，则财政日益恐慌，外交日益危险，此无可幸免者。欲谋息兵之道，当问兵之所由起。数月以来，海内汹汹，实为项城一人。《传》曰：一家让，一国兴让；一人贪戾，一国作乱。项城今日尚不以一让安天

---

① 《英报论要求退位之理由》，《申报》1916 年 4 月 23 日。

下，则兵何由息！故正为维持国事，对于项城愈不得不处于不情之请，系铃解铃，理固如是。项城一退，则兵祸立解，一切财政、外交立复原状，悉就坦途，此则可断言者。事定以后，黄陂、段芝老诸公维持于内，疆圻诸贤并助于外，同心一德，安见其不能为治。若勰勰〔葸葸〕过计，必以一国之重兵，终属望于一人，则项城春秋已去，不知百岁之后，又将何说以处此来日大难。黄陂、东海、芝老、华老诸公终为国命所托，今不使项城洁身，非所以慰项城，亦岂所以利国家乎！迩者内则人心鼎沸，靡烂勘〔堪〕虞；外则强邻伺隙，触机即发，国命垂危，更无余地可容我依违自处。伏望毅然自决，附于谏诤之议，合词为项城一言之等语。当否，乞速核示。又，发时除会尊衔外，应否再添列几人，并乞酌。锷叩。马。印。"①

26 日，做个别文字修改后，以蔡锷与唐继尧、刘显世、任可澄、戴戡四人名义，通电"北京黎副总统、徐国务卿、段参谋总长，各堂处部院局署，各省将军、巡按使、巡阅使、护军使、镇守使、都统、办事长官"，说："密。帝制撤销，公是公非，其理大明。项城铸错已成，勿论法理事势，均宜引退，此实今日海内外之公论。而国中一部分人，或尚持项城遽退，目前不易维持之说，此固发于爱国热忱，要其贻患太深，实不免与事实相左。盖今日国事之宜维持者，莫亟于兵事、财政、外交三端，而要以兵事为枢纽，兵事不息，则财政日益恐慌，外交日益危险，此无可幸免者。欲谋息兵之道，当问兵之所由起。数月以来，海内汹汹，实为项城一人。《传》曰：一家让，一国兴让；一人贪戾，一国作乱。项城今日尚不以一让风天下，则兵何由息？故正为维持国事，对于项城愈不得不出于不情之请，系铃解铃，现固如是。项城一退，则其祸立解，一切财政、外交立复原状，悉就坦途，此则可断言者。事定以后，黄陂、东海、芝老诸公支柱于内，疆圻诸贤并力于外，同心一德，安见兵不能为治！若葸葸过计，必以一国之重，始终属望于一人，则项城春秋已高，不知百岁之后，又将何说以处此来日大难。黄陂、东海、芝老、华老诸公，终为国命所托，今不使项城及身得代，非所以慰项城，抑岂所以利国家乎。今者，内则人心鼎沸，鱼烂堪虞，外则强邻伺隙，触机即发，国命垂危，更无余地可容我依违自处。伏望毅然自决，附施五诫之义，合词为项城亟言之。如诸公别有伟谋，能

---

① 《蔡锷集外集》，第352—353 页。

使法律不至破坏，国家复可图存，某国不加干涉，人心或易收拾。仍乞赐示。蔡锷、唐继尧、刘显世、任可澄、戴戡叩。宥。印。"①

▲陈宧在与蔡锷商谈议和过程中，提出六条：（一）继续推袁为总统；（二）处罚帝制运动元凶；（三）速开国会，且尊重之；（四）以国会及各省文武代表联合会议定宪法；（五）北兵撤退；（六）今后五年向各省将军、师团长等维持其地位。②蔡锷对此未根本反对，拟定修正条件十款，电唐继尧等商议：（一）仍暂以袁世凯为总统；（二）限两个月内召集已解散的民国元年参众两院议员在上海解决总统问题；（三）务期实行民国元年约法；（四）起义各省将军以下官长，在今大总统任内不得更换；（五）大赦党人；（六）在袁世凯暂任总统期间，为维持国会起见，将起义各省军队编为二师，分驻于北京附近；（七）起义各省军费由中央协济；（八）任段祺瑞为湖北将军，驻武昌，仍任冯国璋为江苏将军，驻南京。③唐接蔡锷电后，曾将陈宧原电及蔡锷意见出示给属下将官，同人皆攻击蔡锷软弱。④

▲报载"北京电。陈宧亦电黎、徐、段，谓据蔡锷称，滇、黔不允项城留任，桂、粤因电断无复，议和希望尚远，请联合未独立各省与党人协商解决，并乞中央指定适中开会地点"。⑤

又载"闻政府昨接成武将军陈宧密电一道，详陈川省近状及与蔡锷前后提出关于和局前途一切要件。大总统核阅后，以其间尚有应行讨论之点：（一）关于川、滇和议之件，有无妨碍大局之点；（二）该省所提和议之件，是否与中央同一宗旨；（三）关系军事方面，是否已得虎威将军曹锟之同意；（四）关于政局之件，蔡锷之资格能否代表黔、桂、粤等省。以上各节，业经分别指出，交由徐国务卿逐项研究"。⑥

① 曾业英编《蔡锷集》（二），第 1368—1369 页。
② 《石井外务大臣宛堀领事电报》（1916 年 4 月 21 日）、『袁世凯帝制计画一件（极密）/反袁动乱及各地状况』第十卷、日本外务省外交史料馆、1-6-1-75-1-010、288 页。转引自承红磊《日本与护国战争期间的南北妥协》，《历史研究》2020 年第 3 期。
③ 《记者与刘杏村君之谈话》，成都《国民公报》1916 年 5 月 2 日。
④ 《石井外务大臣宛堀领事电报》（1916 年 4 月 21 日）、『袁世凯帝制计画一件（极密）/反袁动乱及各地状况』第十卷、日本外务省外交史料馆、1-6-1-75-1-010、288 页。转引自承红磊《日本与护国战争期间的南北妥协》，《历史研究》2020 年第 3 期。
⑤ 《专电》，《申报》1916 年 4 月 21 日。
⑥ 《交议陈成武之密电》，天津《大公报》1916 年 4 月 21 日。

21 日

▲蔡锷电告唐继尧、刘显世、戴戡、刘云峰、韩凤楼、王文华，"吾人能再鏖三个月，则无事不了矣"。说："义（密）。周公巧、未，冀公皓电均悉。吾人若绝对的主张倒袁，则惟对外宣言非推翻袁氏不能罢兵可矣。若因种种关系，而为第二步之主张，承允暂留袁为过渡时之作用，乃有种种条件之提出，即陈氏提出之草案八条及锷之修正案十条之类是也。今若一面要求袁氏退位，一面仍要求惩办元凶、召集国会及其他种种条件，于理甚属不通，于事实何能办到？鄙意现在袁氏已有不推自倒之势，尚有少数金壬欲借袁为傀儡，拼命把持，以为苟且偷生、行险侥幸之计，要不足虑。吾人能再鏖三个月，则无事不了矣。黔东军事最可虞，现惟亟电桂军分兵由新宁、武冈北进，冲逆军侧背，则黔危自解。顷接王华裔电，谓黔游击队已会桂军，于十三号占领新宁等语。是桂师已分道入湘，则逆军必分兵拒桂，对黔必不敢深入矣。停战期限应否展延，拟俟下月朔前后决定以闻。锷△叩。养。印。"

又电告刘显世、戴戡，他与陈宧谈判，"不过交换意见，借以为探刺各方面情形及运动联络之地"而已。说："义密。周公皓辰、亥两电均悉。滇中增援计划，不甚可靠，深堪扼腕。周公现派谢、刘、唐、姚四营往援东路，至佩廑筹。此间与陈二庵磋议一切，不过交换意见，借以为探刺各方面情形及运动联络之地。若云正式提出条件，似尚过早，且条件应用何种形式，经何种手续提出，尚须豫为之研究耳。否则，贸然提出，毫无着落，究属非宜。若为延长停战计，尽有他法可设，不必待条件之提出与否也。以现势揣之，停战期满，我如主守，敌人未必来攻。盖月来袁氏势力一落千丈，其鹰犬辈亦渐恍然醒悟，逆知冰山将倒，惟惴惴是惧，决不能更为袁出死力也。锷叩。廿二戌。"[1]

▲报载某巨公忽接梁启超密电，表示毋庸"延长"调停期限。说："兹闻某巨公近日迭次致电蔡松坡、汤济武，要求取消袁公退位条件。惟迄今未得复电。前则（二十二日）忽接梁卓如氏个人密电一件，其大致系以袁公不肯退位，即系无和议之诚心，亦可毋庸再将调停期限延长，俾免贻

---

① 以上二电见曾业英编《蔡锷集》（二），第1364—1366页。

笑外人。经某巨公将梁电密呈袁公核阅，尚不知如何处置也。"①

又载"据某要人云，调和问题，现在传说不一，在政府方面传出消息，则谓业已开始，且有引路透电所载，蔡锷已允袁总统留任之说为证者，在南中方面则绝不认有此事。其实个中真相，两方仅商停战一事，其重要问题尚未议及。惟中央前派往疏通意见之人员，所有报告均极不佳，且此项人员竟有尚未复命即行辞职者，前途困难可以推知云"。②

### 23 日

▲蔡锷电告刘显世、戴戡、刘云峰、韩凤楼、王文华，桂军须粤事定，"始分道取湘"。说："义密。顷接陈代督（按：指陈炳焜）十四自邕来电，5955 电敬悉。粤虽独立，内部极纷扰。陆督于佳日偕任公东下，必俟粤事定，始分道取湘。计调赴湘边桂军已有三千，预备进攻矣等语。除再电催令与黔师取联络，会师规湘外，特闻。锷。廿三。"③

▲熊希龄电复齐齐哈尔朱庆澜，"和平未敢必也"。说："华密。删电敬悉。湘西与黔军现均停战，闻由川省陈将军与松坡接洽开议。惟桂省陆军进驻湘南，中央亦派倪（按：指倪毓棻）军四十营深入衡阳，两军均勇，难免冲突，和平未敢必也。承注谨复。希龄叩。漾。"④

▲报载罗佩金电告前方战况甚佳。说："顷奉总司令来电，谕前方战况日来大获胜利，本道已攻至纳城冠山，右翼已攻至牛背石、蓝田一带，夺获大炮四尊、机枪四挺、步枪三百余支、弹药百余箱，击毙敌兵三百余人。该军大部已向合江方面及渡江向泸溃退，我军正继续追击中等因。查敌军主力，前在纳溪附近对战经月，伤亡逃散已在三千以上，所余北兵现约完全三团，此次击破以后，能力当无几矣，不难一鼓歼灭，谨此电达。佩金叩。"

又载蔡锷电饬拨款收买袁军逃兵枪支。说："据威信钱行政员函称，逃兵（系北兵）源源而来，是否出示招集，或给洋数十元收买枪弹，因警队赴防，无力没收枪弹。若核准收买办法，请饬镇雄县拨款二千元备发等语。

---

① 《退位问题·梁任公密电》，《申报》1916 年 4 月 27 日。
② 《调和前途困难之预测》，天津《大公报》1916 年 4 月 22 日。
③ 曾业英编《蔡锷集》（二），第 1366 页。
④ 中国第二历史档案馆藏档案，档案号：3002 – 36。

除饬沿途严缉逃逸外，请即核酌电该委员遵办。锷叩。"①

又载护国军"决定招聘日本法学博士今井嘉幸为法律顾问"。②

又载"北京电。驻京各国公使二（十）三日前接到驻粤各领事电报，谓据南方独立军送到该军首领唐继尧、刘显世、陆荣廷、龙济光、梁启超、蔡锷、李烈钧、陈炳焜、任可澄、戴戡等连名于四月十九日致驻京各国公使公电，谓前大总统袁世凯犯违宪之大罪，已失大总统之资格，本军按照民国《临时约法》请副总统黎元洪代理，谨此通告等语。并云此电因恐中途被扣，特乞转电云云"。③

### 24 日

▲蔡锷电复唐继尧、黄草坝韩幼泉，称许"规蜀在先得渝"为"卓识"。说："义密。幼兄马电所论，规蜀在先得渝，现宜并力綦、渝等因。卓识甚佩。就现在局势观察，袁逆所称为最精锐之第七、八两师，悉驻泸、纳，此间若暂取守势，牵制其主力，而以重兵趋綦、渝，甚属得机得势。渝既得手，泸逆后路既断，驱除自易。若泸逆回顾綦、渝，则此间突出猛击，敌愈狼狈。惟周督亲征，循若东移，事实上有无窒碍，请周、循两公自决之可耳。仍希冀公卓夺。锷。廿四。"

又电告陈宦，已饬川、湘之滇、黔、川各军非奉命令不得前进，停战展期事另定。说："成密。7888 电悉。停战展期及双方先饬各路军队非奉命令不得前进两层，应即照办。此间现先饬在川、湘之滇、黔、川各军非奉命令，不得前进。至停战展期若干日，随后再行商定。望即电处（按：指北京统率办事处）一律飞饬在川、湘军队，无命不得前进，严守信约为盼。锷叩。敬。印。廿四。"④

### 25 日

▲午前 10 时，蔡锷在大洲驿命令罗佩金、刘云峰、赵又新、顾品珍，并通报刘存厚："据陈二庵电称，奉办事处电，停战期限转瞬届满，而协商

① 驻滇记者真厂：《云南军事纪》，上海《时报》1916 年 4 月 23 日。
② 《护国军聘请日本顾问》，上海《民信日报》1916 年 4 月 23 日。
③ 日本人组织：《东方通信社电》，《申报》1916 年 4 月 24 日。
④ 以上二电见曾业英编《蔡锷集》（二），第 1366—1367 页。

尚无头绪，是否仍可展限？希转商预筹速复，以便分行知照等因。现在和解办法，由冯华甫、张少轩筹议条件，征求各省意见，即与尊处正式商榷。惟军队分布，文电传达，辗转稽时，不得不预筹办法，可否量以再展期限？并先行饬知贵部，届时非奉命令，无庸前进。统俟奉复后，再电处通饬遵照。宦叩。廿三。等语。当以停战展期及双方先饬各路军队非奉命令不得前进两层，应即照办。此间现先饬在川、湘之滇、黔、川各军非奉命令，不得前进。至停战展期若干日，随后再行商定。望即电处，一律飞饬在川、湘军队无命不得前进，严守信约为盼。锷叩。二十四。等语。电复在案。除分电并通饬外，合亟令仰该总司令、梯团长查照，并分饬所属各部队一体知（照）。此令（通报贵总司令）罗总司令，刘、赵、顾梯团长，并通报蜀军刘总司令。总司令蔡。"[1]

▲报载段祺瑞与美国《联合报》驻北京访员的谈话。说："美国《联合报》驻京访员四月二十五日通信云，新国务卿段祺瑞氏由总统授以全权组织内阁，将中国政府改弦更张。段氏熟悉中国情形，年六十余，在军界已三十余年。日昨余往谒之，段氏论及总统决意将军政、民政大权转移与内阁。其言云，现在中国军队中之军官，为余之学生者十之七，余与之相处既久，相知既深，当不至与余为难，外人惧中国军队扰乱一层实不足虑。余所求者为和平秩序，余必竭力以谋达此目的，吾人当先谋和平，然后再谋中国之发展。今日南方所提出者颇有无理由之要求（其意盖指要求退位），然余颇有希望可与南方全部得圆满之解决。余深信云、贵两省必愿调和，盖蔡锷为明达之人，南京将军冯国璋现正竭力与扬子江流域各省磋商，亦必能有济。惟广东一方面较为困难，目下惟广东确有战事，各党首领似不能同意云云。段氏又论及彼所以出而组织责任内阁，云此后内阁不复在总统府会议，即移至禁城外之旧内阁地址，内阁统理国务，惟国家最重大之问题方与总统商议，军队全由陆军部管辖，盖兵权完全由总统掌执实非国家之福也，至于宣战则当然开内阁会议后由总统宣布。此次新内阁不过临时之组织，将来议院正当召集，新宪法颁布后当建设永久之内阁。参政院中各员约有五十人，皆由总统委任，该院已失其资格，目下中国实无何种立法机关，内阁不久即行筹备由人民选举之议院，此事当在三个月内实

---

① 曾业英编《蔡锷集》（二），第 1367—1368 页。

行，议院将颁布宪法云云。段氏又谓宪法之性质若何不能预定，盖须决之于将来之新议院，若南北调和后，大约不外就独立各省与北京政府所定之条件制定。段氏为新内阁中之中坚人物，又颇能与多数抱有旧思想之人物融洽，盖彼为改革家，又不至如毁偶像者之甚也。段氏绝不扫除中国可宝贵之旧物，惟欲使之适于近世之用焉。余晋谒时，初由段氏之书记梁君招待，余与梁君谈片刻，段氏即出会见，言论直爽，似惯任大事之人。席间由梁君作通译，梁君操英语甚佳。谈毕，段氏循华人习惯，偕余至门首，始握手作别。"①

28 日，又载"北京电。段电陈宧转蔡等要求继续停战，俾和局正当解决，并不久为延搁"。②

30 日，又载"北京电。段（祺瑞）电蔡（锷）等，剀切声明：（一）内阁成立，实履行南军要求；（一）对政治上确负全责；（一）前背共和之点汰尽；（一）国会俟和议成即组"。③

26 日

▲唐绍仪、赵凤昌密告冯国璋，"近日外界消息更恶，干预主权，即在目前。惟有立刻发表退位，悉照约法处理，使其无辞干涉，不能渡此难关"。说："华甫将军大鉴。日前令侄来沪传述尊旨，敬闻种种，此间各方面意见，尚有不敢苟同者，已为令侄略述梗概，想蒙察及矣。近日外界消息更恶，干预主权，即在目前。惟有立刻发表退位，悉照约法处理，使其无辞干涉，不能渡此难关。以约法系立国根本，曾由各国承识，仅此一着，堪以抵制，稍以盘旋，即无立足之地。凤昌即于今午专函元伯，附拟电稿转呈，当已入台览。迨下午四点钟，又得外界紧信，各国以此时江浙蚕丝，正将收茧，且知养蚕乡户，畏兵胜虎，逃死不暇，置蚕事于不顾。计每年江浙产丝出口值数千万，关系外国金融之流通，洋商将因之失业。江浙商民既失此数千万，外商亦因此所失甚多，不甘缄默。且丝业顿失，关税亦相应短绌。关税抵偿赔款，各国尤为重视，其情跃跃，必有发难之一日，恐不在远。东邻乘各国商情之愤急，闻已不待六日期限，即有不测之诘责，

---

① 《段祺瑞之新内阁谭》，《申报》1916 年 4 月 30 日。
② 《专电》，《申报》1916 年 4 月 28 日。
③ 《专电》，《申报》1916 年 4 月 30 日。

奈何奈何。我未独立各省，或观望徘徊，或迁延筹备，势必缓不济急，弄巧成拙。自必欲待东邻发难，一纸限文，始行解职，以后大局，尚有我主持之余地否？即不免听人处置，将军与段芝老尚有回旋之地否？国家存亡关系，能勿归咎贤者否？惶悚之至，密陈左右，大局安危，惟将军图之。绍仪、凤昌同肃。四月廿六夜。"[1]

▲零陵镇守使望云亭通电云南、贵州、广东、广西都督并转各师旅团长，宣布独立。说："帝制肇祸，国势阽危，内患丛生，外侮寝至，与其令人代谋，坐视糜烂，何如自保疆土，护我生灵。前次电请息兵，居间调停，乃停战兼旬，迄无转旋之余地。无已因大势之趋向，民军之请求，经于四月二十六日宣告独立，改零陵镇守使署为湘南护国军总司令部。云亭一介武夫，素乏经验，我爱国诸公，既倡义举，力挽狂澜，云亭权势虽微，亦惟以一腔热血，随诸君子之后，力效驰驱而已。虞虢相依，唇亡齿寒，惟诸公垂爱及之。云亭叩。"[2]

27 日

▲蔡锷电复唐继尧、刘显世、戴戡，戴部东移，须待合适时机，并妥筹给养等问题。说："义密。循公有午电悉。分复于下。（一）循部应俟赵部（按：指赵钟奇部）到松坎接防，李部主力抵贵阳后，方可移师他向，以免疏虞。（二）给养一端，影响于战事者极巨，应请冀公速电协、毓（按：指李烈钧、黄毓成）各派专员，豫赴前敌，妥为筹备，并由循公酌留若干员辅助办理，俾免临时周章。（三）循部东移，所属之炮、机兵仍请冀公照拨，俾厚势力而维军心。此间所获敌军山炮虽多，完全可用者只两尊。前因连日猛攻，其炮弹已使用罄尽，无从补充。叔桓昨日到，并闻。锷。廿七。"

午前 9 时，又在大洲驿通报刘存厚、郑英："顷接成都陈二庵华密电称，况场等处匪徒，前准尊电以用团警剿办为宜，当即电致张、熊两师旅并吕道尹商办。兹准复称，遵即会商军警，分头剿办。二十一。与滇军远隔之荣、隆、富、泸交界各匪，由熊旅派兵一营分剿。至密迩滇军之况场、

①《近代史信札》第 3 函第 8 册，中国国家图书馆藏。
② 上海《时事新报》1916 年 5 月 11 日。

2067

大悲寺等处，由道尹派警备队一连游击，拟于二十五日同时举行，祈酌告
前途，以免误会等因。特达。并希转饬贵部所属知照为祷。陈宦叩。有。
印。等语。合亟通报贵总司令查照，并分饬所属知照。此通报蜀军刘总司
令，并命令狙击义勇梯团司令郑英。总司令蔡。"

28 日

▲蔡锷电复陈宦转唐士行行长、修承浩道尹，对其"决心举义"，深表
庆幸。说："成密。寝电悉。二公决心举义，大局之福，抑诸公翊赞之功，
曷胜额手。以刘、雷（按：指刘一清、雷飙）统带滇军，足以壮声势而联
声气，借收脉络贯通、指臂相维之效，自可照办。现拟以驻叙府附近之第
一梯团交由时若接统。杏村如愿带滇军，将来亦可酌拨。蜀如宣布，曹军
决不敢西犯。即张、李（按：指张敬尧、李长泰）两师似亦可联络就范，
则曹势益孤，更无能为役。所可虑者，北军纪律素弛，际兹危疑震骇之时，
军心动摇，或不免有一部分溃决铤走，为地方之害耳。锷。俭。廿八。"①

▲24 日，胡鄂公自南京抵成都，陈宦"得闻南中事甚悉"，"意志为之
冲动不少"。傍晚，陈宦命季自求"袖一电就商仲老"。虽未明说陈宦命季
"袖一电就商仲老"之电，是否劝袁退位之电，但联系 5 月 5 日条下所记
"安陆因大势所趋，皆不满于袁，特电项城劝其退位"，② 当可推知陈宦命
季"就商仲老"之电，应为劝袁退位之电。

28 日，蔡锷于是"火急"电询唐继尧、刘显世、戴戡，"省军援泸部
队，何日出发"。说："昆密。循公沁未电悉。陈已电袁，促其退位，日内
即与袁断绝关系，曾密命周骏所部于东大路一带防曹。川、北两军本不睦，
曹夙待周如对仆役，周尤衔之，甚悔前此之附逆。蜀如宣布，周、曹必相
残杀，周或非曹敌，循公务速作准备，届时迅出綦、渝，并豫饬南川部队
截击重庆下游，拦取曹军辎重为要。二庵历电请以杏村、时若统带滇军四
梯团，意在外拒北逆，内安反侧。锷前已允拨十营，实则合叙、泸之滇军，
现仅十三营，而兵不足额，其中持新械者只九营，不过姑应之以壮其气耳。
查陈氏所部，现有北军冯、伍、李三旅，川军第一、三师全部，第二师之

① 以上三电见曾业英编《蔡锷集》（二），第 1369—1371 页。
② 季自求：《入蜀日记》，《陈宦研究资料》，第 41 页。

一旅弱，成都新成步兵一团，合计不下五十营，其他杂项部队尚多。今竟求援于我，毋乃乞米于丐。以势度之，蜀宣布后，张、李两师不惟不敢西犯成都，且将帖耳就范。如敢抗颜行，亦不难设法摧破之也。省军援泸部队，何日出发？希示。锷叩。廿八。俭。印。"①

▲梁启超电告龙济光、陆荣廷、陈炳焜、李烈钧、唐继尧、刘显世、蔡锷、戴戡等人，"冯、段诸公既决意退袁，亦当引为同调"。说："护密。得沪同人联名电称，冯、段、徐、王联合退袁，目的相同，惟不主独立。以冯为未独立之省分领袖，联鄂、赣、鲁、汴成一系，为将来媾和谈判主张地步。我独立省分，须发展势力，多得一省则发言权加一分，宜速进兵经略赣、湘，勿待冯等提议停战云云。鄙意急进兵，自是一定办法，冯、段诸公既决意退袁，亦当引为同调。除由此间别行接洽外，谨奉闻。启超叩。戡。"

又电请陆荣廷、陈炳焜、唐继尧、刘显世、蔡锷、李烈钧、戴戡等人坚持"初志，毋稍中馁"。说："松坡尤电悉。三策中，上策自难办到。中策联诸镇，迫退位，事机渐熟，别由勘一电奉闻。下策所谓巩固四省势力，徐图发展，此着求诸在我，鄙见实谓上策。大约时局最终之解决，其一当视四省实力，其二当视外交。外交承认，略有成议；所以迟迟者，因统一机关久未成，而正式负责之人，今虽有四省宣言举黄陂依法继任总统，然未能亲临指挥。前奉冀公书，知军务院组织，极蒙赞许，惟人地两问题待商。窃意抚军长一职，以滇省首义之勋劳，自非冀公莫属，黔、桂、粤当无异辞。惟为交通计，其地点似不能不在粤。冀公既不能来粤，拟增设副长摄职，推西林任之。昨今得龙、陆两督电言，欲推西林为四省都司令，此职西林决不肯担负，望勿强以所难。但使军务院告成，内部自能统一巩固，迅图发展。现桂军克日出湘，粤局亦已粗定，前队月内出赣。段、冯诸公，则暂持中立态度，以退位为媾和条件。四省以实力盾其后，外交从旁赞助，可集大勋。望持初志，毋稍中馁。滇、黔、桂、蜀饷械，半月内当有以报命也。因滇电线坏，音讯迟梗，共以为苦，现已修复，凡百皆可迅商，切盼常惠教言。此电所陈，尤乞立复。启超叩。勘二。"②

---

① 曾业英编《蔡锷集》（二），第1371页。
② 以上二电见《护国运动资料选编》下册，第503、539—540页。

又电唐继尧转蔡锷说："报载华甫宣布松坡所允之议和条件，有认袁仍为总统之条，想属谣捏。粤事渐定，东南正极得手，外交为我后盾，袁力已屈，万勿轻纵。启超叩。勘。"①

**按**：综观迄今所见资料，冯国璋宣布的，应有其事。但蔡锷所认条件与冯有意宣布，目的不同，蔡是在当时特定情境下暂时有条件地认可的。

30日，又特转陈冯国璋来电于龙济光、陆荣廷、陈炳焜、唐继尧、刘显世、蔡锷、李烈钧说："顷接冯华甫将军来电，文曰：久别丰仪，溯洄念切。自滇黔事起，国难日殷，尤急奉近高贤，许加讨论，以求定乱之方。惟所处地位不同，深以难于接洽为歉。迩者取消帝制，双方尚在相持，外患内讧，煌迫益亟。国璋以安危关系，出任调和，已于感电略叙衷曲，计邀垂察。惟以兹事关系之巨，国璋智虑之绌，蚊背负山，弗胜是惧。我公令闻广誉，超越恒流，持论素公，必无偏倚，若得互相斠榷，共任疏通，可益不佞之闻见，复可定舆论之趋响，亟望命驾回沪，俾得就近商酌一切。如承慨允，即当派专员往迎伟从，临见迫切，鹄候复音。国璋勘。印。云云。特电转陈，另电详商。启超。陷二。印。"

同日，再电龙济光、陆荣廷、陈炳焜、李烈钧、唐继尧、刘显世、蔡锷、戴戡说："陷一电照转冯华帅来电计达。华帅早有退袁之志，近据各处情报，大约欲我四省强硬主张，彼则联合中部各省巽词劝退。冯、段诸公必须引与共事既无疑义，超此行似不容已。惟必须四省示以方针，乃有率循，鄙意以惩罪魁为停战条件之主眼，以退位为媾和条件之主眼。但使退位办到，其他皆有磋商余地，若承同意，请迅示复。再者袁氏方日思停战以懈我军心，而彼乃暗中运兵南来，希图侵扰，此时万不容堕其术中。桂粤入湘、入赣之兵，仍盼并力进取，勿稍松动。和平保障，惟恃武力，诸公想同此义也。启超叩。陷三。"②

又"万急"电告陆荣廷、陈炳焜、唐继发、刘显世、蔡锷、李烈钧说："护密。勘一二电计达。顷接陈督复刘督勘电，有军政府已在肇庆成立等语。查第一、二、三号宣言标题'联合军政府'字样，不过为对外郑重起

---

① 《护国文献》上册，第218页。
② 以上二电见《护国文献》上册，第218—220页。

见，政府之实际组织尚未遑及，昨勘二电乃始商榷组织办法，仍候复示决定。恐有误会，特亟声明。启超。陷。印。"①

▲冯国璋电请唐继尧、蔡锷等独立各省领导人"共念时艰，早作罢兵之计"。说："云南唐蓂赓、蔡松坡先生，贵阳刘如舟先生，南宁陆干卿先生，浙江屈文六先生，广州龙子宦〔诚〕先生、梁任公先生鉴。自战事之兴，绵延数月，兵连祸结，国本动摇。诸公拥护共和，本极钦佩，惟生民何罪，遭此兵凶，而外患之乘，尤为时时可虑。国璋凛凛危惧，缄默难安。前闻四川陈、蔡二公议有八条，国璋曾据以电询各省，征集意见，以谓即此可望解决。乃近接陈将军来电，并阅诸公致京一电，知双方尚未同意，彼此正复相持，长此以往，何时不可亡国？然非有最和平、最迅速之方法以为解决，仍无幸免之途。万不得已，国璋于日前电请黎、徐、段、王四公代陈大总统，请敝屣尊荣，早作退计。一面电致未独立之各省将军，预备联名入告，共任调停。手段虽殊，目的则一。惟当此绝续存亡之际，关于军政财政，深恐变出非常，自须稍假时期，借资布置。诸公公诚为国，尚希共念时艰，早作罢兵之计。凡未经破坏地方，暂止进行，以免破坏愈多，愈难收拾。耿耿愚忱，尚希共谅，尊处定见，并盼速复。国璋。勘。"②

**按**：有同电异文，如下："云南唐蓂赓先生、蔡松坡先生，贵阳刘如舟先生，南宁陆干卿先生，广州龙子诚先生、梁任公先生、张坚伯先生，杭州屈文六先生鉴。自战事发生，迁延数月，兵连祸结，国本动摇，诸公拥护共和宗旨，本极正当，惟生民何罪，惨罹兵凶，内讧不宁，适召外侮，国民栗栗危惧，日思挽回劫运，再奠邦基。前闻四川陈、蔡二公议有条件八条，国璋曾据以电询各省，征集意见，以为即此解决，可以息事宁人。乃顷接陈将军转到蔡公巧电一通，得知双方尚未同意，似此相持不下，旁观将有责言，神州陆沉，仁足可待。是非以最和平、最迅速之方法解此纷扰，恐终无幸免之时。国璋审度内情，亦经筹虑及此，业于日前电达黎、徐、段、王四公，望其代陈大总统，即有敝屣尊荣，预作退计之言。一面电致未独立各省将军、巡按使，商酌联名入告，共任调停。虽与诸公办法

---

① 《护国运动资料选编》下册，第540页。
② 《护国运动资料选编》下册，第649页，转录自《中华新报》1916年5月1日。

各殊，而维持大局、巩固国家，彼此实同一目的。惟当此绝续存亡之际，关于军政、财政深恐变出非常，自须稍缓时期，借可逐次布置。已电四川陈将军，请与蔡公协议，续行停战一月。诸公热心为国，当以同担艰巨为前提，务望早日罢兵，使有商榷余地。凡地方未遭破坏者，均希暂止进行，以免破坏愈多，愈难收拾。特电布达，祈谅愚忱，尊处意见何如，并盼速复为荷。国璋。感。印。"①

5月1日，蔡锷电复冯国璋并分送唐继尧、刘显世、陆荣廷，分送广州龙济光、梁启超、张鸣岐、屈映光说："冯华老感电计达。顷锷复电文曰：感电敬悉。老成谋国，深佩苦心。国势如斯，战事延长，本无幸理。惟项城在位，已无术见谅于国人，人之多言，爱莫能助。尊电有'敝屣尊荣，预作退计'之言，故在今日如真能以君子之道爱项城，并爱国家，斯所谓最和平、最迅速之方法。知即本此进行，务恳早摅忠谠，弼成项城让德，斯纠纷立解，国人皆拜我公之赐，且转原项城之心。日月之食，及更皆仰。项城既屈己以徇国人，则国人之所以待项城者，宁复忍为已甚。至绝续存亡之交，军政、财政虑或变出非常，诚宜先事措置，公与枢府诸贤内外相维，知不难指挥若定。锷等待罪行间，苟利于国，惟命是从，停战之约，现已饬前敌，虽届期满，非有命令，不许妄动。止戈待命，不尽依依等语。合转闻。锷。东。印。"②

**按**：4月26日，冯国璋所言电请黎、徐、段、王代陈"大总统"电如下：

> 元首统驭民国，四年于兹，虽政策施行未臻尽善，而中外耳目所属，咸以保邦制治望之一人。乃帝制发生，未及数月，以致舆论大变。从前原案虽已撤销，初无裨于毫末，岂群情趋响转移无常，实缘威信既隳，人心已涣，纵挟万钧之力，难为驷马之追，瞻望前途，不知所届。国璋对于元首具有特别感情，以私言则旧隶麾麾，以公言则职司

① 两广都司令部参谋厅编纂《军务院考实》第四编《各省文电》，商务印书馆，1916，第92—93页。
② 曾业英编《蔡锷集》（二），第1374—1375页。又见《军务院考实》第四编《各省文电》，第94页。

专阃，效忠报国，分所宜然。特以耿直性成，未能随时俯仰，他人肆其谗构［构］，不免浸润日深，遂至因间生疏，因疑生忌。倚若心腹，而密勿不尽与闻；责以事功，而举动复多掣肘；减其军费，削其实权，全省兵力四分，统系不一。沪上一隅，复与中央直接，使急难之顷，舍国璋向日旧部外，无一可用之兵，设非平昔信义能孚，则今日江苏已早为粤、浙之续，言念及此，感触何如！顾国璋屡上手函，以及席前敷对，誓言竭力襄助，巩固国家，今虽全局纷纭，仍未少易初志。近以政府电知川省协议和解条件，与国璋用意略同，方且担任调人，冀回劫远，是一己抱定宗旨，始终不渝，元首能否祛释疑团，初未尝置之念虑也。

惟报载陈将军所致中央一电，声明向蔡锷提出条件后，滇、黔于第一条未能满意，桂、粤迄未见复，意见庞杂，和解无期。惟有联合宁、鄂等省共同担承，再商善后等语。而此间接到处转陈电，似将首段删节，值此事机危迫，犹不肯相见以诚，调人暗于内容，将从何处着手？国璋虽已照电川省，商论开议事宜，双方未得疏通，正恐繁费周折。默察人民心理，怨绯犹多，语以和平，殊难餍望。苏为国璋辖境，自当设法维持，至于大局安危，实觉茫无把握。

窃意大总统本一代英杰，于举国大势，谅已洞烛无遗。顷者段将军（按：指段芝贵）离奉入京，未见明令；倪将军（按：指倪嗣冲）调防湘省，湘又拒却；中枢已渐废纪纲，官吏将不循法度。至财政之困窘，军心之懈怠，外交之困难，物议之沸腾，事实昭然，无可讳饰。大总统果能举此数者，胥以旋乾转坤之手段，整齐而操纵之，地位保存，片言可决。若察时度理，见为无术挽回，无宁敝屣尊荣，亟筹自全之策，庶几令闻可复，危险无虞。苟长此迁延，棼丝不断，渐流横溃，防御终穷。各省率率动摇，寝至交通断绝，必群陷于独立，欲振拔而末由。国璋纵具有天良，不忘旧谊，独以拥护中央相号召，亦恐应者无人，则大总统孤立寡援，来日殊不堪设想，五中煎急，情见乎词。诸公谊属故人，近参机要，万望造膝请谒，痛切言之，并请以国璋电文上陈省览。临电激切，伫盼复音。国璋。①

---

① 《护国运动资料选编》下册，第647—649 页。

至于冯国璋所言与未独立之各省将军预备联名入告、共任调停电，应有"巧"（18日）、"有"（25日）二电，今存"有"电，录之如下：

> 各省将军、巡按使，徐州张上将军，承德、张家口、归化厅各都统，上海护军使、副使鉴。赓密。国璋会同张上将军、齐巡按使所发巧电，先后接多省电复，均属挈衔入告。日来因苏省地方不靖，江阴、吴淞、苏州、无锡各处时有匪人窃发，岌岌可危，国璋以为欲策大局之安全，宜先维本省之秩序，军书旁午，日不暇给，实不遑更及其他。兹幸剿抚兼施，次第戡定，不至有意外之风潮。正拟将前议八条详加参酌，拟稿电京，适接陈将军（按：指陈宧）马日录寄前致中央电文，谓蔡锷提出条件，滇、黔于第一条未能满意，桂、粤迄未见复等语。国璋体察情形，不得不另筹计划。因思帝制取消后，曾由国璋约同诸公分电四省，切词劝告，均皆置之不答，是其怀一不信中央之成见，并我辈所主张者亦疑为别有意思，未肯遽听忠告，无可讳言。至四省所要求，又从无条件宣布，国璋深虑不得要领，解决无期。嗣后政府电知陈将军业以和议与蔡斟商，取得同意，始将八条通电奉质，冀可从事和解，早息纷争。今观陈将军所言，蔡锷一人并不能代表四省，而政府于此真相，亦未尝明白披露，或故隐约其词，我辈出任调人，将从何着手？四省现未疏通意见，必尚相持极端，接洽且难，遑云开议？

> 现就国璋思虑所及，筹一提前办法，首在与各省联络，结成团体，必须各保疆土，使辖境内不生变故，妨害治安。一面贯通一气，共保公安，立于坚确不摇地位，总期扩充实力，责任同肩，对于四省与中央可以左右为轻重；然后依据法律，审度国情，妥定正当方针，树立强国根本，再行发言建议，融洽双方。我辈操纵有资，谈判或易就绪。若四省仍显违众论，自当视同公敌，经营力征；政府如有异同，亦当一致争持，不少改易，似此按层进步，现状或可望转机。否则因循固易，即沦胥迁就，且愈滋变乱，一旦土崩瓦解，省自为谋，中央将孤立无援，我辈亦相随俱尽，身名两败，劫运难回。静言思之，不寒而栗，若不乘此时会，预图固结，未来之厄，究将以何策自免耶？腧见如此，特电奉商，诸公或愿表同情，或见为不可，均望从速电复。国

璋思之烂熟，舍此实无裨图存，但得复音，尤为将伯，即当另拟条件，再电商榷，以协议进行也。临电激切，毋任翘企。国璋。有。①

然而，在川袁军则为停战期将满，密筹作战准备。

4月27日，曹锟"火急"电告北京统率办事处，参谋、陆军两部，成都陈宦说："华密。停战期满仅余十日，泸防兵力似应增加。查有张庆云、杜文泳两独立团，拟请调驻泸防，交由熊副司令祥生统辖助防。并将刘湘所率五十七团调赴綦江，以便与綦南各军会合进剿。据第十五师师长周骏面商，如此调拨，全局皆可灵通。锟会商意见相同，拟请查照调拨，实于川边防剿事宜不无裨益。是否有当，伏候钧裁。曹锟叩。感。印。"

29日，张敬尧又密电北京统率办事处、国务院、陆军部，重庆曹锟说："赓密。谨将拟定协同进剿、分别攻守办法，分晰电禀。一、拟令第八师分二支队，以其主力经先市、富家洼直取赤水，兼分向仁怀方面防御；以一混成团由尧坝、鼓楼山、象鼻子、鄢家关，与职师由牛背石、分水、顺圩派之混成团，先取白节滩，续取大洲驿，确切连络，节节进攻，直达永宁。二、职师以其主力由纳溪、茶堂子、渠坝驿前进，攻击当面之匪，实为佯攻；特派一支队，由二龙口、大渡口等处直捣逆之左侧，兼防江安之匪，实为主攻，直捣永宁。三、泸州为我国军根据，一时不可无兵，况富顺，自、贡两井又为逆有，尚恐进据占领，使我师腹背受敌，拟置混成一团，与刘旅长湘均属联合，对富顺方面坚守。四、周将军如拟先取富顺、自井，固我饷源，职师仍当勉竭抽队向嘉明镇前往，遥为牵掣，合剿富顺；如富顺，自、贡两井归我所有，则逆等之气断，成都孤立，易于恢复，陈宦受擒指日，国军巩固，不待言也。五、计定取永宁，职拟使第八师急进，尧部声援，嗣将永宁占据，则尧部除附第八师坚守该地各队外，尚能抽队进剿叙府，且可为周将军取成都之后援，川省敉平，大局稳固指日。六、所拟进剿永宁及剿叙府，声援取回成都之议，尚得綦江齐、吴两旅，分头进剿，令分逆势，使第八师左翼无虑，前进迅捷。七、东溪镇吴旅向仁怀方面前进，占据两路口，则进势分散，顾左而右受袭，高旅直向桐梓前进，该两旅名为进剿，实则取守确切牵掣之举。八、周将军进剿成都，宜先驱

---

① 上海《中华新报》1916 年 5 月 15 日。

逐富顺、自流井之敌，免为后顾之忧，□［并］特派李旅兼程由合川进剿。先剿顺庆，钟旅后出，不意直捣成都，如此两路夹击，成都易为取也。但富顺、自井据后，稍留防守，分兵进援，厚其攻成都之队兵力，或将富顺、自井交职派伍或令刘旅长湘往守之。正此川局声势日坚，泸、渝稳固，逆等荡平，滇、黔各口函川①，擒陈宦，取消四川独立后，即当一面瘛（按：原文如此）伍进剿滇逆，直捣滇池，一面严剿川匪。然须剿抚兼施，收缴军械，而收人心。兹滇定川平，则他省自归旧制，不战自灭。尧为现时官吏观望及前敌一般情形，战期将满，若不速求全局，急为进行，恐将来迟久蔓滋，中国定然割据，四分五裂，不可收拾。其所拟进剿办法，是否合宜，恭请裁夺示行。司令官张敬尧叩。艳。"②

5月28日，肇庆中华民国军务院再电冯国璋，拒绝调停，表示"非项城退职去国，时局断无从解决"。说："华密。本院各抚军互商，同意致先生电文如下：冯华甫先生鉴。各电敬悉。息事宁人，御侮急难，尧等夙志，宁让我公？惟以本院同人所见，非项城退职去国，时局断无从解决。其理由经尧等以个人名义先后电陈，不复赘述。尊处主张若歧，恐无复商榷余地。总之，项城一日窃位，公愤一日不息，五省军民方日以姑息迁延相咎责，非项城已离北京，黎大总统正式继任，其有锐进，则尧等固无辞以阻之也。况五省以外，人同此心，五省虽复按兵，他方又岂能无事？怖影莫若息荫，止沸惟在抽薪，以公之明，见必及此。今兹之役，议和两字，不能适用，退袁靖难，心理大同，本无不和，何所容议？至袁退后所有善后办法，自须彼此互商，若袁未退以前，则尧等职在讨袁，此外不敢承教。区区之心，惟公察之。唐继尧、岑春煊、梁启超、刘显世、陆荣廷、龙济光、吕公望、蔡锷、李烈钧、陈炳焜。等语。春煊。感。按：此电早经拟就，以征取同意，稍稽时日。并闻。中华民国军务院。勘。印。"③

▲报载"北京电。陈宦电告政府，黔、滇、桂、粤四省仍坚持非总统退位无调和余地说"。④

---

① 《护国运动》原注："各""函""川"等字旁，均原有置疑号。
② 以上二电见《护国运动》，第586—588页。
③ 《军务院考实》第四编《各省文电》，第96—97页。
④ 《专电》，《申报》1916年4月28日。

29 日

▲蔡锷函告潘蕙英"两星期内喉病加剧"及军事大势。说:"日来接到手书两封,一由邮局寄来,一由某专差带到,借谂贤妹及阖府诸人平安无恙,至慰远系。永宁儿已能嬉笑,尤足滋家庭之乐,甚盛,甚盛。接湘中来电,堂上以下均安居无恙。惟据殷叔桓君面称,闻重庆报载,袁逆有查抄家产之命,将华昌公司矿股及赢利三万余元提出云云。是否确实,要不得知。但此事殊无碍,事定后尽可索还也。近闻袁逆有遁走之说,又各省大多数为我左袒,袁纵不逃,此二三月内倒之必矣,然此后政治上、兵事上收拾整顿,殊为难耳。旬日前发一电,命龚嘉福携带行李来川,并将贤妹母子照片带来,想已接到矣。予近月来颇为病所苦,两星期内喉病加剧,至不能发音,每至夜中,喉间痒痛,随而大咳,近服西医配药,已稍愈。此病起自去冬,因国事奔驰,迁延未治,遂至缠绵,其来也渐,则医治亦难急切奏效也。好在军中客少,可竟日缄口不言,当无碍也。现在已停战月余,我军从事教练新兵,然在阵线之部队,时与逆军有小冲突。逆军军纪最坏,辄游掠民间,常为我军及人民所击杀。北军与我交锋以来,从未稍得便宜,官长死亡殆尽(仅第七师一师中,营长只剩一人),绝无斗志;加之月来将纳溪地方让其占领,其地殊不易守,须兵甚多,不能安息。时令入夏,前以激战之余,遍地皆新冢,卫生极不宜。近闻彼中瘟疫大作,死亡相继,即我军不进攻,彼亦难久支矣。蜀中文武长官,近常来通款,允与我一致,不日即可宣布独立。俟川事定,即移师东下。以大势揣之,即不用兵,国事亦定也。手此,顺问妆安。锷言。阳历四月廿九于大洲驿。"[①]

30 日

▲蔡锷"火急"电复刘显世、戴戡,由陈宧促袁退位,早经办到,粤、桂"分道出师向湘,足解黔危"。说:"昆密。周公艳酉电悉。由陈二庵联络各省,促袁退位一层,早经办到。袁已有退意,但尚有少数金壬把持,不令遽退。若再有数省继续独立,袁自不支。蜀独立后,在川北军不惟不敢西犯成都,且可迫令就我范围。二庵胆怯请援,亦不得不姑应之,以壮

① 曾业英编《蔡锷集》(二),第 1372 页。

声势而资联络。现已委雷飙充第一梯团长，刻日赴叙矣。黔东兵单弹少，颇可虑。但日来接粤、桂电，已分道出师向湘，足解黔危。而川若独立，在湘逆军亦大受影响，必不敢冒进也。锷。卅。印。"①

## 5 月

### 1 日

▲报载萧德明"于旧历三月二十八日在大竹县宣布独立"，于"昨"（29 日）电告蔡锷，"愿率一旅之师，相从三师之后"，"赴汤蹈火"，"鹄候指令"。说："中华护国军蔡总司令官电鉴。前大总统袁世凯自承认帝制以至取消数月以来，宗邦鼎沸，一人有罪，罪及万方，国脉一缕，不知命在何时。观其设施，则鼯鼠之技已穷，论其地位则如羝羊触藩，无适而可，察其心理，则又如食鸡筋，无肉而有味，一生作伪，梦里横行，赧避于台，幽流于兔，此其时也。回忆前四年中，吸民膏髓，刮民汗血，以充军饷，以制军械。今即利用此饷此械，还以涂吾民之脑，而洞吾民之胸。国可灭，种可夷，惟彼一人之位置必不可摇，哀我人斯谁复能忍？幸赖我公首义，誓师昆明，虎踞蜀山，龙腾湘水，桂林风动，岭表云连，义声所播，全国人之响应，指顾间事耳。故为袁氏计，只有两途，不退位，则戮民，二者必居一。为吾民计，亦只有两途，不独立，则偕亡，二者必居一。夫退位（不）去耳，戮民安能勿去，偕亡死耳，独立或未必死，袁氏不知择，吾民不知所择乎？近且君喉臣蘖，拥兵南下，同室操戈而不知悔，仆噬主人而不及防，坐以待亡，天下宁有是理？德明等以身许国，十年于兹，蒿目时艰，忧心如捣，惊楚歌之入耳，惧鲁难之临头，爰集同志，已于旧历三月二十八日宣告独立，即就大竹县治地点，暂设护国军四川东路司令部，一面筹地方之安宁，一面作战争之计划。明知此举前途非常险着，其关于内治者或不免赤眉、黄巾之扰，其关于外交者且将有田父渔人之忧，惟国事至此，已成溃痈，此毒不拔不能治，治标不治本，则毒不能拔，忍痛就□，势非得已。总之，袁氏一日不去，则和议一日不成，战祸一日不息，人心一日不安，国本一日不定，谁为戎首，自有公评。万一前方决裂，我公与

---

① 曾业英编《蔡锷集》（二），第 1373 页。

袁军不幸而再以干戈相见，德明等誓与同仇，义无返顾，愿率一旅之师，相从三师之后，群瞻马首，遂听鸾声，鸣鼓而攻，枕戈以待，虽使之赴汤蹈火，所不敢辞。谨布区区，鹄候指令。川东司令萧德明。艳。叩。"①

▲报载"《顺天时报》云：南军方面对于袁总统退位，坚持到底"。"现闻政府于日昨（一日）复接到蔡松坡、陆荣廷、岑春煊、梁启超、汤化龙等十余人联电一件，因关防特严，未能深悉。其大致系声明袁项城退位实与中国存亡有密切关系，倘十日内仍不正式宣布退位明令，即认为和局决裂，以武力为最后之解决。袁公得此警电，几有失魂丧魄之势。噫，袁项城处此地位，亟宜早醒总统梦也云云"。②

但是，6 日袁系报纸却引用"外报"言论称："成都路透电云，陈宦之和使已由蔡锷处归省，据称南军领袖对于下列之和议条件九条已表同意：（一）承认袁总统之留任；（二）限两月内恢复国会；（三）回复民国元年之约法；（四）现时宣告独立之官吏准其留职；（五）赦免一切之政治犯；（六）移驻南军若干于北京；（七）北京派出之北军撤回若干；（八）以段祺瑞督鄂；（九）冯国璋仍留南京。蔡锷并亲允陈宦之特别地位，如战祸再开，决不进攻四川云。"③

▲熊希龄电请政事堂、统率办事处令驻湘北军退兵，以促桂退兵。说："院密。希龄昨侍母到津，因前患咳嗽，尚未痊愈，未及来京。顷由湘转寄粤电，准广西司令陆荣廷电开，漾电敬悉。廷此次举义，原为救国救民，凡遇逆军，所当痛击。北兵骚扰贵乡，承三湘各代表来桂，吁师援救，故不分畛域，略助偏师，誓与袁军决战。我公如能使驻湘北兵尽数调出湘境，桂军亦可还轨［桂］，希即电复。荣廷叩。感。等因。查倪军入湘，湘人已共惊疑，目前观测大局情形，亦万不能再有战事。前黔军司令要求，彼此双方军队均各退出，以便沉耕种，曾经电陈在案。兹准该电，情节正同，龄愚以为大总统痛念湘民，如能俯允照办，则目前退兵，兵心尚固，较有秩序，且可以全师保塞［旅］，似属万全之策。谨敢冒昧直陈，乞转陈钧裁，无任感祷。希龄叩。东。"

又电长沙汤芗铭、沈金鉴说："铸密。沁电计呈，顷由常转到粤电，准

---

① 《成都通信·四川大独立前之小独立》，《申报》1916 年 5 月 29 日。

② 《关于西南战事之纪载·限期退位之电文》，上海《时报》1916 年 5 月 5 日。

③ 《外报捃华·南军答复之议和条件》，上海《亚细亚日报》1916 年 5 月 6 日。

陆都督荣廷电开，……（按：以下同前东电，从略）等因。刻已电商政事堂、统率办事处，请将西南两路军队次第撤退，以保秩序而全师旅。俟复即奉闻，并乞转告汪、刘诸君。再，顷得消息，倪军有全数撤回皖省之说，特先电达。希龄叩。东。"

3 日，汤芗铭电复熊希龄说："铸密。东电敬悉。陆荣廷既已［以］双方退兵为言，自应积极进行，以纾民困。国军次第退出湘境一节，芗铭当从我公之后，力负其责。台端谊切桑梓，芗铭责负地方，责无旁贷，已迭电统率处及段国务卿，请先从南路倪军入手。且遵派林道尹炳华赴桂，朱总理祖荫赴粤，商洽一切。惟现在驻岳倪军方向衡阳、湘潭开拔，十二师又正向岳填防，顷已特电力阻，以免多生障碍。请我公合词陈情，先将汉、岳前进之军阻止，庶免重贻桂、粤口实，又起波澜，并希示复为企。汤芗铭叩。江。"①

▲冯国璋通电未独立各省军民长官，就时局问题提出拟与独立各省商议的八大条件。说：

> 徐州张上将军，承德姜上将军，成都陈将军，南昌李将军、戚巡按使，开封赵将军、田巡按使，盛京张将军，济南靳将军、蔡巡按使，长沙汤将军，黑龙江朱将军，福州刘总长、李将军，蚌埠倪将军，天津朱将军，武昌王将军、段巡按使，太原阎将军、金巡按使，西安陆将军、刘帮办、吕巡按使，吉林孟将军、郭巡按使，兰州张将军，迪化杨将军，归化潘都统，张家口张都统，重庆曹司令，泸州张司令，宁夏马护军使，上海杨护军使、卢副使，并转各镇守使、各师旅长、各司令鉴。赓密。前以有电奉质，先后接到诸公电复，承表同情，公谊热忱，至深佩慰。现在中国大局棼如乱丝，既难以武力为后援，即当谋和平之补救。巧电八条办法，本属提议大纲，而滇、黔各省，坚执一己要求，对于第一条不肯同意，我辈欲解此困难，仍应以法律为依归，庶免双方各持极端，使伺我者得以乘间而入。兹就前议重加参酌，另拟条件与诸公一商榷之。

> （一）大总统之问题也。袁大总统以清室付托，组织共和政府，统

---

① 以上三电见《熊希龄集》第 5 册，第 437—438 页。

治民国，授受之际，本权分明。现因帝制发生，起一波折，近虽取消帝制，论者皆谓民国中断，大总统原有地位业已消灭，绝难再行承认，言之亦自成理。然欲根据法律立论，则民国四年以后，大总统固已失其地位，副总统名义亦当同归消灭，中国目前实一无政府、无法律之国，而援引《约法》谓副总统可以代行职权之说，当然不成为问题。既欲拥护共和，元首在改良政治，欲政治改良，而谓不能属之袁大总统，则必出于另举，欲举总统必开国会，欲开国会必有发表召集之人。今舍去大总统而以副总统行使职权，牵入约法条文，殊为事实不合，不如根据清室交付原案，承认袁大总统对于民国，应暂负维持责任，以顾大局，并回复副总统名义，强其出任国事，方可补济法律之穷，一面迅筹国会锐进办法，提前召集，仍由袁大总统于事前宣布明令。一俟国会开幕即行辞职，是未来之大总统可以依法产出，而实行内阁制，组织新政府，皆得次第建设。由根本以及枝干均有脉络可寻，若网在纲，有条不紊，庶几树立强国基础，不至有轻重倒置之虞。

（一）国会之问题也。由前之说，选议员、开国会，实为急切要着。惟选举手续繁重，时期过于延缓，无以慰嗷嗷望治之心，自应参酌组织及选举法，提前赶办，定期开会，以便大总统地位得有继承之人。至此次选举议员，必须严定资格，慎防流弊，凡以金钱运动，及政党中暴烈分子，一概不许羼入，借求真确民意，且免混杂贻羞，前辙后车，永宜借鉴。

（一）宪法之问题也。国会成立即当依照程序，从速明定宪法，俾举国有所遵循。宪法未定以前，一切设施得以民国元年公布之《约法》为标准，但此项《约法》条文，确有未合中国国情及今日之现势者，自应先将适用各条款提出宣布，足资援引，余再斟酌修改，务剂其平，庶可便利推行，别无障碍。要之，宪法结构，此其权舆，立国大经，不可忽略。

（一）经济之问题也。目前财政艰窘，帑藏空虚，竭泽而渔，朝不谋夕，益以此次事变所耗尤多。刻虽协议和平，军费初未少减，以上各项筹备，若可刻日程功，滇、黔两省罹此兵灾，又须办理善后，在在需款，亟宜预图。当由中央将近来收支情形明白宣布，应办善后之滇、黔二省亦声明需用实数，准备始易着手。先将国内不急之务，悉予罢除，设法匀拨，万一不敷挹注，再行借助外资。但应指定用途，他事不许挪济，以后制定预算，务求力除浮滥，切实整理，冀可培复元气，免至坐祸速亡。

（一）军队之问题也。现在协议伊始，中央派赴川、湘各处军队，业已奉令停战，滇、黔各省亦当严行约束，静待磋商，不得违约破坏。一俟大局解决，其原有各军悉调回旧日驻防地点。自滇事起后，各方面添招兵队，均一律资遣取消，以纾财力，此后中央与各省军队，当按次编号统属之，陆军部联为一体，不分畛域。至实行征兵制度，尚须体察情形，应归参、陆两部，通盘筹划，酌量办理。

（一）官吏之问题也。凡民国时期内，任命保用之各军政官吏，及为民国服务之人资格，应一律存在。四省之将军、巡按使，均当仍旧任职，一切官制官规，亦宜暂守规章，以免纷乱。其中如有应行变通事宜，俟国会成立再议。此外闲散军官，与夫留学回国，或在本国毕业，尚未任有职务之学生，应由政府另定安置选用办法，冀得真才，而资臂助。

（一）祸首之问题也。帝制发起，由于杨度等数人。当其集会之初，无非妄逞学说，惊人耳目，谬论流传，遂滋淆惑。浸至酿成事端，逼开战祸，断伤国脉，涂炭生灵，罪积丘山，擢发难数。惟此时危机日迫，宜以挽救为先，即将若辈斩诸市朝，初无裨于毫发，应先削除国籍，屏不与齿，候国会成立后，再行宣布罪状，依法判决，以肃国纪，而快人心。

（一）党人之问题也。民国肇建以来，党派纷纭，原因复杂，其热心国事，以微嫌引去者固不乏人，而专持私见，主张破坏，以遂其欲望者亦多，标揭党帜，溷杂其中，事实可稽，难为曲讳。应由政府审查原案，判别是非，咨送国会讨论，俟得同意，然后宣告大赦，方免抵触法律，贻祸将来。

以上所列各条，略具梗概，国璋审时度势，务策万全，欲巩固未来之国基，尤应维持今日之现状。又必出以郑重，本法律以相斡旋，不至腾笑友邦。当为泛论调停建议，舍此莫由，诸公伟画荩谟，必能益我智虑，务希斟酌尽善，免贻罣漏之讥。如以此项条件为可行，盼于鱼日以前赐复，即由敝处主稿，联衔分电滇、黔各省，并达中央。

特电奉商，仁盼赐复。国璋。东。①

袁世凯及北派深信冯国璋，表示"决无他项意见，并相望甚殷"。5 月 4 日，蒋雁行为此致电冯国璋说："华翁世叔大人钧座。侄于二日晚车抵京，托庇平安。次日即将我叔意见八条上呈主座，业于冬、江两电奉陈，并奉复电矣。现在大总统及北方同人，均深信我叔，决无他项意见，并相望甚殷。侄看上边意思，颇欲我叔说强硬之话，力为维持，以救大局。我叔拟要军队一节，已经预备，何时请拨，即可发往。又钧处秘书无相宜之人，查有许君星璧人品学问均佳，亦有法律知识，谅亦叔所素知，如有意委用，即饬前往。当此时局重大，政务繁多，办笔墨者不可无好手主持其事也。离此，敬请勋安。世侄蒋雁行敬启。五月四日。"②

而 10 日英文《京报》则据此发表社论，论冯国璋发起论南京会议之目的，"略谓长江方面刻正发生一重要运动，致使退位问题又多一层纠纷。六日，冯国璋赴蚌埠晤倪嗣冲，夫倪乃为中央监视冯、张之行动者，今冯竟惠然肯来，其关系可知。冯、倪畅谈后，同晤张勋于徐州，于是遂有分致未独立各省请派代表来宁，十五日后会议之通电。察此项会议之目的，乃欲设法以保存受治权于清廷者之地位，而使袁氏于新总统未举出之前暂负维持时局之责，果尔则其目的实欲屏弃《临时约法》而另创一新情势，等于辛亥年南北和议未成时之时局耳。《临时约法》，民国之存在系之，今南京武人派居然不依据《临时约法》行事，而乃召集一联邦国会或各省军人代表之议会，借共和之表面辟新异之时局，岂传闻之失其真耶。冯之为人，思想纵旧，亦何至如是之昧于大局，而提倡此策，以使已乱之局，益增紊乱，是诚令人不解矣。惟通电具在，可以复按。细阅其文，借口于约法一部份之不适用，欲以武人派重组民国，其意旨所在，乃欲举为民国基础者之《临时约法》而摧残之，无论此电是否出诸冯氏，然有一恃陆军势力之武人欲假爱国之名，以行其盗取皇冠之实，则固事实也。呜呼，武人专制，

---

① 《西报论南京会议之目的》，《申报》1916 年 5 月 15 日。又见《护国军纪事》第 5 期，1916 年 12 月，第 88—91 页。后者还在通电之前特地加了如下一段话："（冯国璋）深感袁旧恩，雅不欲与之决绝，颇思与各省联络，结成团体，扩充实力，对于南北两方，可以左右轻重，以为护国军不从其议，则并力征讨；袁政府苟有异同，亦一致争持。欲以此操纵，而集势力于一身。遂以己意制定和议八条。"

② 《大树堂来鸿集》，北京大学图书馆藏。

中国已饱尝其苦矣。今全国所引颈以待、极声而嘶者，乃求得一真正宪法之政府，若孰宜为总统孰不宜为总统，则非少数人所能专断，而当由依据《临时约法》之手续以求之也。冯先则力称选举国会之初，暴烈分子不许羼入，继则主张恢复元年约法以作标准，旋又谓约法颇多窒碍难行之处，宜采其适用者而用之，电中复言及军政、财政、用人诸大端。从实际言之，此项通电，不类商请各省磋议解决之电文，直一新政府之大政方针之宣言书。冯殆宣布其政见，以为候选总统之准备乎"。①

15 日，再刊文说："十一日英文《京报》云，本报昨载冯国璋致未宣布独立各省电文一通，对于时局颇有所发表。夫冯氏者，吾人日前方恃之助其同僚挽救危局，使总统承继问题得按宪法和平解决，不图彼今日忽发荒谬之议论，若采用之，则最重要之问题，必不能按法律解决，势不至启党派之纷争不止。据实情言南方全部之举动，皆为恢复《临时约法》而起，元首自去年十二月十二日承受帝位起，直至取消帝制，中间一切举动，据《总统选举法》而论，实已致总统之地位缺席无人，故梁启超、蔡锷等起于南方，亦惟抱此意见而谋实行之，今日此说亦为国民政治思想之一部，可无疑义。元首继任之人实应按约法选举，即总统遇故去位，以副总统代行其职权也。南方坚持此议，遵守约法，观昨载组织军务院之宣言，便知其意之所在。梁、蔡等坚持元首已丧其资格，不能复据不合法之地位，甚至有以武力提出退位之要求。今日元首既系据约法而退位，则将来之总统亦必须严守约法选举，此据名学、法律、政治言，皆不可易之理也。南方破坏、建设之举全本诸宪法，其要求解决方法亦自当以法律为根据明矣。北京弁髦法律已非一日，不守法律之结果，则发生革命扰乱，此历史上所屡见不鲜者也。若国家欲出险就夷，维持秩序，恢复和平，惟有将官僚之谬见扫而清之，据宪法以谋解决而已。此种新思想，一般旧人物或未能明了，故冯国璋、张勋、倪嗣冲等倡议调停办法，谋占势力，置宪法于不顾，然不守约法者必有倾败。冯氏为时局中之重要人物，然彼之势力实以协助南方所得之威望为基础，苟冯氏一旦失南方之协助，不过一寻常之军人耳。冯氏之所以能维持江苏之秩序，实因上海南方领袖不肯肆扰耳。如江阴炮台失而复得，冯氏不过对付革党之一部分，而非与南方直接有关之党人相

---

① 《西报论南京会议之目的》，《申报》1916 年 5 月 15 日。

角也。然南方亦不至与冯氏冲突，盖冯氏实为南方势力之一种。滇、黔先两星期发难，冯氏实负其责，滇、黔起事之日即冯氏受命为参谋总长之日也。冯氏当日知中央之用意，实欲剥夺其势力，将以待黎副总统之法处之，彼即致电蔡锷，嘱其克期举事，宣布云南独立，助之反抗北京，此非蔡锷原始之计划，实冯氏促成之也。蔡锷本欲先袭取四川，于两星期后始发难，及得冯氏电，意料冯氏必能设法阻止北军入川（蔡氏谋袭四川之目的即在阻止北军入川），故从冯氏之请，先两星期举事，孰知冯氏竟作壁上观，俟相当之时机方随声附和，要求元首退位。当冯氏之请元首退位也，世人方以为其用意与梁、蔡诸人同。然此种原因，无论或是或非，梁、蔡诸人之请退位，实非欲推倒元首，而自据其位也。彼等自始至终皆宣称遵守宪法，应由黎副总统继任。今观冯氏之通电，实怀抱野心，彼所以请元首退位，实欲自据其地位。彼所以与南方联络，亦纯然为私人原因而已。然冯氏于此电之用意，苟不能满南方之意，则彼将来在中国国民政府中，必无立足之余地已。"①

21 日，报载蔡锷与陈宧也联电段祺瑞，"力驳冯国璋东电八条之谬，谓南京会议若果照此议决，必不能发生丝毫效力。又谓华老既失人望，今日能明大势者，惟公一人，深望好自为之"。②

29 日，又有报载段内阁 24 日通电梁启超、蔡锷等人有关南京会议"应行声明之件"的原因。说："江宁会议，南军方面早已反对，兹闻段内阁拟将该会议决定，向南军再作种种之声明。二十四日，业将此项应行声明之件，提出大略于国务会议时讨论。闻其所声明者，首为江宁会议之地位，其意即借口于南军要求条件中协决之机关一节，谓此会议之正当；次言此会议对于时局上能负完全解决责任；再次则谓中央对于江宁会议亦服从一切。以上各节议毕，取得各国务员同意后，即通电梁启超、蔡锷诸人切实声明。其原因盖以南军诸领袖为江宁会议问题，对于中央曾有严重诘问之故。"③

2 日

▲正午 12 时，蔡锷在大洲驿命令赵又新、何海清等人：

---

① 《英报论冯国璋通电》，《申报》1916 年 5 月 15 日。
② 天津《大公报》1916 年 5 月 28 日。
③ 《关于江宁会议之筹拟》，《申报》1916 年 5 月 29 日。

何支队所属之蒋营，着于后日（即五月四号）晨刻由叙蓬溪出发，前赴赤水，归入该本支队，以复建制而便指挥。除分饬外，仰该蒋营长遵照。此令赵梯团长、何支队长、蒋营长。总司令蔡。

军队区分：

左纵队：司令官罗佩金。滇军第一梯团、川军第一梯团熊司令所部、郑司令所部。

中央纵队：司令官顾品珍。滇军第三梯团、川军预备营、滇军警卫大队（缺两区队）。

右纵队：司令官殷承瓛。滇军第二梯团、滇军第四梯团张司令所部、廖支队长所部、黔军杨营暨警备营。

上令罗、顾、殷司令官，赵、刘梯团长，通报川军刘司令。①

▲梁启超电告陆荣廷、陈炳焜、百色李烈钧、唐继尧、刘显世、蔡锷、戴戡，切勿许以"蜀、湘续停战之议"。说："冯华帅感电想见。此间勘二电、卅电迭商组织临时政府办法，及对冯提议方针，想皆达。超复冯电，许以往沪面商，惟要求先将赣、闽、湘北军撤退，乃议停战。袁今并未有退位决心，冯宗旨虽与我同，必须我表示极强硬态度，彼乃能有后盾以降伏袁氏。蜀、湘续停战之议，切勿许之。桂省征湘之兵，亦当猛进，勿稍松动。如何之处，仍盼迅复。启超。冬。"②

又"万急"电广州龙济光说："永密。冯华帅感电想已见，超复电略谓袁贼方进兵赣、闽，图扰吾粤，必令退出，乃可议停战。尊处所复如何，并乞迅示，以免参差。华帅别有电致超，约在沪面商和局，超虽许往，未定行期，望公示以方针，俾资循率。华帅当滇师初起时，已有迫袁退位之决心，曾与超密布心腹，此时我四省宜力持强硬态度，则华帅乃得有所挟以贯初志也。启超叩。冬。"

又电唐继尧说："连上六电，盼复殊切。溯初何日行，希勿久淹。闻领署可互通密电，若确，则请驻滇日领电沪领，转殷汝骊，告以弟已抵邕，百色龙军已缴械，钦廉已复，请速运所购得之械至北海。又请温钦甫、周孝怀即来港。别电津领，嘱转告意界舍下，言弟已于江日安抵邕。启超

---

① 曾业英编《蔡锷集》（二），第 1375—1376 页。
② 《护国文献》上册，第 221 页。

叩。冬。"

又与李根源电请百色李烈钧率所部赴肇庆拥护军务院。说:"奉敬电,深佩荩筹。组织统一机关事,已于勘二电详陈。鄙见拟设军务院于粤,置抚军若干人,成合议机关,推蓂公为抚军长,云公为副长。公与松坡及刘、陆、龙三督皆为抚军,职权由副长摄行,避大元帅之名,免贼借口。抚军长一职,以齿论则可推云公,以功论则必推蓂督,且云公让贤,辞意坚决,更无商榷余地。蓂公必不容更事谦让,致延成立之期。此间已屡电敦劝,乞公更陈义督责。俟规模既定,超当赴沪与他方面接洽。公所部大军必须来肇拥护根本,已屡电商干督,想不日解决也。启超、根源。冬。"①

## 3 日

▲蔡锷电请陈炳焜转告梁启超,望其于各属华侨中速为设法接济饷项,以解倒悬。说:"阳密。月来电线梗阻,消息迟滞,前上数电,迄未奉复,至为耿耿。粤事艰险驳杂,固在意计之中。汤、谭、王三君同日被戕(按:指 4 月 13 日海珠惨案),尤为吾侪不可易之悲痛。惟粤局不定,大足为进行之梗。比闻吾师已偕干公东下羊城,现在一切部署,想已渐次就绪矣。此间军薄泸城,鏖战月余,敌势日优,遂致停顿于坚垒深壕之间。三月初旬退出纳溪,拟诱敌出动,聚而歼旃。讵逆军慑于我军积威,趑趄不前。我乃复行出击,杀敌千余众,夺获器械辎重无算。据俘虏及张敬尧自称,第七师将校伤亡殆尽,士兵损失过半,已无再战之能力,近得第八师新援,始能勉强支持。适袁逆取消帝制,各方面请求停战,我军屡经激战,亦须切实整理,遂允与停战一月。于此一月之中,改定编制,补充战员,教练新兵,催送军需;一面致电各处,发表意见,联络声气,促其迫袁退位。现各省除袁逆一二死党外,余俱一致主张。二庵已决心宣布独立,一切准备已有头绪。如袁逆不听劝告,即行发动。现冯华甫以迫袁退位,尚费手续,请求展限一月。当复以两方饬令各军,非奉命令,不得前进,较为活脱。蜀独立后,在川北军如负固不屈,战事从兹续起矣。在川滇军计十三营,合以川军刘、熊、郑、张、廖各部,每月饷糈计需五十余万左右。出发以来,仅发火食公费,亦非廿万不办。滇军出发时,携饷不足两月,早

---

① 以上三电见《护国之役文电稿》(1916 年 2 月至 1917 年 1 月),中国国家图书馆藏。

经用罄，就地筹借，亦经罗掘一空。前月哀恳滇、黔，仅解到十七万，杯水车薪，立即告匮。如再无饷接济，将成饿莩。万望吾师于各属华侨赶为设法，以解倒悬。吾师对于大局主张及近情如何，并望随时见示。锷叩。江。"①

▲梁启超"急"电广州龙济光，广西行营陆荣廷、南宁陈炳焜，云南唐继尧，贵阳刘显世，杭州屈映光，永宁蔡锷，百色李烈钧，请依法互选抚军长等人。说："我军政府因元首不可久虚，已宣言恭承黄陂依法继任总统在案。惟黄陂尚陷贼中，非别有暂代职权之统一机关，无以为要求承认地步。前由唐都督倡议组织一军务院，所提组织条例，此间极表赞成。今略加修正，谨将全文电达如下。……以上条例，尊处若同意，请迅示复，当由此间公布。再者，依此条例，则现有抚军资格者为唐、刘、陆、龙、屈五都督，岑都司令，梁都参谋，蔡、李两总司令，陈护督共十人。望即依法互选抚军长、副长，领政务委员长各一人，以便同时公布。肇庆行营同人叩。江。"

又电广州龙济光，南宁陆荣廷、陈炳焜，贵阳刘显世，百色李烈钧，永宁蔡锷，请电推唐继尧为抚军长。说："护密。顷电军务院组织条例全文，想已达。抚军长一职，有拟西林者，惟西林不肯居，词意坚决，请切勿推之，免彼为难。鄙意请西林以副长摄行职权最妥。冀公首义功高，最宜兹选，想诸公必乐相推，冀公迫于大义，亦不容辞也。此事成立，愈速愈妙。乞即决定电推。启超叩。江二。"②

▲陈宧电劝袁世凯勿"恋恋于总统一席"。说："时局颠危，南疆鼎沸，飘摇风雨，每念心摧。宧受钧座之知，有封疆之寄，至今日而犹依违缄默，不以外间实情入告，则误国妄欺，二者均无可辞，谨冒死为左右一言之，幸垂纳焉。自取消帝制之令下，私心窃冀以为可罢滇、黔、桂之兵，而餍天下之望矣。乃其效力仅得停战议和，使议和果成，战事不至再生，则固国家之福也。乃荏苒蹉跎，迄无解决之望，且于此停战期内，粤、浙相继独立，今者黑省又见告矣（按：此系误传）。其争执主要之点，欲得钧座退位。使此退位之说，仅出于首事诸人一部份之口，则转圜犹易为力。

---

① 曾业英编《蔡锷集》（二），第 1376—1377 页。
② 以上二电见《护国之役文电稿》（1916 年 2 月至 1917 年 1 月），中国国家图书馆藏。

乃首事诸人如是云云，主持清议诸人复如是云云，甚至举国人之心理亦如是云云，于此可察大势之已去，人心之已失，虽有大力者不能逆天以挽之矣。虽然，钧座之心，固以救国救民为素抱也，帝制尚毅然取消，岂尚恋恋于总统一席？此种隐衷，实宦深信者。第悠悠之口，多言可畏，宦又焉敢向天下人而一一剖白耶。钧座受任以来，艰难缔造，劳身焦思，四载于兹矣。乃国人犹不见谅，种种责难，则毋宁退居颐养之为快也。此非钧座恝然于国民，国民先恝然于钧座耳。使钧座退而兵罢，兵罢而国安，则国人尊报让德，应如何优待条件，宦与各省疆吏亦必力争以报。若再迁延时日，则分崩离析之祸，今已见端，后患之来，则宦之所不忍言者矣。良药苦口利于病，忠言逆耳利于行，狂夫之言，圣人择焉。无任涕恳待命之至。陈宦叩。江。"①

6 日，袁世凯电复陈宦说："陈将军密。江电悉。实获我心。但此间情形，须布置善后，望速向政府密商办法，切盼。大总统。鱼。印。"②

12 日，陈宦再"冒死""急"电袁世凯退位，并告蔡锷对"善后"所提四大"主张"。说："密。前奉电谕，遵将钧旨转达松坡，征求对于善后之法。项得松坡电称，锷所主张：一、项城即日宣告退位，依法以副总统继任；二、副总统如声明辞卸，依法以国务总理摄政；三、立将前敌各军撤退，一切善后事宜，由南北两方面派代表商定之；四、以特别条件规定选举新任大总统方案，只此足以解纷争而定祸乱等语。以上四条所举，于法理事实均有斟酌，钧座大仁大智大勇，对于此种办法，当早在睿照之中，其所以翔回审慎者，则以善后无把握，不欲以将去之身，遗未来之患耳。宦之愚意，窃有所陈。昔尧以不得舜为己忧，舜以不得禹、皋陶为己忧，而不为农夫百亩之虑。今副总统黎元洪、内阁总理段祺瑞，均负中外重望，或依法以黎代理，或依法以段摄政，天下皆将称为得人，钧座亦与尧舜媲美。至于善后事宜，不必上烦廑系，此为代理者或摄政者应尽职责，段黎二公必能胜任愉快。故今日处置善后，当分作两起做去，退位为一事，善后另为一事，若必待善后办好，然后从容退居，则误会滋多，扞格愈甚，后日更难于收拾，固不独前之杌陧已也。敬恳钧座即日焕发大号，宣告退

---

① 《陈宦致袁项城电》，《大中华杂志》第 2 卷第 5 期，1916 年 5 月。又见《护国军纪事》第 5 期，1916 年 12 月，第 47—48 页。

② 《独立前之四川》，《护国文献》下册，第 784 页。

位，示天下以大信。至于继任与撤兵问题，依据法理事实，均有一定之轨道可循，彼怀挟野心者，断亦无所借口，决疑定难，系于此日。谨再冒死以呈。陈宦叩。文。印。"①

▲刘显世函告龙济光，已征得蔡锷、唐继尧同意，"不必别设临时统一机关，蹈分立之嫌"。说："今者帝制虽已撤消，独夫依然窃据，残贼阴谋，妄冀恢复。方拟与我公暨干卿、冀廔、松坡诸公纠集义师，分道进发，追随大纛，驰驱中原，乃适得冯华甫将军四月感电，业已联合各省，迫袁退位。段芝泉将军亦出总国务，毅然负责。查段、冯两将军素不以袁氏私党自居，退迤均能共谅。近今迭次来电，均以国家为前提，慨然以斡旋大局，引为己责。自其表示之态度及大局之情势揆之，必能深谋远虑，计出万全，当不至偏重袁氏个人之私交，轻视民国根本之至计。我辈为收拾全局，巩固国基计，但使袁氏引咎退职，国家无恙，自宜与段、冯两公联络一气，速谋根本解决之法。似不必别设临时统一机关，蹈分立之嫌，成相逼之势，致段、冯两将军与各方镇各自为谋，转生种种障碍。此笺笺之愚，已得松、冀两公同意，不得不与我公暨干、任、坚诸公一一商榷者也。"②

▲报载"昨闻南方各独立省首领梁任公、蔡松波、陆荣廷等曾由某外人处转致段芝泉、徐菊人两君长电一道，除对于现内阁表示不承认外，仍请段、徐两君迅速力劝袁项城退位，以挽时局，词意间已露出此电即为最后忠告之意。电尾并提出四项条件，如再于一星期内无确定之解决，则南军即将此四条件实行：（一）不承认停战之延期；（一）不承认和局之有效；（一）不承认有退位后之保障条款；（一）不承认北京为中央政府。未识段、徐两君如何作复也。另一函云，停战一月之期已将届满，段芝泉总理日前曾致电陈二安将军，转商滇军再行延期，以便磋议和局。昨闻已接到复电，略谓奉电令，即转电商于滇军蔡、唐诸人。现已接到复电，据称项城如仍不退位，即无和议之可言。和议难成，似已无须停战，措词极为坚决，无商转之余地。宦才薄望浅，实已无法理处，请仍由中央厘订相当办法云云。又一消息，段内阁日前致电南军首领，要求展缓停战两星期，旋被南军驳斥。兹闻南军方面，日昨已致电各省将军、巡按使，大略谓袁

---

① 《四川军阀史料》第1辑，第207—208页；又见《陈宦研究资料》，第215—216页。
② 剑名氏行：《来鸿汇编》，四川省文史研究馆藏。

氏贪恋职位，决无和议之诚心，如届停战日期，未能将主要条件正式解决，即认为和议无效，仍当继续宣战，以作最后之解决，并声明政府要求展缓停战期限，否认理由。闻该电署名为岑春煊、陆荣廷、唐继尧、蔡锷、戴戡、汤化龙、梁启超等二十七人云。又闻军界某巨公云，湘南、湘西刻下已实行宣战矣"。①

▲张敬尧"百万火急"密电北京统率办事处，参、陆两部，重庆曹锟，冯玉祥附和成都独立，泸州危急，请"转战他点"。说："赓密。现逆等已将成都运动独立，占据富顺、自流井、嘉定等处，冯旅玉祥附和，其势甚大。惟富、自、嘉等处为川省财富之区，产盐之所，如此则在川之国军粮秣、薪饷立时无着。职师坚守泸城，为使成、渝交通不绝，财源在我掌握，逆等难逞势于川省。今则成都独立，财富之区为逆所有，则职师腹背受敌，援师一时又未能应援，无兵防御，泸州万分危迫，纵苦守待援，亦恐无益，且损精锐，即在川国军均有后顾之忧。务恳钧处从速决定计划，集厚兵力，专攻一处，转战他点，庶于大局有益。否则，恐受逆等各个击破之虞。愚见是否有当，速赐训示祇遵。司令张敬尧叩。江。印。"

6 日，李长泰则盲目听信陈宦所言"省城并无独立之议"，认为冯玉祥"决无附逆情事"，电复北京统率办事处，参、陆两部，重庆曹锟说："赓密。钧处支电饬查叙府冯旅长有无附逆情事。兹查冯旅长先是风闻四川省城有独立之说，恐一经宣布，糜烂堪虞，不忍见北方军队互相残杀，因迭电辞职未允，遂云设使省城宣布，我惟守中立等语。裂②陈将军电告，省城并无独立之议，冯亦涣然冰释，决无附逆情事，请纾廑怀。再，成都军署张参谋长于四日莅合劳军，并表白陈将军始终苦心维持，决无他意等语。合电禀闻。师长李长泰叩。鱼。"③

▲熊希龄电呈袁世凯速行退位，"以全身世"。说："大总统钧鉴。敬呈者。窃维时局日危，人心复去，大势难以挽回，变端益将不测，言念前途，深为忧惧。希龄自甲寅卸任国务后，即渐弩钝，复畏谗讥，缄口结舌，不敢妄谈政治，有所献替。乙卯之夏，曾因中日交涉之警，条陈去疑图存之道，虽蒙嘉纳，未敢宣传。迄至帝制发生之时，希龄适因省亲回里，往

---

① 《南军要求退位之愈逼愈紧》，天津《大公报》1916 年 5 月 4 日。
② 原书注"旁原有置疑号。"
③ 以上二电见《护国运动》，第 592—593 页。

返道途，莫陈可否。知而不言，实背颠危扶持之谊，以视仲仁之忠诚、芝泉之泣谏，希龄已邻道德上不义之行为，殊愧无以对钧座。近观东南大势及外交情形，益觉岌岌之不可终日，当在精明洞鉴之中。希龄隐默不言，是等于幸灾乐祸，更将何以为人？昨闻大总统迭据冯（国璋）、张（勋）忠告，允将敝屣尊荣，根本解决，龄复何言？惟此事关系中国之安危及大总统一身一家之得失，有不得不简切以陈者。一言以蔽之，曰速决而已矣。目前主持南北枢纽者，皆系大总统北洋旧人，及此解决，则段、冯、张、王诸将，当能顾念私恩，力为极优条件之保障。即南方滇、黔、桂、浙各省首领，均属和平稳健、可通商量之人，亦必无暴烈过甚之举动。否则，迁延日久，党人四起，议论纷纭，此后恐无置喙之地。近闻粤东事起，有建议政府稍缓时日以观变者。国人品行不一，将来竞争权利，复启纷争，破坏统一，种种流弊，希龄不敢谓必无。然目前燃眉之急，大总统独当其冲，财政之血脉若断，各军之哗溃必来，玉石俱焚，同归于败。大总统夙以国家为重，一身为轻，当不忍土地纷裂，生灵涂炭，使北方沐浴旧泽之父老子弟，同罹浩劫也。谨就所见，垂涕陈词，借弥前阙。伏乞大总统熟审时机，参详利害，决定速行，以全身世。希龄之所以报大总统者，惟此而已，不胜悚惶待命之至。五月三日发。"

4日，又电湘西镇守使田应诏转电刘显世、戴戡、王文华，请密电陆荣廷、唐继尧、梁启超、蔡锷等人，"同心商榷善后办法，转饬军队缓攻，静待解决"。说："前派朱树藩、张学济两君商议停战事宜，甚荷痛念沉民，至为感谢。刻距一月期满，中央业已电蜀，商展限期，而沅边各属商民，深惧战端再开，纷纷电求设法和平。希龄因侍护家慈赴津，寓居租界，以免老人惊心风鹤。适接广西陆都督感电，要求约北兵退出湘境，希龄已于冬日电商段芝泉，请其将西、南两路北军概行撤退，以示和平，而救民困，刻尚未得电复。近观大势所在，外患日深，迟恐渔利，并于本日函劝项城速定退位之计。惟其善后手续，亦须筹备完全，方不致乱北方秩序，使为列强所借口，此中辗转，亦非数旬所能办到。目前敝省西、南两路双方军队，苟能稍缓攻击，保全人民身命财产，实非浅鲜。应请尊处密电陆、唐、梁、蔡诸公，同心商榷善后办法，转饬军队缓攻，静待解决。盖项城既可退位，根本即可解决，亦何必糜烂其民，致伤元气。想我公痛念邻封，当邀仁惠也。此间桂电往返太迟，且不便用密码，特托田镇守使密达尊处，恳代转电陆、梁两公，无任感祷。熊希龄叩。支。"①

▲岑春煊、梁启超通电北京黎大总统暨各部院处署，以及独立各省都督、未独立各省军民长官，并转南北两军前敌各司令，"痛陈袁氏退位"之利害。说：

> 堂密。国事至今日，舍项城退职外，更无弭兵之望，此天下公言矣。乃犹或持苟且之调停说，谓帝制既停，可认项城更为总统，此诚如蔡公松坡所云，再醮之妇，更求归奉宗祧，不徒大悖于礼，且亦难以为情。此说之不可行，实无待辩。然又有为之说者，谓北方军队甚众，非项城不能统一。此言似颇近理，要非根本之谈。项城果能统一北方军队与否，本已属疑问。就今日彼果能之，然项城之年既五十八矣，人寿几何，一旦溘逝，又恃谁以为统一者？据春煊、启超愚见，窃谓北方诸将帅，若诚为国家百年计，惟有亟自谋联络统一，洵能如是，则项城去留，何至牵及北方之治乱？若曰此事万不能办到，惟恃一项城勉为维系，项城血肉之躯，岂能无死？维系一年耶，两年耶，五年耶，十年耶，终有不能维系之一日，彼退犹云召乱，彼死又将何如？图苟安于目前，遗隐患于异日，养痈愈久，溃裂益烈，以此谋国，宁得曰忠？夫北地诸将，英豪所萃，外而冯、张，内而段、王，皆命世之英，薄海宗仰，非特勋名震铄，抑亦德量渊宏，戮力和衷，何事不济？乘此艰虞之会，协谋解决之方，既可为项城卸仔肩以答私恩，复可为国家策治安以全公义，公忠体国，不当如是耶。今必欲拂舆论以留项城，北方能否终不破裂，殊不敢知，欲南方强为屈从，则断无望。项城虽自侈瘠牛偾豚之威，南省又岂能销乳虎食牛之气？勿论独立风潮，继五省而起者行且未已，就令长此止于五省，项城岂能举五省之军而屠之，举五省之士而坑之？而五省军民既怀与日偕亡之决心，三户尚存，九死无悔，欲其石转，当俟海枯，积久相持，何以为国？持调停说者动辄以外人干涉为词，煊等谓既共党外人干涉之可忧，则当益知项城引退之宜亟，外人不能坐视我之长此扰攘，稍有识者皆能知之。然正义人道所在，无论何国，断无或肯庇一人，以与四百兆众

---

① 以上二电见《熊希龄集》第 5 册，第 443—446 页。

为仇。然则果有干涉，其干涉之条件为何，不难预测。要之，项城既失威信于中外，其不能不退已成铁案，见几［机］而自退耶，则令名既泰，而人民亦免几分之伤残，国家亦存几分之体面。若犹怙权恋栈，直待不能不退之事实完全发现，则非复吾国民所忍言矣。诸公爱国爱项城，其何以处此？又项城挤排异己，每以竞争权利相诬，彼推己腹以度人心，愈费词而愈形其丑。他人所不敢知，若春煊者则既老矣，而又久病，今兹强起从戎，专为共和请命，凡以求死，非以求荣，项城朝退，春煊夕隐，倘怀取而代之之心，甘受天日明神之殛。若启超者，本为文士，非有政才，投笔已乖，本怀藏山，尚留绝业，皎然此志，无待自明。今黄陂既已依法继承，大局本可迎刃而解，靖难善后，自有群公，太平幸民，切思托庇。惟目前事机之危，间不容发，项城能让，乃可息兵。为国家计，为项城计，舍此坦途，更无他路。敢沥肝胆，布其区区，积善解纷，钦迟后命。岑春煊、梁启超同叩。江。印。五月四日发。[1]

## 4 日

▲蔡锷电告广东护国第二军军长李鸿祥，滇中募兵不易。说："广东护国第二军李军长仪廷鉴。顷奉巧电，借谂新秉节钺，同伸义愤，钦迟无已。滇中将士尽在行间，抽募良属不易。顷已照电蕙督，嘱其从长设法，当必有以应命。粤中情形并望详示。仪密已携随，承后通电，请用此码。锷。支。印。"

同日，刘祖武也电说："巧函支到，敬悉担任护国第二军北伐，陶侃度岭，桓温夺气，极为欣慰。承示来粤一层，深慰下怀，招募万人，指顾可集，所部各军官闻之，均慷慨请行，气吞北虏。请即商之龙子翁汇寄饷项二十万，宁速交汇理顺成寄蒙，当率吾滇健儿，刻期东下。并请切实电知唐公，务请其允行，俾便首途。刘祖武。支。印。"

6 日，唐继尧又电说："庚密。巧、养两电均悉。所嘱募兵一节，自可照办，曾于沁日电复，计已达到。惟此次滇省官兵，已多从征，征募尚需时日，容即着员办理。粤械甚富，能商酌济滇？甚盼。继尧。鱼。印。"

---

[1] 中国国家图书馆藏。又见《军务院考实》第四编《各省文电》，第18—20页。

23 日，戴戡再电说："元电敬悉。北京一晤，未获畅谈，只以帝制将成，匆匆南返。抵滇后，迫不及待骤举义声，旋又入黔忝执戎事。幸赖将士义愤，战争数十，尚免蹉跌。前闻粤东独立，义声所播，中外同钦。兹悉我公已应子诚都督之约，尤为欣庆，运筹决胜，操券可期。惟戡任重才疏忧炉悚（按：原文如此，疑有误），亟盼南针时锡，俾得遵循，遥望岭云，无任企仰。戴戡。漾。印。"①

▲蔡锷函告黄德润，"大局定后，决拟从事实业"，请其"代为留意"滇中矿业可经营之处。说："玉田老伯大人执事：出师以来，未尝以函电远候长者，实戎马倥偬中，无暇与楮墨为缘，非疏懒也。此间情况，度冀督暨由蜀南归者亦常以据略上达聪听矣，兹不赘渎。综言之，此次战役，足以表爆滇人之特性，而增吾国历史上之光荣，且永志于国民脑海中不相忘也。兹事发动之先，锷即预决其必博最后之成功，故每当至危至险之境，神明澄澈，天君泰然。今帝制撤销，吾侪始愿已遂泰半，百尺竿头，再进一步，不待直抵黄龙，亦足以竟全功也。停战数月余，借以补充军实，教练新兵，整顿队伍；一面与各省联络，促其为我左袒。现蜀省已决心与我一致，如袁氏不退位，即宣布独立。蜀如发动，合力破曹，更易易也。大局定后，决拟从事实业，用遂初服。滇中矿业，其可以经营之处，尚乞老伯代为留意是幸。手此。敬请道安。蔡锷顿首。五月四号于大洲驿。子实病痊愈否？念之。"②

▲报载段祺瑞领衔的新内阁电告蔡锷等人，袁世凯已"将行政权与军权让交内阁"。说："（4 日）北京通讯云，兹由可恃方面传称，梁启超昨电段祺瑞，谓粤、桂、滇、黔四省已举定代表赴沪，与政府代表开议谈判，请政府亦尽速派代表至沪云。又闻段国务卿领衔新内阁，昨亦致电蔡锷等，略谓大总统鉴于时局之危急，已将行政权与军权让交内阁，总统之位俨如虚设，请各举代表来京会商，以免电商稽延，且多伪电。又谓若再接战，必祸及全国，外交风云，变化不测，今为国家计，解决以速为佳，全国命运唯系于然否二字，请速议决电复云。今悉禁卫军指挥权确已让交陆军部，

---

① 以上四电见《西南护国军之要电》，《申报》1916 年 6 月 5 日。有人将蔡锷之电日期定为 6 月 4 日，误。因为广东独立是 4 月 12 日，而且《西南护国军之要电》还辑有戴戡"漾"电，故蔡锷此电只能是 5 月 4 日。

② 曾业英编《蔡锷集》（二），第 1377—1378 页。

段于组织内阁之初，即要求陆军全权，经袁总统允许后始就任，既而见袁总统保留禁卫军指挥权，借以保护一己，段因元首拥兵足酿巨变，力持异议，不稍因循。闻段曾入告元首，若不即将禁卫军归内阁节制，则彼即不再与闻议和谈判。袁总统因段之态度甚为坚毅，故已将禁卫军让交新内阁。于是新内阁乃总握军权，人心为之大定，政界中人晨间谈及时事犹具悲观，讵意数小时即意见大变，咸谓调和有望，元首仍将留任。虽然今之时局变化无常，后事如何，尚不能作一定见解也。"①

按：袁世凯实际并未如此交权，有以下报载之事实可证："北京电。政局仍难捉模，反对党领袖对于袁总统退位后以谁为继一事犹未商定，故时事发展未能如豫料之速。至是否因争党见而未商定则不敢决。惟南方各省之未固结，颇使助袁者为之兴奋，而力谋保全袁位，以致近今关于内阁责任之命令中，所云应交之大权，尚迟迟未即实行移交。蜀省休战期限已经展长，众意今后不致再有战事，袁总统之近侍谓袁须俟全国欲其退位之民意昭著后始拟引退，决不因数省宣布独立而出此。故大局如何，全视后数日内所谓忠于政府之各省之态度为转移。财政部现竭力向德华银行商讨借款（七日）。字林报电。"②

5 日

▲正午，蔡锷在大洲驿命令各纵队：

（一）各省有联合迫袁逆退位消息，冯国璋为之领袖。成都政府可望与我一致，已作宣布独立之准备。曹锟声言，如蜀事有变，当屠重庆后还归。张敬尧、李长泰态度不明。

（二）我军应就现在阵地严为防守，并为进攻之准备。

（三）左纵队除留一部驻守叙府外，以全部移扎江安附近及其以东一带，协同第二师为会攻泸州之准备。

（四）中央纵队为攻击纳溪一带敌军之准备。

（五）右翼纵队为横截张、李两逆所部之准备，并以一部威胁

---

① 《西报之时局论》，《申报》1916 年 5 月 8 日。

② 《译电》，《申报》1916 年 5 月 9 日。

合江。

（六）予在大洲驿。

注意：

（1）记号用红、白布二条，单日缠于左腕，双日缠于右腕。

（2）各部队口令，除由各该纵队司令随册发布外，各纵队所部相遇，一般口令，日中为"护国倒袁"，夜间为"杀敌致果"。

（3）号音，日间问为"休息"，答为"立正"，夜间问为"第一师"，答为"第十九师"。总司令蔡。[①]

又同意刘云峰与"素识"的张敬尧见面，谈判停战期满后继续停战的问题。刘云峰三十余年后回忆其事说："停战期将满，余又回大洲驿见蔡公，蔡公仅问与第八师对峙情形，未及其他。余即问：'现距停战期满仅二日，将何以应之？'公漫应曰：'停战期满打仗耳。'又问曰：'子弹已运到否？'公曰：'无子弹就不打仗吗？'"刘于是找参谋长殷承瓛、秘书长李曰垓和赵又新、顾品珍两梯团长"计议"，决定同到总部去见蔡锷"请示"。"蔡公云：'你们齐来，有什么要事商量吗？'我等云：'刻距开战仅有二日，应如何筹备，故来请示。'公云：'停战期满就打仗，有什么筹备？'我等云：'出发时每个兵只带三百发子弹，现已支持半年，现在平均每支枪不过数发，后方子弹尚未运到，如何能打？'蔡公云：'无子弹用刺刀捅。'我等云：'用刺刀捅，乃一时不得已之举，不能专恃此也。'蔡公云：'你们说无子弹不能打仗，欲投降乎？'我等云：'若肯投降不待今日。'蔡公云：'战既不能，降又不肯，我不能点石成金，变出子弹来，最后只有一法，我们皆有手枪一支各自裁耳。'我等云：'尚未至最后关头，仍应设法。'蔡公云：'云南不给子弹，我除自裁外，无法可想。'我云：'总司令与陈二庵（陈宧）是朋友，可否与陈一电，请其设法再停战数日，待子弹来到，再行开火。'蔡公云：'陈二庵是势利小人，今去电求之，不但于事无益，反示弱耳。曹锟、张敬尧等亦决不能听陈指挥。'此时余忽想起与张敬尧系素识，即曰：'我与张敬尧在北京南苑认识，我与张敬尧去电如何？'蔡公云：'你只可用你私人名义，不能用滇军名义。'余曰：'可。'即请李

---

[①] 曾业英编《蔡锷集》（二），第 1378—1379 页。

曰垓君代拟一电，请张敬尧谈话。张二三点钟后即回电，约夜间 10 时谈话。届时禀知蔡公，约殷承瓛、李曰垓两君同去电报室。"经电话协商，张敬尧同意刘云峰于次日晨七时，只"准带一二人""在彼战线外半里许"派兵"一排，轿一乘"来接他。刘"将以上情形报告蔡公。蔡公曰：'张敬尧系土匪性质，你到泸州，他把你害了，有什么办法？'余曰：'我若不去，后日打仗，又有什么办法？且我不是滇军总司令，即将我害了，滇军亦非不能打仗；若幸有办法，目下时局，即可解决，且张敬尧虽是土匪性质，亦不致杀来使。'蔡公无奈，亦即允之，但云：'张敬尧如将你害了，我不给你报仇，就不姓蔡了。'"第二天，刘云峰"带参谋长陈天贵及马夫一人前往"泸州见张敬尧。张敬尧在会谈中提出："打袁皇帝我也赞成，不过袁倒之后，须请段先生出来当总统，老弟你也是段先生的学生，我想你一定赞成的。"刘云峰表示："我非滇军总司令，不能作主，兄之意，我可报告蔡总司令。"两人"所商之条件如下：（一）南北两军合组为同盟军，以讨袁为目的，并推蔡锷为总司令，曹锟副之，张敬尧为总指挥；（二）以段祺瑞继任总统；（三）无论何军与此宗旨相同者为友军，不赞成者共击之；（四）滇军子弹由北军供给；（五）同盟军粮饷，概由四川筹备。尚有数条，余已忘却（北京松坡图书馆所出之《松坡军中遗墨》载有致张敬尧电，乃为此也）。条件商妥后，余回大洲驿，并与张敬尧约定，再停战两星期，以便议和。蔡公对第二条坚不承认。余即退出，遂与殷叔桓、李子畅及赵、顾两梯团长同见蔡公，切陈利害，乃允之。又派余仍赴泸州。余到后，北军各师旅长已云集泸州矣。相识者甚多，蔡公对渠等各有赠品，遂对此条件一致赞成。川督陈宧见停战期满仍不开战，并在泸州召开会议，知事有变，乃派其参谋长刘杏村及旅长雷飙到大洲驿探听消息。此二人与蔡公系至交，故尽情告之，渠等即转报陈宧。陈据此情形，即密报袁世凯，并请袁退位。袁接电后，始知其多年训练之北洋劲旅，今皆倒戈相向矣，能勿痛心乎，其晕死宜也，亦自作之孽也。袁死之后，此事遂寝，故国人知此事者甚少。国人但知陈宧一电，将袁气死，而不知有重大原因在也"。[①]

▲陈宧"因大势所趋，皆不满于袁，特电项城，劝其退位，以图晚盖"。

6 日，袁世凯电复陈宧，"有'实获我心'语"。季自求对此表示怀疑，

① 刘云峰：《护国军纪要》，《忆蔡锷》，第 270—273 页。

在日记中评论道："是岂由衷之言？"①

陈宧则转电各省将军、巡按使，长江巡阅使，各省都统、护军使、镇守使说："华密。宧于江日电恳总统退位，业经录文通电在案。兹奉鱼日电谕，江电悉。实获我心，但此间情形，容布置善后，望速向政府切商办法，切盼。等因。除由宧知照蔡君续展停战，以便磋商外，当此大局旋转关头，应如何预策善后之处，诸公伟划匡时，敬乞迅赐教益。宧拟俟征求各省意见，推由冯上将军折衷办法以后，再行遵令电商政府，宣布施行，以昭慎重。特此电达，立企裁复。陈宧叩。鱼。印。"②

▲报载"北京电。中国政界谓陈宧、蔡锷、张敬尧、张作霖来电，允袁总统留任至法定期满而退，张怀芝亦反对退位之说"。③

又载与"陈宧所派之议和代表，自与蔡松坡开议后，现已抵省城。据云民军首领已允下列之九条件：（一）准袁世凯留任总统（按：并无其事）；（二）于两月内召集国会；（三）根据民国元年约法施行政治；（四）各已经独立省之官员仍旧留职；（五）赦免党人；（六）南军若干驻扎北京；（七）调北军若干回北京；（八）任命段祺瑞为武昌将军；（九）任留冯国璋在南京。以上各条，谓均经蔡锷允许。苟尚未息兵，滇军不再攻蜀云。四川绅商及前省议会议员，皆要求陈宧速行宣告四川独立，但陈将军意尚欲与北军商议许可然后行之，否则决不妄动"。④

但是，7 日，该报又否认了此电，说："路透电报所载陈宧与蔡锷议妥调和九款，据北京英文《京报》云，查悉政府并未有接到此项消息，并诘责路透社访员对于中国时局任意发电之咎云云。"⑤

另一报则载日本大阪《朝日新闻》消息说："冯将军近派亲信人员赴沪与反袁各派之领袖为关于南北妥协之谈判。据冯将军之说，则各南方之主张使袁氏退位之说虽可同意，而关于使袁氏决行退位之事须有诸般之准备，至少今后三月间当先使副总统黎元洪摄行大总统之职务，然后正式退位。而退位之前，宜先与以保护生命财产之保障，犹预期限至三月之久，

① 以上引语见季自求《入蜀日记》，《陈宧研究资料》，第 41 页。
② 《护国运动资料选编》，第 611 页。
③ 《译电》，《申报》1916 年 5 月 6 日。
④ 《特约路透电·成都电》（5 月 4 日），天津《大公报》1916 年 5 月 5 日。
⑤ 《路透访员任意发电之诘责》，天津《大公报》1916 年 5 月 7 日。

以便袁氏计划后图。于反袁派甚非所利，且对于袁氏之生命财产与以保障，使其腹心股肱组织内阁，而任袁氏于黑幕中亲裁万机，如斯则灭却讨袁军之理由，因是反袁派之各领袖皆拒绝冯氏之提议云。"又说："冯、蔡、段之默契。冯氏以袁氏退位三个月之犹预劝告南北妥协之际，段氏则宣言于三个月以内当组织成自国民选举之国会，制定宪法而公布之。蔡锷氏亦主张袁氏退位，使黎氏摄行总统，而置冯、段、徐三氏于政府之要路，则段、冯、蔡三氏之间当可见有通气之形迹。冯、蔡两氏虽与反袁各派同劝袁氏退位，而不力行扫除袁氏之势力，并劝其腹心股肱组织内阁，动则已，亦有强入其间之倾向，因是有段、冯、蔡三氏互相联络，谋采政权之说当非偶然也。"①

### 6 日前后

▲蔡锷电催岑春煊出师。说："停战期间已满，北政府对于袁氏退位一款，犹未承认。近又要求展限一月，无非以停战诡计，冀老我师。自非节节进兵，不能得完满之结果。决议日间督率所部继张挞伐，义不返兵。侧闻湘、赣两省敌军陆续增加，进取更难少缓。何时会师，出发暨进取计划若何，亟盼电闻，用纾翘系。"②

### 6 日

▲蔡锷电告刘显世，陈宧劝袁退位电已发。说："昆密。歌、戎电悉。冯、陈（按：指冯国璋、陈宧）联络各省迫袁退位，早在进行中。陈劝袁退位电已发矣。锷。麻。"

又电告冯国璋、陈宧，同意续行停战一月。说："华密。迭接尊处电商续行停战一月等因，应即照办。计自五月七号起，至六月六号止，为第三次停战期限。除饬滇、黔、川各军遵照停战规约，一律停战外，应请电京转饬前敌各军，一律照办为荷。蔡锷叩。麻。"

---

① 译大阪《朝日新闻》：《东报之中国时局推移谈》，上海《时报》1916 年 5 月 5 日。
② 谭群玉、曹天忠编《岑春煊集》（五），广东人民出版社，2019，第 547 页。是书原注称录自 "《蔡锷急电催出师》，《香港华字日报》1916 年 5 月 19 日第 3 张，首页，第 1 栏"，并订定 "5 月 18 日收到"。从川、湘这次停战止于 5 月 6 日看，定此电发于 5 月 6 日前后较合适。据上海《中华新报》1916 年 5 月 26 日校补。

正午，又在大洲驿命令罗佩金、顾品珍、殷承瓛及赵又新、刘云峰，并通报刘存厚："冯、陈迭次请求续行停战一月，兹已允予照办。计自五月七号起，扣至六月六号夜半止，为第三次停战限期。仰饬所部仍遵照停战规约办理为要。此令罗、顾、殷三司令及赵、刘梯团长同，川军刘司令（通报）。总司令蔡。"①

7 日午前 10 时，又在大洲驿命令殷承瓛、赵又新、刘云峰："现因续行停战一月，右纵队司令部应毋庸设立，所有右纵队各部队仍依原状。第二、四两梯团部仍直接本总司令部，以资便捷。此令殷司令官、赵梯团长、刘梯团长。总司令蔡。"②

▲籍忠寅通过高桥和堀义贵请求致电任可澄，并转达唐继尧、蔡锷，冯国璋联合黎元洪、徐世昌、段祺瑞劝袁退位，请电冯，促其成功。③

▲报载蔡锷等 27 人通电各省将军、巡按使，"如届停战日期未能将主要条件正式解决"，将"继续宣战"。说："（袁世凯）日前嘱意某巨公致电南军首领，要求展缓停战两星期，未得南军允诺。兹据官场消息，南军方面日昨又致电各省将军、巡按使，大略谓袁氏贪恋职位，决无和议之诚心，如届停战日期未能将主要条件正式解决，即认为和议无效，仍当继续宣战，以作最后之解决。并声明中央要求展缓停战期限否认理由。闻该电署名为岑春煊、陆荣廷、唐继尧、蔡锷、戴戡、汤化龙、梁启超等二十七人。又闻军界某巨公云，湘南、湘西刻下已实行宣战矣。"④

又载"重庆电。有某国人自叙府绕道永宁至綦江，旋抵重庆，详述滇军实在兵力，甚为精细。云叙府方面滇军约一梯团，每团步兵八营，南溪及江安方面原驻滇军守城者约一梯团，现添土兵六百人。大渡口附近驻有四川土军约三千人，首领为王凤岗，现亦归附滇军。由纳溪西南方江岸，以迄牛背石附近东南高地，共有滇军约三梯团，外加土兵、苗兵约二千余人。合江之荛坝方面，滇黔军各约一梯团，外加土兵约千余人。綦江方面

① 以上三电见曾业英编《蔡锷集》（二），第 1379—1380 页。
② 曾业英编《蔡锷集》（二），第 1380 页。
③ 《石井外务大臣宛高桥电报》（1916 年 5 月 6 日）、《参谋总长宛北京电报》（1916 年 4 月 18 日）、『袁世凯帝制计畫一件（極秘）：反袁動亂及各地狀況』第十三卷、日本外務省外交史料館、1‐6‐1‐75‐1‐013、頁 11，转引自承红磊《日本与护国战争期间的南北妥协》，《历史研究》2020 年第 3 期。
④ 《退位与战局之因果·停战期之问题》，《申报》1916 年 5 月 6 日。

滇黔军各约一梯团，外加土兵约两千余人。现蔡锷仍驻大洲驿，戴戡驻綦江南方东溪镇。予经过时，由滇黔两军妥为保护，沿途并未受惊。惟各官长以和局无圆满之望，甚为忧愤。又据该某国人言，蔡锷曾致书张敬尧，劝其联合前敌北军将领，电迫袁氏退位，我南军当以辛亥年待段氏之法待遇。张甚为动容，曾发电数处，现未见有效"。①

又载"横江行营罗参谋总长佩金报告唐督，略云我军左翼各部队，现在与敌对峙，尚未进攻，因袁氏知我民国非可力夺，已于漾日宣布取消帝制，陈宦、冯玉祥、伍祥桢近日亦迭派专员前来要求停战，表示愿反对帝制，改选总统。陈宦代表雷旅长飙及各将领细审敌情，若仅取消帝制，实不足以息天下之兵，我军对于反对共和之敌军，仍当继续战争，努力歼除。陈、冯、伍所部，受我军迭次挫折，川省民军又到处蜂起，心随势转，当非缓兵之计。且冯之部下有决不下泸援张之说，现正提出条件，与冯直接谈判。所拟条件如次。（一）陈将军暨冯、伍两旅长既愿赞同，应将改选总统之宗旨明白宣布，并改组护国军，对于反对护国军之宗旨者，须并力出兵征讨。（二）未宣布以前，宜宾下流一带护国第一军及属于护国军之军队作战运动，陈将军及冯、伍两旅长所部不得加以妨碍，为暂时防止误会冲突起见，护国第一军不得入宜城，陈将军及冯、伍两旅长所部不得过柏树溪，并不得越金沙江沿河一带之西南岸。（三）其他全部联合问题，应由陈将军与唐都督、（蔡）总司令商定，分令各军遵守。交涉确定后，拟即移左翼各军并力□下。当否，请迅示复"。②

7 日

▲蔡锷"万急"电促陈宦，速告段祺瑞、冯国璋，袁世凯"既发悲天悯人之愿，决心退位"，就应"立日实行"。说："成密。日来连得粤、桂电称，四省组织联合政府，已历次通电宣言，并拟举岑西林为四省都司令，统筹一切，请求滇、黔同意。弟经迭电前途，大意谓芝老（按：指段祺瑞）既出而主持政府，华老暨吾兄复联络各省迫袁退位，并准备宣布独立，此时不宜组织政府，尤无推举首长之必要，致招争权攘利之嫌，启南北分裂

① 《专电》，《申报》1916 年 5 月 6 日。
② 《云南通信·川滇停战议和之条件》，《申报》1916 年 5 月 6 日。

之渐等语。尚未得复。又粤省已编成三军，分出湘、赣。桂省已有两师入湘，陆督率师继进。湘南一带，望风响应。阅陆督迭电，有不抵黄龙不止之概。此间停战，各处纷纷来责言。南北两方面背道而驰，项城退位问题如迁延不决，转瞬即成土崩瓦解之局。将来纵有人出而收拾，而元气耗尽，病根永伏，其何能国！项城既发悲天悯人之愿，决心退位，允宜立日实行。如虑继任乏相当之人，则不妨先行明令宣布，以安人心，而杜借口。决不可为少数金壬所挟持，以自误而误国。至继任总统应如何选出，或召集民国二年众、参两院议员投票公举，或另订特种办法，组织特别国会另行选举，总以于一两月内将新政府组织成立，内以靖祸乱，外以杜列强之干涉。若复徘徊瞻顾，沧海横流，不知所届，乞转电段、冯诸公速筹之，并希见复。锷叩。阳。"

又电告唐继尧、刘显世、戴戡，不宜赞许"桂、粤议组织政府，推举首长"之举。说："义密。电轮鱼电悉。桂、粤议组织政府，推举首长，实与现势不协。吾侪既不赞许，何可更事效颦？况滇、黔举义以来，内外一心，上下一致，尽有意见之交换，不闻意气之争持。筹饷出兵，各尽所能，解衣推食，争先恐后。有冀、周二公主持于内，各军将士乃能效命于外。苟继此精神于不堕，敌虏虽强，不足为虑。所称统一机关云云，实无设置之必要。至弟个人私愿，俟大局略定，决拟退休。非谓遁世，实病势日增，非疗治不可也。再陈二庵已于江日致电袁氏，速其退位，黑龙江确已独立。忆朱梓桥（按：指朱庆澜，字梓桥。时任黑龙江将军。1915 年 9 月 29 日离京回黑龙江任）于离京之日，在弟宅畅谈半日，叩其对于帝制问题，沉吟者久之，早知其已有会心。今竟于极北区域，独树一帜，可谓凤鸣朝阳，可感也。锷叩。阳戌。"

又电告陈宧，段祺瑞堪为袁氏退位后的总统继任人，并提出两个达此目标的"移花接木"办法。说："顷致阳电计达。乱机蓬发，逐暑而进，不于此时力为阻遏，必致不可收拾，而其关键实在项城一身之进退。速退则举国蒙其庥，一切困难问题皆可迎刃而解。至于继任之人，以段芝老之资望、勋业、道德、经验，人无间言，惟移花接木，苦无善法无［而］已。锷有二议，（甲）暂以黄陂继任，随即召集民国二年参、众两院议员，选举正式总统，并一面设法务使芝老当选。以大势度之，似有八成把握，盖两院议员于芝老多抱善感，甚推重其为人。届时锷当与滇、黔、桂、粤诸当道力为斡旋，当无不谐。（乙）由各省互派代表三人，改定约法，并议定国会组织及选举法，重新选举议员，组织国会，以选举总统。乙法手续繁重，非半年以上不为功。甲法虽不无小疵，而施行简捷，容易收功。总之，甲、乙两法，非至选举总统之期而施行选举，自非另以特别条件定之不可，似宜于南北议和条件中规定及之。我兄如另有良法，望以见示。再，冯华老另订条件，尚未奉到，望速电示。（锷叩。阳亥。）"

**按**：原未载发电日期，由蔡锷 9 日询唐继尧等人电可知为"阳亥"所发。

又电告唐继尧、刘显世、戴戡，前电不"赞许"组织政府、"推举首长"的原因，现既"将大总统之推举及军务院之设立，移花接木，联为一贯，亦尚说得过去"，可以发表。说："义密。推举黄陂，本属正办，锷极赞成，尽可宣言。前电所陈，系在不可以大总统问题与军务院并为一谈耳。现接任公所草各宣言书及军务院条例全文，将大总统之推举及军务院之设立，移花接木，联为一贯，亦尚说得过去。任公此时当已抵邕，请冀公再与电商后发表可也。复黎、徐、段电，即请照周公所斟酌之稿译发。杏村、时若已到泸，日内当来谒。弟拟约之返永，俾便详商一切。并闻。锷叩。阳亥。"

又电告陆荣廷、梁启超，对以段祺瑞继任总统没有意见，"惟急遽间""实无法可以产出"，并请"随时专电见示"两粤消息。说："干公二十八日电阳悉。桂师分道入湘，湘军望风款附，我公亦将亲督大队继进，硕画茂筹，曷胜佩慰。陈使提出条件，此间未予承认，并促令联络各省迫袁退位。冯、陈等劝袁退位电已发。袁迭次声言，并致电各省谓非不欲速退，奈善后各事，茫无把握，遽行撒手，立见危亡等语。其言是否出于至诚，要不可知。惟据二庵电称，袁意以黄陂才识力量，俱不胜元首之任，欲以段芝泉继任总统，盖一可保持袁系之势力，一可免此系之溃而为乱。以段氏志节、人望论，继任元首，吾侪可无间言。惟急遽间，段氏总统实无法可以产出。任师对此问题意见如何，乞详示。袁不退位，蜀决独立。张、李（按：指张敬尧、李长泰）两部可以就范，惟曹锟凤性迷顽，届时只有仍以武力驱除之耳。联合政府前后声言及两粤消息，此间毫未知闻，尚乞随时专电见示为幸。"

又电请岑春煊"时赐教言"。说:"台从内渡,望风引领。芟夷国难,端赖老成。望纾筹策,俾有矜式。以后进行如何,尚乞时赐教言。蔡锷叩。阳。印。"①

又电告土关坡行营岑春煊、梁启超、龙济光,广西行营陆荣廷,梧州李烈钧,南宁陈炳焜,唐继尧,刘显世,赞成推举唐继尧为抚军长等人事安排。说:"顷奉江电,布告军抚院条件,斟酌尽善,锷极表赞成,并照章推唐都督继尧为抚军长,岑西林先生为副长,梁新会先生为政务委员长。特闻。锷叩。虞。印。"②

▲报载北京当局"前因和局不日决裂,南军政府电迫退位日益坚决,特嘱意组织新内阁,某要人以个人名义致电陆荣廷、蔡锷、梁启超诸要人,要求保全袁氏地位……闻某要人于昨午(三日)接到陆、蔡、梁三君联电一件,其大致系对于袁公退位条件,已成无可变易之问题,断难随便取消,俾免失信用于国民,复贻笑于列强。并声明停战期限已届,如日内(指和议期内而言)无正式解决,即以本月十日为宣战之期云云。段芝泉氏得此电后,特于日昨拍发加急密电于四川成武将军陈宧,责令从速电商滇、黔两省蔡锷、唐继尧诸要人,务以国家为主要,不得再矜武力。至和议问题,无论如何决无十日之延搁等情。未识此电果能发生效力否"。③

又载"北京政府日昨电告重庆北军总司令部,略谓南北和议谈判之结果,云、贵代表蔡锷虽略表示赞成之意,而两广方面颇持强硬之态度,要求如不退位,断无调停之余地;冯将军等亦相继辞去调停责任,因之政府颇形困难。处今日之际,须暂维持四川省之治安,并镇抚交战地带之民心,以表示政府信用为急务云云"。④

8 日

▲蔡锷电告唐继尧、刘显世、戴戡、王文华、陆荣廷、龙济光等人,黑龙江已独立等军情(按:实际并无其事)。说:"据交通部冬电及陈二庵江电,黑龙江确已独立,黎天才亦日前宣布独立。在川逆军大为震动。特

① 以上六电见曾业英编《蔡锷集》(二),第 1380—1384 页。
② 《蔡锷集外集》,第 354 页。
③ 《若前若却之退位问题》,《申报》1916 年 5 月 7 日。
④ 《川湘之时局观》,《申报》1916 年 5 月 7 日。

闻。锷叩。齐。印。"①

又与唐继尧等人通电宣布"暂设一军务院，直隶大总统，指挥全国军事，筹办全国庶政"。说："北京各国公使，各商埠各国总领事，安南、香港、澳门各总督，大连关东都督，各省将军、巡按使，各法团，各报馆暨全国同胞公鉴。中华民国大总统领海陆军大元帅一职，依法应由副总统黎公继任，已由本军政府宣言在案。但黎公今方陷在贼围，未克躬职亲务。查《大总统选举法》第五条第二项云：'大总统因故不能执行职务时，以副总统代理之；副总统同时缺位，由国务院代行其职务。'今大总统身犹蒙难，副总统职尚虚悬，国务院又非俟大总统任命，经国会同意后不能组织，而现在军事正亟，既当求统一之方；且国运方新，尤宜作通筹之计。今由继尧等往复电商，特暂设一军务院，直隶大总统，指挥全国军事，筹办全国庶政。院置抚军若干人，用合议制，裁决庶政。其对外交涉、对内命令，皆以本院名义行之。俟国务院成立时，本院即当裁撤。除将军务院组织条例另行公布外，特此布告中外，咸使闻知。唐继尧、刘显世、陆荣廷、龙济光、梁启超、蔡锷、李烈钧、陈炳焜、任可澄、戴戡同叩。庚。印。"②

又与唐继尧等人致电黎元洪，"恭承我公为中华民国合法之大总统"。说："北京黎大总统钧鉴。前大总统袁世凯紊乱国宪，自为帝制，叛逆行为，昭然共见。其所受任之民国大总统资格，自民国四年十二月十三日下令称帝以后，当然消灭。案查《大总统选举法》规定，大总统任期六年。大总统于任期内缺位时，其所余任期，由副总统继任。继尧等广谀军民，金谓宜凛遵此项国家根本大法，恭承我公为中华民国合法之大总统，业于本日庄严宣布，三军欢虞，万姓歌舞。除将宣言书昭告天下外，谨专电呈明。伏望我大总统从容出险，安善莅军，迅扫逆氛，永奠邦本。继尧等不胜鼓舞待命之至。云南都督唐继尧、贵州都督刘显世、广西都督陆荣廷、广东都督龙济光、两广护国军都司令岑春煊、两广护国军都参谋梁启超、护国军第一军总司令蔡锷、护国第二军总司令李烈钧谨呈。"

随后，又与唐继尧等人连致各国公使三电，其一通告"北京各国公使、各商埠各国总领事、安南总督、香港总督、澳门总督、大连关东都督"，

---

① 《蔡锷集外集》，第 355 页。
② 《护国运动》，第 360—361 页。

"副总统黎公元洪"今已为"中华民国合法之大总统"。说："前大总统袁世凯紊乱国宪，显谋叛逆，自民国四年十二月十三日下令自称皇帝以后，其所受任之大总统资格当然消灭。案查民国二年九月国会参、众两院议决之《大总统选举法》规定，大总统任期六年。大总统于任期内缺位时，所余任期应由副总统继任。继尧等凛遵此项国家根本大法，恭承今副总统黎公元洪为中华民国合法之大总统，业经宣布在案。除备正式照会，将宣言书粘抄咨送外，理合先行电闻贵公使、贵总领事、贵领事、贵总督、贵都督查照。中华民国军政府云南都督唐继尧、贵州都督刘显世、广西都督陆荣廷、广东都督龙济光、两广护国军都司令岑春煊、两广护国军都参谋梁启超、护国军第一军总司令蔡锷、护国军第二军总司令李烈钧谨呈。"

其二通告"北京各国公使、各商埠各国总领事、安南总督、香港总督、澳门总督，大连关东都督"，以后"中央外交事务，一概改由军务院办理"。说："本军政府依法恭承黎公元洪为中华民国大总统，业经专电通告在案。今特设军务院，直隶大总统，由各省都督、各军总司令等任该院抚军，以合议制处理军国重事。大总统未能躬亲职务时，一切国际交涉，由军务院抚军长暂行代表。为此通告贵公使、贵总领事，贵领事，贵总督，贵都督，以后除地方商民交涉，照例仍由各该省军民长官与各国驻近该地方各官厅就近办理外，其中央外交事务，一概改由军务院办理。特此电闻。中华民国军政府云南都督唐继尧、贵州都督刘显世、广西都督陆荣廷、广东都督龙济光、两广护国军都司令岑春煊、两广护国军都参谋梁启超、护国军第一军总司令蔡锷、护国军第二军总司令李烈钧谨呈。"

其三通告"云南蒙自、龙州、广州、重庆、上海各国领事转北京各国公使"，请"公同监视袁世凯及其徒党对于我黎大总统之行动，设法保障、扶助黎大总统之生命及自由"。说："径启者。自贵国承认民国政府以来，贵公使驻节敝都，常以巩固贵我邦交为务。凡我军民，同深感佩。今敝国前大总统袁世凯，以谋逆失去大总统资格。继尧等代表军民，遵据民国二年九月国会议决公布之《大总统选举法》，宣言恭承副总统黎公元洪为大总统，业经通告在案。惟黎大总统今方陷在敌地，未能自拔，本军政府戡定北京，又尚须时日，袁世凯既敢于谋叛，难保不倒行逆施，阴图加害于我元首。伏维贵公使素重正义，笃念邦交，用敢专电奉托，恳赐留意，公同监视袁世凯及其徒党对于我黎大总统之行动，设法保障、扶助黎大总统之生命及自由，则我军民感谢侠忱，曷其有极。继尧等以私人交谊，沥诚拜托，区区苦心，想承鉴原。再者，因虑北京电报有阻，特托各地贵领事转达。合并声明，专此，即颂公绥不宣。中华民国军政府云南都督唐继尧、贵州都督刘显世、广西都督陆荣廷、广东都督龙济光、两广护国军都司令岑春煊、两广护国军都参谋梁启超、护国军第一军总司令蔡锷、护国军第二军总司令李烈钧谨呈。"①

16日，报载"中央因南军在广东已组织政府，深为恐慌，当即通电未独立各省力为驳斥，并拟赶速召集国会，令其议决袁总统留位及对待各独立省办法，以便通告外交团，借作抵制之计……兹特将中央通电原文录之于下。除云贵两广，各省将军、巡按使、都统、护军使、镇守使鉴。接广东电开，革命首领宣告南方独立各省，已组织成立新政府，以广州为首都，以黎元洪为大总统及陆海军大元帅，废除北京政府。其宣告中，并为设立军务院，定明权限，并兼理外交、财政、陆军各行政事务。云南都督被举为军务院主位，岑春煊为副主位各等语。查北京政府始而临时，继而正式，几经法律手续，始克成立。全国奉行，列邦承认，岂少数革命首领所能废除。首都问题，系由国家议会决定，奠定业已数年。有约各国驻使所在，地点载之约章，国际关系最切。对内对外，岂少数革命首领所得擅易。大总统地位，由全国人民代表，按照根本大法选举，全国元首，五族拥戴，又岂少数革命首领所能指派。至指派黎公为大总统一节，尤为骇人听闻。黎公现居北京，谨守法度，又岂肯受少数革命首领之指派。广东距京数千里，强假黎之虚名，而由唐、岑等主其实权，不啻挟为傀儡，侮蔑黎公，莫此为甚。凡此种种违背共和，铲除民意，举十八省五特别区域汉满蒙回藏之众，欲以少数革命首领之一纸宣言，而降服吸收之，蔑视国民，激成破裂，是将欲使我数千年统一之国家，从此自为分剖，前途惨祸，思之能不懔然。自滇事发生以来，政府息事宁人，但期不破国家之统一，能维地方之安宁，即不惜曲徇一部分人之意见。凡能迁就者，正在协商进行，而少数革命首领，竟公然不顾全国国民利害、国家存亡，窃据一隅，僭立政府，实系与国家为仇，国民为敌，岂能与语息事宁人之诚意。以共和为号召，乃竟将共和原理、国民公意，一概蹂躏而抹煞之，此而可忍，国将不

_____

① 以上四电见《护国运动档案黄资料摘抄》，第99—102页。

国。尊处如有意见，望径电南京，请冯、张、倪三公会同各省代表，并案讨论。院、处电。"①

▲报载冯玉祥率部转向蔡锷护国阵营。说："昨接蜀省通信云，四川陈将军要求蔡总司令将休战期间再延一月，蔡总司令并无答复。蔡现住大关［洲］驿，拥有重兵，其部下多在纳溪以南，南北两军之距离约四十里。刘存厚、熊克武等各拥重兵，其军器弹药则由广东、云南供给，其军费则由南洋供给。李烈钧现亦统率重兵，向贵州、向四川进发。自开战以来，南军死伤约一千五百名之谱，在川北军死伤之数则多至三分之二。又据英文《京报》云，探闻陆军部于三日晚间，接得北军总司令曹锟由重庆发来急电一道，报告北军旅长冯玉祥忽然率其部下全军七千人，投往南军总司令蔡锷部下矣。当局得电后，为之异常惊惶云。"②

9 日

▲蔡锷电询唐继尧、刘显世、戴戡、陈炳焜飞转陆荣廷、梁启超、龙济光，对其 7 日复陈宦电有何意见。说："义密。阳日复陈二庵电，文曰：顷致阳电计达，至［锷］叩。阳亥。等语。诸公意见如何？乞示教。锷叩。青亥。"

又与唐继尧等通电"北京黎大总统，云南、贵阳、南宁、广州、杭州都督府，泸州护国军第一军总司令部，南宁第二军总司令部及护国军各地前敌总司令、司令，各省将军、巡按使、巡阅使、护军使、镇守使，各师、旅长，各道尹、县知事暨全国各团体、各报馆"，宣布在广东成立护国军政府军务院。说："护国军军政府宣言如下。本军政府设置军务院，权理军国重事，业经宣言，并将组织条例公布在案。今于五月八日组织军务院成立，遵照条例，以继尧、显世、荣廷、济光、春煊、启超、锷、烈钧、炳焜等任军务院抚军，并往复通电，互选继尧为抚军长，春煊为抚军副长，启超领政务委员长，暂定广东为军务院所在地。继尧因云南地方职守，未能远离，依条例第四条第二项由春煊摄行抚军长职权。继尧等菲德庸材，迫于时艰，勉肩重任，谨掬血诚，誓以公心，效忠国事，一俟大难削平，即当

① 《政府驳南方组织政府之通电》，天津《大公报》1916 年 5 月 16 日。
② 《冯玉祥投降南军说》，《申报》1916 年 5 月 8 日。

退避贤路。皇天后土，实鉴斯言。为此布告中外，咸使闻知。再，浙江都督吕公公望遵依条例，应任抚军，因交通被梗，电商未复，除专函敦请加入外，合并声明。云南都督唐继尧、贵州都督刘显世、广西都督陆荣廷、广东都督龙济光、两广护国军都司令岑春煊、两广护国军都参谋梁启超、护国第一军总司令蔡锷、护国第二军总司令李烈钧、广西护理都督陈炳焜。青一。印。"

又与唐继尧等通电"北京各国公使，广州、云南、杭州、汕头、北海、海口、蒙自、腾越、思茅、龙州、梧州、宁波各国总领事，安南总督，香港总督，澳门总督"，宣布在广东成立直隶大总统黎元洪的军务院，"大总统未能躬亲职务时，一切国际交涉由军务院抚军暂行代表"。说："本军政府依法恭承黎公元洪为中华民国大总统，业经专电通告在案。今特设军务院直隶大总统，由各省都督，各军都、总司令等任该院抚军，以合议制处理军国重大事。大总统未能躬亲职务时，一切国际交涉由军务院抚军暂行代表，并遵照军务院组织条例，以继尧、显世、荣廷、济光、春煊、启超、锷、烈钧、炳焜等任抚军，互选继尧为抚军长，春煊为抚军副长并摄行抚军长职权，启超领政务委员长。暂以广东为军务院所在地，于五月八日组织成立。为此通告贵公使、总领事、领事、总督，以后除地方商民交涉，照例仍由各该省军民长官与各国驻近该地各官厅就近办理外，其中央外交事务一概改由军务院办理。除将《军务院组织条例》及成立理由正式照会外，特此电闻。中华民国军务院抚军长云南都督唐继尧、摄行抚军长职权抚军副长两广护国军都司令岑春煊、抚军领政务委员长两广护国军都参谋梁启超、抚军贵州都督刘显世、抚军广西都督陆荣廷、抚军广东都督龙济光、抚军护国第一军总司令蔡锷、抚军第二军总司令李烈钧、抚军护理广西都督陈炳焜。青。印。"

又急电陈宧，再次简切陈明"足以解纷争而靖祸乱"的四个条件。说："成密。虞电青悉。段、王（按：指段祺瑞、王士珍）两公鱼电，蔼然仁者之言，所称罢兵息战、撤回军队、疏通东北各省意见等因，俱为目前必要之处置。锷所主张，具详两阳电，乞加复按。今更简切陈之。（一）项城立即宣告退位，依法以副总统继任。（二）诸公如仍虑黄陂难担此重任，则设法使之托词辞卸，依法以国务总理摄政。（三）立将前敌军队撤退，一切善后事宜，由南北两方面派代表商定之。（四）以特别条件规定选举新任大总统方案。只此即足以解纷争而靖祸乱。若犹勾心斗角，争长较短，月复一月，祸水滔滔，焉有穷期？伏冀垂察是幸。锷叩。青亥。"①

▲唐继尧等人通电"北京大总统，云南、贵阳、南宁、杭州都督府，肇庆两广都司令，泸州护国第一军总司令部，南宁护国第二军总司令部及护国军各地前敌总司令、司令，各省将军、巡按使、巡阅使、护军使、镇守使，各师、旅长，各道尹、县知事暨全国各团体、各报馆"，公布军务院组织条例。说：

> 护国军军政府第四号宣言如下。今议定军务院组织条例公布之。
>
> 军务院组织条例。
>
> 第一条　军务院直隶大总统，统筹全国军机，施行战时及善后一切政务。
>
> 第二条　大总统不能亲临军务院所在地时，一切军政、民政，对内对外事业，以军务院名义行之。
>
> 第三条　军务院置抚军，无定员，以抚军之议决或同意行其职权。抚军以各省都督或护理都督，两省以上联合军都司令、都参谋及各独立省确已成军、有二师以上之军总司令任之。凡新取得前项资格者，同时取得抚军资格。
>
> 第四条　军务院由抚军互选抚军长、副长各一人。抚军长执行抚军议决或同意之事项，抚军副长赞襄抚军长，协理一切。抚军长有事故时，副长摄行职权。抚军长、副长并有事故时，得公推一人摄行职权。
>
> 第五条　军务院置政务委员会，由抚军互选一人领委员长。设各种委员会，无定员，分掌外交、财政、军政、法制各项政务。
>
> 第六条　军务院置各省代表会，由各省都督各派二员列席，以备咨询。
>
> 第七条　军务院置秘书，无定员，承抚军长、副长、政务委员长之命，掌管机要事宜。
>
> 第八条　军务院遇有关于对内对外特别重要事宜时，由抚军之合

---

① 以上四电见曾业英编《蔡锷集》（二），第 1385—1388 页。

议同意，得特任专使处理之。

第九条　军务院所属各种委员会、各省代表会组织细则，以院令定之。

第十条　军务院至国务院依法成立时撤废之。

云南都督唐继尧、贵州都督刘显世、广西都督陆荣廷、广东都督龙济光。（青）二。印。①

▲报载"目下和局仍毫无头绪，是否成立仍须以袁大总统之是否退位为关键。闻近日来国务院曾又连接滇、黔、桂、粤等省之蔡锷、唐继尧、戴戡、刘显世、陆荣廷、梁启超、龙济光等，及上海之伍廷芳、唐少仪、汤化龙、范源濂等先后来电，仍均系力劝段芝泉、徐菊人设法速劝袁总统从速退位，以维大局，或为坚决之言，或系滑稽之语。总之，除退位之外，和局上似不易旋转云"。②

10日，又载"国务会议上周未决之案，已于八日补行讨论。是日，对于和议问题详加斟酌，已决定对于独立各省单独接洽，以期易于解决。并闻所拟之办法，对待各方面亦颇有区别之处，大略可分为三项性质：（甲）法律的，对于伍廷芳、唐绍仪及其他各政客，均侧重于法律方面之磋商；（乙）政治的，对于梁任公、陆荣廷等均以政治为前题［提］，所有协商之件，均侧重于政治上之改革；（丙）交谊的，对于蔡锷、刘显世等所磋商之件，当以政治问题为解决之标准，而更以私人交谊为款洽之调和，以期易于就绪。以上三种办法，业得全体国务员之认可。至进行上究竟能否有效，殊未可知"。③

10日

▲李长泰密电北京政事堂，参、陆两部，陈宦现商请与蔡锷"续行停战一月"，并拟"先抽前方防敌之军，以弭内部伏戎之祸"。说："赓密。承准成都陈将军庚电开，梗日川西北各属土匪蜂起，托名护国，肆出滋扰。隆昌地方并有煽惑军队踞城独立情事，并经该管长官办理妥速，旋即平靖。

① 《护国运动档案资料摘抄》，第104—105页。
② 《各方面仍纷纷电劝退位》，天津《大公报》1916年5月9日。
③ 《阁议取决与南京各方面接洽之办法》，天津《大公报》1916年5月10日。

详加查察，显系不逞之徒，居心叵测，破坏川局，若不迅速彻底肃清，迁延滋蔓，后患方长。而各处军警分担防地，实已穷于征调，因念和议大端，现已解决，并请商由蔡君续行停战一月，届时政府善后办法，当能就绪，则国是指顾大定，川、滇两方已无战事发生。目前移缓就急，似应先抽前方防敌之军，以弭内部伏戎之祸。当将叙府地方及附近伍旅赵团檄调，驻扎自井、资中。伍旅先已调省，并饬开赴省北各县，划分区域，专任剿匪清乡事宜。冯旅离叙以后，宦恐叙南六属土匪乘虚窃发，业经商明蔡君拨队伍归雷飙督率，移扎叙城，借资镇慑。该军一应事务，统由雷飙直接秉承宦令办理。并均切实声明，彼此均无异议，业于本日先后据云遵饬调防在案。以上办法，系为维持地方、巩固根本起见，恐传闻失实，特电奏达等情。查现在和议未决，一切办法职处未奉明令。至陈将军每次办理手续，曾否电禀，来电并未声叙，仅据原电禀闻。师长李长泰叩。蒸。"①

### 11 日

▲军务院通电"北京黎大总统、段总长，云南、南宁、杭州都督府，广西、泸州、松坎、永州府护国军总司令部，各省将军、巡按使、护军使、镇守使，全国各团体、各报馆"，解释暂设军务院的原因。说："本院设立旨趣，业于护国军军政府第四号宣言略为陈述，犹虑国人有所误解，谨更竭诚昭告。其一，本院组织实因时势之必要，暂设此以济法定机关之穷。盖独立省分已有多数，行军筹款不容无统一之计划，对内对外不容无共通之方针。联合机关之设置，实迫于事实上之要求。各省军民屡有倡组织临时政府之说者，同人等以为政府之成立，依法当由大总统任命，经国会同意。今二者皆为现在事实所未能办到，则政府自末由产出。此次兴师，其大义在拥护国法，政府若成于非法，将何以责袁氏？政府既不能产出，而时局解决又不知何日。各省若无统一机关，则主张或纷歧，步骤或凌乱，其将何以除暴克敌？故暂设本院，以管军政之枢。其性质与政府之筹施，凡百大政者，自相径庭。且条例中规定，俟国务院依法成立时，本院立当撤废。此本院遵崇国法，不敢丝毫干犯之微意也。其二，本院非以现在已独立之各省为范围，而以未独立之各省立界限。此次为国讨贼，实全国民

---

① 《护国运动》，第 591 页。

心理所同然，独立之迟速后先，不过地理上一种方便。虽未独立之省分，其敌忾之心，早已与独立省分一致。故本院组织不采分部主政之形式，惟就军事上之职掌，规定抚军资格，一省继起独立，即增加抚军员数。但有声应气求之便，绝无专欲妨贤之弊。凡兹筹划，颇具苦心。要之，今日实为遇变行权之时局，同人等力求于国法不抵触之范围内，暂设此机关，以应事实上要求。军中便宜行事，古有成规。事苟利于国家，敢辞专责。为此布告天下，咸使闻知。军务院。真。印。"

　　同日，又通电说："国会为国家最高独立机关之一，国命所攸托也。前大总统袁世凯久蓄逆谋，而首以非法停止国会职权，致骎骎移国而莫之裁判。法律解决之道既穷，我国民乃不得不诉诸政治手段，故有今次兴师致讨之举。天相中国，大义日伸，驱除独夫，计日可待。惟数月以来，在军事扰攘中，迫于时势之要求，各种设施往往不得不以便宜行事。此虽出于事实上无可如何，然为道盖不可以久。夫法也者，国家所恃以相维于不敝也。军民上下之举动，一一能以法自绳，然后国命民生乃得所保障。我国民所为决志歼身以致讨于袁世凯者，凡以袁四年来之举措，皆戕贼国民之法律观念，而斫丧国家之元气。故此次举义之真精神，一言蔽之曰：拥护国法而已。国会既为《约法》上最主要之机关，且为一切法律所从出，若不及早速图规复，则庶政将安所丽？为此通告各省国会议员诸君，速筹备集会程序及地点，俾一切问题得以解决，各种法定机关得以成立，大局幸甚。但有一义当附陈者，国会之规复，既全出于拥护国法之精神，则附逆及其他违法之议员，不能承认其资格之存在，其应如何审查别择之处，当广征舆论，确定制裁，俟有公程，再行露布。为此布告天下，咸使闻知。军务院。真。"①

　　▲陈树藩通告北京统率办事处，以及独立各省与未独立各省，已于5月9日"在陕北蒲城，以陕西护国军总司令名义，正式宣布独立"。说："帝制发生，全国鼎沸，三秦人士，于昔者铸造共和之役为最苦，故今日反对袁氏之热心亦最高。树藩以辛亥以来民力枯竭，不忍发生战事，重困吾民，力持镇静，数月于兹。乃南北协商久无效果，而陕民对于陆将军（按：指陆建章）之贪暴行为，积怨久深，一发莫遏，致郡邑连陷，远近骚然。加以陆部

---

① 以上二电见《护国文献》下册，第974—976页。

所至，扰乱更甚，同种相残，殊悖人道，树藩情不获已，因于月之九日在陕北蒲城，以陕西护国军总司令名义，正式宣布独立，期促和议之进行，谋吾陕之治安。风声一树，义旅全归，今已驻军三原，与陆将军切实交涉，令将所部军队缴械，退出陕境。陆已承认，树藩明日即进驻西安受降，预备建设一切。此举宗旨，纯欲缩短中原战祸，防止破坏区域因惧之伤心（按：原文如此），不敢为吾辈之得意事。公等虑远谋深，图存已乱，当已成竹在胸。戴祸首而仇全国，拥有罪而害无辜，谅海内志士仁人断不出此。临电不胜激切盼望之至。陈树藩。真。"①

23 日，又"急"电告知唐继尧、刘显世、陈宧、蔡锷、戴戡、陆荣廷、陈炳焜、岑春煊、梁启超，其出任陕西都督兼民政长经过。说："树藩于佳日在陕北宣布独立，真日通电，不卜已登典签否。侵日树藩进军三原，与陆将军代表交涉一切，力主和平。铣日进驻省城。旋据陆将军、吕巡按使将文件、印信移送前来，同时绅商全体复以早正名义，以安军心而顺民意等情相吁请。巧日树藩乃以陕西都督兼民政长名义布告大众，人心安靖，廛市欢腾。现以陆将军长子前秦军第一旅旅长陆承武总司陕西护国军之令，陆将军准径日起程回京，斡旋大局。国魂欲断，大陆将沉，生死存亡，视兹和议。树藩愚见，必项城退位，余件尚可从宽。公等身系安危，弭乱保邦，必有成竹。临电驰企，伫候教言。陈树藩。漾。印。"

6 月 4 日，岑春煊转陈树藩 30 日电于唐继尧、刘显世等独立各省都督与蔡锷等总司令。说："顷接陕西陈都督电云，树藩业于真日宣布独立，全局粗定。惟陕军孤悬河坫，器械缺乏，麾持旬月，支柱大难，万恳急电蔡（锷）、陈（宧）二公即分编师出汉中，使陕军得与各军确实联系。曹军有入陕消息，并乞堵截。树藩叩。卅。特电转闻，务祈蔡、陈二公设法救济，盼切，祷切。岑春煊叩。支。印。"②

12 日

▲报载驻沪国会议员电请唐继尧、刘显世、陆荣廷、龙济光、吕公望、蔡锷、李烈钧等人"大举进攻，扫除凶逆"。说："□□〔袁逆〕叛国罪

---

① 《护国文献》下册，第 877 页。

② 以上二电见《军务院考实》第四编《各省文电》，第 103—105 页。

人，无议和资格，前次停战，已中其计。近据京讯，（谓该逆）非至势穷力竭，绝不退位，和平解决，实属无望，尚祈大举进攻，扫除凶逆。近齐鲁、三秦义师四起，南北并进，底定在即，慎毋再误，以慰民意。驻沪国会议员二百五十六人公叩。"①

13 日

▲蔡锷电请岑春煊"时惠教言，以匡不逮"。说："勘电敬悉。西南义师，幸承提挈，正如临淮视师，旌旗变色。继此师行有功，枢机千里，折冲制胜，尤仗老成。伏乞时惠教言，以匡不逮。蔡锷叩。元。印。"

25 日，岑春煊电复蔡锷说："元电敬悉。大盗移国，滇首倡义，振臂一呼，万方喁向，奸雄夺魄，共和一线之望，煊与国民皆拜公赐。自惭衰朽，无能为役，惟既随鞭镫，敢惜驽骀，愿遣余生，以备驱策。现在滇军陆续到肇，粤、桂军亦经着手调集，准备出发。所有军情，容另电闻，尚希不时赐教。岑春煊。有。印。"②

▲报载北京官方放话，蔡锷本有"即时息兵"之意，奈何受"各党意见"牵制，不能如愿。说："昨据官场传述，段芝泉总理前日接密电一通，署名蔡锷。电中语气较前大相悬殊，且竟声明种种为难之处，并云共和恢复，独立之目的已达，本欲即时息兵，以保元气。惟各党意见相左，势难如愿以偿云云。官场所言如是，至政府是否果接此种电件，蔡锷是否果有此项声明，局外人殊难悉其真相。"③

但是，日本报载却与此相反，说："据大阪《每日新闻》载上海六日电云，北京政府现因停战期满，特电请南军再行延期两星期之久。南军已行拒绝，经于五日电致各省将军、巡按使等，声明今已停战期满，重要条件尚未解决，和议即为无效。南军决再续战，以求最后解决云云。署名者为岑春煊、陆荣廷、唐继尧、蔡锷、任可澄、汤化龙、梁启超等二十七人云。"④

---

① 《驻沪国会议员致云南各都督电》，天津《大公报》1916 年 5 月 12 日。据《护国文献》下册，第 938 页补改。
② 以上二电见曾业英编《蔡锷集》（二），第 1388 页。
③ 《蔡松波果有此项密电耶》，天津《大公报》1916 年 5 月 13 日。
④ 《东报谓南军声明继续开战》，天津《大公报》1916 年 5 月 13 日。

15 日，又载"南北和局，虽有展期一月之说，惟南军仍以袁项城退位为和局成破之标准"。①

14 日

▲蔡锷电请陈宧通饬停战期内，不得相犯"各处起义之民兵"。说："华密。停战规约计已入览。惟尚须声明者，各处起义之民兵，其有指挥官而有一定标志者，亦应与护国军视同一律，在停战期内，彼此均不得相犯，乞通饬遵照。锷叩。寒。"②

▲梁启超电告四川行营蔡锷，"对冯、段于感情不决裂之范围内，不妨严词以告，除坚持退位外，其善后条件可卸责于军务院"。说："义密。南来月余，电梗音沉，只增焦灼。此间发滇、黔、蜀通电将三十通，似皆未达，何耶？此次任事，诸贤艰苦，无过吾弟，眷言西顾，每用泪荧。吾为粤事，亦吞声呕心，卒无善果。海珠之变，歼我三良，虽非龙主谋，而粤局内容，可以想见。悍将蟠于上，私党哄于下，浩劫终无幸免，所争早暮耳。然吾深思熟计，以围攻观音山，双方相消之兵，力足举湘、赣、闽而有余。龙变而桂亦疲，更何挟以御贼。况糜烂后之收拾，非期月可奏功。而独立之省分、内讧之丑声，徒令老贼匿笑，友邦藐侮，故饮泪言和，奋身入虎穴，鸿门恶会，仅乃生还。今出赣之师，略可一万，更当与浙合兵，规闽入湘，桂军已万余，海军运动亦奏效，大势可望一变。冯、段和议，虽难显拒，然实力发展一分，则条件有利一分。此役结果，最低限度，亦须造成南北均势，否则实无以对死事先烈也。停战之约，本吾弟与陈所订，弟处疲敝［惫］太甚，不妨仍许展期，惟不必代两粤负责，听其自由活动。两粤既取攻势，退位将立成事实。按兵于湘、蜀、赣、闽而会商善后，庶目的稍得保障，前劳不至尽弃。此间计划，本此方针，弟对冯、段于感情不决裂之范围内，不妨严词以告，除坚持退位外，其善后条件可卸责于军务院。兄数日内即往沪视察大势，徐图应付，电仍由肇庆转达。通电宜勤，此电并转循若。启超。寒。"③

▲唐继尧电复罗佩金等人，征求他们对其辞抚军长一职的意见。说：

① 《电劝退位之声浪日益紧迫》，天津《大公报》1916 年 5 月 15 日。
② 曾业英编《蔡锷集》（二），第 1389 页。
③ 《护国文献》上册，第 224—225 页。

"大洲驿罗参谋长、殷参谋长、赵梯团长、李秘书长、李谘议官鉴。新密。佳电悉。辱电过爱，极感。抚军长一职，自问殊难担荷，故送电致辞。默念前途情势，来日大难，非敢借博辞让之名，实欲稍纾颠踬之患也。诸公以为如何？尧。寒。印。"

15日，蔡锷与岑春煊、陆荣廷、龙济光、梁启超、李烈钧、陈炳焜、刘显世"依据《中华民国军务院组织条例》第四条，互选唐继尧为军务院抚军长"。

17日，唐继尧电复蔡锷等人，请另推才望相当之人为抚军长。说："永宁蔡总司令，邕送李总司令，黔刘都督，粤龙都督，杭州吕都督，肇庆岑都司令、梁都参谋，南宁陈护督鉴。华密。抚军长一职，前得任公先生送电相推，经即复电力辞。顷复得陈护督庚电，仍以相属。自维粗娴军旅，只应勉效前驱，愧乏远谟，讵能肩此重任？务恳诸公另推才望相当之人，以资统摄，而策进行，是所至祷。唐继尧。筱。印。"

同日，又专电梁启超、李根源说："土关村坡梁任公、李印泉先生鉴。文电敬悉，公等一再督责，期望至厚。但以薄材弱植，终恐无裨。实际内容组织如何，希先详示为祷。继尧叩。筱。印。"

又专电蔡锷说："行营蔡军总司令鉴。义密。元电奉悉，极感厚意。惟兹事前已电陆、梁力辞，并推西林。殊任公来电，力加敦勉，并于青日发表后，始来电告知，故不便再辞，致淆观听。任重道远，来日大难，正未知息壤何所，仍维公有以教之也。继尧。洽。印。"①

18日，蔡锷连复唐继尧两电，其一说："筱电接悉。抚军长再三辞让，愈佩让怀。此时军务院组织业已发表，桂、粤各处若再推请，即不必固辞。锷叩。巧。印。"其二说："洽电敬悉。既经屡电辞让，谦德已彰，若再固辞，反涉矫情。此时允任，适合分际，锷极表赞同，并祝努力前途，蔚为国华。锷叩。巧。印。"②

23日，唐继尧再电复蔡锷，表示"无敢固辞"抚军长一职。说："永宁蔡军总司令鉴。护密。尧以轻材，谬蒙推任，一再督责，无敢固辞。维时艰孔亟，来日大难，任重道远，陨越堪虞。惟祈时赐箴言，匡我不逮，

---

① 以上五电见《护国运动》，第368—369页。
② 以上二电见《蔡锷集外集》，第360、361页。

以期于事有济，所至望也。继尧叩。漾午。印。"①

中旬

▲蔡锷与唐继尧等照会各国公使、领事，推任唐绍仪为外交专使。说："为照会事。照得军务院成立，业经另文照会在案。兹遵照《军务院组织条例》第八条，推任唐绍仪为外交专使，王宠惠、温宗尧为外交副使，所有一应交涉事宜，即由该专使、副使与贵公使、贵总领事官、贵领事官和衷办理。除分别照会外，相应照会贵公使、贵总领事官、贵领事官请烦查照施行。上照会各国驻使、各口总领使、领事官。军务院抚军长唐继尧、副抚军长摄行抚军长职权岑春煊、抚军领政务委员长梁启超、抚军刘显世、抚军陆荣廷、抚军龙济光、抚军蔡锷、抚军李烈钧、抚军陈炳焜、抚军吕公望。"②

又密令护国军第一师师长招讨第二军司令兼兵工厂总办"同盟会之激烈派"杨维，"到灌县招集党徒，称护国军蜀军总司令，有众五千余人"。③

又与唐继尧等函请吕公望从速赐复，"正式承诺加入抚军"。说："戴之仁兄都督麾下：逖听义声，异常忭跃，所惜道里阻塞，恨不得时通音问，借悉伟猷。遥望浙云，钦迟曷既。今日大局，非袁氏退位不能解决，已成国内之公言。彼袁氏者，若犹稍有廉耻，稍顾国家，自应及时引退。乃近观袁氏，似尚不免有恃权恋栈之态，吾国大局果能迅速解决与否，正未易言。同人等有见于斯，以为吾南方现仅五省，比之北方势力颇形薄（弱），顾若不力求团结，恐不足与贼相持，且外人之意亦颇望我有统一机关，以为承认地步。就对内对外而论，似军务院组织均不可缓。嗣以各方面意见一致赞成，遂于五月八号先以滇、黔、桂、粤四省都督名义，将设立军务院情形布告中外。按本院组织条例，执事合任抚军，同人等并宜先行征求同意，但以交通阻梗，电商未复，又因军情至急，难于久待，只得变通办理。故本院先后各通电中，业经一再声明。兹特专函布臆，并求我公正式承诺加入抚军，事关军国大计，尚乞从速赐复，以一观听，而策进行。不胜惶恐待命之至。专此敬请勋安。唐继尧、刘显世、陆荣廷、龙济光、梁

① 《护国运动》，第 370 页。
② 曾业英编《蔡锷集》（二），第 1390 页。
③ 《杨维与周骏开衅纪》，《申报》1916 年 7 月 23 日。

启超、蔡锷、李烈钧、陈炳焜、岑春煊同启。附寄《军务院组织条例》一件。"①

25 日，吕公望电复说："肇庆军务院岑抚军副长并转唐抚军长暨刘、蔡、陆、李、龙、陈诸位抚军公鉴。书及条例敬悉。诸公手造神州，心谟四运。军院组织，薄海向风。浙赋同仇，已逾匝月。顾承策励，共挽狂澜。附骥荣施，闻命欢忭。详函另达，先此电闻。吕公望。有。"②

**15 日**

▲梁启超电告告龙济光、张鸣岐、陆荣廷、陈炳焜、唐继尧、任可澄、刘显世并由滇转四川行营蔡锷，"北方望和平甚急，我却宜受之以缓"。说："护密。松弟有电、舟公东电悉。统观半月来黔、蜀诸电，意旨联络冯、段，趋重和平，此固将来一定办法。惟所争者时间问题，此间及沪同人意，谓北方望和平甚急，我却宜受之以缓。现桂军正大举出湘，西林亦整旅待发，俟湘、赣、闽到手，海军归附，乃议善后，庶均势局成，而共和得确实保障。此间报〔抱〕此方针，故设军务院，派外交代表，仅认局部停战，非袁已去国，不肯息兵。现彼以和平说弛吾气，仍日派兵窥粤，意未可测。四省总代表似可缓派，待超到沪察情形，若有必要，再电请公推。公推时超固不敢辞责，但须与唐少川共事，并推参赞数人，其人亦待到沪后商定奉闻。冀公庚电询国会事，军务院第二号布告已认旧国会为合法，惟能否自由集会，乃事实问题，手续地点种种，皆费研究。想议员诸公，自有良谟也。超今日行以后，来电请由肇转达。启超。咸。印。"③

▲统率办事处电令熊希龄，应速电张学济取消"乾城独立"，并表示设立军政府，"未必出于蔡意"。说："院密。据汤将军元电，张学济、田鸿钧赴乾城独立，称奉蔡总司令之命，设立军政府等语。查现在停战期内，且正由田应诏与黔军协议双方退兵，张、田此举，绝无理由，亦未必出于蔡意。阁下关怀桑梓，应迅电张取消，希迅见示。处。咸。"④

---

① 曾业英编《蔡锷集》（二），第 1389—1390 页。
② 《军务院考实》第四编《各省文电》，第 6 页。
③ 《护国文献》上册，第 225 页。
④ 《熊希龄先生遗稿》第 2 册，第 1838 页。

16 日

▲蔡锷电告刘显世、戴戡、王文华，现在东路军事，并无株守停战规约义务，可取下开甲、乙二策。说："义密。循公元辰电悉。桂军入湘，电部（按：指王文华部）自应与之确取联络，相机策应。湘省独立，则形势更大变动，应取积极行动，以免失机。故日前致二庵电，示以湘既独立，在湘黔军不能拘守停战规约之意。现在东路军事，可取下开二策：（甲）敌如有机可乘，在我可操胜算，不妨借端开衅，痛予打击；（乙）仍维持现状，而令陈、周等所部之湘军与桂军联合，猛力进行。甲法虽有破约之嫌，但局势大变，自非原定规约所能拘束，况由停战而开战，双方本可自由，并无株守之义务也。除酌电陆督外，特复。锷。谏。"

又函告潘惠英，大局消息甚好，不久即罢兵息战，"此次事业，较之辛亥一役，觉得更有光彩"。说："蕙英青及。昨接来书，知合家清吉，甚慰远系。照片及衣物等现尚未到，大约更须十日方能到永也。予以喉病加剧，暂回永宁调养，前敌各事暂责成罗、殷、顾、赵诸人处理一切，现当停战期内，当无虞也。昨已寄家信一封，付宝庆，不揣能到否也。堂上以下，前数月内必甚担忧，现当释然矣。雷时若前由陈二庵派来商议一切，现委令率第一梯团驻扎叙府。修翰青（按：修承浩，字翰青）亦不日来此，大局消息甚好。袁世凯已打算退位，不久即罢兵息战矣。此次事业，较之辛亥一役，觉得更有光彩，而所历之危险亦大，事后思之，殊壮快也。顺问湉安。波手启。五月十六"。

同日，又函诉以思念之情说："惠英如见。顷由周、姜两君之专差发寄一书，当与此信先后递到。与君别久，相忆殊深。月来养疴来永，公务较简，而回溯远道之思，时潮涌于胸臆。假使能仗飞机，驶赴五华，图片时之良晤，予病当不药而瘳矣。月前有自湘来者，谓阖宅无恙，端生甚健适，屈指计之，将周两岁。时日不居，岁月如流，追怀旧事，殊不胜今昔之感。前函谓永宁貌与端生相若，近来如何？有无不同之点？永儿之眼光如何？能如端儿之眼奕奕有神否？端儿初生一二月间，因无良乳，颇觉羸弱，迨得麻奶妈后，始渐壮健。后又稍瘦瘠，然精神则甚旺也。今永儿则如何？较其兄好带否？老三自返滇后，似不甚舒适，近来何如？予除喉病外，一切如常，饭食尤健，精神充足，惟肝气稍旺耳。大局消息甚佳，不久即可平和解决，与君聚首之期，当不远也。即问近佳。夫白。五月十六日夜半一时。"

17 日

▲蔡锷电告唐继尧、刘显世、戴戡、韩凤楼、王文华，"蜀事日来进行颇速"，"拔赵易汉似亦不难"。说："义密。周公筱辰电悉。军队激战之余，伤亡过多，子弹不充，加以退却，其士气必等于零，维持统御，其事至难。好在停战期限尚余两旬，五峰、电轮趁此时期，以少数新锐部队扼守要道，而将各部队分头集中要地，切实整顿，谆切诰诫，改定编制，补充官弁，补给军实，输送伤亡，丰加给养，使其朝气油然而生。一面详侦敌情，以便因应。纳溪背进之役，其情况与今日之黔东等，而以旬日积极整顿之效，遂奏无前之大捷，望峰、轮两君勿以现况而自馁为要。蜀事日来进行颇速，二庵及其上、中级将领均已决心与我一致，张、李两师亦直接间接分别派人运动，拔赵易汉似亦不难。如能借蜀事而引动其他各省一致迫袁退位，则既不必用武力，以伤国家之元气，复不须借手于法律政治，致政客之嚣器聚讼，则尤幸也。锷。筱亥。"①

▲常德红十字会廖名缙电告熊希龄，已恳蔡锷等人勿掣肘洪江守备队回防，以维秩序。说："宣密。顷得洪江电，文曰：'忠洵奉命到洪，收集守备队，因该军为黔、桂军牵掣，不能自由集合，甚为焦灼。故恳电达蔡总司令锷、刘都督显世、戴司令戡转饬所部，勿得掣肘，俾其早日回防，分扎各县，以维秩序。大局幸甚。否则，恐糜烂地方。立候钧示。陶忠洵叩。盐。印。'合行转达。名缙。霰。"

又电告熊希龄，湘西古丈等地独立，推蔡锷为都督，蔡已复允。说："宣密。霰日得辰电，古丈、乾城于九日独立，凤凰、绥靖均于元日独立。闻电推蔡为都督，蔡已复允，伟、潜均率南军来乾。又省电寒日下午六时，长沙将军因郭有矿警二营携械入城，勒令解散，郭不从，遂与车军攻击，矿警溃败，郭逃去，现已全复秩序。是役毙车军排长一人，兵死二十七人，特闻。名缙。巧。"②

18 日

▲李根源电告唐继尧、蔡锷、罗佩金、殷承瓛、李曰垓、韩凤楼，军

---

① 以上二电二函见曾业英编《蔡锷集》（二），第 1391—1394 页。
② 以上二电见《熊希龄先生遗稿》第 2 册，第 1841、1842 页。

务院组织的由来与筹划出师等情况。说：

> 源寄迹南粤，经营数月，愧鲜补益。实蒙天幸，桂军踵起，粤旋继之。粤中派别纷歧，加以龙子诚积怨在民，独立之后，调停龃龉，煞费苦心。卒幸粤中将士，半多滇籍，龙督又属西林旧部，情义所迫，几经曲折，渐稍安定。两粤都司令所负责任，首在统筹兵力计，筹划出师，现定三路进发。利乘赣中北兵较虚，擬以主力，目的所在，直趋武汉，以与兄等首尾相应，共奠江淮。经商奠兄，商请协和担任，而益以林君虎、李君耀汉、莫君荣新各军。此外桂督陆公率众万余人出湘，业已起程，进迫前敌，再益以程君子楷一军由粤出助，冀合黔军底定三湘，会趋武汉。又出闽一路，则令莫君擎宇、方君韵松由潮进发，冀与浙中义师遥相策应。计划所定，大略如此。是刻正并力编练，限期出发。北方现状，袁氏已定牺牲个人保全私利之计，段、冯二公负国重望，吾辈固不宜妄分南北，自划畛域。惟例以往事，段公既处于辛亥袁氏地位，而冯公则将步复辛亥段公所为。果竟告成，得减兵祸，恢复民国，事固大佳，无如段、冯皆非袁敌。而袁尤非清室可比，内有梁士诒垄断财权，段芝贵新握京畿兵柄，外有□□横梗监视，段、冯所谋，实多滞阻，能否成功，确属疑问。万一段、冯迁就于袁之余孽，苟且了局，吾辈又迁就段、冯，苟且言和，合以两重迁就，大局岂尚堪问？

> 故吾辈即欲联络段、冯共襄国事，亦须速谋发展实力，至少须以先达扬子江流域为第一步，俾南方位置日益巩固，然后居间转移之，段、冯始有所恃以与袁氏周旋。所定进兵计划，即本此旨。任公并主张于南方发展实力之先，须有统一军事，并可对外取得战团承认之组织，遂提议军务院事。嗣经各都督同意，业于本月阳日发表。任公初意，力推西林任抚军长，西林以奠公首义功高，力主推戴奠公，几经谦让，议卒以定奠公为长，而以西林副之，兼摄行抚军长职权。此举于军事上、对外上收效颇巨。沪上同人初虑南方成立政府，影响或恶，迨知军务院并非政府性质，且为临时机关，不仅前疑顿释，且或于北方逆党反渐跳梁。段、冯计划，颇濒危殆，势非吾辈确有系统，万难应付。诚以大局如是，苟力持以武力解决，更不待言，即令果于和议，亦有壬子往事可例。况

此组织并远逊于南京政府，于与段、冯接洽，固毫无滞碍也。任公为外交及借款事，于昨日启行，经沪赴日本。浙江屈映光以无人望，业于本月鱼日自退，推任吕君公望，浙事从此大定，可向皖闽发展。海军全部，现已得有线索，立可成功。此间都司令部成立直辖军队，有四师一旅，第一师长莫擎宇，第二师长李耀汉，第三师长莫荣新，第四师长林虎，第一独立混成旅长程子楷。此间虽摄行抚军长职权，为军务院办事地点所在。惟关于各省统一事项，现除曾任外交专使唐、王、温三公外，他无可办，重要专责仍属两广都司令所属，都部组织大要及人员计，任公任都参谋，章君士钊任秘书长，温君宗尧任外交局长，杨君永泰任财政厅长，百里、子白任出师计划主任，而弟以菲才，亦滥竽于副都参谋之列。侠和业于文日抵肇，镕西于蒸日来肇高谈后，即于删日首途赴滇。此后通电较便，务恳兄等时以近状见示，俾成联络一气，或有能为兄等臂助之处，是为至要。顷阅报载二庵迫袁退位电文，不胜欣慰。惟蜀中确情，究系如何，成都曾否独立，切盼示复。锦帆、积之、小斋、晓岚、又新、戎生、守庄诸兄暨和卿、印波、咏三诸团长现在何处，近情如何，并盼示知。李根源。巧。印。

▲岑春煊、李烈钧电告唐继尧、刘显世、龙济光、吕公望、蔡锷、戴戡，"倪毓棻确即退兵，现已陆续开拔起程"。说："顷得永州林总司令俊廷、望镇守使云亭、贲团长克昭铣电称，前派赴衡州委员回报倪毓棻确即退兵，现已陆续开拔起程。惟闻有马军将来衡填扎，各界惊惶，俊廷等以袁贼素多诈谋，恐终难和平解决。故决趁此时机，得寸保寸，以免地方受害，复可应汤将军之援。现由克昭率吕、陆、邵三营，云亭派副司令吴栋枢率三营先行赴衡，相机扼扎，以安人心。俊廷俟贲、吴到衡后，再行接续进兵，以应事机，商由云亭仍驻永镇摄。吕、陆两营于筱日由白水进发等语。特行电闻，同候捷报。岑春煊、李烈钧叩。巧。印。"[1]

19 日

▲张敬尧"十万火急"电告北京国务院、统率办事处、参陆两部，南

① 以上二电见《军务院考实》第四编《各省文电》，第 70—73、78 页。

京冯国璋，徐州张勋，蚌埠倪嗣冲，重庆曹锟，雷飙部进占自流井，并请示办法。说："华密。据自流井张团长庆云巧电称，雷飙于本日派伍（按：指伍祥祯）侵占自井等语。如此违约进犯，殊不可解。司令自停战以来，一切惟我上将军之命是听，今雷飙乃擅背信约，逞兵渐进，得寸则尺，欲壑难填，无意言和，居心破坏。况自井系生盐之域，为川省财富之区，尤为采办粮秣之所，如为雷占，则四川国军粮饷俱不免有缺乏之虑。且距司令现驻之泸州近在咫尺，实逼处此，情何以堪。如此节节相犯，四面布置，必陷司令于孤守，坐以待毙，思之寒心。司令为尊重信义、服从命令起见，故不敢骤然进攻，今彼违约在前，当不能责我以无信。况司令为防御计，惟有督率所部各军克日进击，以期一决雌雄。但此事实于大局攸关，而宁垣又开会协议，以凭解决，似又不能鲁莽。是以禀请我上将军之命，以便率循。然自井关系至巨，万不能被雷占据，陷国军于危险。除电饬张团长竭力守御外，谨火急电禀，伏乞钧裁，赐示祇遵。司令张敬尧叩。皓。右加三火（按：指飙字）。"①

▲报载段祺瑞内阁会同在京国务各员联衔密电告知梁启超、蔡锷等人，表示愿"共襄大事"。说："闻十九日下午五时，段内阁会同在京国务各员联衔拍致梁启超、陆荣廷、蔡锷、伍廷芳、唐绍仪、吕公望、龙济光、岑春煊、唐继尧等密码要电，大概首系详叙时局危险，外交横恶，无论如何必须南北和衷共济种种之理由。次称中央对于要求之条件，事关重要者已取决于江宁会议诸公，所具之宗旨如果正确，为国家前途计，自可抛弃私心，共襄大事。鄙等不胜盼切之至。"②

## 20 日

▲蔡锷为促成陈宧宣布四川独立，连发五电于相关各方。

其一是"万急"电告唐继尧、刘显世、戴戡，"现拟饬晓岚率何支队先行赴叙，俾将二庵独立问题闹清后，再作区处"，并请嘱黄毓成部"分道由威来泸"。说："昆密。迭接成都急电，二庵迭电促袁退位，未得要领。川人迫陈独立甚急，二庵决于日内宣布。惟二庵所部北军，缓急既不可恃，

---

① 《护国运动》，第 573 页。
② 《南京会议之北京观察·内阁密电》，《申报》1916 年 5 月 24 日。

川军亦难期得力，为戢内拒外计，不得不借用滇师，请此间除时若之第一梯团外，再借两梯团。如一时难以抽拨，务先拨借一梯团。且一须真正滇军，二须刘晓岚统率，乞速开赴叙府，以便雷部移扎自井等语。当复以极端赞成，并即派晓岚率队赴叙。惟晓岚现驻赤水，所部杂有黔、蜀各军。如欲得纯粹之滇师，抽调匀拨，须稍缓时日，方能办到等语。二庵于宣布独立一事，本属游移，而以各方面种种胁迫，使之不得不发。时若率滇军入叙，尤足破其骑墙之术。惟彼要求多数滇军为之保障，不应不可，应之实力所不逮。现拟饬晓岚率何支队先行赴叙，俾将二庵独立问题闹清后，再作区处。斐部已开拔者若干，续发者何日启程，乞告。能分道由威来泸，给养与行军均较便，可否嘱斐照办？希复。锷叩。二十日。"

其二是电告刘云峰率何海清支队先行赴叙。说："义密。成都日内宣布独立，迭电求援。雷部一支队已移扎自井。该梯团长可率何支队先行赴叙，以壮声援，而符成约。总司令。二十日。"

其三是"火急"电告唐继尧、刘显世、赵又新、戴戡，拟调赵钟奇部来泸，"以顾目前之急"。说："昆密。二十日电计达。成都独立，迭电求援，现已飞饬刘云峰率何海清支队先发赴叙，以践凤约，而壮声援。惟正面军队仅余顾、赵两梯团，并杨汝盛营，附张、廖两义勇队。阵线绵亘几二百里，竟无一豫备队，万一逆军悉力反攻，危险殊甚。筹度再四，惟有仍如冀公原议，调赵部（按：指赵钟奇部）来泸，以顾目前之急。昨接循电，谓所部现有八营，足资战守，即将华团他调，想无碍也。何日启程，经由何道，希毓〔岳〕衡（按：赵钟奇，字岳衡）酌定电复。锷叩。号午。"

其四是电告殷承瓛，刘云峰"仍以率何团赴叙为宜"。说："义密。号电悉。二庵竟决心发动，不可不尽力玉成，以顾大局而符成约。我如口气松动，或不能以实力援应，彼仍骑墙，将若之何？正面兵力虽单，停战期内似可无虑。过半月后，毓〔岳〕衡所部全到矣。晓岚仍以率何团赴叙为宜。锷。号亥。"

其五是电告陈宧、刘一清，已飞饬刘云峰率何海清支队赴叙。说："成密。二兄决于日内发动，为之距跃。此间已飞饬晓岚率领最朴勇善战之何支队先行来叙，后续部队俟抽选就绪再行续派，以符尊旨而践成约。少垓、翰青何日启程来？希示。锷叩。号申。"

又电复刘显世、王文华，建议田应诏加入护国军后，由熊希龄出而主持湘西全局，田应绍即"以湘西总司令名义行使职权"。说："义密。周公皓电悉。电轮效电均悉。田君丹凤（按：田应诏，字丹凤，时任湘西镇守使）自行取消伪使名号，加入护国军，且以湘西机关林立，事权不一，易启纷争，日后难以收拾，欲敝处设法维持等因。足征田君关怀大局，虑远思深。际兹玄黄血战、蜩螗沸羹之候，最好能有资望而具实力者出而主持镇慑，使定于一，以免大小伟人及市井无赖啸聚滋扰，为害闾阎。熊秉三先生资格、学识冠冕全湘，似宜拥戴使出，以资统筹，而便号召。至田君既将镇守使名号取消，即以湘西总司令名义行使职权可耳。如何？仍请周公酌定。北军范师长（按：指范国璋）希图西犯箪、乾各节，当即电诘前途，俟得复再闻。锷叩。二十日申。"

又电请岑春煊、梁启超、龙济光、陆荣廷、李烈钧、陈炳焜、唐继尧、刘显世，由军务院补行列入戴戡为抚军。说："护密。号日奉军务院条例，比即电复赞成，并推举唐都督继尧为抚军长，岑西林先生为副长，梁新会先生为政务委员长等因，想经达览。查现任滇、黔联合军黔军总司令戴戡，其所辖部队在松坎、綦江一带作战者八营，在湘西辰沅一带作战者黔军十三营，湘、黔联合军五营，义勇军尚不在此内，计其所辖兵力实超过两师以上，与《军务院组织条例》第三条抚军之资格相当。又查戴戡历任黔省民政长、参政院参政，去冬偕锷间关南来，滇、黔举义，厥功甚伟。继复督师入川，一面分兵规湘，所向克捷，置之抚军之列，了无愧色。应请由院补行列入，并通电宣告为幸。蔡锷叩。号。"

又函告潘惠英，"已促成都独立，颇有把握"，"袁倒必矣"，并述"戎马倥偬中苦忆"其母子之情。说："昨接来书，慰我良多，借谂玉体清吉，永儿已能嬉笑，甚盛，甚盛。所雇乳母，务择身体强健无病、性质和厚者为宜，且乳之稀浓，亦须合度乃可。自前月大捷后，敌我两军战线上颇形寂寞。因我军不进攻，则彼必不敢来攻耳。近则两军约停战月余，以函电与北京及成都商办一切，然迄无结果。现已促成都独立，颇有把握。成都独立后，则我军声势更浩大，袁倒必矣。举战以来，一切顺利，皆出意想之外，可以卜天心矣。戎马倥偬中苦忆汝母子，望摄一相片寄来为幸。龚嘉福可令携切要各行李来永，余不多及，此询近安。锷言。五月二十号于大洲驿。"①

① 以上七电一函见曾业英编《蔡锷集》（二），第1394—1398页。

21 日

▲岑春煊电请唐继尧抚军长及独立各省都督与蔡锷总司令电复是否赞成委任范源濂、谷钟秀为军务院驻沪委员。说："军务院成立，僻处一隅，与长江一带声气隔绝。现在政治活动盛于南东浙省，与独立各省文电不通，尤宜急取联络，沪上同人屡以本院须派驻沪委员为请，是诚要义，未可缓图。兹拟用本院名义委任范君源濂、谷君钟秀为驻沪委员，两君学优才卓，物望甚高，必能胜任愉快，想诸公无不赞成也。仁盼赐复。岑春煊叩。马。印。"①

▲15 日，黄兴电请唐继尧并转刘显世、蔡锷、李烈钧、戴戡、刘存厚等人，"贯彻主旨"，"速除"袁氏"元恶"。说："袁逆谋叛，公等首扬义旗，为国讨贼，兵威所至，群凶震慑，义声传播，迩迩风从，国犹有人，友邦钦重，神州再造，端在于兹。惟袁尚负固，养虎堪忧，全赖毅力坚持，贯澈主旨，速除元恶，早奠国基，使事机不致再误。兴羁迟海外，愧悚时深，顷由美抵日，自尽匹夫之责，相助于万一。特达愚衷，统希谅鉴。再，前承唐抚军长赐两函，敬悉。兴前后致电函各二，想均达览。黄兴。"②

21 日，岑春煊、李烈钧转告黄兴此日致唐继尧及独立各省都督与蔡锷等人电，但内容详略和强调重点有所不同。岑、李转电说："黄君克强由美抵日，顷自东京来电，文曰：军务院抚军长、副长、各抚军、前敌各总司令公鉴。袁逆谋叛，诸公声罪致讨，根据《约法》，解决国纷，树义公明，中外感动。袁怙恶不悛，贪恋总统，廉耻丧绝，全恃诸公坚持初旨，协力进行，速去元凶，早定大局。兴羁迟海外，忧悚时深，愧无力能为诸公助。今由美抵日，冀于祖国消息闻见较真，得殁世为幸，民即拜赐于无既，或于我护国义军有能补助万一者，誓必竭力图之。谨布腹心，即希谅鉴。黄兴。删。等语。特达。岑春煊、李烈钧。个。印。"③

同日，岑、李又拟代蔡锷等人电复黄兴说："云南唐抚军长、贵阳刘都督、广西行营陆都督、南宁陈护督、广州龙都督、杭州吕都督、四川行营蔡军总司令鉴。黄君克强删电计达。黄君为共和首义之人，远道归来，义当欢待。且曾致电军务院，表示诚意。煊、钧拟以军务院全体名义复电劳

① 《军务院考实》第四编《各省文电》，第 12—13 页。
② 上海《中华新报》1916 年 5 月 23 日。
③ 《军务院考实》第四编《各省文电》，第 26 页。

之，并即拍发，伏为谅察。文曰：黄克强先生鉴。奉删电，知我公抵日，欢跃逾恒。尧等碌碌庸才，勉起讨贼，正忧绠短，适逢公归，愿承不遗，俯赐教言。首倡共和，富有方略，各国情势，考查复殷，将来内政、外交，诸赖指导。大局所系，惟公图之。唐继尧、岑春煊、梁启超、刘显世、陆荣廷、龙济光、吕公望、蔡锷、李烈钧、陈炳焜。哿。等语。特闻。春煊、烈钧。马。印。"①

▲蔡锷"急"电罗佩金、雷飙、赵又新、顾品珍、刘云峰，对于袁军"仍应严加防御，毋稍松懈"。说："义密。（一）袁逆屡言，决非诚意，于川、湘各方面，近来均增加军队。（二）二庵决心发布，迭电求援，自应勉如所请，俾免游移，致误事机。陈意欲雷、刘所部归其直辖，当复以暂允照办。如我军与袁军开战，仍须归还本军，总以先其所急为标准。希雷、刘抱定此旨行之为要。（三）赵钟奇所部，已饬于两星期内，由贵阳、松坎开拔，赶赴永宁。黄毓成所部约三千人，计于三星期后陆续到叙。（四）张、李两师似均无战意，但我军仍应严加防御，毋稍松懈。总司令。廿一酉。"

又电告戴戡，调赵钟奇部是无奈之举，并请华封歌勿听信归黄毓成统带的传言。说："廿酉电悉。华团（按：指华封歌部）出江津、合江，本属甚宜，但因亟亟于造成川省之独立，打破二庵之骑墙，不得不硬撑架子，派兵应援。兵经派出，欲其复归原队，以应缓急，实大不易。则正面只剩两梯团，逆军则有两师，近闻鲁兵新到泸者有三千之多，故除调赵部（按：指赵钟奇部）来援外，实无善法。若仅调赵部之李团（按：指李植生团），而以华团出江津，不独有分割建制之害，且独立作战，祝［咏］三（按：华封歌，字咏三）尚无此经验。虽可益以熊部（按：指熊其勋部）若干，但克丞（按：熊其勋，字克丞）万难亲往，则其间统御指挥之困难，可以揣想而得，固不如全部调永之为得也。赵部归黄（按：据黄毓成）带之说殊无根，请告华部毋庸置信。"②

▲李长泰电告北京国务院、统率办事处、参陆两部，唐继尧、蔡锷"得寸望尺"，"纵使元首即日退位"，彼也"决不能休甲息兵，引贤自退"。

---

① 《军政府欢迎黄克强电》，《护国军纪事》第 5 期，1916 年 12 月。
② 以上二电见曾业英编《蔡锷集》（二），第 1399—1400 页。

说："华密。钧处皓电敬悉。唐、蔡诸人得寸望尺，悍逞偏私，宁使国家灭亡，不肯从权和解。观其举动，甘心扰乱，欲壑无涯，纵使元首即日退位，彼决不能休甲息兵，引贤自退，而争权夺利，乱事更无了期。先礼后兵，古人所尚，大元帅退让已达极点，宁有再商余地！当此让无可让，忍无可忍，惟有仍诉之武力，尚较筑室道谋直截了当。职在前方，刻刻整军待命，无稍疏虞。至前方情形，除到处借土匪扰乱，以冀减我兵力外，而滇、黔本军兵力本不甚厚，且子弹缺乏，粮饷不足，剿除尚不甚难。惟彼于地势稍熟，气候习惯，以主待客，以逸待劳，为稍占优点耳。近据侦探报称，赤水方面曾悬旗贺新总统等语。据此已知彼无和意，所以逐节要求，愈逼愈紧。叙府竟让滇军驻守，李旅之在綦江者，亦调赴川北，诚不知陈将军是何居心。且近来顺庆、潼川有失陷之耗，邻水、大竹有兵匪勾结之事，敌军逼处于前，股匪扰乱于后，职师处此，惟有竭力联合在川北军，协同一致，整队待命。至如何进行之处，随时商承总司令，谨慎从事。知关廑注，用特复闻。师长李长泰叩。个。印。"①

▲报载蔡锷自大洲驿电告唐继尧，"略云陈二庵电，接京电段芝贵去奉，张作霖代；许世英去闽，李厚基代。广东都督系岑春煊，龙济光充军长。段芝老总理内阁兼长陆军。王揖唐内务，孙宝琦财政，曹汝霖交通，张国淦教育，章宗祥司法，刘冠雄海军，陆征祥外交，金邦平农商。所可怪者，闽、奉及内阁事，均系本人通电，并无明令。以弟判断，袁已乘机而去，俟得确报再达等语。合转闻。锷叩云。按以上诸事，我国人固早已知之，不过陈二庵竟能以此事电蔡总司令，其去袁归滇之心，自已早决矣"。②

又载唐继尧、蔡锷等16人通电袁政府及未独立各省，表示袁氏无退位诚意，"各项条件均应缓议"。说："南军新政府成立后，中央政局业受种种影响，中央对付之策虽有一纸之驳斥，恐难发生效力。十六日，项城特交国务院要片一件，其中开列者共计四事：一、南军新政府既已成立，此后关于和议前途应取如何之方针；一、政治方面所受之影响，宜作如何之维持；一、对外之邦交，应取如何之态度；一、国会召集，牵受影响之处，应作如何之办法。饬令从速讨论相当方法。并闻南军政府首领唐继尧、岑

---

① 《护国运动资料选编》下册，第451页。
② 《云南快信》，《申报》1916年5月21日。

春煊、梁启超、蔡锷等十六人，昨又电袁政府及各省将军、巡按使，略谓袁某不退总统职位，断无停战展期之可言。况袁氏组织官僚内阁，曾一再电促解散，而迄今仍未实施，足证袁氏无和议之诚心。刻已决定南北和议之成否，视袁氏之退位为唯一宗旨前提，各项条件均应缓议等语。"①

▲19 日，邓汉祥、刘一清将陈宦 "准备独立之情形，密电蔡锷"。②

21 日，蔡锷电请罗佩金、雷飙、刘云峰两梯团长，并分由泸州、叙府速转成都陈宦暨范熙绩、刘一清、邓汉祥、杨穆生，速示四川独立重要文告，"以便迅达各省开会庆祝"，并表示雷飙、刘云峰所部可归陈宦 "指挥调遣"，但须 "双方并顾，两受其利"。说："成密。杏巧电及杏、蓂、穆皓电敬悉。宣布手续已准备完成，二三日内即发动，曷胜额手。关于重要文告，乞速电示，以便迅达各省开会庆祝。晓岚所部何支队，计须一星期内可到叙。据罗总司令电称，昭通方面刘、段两营，十日内可抵叙。雷、刘两梯团拨归二兄指挥调遣，自无不可，但总以先其所急为标准。万一曹、张、李等顽梗不化，不肯就范，自不能不与以惩创，此时所有滇军自应竭全力以赴之。现当宣布独立，玄黄乍变、人心不靖之时，雷、刘两军即请由二兄指挥调遣。如有移动，并乞随时电示，以便规划前敌作战。似此则可双方并顾，两受其利。至为办理蜀省善后计，二兄欲留用滇军若干，俟局势稍定，再行妥议可耳。鄙见如斯，高明谓然否？锷叩。马申。"③

报载 "北京电。四川省二十一日由陈宦、蔡锷两将军连名最后迫袁总统退位后，于二十二日午前十时正式宣言独立"。④

22 日，陈宦 "特急" 电告 "北京国务院、统率办事处、各部局，各省将军、巡按使并转各镇守使，徐州巡阅使，上海护军使，承德、归化、张家口都统，西宁办事长官，永宁行营蔡总司令并转滇、黔、桂、粤、浙都督"。说："宦以庸愚，治军巴蜀，痛念今日国事，非内部速弭兵争，则外人必坐收渔人之利，亡国痛史，思之寒心。川省当滇、黔兵战之冲，人民所受痛苦极巨，疮痍满目，村落为墟，忧时之彦，爱国之英，皆希望项城早日退位，庶大局可得和平解决。宦既念时局之艰难，义悚于人民之呼吁，

① 《北京内阁与南方政府·议案与通电》，《申报》1916 年 5 月 21 日。
② 邓汉祥：《袁世凯派陈宦图川经过》，《四川军阀史料》第 1 辑，第 55 页。
③ 曾业英编《蔡锷集》（二），第 1398—1399 页。
④ 日本人组织：《东方通信社电》，《申报》1916 年 5 月 27 日。

因于江日径电项城，恳其退位，为第一次之忠告。原冀其鉴此忱悃，回易视听，当机立断，解此纠纷。乃复电传来，则以妥筹善后之言，为因循延宕之地。窃窃不自量，复于文日为第二次之忠告，谓退位为一事，善后为一事，二者不可并为一谈，请即日宣告退位，示天下以大信。嗣得复电，则谓已交冯华甫在南京会议时提议。是项城所谓退位云者，决非出于诚意，或为左右群小所挟持。窃为川民请命，项城虚与委蛇，是项城先自绝于川，窃不能不代表川人与项城告绝。自今日始，四川省与袁氏个人断绝关系，袁氏在任一日，其以政府名义处分川事者，川省皆视为无效。至于地方秩序，窃有守土之责，谨当为国家尽力维持。俟新任大总统选出，即奉土地以听命，并即解兵柄以归田。此则区区素志，于私于公，以求无负者也。皇天后土，实闻此言，谨露布以闻。中华民国五年五月二十二日。四川都督陈宧叩。"①

**按**：据说陈宧以上江（5月3日）、文（5月12日）、"五月二十二日"三通"请袁退位"电文，皆为四川骆成骧代拟。②

24日，蔡锷又连发三电。一是请唐继尧、刘显世、戴戡"代为转发"陈宧21日致北京段祺瑞电，表明陈"不得不随时势为转移，与中央宣告断绝"。说："顷接成都来电，文曰：叙府局速送永宁行营蔡总司令祈转北京段国务卿钧鉴。川中近日情形，尤踞险恶，始则隆昌、大竹、安岳、荣昌等县相继独立，现在钟旅体道又在川北独立，声势渐大，并分扰潼川邻近各县。且股匪蜂起，竖旗响应，人以护国为名，到处滋扰，几于不可爬梳。川人一般心理，皆倾向民军一面，旬月〔日〕以来，窃始终持以镇静，竭力维持，并以元首爱国苦心暨大局可期和平解决情形，晓音瘏口，为川人多方解说；一面又出示严禁独立，以免分裂。乃潮流所荡，愈激愈高，窃知大势已去，万不得已始有两次劝退之请，竟不获命。川、黔遂多方责难，谓主座以空言欺窃，窃又以空言欺川，窃身几为众矢之的。使窃结怨于川，果有益于国，有益于主座，则窃亦愿为之，今则情见势绌矣。窃忝任疆圻，

① 《护国运动资料选编》下册，第611—612页。
② 黄梅：《清末民初骆成骧的士大夫风范》，舒大刚主编《巴蜀文献》第6辑，四川大学出版社，2021，第180页。作者的依据是骆成骧撰，官长驰、官国雄注《骆状元诗文注》，中国文联出版社，2004，第451页。

地方治安，实负完全责任，际此山穷水尽之时，另谋最后支持之策，不得不随时势为转移，与中央宣告断绝。窃与主座相从日久，曷敢稍涉疑贰，惟事势既已至此，与其坚持成见，致地方骚动，国家元气受一部分摧残，恐与主座平日救国爱民之素志，已不免大相刺谬，此尤窃所旁皇，夙夜引为深惧者也。区区苦衷，可质天日。除议和大计，仍请随时指示外，谨先电达，惟希垂鉴。陈宦叩。马。印。等语。泸州日来电已不通，望冀公代为转发，并由循公设法径由綦江转发为祷。锷叩。敬。印。"

二是通电独立各省。说："成都于二十二日宣布独立，秩序如常，希致电陈二庵都督祝贺为幸。蔡锷叩。敬。印。"

三是请陈宦、刘一清暨范熙绩、邓汉祥、杨穆生详示独立后的"应行方略"。说："成密。二兄致京两养电，已电由滇、黔分途递寄矣。蜀省独立，竟观厥成。二公之苦心毅力，深堪佩仰。诸兄翊赞之功，足垂不朽。回忆兹事，几如婴儿久孕，临产无期，便便硕腹，群方疑为胎变，今竟诞生麟儿，母子俱吉，实民国无疆之麻。如袁氏因川事发动，翻然彻悟，克践前言，退职去国，则二兄一举手投足之劳，胜于雄师百万矣。惟尚有欲奉商者，川既独立，则泸、渝各要地断不容有袁军横虱其间，自应设法处置，或令去逆效顺，与我取一致之行动，或照滇、桂对付龙军之法，勒令缴械，资遣回籍。二者不行，亦唯有加以惩创后，再行相机区处。现在冯、伍、李（按：指冯玉祥、伍祥祯、李炳之）三旅能否用以击曹？川军各部队能用以对袁军作战者共若干？滇、黔之师如对泸、渝作战，尊处能派若干部队助战？或只能派兵威胁，遥作声援？现在川军及冯、伍、李各旅心理若何？尚能用命否？曹、张、李（按：指曹锟、张敬尧、李长泰）态度若何？其所部内容若何？张馥卿（按：张联芬，字馥卿，时任陈宦参谋长）运动之成绩如何？均希详细见示，以便筹划一切，并乞指示此后应行方略，俾有遵循。锷叩。敬戌。"[1]

同日，袁世凯则令饬陈宦"开缺来京"，"勿稍延缓"。说：

据四川将军陈宦通电内称，江日电恳大总统退位，乃复以妥筹善后为因循延宕之地。文日电请即日宣告退位，又以交南京会议时提议，

---

[1]　以上三电见曾业英编《蔡锷集》（二），第1403—1405页。

是退位非出于诚意，因与大总统个人断绝关系各等语。本大总统之职任，由于全国五族国民选举而来，其应行离职各节，约法定有专条，固非一部分军人所当要求。倘此端一开，则继任大总统者，无论何人何时，均得借词纠合数省军人，举兵反抗，要求退位，恐变乱无已，势必酿成墨西哥积年争夺之惨祸。凡稍有人心、粗知爱国者，当不忍致此。所称与个人断绝关系，予现居大总统地位，不能将予及大总统分而为二，亦犹之陈宧未经开缺以前，亦不能将陈宧及将军分而为二也。予现仍居大总统职位，照约法代表中华民国，与予之个人断绝关系，即与国家断绝关系，此非巧弄文词所能掩其事实、蔑其法理。惟本大总统之萌退志，早在陈宧等尚未要求之前，迭与政要诸人密筹善后办法，佥谓对内对外关系极重，稍有不慎，危亡随之。初六日接陈宧江电，当复以实获我心，但此间情形，必须布置善后，望速向政府密商办法，切盼。嗣见陈宧初六日通电内称，拟俟征求各省意见，推由冯上将军折衷办法各等语，续据十二日陈宧来电，转述蔡锷电文，并请早日宣告。适冯国璋等在南京约同各省代表讨论大计，陈宧曾请推由冯国璋折衷办法，自应并交提议。乃复陈宧江电，令其速向政府密商办法，切盼。而陈宧并不从速商办，反谓为因循延宕之地。陈宧自请折衷于冯国璋，而又谓退位非出于诚意，矛盾其词，随意变幻，遂借口断绝关系，殊不可解。惟予德薄能鲜，又日感困苦，极盼遂我初服之愿，决无贪恋权位之心。但各路征军，数逾十万，而沿江中外商侨，麇集杂处，在在均须防护，尚有多数省份，意见参差，各持极端主张，险象四伏，原因复杂，若不妥筹善后，不顾而行，必致破坏分裂，恐扰乱倍蓰于今日。予徒博高蹈之名，使国家受无穷之祸，固非我救国之本愿，尤自觉无以对我国民。故视善后布置为国家存亡之关键，不得不切实筹商，一有妥善办法，予即远引休息，得卸艰巨，讵非平生之大幸。十五日，南京各省代表讨论大计，曾于是日电饬冯国璋等切实讨论，随时与政府会商，妥筹办法，各负责任，使国家得以安全，不致立见倾覆，迄今尚未接复。总之，一人之荣辱甚微，国家之利害极重，本大总统素以救国为前提，在位一日之责任，断不敢逞一时之意气，徇一己之名誉，致国家受绝大之危险，事后自有公论，亦不顾毁誉于一时，而恬退之志本诸素怀，断无丝毫贪恋之心。陈宧远在成都，情形隔膜，不知布置善后关系极重，殊为痛惜。已有令饬陈宦开缺来京，筹商善后，着即迅速起程，勿稍延缓。此令。①

30 日，岑春煊"急"电蔡锷，祝贺成都独立。说："敬电喜悉。成都独立，距跃三百。全局转移，紧兹一举。非公智勇沉深，心力精果，曷克臻此。煊与国民永拜公赐。蜀边佳耗传至，想公更愉快也。除肃电驰贺陈督外，谨并率部西向，叩祝我公万岁，春煊。卅。印。"②

至于蔡锷策动的四川独立对时局的影响，当时英文《京报》有以下两篇评述。一是 5 月 26 日载文说："革命伟人蔡锷在四川大省之事业将告成矣。蔡首举义旗，为民先导，诚新中国之模范也。新中国将如红日之上升，而官僚派之狂妄庸恶即烟消云散矣。蔡将才无两，已为南方之中国良政府主义战获一势力泉源，而使共和地位稳处于国内雄大之境矣，目的之达殆不远矣。蔡锷与产生中国自由之梁起[启]超，为国家尊严起见，为历史上大喜剧起见，曾劝袁氏立时退位，稍留已坠之令闻，勿再作他谋，致生无及之后悔。记者希望袁氏在今日尚能略保颜面而去，使袁氏不贪尊荣之宣言，见诸关于四川独立之申令者，果发于至诚，本诸事实，则袁氏何为不出离都门，不作爱惜国家之元首，而为智穷力尽、一败涂地之人物乎。夫袁氏所握之大权，乃国民授与之委托物，非袁氏个人之私有物也。换言之，即袁氏当以国民之公仆资格，不当以国民之主人资格而施用之者也。袁氏若果交出此权，则袁氏或可不致重为当今与后世之青史所痛恶矣。袁氏其以政治家之状态，勿以寻常攘据者之状态，而终□[结]其为民元首之事业。袁氏其勿再作救国本愿、恬退素怀，及善后布置国家大计，与夫以救国为前提种种之空言。袁氏其速速当机立断，毋再犹豫，速以受诸国民之委托物，交付依据国家约法应为元首之黎元洪。"③

二是次日又载文说：

北京所筹划之战略，今因四川独立悉成画饼。帝制报前所侈谈之直捣昆明，犁庭扫穴一举已成幻梦。而北军将帅如曹锟等以荡平滇黔

① 《大总统令》，天津《大公报》1916 年 5 月 27 日。
② 《岑春煊集》（五），第 564 页。
③ 《四川独立后之中国大势》，《申报》1916 年 5 月 29 日。

自许者，今则楚歌四面，身处南军重围之中矣。为曹军计果欲脱险求全，则当立弃南蜀，退守岳州宜昌之线，暂作武汉之屏障，以保北方门户，俟江西态度明了后再定行止，此蜀中北军出险之策也。南军攻守之地位，视蜀省向背为转移，蜀省一日效忠中央，则滇军必驻□[于]北界以固边防，遂一日不能用兵于扬子下游。今蜀省景从，南军攻守地位因之一变，而南方土地亦成一坚整之大炮台矣。然犹不仅此也，诚展地图观之，蜀省独立后也，秦、黔、桂、粤四省适成平分中国之界线，北至长城，南至南海，至是中国土地之脱离中央关系者盖居半矣。虽此线以西，尚有甘肃、青海、新疆等尚未正式宣告独立，然以大势观其加入南军之期必不在远，彼甘、新两省不已确有跃跃思动之气象乎。受蜀省独立之影响最大者厥惟曹锟，曹不知牺牲多少战士始得达扬子上游，今蜀军附义，曹之前劳悉如泡影，且尤有甚者，则为曹军交通线今将堵断是已。滇军临其前，黔军蹑其左，蜀军伺其右，曹处此困境，亦惟有迅速拔队开赴长沙下游而已，试问曹将死守重庆乎？曹素乏军略，就此推测之，曹之行此险计也亦意中事。若陕西迄未独立，则固守重庆之策亦未尝不可行，但陕西今已与蜀省携手矣，秦军刻正力图联合晋省，似无分兵南下之举动，惟于必要时当可徇蔡锷之请求，派军南来以断曹军退至夔县之路，试问曹锟将坐待受擒耶，此记者所以谓退往宜昌乃曹军求全之唯一策也。记者试就扬子战地之情形察之，以论两军之地位，当议定停战时滇军退至泸州、江安、南溪（皆蜀境），滇、黔军占据綦江以南，彭水、黔江以东之阵线（皆蜀境），蜀军防守叙府、自流井、隆昌、成都之阵线，而曹锟部下之北军则集于一小矩形线内，分防泸州、綦江、重庆、荣昌，李长泰之军队大约屯集綦江以东南川境内，张敬尧部下残兵究在何处无从确知，当已与曹军相混合矣，此停战开始时之情形也。但过去六七星期中变更颇多，闻前重庆镇守使周骏常带兵出入于李军与曹军之间，已与滇、黔军秘密接洽，不日袭攻曹、李两军，此说确否，尚未证实，维时陈宧于二十二日宣告独立之前，秣马厉兵，预为布置，以叙府至自流井之地交与蔡锷，召回其部下军队以厚成都兵力，而防重庆北军之来攻。曹锟睹陈宧之举动，焦灼已极，而已撤回驻守泸州之兵。果尔则合江至隆昌之线，刻由滇军据守，而荣昌至成都之线，则由蜀军防卫。换言之，今蜀省北军所据有者，不过长江□过之川东境而已。[①]

22 日

▲蔡锷"至急"电刘显世，请转告戴戡，已请军务院补列其为抚军，并"加电军务院速行照办"。说："义密。马亥电悉。抚军列［烈］某（按：指李烈钧）遗循，本属不合。昨接院江电，当于马电援引院章并撮叙循若事迹，通电各省，请由院补列为抚军，并宣告之。此电当已达览，望即据以告循，并加电军务院速行照办为幸。至于改为第几军之说，殊可不必效蒉耕［赓］之颦也。锷叩。养未。"[②]

▲法国驻滇交涉委员转告广东电所言蔡锷"被害"事。说："该处近有一种谣言，谓蔡总司令已被害。李烈钧率军队六千人已到广东，现拟前往省城，龙济光反对甚力，恐有冲突。张鸣岐已于本晨逃往香港。广州、肇庆间一切现象均不甚佳。再广东金融甚为紧迫，本省内地仍为各处民党所占据。（附法文一纸）另纸批：此电系法委员今晨面交，并请将蔡总司令事问明速复，以便电复广东。奉署长面谕：蔡总司令事系属不确。已答复法委。"[③]

23 日

▲蔡锷电请两广行营、军务院，广东、南宁、云南、贵州各都督，补列罗佩金为抚军。说："护密。查本军左翼军总司令罗佩金，前任云南民政长，于辛亥光复之役及此次滇省倡义，为力甚伟。前以本军总参谋随军入川，纳溪之役身临前敌指挥，血战弥月，屡濒于危。继调任今职，与川中军队玉帛往还，悉合机宜，竟诱令独立，其功尤伟。核计其所部军队，现有滇军两梯团，川军之熊、郑所部两梯团以上，加以新到援军黄司令毓成所部八营，总计达两师以上。依据《军务院组织条例》第三条所称抚军资格相符，应请钧院将罗佩金照章补列抚军，并宣布之，毋任盼祷，并乞示复。蔡锷叩。梗。"

又"急"电告唐继尧、刘显世、戴戡、王文华，"粤、桂各军分道入

---

① 《四川独立后之军事价值》，《申报》1916 年 5 月 30 日。
② 曾业英编《蔡锷集》（二），第 1400—1401 页。
③ 《护国运动档案资料摘抄》，第 92 页。

湘、赣"，实为此时"要着"，而王文华部"所最宜置力者"是"整顿与补
充"。说："义密。循公养酉电悉。据前敌报告，逆军于前线有增兵模样。
我第一梯团由叙府进扎自井，张敬尧曾径电雷梯团长诘问，谓其背约进兵，
甘为祸首。除电陈将军劝阻外，乞勿再进，致启冲突等语。蜀事发布后，
在川逆军诸领袖必电袁请示。度袁亦必无明白之训示见答，则曹必告奋勇，
张、李游移。我军此时亦只有待援军到后，再作积极之行动也。粤、桂各
军分道入湘、赣，实为目前要着。前接干卿及任公各电，规湘入赣之师已
分道并进。顷接二庵电，衡州倪毓芬之军已奉令撤退，定巧日开拔等语。
证以电轮迭电，周文炳所部亦有撤退消息。似此则湘省军情大松，决不至
进扰黔西也明甚。电轮所部将来应向何路进行，应俟情况大明，方能抉择。
此时所最宜置力者则整顿与补充是也，望电轮注意为要。锷叩。廿
三酉。"①

▲陆荣廷电告岑春煊、龙济光、唐继尧、刘显世、蔡锷、戴戡等人，
"日内即督师进湘"。说："廷漾午抵桂，日内即督师进湘。据前敌报告，
我军已进占衡州、武冈。俟廷到湘，情形如何，再行电闻。陆荣廷。
漾。印。"②

▲报载袁世凯电告冯国璋、张勋、倪嗣冲等人，表示愿早退让。说：
"南京冯上将军、徐州张上将军、蚌埠倪将军。华密。予自隐田园，无心问
世，不幸辛亥变作，强与诸君子出任国事，不避艰险，而心长识短，丛脞
横生。自滇事发难，远近骚动，既无洞察之明，又乏应变之策，夙夜惭作，
早存退志。迭与政要诸人，密筹善后办法，佥谓对内对外，关系极重，稍
有不慎，危亡随之。近日唐继尧、刘显世、陆荣廷、龙济光等以退位为要
求，陈宦亦相劝以休息，均之实获我心。予德薄能鲜，自感困苦，亟盼遂
我初服之愿，决无贪恋权位之意。然苟不妥筹善后，而撒手即去，听国危
亡，固非我救国之本愿，尤觉无以对国民。目下最要在研考善后之道，一
有妥善办法，立可解决。该上将军等现约同各省代表，就近齐集讨论大计，
无任忻慰。时局危迫，内外险恶，相逼而来，望将善后办法切实研求，速
定方针，随时与政府会商，安定各员责任，使国家得以安全，不致立见倾

① 以上二电见曾业英编《蔡锷集》（二），第 1401—1402 页。
② 《军务院考实》第四编《各省文电》，第 75—76 页。

覆，幸盼曷极。大总统。"①

24 日

▲蔡锷"急"电请唐继尧切实设法解决滇、粤之间通电迟滞问题，以免误事。说："义密。祃电悉。岑、梁等寒电，错码太多，仅能揣度其大意为：非袁退职去国，不能和平解决。若系此义，当然赞成。滇、粤通电迟滞，究系何故？且错码太多，亦甚误事。请冀公对于此事切实设法补救为盼。否则，一电往返，动需两旬以上，且译不成文，一切从何说起？锷。敬。"

又电请殷承瓛据实电军务院照章补列罗佩金为抚军，以取得贯彻我等主张的发言权。说："义密。军务院组织条例电文计抄达。其第三条军务院置抚军无定员，以抚军之议决或同意行其职权。抚军以各省都督或护理都督、两省以上联合军都司令、都参谋，及各独立省确已成军有二师以上之军总司令任之等因。吾人为取得发言权，贯彻其主张计，似宜于抚军席中多列数人为当。榕轩所部，合雷、熊、郑各部约计一师，若加刘梯团暨黄部八营，则有两师，与第三条抚军资格相当。希与筱斋、凤阶、晓岚（按：顾品珍，字筱斋；赵又新，字凤阶；刘云峰，字晓岚）酌商，联电蒉耕［赓］，将黄部隶入榕部，庶公私两益。冀如允行，即请其据电军务院，照章补列榕轩为抚军，并宣布之为要。锷。廿四申。"

25 日，又电复唐继尧，推举罗佩金、黄毓成为抚军，实在是"惬心贵当"。说："护密。漾电敬悉。我公推举榕、斐（按：指罗佩金、黄毓成）两君补列抚军，洵属惬心贵当。此间亦适于漾日电院，请将榕轩照章补列。准据院章，证以事实，似无见驳之理由。公梗电未将所部军队若干叙明，似恐前途无凭核定也。锷叩。有。"②

6 月 3 日，岑春煊电告独立各省都督、蔡锷等人，戴戡、罗佩金已"取得抚军资格"。说："唐抚军长漾电、蔡抚军号致两电，声叙戴总司令戡所辖部队在松坎、綦江一带作战者八营，在湘西辰、沅一带作战者十三营，湘黔联合军五营，义勇军尚不在内，计其兵力实超两师以上；罗总司

---

① 《南京会议与退位关系·中央要电》，《申报》1916 年 5 月 23 日。

② 以上三电见曾业英编《蔡锷集》（二），第 1402—1403、1407 页。

令佩金所部军队现有滇军两梯团，川军之熊克武所部两梯团以上，加以新到援军八营，总计达两师以上，均与《军务院组织条例》第三条所称抚军资格相当等语。刘、陆、龙、陈各抚军均来电赞同，春煊、烈钧在此亦深同意。查本院组织条例第三条抚军以各省都督或护理都督两省以上联合军都司令、都参谋及各独立省确已或军有二师以上之军总司令任之同条，凡取得前项资格者同时取得抚军资格。兹戴、罗两总司令所部军队既在二师以上，自应遵依条例，推为军务院抚军。特电通布。军务院。江午。印。"

9日，又电告独立各省都督、蔡锷等人，湖南都督汤芗铭"正式加入抚军"。说："前由军务院查照组织条例，电推湖南汤都督为抚军。兹准汤都督鱼电开，卅一电敬悉。护国既矢同心，自应力谋团结，军院建设，极佩宏筹。抚军一职，本系法定，何敢弗承，谨即遵照明示，正式加入，以符规例。惟自惭绠短，弥凛仔肩，敬祈时赐良言，俾资率守。汤芗铭叩。等因。特闻。岑春煊叩。青。印。"

20日或稍后，罗佩金电复岑春煊、梁启超、唐继尧、蔡锷等人，对被提名"抚军资格"，表示辞谢。说："号日奉军务院江电，猥蒙雅命，列名抚军，捧读之余，莫名惭愧。袁氏诬民窃国，佩金本个人天良，随群公大旆，仗剑出师，同伸义愤。建义以来，所恃将士同心同德，视线所归，攻坚捋强，率能不屈威武者，仅此而已。佩金参与行间，不过以袁逆与吾国吾民不两立之决心与同袍期许，此外毫无建树，深惭后死。虽天佑中华，袁逆遭谴，惟军兴以来，国势益形飘摇，祸乱或尚相寻，人民困苦流离，疮痍满目，无力挽救。今骤膺令名，益增内咎，切恳俯谅愚忱，解除抚军名义，俾得始终追随，为国驰驱。谨电奉辞，诸惟谅鉴。护国第一军左翼司令罗佩金叩。印。"

30日，岑春煊再电告独立各省都督、蔡锷等人，补行宣布海军李鼎新为抚军。说："海军李总司令鼎新当袁氏叛国之初，矢敌忾同仇之志，密谋独立三月于兹。惟以所辖舰队，一时不能集中，有碍进行，致迟发布。兹各舰已自烟、闽先后集中沪上，各将校集议，金以黎大总统现已继任，自应一致拥护，遵率不逾。惟稽之南中誓师之词，返之我军护法之意，非至《约法》恢复，国会开会，内阁依法成立，未为尽其职责。各舰队本此要求，应即宣言与护国军一致行动，以葳未竟之绪，先后来电见告，热忱毅力，钦佩同深。查《军务院组织条例》第三条，李总司令当然取得抚军资格。前以事在秘密，未便明电发表，现既正式宣布，自应由军务院依法补行宣告李总司令鼎新为军务院抚军，以符条例。特电奉闻。岑春煊叩。卅。印。"

同日，唐继尧、上海《时事新报》转电梁启超、独立各省都督、蔡锷等护国军总司令，请推荐刘存厚为抚军。说："四川护国军刘总司令存厚原任四川第二师师长，自滇省发难，反抗帝制，拥护共和，刘君即首应义旗，协力进行，叙稽之役，复督饬川军，尽力协助，各处义军，遂闻风继起，实属大义凛然，劳绩卓著，所部军队，亦数在两师以上。查军务院尚未取销，则名义所存，自未可一日而没。刘君资格既与院章符合，拟即推刘君为抚军，借以表彰，并资策划。是否之处，统希公决示复为盼。继尧叩。卅。印。"①

## 25 日

▲蔡锷函请殷承瓛、罗佩金，速为准备一鼓作气，誓灭此朝食，击破在川袁军，然后"举全蜀之师，长驱东下"，夺取武汉。说：

> 抵永两星期，贱恙稍瘥，但仅去痛楚，而发音反较在大洲驿时为低。此病来源太久，经半年未予医治，今欲求急效，犹之望吾国欲于三数年内造成德意志也，又焉可得？

> 榕兄赴叙，左纵队方面令我放心。成都独立，其宣言迄未发布，而观其致京两养电，殊有奉旨独立意味。以此种心理而独立，而欲迫袁退位，不其左耶（第二电意谓以大独立而取消各处之小独立）！陈氏之独立既如此之暧昧，将来之杌陧自在意中。其屡次请援，似不仅在防袁军，殆欲引以自卫。道路传言，谓川人一般心理对陈感情甚恶，欲以对赵尔丰者对陈。陈此次独立，亦在四处讨好，面面俱到，欲望其与我同张倒袁之帜，且求其济之以实力，决难办到。勉强迫其上倒袁之轨，必将挤之使倒而后已。外瞩大局，内顾友谊，殊有所不可无已，只有特加青眼，彼此遥为声援，在彼可撑支现局，在我可多得此一省独立之声援。而周骏之师此后不复为袁军所用，亦复受惠不小，无事苛求可耳。

---

① 以上五电见《军务院考实》第四编《各省文电》，第8—11页。

现在第一要着，在处分在川袁军，现就袁军方面设想：（1）向成都声讨，西向进攻；（2）向我军进攻；（3）退出川境；（4）暂停顿不动，声言中立；（5）与我一致，以和平的办法迫袁退位；（6）与我一致，会师东下，张倒袁之帜，积极进行；（7）以其军械之大部分借为我用，其部队仍行留驻川境，依旧给饷，愿归者资遣回籍。以上七种场合，度曹、张之心理，当不出（3）（4）（5）三种。若取第（3）种，目前与我有利，将来殊有大害。万一袁不退位，将派出南方各军、悉数撤还北方，或长江一带集中，则袁之势力愈为雄固，南方各省欲集可与抗衡之多数兵力，殊办不到，将变成南北对峙之局，必兆分裂之祸。故袁军之南来者，务以不使安全北还，或设法抑留，或以强力摧破，毋令再行集团，免滋后患。第（4）种与我太无意味。第（5）种与我比较的有利。第（6）种彼必不肯就范。第（7）种则与我有利，但非加以最高压不为功，或竟出于一战。现在吾之所应准备者，第（7）种之处分法耳，换言之即最后之决战耳。至于第（1）、第（2）两种场合，袁逆似无此勇气，如竟敢行，在我甚欢迎之耳［如取第（1）种尤于我有利］，袁军增兵之报似不确，即增少许亦无关痛痒。半月后，我可得五千之增援，驱除丑类，当非甚难，惟在一鼓作气，誓灭此而后朝食，则成功可操九成。盖逆军人无斗志，进退维谷，与以猛烈之打击，无不摧破者。此房既破，举全蜀之师，长驱东下（合滇、黔、川不下四师），武汉唾手可得。希速为计划准备，激励各将士成此巨勋为要。

弟不日即赴大洲驿，并拟巡视战线，决定作战方略，各高级将校意见并希先为征集，以备参校。手此，即请戎安。弟锷顿首。五月二十五下八于永宁。

又电告军务院、陆荣廷、梁启超、唐继尧、刘显世、戴戡，不必推举他"分任"各省"总代表"之职。说："义密。循公廿三未电，周公廿二亥、敬两电均悉。起义各省公推总代表，借联声气而资统筹，诚属切要。前者诸公早有推举新会之议，中因消息梗塞，遂至稽延。迩来时局变迁，有一日千里之势，筹维应付，尤非新会出而主持不可。至周、循两公欲锷分任斯役，殊可不必。盖相距辽远，往返商榷，动稽时日，且锷方致力戎事，并骛兼营，力实不逮，前议应请作罢。至对于大局之筹度，与夫各方面之联络疏通，当视力所能及，无不勉为之也。锷叩。廿五。"

又急电殷承瓛，"解决川事，仍须引为己责"。说："义密。廿四电悉。张（按：指张敬尧）攻自井，似不致成事实。如张果出此举，是予我军以绝好机会。关于处置在川袁军办法，昨已电陈抉择，但恐陈决无自动的精神，且呼应不灵，实力甚微，故解决川事，仍须引为己责。拟俟援军到，即积极进行。刘部（按：指刘云峰部）暂缓赴叙亦可，即停驻大洲驿待命。日内饬叙永团兵约一营，游行打鼓、五通场一带，扯滇军旗号，以布疑阵。并闻。锷。廿五申。印。"①

▲岑春煊电告唐继尧、刘显世、陆荣廷、陈炳焜、龙济光、蔡锷、戴戡、望云亭、林俊廷等人，陕西独立，南北形势将大变，我军"务宜趁此速进，勿为停战游移"。说："顷据确报，陕西义军，本月一日（按：应是十一日）由陕北镇守使陈树藩旅长在三原县宣布独立，并被推为都督，分兵为二军，第一军长郭浤，第二军长焦子静，陆建章之子败于高陵被捕。西安于十五日已克复，陆建章逃去，山西大同孔庚亦于十三日宣布独立。西北既动，南北形势，不久将大变更。谨先电闻，以伸同快。我军务宜趁此速进，勿为停战游移，无任盼祷。岑春煊。有亥。印。"②

下旬

▲张学济"因恐北军"进攻在大庸起义讨袁的"罗剑仇即罗赞侯"，"借入永（顺）属，与黔边北兵联合，则西路受祸愈烈"，于是致电蔡锷，请其"电中央，准以罗军与护国军一律看待，均在停战范围内，罗军因得列为护国军"。张学济后来承认，这不过是他一时的"权宜自重之计"。③

26 日

▲蔡锷"万急"电告唐继尧、刘显世、戴戡、王文华，无论敌情如何变幻，王文华部务必"扼险严防"。说："义密。电轮有辰电悉。此间迭接陆、陈电，桂师入湘系一师一旅，其前锋早抵永州。电轮所得探报，谓桂

① 以上二电一函见曾业英编《蔡锷集》（二），第 1405—1409 页。
② 《军务院考实》第四编《各省文电》，第 103—104 页。
③ 《辰州张容川来电》（1916 年 7 月 25 日到），《熊希龄先生遗稿》第 2 册，第 1949 页。

军大队迄未入湘，或属不确。范国璋攻古丈事，已电冯华甫诘问，饬速停进。无论敌情如何变幻，电部务扼险严防。俟桂军进占衡、宝，或川中军事大得手后，再行相机进取。锷拟于日内仍赴前敌，部署一切。并闻。锷叩。廿六子。"

又"急"电殷承瓛，诫其暂勿攻渝城。说："义（密）。桓廿六日电、榕漾电悉。榕请川督派队填扎自井，我军仍专对袁军，集中富顺一带，以避纠葛，而赴机宜，决心极是。惟攻渝一层，殊冒险着：（一）张、李态度不明，我如东下，击我侧背，危险实甚；（二）离策线太远，补充救援，俱属无望。胜固大佳，偶有顿挫，进退两难。不如俟增援到后，先图泸、合，渝城暂以黔军牵制，毋令遁走，或悉众上犯，较为稳健。锷两三日内即来大洲驿，当详审情形，再定区处。昨函到否？希复。锷。廿六亥。"

又函告潘蕙英，他素厌争权夺利，大局略定，当"抽身引退"，并询"滇省近状如何？米价如何？有何种风说？"说："蕙英贤妹青睐。昨杨君来，接手书并衣箱一只，单开各件，均已收到，展阅照片，尤为欣慰。贤妹及老三较前稍觉丰腴，永儿之相不甚肥壮，其貌大致与老三相若，比之端儿似含庸平之气。谚云庸人多福，或亦载福之子欤！而抱坐不端正，难显真面目。尚望仿北京办法，令其独照一相寄来为盼。成都已迫之独立，此后川事当易解决。但袁军尚有三师在川，不得不有以处分之，其结果或将再开战。新援将到，我军兵力较敌雄厚，当不难一战蹴敌于蜀境之外，乘势东下武汉也。予喉病忽松忽剧，自觉体质殊不如前数年之健，亟须趁时休养。而大局稍定，争权夺利者必蜂拥以出，予素厌见此等伤心惨目之情状，不如及早避去之为得。一俟局势略定，即当抽身引退，或避居林泉，或游海外，为疗病计，以适国外为佳。贤妹亦有偕行之意否？滇省近状如何？米价如何？有何种风说？凡可告之事，均望写信以告，用慰远怀。龚嘉福既充营团差遣，甚佳。龚甚聪颖可靠，殊望其从此做一好军官也。手此，即询近佳。波白。五月廿六于永宁。"①

27 日

▲蔡锷"急"电转告唐继尧、刘显世、戴戡、陆荣廷、陈炳焜、梁启

---

① 以上二电一函见曾业英编《蔡锷集》（二），第 1409—1410 页。

超、岑春煊，陕西已于9日宣布独立。说："顷接成都陈都督有电转陕西陈都督漾电文曰：树藩于佳日在陕北宣布独立，真日通电不卜已登典签否？侵日树藩进军三原，与陆将军代表交涉一切，力主和平。铣日进驻省城。旋据陆将军、吕巡按使将文件印信移送前来，同时绅商全体复以早正名义，以安军心，而顺民意等情吁请。巧日树藩乃以陕西都督兼民政长名义布告大众，人心安静，廛市欢腾。现以陆将军长子、前秦军第一旅旅长陆承武总司陕西护国军之令，陆将军准径日起程回京，斡旋大局。惊魂欲断，大陆将沉，生死存亡，视兹和议。树藩愚见，但使项城退位，余件尽可从宽。公等身系安危，弭乱保邦，必有成竹。临电驰企，伫候教言。陈树藩。漾。印。等语。合转电奉闻。锷叩。感。印。"①

▲唐继尧通电全国，辟拥袁官僚所谓袁氏"如退位，将有如何难题，如何危事立时发生"谬论。说："急。徐州张巡阅使，盛京张将军，武昌王将军、段巡按使鉴。北京黎大总统暨各堂、处、部、院、局、所长，各省，承德、归化、张家口、宁夏、西宁、康定各军民长官暨肇庆岑都司令，黔、桂、粤、浙、川、湘、秦各都督，各前敌司令均鉴。张巡阅使卅电，张将军、段巡按使两冬电顷均奉悉。诸公爱国，别具深衷，苦心危言，循诵增惶。以鄙意复有欲陈者，盖项城之必须退位，自法律言之罪名已定而难免，自事实言之威信已失者难回。凡诸理由，具详迭电。今诸公之意，殆已莫不谓然，特患善后不易。然此不难解决也。继尧何人，约法具在，独立各省联合军政府前已宣言，恭戴今大总统黎公继任，非惟国民无敢异议，即国外亦一致赞同，是可无容置疑。若谓北方军人不与南省同其趋向，则厚诬我北方神圣之军人，窃谓过矣。夫南北虽异，心理大同，燕赵健男，素饶肝胆，其效忠于国家，非私昵于袁氏也。今滇、黔、桂、粤、浙省之举义兵，目的悉在于国家，其行动一本乎法律，则凡效忠新国家，必有同一之趋向。苟其不明大义，甘为项城致死，此袁氏一姓之鹰犬耳，何效忠国家之足云乎。至如宥电所陈，项城退位，兵祸立解。诸公或有所疑，乃至有舟中敌国，野心权利之嫌，此亦不能无辨。义兵之起，实为项城，项城退位，黎公继职，凡我袍泽，孰敢阻兵？兵祸之解，自可立决。且本今兹之举，庶国人知以项城之抚有全国，

---

而一有违法，立致覆败。以黎公之身无寸柄，而按法继承，举国人士，凛乎人心不可或失，国宪不可妄干，正所以杀国人非分之心，而杜将来无穷之祸也。理有固然，奈何疑者？夫诸公之爱项城，实有过于爱国，即尧等亦岂有私怨于项城，其力持项城退位之议，为国故，实亦为项城也。诸公诚爱国，诚爱项城，惟有力劝项城即日退位之一法，否则爱之实以害之，不免为细人之姑息。诸公明达，必不出此，专布腹心，惟图利之。唐继尧。感。印。"

**按**：《申报》还为"补录"唐继尧此电加了如下按语："项城逝世，已于事实上不退位而退位，从前拥护袁氏之官僚，动曰项城如退位，将有如何难题，如何危事立时发生云云。张勋、张作霖、王占元、倪嗣冲诸人均曾为此迭发通电，力与独立各省抗。上月二十八日，云南唐继尧都督特详电辟解，电中所言北方军队一层今已亿［臆］中，可知天壤公理固自不可移易。特心有所蔽者，非至事已实现，不能见及耳。此事虽已成明日黄花，然足为袁派人物警觉者不少。"①

## 28 日

▲蔡锷电请唐继尧等人通饬缉拿纵令所部在城乡"搜抢索款"，已"饬令缴枪解散"的韩侯。说："前在省时，有韩侯由海归来，声称愿先行招集旧部起义，曾经罗参谋长与之接洽，并发款千元，饬令前进。讵到毕节后，招募土匪，自称司令，屡次请领招费。经饬令赶编成军，当赴前敌。渠逗留毕节，迄未发行，惟纵令所部在附近各属城乡搜抢索款，骚扰不堪。屡电诘诚，并令速行，均置之不复，始电黔饬令缴枪解散。现余党分散，韩侯在逃，请即通饬缉拿，勒缴领款，并饬滇、黔、蜀毗连各属严防分窜，以重地方。"

**按**：此为报纸发表时间。

又与唐继尧、岑春煊等电告冯国璋，军务院认为非袁世凯"退职去国，时局断无从解决"。说："华密。本院各抚军互商同意，致先生电文如下。冯华甫先生鉴。各电敬悉。息事宁人，御侮急难，尧等夙志，宁让我公。

---

① 《唐督辟袁去难善后电》，《申报》1916 年 6 月 16 日。

惟以本院同人所见，非项城退职去国，时局断无从解决，其理由经尧等以个人名义先后电陈，不复赘述。尊处主张若歧，恐无复商榷余地。总之，项城一日窃位，公愤一日不息。五省军民方日以姑息迁延相咎责，非项城已离北京，黎大总统正式继任，其有锐进，则尧等固无辞以阻之也。况五省以外，人同此心，五省虽复按兵，他方又岂能无事？怖影莫若息荫，止沸惟在抽薪，以公之明，见必及此。今兹之役，议和两字，不能适用，退袁靖难，心理大同，本无不和，何所容议？至袁退后所有善后办法，自需彼此互商；若袁未退以前，则尧等职在讨袁，此外不敢承教。区区之心，惟公察之。唐继尧、岑春煊、梁启超、刘显世、陆荣廷、龙济光、吕公望、蔡锷、李烈钧、陈炳焜。等语。春煊感按：此电早经拟就，以征取同意，稍稽时日，并闻。中华民国军务院。勘。印。"①

▲报载"北京电。东京《朝日新闻》发刊号外，谓得北京特电，有袁总统二十五日得病，日来不能言语，势颇沉重之报"。②

又载"国务院于日昨下午，接到南军由广东拍来电报一道，系特致徐菊人、段芝泉二人者，署名者为岑云阶、龙子诚、陆干卿、蔡松波、唐蓂赓、刘如舟等十八人。大旨谓时局紧迫，断不能再稍延缓，除请项城迅即退位外，决无可商榷之余地。若再复延宕，是两君决无顾全大局之诚意，自仍须出于武力解决。然此后之战祸再开，糜烂大局及设或引起外人之干涉等危险，均仍由北京政府负其责任等情。徐、段两君接阅后，已将原电转致冯、张两上将军征求意见云"。③

### 29 日

▲汤芗铭通告肇庆岑春煊，云南等独立各省都督、民政长官、各司令、各师旅团长，本日已与"袁政府断绝关系，勉从诸公之后，共张挞伐之师"。说："袁氏叛国，法律无效，诉诸武力，知诸公之志苦也。芗铭粗明大义，久表同情，以左率右掣之纷乘，致杖铖秉旄之较晚，五中愤郁，寝馈难安。恫念民生，恐滋荼毒，委曲隐忍，以企和平。适顷取消帝制，宣言息事宁人，尚冀憬然悔悟，自行退职，以谢我国人。嗣因南京发起会议，

---

① 以上二电见曾业英编《蔡锷集》（二），第1414、1411页。
② 《译电》，《申报》1916年5月29日。
③ 《岑陆等又联电徐段二公》，天津《大公报》1916年5月29日。

乃遣派代表，据约法立论，犹冀公论大伸，全词劝退，使人民重见天日。乃近接徐州、蚌埠来电，鲁、鄂、湘、赣四省代表以不受彼党劫持，主张项城早日退位，致被疑忌，宣言鸣鼓而攻。似此情形，已无和平解决之望，乃于本日会众誓师，与袁政府断绝关系，勉从诸公之后，共张挞伐之师，众志金同，将士用命，誓除株毒，还奠共和。望赐指针，下匡愚昧，敬执鞭弭，惟命是从。湖南都督汤芗铭。艳。"①

30 日

▲蔡锷电告唐继尧、刘显世、戴戡、王文华，他 29 日已由永宁抵大洲驿，拟日内巡视战线。说："义密。近因逆援有增加模样，而我军复应陈二庵请求，以一部移叙，前敌将士不免稍现惊惶。且停战期行将届满，攻防计划，尤待切实绸缪。现于廿八日由永起程，廿九日抵大洲驿。当拟于日内巡视战线，用作士气，借便部署一切。锷喉病稍痊，痛楚已除，但发音尚低耳。锷叩。卅。"

又转电告知唐继尧、刘显世、陆荣廷、龙济光、岑春煊、吕公望、戴戡、王文华等人，陈宧所转陕西陈树藩通电独立各省，陕西独立后，"全陕大定，秩序安宁"。说："准成都陈都督感电称，西安陈都督（按：指陕南原镇守使陈树藩）电称，陈都督通电读悉。敝处真、巧、漾三电已登签记否？迄未奉复，不胜翘企。大局危险，已到极分，再事迁延，万无幸理。宁垣会议，公等是否与闻？一切主张何似？究持如何态度？和议有无端倪？半月以来，交通部于敝省往来电文，概被扣置，消息梗塞，忧闷欲狂，倘路线已通，务祈随时赐教为祷。敝省内部，人民解决，极为和平。陆将军（按：指陆建章）准明日起程赴京，全陕大定，秩序安宁。树藩径叩等语。嘱译转麾下转电滇、黔、桂、粤、湘各都督，希查照等语。特达。蔡锷叩。卅。印。"②

▲黄毓成通告岑春煊、李根源、陆荣廷、陈炳焜、龙济光、刘显世、吕公望、陈宧、蔡锷、李烈钧、戴戡及各梯团旅长，所部挺进军现奉唐继尧命，改编为护国第四军。说："毓成前领护国挺进军，由滇赴黔，复由黔

---

① 上海《时事新报》1916 年 6 月 5 日。又见《护国文献》下册，第 864 页。
② 以上二电见曾业英编《蔡锷集》（二），第 1412—1413 页。

抵桂，即欲直捣燕京，以遂初心，而快人望。嗣告南防匪焰甚炽，便宜征讨，不克会师东指，早净妖氛，深引为慊。现奉都督唐命改编为护国第四军，仍以毓成统领，谬膺军长，向川进发，前军已均逐次编成，以期无忝随诸公之后。惟大盗不止，战乱方张，绵薄有限，情殷北伐誓师，谊重同胞，还望南针时锡，临风引领。特电闻知。护国第四军总司令官黄毓成叩。卅。印。"①

次日，蔡锷电告黄毓成，得其来援，"全局皆活，川事不难即决也"。说："松密。闻大旆北指，为之神往。在川袁军，横亘泸、渝，有顽梗不屈之象。纵之使去，甚属非宜，任其盘踞津要，亦属非计。现此间兵力，仅足与之对峙，若得贵部来援，则全局皆活，川事不难即决也。杨、叶（按：指杨杰、叶成林）诸君并希代致拳拳。锷叩。卅一。"②

▲报载"北京电。段电梁、岑、陆、蔡，力阻南军北上。（一）当停战期内，不应违约进兵；（二）北军并未备战，南军不宜乘虚进攻；（三）和议未甚决裂，遽行北上，殊乖情理"。

又载"北京电。袁电致冯，承认恢复《临时约法》，由国会解决退位"。③

又载"北京电。英文《北京日报》载称梁启超代表独立各省致电段国务卿，请竭力谋使项城退位，此为解决现局困难之唯一方法。蔡锷亦有同式之电致冯国璋"。

又载"北京电。今日命令，详述帝制运动之原委，略谓总统首以帝制不合国情，谕知参政院，而各省劝进文电亦皆拒而不受，故总统不负帝制运动之责任。又谓总统不得已服从参政院之表决，续交国民再议。迨国民会议议决后，彼犹不欲背弃誓言，但因主张帝政者声势过盛，不得不勉受帝位以缓和之。此令对于选举国民代表之不规则手续并不否认，但谓总统未曾与闻。此令结尾处，声称将发表各省劝进之文（三十日）。以上德文电"。④

## 31 日

▲蔡锷电告陈宧、陈树藩，长沙已于28日宣布独立。说："顷接湘电，

① 《军务院考实》第四编《各省文电》，第135页。
② 曾业英编《蔡锷集》（二），第1413页。
③ 以上二电见《专电》，《申报》1916年5月30日。
④ 以上二电见《译电》，《申报》1916年5月31日。

长沙已于二十八日宣布独立，军民欢腾，秩序肃然，请转电各处等语。特闻。锷叩。三十一。印。"①

又电复陈宧，解释何海清部中途停进待命赴叙的原因，以及其他相关问题，并询其对在川袁军的"处分法"与所辖部队是否可靠。说："成密。锷廿九抵大洲驿。奉读尊处近日各电，敬悉种切。兹分复于下。（一）铸新（按：汤芗铭，字铸新）在湘，舆情极不洽，纵独立揭晓，亦恐不免冲突。弟曾迭电湘中健者，务与铸新互相提携，力戒龃龉。现济武既赴湘，更可望水乳，此不独湘局之幸也。（二）川省兵工厂所需材料，已遵电军务院及龙督尽力设法接济。第粤局现状虽已平靖，而内容尚杌陧未安，尊处如能遣派专员前往接洽坐催，较有把握。（三）调赴叙府之何支队，早已由赤水开拔，行抵中途，迭接榕轩报告，叙、井方面兵力尚厚，足以扼拒袁军之西犯，且由昭通十日内可新到滇军两营，两旬后可到滇军三千，足为我军后劲，故暂饬何团停进待命。现据各处探报，袁军无西犯意，且惧我之进攻，究竟叙、井方面此后尚应否拨借滇军，乞卓裁电示。（四）我公对于在川袁军之处分法如何？作何部署？公所辖各部队均可靠否？希密示。锷叩。卅一亥。"

## 5 月底 6 月初

▲蔡锷函告曾广轼，数月来"备极困顿，然精神尚旺"，"但宿疴犹未尽除，拟俟大局稍定，当就医海外"。说："别经年矣，比想无恙。半载以来，风云剧动，吾湘适当其冲。闻之道路传言，军队所过，殃及草木，则涂炭之状，不难冥索而得。锑业纯属国际贸易，而新邑非当孔道，未知亦受趑趄者之影响否？微闻某君受官家查抄之命，一无所得（盖无家可抄，无产可查），乃将其在某公司所入之股抄提以去，几近四万，不知确否（按：1916 年 3 月 11 日上海《时报》载：'政府已将蔡锷名下湖南中华公司股份洋三万四千元充公。并令他省将蔡锷产业如法处置。'）？对于国事犯而有查抄之举，殊属特例。而近来帝制已废，共和复活，此段公案又不知作何了结也。兄数月来，风尘仆仆，备极困顿，然精神尚旺，饮食如常。

① 《蔡锷集外集》，第 364 页。

但宿疴犹未尽除，拟俟大局稍定，当就医海外。伯笙在黔，醉六（按：石陶钩，字醉六）在川，天三、凤冈诸人现不揣作何状？仲玉抵滇，以嫌疑被逮，现始释出，行将来川。以大势度之，干戈之局，将化为玉帛。项城自怨自艾，闻将引退，若然则此公殊不愧为一世之英杰，担得起，放得下，亦可以晚盖矣。云天万里，不尽欲宣。"①

▲望云亭电告岑春煊、陈炳焜、龙济光、陈宧、唐继尧、蔡锷、刘显世、吕公望、朱庆澜、陈树藩、汤芗铭等人，湖南欢迎"陆督不日来湘"。说："自袁贼谋叛，义师并举，豪杰云集，响应南北，共逐独夫。今贼势已蹙，力竭人尽，发指眦裂，犹存恋栈之心，妄斁穷兵之祸，重兵于武汉，为窃据河洛幽燕之谋，借停战为名目，暗施其阴毒险狠之计。幸我军士气方张，敌胆已落，敝部借桂省之声援，得倡湘南之义举。敌兵畏迫撤退，汤督得遂素心，商民安堵，匕鬯不惊，此皆天厌秽德，人弃逆贼之所致也。今陆督不日来湘，人民瞻若云霓，足蹈手舞欢迎，共推陆督为湘桂总司令，总师北讨，以清妖孽。此桂湘一家，同伸敌忾，荆襄应响，武汉从风，当不难指日而睹也。专此布达，以抒廑系。湘南护国军总司令望云亭叩。印。"②

▲周善培等人代梁启超电告蔡锷、戴戡、刘显世，"此时情形大变"，段祺瑞绝无"代兴实力"，已"不能依赖"。说："肇转来松、循、周三公电五通，论举段事。新会初闻丧，哀痛失次，不能亲复。培等勉叩其意，略谓此时情形大变，段、冯皆日自取消其势力，等于自杀。现段确成傀儡，怨愤思退。袁绝无退位诚意，段绝无代兴实力。三公所论前提已消灭，故推段手续不必研究。目下非援陕图鄂，不能迫袁使退。军事计划，切勿玩愒，应请岑、陆、龙三公派专员劝黎天才在荆独立，桂军必须北出。湘既独立，宜与和衷协商，分担责任。湘军由常德进规监沔，桂军以岳为根据地，成都军急出汉中援陕，蔡军俟曹、张退后即东下荆、襄。袁方以力扑陕，蜀不援则陕必危。袁将据北自固，荆、岳集兵，袁必回救武汉，陕围自解。非至彼时，袁无退理。北方收拾事，随事实相机筹划，亦不能依赖老段。新会意见略如此，请迅电唐、刘、蔡、戴、陆、龙诸公。善培、群、

---

① 以上一电一函见曾业英编《蔡锷集》（二），第 1413—1415 页。
② 《军务院考实》第四编《各省文电》，第 81 页。

源濂、大暹、方震叩。"①

## 6 月

**1 日**

▲唐继尧电告岑春煊、梁启超、蔡锷等人，长沙已于 5 月 28 日宣布独立。说："据镇川田司令应墉电称，奉汤都督电，长沙于五月十八日（按：当为 28 日之误）宣布独立，军民欢腾，秩序肃静等语。特闻。唐继尧。东。印。"

8 日，曾继梧等人通电独立各省都督与岑春煊、蔡锷等人及各报馆，告知他与赵恒惕等人已于 3 日被汤芗铭委任为护国军第一军总司令及梯团长。说："梧等不才，谬承湘督推许，已于江日委任为护国军第一军总司令及梯团长。自问绵薄，曷克胜此。惟念时事艰危，民贼虽亡，国家前途，尚属辽远，是用厉兵秣马，愿为各路之前驱，尚祈敌忾同仇，共伸国民之公愤。知关绮注，敬以奉闻。曾继梧、赵恒惕、陈复初、陈嘉沥、刘建藩。庚。印。"

20 日，张学济通电独立各省都督与岑春煊、蔡锷等人及各报馆，告知已电汤芗铭取消湘西各属军政府名义。说："我军独立，实为湘西各属之先，当时曾以军政府名义借资号召。昨闻长沙汤公于五月二十八号明白宣布，全湘大势，既有所归，所有此间军政府名义，业电汤公取消，仍设护国湘南第一军总司令部以资统率。特闻。护国湘南第一军总司令张学济叩。号。印。"②

▲报载蔡锷"因停战期限将满，而袁氏退位问题尚无解决，刻已通饬各军继续进行。昨由川省泸州飞电岑都司令暨各独立省，请速调军出发，务于两个月内会师武汉，共图北伐云云"。③

**2 日**

▲蔡锷电告刘显世、萧堃，"大局略定，拟即投身矿业"，或以军事教

---

① 《护国之役文电稿》（1916 年 2 月至 1917 年 1 月），中国国家图书馆藏。
② 以上三电见《军务院考实》第四编《各省文电》，第 84—86 页。
③ 《滇粤桂会师北伐之近信》，《申报》1916 年 6 月 1 日。

育自效，其他"非所乐闻"。说："咸密。东卯电悉。我公拟派萧君赴粤，与新会、武鸣诸公接洽，并示大纲七条，均甚妥洽。惟弟久抱从事实业之志，大局略定，拟即投身矿业，不闻政事。而近月以来，所最感触者，吾国军事教育太觉缺乏，若与外竞，绝无幸理。将来能于军事教育界得尺寸之地以自效，亦所甚愿，他则非所乐闻。锷。二日。"

下午 6 时，又在大洲驿命令顾品珍、赵又新、刘云峰：

（一）周骏附逆，在资中县竟将我雷梯团所派之步兵一连扣留，（并截）我军自成都解来之饷银十五万元，且有袭取成都之模样。

（二）我左翼军雷梯团及成都冯（玉祥）旅、杨（志澄）团在资州、自流井一带会剿。

（三）本军各梯团须严为战斗准备，以待后命。

（四）予在大洲驿。

上令顾、赵、刘梯团长。总司令蔡。

傍晚 7 时，又在大洲驿训令罗佩金：

（一）一号下午两报告及附抄电稿俱悉。

（二）周骏竟敢附逆犯成（都），殊出意料之外。核计陈督所部及我左纵队并刘师，足以摧破之而有余。

（三）若袁军尾团［周］兵继进，是其自蹈险着，我军冲其侧背，前后夹击，自取覆没，袁军虽愚，似不至此。

（四）纳溪附近，张军有逐日撤退之象。揣其意，不外防泸，或竟行退渝，或为周部西犯成（都）之后援。

（五）此间正面军队，现饬严为准备，伺机进攻。

（六）何团之蒋营（按：指蒋文华营）现尚留驻赤水，若仅派一营赴左纵队方面，为效亦微。赵部未到，何团应饬暂留，以为进击时之总预备队。

上令罗总司令。总司令蔡。①

▲岑春煊等人通告唐继尧、刘显世、吕公望、陈宧、汤芗铭、蔡锷、

① 以上电及命令见曾业英编《蔡锷集》（二），第 1415—1417 页。

罗佩金、戴戡、望云亭、程潜等人，全体将士当恪遵"四义"。说："义军之起，职在讨袁，袁苟朝去，兵即夕偃。故法之可以去袁者，激急和平，两俱用之。凡义之不得已与不为已甚之苦衷，当为仁人君子所共谅。乃袁氏阳托自退，阴缓吾兵，诈伪无端，狡狯百出，四川和约，反复无成，南京会议，咆哮复甚。故成都发愤而独立，长沙慷慨以兴师，一发危机，幸而得免。若竟隳进取之大计，慕调和之美名，则贼智百端，动皆陷阱，使诸公手复之共和，终烬于袁氏死灰之下。近思死士，远念将来，情何以堪。罪且莫赎，煊等无似，忝总师干，众逾十万，城连数百，人皆饮血，士尽枕戈，志本愿为前驱，力亦足当后盾，时不可失，兵不可老，贼不可不杀，法不可不护。窃立四义，以之誓师：一、我军为讨袁而起，袁不退位，绝无调停可言；二、袁氏退位，我军务院恭承继任之黎大总统正式就职；三、非至袁氏退位，黎大总统正式就职时，决不停止军事进行；四、拥护约法，保障国会，俟前参众两院议员依法集会时，国家大计交其解决。凡此四者，为我全体将士之所恪遵计，惟本此而行，不敢反顾，凛螫手切腕之训，耻后时留决之讥，斩断葛藤，与贼相搏。凡我同泽，愿鉴斯忱。岑春煊、陆荣廷、龙济光、陈炳焜、李根源、谭浩明、莫荣新、李耀汉、段尔源、林虎、郑开文、李嘉品、李文运、莫擎宇、隆世储、冯相荣、车驾龙、陆裕光、马济、程子楷、李华秋、翟汪、魏邦平、林俊廷、沈鸿英、张习、朱福全、黄志桓、马如珍、伍敦仁、金镕、邓文辉、申葆藩、贾克昭、陈坤培等叩。冬。印。"

### 3 日

▲岑春煊电告唐继尧、刘显世、陆荣廷、陈炳焜、龙济光、吕公望、陈宧、汤芗铭、陈树藩、蔡锷、李烈钧、戴戡、罗佩金，袁氏绝无停战议和诚意，"惟有誓师北伐，促达目的"。说："吕都督艸电致军务院文曰，顷闻袁氏在调〔停〕战期内，借剿匪为名，开兵进迫浙边，显无议和之诚意。拟请尊处先向袁氏提出严重质问，倘竟不识顺逆，甘心贼民，惟有统率义师，指日北伐。曲不在我，决勿老师自误，堕彼诡谋等语。查袁氏前请停战议和，绝无诚意。吕公所云现在停战期满，我军惟有誓师北伐，促达目的。至应否提出质问，军务院未便直接置议，应请仍由蔡总司令与陈

都督酌核办理，乃合步骤。如何？盼复。岑春煊叩。江。"①

▲报载北京"内史处奉谕编《帝制始末记》"，竟"以立法院与蔡锷等推戴书列前"。②

4 日

▲蔡锷电告戴戡，周骏"率兵西犯，已抵资州"，以及唐继尧扩编至七个军。说："三十一酉电悉。陈督宣布独立后，于军事部署迭经电询，尚无确复。而其始意，则以履任及新成之杨旅自保，以川军御曹。日昨迭据急报，周骏为袁逆禄位所策动，率兵西犯，已抵资州。陈派冯旅杨团抵御，我左纵队亦将合力会剿。曹、张如尾（随）西犯，我即击其侧背，现已严为准备。华团调至，尊处兵力更薄，现在究竟实力如何？士气及军实何若？希告。任公丁父忧，闭门守制，不独任公之不幸也。冀督通电滇编七军，以黄、叶、张、刘（按：指黄毓成、叶荃、张子贞，刘祖武）为四、五、六、七军总司令。古者天子六军，今能驾而上之，冀公之魄力伟矣。"

又"特急"电复张敬尧，参照此前双方意见，特拟定承诺袁氏退位后的三条件，请"迅夺示复"。说：

华密。连日接奉尊电及刘梯团长云峰转述台从由电话商谈各节，具见热诚爱国，肝胆照人，佩慰曷似。现在外交方面风云紧急，某国（按：指日本）之进兵济南，已兆衅端。内则遍地萑苻，假借名义，肆行骚扰，生灵涂炭。财政方面，不独北京政府日日有破产之虞，即南北各省亦有难以维持现状之势。前者敝处应冯、段诸公之请，停战两月有奇，方冀于此停战期内，解除纷纠，决定国是，乃以项城个人去留问题，为全国平和之梗，以威信堕地、人心全失之项城，不能再奉为元首，几于全国人稍有知识者类能辨此。即项城迭致二庵电，亦自言退位不成问题，乃荏苒至今，迄无践言之诚意，犹复乞怜外人，赠送利权，滥借外债，一面唆使张（按：指张勋）胁迫南京会议，以遂其盘踞恋栈之阴谋。项城一日不退，战祸一日不休，外患愈逼愈紧，造孽于一人，受祸于全国，言之悲愤。吾民何辜？吾国何辜？项城何

① 以上二电见《军务院考实》第四编《各省文电》，第17—18、98页。
② 《专电》，《申报》1916年6月3日。

心？竟忍蘖之绝地也。

迩者川、湘独立，停战之期复将届满，弟与麾下为项城一念之差所迫，又将相见于疆场矣。曾奉麾下函示中有决不为项城一人争总统之语，又由二庵转到张馥清［卿］电，谓麾下暨所部亦多深明大义，有联电项城请其敝屣尊荣之意，私心感颂，曷可言宜。昨奉电示暨刘君转述尊旨，并将联络曹、李一致进行云云，益用佩慰。惟前此双方仅有意见之疏通，并无实际之表现，殊为缺憾。兹参照双方意见，拟定具体的条件如下：（一）承认项城退位后，由段芝老摄行大总统职务，但须依据法律办理；（二）于日内联电项城，迫令退位。袁如不应，或支吾其词，即率所部宣告与袁断绝关系；（三）为办理上项事宜，双方在川境内续行停战十日。上开三条，是否可行，乞迅夺示复，并乞以此电转之周、曹、李（按：指周文炳、曹锟、李长泰）诸公为盼。滇黔军总司令蔡锷叩。支。

6日，因张敬尧电复对其所拟条件笼统表示"稍有异同"，蔡锷又以刘云峰名义"急"电张，规劝其勿对蔡锷所拟三条件"轻轻看过"。说："华密。我公致松公支电，谓于所拟条件稍有异同等语。查条件所列，不出日前电话所谈范围。我公所称异同之点何在？尚乞明示。又停战规约，早经双方订定，行之无弊，尊电所称停战手续，似无另行商定之必要也。窃谓我公与段师（按：指段祺瑞）之关系，较曹、李、周为独深。贵师在各师中隐然有中坚之目，且与我军接触最近，故我公于此次交涉责任独重，而处境独危。谈判成，战祸息，项城退，段师进，麾下为功之首，于公于私，交受其益；谈判不调，战祸继起，胜负虽不可知，而国事前途付诸冥冥，麾下尤首受其殃。且贵军幸而胜，不足为荣，反招全国之切齿；不幸而败，则北洋势力从此堕地矣。曩者蜀未独立，两军对峙，在贵军已有竭蹶难支之势，今贵军所增益者仅一不完整之第八师，而全川军队皆成贵军之敌。况滇、黔援师，以桂事既决，源源而至，其兵力较之一月以前，尤非可同日而语；加以帝制取消之后，贵军心理作何感想，谅亦我公所察知，其尚能为项城一人致死力与否，自是疑问，则一旦决裂，胜负之数，似不待著卜而决也。云峰北人，虽身处南军，胡马北风之义，常萦绕于脑际。凛国事之危急，念战祸之凶残，午夜彷徨，莫知所措。尚冀我公熟筹审虑，勿将此等问题轻轻看过。至盼至祷。如何？乞迅复。云峰叩。鱼。"

7 日下午□时，又在大洲驿训令罗佩金、刘云峰、顾品珍、赵又新、刘云峰，并请罗转报川军刘存厚：

（一）本总司令于四号致电张敬尧，大意谓前者往来函电，双方仅有意见之疏通，并无实际之表示，兹参照双方意见，拟定具体的条件如下：（1）承认袁世凯退位后，由段芝泉摄行大总统职务，但须依据法律办理；（2）于日内联电袁世凯，迫令退位。袁如不应，或支吾其词，即率所部宣告与袁断绝关系；（3）为办理上项事宜，双方在川境内停战十日。

（二）五号晨得张敬尧复电，内称奉支电，甚为钦佩。函示条件与鄙见稍有异同，遵即将尊电转发曹、周、李诸公征求意见等语。六号晚复获张电称，前准支电表示三条，已禀奉曹总司令电准磋商，惟对于所列各条稍有出入，应俟各方代表不日到沪公同具复，庶无龃龉而期齐一。现停战期满，当遵意以第三条提前表决。为讨论其余两条地步计，由六月七号起至六月十六号止继续停战十日等语。

（三）七号复电张敬尧，略谓前致支电，尊处意见稍有出入，当待磋议，深用歉然。今特信麾下有爱国爱平和之诚意，勉从尊议，停战十日，务望于十日内将磋议结果电告等语。

（四）我军于六月十六日以前，对于袁军，除发见敌军确有违约挑战举动外，不可进攻，以符信约。

（五）停战期内，仍应严为战备，勿稍松懈。

上令罗总司令（并嘱转报川军刘总司令），顾、赵、刘梯团长。滇黔护国军总司令蔡。

同日，又急电张敬尧说："华密。支、鱼两电悉。前致支电，麾下未能鉴纳鄙忱，致微有参差，尚待展转磋议，深用歉然。原议三条，系综合双方意见折中拟定。第一条为安定国事最稳健之道，其第二条系促成第一条应有之义，而第三条即系为办理第二条所指事项起见。今麾下乃以第三条为讨论第一、二条地步，毋乃与原议精神所在相左实甚。麾下所处地位，本有为难之处。今特信谅麾下有爱国爱平和之诚意，勉从尊旨，饬滇、黔各军对于贵路各部队于十六号以前不得进攻，并望贵军亦力维原状，勿为挑战之举动。尚望于旬日内将磋议结果，迅予电告为幸。除电达陈二庵都督办理外，特复。蔡锷叩。阳。"①

5 日

▲岑春煊通告唐继尧、刘显世、陆荣廷、陈炳焜、吕公望、蔡锷、李烈钧、戴戡、罗佩金，"滇军张梯团长开儒，桂军申旅长葆藩、江团长永隆均率所部于本日由肇出发，遵照作战方略指示之方向进行。特闻。岑春煊叩。微。印"。

又通告刘显世、陆荣廷、陈炳焜、龙济光、吕公望、陈宧、汤芗铭、陈树藩、蔡锷、李烈钧、戴戡、罗佩金、林俊廷、望云亭、程潜等人，"滇粤桂联军已编定，定名曰滇桂粤护国联合军。以下列各军组织成之：一、滇军为云南第二军，总司令李烈钧；二、桂军为两广新编第三军，总司令莫荣新；三、肇军为两广新编第四军，总司令李耀汉；四、桂军为两广新编第五军，总司令谭浩明；五、林军为两广新编第六军，总司令林虎；六、济军一军；七、潮军为两广新编第一师，师长莫擎宇；八、桂军为两广新编第一混成旅，旅长程子楷；九、张军司令官张习。按期分道次第出师。惟本军直隶于军务院，自应由抚军长直接指挥。现各军出发在即，应如何进行，当具艳电请抚军长裁夺去后，顷接江电开，滇桂粤联军组织及进取方略，均极妥协，即由公就近直接指挥进行，随时示知。除电各军司令外，特复。等因。此次三省会师，伸张天讨，同仇敌忾，万众一心。春煊衰庸，岂足当兹大任，惟抚军长坐镇南服，未能远道视师，假以便宜，敢不祗率。谨当偕我袍泽，共誓驱除。诸公辰告吁谟，尚乞随时指示。除按照出师方略，分道进行外，特此电闻。岑春煊叩。微。印"。

9 日，又电告唐继尧及独立各省都督与蔡锷等人说："滇桂联军编组就绪，陆续出发，经通电奉布。其济军司令官现接龙都督电委郑开文充任，应即查照方案，编为两广护国军新编第七军，委任郑开文为该军总司令。特闻。岑春煊叩。佳。印。"

▲陈宧电请岑春煊、龙济光、陆荣廷、唐继尧、刘显世、汤芗铭、蔡锷，详赐有关"大局意见暨一切进行事宜"之鸿谟硕划。说："袁氏盗国，

---

① 以上四电一命令见曾业英编《蔡锷集》（二），第 1417—1422 页。

神人共愤，义既一致，万方响应。前从各方函电，获闻概论，英风义烈，
遐迩钦驰。宧以薄德，勉从诸公之后，联合陕湘荆楚举义，同时宣布，群
情翕合。惟是蜀中连年兵燹，元气凋残，盗匪充斥。反正以后，争树帜志，
以相号召。虽不无豪杰可用之才，而害群之马，亦势所不能免，此内部之
统一宜费经营者也。战事发生，曹、张各军，联翩西上，泸州至重庆、夔、
万一带，节节为所扼据，形格势禁，不无掣肘，此外界之横逆亟待廓清者
也。兼此二因，乃至北伐稽迟，师不出境，深惧遗误时会。宧虽盘根错节，
不能无绠短之虞，而励节矢心，敢不属秣马以待。诸公热忱为国，宏济艰
难，所有对于大局意见暨一切进行事宜，必有鸿谟硕划，筹备万全。务祈
不吝提携，详赐指示，庶几率循有自，无虞陨越。侧身天末，不尽依依，
谨电奉闻，惟希鉴察。陈宧叩。歌。印。"①

6 日前后

▲报载蔡锷电促陈光勋自成都"急返"，准备赴沪开国会。说："蔡松
坡代表陈铭竹到省已久，昨奉蔡氏电促急返，探其原因系国会开会在即，
陈亦国会议员，须赴会。并闻国会在上海开会，以解决重大问题。陈君现
正准备一切，数日内即须起程。"又说蔡锷与熊克武在富顺至资内一带"派
有重兵扼防，周（骏）、王（陵基）孤军大有进退维谷之势矣。"②

6 日

▲午前（按：具体时间未知），蔡锷在大洲驿司令部命令刘云峰、罗
佩金：

（一）周骏附逆，其部下王陵基率队西犯，截我军饷，扣留我军一
连，并有袭取成都模样。

（二）我左翼军联合成都军，在资州、自流井一带攻击。

（三）刘梯团长速派所部何海清支队往扎南溪，听左翼军罗总司令
指挥，相机增援。

（四）现驻赤水之蒋文华营，亦迅速饬归原支队。蒋营未到以前，

① 以上四电见《军务院考实》第四编《各省文电》，第 74、75、100—101 页。
② 《川都督府与各路护国军之联合》，《申报》1916 年 6 月 25 日。

何支队长即率周营先往。

（五）予在大洲驿总司令部。

上令刘梯团长云峰、罗总司令佩金。总司令蔡。①

▲岑春煊通告唐继尧、刘显世、陆荣廷、陈炳焜、龙济光、吕公望、陈宧、汤芗铭、陈树藩、蔡锷、李烈钧、戴戡、罗佩金等人，推定梁启超、李根源为联合军都参谋、副都参谋。说："滇桂粤护国联合军编组就绪，陆续出发，昨经通电奉布。春煊无似，承唐抚军长假以便宜，就近指挥，虽愿切于前驱，而学疏于军旅。兹特推两广护国军梁都参谋启超为滇桂粤联合护国军都参谋，并任两广护国军李副都参谋根源为联合军副都参谋，赞划一切，以资熟手，而重戎机。再，梁都参谋现在居丧在沪，一时不能任事，都参谋职务以李副都参谋兼摄，并闻。岑春煊叩。鱼。印。"②

▲北京国务院通电袁世凯已于六日"因病薨逝"。说："袁大总统于本月六日巳正因病薨逝，业经遗令依《约法》第二十九条，宣告以副总统黎元洪代行中华民国大总统之职务。各省地方紧要，务望以国家为重，共维秩序，力保治安，是为至要。国务院。鱼。印。"

9日，袁世凯的禁卫军第二团团长索崇仁函告冯国璋，粤、浙等省相继独立与南京会议未能如愿，导致袁世凯死亡。说：

禀者。前两次密禀京情，谅已达钧览矣。至前一星期内所闻内部详情及前元首之病日重各情形，不敢邮禀，致迟达闻，良深愧悚。昨接师参谋长电，遵悉一切。兹分晰为我宪台陈之。（一）前大总统致病之由，自粤、浙相继独立，大约即受肝疾，食量亦减。（二）为段镇安被部下所挤（据传闻，其始甚不以张等行为冒犯为然，继悉段等盗卖奉荒林事及亏空若干，似不免动怒。或云此等劣迹尚未告知主座）。（三）晋北风声逼紧，孔庚调参谋，阎、金暗斗，又增一急。继复有秦省陆将军（按：指陆建章）之龌龊为部下所困。然决非辛亥困督抚之可比，令人闻之似不免切齿耳（昨闻确信，陆已于前数日被杀，情形极惨）。陆公失地方及本部下人心涣散之原，闻其关于地方者，系设烟

---

① 曾业英编《蔡锷集》（二），第1419—1420页。
② 《军务院考实》第四编《各省文电》，第15页。

卡抽捐放行，然换地又拿办烟犯重罚之；侵地方官权，地面官畏之如虎狼，此尚年前之事。于是烟存数万，集金传说亦数十万，其部下则毫末未获。因之，一朝有事，欲用抗敌，虽尽属家乡之兵（闻均系亳州人），届时均解体矣。自己之人尚如此，他人可想而知。悖入悖出，实为被害之大原因。此虽拥数十百万金钱，然生命亦随之俱尽。

据云被害情形尤为可悯（系前一师人来函）。原陆为陈困于省垣，勒令遣散部下军队，押送出关，并令陆出兵费二十万元，如允交现款，民军即护送出。及款已交，定日护送家眷财货出城，逮陆至城门，由后方突发一炮，前面又一排枪，当时腿去一支，忽又由城上继发一炸弹，伤亡者甚多，眷属被抢，四散逃亡，而陆尚有气，及抬回军署遂绝。① 据函者云：伊之全家覆没，真是奇惨。何陈树藩下毒手如此乎？亦似大归 [反] 仁道矣。有云若陆平素与外国住省人稍有感情，似亦可略加保护也（此信大约前天到京。日昨又有伊住京友人云，刻下陆尚困西安，未出城）。以陆之从侍元首，最为倚任，遇此厄难之结果，元首乌得不忿恨哉？实增病之一大原因。（四）南京会议甚望良好结果，未即如愿，不无忧闷，继又有靳将军（按：指山东将军靳云鹏）去鲁，汤将军（按：指湖南将军汤芗铭）独立，而词多不驯，愤急兼甚，然尚照常办事。届时仁等进谒（时在前半月），仰望神气，大失常态，面带愁容矣。（五）陈二庵末次与元首断绝关系之电，阅后半日未出一言，由是则发显病情两次。星期五军官均未照例进谒，然府内仍传说元首事忙，不得见，实则病重矣。始而减食，患胃病，继则肝（痛），始由中医诊治。据云若由我一人治，三剂药可痊。又有一医云，按元首之八字气数及支干生克，五月为最坏，若能冲过则甚幸，否则不堪言矣，是乃背谈所闻。至初四日，由云台公子主持请西医，当时全眷反对，而幕友等亦不赞同，因大公子日夜不离病床。此外，则家族三十余口，情急失措，亦云惨矣。并有云：乃公亦不欲服西药，而大公子捧西药长跪多时始服。继又打一药针，由是胸满 [闷] 更甚，而热度过常矣！

---

① 陆建章为陈树藩所围困，后经谈判"和平解决"。陈派人护送陆出陕，中途被陈部下拦劫，但陆并未死亡。

至初五日夜十时，即巳气闭一次，遂电传徐、段、王三公进内面谕，时说之甚难（请参阅《大公报》），于夜二、三时长逝矣。段总理云：至天将亮，外交团便电问确否，继则联合八国问继承之人，段答云：遵照《约法》，副总统继代，并担任维持治安。其新任开卷第一义，先活市面，维持金融，平定粮价，并闻保护法律，期成法治国家（闻上条陈者甚多，力主重法律，轻武备，去苛政，清官箴，并收束官僚军队，不重强力等语），惟视日内京市稍有转机。因昨提盐款现金二十万元，收买铜元票，因之市面渐安。刻下正在筹运米粮。谨以禀闻。虔颂钧安。团长索崇仁谨禀。六月九日。

23 日，蒋雁行函告冯国璋，他未能"先行禀知"袁的病情，是因常有要人"面述"其"不准"报知。说："敬密启者。前大总统病时，本应先行禀知我叔，因彼时常有要人向侄面述，总统病不准侄报知，并每日问我叔有电来否，及与我叔发电去否。侄答曰无。且常有人注意于侄，因赴……（按：原函缺由此以下的一页）我想我叔定有所闻也。再者，袁总统之病非大病也，只是小便不甚畅通，每日下来办公，画公事仍照常，只临危未下来耳。初五日过节，未下来，在楼上画公事，初六日早十钟即逝世。燮元来电问时，实是照常办公。因侄处于疑意之地步，接燮元之电，随时请示要人如何答复，复电系受要人之意也，实非有意蒙糊我叔。侄自问对于我叔绝无丝毫之外心，侄闻我叔对于复燮元之电甚不满意，兹特将其中详细情形禀陈，祈我叔原谅也。乃袁总统故后，侄详探其病情，其初因小便不甚畅通，心中甚急，请中西医调治。初五日，西医在总统命门处打一药针，打过后觉过热，至夜十余钟又在针眼处拔一罐子，拔出之物有谓浓者，有谓血与精混合者，由此遂至不妥。至夜三、四钟时，招王总长（按：指王士珍，时任参谋总长）等进内。侄闻之时已六钟，即至公府，见王总长已下来，问其情形，答云小便已下，现已睡矣，约不要紧。至九钟，又招王总长上去。至十时，闻已不行矣。以上乃袁总统得病以及逝世之大概情形也。谨据实上闻，伏希亮察。专此，敬请勋安。世侄蒋雁行敬启。廿三日。"①

---

① 以上二电二函见《护国运动资料选编》下册，第 665—669 页。

7 日

▲蔡锷"急"电刘显世、刘存厚，袁逆有"复张之势"，盼刘显潜部16 日前后能抵永宁。说："昆密。在川袁军，前者屡经挫败，已无斗志。及蜀省宣布独立，更属恐慌。近因周师附逆西犯，逆焰似有复张之势。旬日来迭电张敬尧等，促其迫袁退位，不应则宣告与袁断绝关系。现张等虽允集合袁军各代表在泸会商，以求一致，究其结果如何，要不可知。将来或非加以武力，难望就范。渊兄（按：指刘显潜，字如渊）所部定何日开拔？如能于十六号前后到赤，尤盼。赵部昨已到永，并闻。锷叩。虞。"

又"急"电告知唐继尧、刘显世、戴戡，近日川中敌情，并盼唐、刘"克践"援川原议。说：

> 义密。循公歌电悉。近日川情如下。
>
> （一）周师（按：指周骏部）分布资中、内江、隆昌、永川一带。王陵基率五营据资中，截断成、叙联络线。周派人四处运动，以部落主义煽动刘师及熊部（按：指刘存厚、熊克武部）与各义勇队守中立。
>
> （二）陈督派冯旅、杨旅出省迎剿。冯初不愿战，继经一再哀恳，始允出省担任防堵，然极不可靠。杨旅系新编成军，战斗力甚微。陈迭电求援，急如星火。
>
> （三）我第一梯团之一支队现扼扎自流井，俟新援至，即进攻资、内。何团已开拔赴叙。
>
> （四）刘师虽无倾向周骏之意，然其委顿不振如故。将来开动后，亦只能望其守中立而已。熊深明大义，于周骏举动甚为愤懑，现扼扎富顺，拒泸逆西犯。郑部驻南溪，与熊为掎角。然熊、郑所部，其实力均难独立作战也。
>
> （五）赵部昨日到永，已饬开来前敌。华团何日到赤？尚未据报。前线各军士气甚旺，均欲攘臂一决。惟鉴于前此屡因子弹不继而退之失，辄用惴惴耳。
>
> （六）旬日来与张敬尧为文电之奋斗，促令迫袁退位，已稍稍就范。但其主意如何，要难逆知。其结果或非临以武力，难奏全效。
>
> 今举欲商之事如下。
>
> （甲）滇中内部既已安谧，应举现在可用兵力，悉数编成战列部

队，准备出师。冀公原定增援锷军之段、马两支队，务希克践原议，饬即开拔来川。

（乙）务乞冀公尽库藏所有，每枪补足千发，速解前敌。迭电衰恳，究未照办。同胞将士，颇滋疑虑，万勿河海是幸。

（丙）如渊所部，原议开赴赤水，乞周公嘱速开拔。电轮以湘事已解决，拟率所部一团赴松坎或南川，望周、循两公速决定，饬电部径行赴松，毋庸转省。

以上三端，乞迅夺示复。锷叩。虞。①

▲岑春煊电请唐继尧、梁启超、独立各省都督及蔡锷、李烈钧、戴戡、罗佩金，解决袁死黎继后的四大问题。说："据确报，袁世凯于六月六日巳刻身死，黎大总统于七日午前十时依法继任。义军第一层目的已达，可以酬诸公舍身救民之志，并慰前敌将士殉国之灵，举目旷观，悲喜交集。惟是事起仓卒，纲举而目未张，今后义军如何进行，亟待商酌。查《军务院组织条例》第一条，军务院直隶大总统，统筹全国军机，施行战时及善后一切政务。今大总统已依法继任，应取何法联络？第十条军务院至国务院依法成立时撤废之。今国务院不得谓之依法成立，宜如何应付？段内阁所谓依法之国务院，如何然后能成？又，国务院既无法律根据，彼所副署之大总统命令，能否发生效力？种种问题，立待解决，诸公手复共和，必有成竹，务乞各抒卓见，以定方针。煊衰病余生，本无远志，徒以神奸当国，志切同仇。入国以还，屡有宣言，谓袁朝退，煊当夕隐。今贼已自毙，煊何所求？一俟部署稍定，行即归依丘墓。国家大计，经纬万端，命世群英，诸劳擘划，煊求为共和平民足矣。临电不胜瞻依愧赧之至。岑春煊叩。阳。印。"②

▲梁启超电告吕公望、岑春煊并转陆荣廷、龙济光、汤芗铭、陈炳焜、李烈钧，唐继尧并译转刘显世、蔡锷、戴戡、陈宦、陈树藩等人，表示"收拾北方，惟段是赖"。说："项城奄逝，局势锐变，请即分电段速奉黎大总统即日就职，宣布中外。仍电未独立之诸省，晓以大义，使一致奉戴，勿生枝节，再为厉阶。仍用军务院名义电各国使馆，声明意向，以免惊疑。

---

① 以上二电见曾业英编《蔡锷集》（二），第 1422—1424 页。
② 《军务院考实》第四编《各省文电》，第 27—28 页。

收拾北方，惟段是赖，南省似宜力予援助，毋令势孤，更不可怀彼我成见，致生恶感。即对袁似亦不妨表相当之哀悼，以示洪量而揽同情。国家存亡，间不容发，愿共敬慎，宏济艰难。超去岁在津，曾与蔡、戴二公约言，谓袁朝倒，则超夕隐。比在桂、粤，亦屡为岑、陆、龙三公述此意。天降鞠凶，先考见背，两月始闻，万死莫赎。前已电请解去两广都参谋、军务院抚军领政务委员长诸职，俾得伏墓思哀，稍报罔极。今大难渐平，先灵略慰，超前既有成言，今复遭大故，伏乞哀其惨酷，曲予矜全。此后国事，非棘人所忍与闻，惟兹苦哀，愿执事勿加罪责。善后万端，群公攸赖，伏惟努力，勉副时望。越礼陈情，诸祈矜鉴。启超稽颡。虞。"[1]

8 日

▲蔡锷"万急"电告唐继尧、刘显世、戴戡、南宁陈炳焜、两广行营岑春煊、广东龙济光，袁世凯已"因病出缺"等情。说："顷接成都电文曰，准交通部鱼电开，袁大总统于六月六日巳刻因病出缺，遗令照《约法》由副总统代行大总统职权等因。黎公定于七日午前十钟就大总统之职。京都地方安谧如常等因。合亟电达。宦叩。阳。印。云云。特达。锷叩。齐午。印。"[2]

其间，唐继尧则"火急"通电岑春煊，上海《时事新报》转梁启超、刘显世、陆荣廷、陈炳焜、龙济光、吕公望、陈宦、陈树藩、汤芗铭、蔡锷、李烈钧、戴戡、罗佩金说："义密。岑副长阳电敬悉。袁氏既死，黄陂继任，吾辈主要之目的已达。惟是一切善后建设问题，至极繁难，稍涉疏忽，必致滋生流弊。昨得电报，即将鄙见研究所及，撮举大纲，电呈黎大总统，并分电诸公在案。关于军务院与国务院问题，已具大纲之中，统俟前电确定办法，即可一并解决。现在国家大计，诸待商定，正赖诸公协力维持，期臻完善。西林老成硕望，一身所系非轻，岂可遽萌退志。务望力任其难，以全终始。同人之幸，民国之福也。临电不胜切祷。"[3]

▲梁启超电请黎元洪"以明令规复旧约法"等事。说："阳电奉悉。

① 《护国运动资料选编》下册，第 691—692 页。
② 转引自邓江祁《史海拾遗：蔡锷佚文 20 篇——纪念蔡锷诞辰 136 周年》，http：//www.xhgmw.com/html/xiezhen/renwu/2018/1214/26085.html。
③ 《护国文献》下册，第 996—997 页。

超前月返沪，痛闻先考之丧，昏愦失次，昨得践位庆报，尚迟电贺，猥承先施，惭感莫名。国人望治，犹解倒悬，势虽险艰，转圜亦易。项城以违法专欲失天下望，今宜尽反其所为。请以明令规复旧约法效力，克期召集国会，委信段公组织新阁，延揽各派俊彦署理阁员，共图匡济。帝制祸首，不惩无以谢天下，请分别拘留候裁判，必民气平、民志定，然后一切兴革乃有着手，望先斯数者，以新观听。超苫块余生，本不忍更谭国事，重违明问，越礼奉陈，惟祝早奠邦基，俾超得托庇还里，营葬庐墓，殁存同感。梁启超稽颡。庚。"

又电告四川行营蔡锷，"京求派代表，暂勿确复"。说："义密。虞通电想达。京求派代表，暂勿确复。顷与段商，欲段（祺瑞）、冯（国璋）、王（士珍）、蔡（锷）、戴（戡）、陆（荣廷）诸要人择地直接会晤，解决时局。弟谓何如？此间密电已通。超。庚。"①

同日，岑春煊电告唐继尧、梁启超、独立各省都督及蔡锷等人，国务院误援伪《约法》，"务乞斟酌尽善"。说："袁世凯身死，由黎副总统继任，乃依据民国二年十月四日宪法会议所宣布之《大总统选举法》第五条，义军屡本此以宣言，实亦全国之所共认。乃北京国务院鱼电称依《约法》第二十九条，宣告以副总统黎元洪代行中华民国大总统职权等语。查该电所指《约法》，乃民国三年五月一日所公布、约法会议所修改。夫袁世凯以非法解散国会，别以己意召集所谓约法会议议改大法，机关既不正，所修法案应归无效。黎大总统出承大位，本国法程序之所当然，决非袁世凯一人之私法所得傅会，且继承与代行职权大有区别。我《大总统选举法》明订大总统缺位时，由副总统继任至本任大总统任满之日止。而袁世凯修正之《大总统选举法》三年十二月二十九日公布者，其第十条则云大总统任期未满，因故去职时，应于三日内组织大总统临时选举会，是黎大总统代行职权止于三日。姑不论今日时事纷披，如麻待理，不得于数日内举行大选，而于我义军依法恭承继任之大总统任期，尚有两年未满者。若依据后起不正之法改为摄权，不仅于义军信誓有关，而大局或因此别生纷扰。方今机牙四伏，南北未融，幸有黎大总统继任两年一层，可为狂澜之砥柱。此藩一抉，法纪荡然，祸水滔滔，焉知所届。此诚生死存亡之点，急待磋

---

① 以上二电见《护国之役文电稿》（1916 年 2 月至 1917 年 1 月），中国国家图书馆藏。

商。煊志在讨袁，袁死决意归隐，昨电已陈，谅邀亮鉴。惟心所谓危，濒行亦不容不一陈说，以为诸公参议之资。尊见如何，务乞斟酌尽善，使中国不至在袁死后濒于危亡，至为厚幸。岑春煊叩。庚。印。"①

10 日，唐继尧电请岑春煊、梁启超、独立各省都督及蔡锷等人并转未独立各省军民长官，明令宣布"今日国家根本法当以国会解散以前所公布者为准"等四大要案。说："堂密。顷电呈北京黎大总统文曰，项城得罪民国，滇黔桂粤各省恭戴我大总统继承大位，天心厌乱，项城无禄，北省军民，一致推戴，此民国如天之福，抑我大总统盛德所致也。尧等待罪南中，闻电之余，以喜以悸，除令前敌各军静俟后命，并商黔桂诸省，征求同意外，兹先就愚虑所及，宜于急行者，用敢呈乞钧鉴施行，幸垂察焉。项城叛国之罪，造端实由于解散国会之日，故今日国家根本法，当以国会解散以前所公布者为准，此应请明令者一。根本法律者，实惟此《总统选举法》，我大总统任期以前大总统任满之日为止，副总统一职则由国会另选，按照《约法》及《国会组织法》则任命国务员，组织正式国务院须得国会同意，故应召集前参、众两院议员齐集天津克日开会，以便依法开幕，此应请明令者二。今日绥定全国，首在罢兵，凡经抵抗护国军之各军队应即悉行撤回原驻地点，庶以表示和平，避去冲突，此应请明令者三。至今兹护国军之起，事出非常，现虽大总统出而维持，而善后问题亟待解决，此类事项，势不能悉待国会会议，且事机危迫，亦断难坐待国会开会，拟请召集军事特别会议，令各都督或将军各派军事代表若干名在沪集会。诸凡军事重要问题，悉由该会议决，呈候施行，此应请明令者四。以上四端均为全国安危所系，用敢迫切上陈，伏乞乾断厉行，民国幸甚。犹有请者，前因我大总统未能就任，南中故暂置军务院，敬代执行并经宣告。俟得国会同意组织之国务院成立，即行撤销。现仍照此办理，合并呈明，统祈钧鉴。云南都督唐继尧叩。等语。窃今日民国垂绝，幸延一线，此后国事进行，非一切本诸法律，不足以靖人心之纷扰，而扶国命之倾危。前电各节，似均为一定必由之轨道，诸公热诚爱国，具有同情，如荷赞同，敢乞一致主持，全国幸甚。唐继尧叩。蒸。印。"②

---

① 《军务院考实》第四编《各省文电》，第 29—30 页。
② 《军务院考实》第四编《各省文电》，第 35—36 页。

接着，又通电岑春煊，上海《时事新报》转梁启超、刘显世、陆荣廷、陈炳焜、龙济光、吕公望、陈宧、陈树藩、汤芗铭、蔡锷、李烈钧、戴戡、罗佩金说："华密。西林先生庚电奉悉。老成瞻言，至为精当，钦佩已极。默察现时国内情势，惟黎大总统按法继位两年，足以消弭一切祸乱，反是则任由何道，皆所以致乱亡，鄙见亦如此。且谓今欲抑奸宄而正人心，惟有一切纳之于法律之中。故我辈此后进行方针，必当始终拿定不出法律范围之外，乃能以简驭繁，使国势渐归于一。区区微意，已详蒸电。该电主张自解散国会以后所有袁氏一切法令，概当认为无效，与西林先生电意暗合。究竟京事消息如何，数日内当可得大概，拟届时再定应付之策。诸公伟画，仍望随时筹示。"①

▲报载蔡锷等人电请黎元洪"迅行逮捕"帝制祸首，"依法严惩"。说："闻初八日，陆荣廷、唐继尧、蔡锷、岑春煊、李烈钧、汤芗铭、陈宧、梁启超等曾有连衔密电，直达于黎大总统府。经黎公核阅后，当将原电封交段国务卿核办。据闻系恳请对于摧残共和之罪魁迅行逮捕，依法严惩，以谢天下，切毋任其逃出法网等语。"②

9 日

▲蔡锷电贺黎元洪继任"大总统"。说："华密。天相中国，项城骑箕，乱源斯泯，我公即任，万众额手。惟只疮痍满目，来日大难，我公德量恢宏，群流仰望，人心所归，百难是宁，必能登人民于衽席，措国家于磐石。锷虽乏尺寸之能，敢怠涓埃之报。谨电驰祝，伏祈为国珍重。滇黔护国军总司令蔡锷叩。青。"

又与赵钟奇电告威宁、曲靖探送李支队长植生，"该支队所部勿庸再来川"。说："袁氏已故，副总统于阳日继位，此间北军已退，该支队所部勿庸再来川。除电都督外，特电知。锷、奇。佳。印。"

正午 12 时，又在大洲驿命令赵又新、顾品珍、刘云峰：

（一）袁世凯已死（详昨八号同日命令中），张敬尧电话约于本月十号撤回前线之兵，暂驻屯于纳溪一带。

---

① 《护国文献》下册，第 997—998 页。
② 《梁士诒逐出东交民巷》，《申报》1916 年 6 月 13 日。

（二）我军着先暂撤散兵线上之兵，驻屯于原防地附近，以资休息。其应行驻屯点如下所示之范围：右翼各支队在赤水县及白节滩一带之线；正面各支队在渠坝驿及马庙场一带之线。

（三）由各支队（营、连）收集子弹，检查武器，并防止携枪逃亡之士兵。

（四）此次撤兵之原因，着由各长官集合士兵明白宣示，并令仍须恪守军纪为要。

（五）以上各项，均于受到命令之日起一律遵行，并于实施后将其情形分别报告为要。

（六）此次全战役间之所有战斗详报，迄今未报到者尚多，着迅速赶办，限文到五日内一律由各该梯团部汇齐转呈来部，万勿再延。

上令赵、顾、刘各梯团长。总司令蔡。

又飞电江安、南溪电局转成都陈宧，表示对周骏、王陵基"如须兵力，此间尚可拨济"。说："成密。接阳电及滇省英领特电，知项城骑箕，黄陂继任，福音传来，三军雀跃，万众欢腾。此公一死，何啻救生灵百万！天网恢恢，疏而不漏，其信然矣。现张、李之师定于蒸日撤兵，弟亦拟饬前线将警戒网撤退。近日内、资方面情形如何？周、王（按：指周骏、王陵基）之意究将何为？现既得项城死耗，度亦嗒然若丧，将偃旗息鼓，乞怜于我兄矣。曹、张前此似无意为周、王争权利排外主义而作战，今情况迥变，想更无战意。周、王卑劣无耻，如为保全地方计，电请中央调之入京，而编收其部队，或竟痛予剿办，皆无不可。尊处如须兵力，此间尚可拨济也。锷叩。青。"

又电告张敬尧，如有偕同周骏西行之部队，务必"迅予调回，以顾大局"。说："华密。周骏、王陵基率师西犯，进据资、内、隆、荣一带，纯系为争个人权利及排外主义而起，蜀中正人多不直之。现项城出缺，黄陂继任，两军即属一家，有为争权利而妄动兵戎者即国家之公敌。微闻日前贵军一部分，有偕同周师西行之说，不知确否？如其有之，务早迅予调回，以顾大局而泯衅端为幸。并希示复。蔡锷叩。青。"

又电请陈宧速接济何海清新编王潭支队以"新械"，并告綦、渝方面对周、王"已早作部署"。说："成密。支、歌、阳各电均悉。周、王西犯，至为愤懑。何支队日前出发，日内当可抵叙，并续将永宁守备队编为一支队，由王支队长潭率领赴叙。惟该支队原有枪械糅杂窳旧，实不堪用。前接榕轩电称，已商请尊处拨给新械，已邀允可等语。现令徒手赴叙，乞赶为设法运济，俾资赴敌。此间已严作战备，俟袁军抽调西移，即并力冲其侧背。连日佯攻威胁，察彼军甚怯无斗志，似不至为周、王个人权利部落以趋战也。綦、渝方面亦已早作部署矣。锷叩。佳。"

又电告北京各部、院、局、署暨各省都督、将军、巡按使、镇守使、各特别区域都统，声明其"出征以来，未滥招一兵，未滥使一钱，师行所至，所部士兵未擅取民间一草一木，不敢种恶因以贻恶果"，并表示待其所部"部署稍定，即行解甲归休，遂我初服"。说："项城出缺，黄陂继任，舆情拱服，中外翕然，元首得人，曷胜抃颂。惟念辛亥以降，迭遭国难，兵燹之余，继以灾祲。项城当国，抑本齐末，元气益凋。近半年来，干戈俶扰，血战之区，虽限于川、湘一隅，影响及于全国，公私涂炭，不可亿计。廓清积困，恢复故状，为事大难。欲进而恢张国运，百废俱兴，更属不易。非赖中央提挈于前，各省翊赞于后，群策群力，共趋一的不为功。目前善后要务，尤在收束兵事，保固治安，维持财政诸端。三者互为关联，相因相成。果能内外一心，共矢贞诚，此次善后诸事，不难于最短期内迎刃而解。伏望内而中枢诸贤，外而已独立、未独立各省长官，蠲除成见，以福国利民为前提，以拥护中央为要义，则国事前途，庶其有豸。锷为时势及良心所迫，待罪行间，转战数月，率国内健儿相见于修罗场，悱恻之余，继以惭悚。所堪以告我邦人于无愧者，出征以来，未滥招一兵，未滥使一钱，师行所至，所部士兵未擅取民间一草一木，不敢种恶因以贻恶果。故本军范围收束极易，足纾中央南顾之忧。日来正从事计划收束之法，一俟计划就绪，当即呈请中央核饬遵行。锷锋镝余生，无意问世，且夙疴未瘥，亟待疗养，拟俟本军部署稍定，即行解甲归休，遂我初服。款款愚忱，伏乞鉴察。滇黔护国军总司令蔡锷叩。青。"①

**按：**因蔡锷此电初见于帝制派舆论机关，当时即有媒体对其真实性提出质疑，说："二十五日北京《元勋报》载有蔡锷电文一则，于约法、国

---

① 以上六电一命令见曾业英编《蔡锷集》（二），第1424—1428页。

会、祸首等事均未题及，惟殷殷以拥护中央、收束军队为词。现在滇、黔均未取消独立，署衔处仍曰滇黔护国军总司令，是蔡与中央固尚处于相对之地位，而四川将军之任命是否受命且自难知。电文中乃有所谓呈请中央核饬遵行，及请假归休等语，一似蔡氏行止，一惟中央之命是听者，曾是蔡锷而如是乎。反复抽〔细〕绎，诸多可疑，用录其全文如下，以质诸国人。"① 后来刊印的《松坡军中遗墨》收有此电，证实确为蔡锷当时所发。

15 日，唐继尧为此通电岑春煊、刘显世、陆荣廷、陈炳焜、李烈钧、龙济光、吕公望、陈宧、蔡锷、戴戡、罗佩金，务望蔡锷"发挥伟见，毅力主持"。说："松公青电奉悉。项城天然淘汰，黄陂依法继任，大局可望底定。吾辈目的已达，更复何求？但正式政府如何成立，军事善后如何布置，以后财政、国会各问题，均与义军有直接、间接之关系，若不乘此切实研究，一致主张，恐善其始者无以善其终，仍不能得良好之结果。松公躬在行间，劳瘁备至，同人系念极深。但九仞之山，岂可亏于一篑。务望发挥伟见，毅力主持，冀国本人心，一致克定，然后同遂初望，把臂入林，固夙愿也。继尧叩。删午。印。"②

27 日，岑春煊也电复蔡锷，"以大局为心"，不当"引退"。说："青电敬悉。讦谟定命，钦服同深。惟国难甫平，国是未定，我公进退，实系安危，与煊衰朽之躯，分当引退者殊科。然自煊言之，则近于阿私，亦惟公以大局为心，以斯民为念，而必求其是尔。引领西望，不尽依依。岑春煊叩。感。印。"

同日，李根源则电复蔡锷，"盼时赐教为幸"。说："读公青日通电，所论善后方法，诚属救国要图，名言至论，莫名钦佩。惟大局似定而未定，时事愈演而愈奇，我公既为旋转民国之人，讵宜辞巩固共和之任？所望左提右挈，戮力同心，复《约法》于死灰，措神州于磐石，然后寻遂初之赋，大局幸甚。源奔走频年，一无补济，亲丧未葬，负罪终天，惟以残局未收，求归不得，中怀荼剥，无可举似。引领西望，不尽欲言。公处与此间通电甚稀，盼时赐教为幸。李根源叩。感。印。"③

▲梁启超电请天津熊希龄、蹇念益迅告段祺瑞，不可赦免帝制祸首。

---

① 《帝制报中之蔡锷电》，《申报》1916 年 6 月 28 日。
② 《军务院考实》第四编《各省文电》，第 106 页。
③ 以上二电见《军务院考实》附《两广都司令部考实》第五编《杂件》，第 6 页。

说："建密。闻有赦帝制祸首明令，南方极激昂，恐增口实、激大变。虽未得严惩，亦岂可于人情惶惑时更煽焰，以危国本。请迅告芝老。超。青。"

又电请南京将军署籍忠寅、胡汇源告之冯国璋宜主规复旧约法。说："请告华帅主规复旧约法，速集国会制新宪。否则经年不能开国会，将生奇变，切宜注意，勿生枝节。超。蒸。"①

▲报载"日前黎总统、段国务卿电致蔡松坡，催其急速来京，协议善后诸策。中央已于九日接蔡复电，允诺来京。复据一消息，蔡锷承诺来京，不过因黎、段二公之电召，仓猝间难于拒绝，故有赴京之复电。其实际蔡锷恐尚未易即来京云"。②

13 日，又载"蔡锷二次来电，有一星期后北上之说"。③

19 日，再载"大总统前曾电致蔡松坡，请其迅速来京参预一切要政，以期早定国是，蔡已允。可昨闻又接蔡来电，谓来京之事，须俟军事略为收束，即当北上。钧电来催，过蒙奖饰，捧读之下，无任惭惶云云。至于滇中取消独立问题，电中并未涉及云"。④

## 10 日

▲8 日，上海《中华新报》披露蔡锷等 31 人署名的如下通电：

> 十万火急。北京国务院，各部总次长，各省将军、巡按使、都督、民政长乞转各路司令，各镇守使，各师旅长，政党，各机关，各报馆，长江巡阅使，张家口、承德府各都统，上海各护军使、副军使均鉴。接京电，敬悉袁大总统因病出缺，黎副总统代理总统职务。查大总统遇有事故，应以副总统代摄，载在约法，固属正当办法。所可虑者，南北大局，当调和各方面意见，未尽融洽遄迹，人民不无疑虑。土匪四起，荆棘遍地。东邻虎视，狡焉思逞。库藏支绌，筹备维艰。外交棘手，时凛瓜分之惧；银根奇窘，辄抱破产之忧。内讧外患，险象环生。国势岌岌，一发千钧，非有英明神武之

---

① 以上二电见《护国之役文电稿》（1916 年 2 月至 1917 年 1 月），中国国家图书馆藏。
② 《蔡松坡有电到京》，天津《大公报》1916 年 6 月 12 日。
③ 《专电》，天津《大公报》1916 年 6 月 13 日。
④ 《蔡锷电允来京》，天津《大公报》1916 年 6 月 19 日。

总统，不足挽狂澜而任艰巨，非立坚强稳固之政府，不足奠邦基以救危局，及非从速召集国会，选举议员，无以审定国是，力筹治安。而总统、政府亦无及时选出，克期设立之望。副总统不过暂摄，权免祸乱。至组织国会为根本大计，若非群策群力，急速进行，恐迁延日久，陷国家于无政府之地位，危险必十倍于今。夫总统、政府、国会三者均应速为举行。而总统肩天下巨任，为人民所仰望，苟举非其人，不但一切政治难策进行，亟恐酿成巨变，不可收拾。当今之世，具有总统资格、道德、经验，足以威服天下，为全国所爱戴者，在京巨公段芝老外，别无其人。蔡松坡、陈二庵将军两君承认为临时总统，并担任云、贵、川、陕、两粤一律同意，可见公道自在人间，而芝老威德实惬人意也。芝老整军有年，军界历任总镇、副都统、江北提台、国务总理，政治经验尤富，道德为全国所心服。且驭兵严明，宽猛兼济，德泽入人已深，军人尤承优待。若得此老接任总统，则各省军队必能力为保全，勤加训练，以固国防，国民均享幸福，全局亦多裨益。倘不竭诚推举，失此机会，所举者或不谙戎旅，必至蔑视军队，横加摧残，十年久练之劲旅，终归无用，甚为可惜。重新编练，非旦夕可成，猝有缓急，其将何恃？大局攸关，良非浅鲜。非厚于芝老故为标榜，既有蔡君提议于前，南方各省赞成于后，洵出公论，绝非私言。且于军事进行，国家前途，影响甚大，不得不竭全体之力，共相推戴，以撑大厦于将倾，而图国家之治安。尧等本武夫，目击国势险危，时机急迫，又于军队有莫大之关系，用敢披沥电陈。如表同情，祈即联合公推为荷。滇黔军总司令蔡松坡，第二路司令张敬尧，滇军师长顾品珍、刘云峰，第八师师长李长泰，旅长齐燮元、吴新田、田栈勋、周符麟、王汝勤、张九卿、吴佩孚，滇黔军总参谋长罗佩金，参谋长余炳、殷承瓛、团长上官建勋、孙树林、宫邦铎，第七师参谋长胡国栋，参谋陶云鹤、张联芳、熊祥生，谘议刘葆诚，参谋温其阴、王玉珍、姚宝苍、张清柄、张敬舜，执法长陈庆周，第一路司令周文炳，第二十师长范国璋同叩。庚。

9 日，泸州报纸再次发表了该庚电，于是 10 日蔡锷通电各报说："泸州六月九号所发华密庚电一通，内署贱名，实未预闻前［其］事，应不负责。特此通告。蔡锷叩。蒸。"①

接着，上海报载蔡锷否认庚电，说："蔡锷蒸电声明泸州所发庚电未预闻，不负责等语。当时庚电未披露，阅者颇费猜疑。兹从某方面得此电原文，披阅一过，知其内容乃主张新约法，认黎大总统为代理而非继任。其意欲联合各省公推段祺瑞氏为临时总统。惟拟稿者不甚高明，电文中颇有一二自露马脚之处，如电末领衔者题曰：滇黔军总司令蔡松坡，已是不伦不类。盖无论何处，凡正式文电，从未有上标职衔下书号者。又电中有蔡松坡、陈二庵将军两君及尧等本武大等语，尤与署衔处不能相容。总之，以发电地点与电中失检之处参之，此电殆张敬尧所主发者。"②

19 日，刘显世也通电各报馆说："顷接大洲驿蔡总司令寒电，其文曰：'泸州六月九号所发华密庚电一通，系窃名拍发，锷特于蒸日通电京省。文曰：军急。北京国务院，各部、署、局长暨各省将军、巡按使并转各总司令、各镇守使、各师旅长、各报馆鉴。泸州六月九号所发华密庚电内署贱名，实未预闻其事，应不负责。特此通告。蔡锷叩。蒸。等语。罗佩金等亦于元日通电京省，文曰：北京黎大总统暨各部、署、局长，各省都督、将军、巡按使鉴。昨闻泸州六月九日所发华密庚电，并将滇军军官多人姓名随意并列，事前并不通知，殊堪骇异。佩金等现隶蔡公麾下，凡对于大局主张，由蔡公主持，佩金等惟知服从命令，不敢越职出位，妄为论列，以乖服从之旨，而杜军人干预政治之患。区区之心，尚乞公鉴。滇黔护国军左翼总司令罗佩金、参谋（长）殷承瓛、第三梯团长刘云峰、四梯团副官长余炳等同叩等语。惟此项去电，恐泸、渝抑阻，拟请冀、善两公饬分由海线、潮州两线照拍，用免迟滞，借资更正，即希察照为盼。锷叩。寒。印。'等语。特转达。刘显世叩。皓。"③

▲梁启超电告独立各省都督、岑春煊、李烈钧、蔡锷、戴戡，已电复黎元洪四事。说："阳电想达。黄陂继任，大局渐定，乞速电贺，令中央安心。超昨复黄陂电，言四事：（一）规复旧约法；（二）速集国会；（三）

①　以上二电见曾业英编《蔡锷集》（二），第1429—1430 页。
②　《蔡锷否认之庚电原文》，《申报》1916 年 6 月 20 日。
③　上海《时报》1916 年 6 月 28 日。又见天津《益世报》1916 年 7 月 1 日，但该报无"佩金等现隶蔡公麾下，凡对于大局主张，由蔡公主持""借资更正"二语。

请任芝老改组新阁;（四）帝制祸首付裁判。谨闻。梁启超。蒸。印。"①

次日，又电告唐继尧、刘显世、陆荣廷、陈炳焜、龙济光、吕公望、蔡锷、戴戡、岑春煊、李烈钧，京、沪等地情况，并提出六条应付时局方针。说："护密。元首正位后，京秩序尚安。黎频电海上名流，段未有电，都中新旧约法之争颇烈，逆党无惩办消息，海上事杂言庞，折中不易。日人则宣言助北，但声明助黎非助段。以超观察，段无恶意，惟所处既艰，魄力稍弱，左右无人，恐被劫持。现川、陕、湘既撤销独立，五省态度极宜慎重，军事计划，务维持现状。已出发之军，即驻现驻地点，不进亦不退。军务院条例，本定国务院依法成立时撤废，可再宣言申明，一面由五省提出条件：一、规复旧约法；二、召集国会；三、惩治祸首；四、南省北军撤还；五、废将军、巡按官制，一律改称都督；六、双方要人在南京或武昌开善后会议，直接晤商。鄙见如此，希公决一致进行。复电径寄沪，不必写传址，即能达。启超。真。"

**按**：此电收录于公开出版的《盾鼻集》时，删去"日人则宣言助北，但声明助黎非助段"一语。

又电告天津熊希龄等人，"欲代元首拟一收拾人心之明令"。说："建密。并转季、佛、印、溯。蒸电悉。财政替人不敢妄荐，弟在沪可为中央后援，到津发言效力便减，此着可勿商。拟欲代元首拟一收拾人心之明令，若见采，当撰成电达。弟与西南通密电事已办妥否？为天下轻重者莫如西南，能平心顾全大局者亦莫如西南，弟与彼通讯实第一要着，乞速办妥。元首分电海上名流，尚遗孙、黄、岑，似当补发，稍还诸魁体面，将来国会困难程度可灭也。再弟所发电能饬免费尤盼，若长电稍多，力实不任，乞鉴原。超。真。"②

11 日

▲梁启超电告四川行营蔡锷，"中央若罗致弟入阁，切勿允"。说："义密。阳、庚、蒸三电达否？中央若罗致弟入阁，切勿允。此间蜀人以全

---

①　《军务院考实》第四编《各省文电》，第44—45页。
② 以上二电见《护国之役文电稿》（1916 年 2 月至 1917 年 1 月），中国国家图书馆藏。

力谋弟督蜀，湘人亦谋弟督湘，鄙见谓蜀宜，弟宜预备。循以何位置为宜？湘可图否？乞熟商复。地位本不屑争，欲为国家得实力保障，两公不可无凭借，想会此意。超。真。"①

▲石青阳电告刘显世、蔡锷等人，已于 4 月 10 日成立中华革命军四川司令部，贯彻"推翻专制政府"等四大宗旨。说："贵阳刘都督鉴。恳转肇庆岑都司令，云南唐都督，桂林陆都督，大舟〔洲〕驿蔡总司令，永宁罗司令，江安刘司令，松坎戴司令，晃州王司令暨护国军中华革命军司令将士，各省将军、巡按、师旅团长，上海杨沧伯先生，《民国日报》《申报》《新闻报》《民信报》《中华新报》，日本东京孙中山先生，并恳转海外各华侨公鉴。青阳等别国人久矣，癸丑出亡而后深自策厉，思所以障卫共和。彼时袁逆罪恶，虽未彰著，而在在胥为今日帝制之谋，国人不谅，惟咎三年。去秋复设筹安会，倡变国体，假托民意，悍然改元神圣庄严之民国。一旦叛变，滇黔建义，伸讨独夫，青阳等自东遄归，联我同仇，招集旧部。于是缙绅耆旧，游侠健儿，闻风群起，动以万数，不期日已占领酉、秀、黔、彭、夔、万、酆、忠暨成都附郭各属，川北邻、广各地始虽纷纭，近渐统一，乃于四月十号成立中华革命军四川司令部，暂先编成川东、南、北三支队，掬诚誓师，并告国人自今伊始，本军当贯彻惟一之主义，一推翻专制政府，二恢复完全民国，三启发人民生业，四巩固国家主权，以期大整。元凶殄而后已，扶持国体，生死同之。临电无任激切待命之至。中华革命军四川司令官石青阳。尤。"②

▲周骏通电北京政府及各省，先锋队司令王陵基电称"成都指日可克"。说："国务院统率办事处，各省将军、巡按使、护军使、镇守使，各商会，各报馆均〔钧〕鉴。本军出师攻取成都，大队集中永、荣、隆、内、资中一带，据先锋队王司令陵基佳日由资州电称，省军约四营余，开到阳县与我军先锋接战约三小时，毙敌数十人。该军多陵旧部，来归者五十三人，枪械完全。至晚，该军刘团附赍专函来资，愿率兵九百余人，并机枪一挺，仍归陵部。省中川、北两军人心涣散，均不附陈，成都指日可克等语。据此，查陈将军待人素不推诚，反复无常，故初一交绥，即已众叛亲

① 《护国运动资料选编》下册，第 698 页。
② 《公电》，《申报》1916 年 6 月 28 日。

2176

离。骏此次督兵平乱，亦以谊切桑梓，何忍川局糜烂，对于成都极愿和平解决。现省军既相率来归，其无斗志可想，川局敉平，拭目可俟，知关特闻。周骏叩。真。"①

其间，陈宧致函周骏，"讽诮"其欲得成都位置"久矣"。说：

吉珊足下：陈宧德不足以感人，智不足以逆诈，何能强人之从我，欲始终以保境安民为主义，尽区区疆场守史〔吏〕之责。滇军来而御之，叙府失而复克之，始终无出境之师，求无负保境安民之初志而已。袁大总统忽动帝主〔王〕思想，忽从而取销之，于此时忽汇兑五千万金入英伦，以为袁氏子孙海外私产，袁公之计诚得矣，唯是因袁公一人帝主〔王〕思想，而血战死伤之南军北军，谁非肢体，谁无父母妻子，袁公害之，非陈宧害之也。陈宧所领北军，与曹公所领北军，同一北军也，克复叙府死伤者，陈宧之北军，彼曹公之北军未尝一战有死伤也，袁公不知何心，军饷独拨曹军，而陈军则各不拨饷，是置陈宧北军于死地，袁公害之，非陈宧害之也。死伤则有陈宧北军，饷则无之，试问袁公汇兑英伦五千万金之私产，何独不分涓滴以活我血战死伤之北军？袁公忍为之，陈宧实不忍言之也。北军从陈宧抚循而来，即陈宧之家人子弟也，谚曰"各人养的各人疼"，陈宧北军之死伤，袁公远不见之，陈宧见之也，袁公果以大公之心为国民，陈宧自当率我军人，为我国民以死，陈宧为国民而死亦其所也。袁公乃以一家之心为富贵，陈宧何忍以袁公一家之富贵糜烂我军人？岂唯不能为袁一家之富贵糜烂我军人，亦岂能为我陈宧一人禄位糜烂我军人？陈宧既以血诚约滇军不相侵犯，是已行独立之实，何必慕独立之名？况复血诚劝袁公退位，原无丝毫欺诈隐瞒之心也。袁公终不见听，蜀中豪杰独立四起，陈宧无可更待，而后宣告独立，非卤莽慕独立之名而为之也。足下亦曾七电赞成四川独立，今者俨然以袁公新命四川将军名义，委员赴道县提饷，复令王方舟以新命重庆镇守使名义潜师西来，足下果动于将军之新命而为此乎？袁公固尝以此术饵云贵独立诸公，云贵诸公皆不为袁公所诱，岂足下明达而为所诱乎？夫一等侯爵四川将军陈

---

① 《周骏进逼成都之通电》，天津《大公报》1916 年 6 月 28 日。

宦不才，尝先足下而得之，卒撇屣而弃之，袁以不义之富贵诱我，即不以人类视我，我何必为之愚也。足下果荣幸袁公此饵者，陈宦断不愿糜烂草民而争之，是重堕落陈宦非人类也。昔者胡文澜昭觉寺避尹硕权之役，足下曾秘电文澜，请以都督让足下，此事蓬山、积之皆知之，非诬足下也，是足下之欲得此位久矣。陈宦管军民之政一年，自惭百无可取，唯此不屑近利、不忍害人之心差足自信，亦或见谅于同事。今日之事，既已大集蜀中耆老贤豪，请避贤路，改选都督，谨以牺牲玉帛迓袁公新命将军东门之外，足下必有以艾安我军民，此则陈宦百拜以祷祈者也。陈宦顿首。

**按：**发表陈宦此函的《申报》，还专配有如下前言：“周骏得北京任命将军电后，即布置重兵，逐次西上，拟取成都。据西电消息，周军已去省不远，本馆专电亦言陈宦处境甚危。兹闻陈宦于周军进逼时，曾致周氏一书，虽语多讽诮，然其情甚苦，大有无可奈何之意味。又川省参事会亦于其时致函各路民军，请其一力相助，可见周军声势甚大，陈宦部下军队实已自无把握，一时省垣人心之惶恐、事势之危迫，盖可于字里行间默会之矣。”①

稍后，又有报载周骏已率大军到资阳，是夜在距省40公里之龙泉驿与狙击军开仗。说：

周骏已率大军到资阳，距简阳不远。其先遣司令王陵基六月十四号午二时到简阳，十六号上午已到距省八十里之龙泉驿，十五号夜与该处狙击军开仗。因寡众不敌，张之江司令见无援兵，乃暂退却，王氏遂率众前进，据龙泉驿。十六号早，成都各北军纷纷开出作战。记者午前十一时闻此耗，到都督府访徐参谋长，探询情形。徐系十五号始就职者，一似毫无头绪，其参谋室有龚伯楷等军官十余人，或坐或卧或立，形颇仓惶。记者问以昨夜开火情形，徐勉强答数语，各军官亦只扼腕长叹，其情形似已无可救药者。又到民政厅，则厅长修承浩因公他往，其科员某谓修氏有辞职之说，其一般办事人员亦皆有惊惶

---

① 《周骏进逼时之锦垣恐慌》，《申报》1916 年 6 月 22 日。

气象。继到参事会，则十五号所定之临事［时］会议，已无一人矣，后由后子门出。都督府则军队纷纷迁出，均携有私物，形色甚形仓惶云。

周骏以蜀军总司令名义攻取成都，现已行抵资中，原驻资中之王陵基分数队向省城方面进行，其本队日前由东大路经过资阳，闻昨午后二时已到简州。其支队由间道绕至简阳连界之金堂、淮州，欲由小川北路上窥锦城。陈都督派驻防御之第一混成旅旅长杨志澄，因该旅前锋已受王军运动，不与对敌，后队亦多不稳，遂率兵两连星夜遄返省城，请示机宜，已于昨十四夜间抵此，前方军情，不问可知。兹将十五日参事会情形，记述如次。

参事会于是日午后八时开临时会议，当未到议场时，各员皆聚于休息室时，警察厅嵇述庚处长亦到，谓时机危迫，非请参事会员前往与周、王交涉，止其前进，静候中央解决不可。时参事多人皆主张解散，颜雍耆欲自由前往，曾副会长奂如言须到议场开议，方能解决，于是全体到议场。由孙元青到都督室报告，并请都督莅会。时陈都督因有要公，未能到会，派第十六混成旅旅长冯玉祥、第四混成旅旅长伍祥桢、十三混成旅团长丁博霄代表到会。冯君云周、王虽前进，但决不致逼近成都，特军事秘密，不能为诸公详道。将来如周、王到成都，我们愿以头颅为徇，众心稍释。冯、伍、丁三君去后，曾奂如向众报告，参事会可否停止□姑虚与委蛇，请公决。张治祥谓只应讨论停止与照常开会，如停止则竟停止，如照常开会则仍须肩担重任，不能虚与委蛇。刘藜青谓参事不仅对于军事而设，不能因军事而停止。某君谓如停止，则近于要挟。曾奂如则赞成解散，请众详细推敲。其后主张照常开会者多，乃照常开会。提议对于护国军司令孙、吴、丁、张及杨辛友等各军之办法。熊兆渭谓杨辛友昨晚函催孙、吴、丁、张来省，大约明日（即十六号）午前八时可抵省，俟其到时再行讨论，乃决定十六号十二时在参事会再行开会。后又提议鼓铸大铜元案而散。是日参事会复周骏电云：特急。资中探投周吉珊先生鉴。佳［佳］电敬悉。时局糜烂，诚不可言，维持之责，端在军人。诸公手握兵柄，欲保卫则保卫，忍糜烂斯糜烂耳。现在省军已如约返驻资阳，公等则节节前进，步步为营，大旆所过，人民惊畏，函电纷驰，均求解决。

而公等所持解决二字，意义终未明了。虽公歌日来电，誓言不争权利，然所怀私隐，已见肺肝。同人今日良心上之解决，则惟求公等各回原防，镇守东川，以俟中央命令。时危至此，倘犹死心权利，行动自由，不戴中央，不顾大局，胜负之数不可知，窃恐大局分裂之患，四川糜烂之祸，皆自公贻之。即陈督不念川人，幡然远行，而邻省重兵，在公左右，护国健儿，视公蛇蝎，义愤填膺，愿与决死，岂能任公随意攘夺，公揣情度势，又能安坐锦城，自加徽号耶？袁氏以失人心而亡矣，公其三思。参事会叩。十四午后三时发。

　　十一日，第一混成旅旅长杨志澄自简阳来电，云成都参事会、商务总会、各报鉴。夫祸四川，周、王抗义，本军奉令出发，六日行抵资阳，即将所部各支队，令饬分路前进，扼要驻扎布置，尚称完密，地方安谧如常。顷奉陈都督电令，袁氏已殁，黎公继任大总统，国家大事既经根本解决，各路军队自无战争之必要，除致电周吉珊，请将资中队伍退驻内江，并饬省军前进各支队，亦即调回资阳附近驻扎等因，业已遵照办理，择要防堵。本军宗旨，只知服从命令，保护治安，断不使破坏之徒得逞其狡谋，致贻我全川父老兄弟之忧。知关注念，特电布闻。第一混成旅旅长杨志澄叩。真。十三日，参事会开会，黄秘书树滋到会报告谒周骏情形，略谓四号抵永川谒周骏，责以大义。周既至永，即将其崇武将军招牌收拾，并诡称川中父老子弟派代表请我到成都，我不能不顺我父老子弟云云。现在荣、隆两昌及永川等县人民迁徙一空，沿途兵队，络绎不绝，枪声时闻，情形已大略可睹矣。①

## 12 日

▲蔡锷电请"洪江周统领蔗生代译专弁送新化"刘命侯、曾广轼并转新邑矿界诸绅，望"邀集新邑矿界诸贤，认借军饷二三十万，以济眉急"，并速复。说："华密。国家不幸，致肇兵戎。滇、黔首义，弟总师干，分出川、湘，师行所至，幸不辱命。惟滇、黔皆瘠乡，兵额骤增，饷糈不给，故敝部出征以来，率仅发口粮零用。而滇师自出省迄今，省政府仅发饷两

---

　　① 《成都快信·成都之大恐慌》，《申报》1916 年 7 月 1 日。

月，支撑至今，竭蹶可想。历就滇、黔、川各绅商凑借挪移之款，已不下百万。今已罗掘俱穷，不能不远作将伯之呼。万望两公为弟邀集新邑矿界诸贤，认借军饷二三十万，以济眉急。半年之后，必全数偿还，息银若干，照政府公债最优之数核给。募饷出力人员，当择尤由中央给奖。务望于接电后三星期内陆续募集，随时电告，此间当电饬黔军赴湘护运。公等急公好义，当不后于他省及海外侨人也。如何？盼速复。滇黔护国军总司令蔡锷由四川行营叩。文。"

18 日，再以"万急"电，请刘命侯、曾广轼筹款接济，以解"燃眉之急"。说："昨由洪江周蔗生转致一电，计达。敝军窘迫万状，故远作将伯之呼。在诸公不过腾挪一时，珠仍还于合浦；在敝军借资饱腾，不啻解燃眉之急。临电无任翘企，盼速复。锷叩。巧。"①

▲梁启超电告天津熊希龄、蹇念益、徐佛苏、黄群，"欲谋统一"，当"即废将军、巡按官制，规复都督"。说："建密。知约法已决复旧，大慰。希早宣布，以安人心。欲谋统一，有一事当速办，即废将军、巡按官制，规复都督是也。欲独立省撤销都督名义，为事颇难。就法制利病论，数年来军民分治，有名无实，徒陷前清督抚同城之弊。或互轧轹，或巡按等于属僚，将军既不负财政责任，故军费不肯自谋收缩，巡按畏逼避嫌，故民政不举，即无今次变故，亦当议改。今乘此机，一律改称，独立痕迹，不拭自消，实为两便。超已分电各省，力图统一。若中央举措，不贻口实，当易奏效，乞转达元首及当局。如何？希赐复。超。文。"

又电告南京将军行署籍忠寅、胡汇源，请冯国璋毅然主持废将军、巡按旧制。说："护密。蒸电慰悉。顷得京电称，已决约法复旧，派宗孟到宁疏通，并属超与济武来宁会商。超斩焉缞绖，实不克行，且并华帅处亦不便直接通电，祈转达乞谅。旧约法诚多缺点，规复后国会可集，修改自易。默察现在形势，国会当无甚捣乱，望勿疑。再，欲图南北统一，宜速废将军、巡按官制，一律改称都督，此官制行后，于军民分治并无实效，徒蹈督抚同城旧弊，致庶政丛脞，乘此规复旧制，使一省事权归一，实救时要策，而独立痕迹不拭自消，为利最大。此议由未独立各省发议最是收望，乞商华帅毅然主持。超。文。"

---

① 以上二电见曾业英编《蔡锷集》（二），第 1430—1431、1435 页。

又电告唐继尧、蔡锷、戴戡、刘显世、陈炳焜转陆荣廷、龙济光、岑春煊、李烈钧、杭州吕公望，中央"已决规复旧约法"，"可开诚议善后"了。说："护密。得中央真电，已决规复旧约法。启超复电云，知约法已决复旧……实为两便等语。谨闻。望一致主张。此着办到，则无已未独立之分，可开诚议善后。尊意如何？盼速复。超。文。十二日下四时发。"

又电张国淦说："真电慰悉。超斩焉缞绖，未便赴宁。当以电往复摅献鄙见，力图共济。超。文。十二日正午发。"

又电询蔡锷是否答应"入京"。说："连上五电，已达否？闻已允入京，确否？请迅复。来电不必书住址。超。文。"

13 日，再"万急"电告蔡锷："义密。急欲知弟处消息，而电信阻隔，殊深焦闷。望速派妥员来沪报告为要。超。元二。"[1]

再"万急"电询蔡锷说："义密。报称弟允入京，想不确。望切勿许行。蜀、湘方争欲得弟为督，宜听其所为，此间亦别有布置。弟与冀、循、干诸公所致北电，望必撮要告我。超。元。十三日下时发。"[2]

23 日，蔡锷电复梁启超说："文电及文二电均悉。前电奉到，比经汇复。此间并无入京之说。前因积劳致疾，颇思乞休，而川军师长周骏醉心权利，无故率师犯省，成都官绅乞救甚急，无词可卸。昨已电达中央取进止，日来攻击布署略定，俟得复即饬属进击，以为争权酿乱者戒。日内移驻叙府并便就医。大局情形，并乞随时示知。锷叩。梗。"[3]

13 日

▲午后 1 时，蔡锷在大洲驿命令赵钟奇、赵又新、顾品珍并通报罗佩金：

（一）前调增援本军之赵（钟奇）梯团现已到着，兹为防务及给养便利起见，特划定各该梯团驻防区域如下：（1）赵钟奇梯团驻右路（赤水—白节滩）；（2）赵又新梯团驻本路；（3）顾梯团驻左路（江安—南溪）。

---

① 以上六电见《护国之役文电稿》（1916 年 2 月至 1917 年 1 月），中国国家图书馆藏。
② 《护国运动资料选编》下册，第 701 页。
③ 《公电》，《申报》1916 年 6 月 30 日。据天津《益世报》1916 年 7 日 3 日校。

（二）仰各该梯团长自奉到命令之日起，即遵照在开各区域酌择地点移扎，并于实施后报告。

上令赵（钟奇）梯团长、赵（又新）梯团长、顾梯团长（并饬通报罗总司令知照）。总司令蔡。①

▲交通部电请唐继尧、刘显世、龙济光、陆荣廷、汤芗铭、吕公望、岑春煊、蔡锷，"尊处与京外各处往来明码电报"，"密码请仍用华密、堂密、赓密三种"。说："现在时势，业已变迁，从前政府所颁之取缔各独立省份电报办法，亟应分别解除，灵通消息。嗣后尊处与京外各处往来明码电报，自应照常收发。惟密码请仍用华密、堂密、赓密三种，俾免阻滞，而便接洽。除饬各电局遵照外，即希查照，并转知尊处各统兵大员一体照办为荷。交通部。元。印。"②

▲梁启超电请南京将军署籍忠寅，转陈冯国璋须力主惩办祸首。说："护密。惩祸首事，请华帅极力主持，正人心，收众望，莫要此着。芝老势孤，宜力助之，西南诸省惟华帅马首是瞻耳。超在忧，不便直电，望代向华帅极希望之诚。宗孟到，请来沪一谈。超。元。"

又电请天津蹇念益运动蔡锷督蜀，戴戡督湘。说："振密。欲使西南久安，且信仰中央，有数事当办。一、两广陆、龙对调。龙与粤人感情极恶，且力不能治盗，陆虽恬退，然尝与仆言，愿以一年之力，为粤办积匪，中央有命，可责以大义，表以私情，令其毋辞。龙部悍将，惟陆能驭，龙虽颠顶，在桂则必就范，欲两粤永绝乱源，此着最要。以蜀、湘皆党派复杂，陈、汤不能相安，最好调陈长参谋，汤长海军。蜀、湘人在海上者，顷日日集议，争欲迎蔡，宜有以慰其望，最好以蔡督蜀，以戴督湘。奠定西南，莫急于安插军队，蔡、戴所部久劳于外，浸然遣散，实极困难。滇、黔瘠区，遣归更无从安插，所部将校必且大愤。而蜀、湘内情，舍蔡、戴实莫能镇抚。蔡、戴稳健，顾大局，前此治绩斐然，求封疆之才，在国中实罕其比。中央既不能弃置不用，莫如以安抚蜀、湘，则四省问题皆解决矣。或疑戴与湘不甚适，则陈炳焜亦可除，以老军人而习新智识，廉直明断，亦不易才也。若汤能自设法与湘相安，则可勿动。岑大约必自退，所部之

---

① 曾业英编《蔡锷集》（二），第 1431 页。

② 《交通部致滇黔各省电》，天津《大公报》1916 年 6 月 21 日。

军可委陆、龙分为安插。李烈钧能予一位置，则党人更易相安，此亦宜注意。仆为西南六省地方利害计，为中央统一计，觉布置略应如是，但必先取消将军、巡按官制，乃能分别任命，恐实行须在一二月后。惟此种情形，溯初宜先面陈，若当局垂采，更当分电前途，先与商榷同意。启超。元。十三日下四时半发。"

14日，又电告蹇念益，"已电京要求四事"，"望溯以此意告当局"。说："振密。滇蒸电称，已电京要求四事：一、旧约法；二、国会；三、撤兵；四、在沪开军事会议。并声明军院俟国院正式成立时取消，此是公电。惟另有让步办法，但使约法规复后，芝老重组临时新阁，阁员得军院同意，亦可先行撤销等语。超深谓然。新阁员组织之艰，同人深谅，必不过为挑剔，望溯以此意告当局。超。寒。"

再电蹇念益说："振密。桂电为遗令词太激烈，想是未接超电前所发或肇授意，已再电劝之。干深明大义，必不捣乱。冯约往宁，托静、怀代表，删晨往。复辟派运动极烈，北省闻否？超。寒。"

并电南宁陈炳焜转陆荣廷说："护密。齐电及蒸、真、文各通电想达。奉文电驳伪遗令，大快人心，同人初阅此令，亦甚愤。嗣知实非有意，盖袁死后，徐属郭某拟案，（案）头只有伪约法，随手征引，顷已知悔。得段来电，约法复旧，议已决，顷派人询冯意。冯电约超往宁商，超虽不往，而此事大约必实行。我辈对北，措辞当严正，而勿露意气，浙、滇两通电皆甚得体，但滇、肇皆无惩祸首一条，当补提。现溯初往京，孝怀往宁，情形如何，当续报。超。寒。"

同日，又电复唐继尧说："护密。奉蒸电，深佩荩筹。超曾上四电，想达。尊电四项外，当加惩祸首，废军、巡官制两项。惩祸首为初独立时之要求，不容抛弃，且非此不能一新政界空气。冯已电京强硬主张，各督宜为声援，但所指索可以原十三人为限，但加顾鳌、夏寿田，不多株连，以安反侧。废军、巡官制，则取消独立之难题不发生，体面所关至巨。善后会议在沪，不如在宁或鄂，能得松、干两公与段、冯面晤，较有责任而收实效。军务院于临时内阁经同意成立后即行取消，也权宜之策。不必由日领转此电，乞用万急转岑、蔡、刘、戴、陆、龙诸公。超。寒。"

并电复南京冯国璋说："护密。电悉。本宜速来就教，但闻丧，未逾三七，斩焉缞绖，不敢以入公门。谨托范静生、周孝怀两君，代表趋诣面陈一切。大局虽定，善后问题尚极纷纠，忧国识时之士咸属望我公，想有荩筹速副民望。济武昨已入都，并闻。启超稽颡。寒。"①

▲陈炳焜"万急"电告唐继尧、刘显世、蔡锷、戴戡、罗佩金、李鼎新、唐绍仪、梁启超、陆荣廷、岑春煊，已呈"大总统、国务院"，"桂省果欲取粤，当于粤未独立之前施其武力"。说："岑公蒸电本日奉悉。因呈大总统、国务院电，文曰：本日接岑西林蒸电，谓龙督电呈大总统，有唐、刘、陆、陈四督，蔡、戴两总司令决同方针，变乱大局等事，不胜骇异。桂省果欲取粤，当于粤未独立之前施其武力，何至俟陆都督赴湘及大总统继任之后作此拙谋？况事涉滇、黔各省往返筹商之电，自必难逃洞鉴。乞赐查察，以息流言。广西代都督陈炳焜叩。元。印。"

19 日，唐继尧也通电梁启超、唐绍仪、李鼎新、岑春煊、刘显世、陆荣廷、陈炳焜、吕公望、蔡锷、李烈钧、戴戡、罗佩金说："西林转到龙济光密致中央各电均敬悉。当于效日电呈大总统、国务院，文曰：北京大总统、国务院钧鉴。堂密。顷岑都司令转到龙济光密致钧座各电，饰词媒蘖，本不值一噱。惟查龙自辛亥革命时，阳为顾全大局，以要时誉，继见共和告成，遂坐攘重大权位，狂悖无耻，极意搜括，屠戮至万余人，拥资达数千万。项城明知其罪，而利其为用，遂使夜郎坐大，穷凶极恶。此次义师既起，大举攻滇，既遭失败，更勾结滇省南防土匪，残害桑梓，不过欲遂其扩张势力之野心，巩固其个人权利之私计，实不知共和立宪之为良法否也。继见公理大明，人心大愤，又挟其辛亥之故智背袁独立，皆凡以为其私而已。综其反复狡谲营私罔利，残民以逞，即声罪致讨，与众共弃之，谁曰非宜？惟自元首继任，国务得人，方且力谋统一，以期息事宁人。故尧等力体钧座至意，迭饬滇军勿得轻率前进，静候中央解决。乃龙犹肆其阴狠，增加军队，节节进逼，滇军不得已，仅为正当之防卫。现中央既有明令调令办矿，然陆督未到任前，仍以留粤。夫龙一日不去，即粤民一日不免于难，而大局亦一日不安。恳请中央饬龙即日离粤，陆督未到以前，似可由岑春煊暂行署理督军，庶几救粤民于水火，而消衅端于无形也。是否，乞迅决为祷。云南督军唐继尧叩。效。印。等语。特闻，并请一致主张，期达目的为祷。至协和既困源潭，仍乞西林相机督饬抵击为盼。继尧叩。印。"

---

① 以上七电见《护国之役文电稿》（1916 年 2 月至 1917 年 1 月），中国国家图书馆藏。

　　7月15日，隆世储也电告唐继尧及独立各省都督与蔡锷、戴戡等人，已于本日致电北京，斥龙济光指控"岑都司令等有戡电八条"，"是何居心"？说："北京黎大总统、国务院钧鉴。本日军务院蒸电内开，探悉粤督龙济光歌日拍华密一电到京，谓岑都司令等有戡电八条，用肇密通致汕头、廉、钦、高、雷、化州等处，措词峻瑯，栽插无根，骤闻骇愕，眦裂发竖。不意白日青天之下，有此鸱枭破镜之声，更不意我堂皇民国有此跋扈将军。青蝇止棘，莠将乱苗，赤舌烧城，瓶难吐水。在岑都司令徙薪曲突，将隐何必用文；在龙氏含沙喷人，患失无所不至。是而可忍人道将亡。不平则鸣，天良所遣。世储既见荡汤，敢辞越俎，谨为我大总统缕晰陈之。岑都司令履险救国，磊落至诚，袁退身隐，信誓旦旦，言犹在耳，心岂有他。不知龙氏所造之八条，厚集兵力，积极进行，规取各省，再定大局，各宜努力，秘密勿泄等语，此等诬蔑，是何居心？意者殆谓岑都司令有逾分之冀望欤，微论以岑之明决不出此，试问我国四万万人之脑筋中，以今日已定时局，尚有此野蛮之思想乎？此种邪说在龙氏自谓可以落井下石，殊不值识者一笑。又八条之内，文皆浅陋，语不经济，左张右罗，故意挑动各省恶感，以快其倾陷之私。况文词粗劣，与都司令部平日电文绝不相类，且都司令平日并无肇密电本，有各电局可查。而龙氏必故造此电，以陷人者。盖亦有说龙氏自知在任之年，对于粤省实无政绩可言，对于外籍、土籍军队过于压抑，对于党人惨杀过甚，一日独立，恐不见容，恋栈既昏，反对尤力，阳揭义旗之美名，隐行踞粤之实事。凡护国军与非济军之在粤境者，一意推挤，不遗余力。今见岑为护国军所推戴，不啻眼中之钉，种种毒计必去之而后已。于是有海珠暗杀摧残桂卿之役，于是有韶关闭城拒绝李军之役。当李军之取道也，则伪造舆论反对以电岑氏，越日而商会发电辨诬矣；及韶军之开衅也，反诬指李军勒饷以电中央，越日而商会登报辨诬矣。铁证具在，公论难淆。在龙氏以为推倒义军，必先推倒岑氏，不惜以卑劣之手段丑诋旧主，以奸险之心肝欺罔中央，制造八条，经营百计，生营兔窟，死据羊城，性情既绝于天，人格已堕于地，军人目为败类，粤民视作罪魁。伏乞大总统赫然震怒，立予罢斥，治以误国殃民之罪，为共和祛此污点，为政界树一良模，则民国前途，庶期有豸。临电迫切，无任悚惶待命之至。广东钦廉镇守使兼两广护国军第七师师长隆世储呈。删。印。等语。特电谨闻。钦廉都护使兼两广护国军第七师师长隆世储叩。

删。印。"

31 日，岑春煊通电唐绍仪、梁启超、李鼎新及蔡锷等独立各省督军，请力促陆荣廷力疾赴粤就职。说："干公宥电，卅一奉悉。粤难已深，亟待解决，非干公早日莅粤，无以霁此大纷，军民属望之殷，逾于望岁。前者留湘之命，已召危疑，今兹宛转呼号，幸而得请，惟盼星夜莅粤，为解倒悬。如果再涉迟留，诚恐纠纷愈甚，何以慰三军云霓之望，出人民水火之中，干公轸念孑遗，必不忍于恝置。诸公关怀大局，并恳代电敦促力疾一行，俾大难得以早纾，衰躯得以早去，岂惟有造于粤，亦即加惠于煊。至煊临去之身，实逼处此，勉为支拄，以迄于今。精力俱穷，疑谤交集，其不敢委身而去者，亦恐全局溃裂，无以告天下，而对干公。若如干公之言，不但非衰庸所堪，即初心何以自白？昨接冀公皓电，即经披沥言之，惟诸公共鉴孤怀，俾煊有以自处，感且不朽。春煊叩。卅一。印。"

8 月 2 日，又"火急"电告伍廷芳、唐绍仪、梁启超、温宗尧、王宠惠并转唐继尧、刘显世、蔡锷、罗佩金等人说："粤局纷纭，久而未定，前接陆督军由湘来电，得悉将抵桂林，即经派员前往迎候。嗣接桂林来电，又因宿疾未痊，尚资调养。当以粤事孔亟，迭电敦促，刻日启程，早图奠定。顷接复电，允于日内力疾启程赴任。粤事有属，民困获纾。业经通电各军，静候陆督到任命令办理。因关廑念，特电奉闻。岑春煊叩。冬。印。"

同日，陆荣廷则通电"北京国务院、参议院、众议院分送"包括蔡锷在内的"各省督军、省长"，以及唐绍仪、梁启超等人，就张勋污蔑自己的"马电"，予以"逐项辩明"。说："顷接徐州张巡阅使马电，对于荣廷指论各节，似于捕风捉影，本欲置之不辩，诚恐不知此间真象污蔑荣廷者，其事尚小，因此误会淆乱天下是非者，关系甚大，用将张电逐项辩明，通告天下，听候公论。文曰：徐州张巡阅使鉴。马电冬奉，远承明教，爱我良多。凡人所居之地位不同，持论因之以异，谨将来电所言各节，为执事剖白言之。廷此次举义，原为拥护共和，毫无权利思想。幸天相中国，大局底定，素愿已偿。加之督师援湘，溽暑遄征，旧疾复发，更须息肩养疴，冀免缠绵，留此身以有待。以故《约法》明令恢复，国会宣布召集，遂通电天下，班师回桂。初辞署理督湘之命，继则迭电力辞督粤，此岂欲得地者之所为耶，况中央任命督粤出于至诚，又非廷所要求，苟或赴粤随时可往，又何必排挤子诚？且黎大总统继任，原由举义诸人依据《约法》所推戴，国家统一悉遵命令，任贤去不肖，中央自有权衡。而为地择人，谁督某省亦自中央聪断，更何有于得地不得地之说？尊电所谓廷既失于桂，复阻于湘，全无事实，急于得粤与无得粤之时，尤骇听闻。至龙、李交斗原因，廷亦略知，数月以来，不发一言者，一因国家已经统一，复有贤明之大总统主持于上，自有正当之处置；一因廷与子诚又属姻旧，略存忠厚，不忍置议。今执事既以为言，不得不略为表白。子诚督粤数年，有无罪过，天下自有公论，廷姑不言。惟当起义之初，海内风从，岑西林、梁任公等联袂至肇，廷率两粤义师首推西林为两广护国军都司令，即子诚亦通电赞成，听候节制。迨军务院成立，举义诸省群推唐督冀赓为军务院长、岑公西林兼充军务院副长，唐公不能莅院，公推西林暂行职权。尔时项城尚未退位，滇、桂、粤三省义军由西林调集袭逆，讵李总司令烈钧率师至韶，子诚不惟不稍协助，反饬朱镇守使诸事故与为难，并派队开炮轰击。西林迭电调停，子诚置诸不理。于是三省义师全体愤激，遂有责问之言。子诚不知自悔，又密电中央，诬捏岑、李联络滇、桂诸省协力图粤，扩张势力，以为反对中央。因此，一面请中央调闽、赣、湘三省派兵来粤夹攻，幸中央及诸公明察，不为所动，故中央令之去粤有由来矣。至谓道路传言，谓廷子实领重兵，暗为李助，殊为荒谬绝伦。现廷子代理桂军第一师长，随廷援湘，未离左右，天下皆知，湘、粤相去千里，岂真能飞行往来两地耶，此不待识者一哢。总之，荣廷锋镝余生，粗知大义，不贪权利，不畏强权，一切举动，悉准法律正轨，悠悠之口，本不足轻重。辱承远问，布此区区等语。特以奉闻。陆荣廷。冬。印。"①

于是，唐继尧电告刘显世、陆荣廷、陈炳焜、蔡锷、戴戡巡阅使等人说："西林齐日抄示呈中央电文，粤事内容，昭然如揭。滇军出韶，本系最初计划，而龙以阴狠手段，节节进逼，济军本无纪律训练，不值一创。龙乃对于中央、各省佯示退让，捏造谰词，双方挑衅。继尧痛念时危，不忍多事，迭饬滇军将领停止进行，静候和平解决，均经电达在案。西林宗旨本与此间同意，不过因籍隶两粤，亲见粤民水深火热，不忍父老子弟久罹

① 以上六电见《军务院考实》附《两广都司令部考实》第四编《粤事》，第41—42、44—46、59—60、68—70 页。

凶灾，亟思拯救。而龙遂多方媒［谋］蘖，几令国家元老心迹无以自明，曷胜愤恨。现干公既允力疾就职，则纠纷之息，计当不远。务望兼程到粤，澈澄办理，切电声明，庶黑白之分可明，而贤奸之辨亦著也。除电呈外，特此布达。"①

7日，陆荣廷又通电岑春煊并李烈钧、伍廷芳、唐绍仪、梁启超、温宗尧、王宠惠、李鼎新、唐继尧、蔡锷、罗佩金等人，通报其电呈中央，"拟请任命谭浩明先行暂护"的原因。说：

> 廷鱼日致北京大总统、国务院电文如下。文曰：北京大总统、段总理钧鉴。华密。荣廷一介武夫，未尝学问，改革以来，惟知以爱国家为前提。所以中间反对二次革命，力劈［辟］复辟邪说，无非欲维持中央，巩固共和，免召瓜分危亡之祸。诅民国四年，筹安会发生，袁氏食言背誓，帝制自为。廷以数年私情厚遇，迭经密电力谏，未蒙采纳，反遭疑忌。一般元勋伟人，明拘暗禁，诛逐一空，朝野汹汹，大局岌危，朝不保夕。项城醉心帝制，一意孤行，国民反对，立加诛谴，友邦忠告，置若罔闻，改元称帝，逐其野心。迨滇、黔首义，不顾糜烂地方，迭派重兵南来。荣廷何辜，袁氏亦派逆军数万分驻衡、永，进逼桂林。龙觐光入滇之军，密令盘踞邕、色一带，复乘荣廷赴黔宣抚，密谕龙济光调兵蹑后，是其假途灭虢之计，路人皆知。桂省危险，几同累卵，父老军民为自卫计，力求宣布独立，维持秩序。荣廷以为国家兴亡，匹夫有责，用顺舆情，誓师讨逆。龙觐光则见机向义，龙济光则负隅反抗，廷遂亲率劲旅，驰赴肇庆，广东省外军民，全体响应，龙济光心怪［怀］叵测，始伪宣布独立。适岑春煊、梁启超、温宗尧、李根源、周善培、汤觉等联袂至肇，两粤义师公推岑春煊为都司令，即龙济光亦通电极力赞成，愿听节制调遣。彼时项城虽去帝号，仍据总统，欲俟遣散义师，再为设法报复。起义诸省，早烛其奸，遵据《约法》及《大总统选举法》，联合宣言袁氏叛国，失其总统资格，应行恭戴我大总统继任。袁氏仍置不顾，迫得组织临时军务院，以为对内对外统一机关，公推唐督继尧为院长。唐督未能莅院，

① 《护国文献》下册，第1005—1006页。

由岑春煊兼任副长摄行职权，滇、桂、粤三省义军听岑直接编制，调遣讨逆。取道江西，北讨项城，冀达迭次宣言之目的。廷亦率师赴湘，会师中原。乃龙济光阳奉阴违，借名出师讨逆，敛饷增兵，牵制三省义军之后，三省全体义军，致有责问之词。近多密电中央，诬捏岑、李诸人，联络滇、桂各省，协力图粤，扩张势力，以为反抗中央地步。故李烈钧率师至韶州，龙督诸事故与为难，一面饬朱镇守使福全开炮轰击，一面密请中央饬闽、赣两省及海军三面分路来粤夹击，幸我大总统、总理明察其伪，不为所动。粤省军民迭电宣布曲直，天下皆知。顾荣廷数旬以来，对于粤事不置一言者，意谓龙氏是非，公论在人，国家既经统一，上有贤明之大总统及国务总理主持，自有正当之处置，何劳武人再置一词？伏念荣廷锋镝余生，以死报国，誓师之初，专为拥护共和，本无权利思想，故大局底定，素愿已偿。加之督军援湘，旧疾复发，更须息肩养疴，留此身以有待。迨《约法》明令恢复，国会宣布召集，遂通告天下，班师回桂。嗣奉督湘、督粤之命，迭电力辞，即本此意。不料我大总统依法继任，我总理依法改组之后，国家有主，尚有不谅荣廷之苦心者，遽然通电谓廷欲扩张势力，又谓相机图扰，亟欲得地，种种捕风捉影之谈，不外小人妄度君子耳。不思荣廷果为权利，中央任命督湘，讵肯骤然收队？迭促赴粤，何不接浙而行？此心淡薄，天下共鉴。迩者迭奉电谕，谓粤事危急，外人将起干涉。荣廷亦国民一份子，既以身许国，奚惜微躯，坐视不顾？但以入湘军队尚未回齐，荣廷宿疾仍未痊愈，且自桂赴粤，稍需时日，诚恐缓不济急，事机贻误。故东日电呈，拟请任命谭浩明先行暂护，实欲解目前之急，而遏外侮之来，以期粤疆早日奠安，粤民早日出水火，用纾中央南顾之忧，此荣廷勉力赴粤之苦心也。第时势至此，廷惟有部署就绪，力疾东下，以慰廑念。所有应行请示各件，届时再当电呈。区区下忱，伏祈垂鉴训示祗遵。陆荣廷呈。鱼。印。等语。特以奉闻。陆荣廷。阳。印。

24日，岑春煊也"万急"通电北京政府及南京冯国璋，四川罗佩金、蔡锷、戴戡等人说：

顷奉秀公巧、铣两电，冀公个电，周、镕两公巧电，睠怀粤局，力予维持，正谊所昭，公理不泯，匪独私衷感纫，大局受赐实多。自龙军构衅以来，春煊逼处其间，调息既愧无功，防维亦苦乏术，不得已力陈险状，请杜危机。陆督未到之先，暂予简员护理，一再呼吁，仍无术得蒙采纳。龙乃从容自固，缘隙生心，一面大举兴兵，一面饰词耸听，倡南北分裂之说，进闽、赣夹攻之谋，冀以扑灭义军，推翻全局，文电具在，诡计昭然。中央不察，以持重而几中奸谋；帝孽乘机，借干涉而阴图报复。诡词横肆，声势大张，是非喧淆，贤奸倒置，前途顾念，窃所痛心。嗣幸陆督军力疾东来，军心于以渐定。故自本月冬日以后，各军既已一律停战，驻守原地，静候解决。乃龙益乘势进逼，必欲激起大纷，以求遂迎拒之狡谋，达请兵之目的。因复商同陆督军，将滇、桂各军，饬令撤退，以避纠纷。惟是我退彼进，迄无已时。现已商请陆督军为之主持，并查照莫公迭电意旨，电知滇军，并通饬各军将士，悉听陆督军命令办理。协和躬遭艰危，久居战地，尤苦病势不支，兹已通电离粤就医，将所部军队交成参谋椿、师长开儒、方师长声涛等管理，以俟后命。煊俟陆督军受任，粤事获安，即当引身而退，以谢尘鞅。惟查大总统真日命令，一面饬龙交代，一面饬李休兵，辞义极为严正，无复有奸人藏身之隙，抑亦非片面利用之资。顷滇、桂各军，悉经撤退，协和就医去粤，似足以告天下。陆督军现已抵粤，而龙督日夜出兵，肆行攻击，究其交代，当在何时？明令所颁，责必有在，中央威令所寄，固将以此为衡。甚愿其行施于义军者，毋遽阻于凶愿，非特军心戢服，民困可纾，而政府大公之心，亦可与国人以共见。追维粤难既起，备劳诸公廑念，究其纠纷至此，皆春煊凉德，上无以取信政府，下无以感格凶顽。然其间曲直是非，尚可征诸三千万粤民之口。诸公维持大局，用敢缕缕以陈。所以图利国家，施及粤局，翳惟诸公是赖，固非春煊一人所敢引为私幸者也。敬布区区，唯希裁察。岑春煊叩。敬。印。①

## 14 日

▲蔡锷电复张敬尧，"终身为一太平百姓可耳"。说："华密。元电悉。

---

① 以上二电见《军务院考实》附《两广都司令部考实》第四编《粤事》，第 70—73、90—92 页。

独立各省亟应宣布取消独立，自是正办，日前曾以此意电致滇、黔等省矣。晓岚到泸，承优予款接，归来备述台从所以期许于锷者甚至，深感拳拳之雅。锷年来为病魔所侵，久存退志，正摒挡下野之时，而祸水横流，国难荐起，遂不得不拼此身以为救焚拯溺之谋，冀续国命于俄顷，挽狂澜于既倒。今国祚既延，国仇已逝，素愿已偿，更有何求？终身为一太平百姓可耳。弟于矿业，薄有经营，苟能率林林种种［总总］之伟人志士，尽致力于实业界，毋令争名利于朝，则国强民富可操券也。公谓如何？锷叩。盐。"①

又电复长沙曾继梧，当注意袁死后的善后事宜。说："长沙第一军曾总司令鉴。得庚电，借谂执事及炎坤诸兄均出任湘事，无任欣幸。惟袁氏既死，恶根已去，我辈当注意善后事宜，俾大局及早收拾。陈、刘两君处乞致意。锷叩。寒。"②

又电请唐继尧、刘显世、戴戡，切电滇、黔各将领，对"本军以前积欠及以后正饷，并恤赏之款"，以及"其他善后各事"，要"完全负责担任办理，以安兵将之心"。说："昆密。吾侪起义，以恢复共和、推翻袁氏为期。今国体既复，国仇已灭，夙愿全偿。锷之初意，俟目的达到，即行退休，今拟实践斯言。而近来喉病加剧，对客谈话几难成声，夜憩尤觉痛楚。据医诀云，现喉头已成颗粒，若再迁延不治，则将由颗粒而成积块，更难复原云云。故决计将所部各军部署酌定后，即赴日本就医，冀遂初志，而养奄疴。日昨催集支队长以上各员会议善后，各事议毕，提出退休一谈，全体均以锷去，目前难维军心，而本军善后各端，茫无着落为言，百端譬解，未能释然。私念弟病已重，如再迁延不治，必将变为哑人，哑固无碍，但饮食不慎，或有外感，喉头即作痛，夜难成眠。尚望冀、周两公，切电滇、黔各将领，关于本军以前积欠及以后正饷，并恤赏之款，担任与中央交涉，从优发给。即其他善后各事，亦当完全负责担任办理，以安兵将之心，俾锷得以及时东行。不胜感祷。锷叩。盐戌。印。"③

19 日，刘显世电复唐继尧、蔡锷、戴戡，仍请唐继尧"将如何清欠与续发方法，酌照松公盐电，切电前敌将领，借固军心"。说："义密。松公

① 曾业英编《蔡锷集》（二），第 1432—1433 页。
② 《公电》，长沙《大公报》1916 年 6 月 22 日。
③ 曾业英编《蔡锷集》（二），第 1432 页。

盐戌电悉。松公力疾督师，备历艰苦，因积劳增病，喉痛加剧，同人每一念及，不禁感泣。惟此时国体虽复，国仇虽灭，而小之义军之善后，大之国家之建设，胥赖通筹主持。松公一身之进退，不惟为川、湘前敌军心之所系，实为举国上下视线之所集，务恳顾念大局，勉为维持，一面就成、渝、泸各处多延良医到军诊治，一俟善后事宜稍有头绪，再图休养。承嘱与冀公担任滇、黔军欠饷及以后正饷，并与中央交涉恤赏之款，从优发给各节，义之所在，曷敢卸责。查隶属第一军之黔军欠饷，自停战以来，世迭与循公及东路将领往返电商，并与雪庐（按：张协陆，字雪庐）、铁岩（按：熊范舆，字铁岩）切实筹计，大致已渐有头绪。至此间拨借滇军之饷，除叔桓、五峰（按：韩凤楼，字五峰）、斐章（按：黄毓成，字斐章）、毓衡（按：赵钟奇，字毓衡）、咏三（按：华封歌，字咏三）、从先、颂云（按：程潜，字颂云）、伟臣先后所拨约八万余元外，先后借拨松公处现金共十二万元，为数本属有限，惟以瘠困之黔，当外协全停之余，实已气穷力竭，惟有仍请冀公将如何清欠与续发方法，酌照松公盐电，切电前敌将领，借固军心。此外恤金各费自不能不仰给中央，当随同冀公会议善后时力与交涉，以期不负将士致身为国之血诚。可否先行转谕各军免生觖望，惟松公酌之。松公病状仍祈随时电示，以慰悬悬［念］。世叩。效。"①

▲《京津泰晤士报》载北京通信说，"昨日内阁开特别会议，讨论即行恢复旧约法后，前国会议员孙发绪、丁佛言及梁启超、唐绍仪之代表等，即于今晨与段国务卿，在东城新总统私邸会商解决大局办法，且提出条件如下。（一）惩办运动帝制之大员，至轻亦当黜职，盖非此不足以禁后人复倡帝制。且前总统为此辈所惑，昧于民意，称帝未遂，抑郁而死，谓为帝制党杀之，亦无不可。故惩办此辈，正所以为前总统复仇也。帝制党之最著名者，为梁士诒、周自齐、曹汝霖、叶恭绰、杨度、孙毓筠、严复、张镇芳、袁乃宽、段芝贵、顾鳌、施愚、倪嗣冲，都凡十三人。其中占内阁重要位置者四人，充重要之武职者三人，即袁、段、倪是也。（二）即行召集参、众两院。（三）列名筹安会请愿团者，均不得加入内阁。（四）以蔡锷或南军中他将充北京卫戍总督，统带北京之陆军。□第二、第三两条，可由新总统允可，第一、第四两条，由财政上及陆军上之原由，不能即行

---

① 《护国文献》上册，第 522—523 页。

解决云"。①

15 日前后

▲蔡锷电请黎元洪惩办帝制祸首。说："锷起义之初衷，原为反对帝制、更换总统、惩办祸首之目的。今帝制既早取消，袁氏亦竟逝世，第一、第二两目的幸均达到，不可为［谓］非民国之福。而惩办祸首之事，虽国人万众一词，要求治罪，而当道迟迟未办，致该祸首等逍遥法外，靦不知羞。查该祸首等主张帝制，实为破坏民国之元凶，若不按律治罪，殊难餍服人心。松坡为国家计，为大局计，仍应请总统将该祸首等即日伏法，以谢天下。"②

又电告陈宧已电请中央将周骏、王陵基二人调京。说："袁世凯已死，副总统黎公继任，大局已定。滇军闻耗，欢忭异常，对于黎公一致拥护，全国□□□同一家，不得戈操同室。现张敬尧亦同（意）撤去步哨，以表真诚，不料王、周举兵，糜烂地方。已电请中央将二人调京，如不服中央命令，即行剿办。"③

15 日

▲蔡锷电复张学济，称主湘者"何患无人"，可拥熊希龄"以出"。说："铜仁探送张榕川兄鉴。义密。送电悉。承公等盛意推重，愧不克承。湘局现已宣告独立，陆督亦亲统大军入湘，主之者何患无人。秉三先生亦近在咫尺，似亦可拥之以出。川、湘阻隔，无凭遥领，贱躯多病，稍间即当乞暇［假］引退。方命希谅。锷叩。咸。"④

▲报载"北京电。段国务卿通电各省及上海之领袖，谓拟于七月一日开中央国政大会，讨论解决大局办法，由黎总统为主席，彼副之，各代表当于本月二十五日前抵京。滇、黔、桂三省尚未取销独立，蔡锷、唐继尧、陆荣廷来电，均未涉及此事（十五日）。大陆报"。

又载"北京电。云南都督、南方军务院长唐继尧致贺电于黎总统，谓

① 《南方代表到京会议之别报》，《申报》1916 年 6 月 19 日。
② 《蔡锷电请诛戮祸首》，《盛京时报》1916 年 6 月 17 日。
③ 《申报》1916 年 7 月 3 日。
④ 曾业英编《蔡锷集》（二），第 1433 页。

除谕令前敌停战外，并请黔、桂按兵勿动，以待后命。唐条陈必要办法，谓国会散而帝制活，故种种法律在国会未解散前所规定者，始可认为国家真确法律。新总统之任期，当然依拟总统选举法之规定至前总统任期满时为止。新副总统应由国会选出，内阁组织应得国会同意，是以前国会应即于短少时期内召集开会，前敌军队应一律撤回至原驻地点。至于善后诸事极关重要，请在上海开军事会议，由各省都督、将军派代表莅会，共商军事问题。凡此会解决事件，转交政府施行云云"。①

16 日

▲蔡锷电请唐继尧饬滇行兑换负伤回滇官兵所携中国银行纸币，"以顾信用，而利军行"。说："前准五月真电，查明银行纸币数目，当饬该行查复。据称此次由滇带中国银行纸币一百万元，行使区域原限川境，现行钞票仅达十万。近来负伤官兵还滇，希图轻便，偶有携票赴滇之事，然不过百分之一。滇行事同一体，请饬筹备兑换，以顾信用，而利军行等语。希查核转饬知照。锷叩。铣。印。"②

19 日，唐继尧电复蔡锷说："大舟［洲］驿蔡总司令鉴。铣电敬悉。中国银行纸币昨因兑现过多，实难应付，故酌定办法。此种纸币曾经都督签字盖章者，无论已否挂号均一律通用兑现。经各军总司令签字盖章者，无论已否挂号，概作为军用票暂行通用，俟正式新政府成立，如数收回。如未曾签字盖章，又未经挂号者，一律作为无效。其未经签字盖章业经挂号者，应候换给军用票。已饬行遵照实行，敬复察核。唐继尧叩。□［皓］。印。"③

▲梁启超"十万火急"电请贵阳刘显世转告蔡锷，目前宜注意五事。说："洽密。连上七电，达否？袁死后未得尊电，不知对各方面作何应付，甚焦灼。大局现可无虞，然局势甚混沌，北方无人敢负全责，帝制余孽仍图把持，腐败官僚，热中政客，日肆运动，将来内阁决无佳构。国会在势

---

① 《译电》，《申报》1916 年 6 月 17 日。

② 《护国运动》，第 288 页。是书定此电为 5 月 16 日，由同书所载《云南财政厅致文山县知事饬》（291 页）一文，明确载明于"中华民国五年六月廿三日"，可知应为 6 月 16 日。

③ 《护国运动》，第 292—293 页。

必当规复，然事杂言庞，恐将贻人口实，现在捣乱之象已渐见，似此国家无一主宰，中枢前途至可怖。今最足为天下重者，莫如弟与干卿，两公所驻地相距渐近，宜择地一会，或并约循若，共决方针。先固结西南成一中坚，则发言力自甚强，然后与段、冯布腹心，相携以当难局，则国是庶可定。段才短而左右无人，前出任内阁，已受帝党愚弄几败；冯魄力弱，寡断，宁会议大败，倘非衰死，两人已一败涂地。今亦无甚希望，然舍彼更无携手之人。若西南有中坚，使彼相从亦非难。目前宜注意者数事：一、中央招弟往，切勿轻许；二、宜反对每省各派代表，主张段阁与军务院各推全权议善后，地点最好在鄂，次则宁；三、复旧约法，召旧国会，已成舆论，宜一致主张，勿立异；四、惩祸首当严重要求，但于滇电十三人外，加沈云霈、顾鳌、夏寿田便得。余认为胁从免究，以安反侧；五、临时阁员勿挑剔，但求著名帝孽勿用便得。兄奉讳后七十日始闻丧，终天大恨，现决不能出任事，惟遇紧要关头，当竭力相助。弟处通电宜勤，免隔阂生歧。此间已能径发密电，来电不必书住址。盼立复。立诚顷到，并闻。超。铣。"

又电请刘显世、铁岩、希陶、张协陆，"火急"转其致蔡锷的"别电"。说："洽密。立诚到，悉黔情，敬佩无量。别电致松坡，略述各方面形势，请火急转达。超新闻丧，惨酷崩摧。因时局紧迫，越礼陈言，惟矜鉴。启超稽颡。铣。"

又"万急"电告北京长安饭店黄群说："借华密。文电今日始译出，芝老主约法复旧，甚慰。惟各省派三议员代表解决，似可不必，且难办到。政府但当发一简单申令，称某年月日公布之《约法》，未经《临时约法》某条修改之程序，今废止之云云便得。此非以命令变更根本法，不过将已成事实依法宣言，望勿引嫌。此问题不决，一切善后办法，无从着手，再延旬日，流言益张，于收拾大局，妨碍实多。议员代表推举甚难，恐生枝节，鄙见如此。少川在座，意见相同。芝老电约来京，超斩焉缞绖，实不克行，乞代致意求谅。超。铣。"

再电告段祺瑞说："删电敬悉。本当趋诣，襄公贤劳。但闻丧未逾三七，斩焉缞绖，不可以入公门。且恨抱终天，神志昏垫，更不能有所擘划补益。方命之罪，伏希矜原。今日收拾时局，必须先有数事，一新天下耳目，则以后建设，迎刃而解。公既力任其难，超绵力所逮，当间接自效，不敢规避。启超稽颡。铣。"①

▲岑春煊通电黎元洪、段祺瑞、唐绍仪、梁启超、唐继尧与各省都督，各总司令，各省将军、巡按使、巡阅使，以及上海《中华新报》转各报馆，宣布以唐继尧"蒸电所开为独立各省最后议决之案"。说："云南唐抚军长蒸电宣布电呈黎大总统，呈文列举四条，请以明令昭示天下。（一）国家根本法，以国会解散以前所公布者为源。（二）大总统任期，依据本法会议议定宣布之《大总统选举法》，以前大总统任满之日止。副总统由国会另选。按照《约法》及《国会组织法》，组织正式国务院，交由国会同意，即行召集前参众两院议员，齐集天津，克日开会。（三）凡经抵抗护国军之各军队，悉行撤回原驻地点。（四）召集军事特别会议，各都督或将军各派军事代表若干名，在沪集会。以上四端，皆属国家根本大计，简要切实，亟待施行。我大总统就职以还，各都督及春煊处以电商往复需时，迭经陆续单独发布意见，与唐抚军长蒸电所举详略小异，而主要金同。唐抚军长主张军院有代表独立各省之责，其所发表应为南军一致主张。春煊无状摄职，敢即明白宣言，以唐抚军长蒸电所开为独立各省最后议决之案。伏维垂鉴，一体赞同，合电我大总统迅赐颁行，实为民国无疆之福。临电盼祷，无任屏营。岑春煊叩。铣。"②

17 日，刘人熙"万火急"电告唐继尧、岑春煊等独立各省及蔡锷、戴戡、罗佩金等人，湖南赞同军事会议，并已派代表克日赴沪。说："删日接南宁陈都督文电，主张撤销军务院，从多数意，解决办法甚当。至军事会议一节，云南唐抚军长尤电拟将地点改在北京，仍由各省所派军事协议委员先行赴沪讨论，再行会同赴京协议，并由各省分电北京，要求明令召集，以免对抗中央之嫌，而期解决之妥速。远见卓识，极表赞同。已派代表克日赴沪，并请中央核夺施复矣。湘都督刘人熙。筱。印。"③

17 日

▲蔡锷"万急"电复程潜，表示"急遽间实无术图东归"。说："华密。诸公十四号电敬悉。湘局杌陧，险象环伏，为之慨然。诸公欲为桑梓

① 以上四电见《护国之役文电稿》（1916 年 2 月至 1917 年 1 月），中国国家图书馆藏。
② 上海《中华新报》1916 年 6 月 20 日。
③ 《军务院考实》第四编《各省文电》，第 113—114 页。

谋幸福，而所以期望于锷者尤厚。近十年来，奔走省外，未得于故乡稍效棉［绵］薄，辄用歉然。以吾湘地理上之位置、人民之性质能力、土地所出之物产，均不下于他省，用力少而成功必多。窃常以廉颇未能用赵，殊以自悔，今既有此机遇，自当回戈返湘，以符夙愿，而副诸公殷殷相属之雅。惟现在川情复杂，未能即离，而本军善后事宜亦须亲为部署，以全始终，急遽间实无术图东归也。各界诸公均乞遍为将意为幸。锷叩。筱。"

傍晚 7 时，又在大洲驿行营命令顾品珍、赵又新、罗佩金：

（一）摄左翼罗总司令删电称，周骏及王陵基所部现在资州、内江一带，意图谋乱。

（二）我右翼部队拟向周、王乱军进攻。

（三）顾梯团长迅率所部赴江安、南溪一带，与左翼部队的［取］联络，相机进攻隆昌，赵梯团长又新迅率所部填扎顾梯团原防地。

（四）予在大洲驿。

上令顾梯团长、赵梯团长、罗总司令（由电报撮要合之）。总司令蔡。[1]

▲岑春煊转告唐继尧及独立各省都督与蔡锷等人，接黄兴 12 日来电，主张"恢复旧有《约法》及遵照《大总统选举法》第五条，由副总统继任"。说："顷接黄君克强文电曰：岑西林先生并转各省都督、各总司令公鉴。袁氏叛国，实由五年以来，绝未一开诚心与国民相见。惟日事摧残民权，破坏国法，已大与共和相反。犹复伪造法律，以为僭窃之阶，卒乃悍然称帝，遂使宇内横决。兹既因病殒命，窃谓吾国以后务当铲除假面共和，切实拥护国法，庶流血不至再见。依《大总统选举法》应由黎副总统继任大总统，此节早经军务院遵法宣布，实为铁案。不意顷阅北京通电，忽称奉袁遗令依《约法》二十九条，以副总统代行大总统职权，殊深骇怪。查元年参议院所定《临时约法》暨二年正式国会所定《大总统选举法》，乃民国根本大法，国人誓死生守之者，各省举义所争在此，仍须始终严峻声明恢复旧有《约法》及遵照《大总统选举法》第五条，由副总统继任，不得以叛国称帝之人所私造之伪法相混淆，以贯彻我义军之主张，不悖我国

———————

① 以上一电一命令见曾业英编《蔡锷集》（二），第 1433—1434 页。

民之公意。又黎大总统履任伊始，万邦具瞻，能否完全行使职权，不为帝党所障碍，尤在我起义各省之实力拥护，并请以命令恢复旧《约法》，废除袁氏一切伪造之法及与民国抵触者，从速召集旧国会，组织责任内阁，严惩祸首，明大信于天下，以定民志而奠邦基。兴于国家一无所尽力，徒以口舌效其愚忠。临电惭惶，即希裁察。黄兴。文。云云。特电转闻。岑春煊叩。筱。印。"[1]

▲梁启超"万急"电告刘显世应商之五事。说"洽密。七电未得复，松处亦然，甚焦灼。顷接滇转贵青电，有应商者。一、复旧约（法），召旧国会，已成舆论，临时议会说，万不可倡，以免集矢。二、南省全权总代表不可派。此与前此南京议还位不同，不宜太取对抗形式，即欲派代表，望勿推超。非敢规避，实因中国民德太□，近年夺情，已成通例。诸公爱人以德，望听超守礼终制，亦矫末俗之道。三、参赞之说，在肇时对南京退位会议员提此议，今情形已殊，尊电想系误引每省分派，超不谓然。四、善后会议若在宁，冯愿力助。但察数日来情形，此会议殊有难处。南省共同要求之件无多，其要端已分电中央，殆将解决，所余为安插军队、补偿军费问题，恐非政客所能代表。五、军院撤废时期，似以冀为所主张为宜。以上各节，乞分转电各处。超。筱。"

19 日，再电告刘显世说："洽密。盐戌电啸奉。直接得电，此为嚆矢，狂喜。集旧议员，诚虑滋弊，但已成舆论，万不能持异同，惟有设法劝勉，减意气之程度耳。同人所主张拟此次国会只议数事：一、制宪法，以天坛草案付议；二、举副总统；三、修正《国会组织法》。数事办了即闭会，遵新宪法、新组织法改选。此议现多数赞同，但开会后形势有无变迁则不敢知。届时各省似宜电致议员，以此相劝，告以力求保国会荣誉，勿激扰以贻口实，劝议员个人无干涉立法之嫌疑。得各省有力之责善，当能促多数之反省或可望收良果。又惩祸首问题，中央极迟疑，即吾辈亦非乐强以所难，但此事若不趁此时急办，以塞民怨，则国会开后必为第一激烈之议案。其时据法律解决更无通融余地，且牵连不知所届，大局或陷极险。昨冯商拟以行政处分将十三人褫职，永不录用，似亦折衷缓和之一法。冯已函段，松坡亦不时以私谊警告段，劝速断。此电乞斟酌分转各处，并盼赐复。启

---

① 《军务院考实》第四编《各省文电》，第48—49页。

超。皓。"

又电告肇庆都司令部张佩严说："香密。巧电悉。所称屡电促香草北上，始终未一接，何耶？超在津与蔡、戴约，袁一倒即中止政治生涯，此志如山，不能摇动，况斩焉缞绖，安有入公门之理？尊命所不敢承。香草代表西林，超所最望，惟香颇视为畏途。闻昨电劝印、行（按：指李根源、章士钊）二公务派其一，当能照办耶。超。皓。"①

▲报载"北京电。参谋本部总次长王士珍、唐在礼均已提出辞职书，或可照准。闻黎总统意，参谋总长一席，将来决用蔡锷"。②

## 18 日

▲蔡锷电告黄德润，陈宦以"川局杌陧"，请其尽快"率师西移"，而"尚未允许"。说："国体复，国仇灭，乱源既净，国事前途，已就坦荡，联邦说一时决难见诸事实也。川局杌陧，二庵派员来商，意决引退，请锷速率师西移，将士亦多以此为请。惟锷病躯，亟须退养，且以符初愿，尚未允许也。锷叩。巧。"③

不过，由于周骏意欲争夺四川"督席，故置政府之命如不闻，蓦进不止"，蔡锷随即便以"周骏于袁未死前助逆抗义，忍延战祸。袁死后滥争权利，荼毒生灵，妨害大局，允予分兵剿击"了。他"声周骏之罪而致讨曰：国本既定，纷争立解，凡我国人，自宜安分守法，共保治安。乃前重庆镇守使周骏，于四川举义后，假崇武将军之任命，率兵西下，环立成都，后至今大总统就任，又自称行军总司令部，逼成都陈都督。川省绅民惧战祸之再开，函电纷驰，冀其罢兵和解，即在川客军睹川民之水深火热，亦均愿息事宁人。乃周骏曾不知悔祸，无故称兵，谓其拥护前总统，则崇武名号，彼已废除；谓其拥护共和，则陈督举义，人所共见。远之则元首正位，无行军之可言；近之则成都安谧，尤无行军之必要；不知何词可借，真百思不得其解。似此师出无名，任意争夺，不亟加以惩创，则群起效尤，国家安有宁日？本军矢忠护国，期国难之就宁，知乱种之必锄，现迭接成都官民函电告急，义难坐视，除请示中央严兵待命外，合电布闻"。

---

① 以上三电见《护国之役文电稿》（1916 年 2 月至 1917 年 1 月），中国国家图书馆藏。
② 《专电》，《申报》1916 年 6 月 17 日。
③ 曾业英编《蔡锷集》（二），第 1435 页。

北京政府也"电周骏克日还京，不得故延"。周骏却电复说："四川者四川人之四川，非川军不能收拾川事，以示拒绝蔡锷督川之意。政府大愤，密饬蔡锷进兵讨之。"①

▲岑春煊、李烈钧转林俊廷电于唐继尧、刘显世、蔡锷、戴戡等人，告知贲克昭将先行赴衡州扼扎。说："顷得永州林总司令俊廷、望镇守使云亭、贲团长克昭铣电称，前派赴衡州委员回报倪毓棻确即退兵，现已陆续开拔起程。惟闻有马军将来衡填扎，各界惊惶。廷俊等以袁贼素多诈谋，恐终难和平解决，故决趁此时机，得寸保寸，以免地方受害，复可应汤将军之援。现由克昭率吕、陆、邵三营，云亭派副司令吴栋枢率三营先行赴衡，相机扼扎，以安人心。俊廷俟贲吴到衡后，再行接续进兵，以应事机。商由云亭，仍驻永镇摄，吕、陆两营于筱日由白水进发等语。特行电闻，同候捷报。岑春煊、李烈钧叩。巧。印。"

27 日，又转望云亭电于唐继尧、刘显世、蔡锷、戴戡等人说："顷接永州望总司令云亭敬电称，倪军退出衡州，敝军向前驻扎，曾于哿电详陈。后因桂军贲团长暨敝队吴副司令率多队赴衡，倪军即全部退出，长沙、湘潭唐天喜之兵，日内亦完全出境。至宝庆刘旅长迭次函称，大局危急，力求和平，敝军来湘，尚无一定省分，何敢妄启争端？惟乞勿过于逼迫云云。云亭亦屡次晓以大义，勿以孤军深入，自陷不测等语相诰诫。前数日因宝庆属土匪蜂起，谣诼横生，该地多数绅商恳请分兵弹压，云亭奉商准林总司令、贲团长，桂军由陈团长率兵数营开赴新宁，敝军周、张、谢三团长各率所部由祁阳分道出发，会向宝庆。乃我军进至距宝城三十里之地，刘军疑我军会师攻宝庆。昨据前方确报，谓刘旅长已开始撤退，并向我军深[声]明，请勿再进，日内决意全行退出等语。查刘旅长始求和平，继而撤兵，自未便穷追，当饬前队仍守前防，勿再前进外，所有在湘北军撤退各情形，特电详钧部，以抒廑系。望云亭叩。敬。印。等语。查北军在湘，纷纷撤退，已无固志，望军步步维营，声势日益发展，已饬早规进取，以靖敌氛。特此电闻。岑春煊叩。沁。印。"②

---

① 《四川独立纪·蔡锷之定乱》，《护国军纪事》第 5 期，1916 年 12 月，第 59—60 页。
② 以上二电见《军务院考实》第四编《各省文电》，第 78—79 页。

19 日

▲蔡锷急电唐继尧、刘显世，对云南"于袁氏倒毙之后，于刚出发之军，不惟不予撤回，反饬仍行前进，未出发者亦令克期出发"表示不解，望其"设法力图挽救"。说："义密。冀公删电悉。日来喉病加剧，加以感冒，热度达三十九，遂致稽复，歉歉。滇、黔于此次起义，悉索敝赋，以赴国变，虽达拯溺救焚之志，已陷额烂头焦之势。在我辈应亟谋善后，以图元气之恢复。在政府及一般人士，浴共和之恩波，饮水思源，对于首义之军，似应有以安之劳之，使之得所。以愚意计之，滇、黔善后尚不甚难，需款亦不甚巨，政府对我万不致有所歧视，各此区区而阴相掣肘也。所最宜注意者，我辈主张应始终抱定为国家不为权利之初心，贯彻一致，不为外界所摇惑，不为左右私昵所劫持，实为公私两济。迩者滇省于袁氏倒毙之后，于刚出发之军，不惟不予撤回，反饬仍行前进，未出发者亦令克期出发，锷诚愚陋，实未解命意所在[1]，近则已与川军启冲突于宁远矣。若竟徇某君等之一意孤行，必至败坏不可收拾，将何以善其后？锷为滇计，为冀公计，不忍不告，务望设法力图挽救是幸。锷叩。皓戍。"[2]

又电请唐继尧转告魏领事，所介绍医生如"来行营疗治"，须先行言定"须费若干"，并先告知其"病状"。说："义密。昨我公电示，魏领所绍介之医生鄂君，现居何处？是否专事医术，抑兼营他职？如来行营疗治，须费若干，自应先行言定。而弟病状似亦应先行通知，以便准备药械。弟患喉头炎已半年余，初发时，久未治，致成慢（性）。现已成颗粒性，夜间多干咳，殊痛楚。日来发音甚微弱，且以为苦。希以转告魏领为幸。锷叩。皓。"

21 日

▲蔡锷电复刘显世，已电请唐继尧主稿联衔电京。说："义密。效电悉。承念甚感。日来喉病加剧，夜间尤觉痛楚。巧日得筱电，当即飞转二庵。得公巧电后，已于哿日电请冀公主稿联衔电京矣。锷叩。马。印。"

又电告北京各部、各省军民长官，所部对周骏"率兵西上，环攻成

---

[1] 梁启超从"迩者"起，至"命意所在"止，每字加圈点。又签注："松公与大敌相持于泸、叙间时，望滇中援军如望岁，呼吁声嘶，莫之或应。袁倒毙后，而滇中北伐大军，乃日日出发。读者读此电，试作何感想？"

[2] 曾业英编《蔡锷集》（二），第 1462—1463 页。是书定此电发于 7 月 19 日，误。

都"，"义难坐视"。说："国本既定，纷争立解，凡我国人，自宜安分守法，共保治安。乃前重庆镇守使周骏于四川举义后，假崇武将军之号，率兵西上，环攻成都，及至今大总统就任，又自称行军总司令，进逼成都。陈都督及川省绅民惧战祸之再开，函电纷驰，冀其罢兵和解。即在川客军，睹川民之水深火热，亦均愿息事宁人。乃周骏曾不知悔祸，无故称兵，谓其拥护前总统，则崇武名号彼已废除；谓拥护共和，则陈督举义人所共见。远之则元首正位，无行军之可言；近之则成都安谧，尤无行军之必要，不知何词可借，真百思不得其解。似此师出无名，任意争夺，不亟加以惩创，则群起效尤，国家安有宁日！本军矢忠护国，期国难之就宁，知乱种之必锄，现迭接成都官民函电告急，义难坐视，除请示中央严兵待命外，合电布闻。滇黔护国军总司令蔡锷叩。个。印。"[1]

**按**：蔡锷所以发出此电，据当时报载，是因为"四川陈、周交哄，政府解决办法，系一并电召来京。闻日前陈宧已有复电，即将遵召来京，惟周骏尚无复电，其是否由于抗拒命令尚未可知。昨闻段总理曾由国务院拍发电令，严饬周骏应即遵照大总统命令，迅将所辖军队交由王陵基接管，赶即来京，勿得观望，致干未便等情。又特致急电于曹锟，着令严催周骏迅速交替，限期来京，未知周曹如何电复。又闻蔡松坡近亦有电至京，其文云……（按：下略）"[2]

又"急"电上海梁启超，周骏事已派队剿办，川难定后，"仍拟退休"。说："护密。两真电及蒸电敬悉。黄陂继任后，致贺电一，发通电一，谅达览。对于国事，除万不得已外，拟不发表何种政见。旬日来力求脱卸，东渡养疴，而未能恝然撒〔撒〕手。喉病日剧，殊痛楚，几于不能发音。周骏兵犯成都争督席，陈部不战逃溃，惟日催我援。现已派队从侧背剿击，当不难克日奏效。川难定，仍拟退休，俟夙疴全痊，或从事实业，或再出问世也。锷叩。马。"

24 日，梁启超电复蔡锷说："祃电迥奉。西报称，弟病剧，正忧灼，仅喉病尚无虑也。国事少发意见最妙。都、沪近情，有致黔马电、致滇敬

---

① 以上三电见曾业英编《蔡锷集》（二），第 1436、143—1438 页。

② 《周骏不见直于两方》，《申报》1916 年 7 月 4 日。

电详陈，想皆转达。兄已宣告政治退隐，弟能否退，应否退，尚当三思。超。敬。"

同日，又电复蔡锷、唐继尧、刘显世、戴戡说："法使传松噩耗，中外惶骇，想不确。已电重庆日医往诊，别聘德医雇专船星夜赶来，望节劳慎摄。中央因陈、周交哄，两皆撤回，任松总辖军民，明令日内便发。发时不管用何名义，似宜囫囵暂守，勿峻拒，徐图应付。超。敬。"①

▲梁启超以萧垫名义"万急"电告刘显世并转蔡锷、戴戡有关大局各情形。说："致沧盐、寒电悉。溯初返自京，静生返自宁，大局前途，乐观殊少。黎太虚受，其门如市，从言如流，一日数变；段幕无人，暗于外势，彼此性质两极端，积久恐难融洽。段绝无野心，颇厌此难局。中央大患，在无人能总揽，凡百问题，皆耽搁过去。即如约法复旧一事，其本心已赞同，而至今未能发表。现尚如此，将来国会开后，言庞事杂，恐更棘手。冯功名心颇盛，欲与西南握手，然少断，不甚能担当。中央现因政局未定，无从借款，并兑现亦不能恢复，再延一月，或生奇险。日本且有派特使来京之说。京、沪一部分政客，则专以排挤正人、自争地位为事。黎、段对松皆极敬爱，颇望松入京主持。但同人谓松为帝孽所最恨，入京难保无险，且恐无甚补益，惟能得直督，徐图与北洋系军人调和联络，则于军政将来所关颇巨。现拟从此着手，能成否未可知。督蜀则可植势以待将来，然陈（按：指陈宧）若无去志，亦颇费手。浙极愿与滇、黔、桂永远提携，凡百听此间主持，惟沧已决意脱离政治生活，未便应之。尊电商组政党，此决不宜，非规避时势，实不可也。大局情形略如此，西南数省当执何态度，希与干督熟商示复，并摘要转冀。萧垫。马。"②

同日，又电唐继尧、岑春煊、蔡锷、刘显世、衡州行营陆荣廷、南宁陈炳焜、广州龙济光、长沙汤芗铭说："得浙督哿电内开，前谈唐公蒸电，请召集军事会议。当致筱电，请定会议地点，及选派代表方法，尚未奉复。鄙意讨袁之幕虽终，统一之论方始，军事善后，尤关紧要。端绪纷繁，非预讨论，不免纷歧。应由独立各省，速派军事重要人员，到沪筹商，以为军事会议之预备。蒋君尊簋，军界泰斗，远迩共仰，敝省军事情形，尤为

---

① 以上三电见曾业英编《蔡锷集》（二），第1436—1437页。
② 《护国运动资料选编》下册，第704—705页。

熟悉，兹特推请在沪接洽一切，应请尊处转电独立各省，从速派员到沪协议。至盼。吕公望叩。帮。等因。为全局计，为独立各省善后计，此项会议断不可少。惟代表宜以有力军人深悉本省及各军所部情形者为宜。贵处能否迅派，乞示复，并复浙。启超。马。”①

23 日，又“万急”电告陈炳焜、陆荣廷中央政府有关情况，并请转唐继尧、刘显世、蔡锷、戴戡说：“护密。邕铣电、衡号电均祃奉。溯初南归后，由孝怀等三人马电报告情形，计达。京状势极浑沌，黄陂事事放弃，无主张，趋附者众，品流甚杂，能自由恐亦未必为福。段颇愎而惮于负责，故一切问题搁置，而腐败官僚，日图把持，黎、段现尚无隙，将来恐不免。约法、国会，在势谅不能不恢复，恢复后结果如何，殊未敢知。中央日日运动南省取消独立，南省诚不容久为形式上之对抗，但囫囵放任，将此次义师之兴，一无结果。以鄙见料之，中央因毫无主见，中外信仰日坠，重以财政枯竭，不出一月，或生奇变。各省惰力弥满，无一可恃，始终负维持国家之责任者，仍在滇、黔、桂、浙四省及在蜀大军，必须加团结之密度，取一致之方针。昨转浙督帮电请派军事代表来沪，为善后会议之准备，用意良深，望迅派要人来。舜老（按：陈炳焜，字舜卿）恐不能行，或月波（按：谭浩明，字月波）师长何如？干老宜暂驻衡，勿轻退。时局刻刻变化，我辈作何态度，未容孟浪，惟‘蓄力观变’四字当确守耳。孝怀三日内即起程来湘就教。余续报。请转唐、刘、蔡、戴。超。漾。”②

并电谢唐继尧、刘显世、蔡锷、戴戡派“专员赐唁”其尊亲。说：“承专员赐唁并拜，过情之赙，哀感不知所措，百稽颡叩谢。超。漾。”③

24 日，又“十万火急”再电唐继尧、任可澄，并请迅转蔡锷、刘显世、戴戡说：“贵密。谏、巧电养奉。所虑二事诚当，然隐忧尚不止此。黎太虚受，其门如市，段太峻严，幕又无人，两公皆贤者，然性质背驰，结果则凡百搁置。大小官僚，各派政客，各为私计，分途运动，两公现虽无隙，恐不久便有。约法、国会两题至今未决，沪上政客激昂，议论日歧。现乱机所伏，约数端：一、鄂系军人利用黎与北洋系暗斗，段现辞职未准，恐终难融洽；二、借款不得，兑现无期，市民恐慌，军警借口；三、国会

① 《护国文献》上册，第 237 页。

② 《护国运动资料选编》下册，第 706—707 页。

③ 《护国之役文电稿》（1916 年 2 月至 1917 年 1 月），中国国家图书馆藏。

开后，言动或逾轨道，将成自杀。此等恶象，一两月必现，明知而莫救。我辈助黎、助段、助国会皆属正当，然结果恐皆拥护一部分人饭碗，于国计无与。独立各省，陕、粤已分张，蜀、湘态度不明，所余滇、黔、桂、浙，实全国托命。现在时局变幻不居，虽未能确定何种办法，要在四省巩固其团结，蓄力观变。已进之兵宜勿退，未进者亦不可遽猛进，免授人口实。对北不必多主张，免资人利用。鄙见如此，乞将此电迅转松、周、干、循诸公，熟商此后方针见示。浙态度极佳，楚与西南共命，宜常与布腹心。亮侪日内北行，望致电与彼，嘱其代谒黎、段，通情意。松、周诸公似亦宜就近委一人往，或委立诚何如？幼苏兄拟来否？并候。超。敬。"①

25 日，又电肇庆都司令岑春煊说："都密。筱电迥奉。京、沪近象无可乐观，黎太虚受，其门如市，段太峻严，幕又无人，两公皆贤，然性质背驰，结果则凡百搁置。大小官僚，各派政客，各为私计，分途运动，两公现虽无隙，恐难全始终。约法、国会两题至今未决，沪客激昂，议论日歧，中交兑现，绝无办法，商民失望，鄂系军人与北洋系似有对峙之形。凡此诸端，皆祸机所伏，念之生栗。仆斩焉缞经，固万无入京之理，即不尔亦断不可去，孝怀往亦决不得要领。公所处至艰危，仆不能臂助，至用惭惶。闻孝有长函陈积极、消极两种办法，此亦无策之策。粤事顷方电京谋解决，能否有效，殊不敢知。孝日内赴湘干幕，或能间接助公。畅卿已晤（按：此处以下似缺四五字）。超。有。"②

▲戴戡"十万火急"电告唐继尧、蔡锷、刘显世，"顷由重庆电局转来新会一电"，说："文曰：……（按：衔略）项城奄逝，形势锐变，请即分电段，速奉黎大总统即日就职，宣告中外。仍未独立诸省，晓以大义，使一致奉戴，免生枝节，再为厉阶。仍用军务院名义电各国使馆声明意见，以免惊疑。收拾北方惟段是赖，南省似宜力援助，毋令势孤，更不可怀彼此成见，致生恶感。即独夫之亡，间不容发，愿共敬慎，宏济艰难。超去岁在津曾与蔡、戴二公约言，谓袁朝倒则超夕隐。比在桂、粤亦屡为岑、陆、龙三公述此意。天降鞠凶，先考见背，两月始闻，万死莫赎。前已电请裁去两广都参谋、军务院抚军领政务委员长诸职，俾得遂孝思，稍报罔

---

① 《护国运动资料选编》下册，第 707—708 页。
② 《护国之役文电稿》（1916 年 2 月至 1917 年 1 月），中国国家图书馆藏。

极。今大难渐平，先灵甫慰，超前既有成言，今复遭大故，伏乞哀其惨志，曲予矜全。此后国事非棘人所忍与闻，敢掬苦衷，愿执事勿加罪责。善后万端，群公攸赖，伏惟努力，勉副时望，越体陈情，诸祈矜鉴。启超稽颡。齐。云云。未审尊处已否收到，任公所论至为重要，望一致主张为叩。戡。马。印。"

又急电唐继尧、刘显世、蔡锷说："义密。冀公洽电、周公效电、松公（皓）酉电均奉悉。冀、周两公所论松公之退引理由至正，戡初亦觉此。然松公之病甚久，戡在京时，已觉可虑。奈事机迫切，松公当时决心本置身命度外，故亦不暇医治。今幸国是粗定，公一身关系既如此之大，更宜□□理。至就大局及善后论，松公□□□力所能办到，决不分路并进，况以□□□见，或较此时尤又易为力。戡亦拟下月□□省，早将此事结束，免生他虞。此事实□□□之无可如何，于松公、赵公纯然两□□□如何，祈酌。戡叩。廿一日。印。"[①]

22 日，刘显世则电告唐继尧、蔡锷、戴戡说："义密。冀公洽电、松公皓酉电、循公二十一日午电均悉。松公一身系国家前途，关系极巨，如事实上可以离川疗治，则为松公计，为国家计，均当赞成。惟就各方面观察，目前恐难遽离。据□日成都骆成骧等通电观之，即四川一隅，恐亦不易收拾。世意拟请松公暂时移驻永宁坐镇，将一切事宜分交镕轩、叔桓诸兄代办，一面延访成、渝、泸良医到军诊治，一俟大局稍定，再行赴日较为稳当。世电商任公先生，访喉科良医延赴永宁为松公医调，不识能访得否？容得复再闻。世叩。二十二日。"

同日，又"万急"电询梁启超，如蔡锷治病需费，"请速电知"。说："护密。筱、皓电个奉，已分转松、冀、循，详情另陈。连日得松公电，谓近日喉病加剧，对客谈话几难成声，夜憩尤觉痛楚。据医云，喉头已成颗粒，再迁延不治，即将由颗粒而成积块，更难复元，亟欲赴日本医治等语。审度现势，松公恐难骤离。惟松公一身关系至巨，所患喉症不能不从速调治。拟恳先生就沪延访喉科专门良医，携带器具、药品，克日驰赴永宁，为之诊治。如需费用，请速电知，以便筹拨，并盼示复。刘显世叩。祃。"

23 日，再电询梁启超"就沪代延喉科良医，能否办到"。说："近日川

---

① 以上二电见《护国文献》下册，第 605、606 页。

局愈坏，曹、张、李逆军在渝、泸一带，态度未明。周骏用行［川］军名义，以排外论调鼓吹川军谓将先去陈（按：指陈宦），次驱曹，次拒滇等语。目前已率师进薄成都，限陈三日离省。陈部不战而退，迭次乞援松公。松已通电中央，派兵赴援。又滇省于袁未死时，派叶荃率师赴川，继由冀公命其停止前进。叶竟由会理入宁远与川军冲突。现经松电商冀公，冀之电已将叶撤差查办。熟查川省现势，陈二庵威信久失，又无得力军队，各处土匪均假借民军名号，肆行滋扰，非有威望卓著之员，决难镇慑维持，否则川愈糜烂，邻省将受极大影响也。松公因喉病急欲赴东医治，世昨电请就沪代延喉科良医，能否办到，乞复示。世。漾。印。"①

　　▲岑春煊通电唐继尧、梁启超、唐绍仪、温宗尧、刘显世、陆荣廷、陈炳焜、龙济光、吕公望、陈宦、汤芗铭、陈树藩、蔡锷、李烈钧、戴戡、罗佩金，拟以梁启超、唐绍仪为"协商全权代表"。说："吕都督文电、筱电敬悉。所称协商为目前亟务，拟由临时内阁与军务院各派数人一节，允称洽当。查梁任公先生为本院政务委员长，唐少川先生为本院外交专使，有当然代表本院之资格。煊意即由两先生专任协商善后之事，并请两先生指派数人为参赞，不必分省，一俟交由各抚军同意，即行就近赴会。此种办法，似为庄严而便捷。又两先生既为全权代表，所有开会地点及他种问题，悉由两先生酌定。鄙见如此，务祈公同商定，迅速解决，至为盼祷。岑春煊马。叩［叩。马］。"

　　23 日，陆荣廷电复岑春煊、唐继尧、刘显世、蔡锷等人，赞同梁启超、唐绍仪为"协商代表"。说："都司令马电敬悉。梁任公、唐少川两先生专任协商善后之事，由两先生指派数人为参赞，不必分省。廷极端赞同。至会议地点，似以沪上为宜，仍祈公决。至盼。陆荣廷。漾。印。"

　　同日，陈炳焜改变态度，通电蔡锷等独立各省，表示"赞同梁、唐二君为协商代表"。陆荣廷也通电蔡锷等独立各方，对梁、唐表示了"赞同"的态度。②

　　27 日，蔡锷通电唐继尧，肇庆岑春煊、李烈钧，上海唐绍仪、温宗尧、王宠惠，范、谷驻沪委员，刘显世，陆荣廷，陈炳焜，龙济光，吕公

---

① 以上三电见《护国文献》上册，第 523—525 页。
② 以上三电见《军务院考实》第四编《各省文电》，第 109—111 页。

望，陈宧，汤芗铭，陈树藩，戴戡，罗佩金，极为赞同推举梁启超、唐绍仪为"全权代表"。说："西林马电敬悉。大局既经解决，临时内阁与军务院对立，本非所宜，但计划一切，自应先事协商。西林意欲推梁任公、唐少川两先生为全权代表，并由两先生指派数人为参赞，酌定地点，就近赴会。鄙意极表赞同，特电推举，仍候公酌决定。蔡锷叩。感。印。"[1]

▲岑春煊"急"电唐继尧、刘显世、陆荣廷、陈炳焜、吕公望、汤芗铭、蔡锷、戴戡、罗佩金等人，通告入粤李烈钧滇军与龙济光济军冲突情况。说："滇粤桂联合军前由军务院编制完竣，陆续出师，通电奉布在案。嗣滇军各部队出发后，旋由北京电传袁世凯身故，黎大总统依法继任，当经令饬前方军队于所在地方暂行驻扎，听候命令，仍由该管长官严加约束，以肃军纪。乃昨接滇军李总司令巧电称，行抵郌江，闻火车不通，当派谍查，据称滇军到韶州后露宿城外，已经数夜，城门紧闭，贩卖断绝。据情婉求朱镇守使，概置不理。朱又以大炮轰击滇军，情形危急。烈钧中途阻隔，车复不通，徒唤奈何。除再饬详报外，究应如何办理，祈火急示遵。烈钧叩。巧。印。云云。当经转电龙督，请飞饬韶州朱镇守使停止轰击，妥筹办法，以免糜烂地方，并由敝处飞电滇军，毋得急切去后，嗣接李总司令号电称，前电朱镇守使开炮轰击滇军各节，计邀鉴察。兹接探报，朱使因滇军防范严密，所谋未遂，惧罪有所归，弃城遁去。滇军为地方安宁起见，已入城镇摄等语，报告前来。窃滇军奉命出赣，经过各地，纪律本极森严，乃因朱使示敌意行为，致肇事端，殊出意外。前事已矣，来日方长，除饬各司令安慰各军外，请示维持办法，无任感祷。烈钧叩。号。印。又接同日电称，韶州之事，滇军为自卫计，相机抵御，原非得已。兹据兵站报告，驻源潭之粤军节节前进，大似欲攻击我保护兵站之军队者。又迭据各队报告，滇军过清远时，城内外恒向我军放枪云云。似此情形，将何以处？除饬各军镇静毋躁，请赐维持，非特滇军之幸。烈钧叩。号。印。各等语。除先行电饬滇军严守纪律，加意镇摄，并转电龙都督妥议办法外，特电转闻，即希亮察。岑春煊叩。马。印。"

23 日，又电告唐继尧、刘显世、陆荣廷、陈炳焜、吕公望、汤芗铭、蔡锷、戴戡、罗佩金等人说："马电计达。兹复接滇军李总司令养电开，承

---

① 曾业英编《蔡锷集》（二），第 1443 页。

示龙督号电具悉。滇军在韶露宿绝食，婉商罔应，暨朱使开炮乱轰各情，迭经电陈，谅蒙鉴察。查韶州一隅，济军数千，列炮十余，滇军主客势殊，寡众不敌。苟非煎迫已甚，何至冲突？龙督所云，当系朱使架诬，冀以掩其开衅之罪，尚希明察等因。特电转达。岑春煊叩。漾。印。"①

▲周善培等人"万急"电告衡州行营陆荣廷，梁启超"宣告政治退隐"，惟对陆荣廷及蔡锷处"有所垂询"。说："护密。致任公铣电悉。群昨自京返，大局前途乐观少……则专以排挤正人、自争地位为事。现在似当先巩固西南之联络，使对中央发言有力。龙叠派人入京运动，极鬼祟，宜秘为防维。将来国会若开，西南各省对于议员宜恳切之劝告。任公已宣告政治退隐，专从事社会教育，惟对于我公及松坡处有所垂询，当竭才献纳，望公亦常与松商榷。浙中敬仰公甚至，一切惟公马首是瞻也。周善培、黄群、黄大暹叩。马。"②

## 22 日

▲蔡锷"万急"电江安电局飞转叙府自流井罗佩金，何海清"愤求辞职，务希照新委定官长发表，且毋分割"。说："义密。顷接效、啸两电，备悉一切。现已飞饬顾梯团迅赴自井，归执事指挥，赶速进击，痛与惩创。一面饬张煦所部赴富顺，进规隆昌，以断周后。金支队已饬准备出发。华支队约一星期内可抵叙。何海清因蒋营事愤求辞职，务希照新委定官长发表，且毋分割，致生枝节为要。锷。养晨。"

又"十万火急"电告北京黎元洪暨陆军部、参谋本部，已饬护国右翼军迅即赴援会剿周、王叛军，并请指示方略。说："华密。周骏、王陵基率兵西犯成都，叛迹早著。迭接陈都督寔函电告急，当经饬本军左翼军司令罗佩金相机会剿。日来迭接陈督函电并专员来行营面称，杨志澄所部一旅，在简阳不战溃逃；周军逼临城下，冯、伍两旅人无斗志，乃与周约宽限一星期，让出成都。乃周军四面兜围，并限三日内缴械投降。兹惟婴城死守，城亡与亡。务乞迅派重兵赴援，以解倒悬，而救蓉城百万生灵等语。除饬右翼军迅即赴援，并加派一梯团星夜驰援外，伏乞指示方略，俾有遵循。

---

① 以上二电见《军务院考实》附《两广都司令部考实》第四编《粤事》，第2—4页。

② 《护国之役文电稿》（1916年2月至1917年1月），中国国家图书馆藏。

蔡锷叩。养。"

午前 10 时，又在大洲驿总行营命令顾品珍：

（一）周逆连日由资进兵，攻取成都。

（二）该梯团速向自流井前进，归罗总司令指挥，向周师痛予剿击。

（三）张煦所部不日赴富顺，进规隆昌，截周师进路。

（四）予在大洲驿。

上令顾梯团长。总司令蔡。①

又亲笔命令顾品珍："速。命令顾梯团速向自井前进，归罗司令指挥，向周师痛予剿击。廿二。印（蔡锷之章）。"②

又命令罗佩金：

（一）同前。

（二）顾梯团速向自流井前进，着归该总司令指挥，向周师痛予剿击（与顾、张之命令，系同时所发）。

（三）张煦赴富顺进规隆昌，截周师进路，仍归该总司令指挥。

（四）予在大洲驿。

上令罗总司令。总司令蔡。

又命令张熙：

（一）同前。

（二）该司令速率所部赴富顺，进规隆昌，截周师进路，仍归罗总司令指挥。

（三）予在大洲驿。

上令张司令熙。总司令蔡。③

又亲笔命令张煦："命令张煦赴富顺进规隆昌，截周师进路，仍归该总

---

① 以上二电一命令见曾业英编《蔡锷集》（二），第 1441—1442、1438—1439 页。
② 《前督军蔡松坡先生真迹》，成都《中论》第 1 期，1917 年 3 月。
③ 以上二命令见曾业英编《蔡锷集》（二），第 1439—1440 页。

司令指挥。"①

又通电北京国务院，各部、局、署，各省军民长官，肇庆军务院，上海梁启超，就目前急务提出六大意见。说："顷上大总统电文曰：辱承下问，谨就目前急务，庐陈管见如下。（一）民国三年改订约法，揆诸现势，于总统继承问题已多窒碍。此外，国中人士尚多所疵议，似宜及时酌定，仍暂遵用元年约法，以定民志而资遵守。（二）既设责任内阁，应照法律程序从新组织，时事多艰，非芝老莫胜此任。拟请明令任命改组，待国会成立，交付追认。（三）百政待决于国会，亟宜克期召集。但依法定程序从事选举，则手续繁重，缓不济急。若召集旧国会，则议员资格变更，人事迁移，既难审查甄别，复恐不足法定人数。为变通计，拟请援照元年参议院之例，每省由旧议员中推举五人以上十人以下齐集开会，代行国会职权。所有审议约法、承认内阁、解释约法现势之冲突、筹定产生宪法之机关、决定召集国会期限，及一院两院制等事均由其议决。如此则事省势便，又有前例可援，似于法律事实两无妨碍。（四）军民分治，本图治之正轨，但必待治平之后，始有分职程功之可言。现百政杂沓，军民区域，又无分别，多设机关，无裨治理，徒增骈枝牵掣之病。拟请废去将军、巡按之制，省设省长一人，是即仍名都督，统治军民，使政事渐举，再议划分。（五）军兴以来，京外军队骤增，既虞不戢自焚，又恐耗费无藉，稍一迟延，将至无可收拾。拟请征集各省意见，速开军事善后会议，开诚布公，共谋收束安插之方。（六）惩办帝制祸首，以纾公愤，而儆将来。以上六义，伏候采择遽断施行等语。诸公卓见如何，望抒宏谟，共策进行为祷。蔡锷叩。养。印。"②

蔡锷此电公开发表之前，上海有的舆论机关已有所闻，18 日《申报》抢先在"专电"中报道说："蔡锷条陈政纲有八，均附简明理由。"继而 21日《民国日报》也在《都门政闻录·蔡松坡电陈政见》一文中说："京函，昨闻蔡松坡君由川边转来长电一道，对于时局有所陈请，略分八大政纲。其大致，第一，请务以简捷手续恢复民国元年之《约法》；第二，请务以简捷手续召集停职之国会；第三，请务以圆满手续维持北数省之秩序；第四，

---

① 《前督军蔡松坡先生真迹》，成都《中论》第 1 期，1917 年 3 月。
② 上海《中华新报》1916 年 7 月 10 日。又见《申报》1916 年 7 月 1 日。

请速汰除帝制派各金壬，勿令再参政务；第五，请速筹现款，开放兑现；第六，请预行组织真正之人才责任内阁；第七，请开除党禁，登进人才；第八，请勿再沿用政党政治，致启党争。每款下均附有极简明之理由。又闻此电之来，系以私人名义云。"

29 日，梁启超则"十万火急"电询叙州行营蔡锷、贵阳刘显世，"养电主张由议员推五人以上十人以下，行国会职权，议宪法等语"是真还是假。说："义密。松养电主张由议员推五人以上十人以下，行国会职权，议宪法等语，京电来询真伪。约法、国会复旧已成舆论，不宜撄其锋，已屡电详陈。望弟更通电各处，言初时所以有此主张者，原虑议员资格变迁，且列名劝进者不少，审查费时，恐法定人数不足，耽搁时日。近得京、沪等处情报，知尚无此患，则前说自当取消。惟盼国会早集，想各议员惩前此覆辙，必能益自濯磨，以完职责，断不致以党见意气相持，致再惹院外责言，以堕威信云云。请必迅发。超。艳。"①

30 日，上海《时报》则说，6 月 24 日上午，黎元洪接蔡锷"由川边拍来密电一件，其要点略分六项：甲、请定期解决南北政局及维持河北各省秩序；乙、请从速惩办帝制派各金壬，勿使其逍遥法外；丙、请急开党禁，勿再沿用袁氏摧残党人手段，致使国本不得稳固；丁、请将恢复旧《约法》日期迅速宣布，以慰全国人民之渴望；戊、请筹巨款，务将袁氏颁布停止兑现令取消，以重国家银行（指中国银行而言）之信用；己、请将袁氏前颁滥封爵秩令实行撤销，以符共和国之体制。并闻黎大总统对于蔡氏电陈各节，极表同情，已去复电奖慰矣"。

《申报》再次刊文说："闻公府日昨接到蔡锷复电，其内容分为六端：一、须从速恢复旧约法；二、此刻召集全部旧国会议员、新议员均未便于实行，故须自各省派出五人或十人代表；三、现在之内阁依理而言非正式内阁，故须将现内阁改为临时内阁，待临时国会开设再行取决；四、须废止各省将军、巡按使，改为省长或都督，俾军民一致；五、须速开军事会，解决军事各项；六、须严罚帝政元凶，以慰民意云云。此电到京后，黎大总统以电文颇有可疑之点，而前此庚密电又经蔡氏更正，爰特致电川中询

_____

① 《护国运动资料选编》下册，第 711 页。

问是否果为蔡氏所拍，得复后再定办法。"①

▲唐继尧电告岑春煊，已电饬腾越分销委员刘□赴肇，"俾襄军政"。说："都司令部岑副抚军长鉴：鱼电敬悉。除郭自钦一员已另电具复外，查腾越分销委员刘□，昨据自陈其为民党重要分子，曾经蔡总司令、罗总监驰电相邀，请准委员接替，俾得赴川襄助军事等情。由滇西道张道尹据情转电，业经照准辞职，委员前往接受交代在案。兹准前因，已电饬该员立即交代清楚，遵电改途赴肇，俾襄军政。谨先奉复。唐继尧叩。养。印"②

▲报载蔡锷护国讨袁时的民情及用兵情况。说：

川中战事，虽有传闻，但因交通辽远，目睹者少，即有一二传说，又非出自身在军中及有军事学识之口，故详情无从得知。昨有某君自蔡总司令军中来，其人固军事专家，而又亲随蔡君在前敌参预战事者，本馆记者乃往询其作战情形，承某君告以大略如下。

云南自筹安会发生后，谣言甚多，人心不靖。自蔡松波一至，宣布举义，人心大定，无论老幼男妇，佥曰蔡都督此来，民国可以不亡，滇中可以无乱，吾侪无恐矣。此足见松波平日威信入人者深也。

松波出征，虽号称两梯团，实则前敌作战之兵士，实数不过三千余人，而北军之在叙、泸者数达三万以上。张敬尧所部尤为骁勇敢战，攻守之势既殊，众寡之数悬绝，竟能节节破敌，夺叙获永，固中义声感人，更非松波调度有方，战术优美，不克臻此。

松波之在军中也，常自至阵地观察形势，有时或赶履战线，指挥军士，因此遇险者屡矣。曾一日有弹迎面飞来，松波瞥见，即伏地避之，而立其身后之马弁已饮弹死矣。左右亲信，恒以为言，谓公关系重大，不宜如是冒险。松波言，余个人之关系，即在此战之胜负。我军以少敌众，若不躬冒矢石，将卒岂肯效命？倘战而败，虽余一人独生，何以见天下士？否则死亦有荣，况生死固有命也。

其在纳溪对垒时，接战二十余昼夜，未尝稍息。北军数多，更番为战，滇军则始终仅有此数，疲罢已极，而士气不衰，受创者尚鼓余勇，不肯稍息，此足见滇军朴诚勇敢之可用。而松波平日能得士卒心，

① 《川局与蔡锷之近电》，《申报》1916 年 6 月 30 日。
② 《各省致肇庆要电》，《申报》1916 年 7 月 13 日。

故临时人人愿尽死力以报也。

松波因纳溪相持太久，地之险夷已为敌人所周知，不易得优胜之机会，遂决计退兵。其退也非怯也，盖转换新战地，一以迷惑敌人，一以刷新士气。拔队逾一日，而敌军犹未之知，尚向原地点击射，此可见其行军之敏妙。

自转换新战地后，壁垒一新，休息数日，即出而接战，所至破敌，当之者辄披靡，张敬尧之军死伤十之六七，几不成军矣。张军闻蔡名，畏之如虎，最后敌兵遇滇军，均有惧色。时适帝制取消，相约停战，故张军虽不能出战，尚能保全不至溃散也。

张军如此屡败，闻者或疑其不耐战，其实不然。项城派张军赴川，实有知人之明。张固骁将，其部下皆百战勍卒，实非寻常北洋军队之比，且服装、火器，均远胜于滇军。据军事家之眼光观察之，张敬尧实不失为善战之将，且驾驭士卒，军令极严。今日欧西军事家之评论，凡一统将，部下之兵，死伤已过半数，而尚能成军，不至溃散，或全体降服者，皆足为杰出之军，其统将且受非常之荣誉。张虽败，固不以是而失其价值也。

张敬尧身经百战，以数万勍卒，败于蔡松波少数之军，原因甚多，其最要关系，则松波战术崭新，且下级军官，均有军事知识。松波又善用士气，故能迭奏奇功。幸而北军当之者为张敬尧，若使其他未经战阵，或一味逞蛮之军，如今日大言炎炎、目中无人之某上将辈，诚不知死所矣。

北方不知前敌情形，颇有责张之不善用兵者，张诚冤矣。闻张亦颇郁郁，自取消帝制后，颓丧更甚。今袁死黎继，战事不日消弭，愿我国民勿因张敬尧之败而轻视之。张虽武人，不知大义，然始终不失为骁将也。

松波为人，长不逾中人，平时恂恂无疾言遽色，与人交尤极谦抑，临大事决大疑，则当机立断，略无犹豫迟疑之态。其待将士尤推心置腹，丝毫不参以权术，故皆感其诚，毫无间言。此次身临前敌，大小百余战，口不言功，电陈战事，从不加以粉饰，更不喜为夸侈之言。对于目下时局，一切主张，皆从多数人之后，并无以个人名义通电各省特别主张之事。至于权利思想，更绝对不存诸心。其部下将卒，感受熏陶，咸有精气内敛之状。呜呼，我中华民国未来之伟人，其在斯与！其在斯与！①

23 日

▲蔡锷电告张敬尧，"已电请中央训示，得复即饬属进击"周、王叛逆。说："周、王西上，师出无名，挟部落之思想，为权利之竞争。此种举动本不屑与较，惟日来成都官绅乞援甚急，重念国难方殷，国人权利思潮风起水涌，不加遏抑，大乱将何以底止？且蜀中群雄各不相下，陈仇周兴，愈难统驭，周一人未必能称尊，而千万蜀民则适受其祸，故再四思维，义难坐视。已电请中央训示，得复即饬属进击，希转饬在川各友军知照。锷叩。漾。印。"②

又电请罗佩金飞送自流井刘存厚，"望即率属会攻"周骏、王陵基。说："周、王西上，师出无名，煽部落思想之焰，行竞争权利之实。此种举动宁值一笑。惟历来成都官绅迄[乞]援信使络绎道途，情词哀恳，无法拒绝，且陈氏既宣告独立，其足以张我军声势，为效致巨。周、王不攻之于独立以前，而攻之于独立以后，其意何居？况南北既皆罢兵，周、王何心，必令蜀民再罹战祸？若谓陈氏不餍蜀中将士之望，则请命中央，自有道以处此，自由行动拥兵者不仅周、王，人人有可取而代之心，内乱将何所底止？故为大局计，为川局计，对于周、王不能不加之以惩创。昨已电饬镕轩率左翼各军，克日近[进]攻，并加派赵、顾两梯团分道进击。兄深明大义，望即率属会攻，并联络锦帆及各路民军一致进行为盼。锷。漾。印。"③

7月12日，报载北京"政府已命周骏即离成都。闻中央政府电令蔡锷、曹锟、张敬尧劝周卸让。据华人消息，谓周如不允，则蔡锷将以严厉方法对付之"。④

▲刘显世电告梁启超四川近日局势"愈坏"情况。说："梁任公先生

① 《蔡松坡用兵之经过》，《申报》1916 年 6 月 22 日。
② 曾业英编《蔡锷集》（二），第 1442 页。此电录自 1916 年 7 月 4 日张敬尧致国务院，参、陆两部电中。张电藏中国第二历史档案馆。
③ 成都《国民公报》1916 年 7 月 30 日。
④ 《译电》，《申报》1916 年 7 月 12 日。

鉴。近日川局愈坏，曹、张、李荫军渝、泸一带，态度未明。周骏用行军名义，以排外论调，鼓吹川军，谓将先去陈，次驱曹，次拒滇等语。日前已率师进薄成都，限陈三日离省。陈部不战而退，迭次乞援于松公。松已通电中央，派兵赴援。又滇省于袁未死时，派叶荃率师赴川，继由冀公令其停止前进，叶竟由会理入宁远，与川军冲突。现经松电商冀，冀之电已将叶撤差查办。熟察川省现势，陈二安威信久失，又无得力军队，各处土匪均假借民军名号，肆行滋扰，非有威望卓著之员，决难镇慑维持，否则川愈糜烂，邻省将受极大影响也。松公因喉病，急欲赴东医治，世昨电请就沪代延喉科良医，能否办到，乞复示。世叩。漾。"①

▲报载"旧议会即复活，则政党之发生，自属意中事。议员政客多在南方，尤聚于上海之一隅，将来政党之发生，仍以国民党、进步党为最大之结合。其中分合之迹，又当按现在各团体之意见，以为吸集之导线。旧国会议员之众多，自以国民党为最，黄兴、孙文已成过去之人物，不复为人所拥戴。此次兴致勃发树讨袁之帜者为唐绍仪，时抱副总统及国务总理之欲望，国民党之首领，当然为唐绍仪，已无疑义。此次战旗首举为蔡锷，云贵两粤均为一致之进行，而梁任公奔走连结之故，遂为独立各省之集中点，议员政客之优秀分子，向属于任公之部分，则江、浙两省人为多，将来政党成立，必推梁任公为首领，而以各省都督为之后援，其力量之雄厚，亦可推想而知。汤济武既自树一帜，又与黎总统感情甚洽，进步党之部分及湖北派，自当然与之联属，汤济武必自为首领成一大政党，其是否与梁任公合为一党尚不可知。盖此次排袁，虽与任公为一致之进行，而政见之主张或不尽同，其或分或合尚难预料。其孙洪伊一派，既声明暂时不党，近来与某要人踪迹颇密，将来若独成一党，似以拥戴某要人为多数，若不然则与某党之一部分共组政党，亦未可定。四派之中，汤与梁较近，孙与国民党亦较近也。至于现在北京之旧议员政客，多属诸旧公民党，公民党之属于梁士诒尽人皆知，如李庆芳、康士铎、陈垣、黄锡铨、黄霄九、司徒颖等辈，皆于解散国会后，供梁士诒之奔走，分属于税务处、公债局各机关。帝制发生时，皆每日聚集于梁士诒宅中，制造鼓吹帝制之文电，预拟劝进表，尤以李庆芳、陈垣为最多数。梁士诒既倒，此辈已仓皇失措。

---

① 成都《国民公报》1916 年 7 月 23 日。

闻国会之复活，则又想以赞助帝制之中坚分子，复为代表民意之议员，目下遂欲集合团体成一政党，自知必不为前述四派之所收容，则思结成一团体，拥戴段国务卿，与昔日拥戴总统秘书长之梁士诒同一用意。若能达到目的，则以北方军界为后援，与南方派成对抗之势，其所抱之希望亦甚宏大。惟段国务卿曾经宣言军人不入政党，其人强固刚毅与鬼祟之政客气味极不相投，又不乐闻涂饰法理之言，既以维持大局为任，若徒以利害之言耸动，必不见听，则若辈之伎俩已穷，拥戴之事徒存虚愿而已，而况帝制派之中坚分子，必为南方所拒绝乎。此时各政党尚未出现，然其萌芽已兆，他日政党成立时，必不出乎此也。"①

又载寓华有年，极有经验的，曾任中国海关税务司副总税务司、代理总税务司各职的英人裴式楷，在由北京南下赴日游历，道出沪江接受《字林西报》记者采访时，被问"今在京外之大人物，如蔡锷、冯国璋等，黎（按：指新任总统黎元洪）能保其赞助否？"答曰："蔡锷之赞助决然无疑，冯国璋亦未必不赞助。一般人士固尝疑冯觊觎总统之位，若南京会议果能收效，则冯或可因此而占领袖之地位。南京会议既无效果，则冯之机会在余观之已全消灭。据京报载称，冯已有电主张以总统命令，恢复《临时约法》，并主召集旧国会，通过新选举法，俾人数较少之新国会得以尽速召集。由此观之，冯亦以助黎为务矣。"②

▲日本代理驻重庆领事清水电请外务大臣石井菊次郎转电驻华公使，告知"蔡锷的病似是咽喉癌"。说："蔡锷在叙州罹病，日前已返回大洲驿，刻下病情加重。22日请在当地（重庆）的德国领事馆军医前来诊病，该军医立即动身前往大洲驿。蔡锷的病似是咽喉癌。（六月廿三日）"③

24日

▲蔡锷电告梁启超、萧堃，司令部将于25日启程"移驻叙府"。说：

---

① 《将来各政党之预测》，天津《大公报》1916年6月23日。

② 《裴式楷对于中国政局之意见》，《申报》1916年6月23日。

③ 外務省外交史料館、戰前期外務省記録、1門、政治、6類、諸外國内政、1項、亞細亞、各國内政關係雑纂/支那ノ部/地方/第十卷。原電日文為手寫稿，其印刷体如下："在支公使ヘ電報セリ蔡鍔ハ敍州ニ於テ病ニ罹リシカ先頃大洲驛ニ帰リシニ此頃ニ至リ病重ク廿二日当地ニ居ル独逸領事館付軍医ノ来診ヲ求メ来リ同軍医ハ直ニ大洲驛ニ向ケ出發セリ蔡ノ病気ハ咽喉癌ナルカ如シ。（六月廿三日）"

"义密。由贵阳转到巧电敬悉。敝部移驻叙府，明日启程。出行文件，容抵叙后赶缮奉寄。锷叩。敬。"①

27 日，梁启超电复叙州行营蔡锷说："洽密。得敬电，知移节，想病无碍，甚慰。德医爱士弥，京德使电彼往诊，彼实国手，可令切实医治，冀断病根。病稍能支，川督切勿固辞，中央绝望，救国借手，惟在地方耳。军、巡名义，囫囵应付亦无妨，形式上之南北统一，为期非远也。超。沁。"

同日，又"加急"电复刘显世、熊范舆、刘显治所询有关问题，并请其"倡议否认"此前他提出的段祺瑞、冯国璋、蔡锷、陆荣廷"数要人择地会合"一事。说：

> 洽密。祸戌电宥奉。谨条复：一、约法复旧之议，导源于四省推黄陂继任之宣言，元首地位既从旧法来，旧法安得不复？法复而国会自随之，此舆论所由共趋于此也。且新约法不宜存在，既众所共认，欲改正之，或制新宪法，不能不取途于合法机关，否则如袁之纡回造法，必滋口实而不足传后。为此项根本大计起见，舍此亦无别法。旧议员不属人望，固也，改选后亦牛羊何择？现在好出风头之人，彼时必仍当选，见遏于今日而泄忿于将来，凶焰将益张耳。今托荫复职，贤者知感，悍者亦有惮。俟将召集时各方面合辞责善，其大部分或能得良心上之反省，而少数野心家不得逞，一线希望在此。现此事殆将解决，公宜勿以直躬贾怨，但预备责善之文，届时迅发。二、副总统问题，或径可暂阁。野心家知目的难达，颇不愿提；且可劝岑引退，为釜底抽薪之计。三、善后会议，尊处如此计划，此间未见及，但政党结集决非宜，此议当根本取消。弟前亦望有善后会议，乃欲段、冯、蔡、陆数要人择地会合，开诚解决一切大问题。惟此亦断难办到。请倡议否认此举，仍由各省直接与中央协商安插军队补充军费等事，但似当以此为取消独立之交换条件，否则恐取消后要求无力。四、军院宜于约法规复、国务卿改称总理后撤销。中央当断不断，彼此两窘，已频催促之。五、祸首事大抵以逐渐罢斥了结。六、废军、巡官制，可待诸规复约法之后。以上复六条竟，别有应商应报者。一、海军昨

① 曾业英编《蔡锷集》（二），第 1442 页。

忽发难，想已知。弟已通电声明不与闻。若有要求加入抚军者，宜以军院行将解散严拒。二、松督川命已下，若病轻能任事，切宜毅然负荷，名义暂圝圀应付。欲救国必凭借地方，中央无望也。前用立诚名发马电，已陈其概，今浑沌益甚，幸而不破裂，亦麻木之局耳。三、弟决中止政治生涯，拟办一理想的学校，且精意编译；沪上日报亦领数家，分人任之。此着似缓实急，同人全体皆同意，将来尊处及松处军费与中央交涉，能稍筹此项教育基金，实于大局前途有实益，乞留意。余续报。知名。沁。①

▲黎元洪颁令："周骏着来京另候任用，所辖军队交王陵基接管。此令。中华民国五年六月二十四日。国务卿、陆军总长段祺瑞。"又令："任命王陵基为重庆镇守使。此令。中华民国五年六月二十四日。国务卿、陆军总长段祺瑞。"②

7月4日，蔡锷"急"电黎元洪、国务院、陆军部，请"明发令改由黄鹄举兼统"周骏调京后所属部队。说："华密。前奉大总统策令，周骏调京，所部军队交由王陵基接统等因。查周骏（拥）兵踞省，种种乖谬，固属罪无可宥。但详查内情，周骏一切皆由王陵基主使，若将周部交陵基接统，恐乱本不拔，终贻后患。查周部旅长黄鹄举，人尚明白可用，拟请明发令，改由黄鹄举兼统，庶周部不难就范，川局亦较易收拾。锷见闻较确，用特密陈。伏候裁决。锷叩。支。印。"③

▲报载"陈宧在成都既被周骏重兵逼之，势不能敌，与之立约退出成都"。"中央接到陈宧来电，以如此情形请中央训示遵办，或谓陈宧尚未离成都以待政府之训示也。顷闻政府决计并调陈、周两人来京消弭嫌怨，已经电致周骏命其来京。督理四川军务一席，拟请蔡松坡担任，一俟得其同意即可发表。又近来有蔡松坡因病不起之说，据吾人探闻蔡因军务勤劳，前二星期染恙，规［现］在悉心调养，渐有转机，尚无可虞。至于前此进退维谷之曹锟氏，当陈宧初取消独立时，本有令其统率北军退回岳州之耗，但汤芗铭闻此消息力电反对，故国务院又电致曹虎威，饬其退至汉口，由

---

① 以上二电见《护国运动资料选编》下册，第 709—710 页。
② 《命气》，《政府公报》第 170 号，1916 年 6 月 25 日。
③ 曾业英编《蔡锷集》（二），第 1448 页。

汉再回京。方在往返电商中，而周、陈争成都之事忽起，于是退师一层遂尔作罢矣。"①

24 日，黎元洪"特任蔡锷为益武将军，督理四川军务兼四川巡按使。此令"。又任"曹锟会办四川军务"。又着周骏"来京另候任用，所辖军队交王陵基接管"。②

《申报》为此特刊发时评说："四川之陈宧与周骏方在互争，而政府则并二者而并去之，委之于蔡锷。政府之处置此事，甚为得当，何则？以蔡锷之名望足以解决此事也。特以蔡氏以积劳之身，当甚病之后，前次北京恶耗虽属讹言，而其病后精神果堪复加以纷扰乎。故我谓为四川计则为可幸之事，为蔡氏计则觉责难之过甚也。"③

26 日，报载"蔡锷任四川将军，实因陈、周相争，中央难于去取，故两罢之。大总统曾以蔡继任之意询之熊希龄、李经羲，均极谓然，国务卿亦无异议，而旅京川人更为欢迎，故即发表"。④

同日，蒲殿俊电请北京国务院、段祺瑞立即收回曹锟会办四川军务成命。说："顷见明令，方以蔡锷督川，又令曹锟会办四川军务，事出不伦，何胜骇疑。曹军在川，奸淫掳掠，惨无人道，中央对川、滇各军果无敌意，对于川省人民稍存爱惜，早应撤调北还，以清祸本。今则不然，更进一步使其以会办名义长久驻扎，并得干预地方军政，用意安在，百思不解。陈宧、周骏势不相容，惟有两去，阁下既知之矣。蔡、曹薰莸，不可同器，明彼昧此，宁曰善择？国变军兴，内外岌岌，中华不亡，视兹新政，引领侧足，亦既有日。所以大慰天下者未闻速施，而封疆处置，累滋物议，粤督之授，众谓乖方，犹未有如今者川事之甚也。若不立即收回成命，令曹锟速出川境，恐人心迷惑，必至大局更破，不独蜀人死不愿戴此残夫也。迫切陈词，幸为一动心焉。蒲殿俊。宥。"⑤

又有报载北京既以"蔡锷督川，又令曹锟会办四川军务"的原因是："政府以陈宧、周骏互争地位，因两解其职，命来京另候任用。而任命现在

① 《中央处置川事之曲折》，《申报》1916 年 6 月 27 日。
② 《大总统令》，天津《大公报》1916 年 6 月 26 日。
③ 冷：《时评·四川》，《申报》1916 年 6 月 26 日。
④ 《专电》，天津《大公报》1916 年 6 月 26 日。
⑤ 《公电》，《申报》1916 年 6 月 27 日。又见《四川军阀史料》第 1 辑，第 246 页。

驻兵川中之蔡锷，又虑北军不能统摄，因命曹锟会办四川军务，政府此举之用心盖在于是。现在陈宧已有复电，言即来京，而周骏至今未有复电。陈宧之电系于二十五日由成都所发，可知陈宧尚未退出成都。而周骏至今无来电，其是否反抗中央命令尚未可知。蔡松坡既有重兵在川，曹锟、张敬尧等亦断无反抗中央之理，则周骏亦断难反抗也。"①

而李为纶等人则电请蔡锷以"都督名义率兵直入成都"。说："永宁蔡松波总司令鉴。滇中首义，劳苦功高，节旄西临，倒悬解决。昔以曹、张梗化，近复周、王抗兵，川局糜烂，遂难收拾。顷见北京有日命令，策公为益武将军，督理川事，靖难解纷，极知非公莫属。唯将军、巡按为元年官制所无，公以首义元勋，讵宜受此非法之伪职？况复正式政府尚未成立，护国军当然为解决时局之主体，望即以都督名义率兵直入成都，檄召熊、刘同商善后，川局幸甚。尊恙如何，愿为国珍重。李为纶、黄金鳌、曾道、王骞、余际唐、吴景英。"又电刘、熊两司令说："富顺护国军刘总司令、招讨军熊总司令，并转杨辛友、卢锡卿、钟体道诸君钧鉴。诸公讨逆，劳苦功高，至佩。周、王构兵，川局行复糜烂，来日大难。望商承蔡公一致努力，共维桑梓，川局幸甚。李为纶、黄金鳌、曾道、王骞、余际唐、吴景英。"②

28日，四川国会议员王湘等人电请黎元洪收回任命曹锟"会办四川军务"成命。说："北京大总统钧鉴。曹锟等在川暴状，久播中外，项城纵容，无由呼吁。我公继任之初，通令各处撤退驻军，方幸川人，立见苏息。乃昨日忽有曹锟会办四川军务之命，兰萧并坏，功罪不分，蔡锷固耻与侩伍，川人则实所难甘，望即收回成命，并饬所有驻川北军，克日凛遵前令，悉出川境。我公之赐吾川之福，临电迫切，伫候明命。四川国会议员王湘、赵时钦、杨肇基、张瑾雯。俭。"③

29日，旅沪蜀商电告蔡锷，对中央令其"移节镇蜀"，如旱岁之颁"时雨"。说："吾蜀自匪肇乱，民命不堪，商埠农场，半归蹂躏，生命财产，毁于兵戎。昨悉中央命令我公移节镇蜀，欢讴忭舞，□于海市，尚冀捐除小让，苏我元元。时雨之颁，如在旱岁，不胜企祷。旅沪蜀商公益会

① 《川局与蔡锷之近电》，《申报》1916年6月30日。
② 以上二电见《公电》，《申报》1916年6月27日。
③ 《川国会议员请撤曹锟电》，天津《大公报》1916年7月3日。

叩。艳。"①

其间，四川旅沪同乡会正会长王北枢等人也电请蔡锷俯临川省。说："叙府蔡都督公鉴。滇中首义，民国不亡，蜀为战区，忍死待治。昨读中央命令，我公以力征之师，膺督川之任，欢讴忭舞，腾起海隅。即望俯临省治，发挥仁勇，使我兵燹同胞，咸登衽席，万里侨民，望西百拜。其曹锟人地不宜，已两电中央，恳收成命。蜀事善后，专望我公，不胜恳祷之至。四川旅沪同乡会正会长王北枢，副会长朱伯为，会员陈汝荫、胡彤等全体公叩。"②

7月3日，蔡锷电复蜀商公益会说："转电悉。推许溢量，愧不敢当。军兴以来，蜀民受祸尤甚，环顾满地疮痍，极用恻怛。现大局虽定，蜀乱未清〔靖〕，拔本塞源，力所能当，义无可避。惟数月苦战，积劳致疾，久领疆圻，匪所能任，已电陈中央举贤自代。承注谨复，并谢。蔡锷叩。江。"③

10日，蜀商公益会电复蔡锷说："蔡督军钧鉴。江电敬悉。我公枕戈运筹，为国况瘁，贤劳有日，小憩惟宜。但蜀难未夷，民在水火，扶创救死，非公莫属。充见人入井之仁，岂行药寻山之日。况督军既已正名，荐贤断难自代。敬恳慎护起居，慨承艰巨，眷我全蜀，勿为遐弃。就任何日，倾驰无极。旅沪蜀商公益会叩。蒸。"④

▲梁启超"十万火急"电询段祺瑞："冰密。报载京电称，松坡积劳病故，确否？乞飞复。启超。敬。"

又"十万火急"电告刘显世说："京电传松坡病故。顷奉祃电及松祃电，想尚无事。已立聘医，专船星夜往诊，望电松节劳善摄。病情如何，务乞随时飞报。超。敬二。"

又"十万火急"电询蔡锷、戴戡、唐继尧、刘显世说："护密。松坡安否？火急赐复。超。敬。"

又"十万火急"电请黎元洪、段祺瑞派小军舰送医生为蔡锷诊治"喉病"。说："得蜀、黔电，松坡患喉病甚剧。顷由沪聘医往疗，惟航行需时，

① 天津《益世报》1916年7月5日。
② 《四川旅沪同乡会致蔡锷电》，天津《大公报》1916年7月5日。
③ 曾业英编《蔡锷集》（二），第1448页。
④ 《公电》，《申报》1916年7月11日。

恐难救急，乞饬派小军舰送至重庆，一切由此间接洽。松坡人格，并世所希，想钧座必为国家轸念此才也。梁启超叩。敬。"

又电天津蹇念益："报载松噩耗，想不确。此间接松祃电，告喉痛颇剧。同日黔电，详报病情。现已聘东西医往诊，并电京乞派兵舰速送。望就近托催办。超。敬。"

又"十万火急"电请南京冯国璋"务乞设法"派小军舰送蔡锷至重庆。说："得蜀、黔电，松坡患喉病甚剧。项由沪聘医往疗，惟航行需时，恐难救急，拟求派小军舰送至重庆。务乞设法，公私同感。盼立复。启超叩。敬。"①

同日，刘显世电复梁启超，蔡病"想无碍"。说："梁任公先生鉴：敬电奉悉。已立照转，松公系旧喉病发，较前稍重。然尚能布划一切，随时与各处通电，想无碍也。世叩。敬戌。印。"②

梁启超电复熊希龄蔡锷病况。说："建密。梗电悉。项方接松祃电称，喉病甚剧，黔亦来电，嘱聘医。此种慢性旧病，想无害，已急电各处询问，得复当奉闻。蜀事政府能善任，深可喜，祝松安吉负荷耳。超。敬。"③

25 日，又电复黎元洪，请稍缓派轮送医。说："项奉有电，垂念松坡，委曲周至，同深铭刻。沪医上溯需时，项经探悉，在川德、法医人，均有名手，已托在沪德、法人，分电就近驰诊。天不绝中国，必留此才，赞公大业。若必来沪就医，重庆以下，均有高轮可达。段总理电派兵轮，项已电请稍缓矣。启超稽颡。有。"④

又电告冯国璋说："奉复电，深感。此间已雇商轮送医，知注谨闻。超。有。"⑤

同日，戴戡电复梁启超说："梁任公鉴。松坡喉症本系旧病，毫无危险。松坡急欲解职，故借此以求早退。万乞放心。戡叩。径。"⑥

27 日，梁启超电复熊希龄、蹇念益说："昨接松坡敬电，于有日移驻叙府，并未言病。又接贵阳复电，松病不过比前稍重，然尚能筹划一切，

① 以上六电见《护国之役文电稿》（1916 年 2 月至 1917 年 1 月），中国国家图书馆藏。
② 《公电》，《申报》1916 年 6 月 27 日。
③ 《熊希龄先生遗稿》第 2 册，第 1892—1893 页。
④ 《护国文献》上册，第 242 页。
⑤ 《护国之役文电稿》（1916 年 2 月至 1917 年 1 月），中国国家图书馆藏。
⑥ 《护国文献》下册，第 606 页。

谅无妨害等语。知注特闻。启超。泌。"

同日，刘显世也电复熊希龄，蔡锷"病尚无大碍"。说："敬电悉。松公因督师过劳，旧有喉病复发，较前加剧。惟松公有、宥两日尚有电致滇、黔，筹商军中一切事宜，并拟即率师应二安之援，是其病尚无大碍也，特复。世叩。感。"①

▲熊希龄电询泸州蔡锷身体是否痊愈。说："华密。顷报载，公病甚重，已否痊愈？此间同人甚为焦盼，乞速详电复。现住天津英界小孟庄十号。希龄叩。敬。"

同日，还分别致电刘显示、唐继尧，询问蔡锷"病重，确否？"②

7月2日，蔡锷电复熊希龄说："敬电奉悉。前在京中，即罹喉疾，迫在行间，益以加剧，并非不治。不过驻军僻壤，军事倥偬，军书旁午，未尝宁帖，又乏良医，致不能发声，而精神健适，饮食如常。现移驻泸州，医药俱便，假以时日，凤疴冀可就痊。承注极感，乞转同人为祷。锷叩。冬。"③

▲岑春煊通告唐继尧、刘显世、陆荣廷、汤芗铭、陈炳焜、蔡锷、李烈钧，拟派程子楷为军事会议代表。说："顷接浙江吕都督艳电开，接读唐公真电请召集军事会议，当复筱电请定会议地点及选派代表方法，尚未见奉复。鄙意讨袁之幕既终，统一之谋最要，且端绪纷繁，非预先讨论，不免纷歧，应由独立各省速派军事重要人员来沪筹商，以为军事会议之准备。蒋君尊簋，军界泰斗，退迩共企，敝省军事情形尤为熟悉，兹特推请在沪接洽一切，应请尊处转电独立各省速派员到沪协议，至盼。吕公望叩。等因。特电转达。再，敝处已派第一混成旅旅长程子楷赴沪接洽，尊处选派何人，并希示知。岑春煊叩。敬。印。"

7月2日，唐继尧通告岑春煊抚军副长，刘显世、陆荣廷、吕公望、汤芗铭各都督，蔡锷总司令并转罗佩金、戴戡两总司令，拟派张子贞为军事会议代表。说："大局既有定象，关于军事方面，以后应如何统合编配，以资镇摄，饷项宜如何筹划，亦须亟为解决。前致蒸电，所主张之军事会议似为必不可少。昨任公先生来电，谓宜先事筹划，临时始免纷歧，尤为扼要。滇省

---

① 以上二电见《熊希龄先生遗稿》第 2 册，第 1899、1907 页。
② 以上二电见《熊希龄先生遗稿》第 2 册，第 1892 页。
③ 《熊希龄先生遗稿》第 2 册，第 1920 页。此电熊 7 月 12 日收到。

现拟派第六军总司令张子贞为会议代表，并派缪嘉寿、唐继禹佐助。张君于军事极为谙练沉着，并熟悉滇省情形，缪、唐亦皆服务滇省军界有年，朴质精敏。缪君现已赴粤，请岑公转饬先行赴沪准备。容即饬令张、唐即日启程赴沪，以便与各省代表接洽。特先奉闻。继尧叩。冬。印。"

5日，岑春煊"万急"通告唐继尧、刘显世、陆荣廷、陈炳焜、吕公望各督军，四川分送蔡锷督军、罗佩金护督军、刘存厚总司令，唐绍仪、梁启超、温宗尧、王宠惠等人，派定程子楷、方声涛、高尔登、耿毅参与军事会议。说："溯自滇南首义，各省景从，为济国家非常之变，遂决万死求生之策。独立各省所堪负全局安危之重，用兵半载，师旅繁兴，他政积荒，事非获已。迩幸元憝不禄，国事渐定，善后万端，首推军事。各省多待诉之隐，全局需通筹而决，在中央策善求全责无旁贷，而各省惩前毖后情必宜宣。前唐督军蒸电主张由各省选派代表组织特别军事会议，春煊即力表赞同，亟盼成立。旋接浙督吕公电称，业派蒋君尊簋赴沪，准备开议。现滇代表叶荃、唐君继禹、缪君嘉寿业经首途，支日过肇。敝处亦经派定程君子楷、方君声涛、高君尔登、耿君毅为代表，参与会议。事关善后要举，各省利害与共，务盼即遴专员，刻期首途，俾促兹会之成立，获同一致之行动。再，前次唐督军所言开会地点拟在沪上，今已事异情迁，仍以就近赴京开会为便。滇代表意亦如此，合并声明。尊意如何，立盼赐复。岑春煊叩。微。印。"①

▲报载"据传，外人方面到有蔡锷噩耗"。又据称"北京电。某使馆传出消息，蔡锷已在永宁病故。蔡病闻系脑膜炎云云"。② 于是，该报在头版刊出高度评价蔡锷讨袁称帝功绩的悼念时评。说："蔡锷，此次挽回帝制之机关也。帝制之起，虽人人不满意，然甚者反其良心以逢迎，其次亦掩其良心以尽力，又次则屈其良心以顺受，最善者亦不过辞职不赞成，以表示其良心之无他而已。尤善者亦不过作反对之辞，以唤起国人之良心而已。其能本其良心以行实事，不惧万钧之力，只身万里发难以与帝制抗争者，蔡锷一人而已。蔡挣脱虎口至云南，而后云南独立，云南独立而后贵州独立，云贵独立而后有护国军，有护国军而后广西独立，广西独立而后帝制

---

① 以上三电见《军务院考实》第四编《各省文电》，第111—113页。
② 《专电》，《申报》1916年6月24日。

取消，而后广东独立，而后浙江独立，而后川、湘独立，而后帝制之中心人物遂以病逝，而后乃有今日。除川南之战绩不计外，蔡锷固已大有功于民国也。呜呼，使北京所得之消息而确，我为民国惜焉。"①

25 日

▲唐绍仪、梁启超电驳段祺瑞借口"不宜以命令变更法律"，拒绝规复民国元年《约法》。说：

奉祸电，具见慎重国法至意，但其中有误解法理之处，既辱明问，敢尽所怀。尊电惟一之论点，谓不宜以命令变更法律。仆等所见则三年《约法》绝对不能认为法律，而此次宣言规复绝对不能认为变更，此义辨明则一切可迎刃而解。凡法必有系，元年《约法》既经政府公布，大总统宣誓遵守，欲修改自有其修改之程序，即该法五十五条所规定是也。修改不依此程序，即不能冒《约法》之名，新者既不能冒此名，则旧者之效力自在。不过此三年余有法外之力为之梗，而固有之效力一时中断，今法外之力既去，则固有之效力自然复活。今全国人民所以急望政府下一明令者，不过欲政府将已然之事实宣布以释群疑，何变更之可言？即如此次我大总统依法继任，政府对内对外迭经声明所依何法，非根据元年《约法》规定程序所衍生之《大总统选举法》耶。使三年《约法》而为法也，一法不容两存，则被该法所废止之原《大总统选举法》定当非法，云何能依？果尔，则何不于六月九日开所谓石室金匮，以别求元首？夫我大总统正位，而海内外共仰为合法者无他焉，以三年《约法》之不成为法也。又如我公今所长之机关为国务院，国务院者，元年《约法》之机关，三年《约法》所未尝有也。三年《约法》若为法，元年《约法》定非法，公所长之院何由成立？今公发布院令，而中外共许为合法者无他焉，以三年《约法》之不成为法也。揆诸法理如彼，征诸事实如此，则三年《约法》之非法，确成铁案，令〔命〕令变更之嫌疑何由存在？

法之性质，辨之既晰，则尊电所援非衷法理，更无俟辩，犹虑有

---

① 冷：《时评·蔡锷》，《申报》1916 年 6 月 24 日。

余疑，请更为剖断。尊电谓若不认三年《约法》为法，恐近年一切法规为之动摇，乃至条约公债判决皆将无效云云。不知法自有种别，一般法绝非随根本而动摇。法国八十年间，宪法变更十数次，一般法何尝蒙其影响，变更且然，况元年《约法》之效力，仅为中止者乎。今国人所誓死以争者在根本法，而非在一般法，尊电所深虑者可无虑也。尊电谓三年《约法》所以为世诟病，正缘其以命令变更法律，今不宜效尤再误。且言彼时之变更，几经曲折，世犹訾其纵恣，今毅然一令更修，恐更贻口实云云。是义不然，三年之役，项城以命令变更法律，诚信谳也，以其所变更者确为法也。曷以明其为法也，参议院议决之，元首公布之，国人公认为法，项城自身亦认为法也。今兹国人希望废止三年《约法》，决不能指为其非法也。法之成立，其程序必根据于其母法，三年《约法》绝无根据，而反于母法也，非特国人不公认为法，即今大总统之地位，今国务院之地位皆必先不认为法，而始能存在也。夫以命令变更法律，无时焉而可者也，虽万方纡回其途，其不可如故也。故项城虽巧立名目，千回百折，貌为慎重，而终不能逃举世之责备。今政府若认规复元年《约法》为变更法律耶，则岂惟政府下令为不可而已。根据各省代表之主张犹之不可也，各省代表无议法之权也。广征名流意见犹之不可也，名流发言无法律上之责任也。以各省军民长官为从违犹之不可也，政府且不敢擅，政府所属之行政官更何论也。求援于国会议员之个人犹之不可也，议员在院外无权能也。仆等以为政府若能认清三年《约法》之非法，则以命令废止命令，何嫌何疑？若必强指此非法之法为法，而于其间欲其一涂饰耳目之程序，则左衔右撞必终于无办法而已。来电又谓甲乙命令可迭相废，则元首更代，法律随转，将来舞法为奸，恐援我为例云云。此语尤属离奇可骇，以令废法，项城作俑，继今以往，当无人敢效项城，亦无人能效项城。今兹规复元年《约法》，正欲根据该法第五十四条之规定产生宪法，传诸无穷，岂有随元首以迭更之理。若如尊电所疑虑，则规复终无善法，殆可决言。然则政府得毋欲袭项城故智，更取径于所谓造法机关者以为涂饰，信如是也，则元首更代一次，则造一次法，尊电所忧，此实当之矣。尊电又云：法争良否，不争迟速。仆等谓苟迟焉，而有妙算，亦所愿闻，等是支离，迟何如速？前文所举，皆法理谈耳。若就政治作用论之，则今当风雨漂摇之时，全国视线以此问题为焦点，政府亦既察舆情之不可拂，曷为不磊落英断，以系物望而定民志？若再迁延时日，诚恐辗转误会，国民不谅政府慎重国法之苦心，或疑为无俯从民望之诚意，则影响所播，殊非国家之福。我公明达，其必有以处此。专此敬复。唐绍仪、梁启超。有。

26 日，又通电黎元洪，云南、贵阳、南宁、杭州、长沙、成都各都督，衡州行营陆荣廷，大洲驿行营蔡锷，松坎行营戴戡，肇庆岑春煊，韶州行营李烈钧，各省将军、巡按使、护军使、办事长官，北京徐世昌、李经羲、汤化龙，天津熊希龄，北京英文《京报》、《国民公报》并转各报馆说："昨奉段芝老祃日通电，询规复《约法》办法，绍仪、启超复电文曰：奉祃电，具见慎重国法至意……（按：同上电，此处略）唐绍仪、梁启超。有。等因。此事为现在一争点，望俯采鄙见，熟审主持，国家幸甚。唐绍仪、梁启超。宥。

▲梁启超"万急"电告蔡锷、戴戡、唐继尧、刘显世，所派德、日、法三医生"皆极佳，请采用"。说："闻松病，同深焦灼。在沪聘医，良者不肯行。德领已托德医爱士弥，日领托日医玉城文雄，法领托法医穆里雅溥兰德，皆由重庆兼程携药前往，数医皆极佳，请采用。法医为孝怀保荐负责，并闻。启超。有。"

又"万急"电告大洲驿蔡锷说："顷电告托德、法、日三医由成、渝等处来诊，各情想达。三医中德医爱士弥技极精，可以为主。已嘱其将诊断情况，电此间名医克里商榷。若必须转地疗养，则请爱氏陪侍来沪，病况仍乞饬记室随时飞报。举国驰系，纷来电询，不独同人焦急也。超。有。"

又"千万火急"电询蔡锷、戴戡、唐继尧、刘显世等人说："松坡安否？病情如何？乞用'千万火急'电复。启超。有。"

并电复冯国璋说："奉复电，深感。此间已雇商轮送医。知注谨闻。超。有。"①

又电请天津熊希龄，对蔡锷任川事"当为彼留余地"。说："建密。松

---

① 以上六电见《护国之役文电稿》（1916 年 2 月至 1917 年 1 月），中国国家图书馆藏。

任川事，为川计诚善，但彼以病躯，而素性又综核事必躬亲，任此恐戕其生，尚当三思。就令欲彼任此，则中央所发命令，必当为彼留余地，万不可如广东之开顽［玩］笑，最好不授官职，但言陈、周去后，一切军民政交某接管，似此庶可两全，请迅以此意达京，并托济武。启超。有。"①

26 日，又电告北京教育总长张国淦，蔡锷病情想"非剧"。说："有电悉。敬、径等日尚接松坡电，想病非剧，乞纾绮注。超。宥。"②

同日，熊希龄电复上海梁启超，蔡锷任川事已"难以挽回"。说："建密。有电悉。川事昨已发表，难以挽回，然中央于《约法》未复以前，不得不循其旧，亦属无可如何之事。松果病重，似可电辞，公意以为何如？希龄叩。宥。"③

29 日，梁启超电复刘显世，望其嘱蔡锷延德、法、日医"善摄"。说："洽密。连奉敬、有、宥等电，知松病非剧，甚慰。德、法、日三医，皆彼公使、领事电托前往。德医爱士密（按：即爱士弥）技极精，望分嘱延诊善摄。希陶何日首涂，正盼切也。启超。艳。"④

26 日

▲蔡锷电谢梁启超"远承注念"。说："敬电敬悉。贱恙远承注念，感甚。锷喉中痛楚，入夜颇剧，就医诊治，当可望痊。谨此复闻，幸释驰系。锷叩。宥。"

30 日，再次电谢梁启超说："有电敬悉。贱恙迭劳下问，且为聘医，感激之忱，何可言喻。俟各医到时，当采用，以副尊嘱。专此鸣谢。锷叩。全。"⑤

▲梁启超"千万火急"电询大洲驿蔡锷，能否督川"自宜以病情为准"。说："洽密。督川明令想已见，弟能否担任，自宜以病情为准。若必须转地疗养，决当毅然摆脱；若自审任事不至伤生，则亦毅然负荷。惟京令用将军、巡按名义，辞受两窘。鄙见宜复称：蜀事固引为己任，惟现方任军务院抚军，

---

① 《熊希龄先生遗稿》第 2 册，第 1893 页。
② 《护国之役文稿》（1916 年 2 月至 1917 年 1 月），中国国家图书馆藏。
③ 《熊希龄先生遗稿》第 2 册，第 1895 页。
④ 《护国之役文稿》（1916 年 2 月至 1917 年 1 月），中国国家图书馆藏。
⑤ 以上二电见曾业英编《蔡锷集》（二），第 1443、1445—1446 页。

非俟时局完全解决、外官制南北划一时，此项名义不敢受云云。尊意谓何如？盼立复。弟劳苦功高，媢嫉者众，进退之际，益当自慎，想弟早见及也。百里、立城来蜀省视弟病，并报告京、沪形势，明日首途。弟需调何人襄助，电告当即驰赴。病情切希饬随时飞报。超。宥。"①

又电告黎元洪、段祺瑞、唐继尧、刘显世、长沙桂军行营陆荣廷、汤芗铭、陈炳焜、吕公望、大洲驿蔡锷、松坎戴戡、肇庆岑春煊、南京冯国璋，"事前未尝与闻"海军起义事。说："今日见报，知有海军暂时不受北京命令之宣言。各处纷纷向超询问情由，超自闻丧后，已迭电辞去各职，罕接外事。惟前此曾与海军稍有间接交涉，项城逝后，旋已停止，于真日电告，载之都督在案。此次海军举动，超事前未尝与闻，其情节如何，无从悬揣答复。特此电陈。梁启超。宥。"②

27 日，又电告段祺瑞说："冰密。顷因海军事有所感慨，上一明电，措词稍激，想承恕谅。阅报知公坚求引退，公日来呕心忍气情形，超虽在远，犹能想像一二，公之灰心固无足怪。但以现状论，公若不忍辱负重，此国便将瓦解，此非超漫作谀辞，实灼见之而深忧之故。无论如何，望公必勉任其难，为国家度此厄运。惟有一义，欲请公深为注意者，现当人心嚣然不靖之时，政府切勿授以可乘之口实，以供煽动之资料，则舆论庶渐趋平稳，而险关或可望安渡。超因海军事，推测事势，忧心如焚，深虑枝节愈生愈多，时局遂不可收拾。要之，今日欲救危亡，必先求保全政府之威信而增长之。公若信超确为顾全大局之人，对于西南各省事及大局事有疑难处，或赐询访，必当竭诚以告。倘能补助我公一二，间接以挽浩劫，何幸如之。超决拟从事社会教育，以终其身，本绝口不欲谈时事，忧危所触，辄难自制，言挟血泪，伏惟垂察。静生日内入都，此公诚挚稳健，当能以南中实情为公倾吐也。启超。沁。"③

▲唐绍仪、梁启超电告各都督、将军、巡按使、护军使，陆荣廷、蔡锷、戴戡、岑春煊、李烈钧、徐世昌、李经羲、汤化龙、熊希龄等人，英文《京报》、《国民公报》并转各报馆，段祺瑞"有误解法理之处"。说："昨奉段芝老祃日通电，询规复《约法》办法。绍仪、启超复电文曰……

---

① 《护国之役文电稿》（1916 年 2 月至 1917 年 1 月），中国国家图书馆藏。

② 《护国文献》上册，第 243 页。

③ 《护国之役文电稿》（1916 年 2 月至 1917 年 1 月），中国国家图书馆藏。

（按：以下内容与 25 日唐绍仪、梁启超电驳段祺瑞文一致，这里从略）等因。此事为现在一争点，望俯采鄙见，熟审主持，国家幸甚。唐绍仪、梁启超。宥。"①

▲刘存厚通电黎元洪、蔡锷等人，请黎"速颁明令"，和平了结周骏、陈宧之争。说："大总统、蔡总司令、罗总司令、曹总司令、年总司令、都督、将军、巡按使、各路总司令、各镇守使、各师旅长、各报馆、各法团均［钧］鉴。昊天不吊，国难卒兴，祸结兵连，几逾半载。阵云深处，时闻哭声，征骑所经，尽变凄凉之景。昔所谓救国之苦心，今皆成殃民之恶果，兴言及此，涕泗横流。存厚识薄才庸，前者迫于大义，举兵首应，一本救亡之衷略，无贪功之念。欣闻国局解决，方谓底定可期，还山有日，忽传警耗，益令心摧。周、王率队西上，成都扼之以兵，各路民军，相持欲动。存厚凛于已往，不忍坐视，函使交驰，双方劝告，希望平和了结，保此孑遗。旬日以来，交涉无效，演剧将成。各方大军，云集于距省数十里龙泉驿一带，若一交绥，立成焦土。存厚未奉中央明令，不敢自由行动，致贻无统之讥，更不愿战幕重开，涂炭桑梓，只得将所部兵力集驻牯嘉，单骑入险，力任调停。应请大总统速颁明令，消此将成之大祸，拯救欲绝之生灵。并望各省飞电劝告，以达和平之结果。存亡一发，岌岌可危，涕泗怆皇，伫闻明令。四川护国军总司令刘存厚叩。宥。"②

▲报载"成都电。蔡松坡病确曾危险，惟尚有望。已电沪聘某西医来诊。按：前日北京电，有某使馆之传言，因特电询成都，其复电如上"。

又载"北京电。黎以个人名义，电询蔡锷病状，邮寄参茸等品。词义不涉政治"。③

又载"据某京报载称，蔡氏现驻在四川之永宁，现病势缠绵，川中又无良医，梁任公在沪聘两医生前往诊视，惟由宜昌至重庆商船迟滞，亦不时有因电请黎大总统派兵船，送该医生兼程前往。黎公已电饬驻沪之某兵轮即日开往矣。按：载送蔡锷医生之船，乃蜀亨小轮，非兵轮。"④

① 《熊希龄先生遗稿》第 2 册，第 1896—1898 页。
② 《公电》，《申报》1916 年 6 月 30 日。
③ 《专电》，《申报》1916 年 6 月 26 日。
④ 《川局与蔡锷之近电》，《申报》1916 年 6 月 30 日。

27 日

▲梁启超电请唐继尧、刘显世、陆荣廷、陈炳焜、吕公望、岑春煊、蔡锷、戴戡，作罢推自己与唐绍仪为协商善后事宜代表等前议。说："承电见推与唐君少川同任协商善后事宜，并令会推参赞，择定地点等情。我独立省分会派专员与北协商之议，本滇赣赓都督提议，浙戴之都督主张，不必每省分派。超初亦觉此着甚要，惟察现在形势似难实行，盖中央既不甚愿取对抗协议之形式（按：公开发表时，此句改为"盖现在情形，不宜取对抗协议之形式"），而我各省共同之要求，实不外约法、国会数端，皆已单衔发表，且目的亦将达，更无协议之必要。此外，各省军政、财政善后问题，情节复杂，绝非局外人所能代表。鄙意前议似可作罢，别由各省及前敌各军各自与中央交涉，反为有益实际。又军院待约法规复，国务院粗改组后，似立当宣告撤废。至都督名称则暂勿改，待将来外官制划一解决。以上各节，请公决一致。至启超闻丧未逾百日，万不敢越礼出而与社会交际，协商代表事能完全罢议最善，否则亦请别任贤能，俾全礼防。非敢规避诿卸，实欲求心所安。乞见原。启超。沁。"①

7 月 3 日，陈炳焜通电唐继尧、刘显世、吕公望、蔡锷、戴戡、岑春煊、陆荣廷、梁启超、唐绍仪，主张由"各省自派专员"协商。说："任公沁电计达。协商代表之议，情势既难实行，又现在南军要求各端目的似已达八九，原无协商之必要。所难解决者，独立省之军政、财政两问题，固非各省自派专员不可。国务院组织后，军务院当然取消，惟军务院取消后，必俟官制解决始定都督名称之去留，则当官制未定前，都督与将军并存，形式上似稍碍统一耳。如何？统希公决。陈炳焜。江。印。"②

而钮永建、谭延闿等 16 人则通电唐、刘、陆、汤、陈各都督和蔡锷、李烈钧，表示"善后协商"不可"省自为谋"。说："西林诸公前月电京协商善后会议之电，按善后以结束军事为要着。方事之殷，义师纷起，而帝逆负固，牙爪不戢。今幸袁氏自陨，海内一家，亟应各解武装，与民更始。故善后协商，一方面在撤兵回防，汰除新募，一方面在放牛归马，安插精锐，自非统筹全局，各方出于诚心之协议，无以为圆满之解决。若省自为

① 《护国之役文电稿》（1916 年 2 月至 1917 年 1 月），中国国家图书馆藏。又见《护国文献》上册，第 244—245 页。

② 《军务院考实》第四编《各省文电》，第 107 页。

谋，或偏于片面，必至迁延酿衅，枝节横生。盖解甲投戈之义，非限于护国一军。窃谓如川中之曹、张、周骏，江淮之倪、张，番禺之龙济光等各方军队，皆在应裁应撤之列，岂宜忍与终古，此而不裁不撤，则护国军又岂能即裁即撤。就护国军言，有已编成军如滇如黔如桂如湘如鲁如浙，固有标帜可稽，尚未编成军者如赣如鄂豫皖闽，亦已集合有数，遣撤则须饷糈，安插必定地方，若非通筹，宁能就绪？多延时日即多一分之纠葛，早决一日即弭一端之变，故原电推唐、梁二公代表协商，允孚众望，亟应续电，促请迅出主持。护国各军亦即切派代表备供谘询，一面咨由国务院陆军部简员莅会，即指定上海为开会地点，庶几凡百纷纭，于焉俱解。而军务院亦得早就裁撤。论者谓约法、国会数端目的已达，此说似未免太早，鄙见则正惟大端已决，当即日休兵，休兵非仅托理想之美谭，而待决事实上之协议，则此会又岂容再缓。至谓中央以对抗协议为嫌，既名协议，何有对抗，且国体共和，区区胡嫌？段公亮不至示人以不广也。钮永建、谭延闿、何嘉禄、冷遹、柏文蔚、章梓、耿毅、李述膺、赵世钰、彭允彝、吴景濂、陈鸿钧、邹鲁、刘奇瑶、吕复、徐傅霖。"①

▲《大陆报》刊发成都通讯，称颂"北京政府举蔡督川，洵美举也"。说："成、渝幸得重见和平，项城去世后陈宦即以停止兵革为务，蜀人因忿周骏背信忘义，挽陈暂驻。陈见用武无益，拒不之允，且愿束装回鄂，然后北上。故与周骏代表磋商条件，且遣部下之兵一部分先行出发。讵意周骏之兵已临城南四十里之中兴场，阻断陈宦江行之归路，于是北兵大怒，决计与周一决雌雄。护国军或东或南，行动颇忙，北兵则于近城之内防线列阵备战，气象凶恶，随时有决裂之虞。如是者数日，而战祸竟能挽回者，闻乃黎总统一纸电文，禁止启衅之力。于是双方重开谈判，卒乃议定四款如下：（一）现任官员，泰半留任；（二）抨击周骏之报馆，概不加罪；（三）承认护国军；（四）周骏未入城前，由警厅长维持城内治安，城中人心，因以稍定。孰知余波又生，闭市两日，道中行人，几为绝迹，盖北兵需苦力万人，运送行李，无从招雇。乃强拘服役，苟与抗辩，即拔刀乱砍。当时军官已去，约束无人，故若辈任所欲为，莫加阻遏，外人固为不平，然亦无可奈何，周骏如准若辈乘舟离蜀，则城中或能免受此番骚扰也。陈

① 《军务院考实》第四编《各省文电》，第107—109页。

宦与其僚属已于昨日拂晓之前离城他去，无何周骏先锋队即到，今日周亦入城接印视事，各商店遂复开市，照常营业。但周骏席未及暖，而北京任蔡锷督川之命已下，周费尽心计，仍不能永于其位，亦可怜矣。蔡锷如来，周不得不让。蔡锷声望孚众，此次督战南方，布置井然，众皆称之其来也，必有以对付本省所募之新兵，非令恪守纪律，则当尽行驱除，陈宦之威力未足云此。蔡锷如不辜负其盛名，自不致轻纵若辈也，蜀省今日急需如蔡之威望者以镇压之。闻蔡患病未愈，确否未知，但北京政府举蔡督川，洵美举也。"①

28 日

▲蔡锷"火急"电请上海梁启超电告北京政府，将所需 200 万元以上"款费提前拨给"，俾得早日脱身。说："义密。历电计达。锷喉病起自去冬出京以前，迄无疗治之余裕，今已成顽性，非就专门医院速为调治，似难奏效。本拟即日脱卸，飘然远矗，一以践言，一以养疴。乃军中会议数次，群尼吾行。目睹全军情况，善后各事，诸待部署安顿，此时实难忍绝裾而去。查锷直接所部，除川、黔军外，滇军原有三梯团，近新到两梯团，计共二十营。自滇出发以来，仅领滇饷两月。半年来，关于给养上后方毫无补充，以致衣不蔽体，食无宿粮，每月火食杂用，皆临时东凑西挪，拮据度日。当两军对峙战事方殷之时，对敌观念炽，群置给养之丰歉于不问。今大局既定，恤赏之费不能不立为筹给，以前欠饷不能不概予补发，息借之绅民贷款不能不依限偿还。凡此种种，均非由锷负责办清，无以安众心而全信用。以上所需各款，核计在二百万元以上。现拟派员赴京交涉，请中央从速筹发。如蒙函丈据电政府，将前项款费提前拨给，俾锷得以早日脱身，尤为感盼。如何？乞示复。锷叩。勘。"②

7 月 1 日，梁启超电请熊希龄"切力设法"为蔡锷筹济收束所部军队经费。说："建密。顷得松坡勘电称，急须解甲养疴，惟收束所部军队，非三百万不可。该军自出发后，仅领饷两月，半年来，衣不蔽体，食无宿粮，恃息借商民垫款，拮据度日，今非筹还积欠，彼将窘死等语。松劳苦功高，中外

---

① 《陈宦离川后之锦江前路》，《申报》1916 年 7 月 13 日。

② 曾业英编《蔡锷集》（二），第 1444 页。

敬怜，矧我同志数人，安能坐视。以仆所闻，其濒于死者五六度，积劳已成枯腊，所部皆菜色而无怨讟，真军人之模范、国家之元气也。军兴以来，北军费将二千万，东南党人浪费亦数百万，大局全由松一人挽回，而曾不得一文之供给，今善后只须此数，综核刻苦，可谓至极，若不速照筹济，实令天下灰心。望公倾注大力所能及，从各方面切力设法，上为国家，下为友谊，惟公是望。稍有眉目，乞迅复，俾转慰前途。超。东。"①

又"万急"电陈黎元洪、段祺瑞、财政总长陈锦涛说："华密。顷得松坡来电内开，锷喉病自去年出京以来，迄未得疗治之余裕，今已成顽性，非就专门医家速为调治，似难奏效。本拟即日脱卸，飘然远引，一以践言，一以养疴。乃军中会议数次，群尼吾行。目睹全军情况，善后各事，诸待部署安顿，此时实难忍绝裾而去。锷直接所部，除川、黔军外，滇军原有三梯团，共二十营。自滇出发以来，仅领滇饷两月。半年来，关于给养上毫无补充，以致衣不蔽体，食无宿粮，每月伙食杂用，皆临时东凑西挪，拮据度日。当两军对峙，战事方殷之时，为对敌观念所激，群置给养之丰歉于不问。今大局既定，恤赏之费不能不立为筹给，以前欠饷不能不急事补发，息借绅民贷款不能不依限偿还。凡此种种，均非由锷负责办清，无以安众心而全信用。职上所需各款，共计在三百万元内外，现拟派员赴京交涉，请中央从速筹发。如蒙函丈电政府将此项款费提前拨给，俾锷得早日脱身，以全初志，尤为感盼。如何？乞示复。锷叩。勘。等因。查此次松坡所部，劳苦功高，半年来颠沛困衡情形，此电所陈，实未罄万一。松又以久病之身，亟思结束引退，以图疗养，政府为轸恤义勇军士计，为护惜爱国人物计，似不能不提前筹救，以昭激劝，且表示与南军开诚相见、一视同仁之至意。明知今当司农仰屋之时，筹维非易，幸为数不巨，凑措宜不甚难，伏望俯念艰贞，速为设法。若中央实竭蹶，或饬东南各省及中银沪、渝分行，暂为凑拨若干，或与外国银行商短期借垫，济彼眉急，岂惟松坡感激，实大局有关，如何之处，盼切实赐复，俾转慰前途。梁启超稽颡。东。"②

① 《熊希龄先生遗稿》第2册，第1903—1904页。又见《护国之役文电稿》（1916年2月至1917年1月），中国国家图书馆藏。
② 《护国文献》上册，第246—247页。又见《护国之役文电稿》（1916年2月至1917年1月），中国国家图书馆藏。

**按**：梁启超在致熊希龄和北京政府电中，对蔡锷原电文字，有三处重要改动，一是将蔡锷原电中"锷喉病起自去冬出京以前"一语，改为"锷喉病自去年出京以来"；二是将"滇军原有三梯团，近新到两梯团"一语中的后半句"近新到两梯团"删除了；三是将"核计在二百万元以上"一语，改为"共计在三百万元内外"。

又电告北京化石桥尚志学会范源濂说："沧密。得松坡勘电，言亟须解甲养疴，惟自出师以来，仅领两月饷，半年来衣不蔽体，食无宿粮，积欠饷及息借商垫款，非三百万内外不能了等语。已将原电转黎、段、陈，并告秉三松提兵数万，转战半年，而善后军费只此数，其严正坚卓，实鬼神所同钦。且积久病，力求息肩，政府岂容坐视，请哀恳速为设法提前筹拨，务得切实着落，俾慰前途。又循若劳苦功高，万不能投闲散，最好调京任一部长，政府当认清重心在西南，勿徒注京、沪也。知名。东。"

又电告冯国璋说："华密。顷得松坡电，内开……（按：内容大致与前电同，此处略）等因。查松坡此次任事之艰苦，超知之最详。该电所言，实未罄万一，盖本身濒于死者五六次，全军日惟半饱，所食杂以糠壳，然而转战半年，众志如一。初出滇境，仅持两月饷，以后一无接济。今谋善后，仅需三百万，严正坚卓之操谊，神鬼所同钦。今以久病，速求息肩，若政府不急为筹维，真足令天下短气。知我公素爱重松坡，前静生晋谒，曾许对于西南力为援助，敢沥诚奉恳代达中央。又，中央或筹措尚艰，更请公从各方面代为设法凑垫成数，俾解眉急。岂惟松坡之感，亦大局之幸。启超稽颡。东二。"[1]

又以"十万火急"电复蔡锷说："义密。勘电卅奉，雒诵泪下。已立电政府，哀恳提前设法。又电秉三、静生，请面陈。惟政府现亦罗掘俱穷，非俟借款成立，恐难议善后。今一面与华帅及沪中国银行商，冀能先垫若干，稍救眉急。交涉有绪，当更电闻。如此大战，而善后费仅二百余万，弟之严明刻苦，真可敬。但所部劳苦功高，弟为此后得军心计，恤赏似不能不稍从优。对政府要求额，似当稍增。派员交涉时，希注意。又由蜀派员，极费时日，现亮侪在京，从滇来，有代表弟之资格，即就近委托，将详情电彼使交涉，似较妥速。如何？乞酌复。督川命，作何应付？鄙见必

---

[1]　以上二电见《护国之役文电稿》（1916 年 2 月至 1917 年 1 月），中国国家图书馆藏。

勿辞，非凭借一省，决不能遂救国初志也。超。东三。"①

3 日，熊希龄电复梁启超说："建密。东电敬悉。项城任内，中央直接用款七百数十兆，而烟酒、印花、鸦片收入及各省解款，坐支之款尚不在内，现已库空如洗，部无万金之储。盐款不交，月饷无着，借款仅有美国，而银行团刻正排德拉美，以垄断金融，绝我生路，国家破产，殆在朝夕。松坡如向中央设法，龄可决其毫无希望，以其自顾不暇也。窃谓有土有人，有人有财，实为筹款要诀，《约法》既复，独立既取消，松坡宜速就四川将军之职。即在叙州通电中央及各省，报告视事，暂借用总司令之印，即出示管理四川全省，征收税捐。一面电商中央，提借四川盐款，收束军队，正名定分，夫谁敢挠。松坡名望，中外共仰，丁恩当可通融。且前次中央亦曾于盐款内划拨川饷二百万，即于此次交付余款中，扣除其数，先例可援。龄当与盐署及川运司商酌，但须松坡将上项手续办妥，而后有权在握，方合名义，方易筹措也。公为骤电中央，似嫌大率，恐人知滇军虚实，反幸灾而乐祸耳。人心险诈，公须注意，乞速电告松坡，迅即照行，此外有能为力者，当尽心图之。希龄叩。江。"②

▲报载"政府现特任命蔡松坡为益武将军兼四川巡按使，原拟借此消敉川乱。昨闻二十五、六两日，段国务卿曾以个人名义及政府名义，发出电报两道，催蔡迅速赴任。略谓川省之乱，已同燎原，内而涂炭民生，外而牵动交涉，救民敉乱，责在高贤，即请迅速命驾，以维川局。如能扶病勉行，尤所切望，断不可游疑观望，以致乱事不可收拾云云"。③

又载"重庆电。周骏与陈宧已经开战，陈宧部杨志澄旅长督兵与周骏部王陵基接战，杨旅全部溃散。陈宧愿和，冯玉祥、伍祥桢反对，飞电云南军救援。罗佩金已率滇军北上，川局大变"。

又载"成都电。蔡锷军队于二十四日拔队至泸州，助陈宧攻周骏"。④

29 日

▲蔡锷"急"电梁启超，"此时虽不宜投入政治漩涡中，似不可脱然

---

① 曾业英编《蔡锷集》（二），第 1444—1445 页。
② 《熊希龄先生遗稿》第 2 册，第 1906 页。
③ 《电催蔡松坡赴任》，天津《大公报》1916 年 6 月 28 日。
④ 以上二电见《专电》，《申报》1916 年 6 月 28 日。

引避，使社会无所宗仰也"。说："华密。近奉函丈直接、间接各电，不下十通。当经逐一肃复，似均未达。顷奉敬电及黔转铣电，备聆种切。所示各节，谨当遵办。黎就任后，锷发通电二次，一略陈现局善后办法，一复黄陂询取政见。其主旨与吾师所主张者大同小异。锷初意决拟大局略定，即行引退，加以喉病加剧，亟须静养，对于政局意兴索然，殊不欲多所论列。吾师惨遭大故，对于国事仍一意指导维持，盛德高风，曷胜佩慰。吾师负内外重望，为全国之真宰，此时虽不宜投入政治漩涡中，似不可脱然引避，使社会无所宗仰也。锷叩。艳。"①

此电公开发表时，文字略有改动。并录如下："梁新会先生鉴。近上函丈电，不下十通，似均未达，何耶？顷奉敬电及黔转铣电，备聆种切，所示各节，谨当遵办。黎就任后，锷发通电二次，一略陈现局善后办法，一复黄陂询取政见。其主旨与吾师所主张者大同小异。锷初意决拟大局略定，即行引退，盖以喉病剧，亟须静养，对于政局意兴索然，殊不欲多所论列。原不敢以世事重劳痛念，但国基正风雨飘摇之会，吾师负内外重望，为全国之主宰，此时虽不宜投入政治漩涡中，似不可脱然引避，使社会无所宗仰也。锷叩。艳。"②

▲梁启超提出当下护国军应采五项内外措施，"万急"电复刘显世，并希将"连日各电"全转蔡锷、戴戡与"分别酌转"唐继尧、陆荣廷。说："亲译。洽密。敬亥致立诚电勘奉。条复如下。一、黎、段幕荐人固可，然黎门如市，不能专听，徒惹是非；段信一徐树铮，新人难见信任。双方既皆如此，贤者不甚愿往。顷暗斗方剧，最可忧。现静生作弟代表，昨夕北行，拟住京一月补救，或有小效。形势变迁如何？再续陈。二、军院撤废事，频日已力电主张，静往当力候建威组阁。三、军院废后，当然宣告取消独立，惟径废都督名，稍难为情；声明暂用今名，待外官制协商划一后，乃改称，何如？请与诸督切实熟商。但各省军、财两政善后，必须与中央交涉略有眉目乃可，请迅由各督会同军总司令提出交涉。又岑前用滇名义向日本借百万，此款用途，弟全不知，即岑恐亦不甚了了，究竟滇曾收若干？此关国际，不能不偿，望告冀公，千万注意。四、旧议员事，沁电已详。五、弟脱离政治，

① 曾业英编《蔡锷集》（二），第 1445 页。
② 天津《益世报》1916 年 7 月 8 日。

乃积极作用而非消极；完全脱离，乃可实行监督也。人欲横流，滔滔皆是，方愤甲方面之无状，还观乙方面，则可愤殆更甚；愤乙时，还观甲，则亦然。欲为政治活动，安得不有所提携，任与何方提携，皆被利用而无善果。惟跳出此漩涡外，向各方严施夏楚，或能生严惮而稍有济，此吾辈今日天职也。至为立国根本计，能急起直追，养成若干高洁精锐之人物，尚可为后图，此举似缓实急也。六、立诚昨已入京，小住数日，拟赴蜀省松。周孝怀、蒋百里拟赴湘与陆接洽，到彼后当与尊处常密切电商。此间连日各电希全转松、循，分别酌转冀、干。知名。艳。"①

▲蒲殿俊、谢持等电请蔡锷削平祸乱。说："大盗移［窃］国，薄海同仇，惟公首举义旗，各省景从云合，遂夺其魄。虽借天诛，实基人力。四川为公力战之地，疾苦兵戎，知必尤关痛痒。及兹黄陂继位，方冀黔首昭苏，乃曹周狼狈，战祸转滋，二庵不武，几于弃甲，嗟我父老，喘息无时，逆焰不灭，大局安问，眈眈西顾，望岁云劳。顷见中央明令，亦知以蜀事借重于公，顾必强浼以军巡之名，又令与曹王为伍，不正不诚，宜为贤者所谢。惟念二庵既无再留之理，非公慨任仔肩，则纲不在纲，乱靡有定。不独焚溺缺望，亦岂仁勇素心。敢乞勿拘细节，力持大局，暂以都督或总司令名义，布告全省，所属各军，条理民政，于以削平祸乱，回复治安。俟国是大定，再从经制。殿俊等久渴贤声，兼忧乡土，本以贤劳奉屈，故不敢为恒泛欢迎之词。掬诚企祷，惟垂察万万！蒲殿俊、谢持、刘纬、杨肇基、廖希贤、张谨雯叩。艳。"②

7月6日，蔡锷电请梁启超转告蒲殿俊、谢持、刘纬、杨肇基、廖希贤等人说："奉电推许溢量，愧不敢当。顾念诸贤奖藉之勤，与蜀父老嘱望之殷，重以目睹川中颠沛之苦，诚不忍悆然而去。前奉督川之命，所以复电乞休，非于名义有所计较，实以数月来积劳，喉痛失声。据医者云，非转地疗养，难以痊愈。且起义之初，曾声言于朋辈，俟大局稍定，即行乞休。今若食言，神明内疚，实所难安。故送电告辞。尚未奉复得请，适周骏矫制攻省，识者皆懔其祸蜀，衍出辛亥以后之乱象。故奔走皆来，群以讨伐为请，而中央亦有相机剿抚之命，不得已力疾治军，谋藏此事。日来内江、

---

① 《护国运动资料选编》下册，第711—712页。
② 《四川军阀史料》第1辑，第246—247页。又见成都《国民公报》1916年7月23日。

资中各处，迭次痛剿，屡破其众。周骏势已穷蹙，尚不悔祸，彼且运动成都领事团出为道地，人之无良，乃至于此！窃谓国无宁岁，皆由此辈专图私利，不顾大局者所致。此时惟有麾军前进，芟此祸根，虽川民再受一度之痛苦，势无可免。周部已渐来通款，此事旦夕当可告竣。倘周骏去后，中央尚不允辞，锷惟有勉徇众意，抱疾晋省。一俟部署略定，拟即交由罗君镕［榕］轩代理，东下养疴。罗君共事多年，深沉稳练，经验宏富，锷所详知。以之收拾川局，必能胜任愉快。倘托远荫，早占勿药，则报国正自有期也。临电神驰。锷叩。麻。"①

14 日，梁启超"十万火急"电复蔡锷说："亲译，洽密。麻电寒始奉。想病无甚碍，稍慰。饷事与各处商，皆无切实济急法，中央仅允担五百万，分给五省，且亦无现可拨。今为踏实计，弟能立就蜀督任，则前支电述秉三筹拨盐款，事固可办，即在此借债，亦易办到，中央当亦不能不许可。此次善后，终须仰外债，与其中央借而拨给我数少且缓，不如自借为得。各伟人方拼命自借以济私，官僚亦借此肥己，我为正当开销而束手待毙，甚非计也。弟若谓然，就任后请查蜀中有何抵押品，速电知，俾办交涉。循军所需，亦当并援也。启超。寒。"②

▲黎元洪颁令，"宪法未定以前，仍遵行中华民国元年三月十一日公布之《临时约法》，至宪法成立为止。其二年十月五日宣布之《大总统选举法》系宪法之一部，应仍有效"。

同日，又令"兹依《临时约法》第五十三条续行召集国会，定于本年八月一日起继续开会"。③

▲刘成禺回忆，袁世凯气绝后，清算帝制犯，没有陈宧，是蔡锷为其说项。说："民国恢复，陈（宧）率部出川，冯玉祥先领军由他道去，陈宧无护卫，反赖川革命党军队照料放行。帝制罪魁并无陈宧姓名者，有滇方蔡锷为之电黎：陈宧早与滇军结合，此次取消帝制，不但无罪，而且有功。黎以鄂同乡之故，府内又有夏寿康、饶汉祥诸人支持，虽段祺瑞在院方严厉提出陈宧为帝制罪魁，而府方终不同意。"④

---

① 曾业英编《蔡锷集》（二），1452—1453 页。又见天津《益世报》1916 年 7 月 21 日。
② 《护国运动资料选编》下册，第 728—729 页。
③ 《军务院考实》第四编《各省文电》，第 63 页。
④ 《洪宪第一人》，《世载堂杂忆》，第 199 页。

▲报载"四川陈宧、周骏交恶，兼之土匪蜂起，地方糜烂，政府颇为忧虑。原拟将曹锟督川，电陈、周来京，因调曹与川人不甚融洽，恐仍不能和解。事急势迫，筹议至再，故特任蔡锷为益武将军，督理四川军务兼巡按使，并任命曹锟为四川军务会办，命陈、周从速来京，另候任用。盖以蔡锷驻兵川境，与蜀人素称融洽，令其督川必有裨补。惟闻昨已接得蔡锷来电，力请收回成命，另简贤员。电中有锷待罪行营，病尚未痊，况衰弱之躯，实不克胜任云云。或谓大局尚未解决，南北统一，未知何日，彼乃反对帝制，维持共和，首义之人，军务院且未取消，故不得不电请收回成命，以表示与独立各省取一致之行动也。闻黎公去电劝慰，告以顾全大局，勿再固辞，川省治安，惟君是赖等语。又据一函云，自任命蔡锷之命令发表后，大总统、段国务卿均曾另有去电，催令迅速赴任。昨闻蔡君曾自云南拍来复电，似有不愿受命之意，一则系以病却辞，一则颇不以将军与巡按使之名义为然。闻政府接到此电后，当由大总统、段国务卿各去一电，仍催令前往，并责以大义，又指驳原电之两款，请务力疾从事，以靖乱机。至将军、巡按使之名义，不过暂行计划，务以救国为前提，不得过于固执等情。此外，熊秉三及旅京四川同乡诸人，亦均有去电，极力责劝云"。①

又载"关乎四川大局之处置方法，段国务卿之意，原拟顾全项城命令，使陈宧以将军让诸周骏。而总统之意则欲令陈宧留任，以符独立都督暂不变动之初旨。厥后几经磋议，乃决定以蔡锷任建武将军督理四川军务兼巡按使。又据公府消息，谓前日（二十四日）午后，大总统曾传见段芝泉、王聘卿，筹议消弭陈、周意见办法，议毕即将特任蔡松坡为益武将军策令发表。是日晚间，又以大总统及段内阁名义致陈成武密电一件，以王聘卿个人名义致周师长密电一件，详情因守秘密未能深悉。其大致系劝慰该两氏迅速来京，万勿再存意见。至于蔡松坡氏噩耗之传疑一节，黎总统电诣川中查询，已得复电云，系病势缠绵，并未逝世，南北尚未统一，所赖于蔡氏之维持者至多，深望就痊，以维大局耳。另一消息谓蔡氏近日病体较前稍重，顷闻由川拍电政府，谓蔡病未愈，刻由上海聘请著名外医某君，搭轮急速赴川云云"。②

---

① 《蔡锷电请收回成命》，天津《大公报》1916 年 6 月 29 日。
② 《川事处置与蔡锷病况》，《申报》1916 年 6 月 29 日。

30 日

▲梁启超电告唐继尧、刘显世、陆荣廷、汤芗铭、陈炳煜、吕公望、蔡锷、戴戡、岑春煊，约法、国会问题已解决。说："护密。约法、国会两问题现已解决，一俟明令奉到后，乞各发一沉痛悱恻之电，向议员个人殷勤责善，勉以顾全国会之尊严，勿渎职权之神圣，冀促彼等良心上之反省。其电除致上海北京议员团外，并通电元首、国务院，各省军、巡及北京英文《京报》、《国民公报》，上海《时事新报》《中华新报》转各报为叩。超。卅。"①

▲唐继尧通电岑春煊、上海《时事新报》转梁启超、刘显世、陆荣廷、陈炳煜、吕公望、汤芗铭、陈宧并转骆承肃及各界与蔡锷，请蔡锷、刘存厚就近劝告周骏"解甲息兵，听候中央命令"。说："迭接成都陈都督暨绅商各界来电，前重庆镇守使周骏始挟崇武将军名义率师西上，继复以蜀军总司令名号带兵进逼成都，情节离奇，其叵测之心，显然可见。现在黎大总统继任，亟宜消弭意见，力图国家之统一安全，以期息事宁人，岂容再启衅端，致滋战祸。应请蔡、刘两总司令就近劝告，俾速解甲息兵，听候中央命令。若犹悍然不顾，则是甘为戎首，护国军帜志所在，无可诿谢。惟有督饬在川各军尽力援救，以纾邻患，而保治安。统乞明鉴。唐继尧叩。卅。印。"

又通电岑春煊、梁启超、李根源、李烈钧、陈炳煜并转陆荣廷、刘显世、吕公望、陈宧、蔡锷、罗佩金、戴戡、赵又新、顾品珍、刘云峰、王文华，特告省内迤南剿匪情况。说："滇省迤南匪乱，势极猖獗，经派军队堵击，并遴委妥员分别晓谕，期以剿抚兼施，免该地方糜烂。而各匪不明大义，兼有粤军在内助之，逆焰势转蔓延。当饬南防刘总司令认真剿办，并由省加拨各军驰往协剿，自三月上旬至今，几经数月之久。屡经设法谕导，俾各缴械投诚，该匪等恃有利械，一意顽强，乘我招抚之际，迭率悍党，屡扑临安、蒙自各城，连据个旧、丘北、弥勒等县，不得已，严饬各军痛击，匪势不支，始各溃散。兹又窜伏江外，密谋卷土重来，不得不为釜底抽薪之计，严饬各军进攻逢春岭，直捣巢穴，各匪遂相携逃窜。我军追入，仍派妥员前往妥办善后，地方秩序，一律恢复如恒。于龙督家属庐墓田园并饬保护，毫无所损。现各地匪徒被我军搜赶，南方各地渐就肃清矣。知关廑注，特电奉闻。唐继尧叩。全。印。"

又推荐刘存厚为军务院抚军。说："肇庆岑抚军副长，上海《时事新报》转梁政务委员长，贵阳刘都督，广西行营陆都督，南宁陈护督，广州龙都督，杭州吕都督，长沙汤都督，成都陈都督，蔡军行营蔡总司令、罗总司令，肇庆滇军李总司令，松坎戴总司令鉴。四川护国军刘总司令存厚原任四川第二师师长，自滇省发难，反抗帝制，拥护共和，刘君即首应义旗，协力进行。叙泸之役，复督饬川军尽力协助，各处义军，遂闻风继起，实属大义凛然，劳绩卓著。所部军队亦数在两师以上。查军务院尚未取销，则名义所存，自未可一日而没刘君资格，既与院章符合，拟即推刘君为抚军，借以表彰并资策划。是否之处，统希公决示复为盼。继尧叩。卅。印。"①

▲报载"二十六日《满洲日报》载东京专电云，此间某机关得有滇垣消息，据称云南都督唐继尧，此次宣布除该省原有之护国军第一军、第二军及第三军外，另行编组第四、第五、第六三军，并任命黄毓成为第四军司令官，叶荃为第五军司令官，张子贞为第六军司令官。又据上海专电云，云南都督唐继尧此次宣布第四、第五、第六三军之组织，并发表黄、叶、张三司令官之任命，实系虚张滇军之声势，以威压中原各省之计策云"。②

又载"恢复旧约法，行将颁布。昨黎大总统以政府对于该案，已允国人之要求，毅然照办。惟中央对于南中各要人，尚有要求事项数端，决定于日内分电各要人，请其正式允认。其拟定各件，闻其大略：（甲）恢复约法令颁布后，各独立省份应将独立名义即日取消；（乙）各省取消独立后，关于军事善后，应由中央完全筹划；（丙）各该省地方善后，应与中央积极协商，不得自为风气；（丁）所有中央统一政策，各该省厅绝对服从，不得有所破坏云云"。③

又载"段国务卿昨于晋谒大总统，曾面陈各省秩序立待恢复，而浙、桂、滇、黔等省独立名义依然存在，殊属有碍统一，请即分电南中各要人，催其迅将独立之举从速取消，以便约法恢复后共图建设之策。黄陂已允即

---

① 以上三电见《军务院考实》第四编《各省文电》，第128、127、11页。
② 《东报载云南宣布增编三军》，天津《大公报》1916年6月30日。
③ 《黎总统要求南中四事》，天津《大公报》1916年6月30日。

日通电矣"。①

又载"段芝泉内阁于二十八日下午四时许,特与张渤斋次长、王聘卿参谋长会谈良久。当时段曾交出令稿一件以示王、张,当即决定呈明大总统,正式颁布。据闻该令系关于军人要义剀切申说,并将军人干预政治之禁例申明,饬令各军恪切遵守,毋越范围。并闻此次颁布是令之原因,系缘约法问题行将解决,诚恐军人妄加参预,且海军对于政治上之要求已有见端,若不略加限制,将来继续要请者,或恐接踵而至也。"②

又载北京政府拟向各省派军务会办。说:"闻政府俟大局和解,各省取消独立,南北统一后,均拟添设军务会办一员,赞襄各该省军务,调和南北意见,借可安插军事各大员。惟权限上必须划分清晰,以专责成,而免遇事推诿,或生掣肘之弊。日前特任蔡锷为益武将军,督理四川军务,同时复任命曹锟会办四川军务,即其见端。各省独立取消,南北统一后,即可陆续发表云"。③

本月

▲蔡锷题《护国岩记并铭》。说:

中华民国四年,前总统袁世凯叛国称帝,国人恶之。滇始兴师致讨,是曰护国军,锷实董率之。逾年,师次蜀南,与袁军遇于纳溪,血战弥月,还军大洲驿,盖将休兵,以图再举。乃未几,而桂、粤应,而帝制废。又未几,而举国大噪,而袁死,而民国复矣。嗟乎!袁固一时之雄也,挟熏天之势,以谋窃国,师武臣力,卒毙于护国军一击之余。余与二三子军书之暇,一叶扁舟,日容与乎兹崖之下。江山如故,顿阅兴亡,乃叹诈力之不足恃,而公理之可信,如此岂非天哉!世或以踣袁为由吾护国军,护国军何有?吾以归之于天。天不可得而名,吾以名兹岩云尔。蔡锷题,殷承瓛书。

护国岩铭。民国五年七月勒石。

护国之要,惟铁与血。精诚所至,金石为裂。嗟彼袁逆,炎隆耀

---

① 《国务卿请催各省取消独立》,天津《大公报》1916 年 6 月 30 日。
② 《段内阁申明军人要义》,天津《大公报》1916 年 6 月 30 日。
③ 《各省将派军务会办之计议》,天津《大公报》1916 年 6 月 30 日。

赫。曾几何时，光沉响绝。天厌凶残，人诛秽德。叙泸之役，鬼泣神号。出奇制胜，士勇兵饶。鏖战匝月，逆锋大挠。河山永定，凯歌声高。勒铭危石，以励同袍。①

又与唐继尧、刘显世、戴戡联函唁梁启超父逝世。说："任公先生礼次。前闻太翁仙逝，悯悼曷胜。当派由幼先、陈维藩两君代表前来，一伸吊唁，旋即会衔肃电，奉候孝履，并恳我公援金革不避之义，早出任事，计已先后得达清听。在先生性成纯孝，哀毁之情，自难譬解，第念太翁寿德之全，重以先生名望之盛，善继善述，当无遗恨。先生维持大局，奠定国基，此天下仰望之心，亦太翁未竟之志也。尚祈先生善体此志，节哀顺变，移孝作忠，葆中流砥柱之身，慰霖雨苍生之望，庶重任之寄，中外同瞻，不仅同人之幸，实国家之福也。大云出岫，饥渴同深。尧等远隔鹏程，维殷鹄企，莫亲鹤吊，抱歉螳衷，兹谨共致奠仪□□□，挽联一幅，聊当刍束，尚望代荐为幸。专肃奉唁，并请礼安。挽联附录：惟公兼福寿之全，尚有典型硕德，允留千古范；有子为安危所系，同钦泰斗盛名，应慰九泉心。"②

# 7 月

## 1 日

▲梁启超"万急"电请南京籍忠寅、胡汇源转告冯国璋，"仍以力联蔡、陆为救国定策"。说："护密。函悉。海军事无怪华帅愤激，即弟亦深不谓然，前电声明意在言外，想华帅能鉴及。现约法问题解决，弟已飞电滇、黔、桂即日取消军务院。西南态度与东南截然为二，连日频接滇、黔及蔡、戴电，皆深恶怙乱，词意危苦，约法既复，西南自可绝对拥护中央。西南旗帜鲜明，则余子自无从跳梁，请告华帅勿过忧，仍以力联蔡、陆为救国定策。粤民对龙怨毒太深，非调离必致糜烂，然代龙者舍陆无他人最宜注意。佛所谭有至理，请亮兄速往津立拉季来商。兄致滇电，未得复。

---

① 曾业英编《蔡锷集》（二），第 1446 页。
② 《蔡锷集外集》，第 370—371 页。

知名。东。"①

▲熊希龄电复徐佛苏、黄群、范源濂、蓝公武、黄大暹等人，他无力操纵北京政府的人事安排。说："建密。季常持示卅电，殊深骇异。徐于南京政府时，为澜生调部办事，前曰澜欲以徐为总裁。揆初、伯芝均极反对，龄即再三忠告澜生，并将任公所举林、陈电钞示。而澜生竟复任性，粤人执拗，难与商量。弟非梁士诒，何能操纵总长，使人訾为黑幕。公等不察事实，动辄冤人，此弟所以决志避世也。希龄叩。东。"②

▲刘显世"万急"电请两广行营岑春煊并转李烈钧、上海梁启超、唐继尧、陆荣廷、陈炳焜、吕公望、汤芗铭、大洲驿殷承瓛、自流井罗佩金、松坎戴戡等人，即刻电劝蔡锷"勉为大局"，"力疾受事，不必谦辞"。说：

> 顷见京电，黄陂已有明令，任命松公督理四川军务兼巡按使，并另令曹锟会办四川军务。溯自客冬倡义，松公督师前敌，备历艰危，以致积劳增病，喉疾大发。自黄陂继任后，松公屡电熟商蓂、循两公与显世，急欲离职赴日本就医，言之至切。经蓂公与世迭电婉留，并商请任公先生就沪延聘良医，兼程赴川，代为医治。此次督川命令，闻松公已电中央以病力辞，世意就松公言，自宜暂时休养，就大局计，实有万不宜坚辞者。

> （一）黄陂为吾辈所推戴，自宜服从命令，极力拥护。若松公辞不就职，即有不肯奉命之嫌，非特中外怀疑，且使黄陂威信遽难振起，殊失吾辈拥护之本旨。

> （二）新会先生与诸公通电，虽有主张军民合治者，但官制未经修改公布，则黄陂此时之策令，即欲用都督名义，亦苦无根据。况将军、巡按官制并非缘帝制而起，与封爵之制迥乎不同。现在恢复旧约法问题虽未解决，军务院虽未撤销，而将军、巡按名义与此纯系两事，暂受其职并不相妨。

> （三）川省为西南财富之区，与滇、黔关系最密，自周骏以私意发难，二安不忍地方再遭战祸，业经退陕。昨见川绅骆成骧等通电，于周之所为深恶痛绝，非有勋高望重如松公者坐镇收拾，川局必立糜烂，

---

① 《护国之役文电稿》（1916 年 2 月至 1917 年 1 月），中国国家图书馆藏。
② 《熊希龄先生遗稿》第 2 册，第 1903 页。

不惟滇、湘、黔直接受祸，即西南大局亦将蒙其影响。况现在川省尚有多数北军，万一松公坚辞，就事势论必以某代（按：当指曹锟），吾辈于某本无畛域之见，惟为地方计，将来结果如何，尤不可不特别注意。

（四）此间奉黄陂复电，在川北军已令分期撤退，必无他意。惟曹、张各军曾与滇、黔护国军激战数月，此时松既督川，若于尚未撤退以前，不先设法融消痕迹，恐不免激生他变。故此时暂以曹充会办，悬揣黄陂、建成之用意或在于此。管见此时正可使曹同负责任，将北军设法安插，或一律撤退，俟其退完则曹之会办当然取消。

因此种种理由，显世已切电松公，请其力疾受事，不必谦辞。诸公如以为然，望即电劝松公勉为大局，毅然担任为幸。当否？祈诸公酌之。显世叩。东。[1]

▲5日，唐继尧电告泸州蔡锷、贵阳刘显世，望蔡锷"力疾就职"。说："周公东电悉。所示理由，至为正当。鄙见极与相同，务望公力疾就职，利济艰难。匪惟大局得以早日底定，且滇、黔、湘诸省亦叨福无穷，既符吾辈同舟共济之心，尤大慰川民云霓之望。特再电达，立盼佳音。尧叩。微。印。"

又电告刘显世、戴戡，川局非蔡锷"不能收拾"。说："循公各电悉。川局糜烂，非松公不能收拾。尧于此事，曾迭次电劝就职。松公明达，当不忍坚持前议也。尧叩。歌。印。"[2]

▲报载蔡锷先锋队抵泸州，入城时受到人民欢迎。说："泸州通讯云，此星期中，北军去南军来，颇为热闹。北军未去之前，略有掠抢情事，虽其行径不能餍众望，然较之蜀军第一师则高出多多矣。南军为人民所欢迎，各街咸悬旗以迎之。蔡锷先锋队已抵此间，两日内蔡当可到此。周骏率第一师到成都夺取将军位时，成都人民惶恐无似，幸赖英、法领事从中调停，得免战事。六月二十六日午前四时陈宧出城，六时周军开始入城，九时城门复闭，间或一开，放出周军。所有北军似已随陈宧北上，除二十五日午

---

① 《护国文献》上册，第525—526页。又见《公电》，《申报》1916年7月12日。第四点最后一句"俟其退完则曹之会办当然取消"，《护国文献》无此名。

② 以上二电见成都《国民公报》1916年7月30日。

后距城十五里之某处略有小战外，成都附近并无战争，各商铺虽仍闭门停业，然地方尚安。惟望当局早决定将军一席究属何人，俾政局早呈清明气象。今政界领袖逞其私谋，盗匪遍省，肆其荼毒，蜀省诚遭时不幸矣。凡有居民二三万之城邑，咸日夜紧闭城门，惴惴焉虑盗匪之惠临。蜀中男子之为盗者未知凡几，闻鸦片生涯近又复活，时局不靖，固无怪其然也。"[1]

## 2 日

▲蔡锷电告唐继尧，刘显世，戴戡，南宁陈炳焜护都并转陆荣廷，肇庆岑春煊、李烈钧，广东龙济光，杭州吕公望，上海梁启超，自流井罗佩金，在川北军逐渐撤回。说："在川北军逐渐撤回，锷本日进驻泸城。特闻。锷叩。冬。印。"[2]

▲梁启超电告天津蹇念益，蔡锷病想无大碍等事。说："振密。夔返沪，悉一切。弟始终未尝有电致澜生，更无反对徐恩元电，公误听也。昨见明令后，已立电西南撤销军院，想必照行。佛苏来，所主张极有研究价值，极盼公来沪商榷一切。孝怀昨夕北行，望接晤。黎电已收，太可笑，已婉辞。松病想无大碍，川督发表后，尚未有电来。超。冬。"[3]

又电陈段祺瑞，蔡锷、唐继尧、刘显世、戴戡、陆荣廷都是"忧国厌乱""敬爱我公"之人，"望公推诚与接"。说："冰密。奉卅电，感慨同深！时局诚不易收拾，然舍公更无收拾之人，此实发于弟良心上迫切之主张，非敢面谀也。蔡、唐、刘、戴、陆皆深明大义，不肯为过激之谭，日来屡接此数公电，忧国厌乱之诚，溢于言表，敬爱我公尤挚。望公推诚与接，必能共济时艰。连日有敝省旅沪同乡两次公电攻龙，弟皆列名。粤中竞思以武力去龙，弟固不敢附和，但龙为全粤怨毒所集，万不能相安，此是实情。留龙徒树的以召射，予怙乱者以机会。望政府参透此着，以定方针。方针定后，办法亦决不容孟浪。已托静生代达鄙怀。西林派有代表周君善培来京奉嘱。此君在前清久任监司，智深勇沉，廉直缜密，实难得之才，与党派绝无关系。彼深知粤局内情，弟所拟办法悉同意，望稍割宝贵

---

[1] 《泸、渝间之兵事影响》，《申报》1916 年 7 月 20 日。

[2] 转引自邓江祁《史海拾遗：蔡锷佚文 20 篇——纪念蔡锷诞辰 136 周年》，http://www.xhgmw.com/html/xiezhen/renwu/2018/1214/26085.html。

[3] 《护国之役文电稿》（1916 年 2 月至 1917 年 1 月），中国国家图书馆藏。

光阴，引为深谈，于大局事必有所献替，非徒为粤而已。又谭君学衡为粤绅中之最鲠直者，调停粤事，久费苦心，今承政府电召入都，与周君皆东晚车行，乞赐垂询，其意见亦与弟一致也。启超。冬。"①

又"万急"电告南宁陈炳焜并转行营陆荣廷，望与滇、黔合力主持撤废军务院。说："护密。东电拟军务院撤废之布告，想达，此议本根据冀公蒸电所主张，弟最初即赞成。今约法、国会已复，内阁已改组，自当实依蒸电办法。若今犹不撤则太不为黄陂留地步，中外疑骇危险万端，若更为怙乱攘夺权利者所利用，则大局将不可收拾，望两公与滇、黔合力主持。再者弟因力主和平统一，正有多人欲得我而甘心，两公电商为处，望以己意主持，勿将弟电转去。超。冬。"②

▲岑春煊通电戴戡、唐继尧、刘显世、陆荣廷、陈炳焜、龙济光、吕公望、陈宦、汤芗铭、蔡锷、罗佩金，对戴戡"省过、戒私、践实、引贤、明责五条"，当引作苦口良药。说："循公十八日电，列举省过、戒私、践实、引贤、明责五条，至理名言，切中时弊，回环讽诵，悚感莫名。时事多艰，直道日泯，循公所言，吾辈亟当引作苦口之良药，曷敢视为老生之常谈？愿书座右，共资警省。煊虽不德，能受尽言，实力奉行，请自隗始。岑春煊叩。冬。印。"

▲陆荣廷、陈炳焜通电黎元洪、独立各省都督及蔡锷与未独立各省军民长官，解释恢复《约法》疑点问题。说："段芝老祃电，梁任公、唐少川两公宥电，均于本日奉悉。观段公之所疑与梁、唐两公所辩，即此次政争根本办法可以速决矣。盖民国产生仅及一岁，其足称为民国法律者，只《临时约法》及宪法会议所议决之《大总统选举法》数端而已。自项城以非法解散国会，其一切法之制定，不得认为民国法律。至是否与根本之《约法》有无抵触，实别一问题；其是否适用，当于恢复国会后付之议决。缘根本法及一切法系统既殊，有根据于根本法者，亦有不根据于根本法者，为存为废既不因《约法》为转移，亦即不随袁氏之存亡为得失，是不必疑恢复《约法》，其他皆当作废，致生缪辕也。况项城以非法解散国会，则所谓以命令变更法律及一切非法之咎，实项城尸之，而岂得以是转疑今日继

① 《护国运动资料选编》下册，第716—717页。

② 《护国之役文电稿》（1916年2月至1917年1月），中国国家图书馆藏。

任之总统？今总统依《约法》继任，则民国根本之《约法》当然恢复，何嫌何疑而以变更为词，而复以命令变更为病邪［耶］。要而言之，变更云者，须有法理上之根据，而恢复云者固今日总统当然之天职，即质诸五洲万国，于法理事实，固万万无误者也。乞布明令，以定根本，民国幸甚。陆荣廷、陈炳焜叩。冬。印。"

▲唐继尧电告岑春煊、陈炳焜、陆荣廷、蔡锷，必定"贯彻初志，决不随俗而靡"。说："西林文电悉。黎公虽继任，一切善后问题均未商决，是帝制余党盘踞把持，致黎公不能完全自由，已可概见。吾辈既以义始，必以义终，方不负此举。现同志中虽或有宣布取销独立者，但滇、桂为义军中坚，必期贯彻初志，决不随俗而靡。前曾由此间通电声明，苟大局得正当之解决，斯独立自当然取消，正勿庸预为宣布，反近取巧，即是斯意。今公等同此决心毅力，尧敢不追随于后？至西林求遂初志，以践前言，并允现时仍为主持，磊落光明，真足革晚近推卸诿责之习，令人钦佩无既，来日大难，首瞻敦勉。唐继尧叩。冬。印。"[1]

### 3 日

▲蔡锷电告梁启超，现由德医诊治。说："有电悉。已于东日到泸，现由德国鉴医士诊视，有无效验，容随时奉闻。锷叩。江。"

同日，再电梁启超，表示精力自审尚可支持，待荡平周、王之乱后，"当再行引退"。说："宥电敬悉。督川电令到后，锷当电辞，举人自代，恨未奉复。昨日到泸，德医生来视疾，言非转地疗养不可。惟所部群尼吾行，殊难作绝裾之念。锷自审精力尚可支持。现周骏入省，二庵引去，周踞省妄自称尊。中央调周晋京，电到浃旬，迄不闻有遵奉之表示。似此拥兵思逞，扬部落思想之焰，试竞争权利之锋，若群起效尤，国家安有宁日？顷奉中央电令，锷督师西上，相机剿抚。兹事为川省治乱所系，国人惩戒所关，义难坐视，已饬所部分道进发。日内隆昌、内江各处均有捷报，釜底游鱼，不日当可荡平。锷俟兹役告竣，当再行引退，以全始终，而便养疴。谨以奉闻。锷叩。江。"[2]

---

① 以上三电见《军务院考实》第四编《各省文电》，第 129、61、106—107 页。
② 以上二电见曾业英编《蔡锷集》（二），第 1447 页。

▲梁启超电询蔡锷，是否"均收到"他在黎元洪继任后发的27通电报。说："护密。黄陂继任后，仅接弟处祃、敬、养、梗、宥、勘、艳七电。此间所寄计有庚、文、元、元、巧、漾（一、二）、敬、有、宥、沁、艳、铣、虞、蒸、文、马、敬、敬、有、有、宥、勘、卅、东（一、二、三）共二十七电，未审均收到否？希电复。超。江。"

又电告黎元洪、段祺瑞，籍忠寅自春间就代表蔡锷等人与"东南诸镇接洽"，"望引与深谭"。说："华密。前云南财政厅长籍忠寅，志虑忠纯，才识优越，超生平所最敬爱。春间代表蔡、唐、刘诸公与东南诸镇接洽，在宁两月，极为华帅依重。今北还省亲，超有书介绍晋谒，望引为深谭，必能详述西南真相，有裨大计。启超叩。江。"

又电天津寒念益说："振密。东电悉。乾若、宗孟主持大计，功不在禹下矣。元首电约任府秘书长，复电苦难措辞，乞仍代托两公婉达。超虽在外，元首有大计垂谘，必当竭诚补助，不必受职乃能报称，乞赐矜原。此间空气日趋嚣恶，既忧且厌，自睹艳日明令后，已急分电各省速撤军院，求完全统一，想必照办。但电信迟梗，发表恐待旬内外耳。公必须一来沪乃可东游，吾侪虽相率远引，亦当先结束一切也。超。江。"

并径电复黎元洪说："华密。奉东电，冲挹逾恒，奖借溢分，无任皇悚。超绝非敢有所规避，但为私为公，此时皆决不宜就职。已别电寒季常转托乾若、宗孟代达下忱，伏惟矜原。此身虽在江湖，苟有利于国者，当惟力是视也。启超稽颡。江。"

又"十万火急"电告云南唐继尧、任可澄、陈廷策说："贵密。送上冀公电，得复甚少且迟，不知皆达否？此间空气日趋险恶，自明令规复约法、国会后，谓风波可息，不知转益嚣张。现某报论调，日以攻黎、段为事，不审是何居心。冀公蒸电议速撤军务院，可谓远识，今当毅然决行，否则亡国之罪，我辈尸之，合滇黔桂蜀忠告西林，谅不能坚持也。至都督名义撤销与否，请再商决。黎为西南首推，西南与中央关系久已赓续，取消独立本不成名词也。如何？盼立复。超。江。"

又电告范源濂说："沧密。想已谒黎、段，情形如何？盼略电告。昨接段电，多灰心短气语，望极鼓其兴味及责任心。段既肯负荷，然后劝以与西南势力提携，告以罗致人才，真人才不能求诸好出风头之辈，宜向黎、段质言之，若亮侪、印昆、孝怀、佛苏、幼苏等皆巡按妙选，得闲不妨切实推毂，最好令黎、段访才于我西南数省，军民长官之调动，事前先与我商必较妥洽。循若必须有位置，除黔外无论何省民政长皆可。某派必欲岑督粤，太拂之似亦非计，若用岑则必须以孝怀为巡按，孝不愿仕，允入幕主持亦可，或孝巡桂，循巡粤亦可，但鄙意终望陆督粤耳。湘巡亟宜注意，印、佛望力荐其一。超。江。"

又电复刘显世，表示蔡锷"督川令已下，暂时似不便谋调"。说："洽密。艳电转松勘电，已照转亮侪。亮顷在京，若有事托彼，可用护密电化石桥尚志学会。察松电意，似颇赴亮之计划。但督川令已下，暂时似不便谋调。公谓何如？超。江。"①

▲蔡锷电询时任湖南第四旅长的陈复初湖南现状如何。说："长沙第四旅陈旅长鉴。顷准蔡总司令电开，滇唐都督请转湖南陈旅长复初鉴，来电奉悉。蜀境扎兵渐退，大局乂安。惟宵人小有扰乱，不难刻日镇定。谔［锷］数月苦战，亟待休养。顷奉督蜀之令，迭电恳辞，尚未得请。湖南现状如何？料已早抒荩筹，希随时电知，以慰远念。谔［锷］叩。江。印。等语。继尧。虞。"②

月初

▲四川各界电恳蔡锷"俯念民艰，转饬罗、熊诸司令，暂缓进攻"。说："蔡将军钧鉴。袁亡黎继，民国复苏，独力回天，公真不朽。昨闻钧节督川，四民欢跃，衽席可察。乃冬日得罗、熊诸君电，势将与周、王决裂，人心惊惶，如溺海获救，复遇飙风。窃自军兴以来，川东南糜烂不堪，吾蜀元气，十年难复，若再发生兵祸，生机立绝。且现值农忙，民食所系，一失其时，饥馑随之，吾民何辜？丁兹危运，我公代罪吊民，素持人道主义。近复开府益州，川人孰非赤子，迫恳俯念民艰，转饬罗、熊诸司令，暂缓进攻。某等亦已飞电周君，劝其速遵中央命令，解兵北上。倘周能奉命，自无武力解决之必要。某等残破余生，开战胆落，涕泣陈请，谅蒙察纳。"③

---

① 以上七电见《护国之役文电未刊稿》（1916 年 2 月至 1917 年 1 月），中国国家图书馆藏。
② 《蔡总司令致陈旅长电》，长沙《大公报》1916 年 7 月 11 日。
③ 成都《国民公报》1916 年 7 月 25 日。日期由电文言及"某等亦已飞电周君，劝其速遵中央命令，解兵北上"一语推定。

▲刘存厚电复黎元洪，对于川省"罢兵息事"，以蔡锷来"着手较易"。说："特急。北京黎大总统钧鉴。艳电敬悉。钧座垂悯川局，消弭战争，莫名钦佩。存厚现已严勒所部驻扎川南、川西一带，扫逐崔符，与民休息。惟闻滇军进逼资内，业与周军交绥。虽经存厚亟电劝阻，力任调停，但恐威不足以止争，诚不足以动众。川民创深痛巨，何堪再罹兵戎？仍恳中央力予主持，速电双方罢兵息事。庶蔡锷来川着手较易，事机迫切，鹄候示遵。川军总司令刘存厚叩。"①

▲报载蔡锷电请北京中央政府拨给协款，"谓四川兵燹之余，财政枯竭，所有军队饷款用均无着，请即汇拨现款三百万元，以济要需（译京津《太晤士报》）。"②

3 日或稍后

▲刘显世电复岑春煊、梁启超、唐继尧、陈炳焜、吕公望、汤芗铭、蔡锷并转罗佩金、戴戡，同意作罢五省"总代表之议"。说："江日奉新会先生沁电，力辞五省全权总代表，敬悉一切。黄陂为全国共戴之元首，黄陂正位后，南省仍推举全权总代表与北京总代表会议，有似两国议和之形式，世于三月（按：疑为'六月'之误）元、庚电曾虑及此。现各省公共之要求，业经各用单衔发表，军政、财政善后问题，情节复杂，非深悉各省现时内容者无从代表，诚如新会先生所论。且政府方面，若不派总代表，则我之总代表亦无所用之。新会先生守礼情切，既不肯正式担任，总代表之议似可作罢。沁电所示由各省及前敌各军各自与中央交涉，实为洞中窍要之言。如虑各省派员直接协商要求之件力最薄弱，或主张开军事善后会议亦无不可，但有两问题。（一）此项会议是否专由独立各省派员，抑全国各省均得派员？既各军事善后会议，以情势论恐不能专由独立各省派员组织。（二）会议重要之端，似不外安插军队、补充军费及将来编制分配等事项，若徒重编制分配，固须全国各省与闻，若徒补充军费等事，则未独立各省若均派员，按照会议通例，以多数取决，恐有滞碍。必不得已或仅由独立各省，先派员在沪、津会商一要求之标准，则由各省仍照新会先生沁

---

① 《刘存厚调停川事电》，《申报》1916 年 7 月 25 日。此日期由该电系答复黎元洪"艳电"推算而来。

② 《电报译要（7 月 8 日）》，天津《益世报》1916 年 7 月 9 日。

电办法，按所商为标准，各自直接与中央磋商，似为妥协。诸公高明，以为然否？至军务院自宜参照新会先生沁电、蓂公蒸电及世巧电，俟临时国务院组成，即行撤废，都督名称待将来外官制划一解决，世亦甚赞同。诸公卓见如何？乞公决电示。显世叩。"①

### 4 日

▲蔡锷"急"电黎元洪、国务院、外交部、陆军部，周骏"拥兵西向"，并运动领事团出而干涉本军。说："华密。查电传策令周骏调京等因。又奉电令，倘违抗命令，饬即相机剿抚等因。遵即派队分途前进，一面电达周骏去后，迄今数日，该周骏并未遵章。顷忽据成都领事团东电称，本团风闻有滇军及其他军队向内汝〔江〕、资州进发，有攻击成都之意。本团特将情形向贵总司令等详陈之，因成都所住之各本国人甚多，如有战事，难免本国人之生命财产不受损失，故对于此事，贵总司令等应负有重大之责任。但上将骏近向本国提出此事，云已电询贵总司令等有何意见，但未得回电。本团有保护本国人之职务，故因此不将骏之提及，特电询贵总司令等系何意见。如果有战事，本团亦应预筹保护本国人之办法。因此，本团电询即系施行保护本国人之职务，并无他意参加。据本团预料，如有战事，则贵国人之生命财产，亦难免不受重大之损失，请贵总司令等思及之。本团实甚盼各方面和平解决，亦愿不干预贵国内政，如能达到所望目的，则本团对于各方面如有请托调停之事，无不竭力相助也。立盼电复。成都领事团大法国总领事领袖安迪、英国总领事方弥德同叩。东。等语。当以前月奉大总统令，特任蔡锷为益武将军督理四川军务兼四川巡按使等因，又奉令周骏调京，倘违抗命令饬即相机剿抚等因。该周骏盘踞省城，抗不遵命，此无论何国国法，均无可助之条。本将军奉令剿抚，事属内政，不劳贵领事团过问。至各友邦居留之人生命财产，已通饬各军严加保护，倘有意外损失，自应查照国际通例办理。但仍望贵领事团告诫居留人民行动居处，不得逾越范围以外，否则自蹈危险，本将军无从负责。合并声明等语，电复在案。查周骏于大总统就职后，拥兵西向，威逼陈前将军出省，自称将军。嗣奉调京之命，置若罔闻，乃复运动领事团出而干涉，似此悖

---

① 《护国运动资料选编》下册，第 713—714 页。

谬无耻，在法万无可宥。除通饬各军严加剿办，并特别保护外人外，合电报闻。蔡锷叩。支。印。"①

又电劝周骏归命中央，勿求庇外人。说："成都周将军鉴。卅电敬悉。大局粗定，群生喁喁，望治孔殷。稍有人心，莫不知苏息人民，首在解除兵祸。执事于元首正位之后，尚拥兵晋省，逼走陈督，海内哗然，不知其命意所在。嗣奉大总统电令调京，执事置若罔闻，道路之言，尚谓执事大张文告，矫称奉命督川。比更运动领事团出为道地，国尚未亡，稍知爱国者似不忍出此。执事煽部落思想之焰，试竞争权利之锋，人言啧啧，不知自反，转谓滇军席卷全川，实行兼并，信口开河，满纸虞虢吴蜀，比拟不伦，似蜀已俨然一国，即执事已君临是邦也者。古有井底子阳，今乃知其不谬。来电欲遣使密议，共障西南，不知所议何事？锷奉大总统令督师戡乱，有违抗命令、扰乱大局者，均惩无赦。执事如顾念桑梓久罹战祸，幸早沉心寂虑，恪守命令，归命中央。若犹不知进退，以部落之见煽动川人，以权利之私求庇外人，以冀有万一之侥幸，是则非所敢知也。蔡锷叩。"②

又电复梁启超，已两电北京，对内阁改组，"当力为拥护"。说："护密。东电敬悉。芝老进退，关系安危至为重大，遵即电达北京。文曰：黎大总统钧鉴。两旬以来，段芝老应付时局，力任其难，顷通电有仔肩之卸，国会为期等语。除由锷致电肫劝，恳其力任艰巨，且言此后勿论何事，愿与协商，俟内阁改组，必力为拥护云云。应恳钧府益加倚畀，勿令政客排挤，致误全局，无任盼祷等语。同日又电芝老，文曰：段国务总理钧鉴。顷读尊电，有自顾材铨，万难收拾，仔肩之卸，国会为期之表示。如公明哲，急流勇退，其为自计则得矣。当此国基未定，一发千钧之际，我公恝然于国人，国人宁（恝）然于我公？两旬以来，公以全力支撑危局，委曲求全，煞费苦心，凡我国人，宁不相谅？虽少数时贤，间有违言，不能不令人短气。然春秋之义，责备贤者，尚恳闻过则喜，勉为其难，遗大投艰，非公莫属。以后遇事，如有下问，当贡其一得，相与协商。至内阁改组，亦当力为拥护，不愿各方政客动生龃龉也。除已电恳元首益加倚畀外，特此肫劝，无任拳拳等语。两电均于支日拍发，合并奉闻。吾师议撤军院，

<hr>

① 曾业英编《蔡锷集》（二），第 1449—1450 页。
② 《四川军阀史料》第 1 辑，第 248 页。原署"1916 年 7 月 × 日"，由内容推定为 7 月 4 日。

识微虑远，冀、周两公当无异说，此意已领会矣。蔡锷叩。支。印。"

又致电北京、上海议员团，冀其能"破除成见，捐弃感情，效戴《礼记》之乐群，主君子之不党，发抒伟论，救济危亡"。说："国会问题，解决有期，诸公想已联编［翩］北上矣。夫今世之所谓立宪国与非立宪国者，以有无真能代表民意之国会为断。我民国初元之国会，其程度幼稚，未能力举其职，鄙人亦不欲为之强讳。袁氏以妨碍其自身，蹈隙解散，固属非法，然诸公试返之良知，彼时之议员其资格何如？其建白何如？其特权之行使与党派之竞争又何如？俸给得勿［毋］太多乎？！乡党之讥评，报纸之指谪，各省机关法团之函电交驰，或微词婉讽，或大声疾呼，当乎？否乎？今去解散之期亦既三年矣，诸公躬历痛苦，再阅沧桑，往日抑塞不平之气，当已消磨殆尽。而我民国初元之国会，幸不攀龙髯以俱去，诸公犹得于风雨飘摇、汗干血尽之余，与零落无几之故旧聚处一堂，雍容论列，回首当年，能勿［毋］怆痛？所冀破除成见，捐弃感情，效戴《礼记》之乐群，主君子之不党，发抒伟论，救济危亡，致敬国会之尊严，勿渎职权之神圣，俾此真正民意，得以逐渐发抒，而我璀璨民国，亦得与北美合众国同跻一等，则受赐靡涯矣。锷锋镝余生，近罹疢疾，音晓声嘶，何敢妄参末议，然如鲠在喉，不能不吐，谨为劫后遗黎，百拜请命，不以谀词循俗作祝。知言君子，当见纳焉。蔡锷。支。印。"①

又电复梅蔚南，喉病得德医诊治，"已有明效"。说："聚福园梅霓仙兄鉴。电悉。承注极感。谔［锷］患喉病，冬日移驻泸州，得驻泸德医士来诊，已有明效，不日可占无［勿］药。祈勿念。谔［锷］叩。支。"②

6 日，又电复刘存厚，同意其充当他与周骏之间的调停人。说："新津行营探送刘积之兄鉴。冬、支电敬悉。承任调人，冀免兵祸，固所甚愿。半年以来，蜀民横被兵燹，邑里为墟，稍有人心，能勿怆恻！袁氏既亡，万难俱解，方谓兵休不用，民困苏息。乃周骏无故兴师，逞一人之私忿，启全蜀之惊扰，似此争夺酿乱，中央命令，地方治安，均所不顾，国法具在，岂可更予优容。昨奉大总统令，相机剿办，当经分饬进击，迭破其众，该师所部亦逐渐来归。乃周骏犹不悔祸，复运动外人出头干预，良心灭绝，

---

① 以上二电见《公电·补志蔡松坡两电》，成都《国民公报》1916 年 9 月 20 日。
② 《蔡松坡报告病况电》，长沙《大公报》1916 年 7 月 14 日。

国体何在？锷奉令剿办，义难姑息。但念蜀民不堪再扰，若果周骏自知惭悔，亦不乐严予穷治。望执事剀切开导，令其将军队交黄鹄举，洁身以退，则战祸自息。环顾川地疮痍，临电犹增凄恻也。锷叩。麻。印。"①

又电请成都绅耆劝导周骏"无为一人之欲，致贻万姓之忧"。说："军兴以来，蜀民横被兵火，邑里为墟，环顾满地疮痍，凄然泪下。袁氏死，方谓兵祸立解，民困可苏。乃周骏无故兴兵，逼走陈督，昨奉调京之命，竟违抗不遵。中央顾念川局，不忍坐视川省再演辛壬以后之乱象，是以痛下针砭，令锷相机剿抚。锷念蜀民不堪再扰，又自顾病躯孱弱，既以屡电乞休，万不乐以将退之身再亲战役，乃投诚相感，难格其非。罗、熊各部，义愤难遏，遂至震惊父老，问心殊抱未安。彼者周骏连次败衄，所部旅团营长，亦多翻然来归。乃周骏尚不自悛，近且乞怜领事团来电干涉，冀固己位，是已良心灭绝，殊无悔祸之萌。除饬前方各队临之以威，一面设法开导，令其悔悟。尚望诸公恺切劝导，无为一人之欲，致贻万姓之忧，川省之福亦大局之幸也。临电恻然，诸维鉴察。蔡锷叩。"②

8日，刘存厚随即函告周骏说："成都周将军吉珊兄鉴。顷接蔡将军麻电文曰……（按：蔡锷电内容同上，这里从略）等语。窃以川难已深，何堪再罹锋镝，舍停战无以苏民困，舍停战无以息杀机。启隙以来，弟心滋痛。当此国基未固，祸迫眉睫，若令战事延长，江山残破，胜犹有悔，败又何词。迭承函电交驰，使命日至，未敢强同，意正在此。耿耿此心，指天可誓。自双方停战之议出，久不得复，诚不足以动贤者之听，惭愤交集，疑忌环生。然义之所在，何敢回避，以负初心。松坡既允以转圜，吾兄当有以见教，佳兵不祥，古有明训。夫国际交战，尚有调停息事之时，况内室操戈，民不堪命。兄仁智交深，当机立断，熟筹利害，宏启仁慈，爱国爱川，转于一念。除电复松坡分饬各军暂缓交绥外，临电涕零，立盼复音。存厚叩。齐。"③

13日，蔡锷又电复成都领事团说："东电悉。前月奉大总统令，特任蔡锷为益武将军督理四川军务兼四川巡按使等因。又奉令周骏调京，倘违抗命令，饬即相机剿抚等因。该周骏盘踞省城，抗不遵命，勿［无］论何

① 曾业英编《蔡锷集》（二），第1453页。
② 《四川军阀史料》第1辑，第247页。原署"1916年7月×日"，由内容推定为7月6日。
③ 《四川军阀史料》第1辑，第249页。蔡电全文即在其中。

国国法，均无可商之条……（以下内容，与以上蔡锷急电黎元洪等人'支电'相同，这里从略）蔡锷。印。（七月十三号午复，二钟发。七月十七号午后一钟到）"①

▲梁启超"万急"电请黎元洪、国务院严饬电局速送蔡锷督川明令。说："华密。前读松坡督川明令，即去电劝其就任，频日得彼来电，似未知此事。顷奉黔卅电转述松艳电，称周入成都，自称崇武将军，川军民愤甚等语。黔督问明令是否已下，必有名义乃能维持云云。超意或周将电令阁截，乞严饬电局速送。再，别电大洲驿、叙州饬蔡赴任，俟得迅平大难，蜀事幸甚。启超叩。支。"

又"万急"电复刘显世说："护密。卅电支奉。松督川明令祃日发，想周（按：指周骏）阁截耶？已电京饬查，并补发。超。支。"

按：6 月 24 日，黎元洪对蔡锷的"特任"，实际是"益武将军，督理四川军务兼四川巡按使"，并非"督川明令"，梁启超理解有误。

又"万急"致电唐继尧、刘显世、叙州蔡锷、松坎戴戡、长沙分送汤芗铭、桂行营陆荣廷、南宁陈炳焜、杭州吕公望，解释其主撤军务院的原因。说：

> 顷致西林电，前半论粤事，后半论军院，文如下：军院之撤，滇、黔、浙既主张，超亦谓现在实为适当时机，不独为大局计而已，即为我军计。今各省各军皆无见粮，捐、借之路两绝，非与政府协商，曷由接济结束？而政府仰屋亦同于我，终不能不乞灵外债，南北不统一，外债决无成立之望。论者或谓以此窘毙中央，自夸妙策。夫袁既倒，而必欲更窘毙黎、段，是否为国家之福，且勿深论，曾亦思窘毙中央需一月者，未半月而我先已自窘毙耶？政客逍遥海上，绝不知军中甘苦，而放言高论，从何理喻。论者动日留此为交换条件，吾不知所欲换之条件为何？索军费耶，外债不成，虽縶北京当局，而挞灸之安能有得？即许我亦徒虚语耳。占地盘耶，我方与人对抗，即有命亦安能受？即此两事固非撤废后，无从着手也。论者谓当俟正式政府成立，

① 《公电》，成都《国民公报》1916 年 7 月 23 日。

此固根据条例，严格正办，但事实上正式政府何时成立，殊难预期，国会开会尚待一月，其时段去留未定，段去则总理问题发生，无论谁为总理，组阁谈何容易，非一月恐难就诸。万一国会稍滥用同意权，则全阁一两月虚悬亦意中事，国家安能支许久，我军更安能支许久者？所要求交换之条件未必得要领，而此数月中或别生变故，以至不可收拾，则国人纵不责我辈，我辈良心亦何能无疚？况即以所欲得之条件论，开诚协商或较易，对抗要求或较难。论者必谓喝胁可以奏功，而不计猜逼可以激变，此非能周彻中边也。鄙意谓军院宜依冀督蒸电提议，乘此时迅告撤销，一面仍力促军事善后会议之进行，我独立各省之代表仍集上海先行会商，使论调略归一致，其各省各军特别情形各自交涉，而全体隐为后援。其有万难容留之人，如龙济光者，现在既合力驱除，此后仍坚持要请以必去为度，正不必以军院存否为轻重也。超因日来持论稍趋平和，已为此间一部人士所集矢，超固无畏无怼，然深恐海上政客心理赓续煽扬，结果必为袁氏分谤。以极端继极端，国势能堪几次反动耶。超多情多感人也，激于情感从诸君子之后以赴今役，结果则父死不克奔丧，且断送生平唯一之良友。而环顾各方面人士，其举措时或类于自杀，国家前途希望不绝如缕，公私煎痛，中夜泪荧，枕函不干，于兹一月，有时哀愤之极，逝将一瞑不顾。今虽与政治绝缘，然区区所怀，不能不为公一披沥。超。支。等语。

此电略可见大局形势及超心境，特转陈。肇电每被龙搁，请舜老再转去。超。支。①

▲报载"重庆电。陈宧由川北取道陕西回京，调往三旅军队及随行人均带回，督理军务之印亦带回。现已抵成都北德阳县，至速二月后始能抵京。周骏已进成都。蔡锷派罗佩金、黄毓成、雷飙各督率队伍，开往成都。周骏已预备重返重庆"。②

5 日

▲蔡锷电请段祺瑞代陈黎元洪以罗佩金暂行护理四川事。说："北京段

---

① 以上三电见《护国之役文电稿》（1916 年 2 月至 1917 年 1 月），中国国家图书馆藏。
② 《专电》，《申报》1916 年 7 月 4 日。

国务卿鉴。华密。前得曹仲三将军电，猥以贱恙，深蒙拳注，遣医远贲。顷奉沁电，复优承慰问，感何可言。窃锷喉病起自去冬，初发时未予加意疗治，迨间关南来，身历戎行，风尘倥偬，军书旁午，精神激发之余，病势亦为之稍却。迄至双方停战，乃始延医诊视，则已由慢性而成顽固性矣。近月来，喉间痛楚加剧，不能发音，历据中西医员诊视，皆谓久延未治，声带受病甚深，已狭而硬，非就专科医院静加调治不为功。日昨德医来沪，亦谓川中无器械药品，且气候尤不良，非转地疗养，难望痊可等语。值兹国事未靖、川局多故之秋，何敢自耽安逸，意存诿卸，实以膏肓痼疾，历久更无治愈之望。川省繁剧之区，亦非屓病之身所能胜任愉快。况锷于起义之始，曾声言于朋辈，一俟大局略定，即当引退，从事实业。今如食言，神明内疚，殊难自安。伏望代陈大总统，俯鉴微忱，采纳艳电所陈，立予任命，抑或以罗佩金暂行护理，俾锷得乞假数月，东渡养疴之处，出自钧裁。所有沥陈病状，并乞假缘由，敬乞衡夺示复。不胜屏营待命之至。蔡锷叩。歌。"

又电告梁启超、唐继尧、刘显世、戴戡、罗佩金，德医阿密思治疗"不惟无效，反觉痛楚加剧，食量顿减"。说："义密。德医阿密思到泸，连日诊治，砭药兼施，日来不惟无效，反觉痛楚加剧，食量顿减。现阿已于本日启程回渝。据该医所述，此症为日过久，声带受伤，已狭而硬，此间器械、药品诸难应手，而川省天候于此病尤不相宜，务以迅赴沪上或日本就专科医院速加疗治，乃可有效等语。知关廑注，特闻。锷叩。微。"

10 日，梁启超"十万火急"电复蔡锷、刘显世、戴戡，宜保戴戡为四川省长，暂署督军。说"义密。奉松微电，焦灼何极。既须离川，望即偕阿医同来沪，便途中照料。此间德医克里甚有名，可就诊。宜保循公为蜀省长，暂署督军。蜀不可放弃也。超。蒸。"①

又"十万火急"电告唐继尧、刘显世、泸州蔡锷、南宁陈炳焜并转行营陆荣廷、松坎戴戡说："护密。黄公虞电拟正式阁成，始撤军院，固原正办，然新阁恐甚难产，或延至数月后。现危机四伏，似不宜久留此空名，以资口实。望当机立断。超。蒸。"②

---

① 以上三电见曾业英编《蔡锷集》（二），第 1450—1451 页。
② 《护国之役文电稿》（1916 年 2 月至 1917 年 1 月），中国国家图书馆藏。

▲2 日，吕公望通电云南、贵州、南宁、长沙各都督，岑春煊并转各总司令，以及唐绍仪、梁启超，主张撤废军务院。说："读艳日大总统申令，遵行民国元年约法，召集国会，并任命段芝老组织内阁，大纲一出，天日为昭，全浙军民，欢声雷动。溯自袁政府破坏法律，蹂躏民权，政治不良，达于极点，我辈为巩固中华民国起见，宣布与袁政府脱离关系，并组织军务院为临时代表，原为不得已之举。今政府既能尊重法律，顺从民意，军务院自当查照成立时宣言，早日撤废。其组织军务院之各省亦应同时服从中央，力主统一，并各维持全省现状，静待协商以后办法。公望与浙中同人主张一致，贵省想必赞同，应请即由唐抚军长用军务院全体抚军署名，宣告撤销军务院，并电呈大总统、段总理表明此意。其余一切善后，从容协商，不难次第解决。国事飘摇，支持迫岌，政府既表真忱，我辈自当拥护。属在同舟，用敢竭诚相告，诸公热心爱国，当必表同情。切盼复言，无任翘企。浙江都督吕公望叩。萧。印。"①

5 日，梁启超"万急"电请唐继尧、刘显世、长沙分送汤芗铭、桂行营陆荣廷、南宁陈炳焜、杭州吕公望、肇庆岑春煊、叙州蔡锷、松坎戴戡，各省各军自度情形，提出军事善后大概要求。说："护密。东电请撤军务院并拟布告，想达。浙已先通电主张，诸公谅皆同意。布告发时，希先以简电飞示，因长电每经旬乃达也。军事善后要求，一面各派代表交涉，一面仍当以电提出大概条件。各省饶瘠本既不同，兵事进行久暂亦异，自不能合笼统条件，或不要求补助而规定兵额要求承认，或要求军费（以）资安插收束，皆请由各省各军自度情形，互相知照。其代表能在沪先一会集尤妙，要求额似极宜核实，因此项须仰给外债，将来用途必列国会议案。我军宜自占地步，勿贻丝毫口实也。超。歌。"

又特别电告唐继尧说："护密。东、支两电均悉。军务院即行撤销及军事善后代表先行来沪集议各节，均为目前最要之着，顷上各电亦同此意。所拟布告乞迅由滇发，仍别用护密托日人代转，此间俾得速布。来电当即转知各处，松坡处已频电促其就职，惟渠尚未奉到督川明文，想为周骏压抑所致，已电京饬查并补发矣。超。歌二。"②

---

① 《护国文献》下册，第 875—876 页。

② 以上二电见《护国之役文电稿》（1916 年 2 月至 1917 年 1 月），中国国家图书馆藏。

▲彭兆璜等 13 位湘南省议会议员"万急"电告黎元洪、段祺瑞、岑春煊与各省都督、将军及陆荣廷、蔡锷，以及上海驻沪国会，汤芗铭"宵遁"后，"地方安谧"。说："汤都督宵遁，公推湘护国军第一军总司令曾继梧君代理都督，保全秩序，驻湘桂军一致维持，地方安谧。堪慰廑念。湘南省议会议员彭兆璜等共十三人同叩。歌。印。"①

6 日

▲黎元洪特任蔡锷为四川督军，又特任其兼署四川省长。②

9 日，报载"中央处分粤事，一以处分川事之成法行之，然而川、粤之局势固迥不相同也。陈宧于川尚无积极恶感，又自愿离川以解战祸。而龙济光于粤则积怨累恨，重如丘山，又自恃兵力，毫无去意，此其相异之点一。周骏行动为立于其后者所愚，名义既一无所当，实力亦万非滇、黔军队敌。而李烈钧则所向多胜，陈、莫既从旁相应，军务院亦与表同情，此其相异之点二。蔡锷为川人信任，与陆荣廷为粤人信任，虽无所择，然蔡氏迳在叙、永，其部下早经布置接收问事，原自计日可待。陆氏深入湘境，其返旆须俟陈宧迁道来湘之后，此中迁延时日宁可逆计，此其相异之点三。有此三异，而复加以授龙督办矿务，允龙暂署粤督，以视前之陈氏去川时，仅以简单解职命令发表者，其相去又何如耶。然则粤事解决之前路，其成效盖难以川中已事作前例矣"。③

11 日，又载北京政府以蔡锷督川的原因，是"周骏与陈宧以督川相争，政府乃两夺之，而以予蔡松坡，以示两无偏袒"，并按此例又决定以陆荣廷督粤。说：

六日申令，既改将军为督军，巡按使为省长，对于各省长官遂一律予以新任命，即独立省分亦然，此盖实行南方某代表对段总理之言，谓取消独立不必经过何种形式，只须将各省长官一律加以新任命而已足矣。但其中亦稍有更动，督军中如陈宧之调湘、陆荣廷之调粤、陈炳焜之督桂皆是。湘省汤芗铭氏离去长沙实在初五下午，湘省绅民乃

① 《军务院考实》第四编《各省文电》，第 89 页。
② 《命令》，《申报》1916 年 7 月 9 日。
③ 步陶：《杂评一·粤事解决之前路》，《申报》1916 年 7 月 9 日。

公推湘省第一军军长曾继梧暂任都督，以保秩序，即由曾急电政府速派大员继汤督湘。曾为湖南新化人，日本士官毕业生，光复时即任该省师长，及部曲遣散，退休田里，深为蔡松坡所器重。松坡起义于滇南，曾君亦即招集旧部，规划三湘。汤氏潜去，曾所部适在长沙，遂被推为都督。政府得报，始意□〔虽〕欲以陆荣廷督湘，但粤局未定，深欲以陆氏一人留为督粤之用，陈宦适又卸职离川，故最后决定以陈宦督湘，陈未到任以前则由陆荣廷暂署也。陆之本任本为广西都督，但陆氏督兵出境已久，未必欲再回桂省，而如梁任公等来电亦欲以陆代龙济光。龙之不能与粤相安，政府已深知之，故即如其所欲以陆督粤。盖政府之出此，实与以蔡松坡督川同一机轴。周骏与陈宦以督川相争，政府乃两夺之，而以予蔡松坡，以示两无偏袒。今有粤省都督之望者何止五六，顾此失彼，极难调停，故又以予之陆干卿。但陆氏方署湘督，陈二庵未到以前势难赴粤，龙氏去任，部署亦尚须时日，故仍令龙署理粤督。至龙氏督办两广矿务之命，闻出于某要人之请，盖既夺其督军，不能不为谋一下落，龙于两广拥有矿产甚多，故即以此畀之耳。陈炳焜则本为广西代理都督，陆荣廷督兵出境，即有以此席相让之意，政府因而任命之者也。省长中如孙发绪之署山东省长，沈铭昌之任山西省长，胡瑞霖之署福建省长，朱庆澜之任广东省长，罗佩金之任广西省长，皆为新任。孙发绪为孙武之弟，武汉首义时甚有勋劳，深为黎大总统所器重，故得特授勋五位，及后孙自愿从亲民之官做起，故曾任直隶知事。袁氏出缺，黎公继任，孙君即辞职赴沪，调和南北政局，自上星期来京后招待国会议员。现因鲁省张怀芝与革党意见甚深，特命孙君为该省省长，以期调和意见，而免双方争执。沈铭昌为内务部次长，累自引退，政府遂以之代金永。胡瑞霖出于汤铸新部下，前曾为湖南财政厅长。朱庆澜则以黑龙江将军调任者也。罗佩金为蔡松坡部下干员，此次起义深资得力，闻松坡受督川命后，曾称疾引退，力保罗佩金督川，而以戴戡为民政长，此次之新任命或以徇蔡意。此项任命果尽得人与否，记者不欲遽加月旦，若衮衮诸公到处受人民欢迎，则亦统一之幸也。①

① 《督军省长新任命之人物》，《申报》1916 年 7 月 11 日。

又载政府命蔡锷督川，人心大定。说："昨日旅沪四川帮接重庆快信，谓今大总统命蔡锷督军，全川人心大定，所有商业将次恢复。上年冬间，前政府派往之北军共有三万余人，现已陆续撤同〔回〕原驻地点，或原籍遣散。应用输运船只系向装川宜商货之白木船，已封雇一空，以致粗笨各货无船可装，暂时止运。惟麝香、黄丝、白腊、西洋参、现银等急需之物，可由蜀通、蜀亨、大川、利川、瑞裕、联华等浅水商轮装运，川宜间毫无阻碍。至洋纱、匹头等货，须待阳历八月间北军输送完毕，照常装运云。"①

又载路透社"北京电。蜀省传来消息，显明蜀中情势更为恶劣。滇军刻向成都进攻，蔡锷已通告成都各领事，谓奉命督川，兼表示周骏必去，否则用武之意。同时，周骏并无自退之意，且有周将宣布独立之消息。湘省情势亦甚重大，各处秩序凌乱。自汤去后，官员与党首数人互争都督一缺，政府虽任陆荣廷代理湖南督军，但此席卒为党魁唐蟒所得。湘省为国民党之要地，湘人极力反对陈宦来湘，陈乃进步党也。华人消息，谓唐蟒与曾继梧力举黄兴为湖南督军"。②

▲报载6月底，周骏发布所谓"奉令督川"文告。说："周骏离成都，刘存厚入城，暂维持治安，罗佩金旋即赶至接收，蔡锷亦由沪起程带病进省各节，均见报端。兹闻周氏当未离省时，一意专用狡诈手腕，借口于道途修阻，将中央迭次命令概委为不知，其对于军人尤极其荒诞无稽之致。兹录其训令军人文一通，以博国人一粲。其文云：军人以服从为天职，本将军素抱斯旨，久为各该军官士兵所共悉。此次奉令督川，适前将军陈宦宣布独立，政令百出，盗匪四起，抢镇劫场，川局糜烂，民不聊生。停战期内，本将军奉令督办剿匪事宜，率该官兵等于资、内一带清匪安民。适前大总统因病薨逝，陈宦取消独立，将军都督似是而非，迭电催促本将军入省接任。六月二十五和平入城，迩来秩序初定。方冀筹办善后，稍苏民困，消弭兵祸，安辑全川，倏有滇军司令罗佩金，不知据何理由，妄称吊民伐罪，以实行其侵掠残暴之志略。只因交通梗阻，电传迟滞，南郑来电，有中央任命蔡锷督川，曹锟为会办等情。惟以电码不明，错讹太多，当经

① 《川商报告近状》，《申报》1916 年 7 月 11 日。
② 《译电》，《申报》1916 年 7 月 13 日。

一再电请中央明白电示，迄今未奉复示。即使蔡锷果系中央任命为益武将军，当此水深火热之际，自应迅速电知来省，正式更代。罗佩金既未奉有中央命令，徒假蔡锷名义，隆、内之役，辱凌官兵家眷，残杀居民无算，估索民间供亿至四十万元之多。似此情形，衅由彼开，我军节节退让，彼军节节进逼。本将军有守土之责，各该官兵士亦有保卫地方人民之天职，愿各努力，以保川局。除一面电知中央、各省，宣布该罗司令罪状外，特训示本军整励士气，激动义愤，恢复资、内，以益军誉，而壮军威。其各勉旃，有厚望焉。此令。"①

重庆绅商各界电请周骏恪遵命令，服从中央，解兵北上。说：

吉珊将军麾下。渝州坐镇，久托帡幪，朝夕过从，亲若平素。忆昔启节西上，瀕行饯送，不禁依依。嗣以局势锐变，因应多方，屡申函电，未蒙赐复。遥闻钧节莅省，安诸如常，正慰藉间，中央忽来新命，改任蔡将军督理川中军务，调公赴京。商等际此，窃料我公凤以拥护中央、维持川局为怀，奉令之下，势必应时乘便，接浙而行。虽仓猝离川，未遑施设，而蔡公继任，当能一本我公职志，以竟其绪，则亦未始非吾川之幸。乃霾耗传来，出人意外，川局糜烂，又堕漩涡。窃见我公置身危地，集于矢人。失今不图，将难挽救，千钧一发，利害转关，祸福之机，捷于影响。商等俯念川艰，追怀往爱，不得不言，不忍不言，证以各情形，舍解兵北上外，讫无他法，请为麾下涕泣陈之。

盖自袁亡黎继，南北互泯猜嫌，首以服从中央命令为依归与否之验，故虽以倪之在湘，张之在泸，撤防之令朝下，两军即以夕发，而护国军亦复相戒罢兵，未闻侵袭其后。此在昔尝对垒之军，尚能奉命唯谨，矧我公素号服从者乎。乃此次竟闻有不遵调遣之说，商等始则疑之，继见罗军三十日通电，则又疑信参半。商等怵于战祸，迫电蔡将军及罗、熊（按：指罗佩金、熊克武）诸人，请其按兵不动，并函电交驰，恳我公遵令解决。兹得蔡、罗复电，均视我公奉命与否为转移，此其持论甚正，诚未可以智力争者。加以陈军在北，曹军在东，

① 《周骏离省前之奇谬军令》，《申报》1916 年 7 月 31 日。

蔡军在南，一违命令，四面受敌，此各军致咎之情形，宜急自白者也。开衅以来，刘旅长退驻永川，进退维谷，宣布与公脱离关系，不受调遣。王留守亦于日前改归蔡、曹节制，并莅会场当众声明。刘、王皆公旧部，非无情感，然竟毅然出此者，皆有不得已之苦衷，特借以保全一部分之军队与夫无辜之人民，以免沦胥以尽也。此外团营鉴于情势之日非，相率改隶者时有所闻，此部属离析之情形宜早作区处者也。我公素性笃厚，商等深知此次失策，良由听信稍狭，消息不灵，致滋歧误，以故商等虽有可陈，悉遭壅遏。尤可怪者，中央甫颁改任之命，而尊处有日通电，方谓中央来电仍以我公督川，孰真孰伪，孰后孰先，此中关键，从可知我公对于现在情势尚堕五里雾中，真相隔阂，误公实甚，此见闻壅塞之情形宜刷新耳目者也。故远览全国统一之趋势，近鉴各军四面之紧迫，惩于旧部之离析与夫观听之壅塞，则公之大计有非当机立决不可者。我公一念转机，全川安危所系，亦公一生成败所关。诚能解兵北上，所履悉成坦途，否则荆天棘地，道路崎岖，后顾茫茫，言之心悸。商等夙蒙错爱，备荷优容，每忆光仪，蔼然在想。比以局外之闲身，为冷静之观察，于各方情势，洞见症结，诚不忍我公以维持川局之素抱，而致糜烂川局之恶声，用敢掬心相告，自信决不误公。倘宏大仁大智之念，毅然专决，恪遵命令，服从中央，通电各方面解释前嫌，克日束装就道，在政府鉴其不远而复之诚，必不过事督责。在我公虽未得秉川政，而息事宁人，常留去思，努力前程，勋勋有日，商等残破余生，犹将拭目以俟。如有委曲情形，及虑相煎过急，商等当力任调处，居中转圜，必能护公北上，无有他虞。所有中央命令及商等与蔡、罗往复各电，照录呈览，万望持以卓见，勿徇人言，察纳下情，迅予赐复。我公之福，全川之幸，披沥上渎，不胜迫切待命之至。①

▲蔡锷电复国务院、陆军部，请"代陈下情"，"以罗佩金代锷"。说："华密。感电敬悉。周骏奉令调京，迄未遵奉，据报大张文告，尚自称奉令督川，昨奉相机剿抚之命，当经派队前进，日内资州、内江、隆昌各处，

---

① 《四川军阀史料》第 1 辑，第 250—252 页。原署"1916 年 7 月 × 日"，由内容推定为 7 月 6 日。

周军抗拒，连破其众，其部下亦渐来归，周骏穷蹙，致运动外人出而干涉，其荒谬可想。现饬各队前进，以（一）面设法开导，令其愧悟，冀可免除战祸。至锷谬承重寄，自念驰驱之义，何敢云辞？但以喉痛失声，不能不转地疗养，仍请代陈下情，查照艳电所呈，以罗佩金代锷。必不得已，亦惟有力疾治军，俟周事告竣，仍准交由罗佩金暂行护理，俾锷得东下就医，勿任感激待命之至。锷叩。麻。印。"①

▲6月27日，梁启超电告长沙桂军行营陆荣廷、南宁陈护都炳焜五大待商之事。说："贵密。马、漾两长电报京、沪情形，想达，久未得复，甚悬念。应商事，条列（如下）：一、约法、国会大约必能规复。各方面对于旧议员之态度颇滋疑虑，深恐意气用事，蹈前覆辙。此间与各派首领迭商，拟议案愈少愈妙，但制定宪法、改正《国会组织法》、补选副总统，不及其他。现时各派意见略同，但开会后有无变动，殊不敢知。将来规复之明令一布，请发一热诚沉痛之电，劝议员自重，以保令名。二、派专员与比协商善后之议，顷别电论其难行。此议既罢，则军院宜谋速撤，其时机当在约法既复、国务总理既任命之时，请联各抚军一致主张。现闻有人假军院名义作种种阴谋，虽未得确据，然此机关久存，终恐为人利用，贻祸无穷。三、西林太忠厚，肇庆门面铺张太过，现几无从收拾。公念旧谊，宜劝西林认真急流勇退，其未完之首尾需款安插者，请量力为之，照将来桂省与中央交涉财政善后时徐图弥补。四、贵部军队前承电有退□、全、永之议，弟初意暂不进不退，观望形势。就现在情形论，北京成麻木之局，但只能惜其无能力，不能责其有恶意。南省不宜操之过蹙，且现在各地思乱者不少，我若久与京对抗，恐被人间接利用，以糜烂大局，故暂退未尝不可。（按：此条后又被梁亲自删去，将后面的第五条改列为'四'了）四、闻湘人多欲戴公为督，若铸新无力维持，公或不能不担任。然弟知公必不肯也，粤事终非公不能解决。弟实望公稍回初志，出粤民于水火，不欲公留湘，此事他日再详陈。五、弟初意欲公与段、冯、蔡直接会晤，解决一切大问题，故有军事善后会议之说。今谅难办到，则只宜各省与中央分头交涉，各省内部军财事宜，非政客所能代表，亦非可在会议场中决定。公或派月波（按：谭浩明，字月波）一入京何如？钦廉改隶事亦宜以此时要求

---

① 《北洋政府档案》第114册（《陆军部》第7册），中国档案出版社，2010，第151—152页。

解决。以上所陈，尊见如何？乞条答。余续报。启超。沁。"①

28 日，又"万急"电告唐继尧、刘显世、蔡锷等独立各省都督、总司令，军务院宜如刘、唐两都督所说，"亟图撤废"。说："如舟都督巧、效两电勘奉。军务院宜亟图撤废，诚如冀公言，若此机关久存，非惟我辈倡义本心不能自白，且恐有人假借名号，生事怙乱，将来反动之结果，转助复辟派张目，此最可忧。鄙意宜各省联名将舟公巧电所主张径电中央，请以明令改组国务院，任员署理，军院即行宣告撤废。至规复约法，除明令外，别无完善手续。此事殆将解决，不必别生枝节。善后会议，不外军、财两政，非可笼统代表，舟公主各省分别接洽，超甚赞成。昨上沁电，已表此意。启超。勘。"②

7 月 1 日，又电告唐继尧、刘显世、长沙行营陆荣廷、南宁陈炳焜、叙州蔡锷、松坎戴戡说："护密。段芝老来电，有'涉想将来，罔知所届。人心至此，国步如何，自惟材轻，万难收拾，仔肩之卸，国会为〔无〕期'等语。两旬来，芝老应付时局，虽多未协机宜，超亦尝屡电责备，然此公宅心公正，持躬清直，维持危局，非彼莫属。其举措不满人意之处，实缘眼光稍短，非怀恶意。现有数派人专以排彼为事，无非欲达个人权利目的。此公若被挤去，北军人人自危，大局将不可问。且彼本赋性澹泊，岂虑把持？协力度此难关，俟国基定后，各政客岂患无机会以自表见？今汲汲倾轧，真乃以国为戏。首义诸公，宜持正义，免彼灰心短气。请分致一诚恳之电，劝其勉任巨艰。且言万事愿与协商，俟内阁改组后，必力为拥护。仍别电元首，乞益加倚畀，或可挽其退志。超前致干老电，谓蓄力观变为要，今仍抱此宗旨。然所观之变为何种，实难逆料。近睹人欲横流之象，深恐元、二年覆辙复见。昨电力赞冀、周两公速撤军院之议，实深有所惧，诸公想会此意。超。东。"

再"十万火急"电请独立各省由全体抚军名义，布告天下"撤废"军务院。说："顷已奉明令，复约法，召国会，任段建威组新阁，我辈要求已达，军院宜立即宣言撤废。谨拟电文如下。北京大总统，国务院总理，各部总长，参议院，众议院，各省将军巡按使，北京英文《京报》、《国民公

---

① 《护国之役文电稿》（1916 年 2 月至 1917 年 1 月），中国国家图书馆藏。
② 《护国运动资料选编》下册，第 735 页。

报》转各报，上海《时事新报》《中华新报》转各报均鉴。军务院第三号布告文如下：帝制祸兴，滇、黔首义，公理所趋，舆情一致。桂、粤、浙、秦、湘、蜀相继仗义。其时因战祸迁延，未知所届，独立各省前敌各军，不可无统一机关，故暂设军务院为对内对外之合议团体。其组织条例第十条规定，本院俟国务院依法成立时撤废之等语。屡次宣言布告，一再声明。今约法既复，国务总理既特任，虽阁员未经国会通过，然当国会闭会时，元首先任命以俟追认，实为约法所不禁。现国务院既依约法而成，与本院组织条例所指正合。今大总统之依法继任，既符独立各省最初之宣言，政府、国会次第完成，允为全国人民心理所同慊。本军务院谨依组织条例，于本日宣告撤废；其抚军及政务委员长、外交专使、军事代表等名目，一并销除；国家一切政务，静听元首、政府、国会主持，为此布告天下，咸使闻知云云。此电务乞公决，即日由滇拍发，用抚军全体署名。再，本电恐广州电局搁压，不达肇庆，蔡、戴行营亦虑延搁，请桂速转肇，黔速转蜀。启超。东二。"①

4 日，章太炎电复岑春煊并转唐继尧，认为"不应袭政客之浮谈"，取销军务院。说："近闻道路传有取销军务院计划，斯事若行，则民气挫折，而奸党得志，元首等于赘旒，国会受其蹂躏。公瞻有百里，宜为全国人民请命，不应袭政客之浮谈，作和平之甘语，以长天下惰气也。叛徒未戮，出师何患无辞；余孽犹存，仔肩卸于何地？望察鄙言，先定大计，详函续陈。章炳麟叩。支。"②

唐继尧电告刘显世、蔡锷等独立各省都督、总司令，"英日各领转到京电，已有明令恢复旧约法及《大总统选举法》，定期八月一号召集"国会，"当即商撤军务院，以昭统一"。说："贵阳刘都督、长沙汤都督并转陆都督、南宁陈护督并转滇军李总司令、泸州蔡总司令并转罗司令、松坎戴总司令鉴。华密。顷由英日各领转到京电，已有明令恢复旧约法及《大总统选举法》，定期八月一号召集参众两院议员在京开会，组织内阁各员亦经发表，大致尚属满意。局势急变，与前此情状迥然不同，吾辈目的完全达到，现计大局，将次解决。俟奉明令，当即商撤军务院，以昭统一。继尧叩。

---

① 以上二电见《护国之役文电稿》（1916 年 2 月至 1917 年 1 月），中国国家图书馆藏。
② 《军务院考实》第四编《各省文电》，第 118—119 页。

支。印。"①

6 日，蔡锷电复梁启超说："东电悉。国务院既经依法组织成立，并已规复约法，召集国会，军务院自应查照原定条例第十条宣言撤废，国家一切政务，悉听中央暨国会主持。院电文即请冀公由滇拍发，附署贱名。特此复闻。锷叩。鱼。"②

同日，岑春煊电请唐继尧及刘显世、陆荣廷、陈炳焜、蔡锷、李烈钧等人"公同决议由抚军长裁决"军务院撤废问题。说："近顷龙督用兵，交通断绝，本日始见上海报载大总统六月二十九日申令宣告遵行元年公布之约法暨二年宣布之《大总统选举法》为有效，续行召集国会，定于本年八月一日开会，特任段君祺瑞为国务总理。国是于兹大定，民意于兹复伸，南中首义以来之所祈向于兹始达，庆幸何极。惟查大总统正位之始，唐抚军长蒸电陈请四项，当经通告为南军一致之主张。现约法、国会诸端既已恢复，而第三条之撤回北兵、第四条之军事会议，仍虚悬未决，一切善后施设，尚无端绪可寻，自非迅见施行，大局无由底定。又查蒸电内曾经声明，俟国会同意组织之国务院成立，军务院即行撤消，本系根据《军务院组织条例》第十条办理。现在国务总理既经大总统任命，国务院之组织指顾可期，依照约法，尚须提出国会同意。今国会开会既在八月，为期亦已不远，关于军务院撤废问题亟应提出，请予公同决议，由抚军长裁决，以便实行。至军务院撤废之后，所有独立各省军事善后各问题尚多，相互关系究应如何办理，并祈裁夺，迅速电复。祷切，盼切。岑春煊叩。鱼。印。"③

梁启超又"十万火急"电告唐继尧、刘显世、南宁陈炳焜并转行营陆荣廷、长沙汤芗铭、杭州吕公望、叙州蔡锷、松坎戴戡、肇庆岑春煊，黎、段"深以未统一为忧"。说："华密。范静生由京江电云，黎、段深以未统一为忧，并述对外为难情形，如日俄新约及银团劝美加入等事。又支电云，黎、段谓不统一，国事将愈不可为，甚盼滇、黔、桂火速表示与中央为一体之决心，消除独立形式，中央乃可酌定办法，如一律称都督之类，布一

① 成都《国民公报》1916 年 7 月 31 日。
② 蔡锷此复电见于《护国运动资料选编》下册，第 744 页《梁启超致黎元洪及国务院电》（1916 年 7 月 12 日）中。
③ 《军务院考实》第四编《各省文电》，第 114—115 页。

明令以收统一之功。如决心不先表示，则号令何敢轻发，结果徒延时日、滋纷乱等语。超按此是实情，外人有利我分裂者。事势颇危，望即日由各省分发诚挚之通电，一面更布告撤军院。至叩。超。鱼。"①

7日，陈炳焜通电唐继尧并转蔡锷等人，也表示"我辈依据法律拥护共和之目的，今已完全达到，足为全国称快，请由唐抚军长领衔通电京省，将军务院取消，以归统一。若再迁延，则功首反为罪魁，转乖初志。吕公萧电所陈，极表赞同，敬乞公决。炳焜。阳。印。"②

戴戡也"甚急"电告唐继尧、蔡锷、刘显世，梁启超东日通电主张"即宣言撤废"军务院，并表态"极端赞成"。说："护密。顷接梁新会先生东日通电，略谓顷已见明令恢复约法，召集国会，任段建威组织内阁，是国会、政府次第完全成立，已为全国人民心理所同趋，宜将军务院立即宣言撤废，此后国家一切政务静听元首、政府、国会主持，望乞共决。再，此电恐各电局有阻滞，请桂速转肇，黔速转蜀。启超。东二。印。等因。戡极端赞成，特照转闻。戡叩。阳午。印。"③

8日，刘显世也"万急"电告唐继尧、岑春煊并转李烈钧、衡州广西行营陆荣廷、南宁陈炳焜、杭州吕公望、泸州蔡锷并转罗佩金、松坎戴戡，极"赞同"撤销军务院。说："循公阳日转到新会先生东二电、松公鱼电均悉。《大总统选举法》及约法、国会既经恢复，国务院并经改组成立，自应依照军务院条例即日撤销军务院及抚军、政务委员长、外交专使、军事代表等名目，一切悉听中央及国会主持。新会先生所拟宣言电稿至为妥协，显世极表赞同，拟恳冀公即照新会电稿领衔译发为祷。如何？仍盼公决。刘显世叩。庚午。"④

10日，又"十万急"电告唐继尧、上海梁启超等人，表示"撤废军务院似不宜再行迟延"。说："云南唐都督、上海梁任公先生、两广行营岑都司令、衡州广西行营陆都督、南宁陈护督、杭州吕都督、泸州蔡军总司令、松坎戴总司令鉴。冀公虞电悉。所示善后问题，可由各省径派代表赴沪先事讨论，然后会合赴京，极表赞同。至撤废军务院似不宜再行迟延，任公

---

① 《护国运动资料选编》下册，第741—742页。
② 《军务院考实》第四编《各省文电》，第116页。
③ 《护国文献》下册，第606—607页。
④ 《护国文献》上册，第526页。

先生所拟宣言电稿最为妥协。干公、松公、载公、舜公、循公均先后通电赞成，请冀公挈衔发表。舜公阳电有若再迁延，转乖初志等语，尤为透切。冀公上月蒸电亦主张临时内阁成立，即行撤废，不能待至国会开会以后，拟请冀公仍照上月蒸电及近日诸公通电，即就任公先生原稿克日挈衔拍发，并请云老酌核电达冀公为祷。显世叩。蒸。印。"①

**按**：刘显世此电，系针对唐继尧所发"虞电"突改"速撤军院"主张为"俟正式内阁成立"再撤②而发。

11 日，陆荣廷、陈炳焜也电告唐继尧、蔡锷等人说："吕都督萧电、唐都督支电，计达。吕电开，艳日大总统申令，遵行民国约法，召集国会，并任命段芝老组织内阁各节，此间虽未奉到艳日申令，然与冀公支电所开相符，当无可疑。此次我辈举义，拥护共和，目的均已全达。请由冀公领衔联名通电京省，将军务院刻日撤销，使国权统一，恢复和平，庶外系友邦之观听，内息异己之衅隙，俾吾辈光明正大之行动，昭示天下。似不可再有犹豫，自乖初志。虽军务院当时宣言撤销时期以国务院依法成立时撤销，然必待国会开会以求同意，则迁延逾月，行成对峙，转恐窥隙者别构事端，致吾辈贻因以为利之谤，则初心反难自白。区区私见，谨以奉闻，敬乞速决。荣廷、炳焜。真。"③

12 日，陈炳焜再通电唐继尧并转蔡锷等人表示："以炳焜愚见，军务院之撤消，赞同者已多数，当可取决。至军事会议一节，冀公意在办善后一切问题，极为周密。惟目前要以军事为急，似应由独立各省及军务院机关迅派专员赴沪协商，将军事如何收束，财政如何调剂，求中央解决，以免延长，益增困难。谅诸公必能善为终始也。陈炳焜。文。印。"④

刘显世第三次"火急"通电唐继尧等人，主张克日撤销军务院。说："护密。任公先生蒸电悉。国务院既成立，军务院不可不即时撤销。前奉任公先生东二电，业经电请冀公迅予译发，迭奉干公、松公、载〔戴〕公（按：吕公望，字戴之）、循公电均表赞同，冀公虞电固属正办，惟形式若

① 成都《国民公报》1916 年 7 月 31 日。
② 见本书 1916 年 7 月 16 日记事。
③ 《护国运动资料选编》下册，第 743—744 页。
④ 《军务院考实》第四编《各省文电》，第 116—117 页。

不统一，种种善后问题均难着手。况目前国内乱机四伏，外人方伺隙而动，诚如任公先生所论，不宜留此空名，以资口实。切恳冀公速照任公先生电稿，克日发表，至祷。世。十二日。"①

14 日，蔡锷与唐继尧、岑春煊等人通电黎元洪，国务院，现各部总长，参议院，众议院，各都督、将军、巡按使，并转各镇守使，北京英文《京报》、《国民公报》转各报，上海《中华新报》《时事新报》转各报，宣布独立各省前设军务院于本日"撤废"。说："军务院第六号布告文如下。帝制祸兴，滇、黔首义，公理所趋，舆情一致。桂、粤、浙、秦、湘、蜀相继仗义。其时，战祸迁延，未知所届，独立各省前敌各军，不可无统一机关，爰暂设军务院为对内对外之合议团体。其组织条例第十条规定，本院俟国务院依法成立时撤废之等语。屡次宣言布告，一再声明。今约法、国会次第恢复，大总统依法继任，与独立各省最初之宣言适相符合。虽国务员之任命，尚未经国会同意，然当此闭会时，元首先任命，以俟追认，实为约法所不禁。本军务院为力求统一起见，谨于本日宣告撤废，其抚军及政务委员长、外交专使、军事代表均一并解除，国家一切政务静听元首、政府、国会主持。为此布告天下，咸使闻知。唐继尧、岑春煊、梁启超、刘显世、陆荣廷、陈炳焜、吕公望、蔡锷、李烈钧、戴戡、李鼎新、罗佩金、刘存厚叩。寒。"②

15 日，梁启超"千万火急"再电请唐继尧、任可澄、蔡锷、岑春煊等人"毅然撤院"。说："义密。顷接孝怀、亮侪京盐电云，段已决心与南开诚，惟前有二电致西林，久无复电，颇以为疑，请转告数省，速电政府，关于善后饷项等事，开报确数，推诚协商，以免误解。又闻军院问题，各督已多数主张撤销，务乞速办。对于粤事似宜共同劝告，使政府知西南态度，以期融化意见等语。超近详察京、沪情形，黎、段皆汲汲务容纳民意，其举措间有失当处，乃识力不足，非怀恶意。段耿介纯洁，绝无野心，方日谋引退，安可以待袁者待之？海上政客不知军中甘苦，不审内外形势，务出风头，要俗誉。前日欢送议员，某某伟人至昌言暴徒乃美名，国会以捣乱为天职，谓我五省须永远独立，而闻者鼓掌雷动，此成何世界。尚有

---

① 《护国文献》上册，第 528—529 页。
② 《护国运动资料选编》下册，第 746 页。

他国构煽吾旁，惟恐吾不乱。其报界论调，惊心动魄。自袁死后，我军院内部实际已停止活动，但留此空名，则为人利用者正层出不穷。假如有人用此名印公债票或军用钞票押与外人，用此名运动未独立省军队图破坏，试问得何结果，诸公是否甘为此辈受过？夫存军院空名，于我五省善后有何裨益？徒使收束军队、拨赏军费两题，迁延不决耳。谓待国会通过正式内阁，其理由固正，然国会能开与否且未敢知，恐因议员资格一问题，先已捣乱自杀；即幸而能开会，然滥用同意权，正式内阁成立恐永无期。依海上政客论调，不尽灭北洋势力不止，而以国会为唯一武器，以军院为唯一后援。试问诸公能否从彼辈立此决心？兵力财力能否贯彻？生反动，续战祸，召外寇，能否任咎？若今不毅然撤院，更阅数旬，使院为众矢所集，无形消灭，亦何面目？超自闻丧后，本已辞抚军各事，原可不过问，惟兹事自我发之，义不宜始乱终弃，且环顾各方面形势，尤不忍吾同义诸公，以功魁翻成罪首，谨泣血为最后之忠告。松、干、周、循、戴、舜、熔诸公既已一致，望蓂、云（按：指唐继尧、岑春煊）两公三思鄙言。至军费事，亟宜交涉，惟当十分核实，一则表我辈良心上之光明磊落，二则勿强中央以所难，谈判始不落空也。如何？仍盼立复。启超。删。"①

同日，唐继尧等人通电"北京各国公使、各商埠各国总领事、安南总督、香港总督、澳门总督、大连关东都督"，宣告"撤废"本军务院。说："前由各省都督、各军总司令组织军务院，以合议制代黎大总统处理军国重事，暨代表一切国际交涉，曾经电达在案。现黎大总统业经依法就职，本军务院当于七月十四日宣言撤废，其抚军及政务委员长、外交专使均一并解除，所有中华民国一切内政外交，悉听元首、政府、国会主持。除通电宣告外，特此电闻。唐继〇、岑春〇、梁启〇、刘显〇、陆荣〇、陈炳〇、吕公〇、蔡〇、李烈〇、戴〇、李鼎〇、罗佩〇、刘存〇谨告（按：此电原件为手稿）。十五日。印。都督注：送交涉署译成洋文拍发。又批：一面录原电，由肇庆岑副长一并通告。"②

17 日，黎元洪"万急"电复唐继尧、岑春煊、梁启超、刘显世、陆荣廷、陈炳焜、吕公望，以及蔡锷并转罗佩金、李烈钧、戴戡、李鼎新、刘

---

① 《护国之役文电稿》（1916 年 2 月至 1917 年 1 月），中国国家图书馆藏。

② 《护国运动档案资料摘抄》，第 111 页。

存厚等人说："承电示撤销军务院，爱国之忧，昭然若揭。溯自帝制议兴，波诡云谲，输资造意，缘法饰非，举贤皆暗，莫敢发难。滇、黔首义，薄海从风，合议机关，应时独立，披云见日，再造共和，则是军院诸公大有造于民国也。项城长逝，责在葳躬。猥承诸公拥护之殷，提携之切，约法国会，获我初心，虽幸免乎愆尤，犹自惭其濡滞，诸公乃主持正论，践履前盟，举重光之日月，还我国民，挈百战之山河，归诸政府。从此民有常轨，国无曲师，藩祸不兴，邻氛自戢，则是军院诸公大有造于后世也。共和国家，匹夫有责，同舟共济，端赖美材。元洪忧患余生，久夷权职，布衣归老，于愿已偿，只以约法所推，责分攸寄，思与诸公左提右挈，共济艰难，推诚以结邦交，虚己以从舆论，一日在位，万民具瞻。今方财政拮据，吏治蜚变，内忧外患，纷至沓来，补救之难，百倍畴囊，尚望不我遐弃，相与有成，毋以收拾军队为天职已完，毋以召集国会为人心已定，毋以恢复约法为遂跻法治，毋以惩办祸首为永绝官邪，率此临事而惧之心，或收通力合作之效，此则元洪早作夜思，愿与诸公共勉者也。军务院既已撤销，一切善后事宜仍希随时电告，共筹结束，其有奇才懋绩为国宣劳者，并希胪举事实，借备延揽。元洪。筱。印。"

19日，国务院则电复岑春煊说："密。通电敬悉。军务院现经宣告撤废，具征谋国真诚，力维统一，曷胜钦佩。务希伟画频颁，用匡危局，无任企祷。院。效。印。"[1]

21日，岑春煊"急"电北京国务院、陆军部，军事委员方声涛、高尔登，军务院"一切军事善后事宜"由方、高商承办理。说："军务院业已通电宣告撤销，一切军事善后事宜亟待收束。惟文电往返，难期详尽，且虑多差误，所有关于敝处军事情形，即由所派军事委员方声涛、高尔登直接商承办理，以备妥协，后电陈明。岑春煊叩。马。印。"[2]

同日，有报载"大阪《每日新闻》载二十一日北京电云，军务院之撤废，全出于梁启超之策划，梁与蔡锷、刘显世、吕公望等联合，以多数强令岑春煊宣言军务院之撤废，岑氏因此心中极抱不平。军务院之撤废，不过其名而已，实则依然掌握两广总司令之实权，与云贵相联络，并扬言今

① 以上二电见《军务院考实》第四编《各省文电》，第119—121页。
② 《护国运动档案资料摘抄》，第110页。

后亦不停止实际上之活动。岑对广东，今尚用武力解决，则其真意可卜矣云云"。①

黎元洪则颁令说："据唐继尧、岑春煊、梁启超、刘显世、陆荣廷、陈炳焜、吕公望、蔡锷、李烈钧、戴戡、李鼎新、罗佩金、刘存厚等寒日电称，军务院已于七月十四日宣告撤废，其抚军及政务委员长、外交专使、军事代表均一并解除，国家一切政务静听元首、政府、国会主持各等语。慨自改革以来，迭经变故，矩矱不立，丧乱弘多，法纪陵夷，民生涂炭。本大总统继任于危疑之际，遵行元年约法，召集国会，组织责任政府，力崇民意，勉任艰虞。该督军等顾念时危，力阐大义，撤消军务院及抚军等职，纳政务于一轨，跻国势于大同，义闻仁声，皦如日月，千秋万世，为国之光。惟念大局虽宁，殷忧未艾，宜如何栽培元气，收拾残余，永绝乱源，导成法治，补苴罅漏，经纬万端，来日之难，倍于往昔。所期内外在官各深兢惕，同心协力，感致祥和，以成未竟之功，益巩无疆之业，本大总统有厚望焉。此令。"②

8 月 5 日，梁启超"十万火急"电复唐继尧，承认对军务院的撤废，的确"词太涉激，且近武断"了，并解释其中原因说："义密。敬电奉悉。劝告议员措词颇难，诚如尊论，静观最善。超前主张速撤军院，词太涉激，且近武断，不审公曾否见嗔。惟超意实欲为首义诸贤保全令名，免使中外崇敬之心变成厌忌。此间闻见较确，心所谓危，不敢自默。即如最近汉口惨剧，若军院尚存，恐且代人受过，他事可推，不必质言。我公地位，如辛亥之黄陂，吾辈宜极力护惜，使常为崇仰之中心点，故欲公察全国多数心理所趋，而率先顺应之，区区苦心，久后必承谅察。新旧势力蜕嬗当以渐，操之太蹙，必生反动，此间所谓民党，太兴高采烈，其言动超多不肯附和，缘是谣诼蜂起，谅公或有所闻。超本不与人竞，相排者枉自费力耳。惟睹同人举动，或邻于自杀，终不能不涕泣而谏，虽受谤百倍，今日不敢惮辞。公知我深，当相印可也。萍醴诸贤何时来？甚念。超。微。"③

李根源的回忆则说："撤院之举，以蔡松坡、刘如舟、陈舜琴、戴循若迭电催促，啧有烦言。内部各谋权利，余等无法保存，电赍赉主持。赍赉

① 《岑春煊是何居心》，天津《大公报》1916 年 7 月 29 日。
② 《大总统令》，天津《大公报》1916 年 7 月 23 日。
③ 《护国之役文电稿》（1916 年 2 月至 1917 年 1 月），中国国家图书馆藏。

通电撤销，余等亦无法挽回。太炎自北京脱禁至肇庆，责余曰：余孽犹存，段氏专恣，大难未已，何其轻于收束如是。余举内部实情以告，慨叹无已。"①

▲岑春煊"十万火急"电告唐继尧、梁启超，以及独立各省都督与护国军总司令蔡锷、李烈钧、戴戡、罗佩金，已呈文黎元洪、段祺瑞，驳斥龙济光对滇、桂军的诬告之电。说：

项呈大总统微电文曰：北京大总统钧鉴、段芝泉先生鉴。项由广东都督署内人员抄函龙都督电文两通，其艳电内称，大总统、国务院钧鉴。堂密。李烈钧攻取韶州，故开战衅，用心极为叵测，仰蒙眷念南服，特准调用该员，以纾结［劫］难，实与粤省绅民同深感激。查李军此次发难，骤观之，似仅李烈钧个人野心，其实滇、桂两省及岑春煊、李根源诸人共同密谋，蓄之已久，其目的不仅在广东一省，而在南方之抗争。盖以滇、桂两省，僻在一隅，非得粤省联合，不足以扩张势力，即不足以抗拒中央。粤省今虽同一独立，惟以济光迂拙，事事以国家为前提，一切不为彼等利用，轻新重旧，是以粤省遂为彼等所忌，（成）必争之地。观其先据江西，后取韶城，皆由滇、桂两省军队，节节进取。近日大局已定，彼由桂省东下之兵，尚复络绎于途，岑春煊、林虎诸人仍于粤省各处大招绿林，此其一致进行，已可概见。济光支挂数日，实已力竭气穷，而粤省安危，关系全局至巨。其李烈钧、岑春煊诸人势力之凶横，复关粤省安危。惟有仰仗中央威力，迅将李烈钧一军调离粤境，以分岑、李之势力而息滇、桂之诡谋，实于统一前途，大有裨益。谨电密陈，伏乞鉴核训示。再，滇、桂两军先后入粤，光为保持和平计，凡可通融，无不委曲迁就，乃彼得寸进尺，渐次盘踞西、北两路，近且愈逼愈进，距离省城仅百数十里，而于粤军前锋防地仅止数里，大有忍无可忍之势。又其所招土匪，遍布各地，一面勾结钦廉、高雷、潮汕叛将，祸机四伏，尤为防不胜防。此次李烈钧如能听命，允就范围，而为粤省之福，否则武力解决，亦非得已。惟粤省兵分力薄，待援孔殷，前请饬下江西派兵由南雄赴韶关，恳饬

---

① 《雪生年录》卷二，第23页。

李将军迅即照办，约会□［剿］期，以收夹攻之效。又潮汕为粤中膏腴之地，久为莫擎宇占定，并恳饬下福建将军派令守边军队，越境来援，协力收复，剪削爪子，以孤其势。是否有当，并请核示。振武上将军龙济光呈。艳。印。东电内称，大总统、国务院钧鉴。堂密。岑春煊等大集桂军逼迫三水，西南连络李烈钧滇军图攻省城各等情，业经飞电驰报在案。现据续报，本日岑春煊派兵□［占］据三水县署，扣留知事，收缴游击队枪械，并据电局扣留各省电报，一面遍发檄文，声称会合李军，克日水陆大举进取省城地方，人民异常骇愤。现已飞饬前敌军队，严防以待，竭力抵御，以待中央援救，保粤境以顾大局，万恳飞饬闽、赣火速进兵，海军舰队克日南来，以解危局，谨电驰陈，优乞训示。振武上将军龙济光呈。东。印。各等情。

查韶州之事，迭经电陈，龙军首启兵端，事实俱在，其时群情愤激，众论激昂，春煊逼处其间，出而调处，不敢复论曲直，但求早弥兵端。故除分电双方，一律停战，妥为解决外，惟有电请钧座派员查办，以明真象，自谓顾全大局，此心可以共见。不意调和不果，转以召戎，近仍断绝交通，大张声势，水陆并举，分道进攻，上取英、韶，下瞰三水，滇军既陷绝地，肇城亦为动摇。此处迭电该督，迄无答复，此不解其何心。今据前电云云，且有春煊等欲以滇、桂之师，谋得粤省，扩张势力，反抗中央等语，甚至乞援邻省，请兵中央，是今日之用兵，其处心积虑，固非一日，特借韶事以发难。夫自首义以来，滇、桂分兵赴难，是否侵略土地，无待春煊赘词。我大总统正位之先，南省早经恭戴，今兹依法继任，天下归仁，滇、桂首义之区，岂肯故为反抗？且粤省固中国领土地，不独非滇、桂两省所能侵略，仰亦非龙督一人所能盘踞，该督以此诞说亦可谓不为。惟春煊衰病余生，日夜求去，信誓旦旦，天日可鉴。兹事变纷报，去留皆难，率率至此，悔恨已迟，与之断断［斫斫］，益滋惭恨。第就其电文之中如滇军之攻韶州、桂军之驻三水、林军之编练新兵，凡所指为罪证者，皆项城未死前事。自我大总统受任以来，滇军既停止进行，遵令静驻原地，新兵亦停止编练，中途分别遣回，而三水地方，尤远在该督独立之先，即已为桂军防守之地，现在彼军进逼，刁斗相闻，仍严饬谨守范围，以免冲突，顾全之术，至此已穷。且粤中独立之初，该督亟于自保，拥兵数万，峝负孤山，既举全省之地尽弃不顾，潮汕、高雷、钦廉诸属先后独立以保地方。迨至大局稍平，遂概曰为叛将，军心积愆，久不能平。春煊之愚，但知大局，多方绥辑，或可稍安，诚不意适以此故冒勾结之名，为寻衅之地也。凡兹种种，诚不当多渎钧座，而拙直性成，非吐不快，冒干聪听，益切悚惶。至于粤局安危，悉归乾断，自不当复有妄论。惟冀衰朽之年，得邀我大总统之允，奉身而退，以解龙督之疑，幸甚，幸甚。再者，此外尚有密电数通，均由该督署内抄出，大旨相类，不复赘陈。岑春煊呈。微。印。等语。

特电布。龙督用心如此，关于粤局者尚小，关于全局者甚大。事机危迫，敢乞公断，并望指示。祷切，盼切。春煊叩。鱼。印。①

▲唐蟒电告黎元洪、蔡锷等人，已"在省组织卫戍［戌］总司令部，以期保卫地方，维持秩序"。说："北京黎大总统，国务院，肇庆军务院，岑都司令，各省都督、将军、巡按使，蔡总司令，上海孙中山、黄克强、梁任公、谭组庵先生，国会议员，衡州陆都督，各报馆钧鉴。汤督莅湘三载，肆行贪残，省会议员群思弹劾，故汤督畏罪宵遁，省中军警长官亦相继潜逃，城内秩序尚属安谧。惟各该军警以无主故，恐生意外，迫强蟒出为支持，蟒力辞不获，乃于七月五日在省组织卫戍［戌］总司令部，以期保卫地方，维持秩序。一俟大局平定，即行解职归田，以偿素愿。用特电达，尚乞垂鉴。湖南卫戍总司令唐蟒叩。鱼。"②

▲梁启超电告范源濂，蔡锷与其持同一主张。说："沧密。江、支悉。已五电南省，使表示服从中央，唐、刘、蔡先有电来，主张亦同，未发表者，电滞耳。调李（按：指护国第二军总司令李烈钧）来京固好，然必不听命，调李不调龙，更滋口实。或两调以陆补粤督，未到任前龙裕先暂代如何？希商芝老。超。鱼。"③

7 日

▲蔡锷电复"四川旅滇代表王用暨赵、洪、胡诸君"，周骏"称兵"，

① 《护国文献》下册，第 988—990 页。
② 《公电》，《申报》1916 年 7 月 10 日。
③ 《护国之役文电稿》（1916 年 2 月至 1917 年 1 月），中国国家图书馆藏。

"不日即可荡平"。说："辱承藻饰,感愧无已。川局糜烂,言之恻然。迩者北兵渐退,周骏无故称兵,逼走陈督,盘踞省城,辛、壬已事,此其见端。锷前奉督川之令,以病躯待养,当经电达中央,荐贤自代,迄未得请。昨又奉令周骏调京,如违抗命,饬即相机剿抚等因。现督师西上,约不日即可荡平,蜀民以后或可稍资苏息。谨复奉慰。蔡锷叩。虞。"①

▲梁启超电告叙州蔡锷,勿迟"复电允受"督川,并主张"曹军撤退"。说:"督川命想已复电允受,望更勿迟。段来电言,曹军听弟裁处,望电京主张撤退。超。阳。"

又电唐继尧说:"贵密。得京电,知任陆督粤,舍此实无救粤良策,望公即飞调李军返滇,以息冲突而免涂炭。滇军转战数省,饷费浩繁,中央必极力担任,即陆到粤后,对于李军收束亦当协助也。盼立复。启超。阳二。"

又电陈黎元洪、段祺瑞,"形式上之统一数日内正可揭晓"。说:"华、冰密。迭接黔督俭电、滇督东电、桂护督江电,皆称约法规复、新阁改组后立撤军务院。惟都督名称应否候政府将外官制划一后始改换,尚待电商公决云云。此皆未接超东电前所发,南省通电极迟滞,其切实表示之电想现正筹商中,或已发未达。要之,形式上之统一数日内正可揭晓,惟收束军队需费自是实情,中央似不能不担任,各省频电推超为协商善后总代表,已力辞,现要求开军事善后会议,各省派代表先到沪与超接洽后乃入京,中央方针如何,望先密示,俾得折衷应付。再,此间与西南通电往返常十日外,乞部饬各电局凡超与滇黔桂蜀来往电加迅勿搁为叩。启超。虞。"

又"十万火急"电告吕公望、唐继尧、刘显世、陈炳焜并转陆荣廷说:"护密。得京电,知将有明令任命五省军、巡,奉到时望必一致复电受命。袁死后独立本已不成名词,黎又为我军首戴,断无抗理。废军院既各省同意,望即日宣布,统一之形式既成,善后乃可着手。粤民水深火热,专恃干公为解倒悬。元首为地择人,苦心远识,乞干公千万勿辞。谨代表乡人,百叩以请。启超。阳。"②

▲熊希龄电请段祺瑞密呈元首,以"才气胜于"蔡锷的戴戡代陈宧继

---

① 曾业英编《蔡锷集》(二),第 1454 页。
② 以上四电见《护国之役文电稿》(1916 年 2 月至 1917 年 1 月),中国国家图书馆藏。

任湘督。说："院密。湖南自前清咸同中兴后，军人布满天下，革命初元，各省遣撤回湘约数十万，壬子独立取消，汤督到任，概行退伍，另募混成旅一旅，其兵均山东、河南、直隶、湖北四省人，此外则为第三师驻防军队，湘人抚髀兴嗟，酿成南北恶感。此次中央各军赴湘，匪徒四起，节节阻力，皆此原因。本年四月（按：当指阴历四月），汤督为大势所迫，宣告独立，不得不一变方针，招致湘军将领，分募新军，如程潜、曾继梧、陈复初、李幼文等，约计二三万人。南路望云亭，西路田应诏、张学济、王正雅，亦不下二三万人。其他假护国军名义自称司令者，不计其数，要皆不相统一，收拾为难。党人之无事者，莫不希冀位置。桂军到湘后，对于混成旅所部兵丁，多所干涉，党人又从中煽动，湘、桂两军之恶感暗潮迭起，岌岌不可终日。汤督冬日来电，请龄从旁解释，原电钞由范君静生送呈台鉴，此湘省近日复杂之实在情形也。顷闻中央有以陆干卿代广东、陈二庵代湖南消息，固为一时调停之策。惟湖南恐有窒碍，因汤既处于困难地位，鄂、湘几生畛域，二庵来湘，若不带兵，则毫无所恃，带兵则又无异益薪助火，终必至于决裂。且此次成都之让，虽属美德，究于威望有损，湘军或有轻视，以后号令益难。为大局计，为湖南计，为二庵计，均非所宜。然此继湘任者，百思亦难其人。龄意中央对于此类善后之事，必须详察情形，谋定后动，敷衍扞格，各有后患。目前未与汤督熟商，即骤委代，代者尚未来，而消息所布，权力顿失，势必军心皇皇，目前秩序将不可保，甚可惧也。窃以为中央宜速开诚电询汤督，果其能力足以支持一二月，无妨徐图替人，倘事机紧迫，志在速离，龄与此间同志私筹，似以贵州总司令戴戡为较相宜。戴之才气胜于松坡，此次首先起义，民党倾服，近在湘边，亦易东下。倘尊处谓然，乞援直隶巡按加军衔之例，并拟请先派谭延闿为特派员，前往湖南，协商善后事宜，先与湘中各军疏通意见，届时戴亦到省，自可措置妥贴也。希龄与戴并无一面之交，惟自壬子及此次军事，皆力以保全桑梓为宗旨，兹幸目的已达，不忍功亏一篑，再见纷裂惨祸。谨贡所见，乞密陈元首裁夺施行，无任感祷。希龄叩。阳。"

同日，又电告梁启超以戴戡为湘省长兼督军事，是因陈宧代湘"事已发表"。说："建密。虞电悉。昨孝怀到津，嘱函段总理，请以陆代龙，召李为参部次长，所以解粤问题也。乃闻政府主持以陆督粤，而以二庵代湘，湘派（别）复杂，二庵离蜀，威望颇损，若带兵入湘，又不免有冲突。弟为桑梓起见，急电政府，拟请以戴戡为省长兼督军事，则滇、桂、黔、川声气均通，且与中原接近，为南北携手之关键。不料电去稍迟，事已发表，目前虽渐解决，将来仍多后患，奈何！奈何！汤督出走事，此间消息似尚不确，并请密告谭、汪两君为荷。希龄叩。阳。"

7 日，梁启超电复熊希龄说："建密。鱼电悉。桂军在湘各情，已电往询并劝。惟陆之为人质直淡泊，决无竞争权利、觊觎湘督之心。湘省派别纷歧，必有煽胁汤督、操纵抵制之处，似不宜轻于偏听。昨接静生电陆代龙，段意难遽行，今日报载汤已出走，曾继梧暂代，曾望浅，必难支持。争湘督者闻有七八，若不速定替人，湘乱且继川、粤而起。鄙意督湘者，非有兵不能镇慑，此时形势便利，莫如陆宜，若别求他人，实难救眉急。超刻意据陆为粤，有为大局计，只得奉商公与季常诸公，如以为然，即望向政府竭力主张，迅即任命，并希见复。超。虞。"

8 日，又电复熊希龄说："建密。阳电悉。陈不宜湘，事势易睹，陈照例亦必一辞，望趁此时密为当局力陈利害。陈辞即以戴补，并任印为省长，尚未为晚。时事报载有诋兄语并及弟，因溯初养病去沪，主干无人，得外间通信，任意采登，已令此后加慎，兄当不介意。超。庚。"①

又电告天津蹇念益，说："振密。阳悉。贱恙全痊，希释念。陈督湘必惹反抗，彼必辞，最好以循代，别任印为省长，乞向各方面力图。超。庚。"

又代籍忠寅、徐佛苏电请熊希龄等人，说："熊秉三先生并转季、静两公鉴。建（密）。陈督湘，必遭全湘激抗，彼如见机不就，仍求力主循若任督军，印昆任省长。亮、佛。庚。"

又电请南宁陈炳焜力劝陆荣廷就任粤督。说："护密。阳、庚电计达。干老实授粤督，暂署湘督，湘、粤各得（其）所，甚善。惟龙离任太迟，粤难终无由靖，已请改派月波（按：谭浩明，字月波）或日初（按：莫荣新，字日初）暂署，仍托华甫劝龙速退，未知能否有效。总望干老作速返旆，乞为力劝。又请恳劝肇庆即日息兵，否则其曲在我，且困兽之斗，所伤实多也。盼复。超。庚二。"②

① 以上四电见《熊希龄先生遗稿》第 2 册，第 1911—1913 页。
② 以上三电见《护国之役文电稿》（1916 年 2 月至 1917 年 1 月），中国国家图书馆藏。

9 日，熊希龄等人电陈黎元洪、段祺瑞，陈宦万不可再率万余北军入湘。说："大总统、段总理钧鉴。昨见报载明令陈宦为湖南督军兼省长，并令将前带在四川之军队一万余人复率入湘等因。查湘省现在军队林立，情形复杂，择人择地，颇极困难。昨阳电业经缕呈段总理，并请转陈，想蒙钧鉴。兹既明令已颁，自难再易，惟陈督军带兵赴湘，则于湘省秩序甚为危险，有不得不再三渎陈者。湘省自第二次革命后，汤督遣撤湘军，另募山东、河南、直隶、湖北四省人为混成旅，已生南北界域之见。滇黔事起，中央军队派赴西南各路，军纪不严，民恨刺骨，意见日深。汤督宣告独立，复多方招募湘军，以平人心。现计全省湘军约有五六万人，南北双方日起冲突，未始不由于此。且湘省纸币充斥，发给军饷，并无现货，本省军队均领纸银，而北兵驻湘者非领现洋，不能寄作家用，此外一切服装、器械，无不优劣悬殊，此在平时尚不免有意见，何况多事之秋？陈督军前在川省亦犯此弊，故此次周骏攻省，川兵叛附，陈督军不得不率北兵以退让，而其远因皆由于两种军队之不同待遇也。今汤督失败，前车可鉴，陈督军若单骑入湘，或者不致冲突。倘仍以冯玉祥之北兵万人前往，长沙是水益深而火益热，非徒无益，而又害之也。此次军兴，而民惨遭凶暴，靡有孑遗，中央当不忍使之再罹酷祸，应恳俯念湘民困苦，电饬陈督军如赴湘任，只可自带卫队数百名，万不可再率全军前往，致遭激抗，而使三湘沦于纷裂。希龄壬子及本年两次力主和平解决，桑梓稍得保全，今忽闻此警耗，窃恐反以速祸，心所谓危，谨敢为民请命，乞赐裁度，不胜迫切待命之至。除电陈督军外，谨呈。熊希龄、范源濂、周大烈同叩。青。"①

同日，国务院电复熊希龄说："阳电悉，并代呈。陈督湘，戴长黔，业有明令，承示湘中情形，极佩苦筹。中央亦曾虑及，恐陈一时不能到任，故又以陆督署长湘省，借维现状，而安人心。现当大局将定之际，诸事统盼维持。院。准〔佳〕。"②

龙璋等 18 人则通电蔡锷，各都督、将军、巡按使、护军使、都统，熊希龄并探送黄兴、梁启超、谭延闿、范源濂、国会议员通讯处，中华新报馆及各报馆，各界公举的湖南都督刘人熙已于"今日就职视事"。说："湘

---

① 《熊希龄等反对陈宦带兵入湘电》，《申报》1916 年 7 月 12 日。
② 《熊希龄集》第 5 册，第 517 页。

省曾代理都督继梧,昨日召集军政绅学各团体省议员发表辞职意见,全体再四挽留,仍怀谦让,仅允回任第一军总司令原职。当经各界公举刘公人熙为湖南都督,业于今日就职视事,特此电闻。龙璋、陈炳焕、程潜、赵恒惕、陈复初、陈嘉佑、刘建藩、唐蟒、吴嘉瑞、袁家普、粟戡时、林德轩、黎尚雯、陶思澄、贝允昕、汤荫棠、陶忠洵、仇毅等同叩。虞。"①

8 日

▲谭人凤在山东民军欢迎会发表演说,对袁世凯死后军务院的所作所为大为失望。说:"今试问癸丑以还,袁政府之蠹民病国,较之前清为如何?鄙人敢断其为更甚(鼓掌)。外债之收入倍于前清,铁道之断送倍于前清,土地之丧失倍于前清,即不称帝,罪亦不胜诛矣(鼓掌)。时势造英雄,滇黔突起倡义,进步党与欧事研究会出色人物,遂乘机逐鹿于功名富贵之场,军务院于是乎成立,方谓人材荟萃,必大有为。乃自天殛元凶,黎氏继任,愚民醉生梦死,歌颂太平(鼓掌),军务院亦随议员、政客之主张,不申防风氏后至之诛,不问莽大夫助逆之罪,斤斤以复约法、开国会为词(鼓掌)。南方民军锐气已就消沉,无复根本解决之希望,鄙人所以北来视察也(鼓掌)。诸君,诸君,须知约法乃一纸空文,必有武力盾其后方能维持(鼓掌)。况今之秉政者,仍是蔑法犯法之人,约法安有效力?国会可用武力胁迫,前事具在,讵得一之已甚,遂不至再乎!前车既覆,后辙仍蹈,革命弱点,昭然若揭,而危机遂于此阴伏矣(鼓掌)。国家多一次动乱,即多一次疮痍。中国革命已经三度矣,此次又成一不痛不痒之收场(鼓掌),敢决其长治久安,无事杞忧乎,窃以为未必也(鼓掌)。"又说:"滇黔首义,以取消帝制为前提;桂粤继起,以迫袁退位为前提;袁死黎继,以复约法、开国会为前提。今三事皆已解决,不成问题,所当争执者,惩罚罪人一条而已(鼓掌)。而麇集于上海之咬文名士、阔绰官绅、浮嚣政客,意在敷衍了局,对此事并无强硬之主张,误国之罪,不得谓非此辈司之也(鼓掌)。"②

▲英文《京报》刊发社论,嘲讽当时"以伟人自命者",派遣代表赴

---

① 《熊希龄先生遗稿》第 2 册,第 1924—1925 页。
② 《谭人凤集》,第 127—128 页。

京谋私利的种种怪象。说："代表制度之政府甫经恢复，凡以伟人自命者，莫不遣其代表纷纷入京，向政府陈述意见。故此辈代表今已如过江之鲫，布满京城矣。试至北京著名旅馆，无论其为谁家，则足甫入门，而所谓代表者，已触我眼帘。凡时髦之餐楼、茶馆、戏园，以及其他消遣乐地，如公园之新咖啡馆等处，莫不有伟人代表之踪迹。饭庄外或咖啡馆外，马车辚辚，汽车呜呜，即知有若干代表，赴洗尘盛宴于此焉。有一人代表数伟人者，亦有一伟人为数人所代表者，汽车、马车招摇过市，高坐其中者多属代表。某君谓上星期来，代表进谒元首，纷纷不绝，总统府之户限，至少当被若辈踏穿一寸，此虽笑谈，然亦可见代表之多矣。彼代表来此果何为乎？调和南北固有其人，余子碌碌不过在此各为其所代表之伟人鼓吹而已。凡涉帝制嫌疑者，既须辞职出京，高官厚禄，继者需人，彼自命为革命伟人者，诚有机会在焉，心焉向之，惟恐不得。然若亲冒风尘入京运动，则未免有损伟人之声价，此又伟人所不愿为者也。无已则惟有派代表，借以誉扬之一法耳。连日报纸登载代表谈片，连篇累牍，报纸篇幅，几被占满。实则此种所谓谈片者，皆预先印就，由邮分寄至各报馆者也，或问发此谈片者谁乎？曰非代表而谁所不幸者？此辈代表所代表者为五花八门，种种不同之观念、之思想、之主义，故其代表之方法彼此冲突，誉扬之手续互相不同，甲代表团曰甲乃南方全体敬慕崇拜之人也，乙代表团则驳斥其说曰，乙乃今日所不可少之人也。而丙代表团□〔则〕言曰彼等误矣，手创共和者其惟丙乎。代表纷纷入京，最有趣之特色则在于此代表团对他代表团之感情，读者苟遇一代表而告之曰，某某为某伟人之代表而来京矣，则彼必讶问曰某何为派代表来耶？其所代表者为何耶？渠无兵无党，除在京一代表外，虽欲求一门下客且不可得，渠何为派代表来耶。然而政府竟似重视此辈代表矣，竟欢迎之、尊重之、听其言、受其教，今日款以华筵，明日宴以西餐矣。殆吾国刻为代表制，若辈所代表者，是否为个人，抑为国人，可不必论，总算是代表欤。噫！"[1]

## 9 日

▲梁启超电告唐继尧督军、任可澄省长、刘显世督军、泸州蔡锷督军、

---

① 《英报之嘲代表团》，《申报》1916 年 7 月 11 日。

松坎戴戡省长，表示"松、蒉、周、志"四人宜受命，戴戡宜力辞。说："贵密。阳一电劝受新命，今睹明令，殊不满意，似欲将滇、黔势力限不使展；陈督湘，尤可骇。鄙意松、蒉、周、志四公宜即受命，循公宜力辞，政府若开诚提携，当别谋所以相待也。蔡、戴若无贵密本，请黔代转。超。青。"①

▲蔡锷电复"李为轮暨余、曾、王、吴、黄诸君"，"俟乱机芟夷，纲纪略张，即行请代就医，病愈再图后效"。说："来电敬悉。辱承垂注，并加藻饰，感愧莫名。川事纷乱，收拾良难，邦人诸友，嘱望殷勤，力所能逮，不敢不勉。锷贱恙失调，未愈难支，拟俟乱机芟夷，纲纪略张，即行请代就医，病愈再图后效。谨此奉慰。仍盼箴规。蔡锷叩。青。"②

▲范治焕电告宜昌商会李尧琴转告黄孟曦、蒋方震，蔡锷已到泸州。说："夏密。庚电悉。循无电来。松已到泸，连来三电：一谢聘医，一言已由德医诊视，一言所部分道进发，日内隆昌、内江各处均有捷报，俟周事定后，当举人自代，以便养疴等语。焕拟不日赴湘与干老接洽，并闻。治焕。青。"③

▲报载蔡锷"日昨电致北京政府，谓四川兵燹之余，财政枯竭，所有军队饷款现均无着，请即汇拨现款三百万元，以济要需"。④

19 日，国务院、陆军部电复蔡锷说："泸州蔡督军鉴。华（密）。青电删到，荩划至佩。军兴以来，财源枯竭，中外交困，川省需款，已商财部迅筹接济，但未能限以定数。俟筹得，即设法汇寄。院、部。效。印。"⑤

▲熊希龄电告常德道尹廖抚绥，"请以戴戡为省长，并以谭组庵为特派员，先回长沙疏通各军意见"。"以西路及程潜各军，均与戴有感情，曾继梧为松坡旧属，亦不致反对，实最相宜。组庵前已吃苦，为私谊计，亦不愿其再当难局。不料去电稍迟，中央业已发表，但陆督能久于湘，亦足以统一群雄。惟陈（按：指陈宦）则于湘省绝不相容，恐滋冲突，今日已有电达左右矣。"

---

① 《护国之役文电稿》（1916 年 2 月至 1917 年 1 月），中国国家图书馆藏。又见《护国运动资料选编》下册，第 721 页。
② 曾业英编《蔡锷集》（二），第 1454 页。
③ 《护国之役文电稿》（1916 年 2 月至 1917 年 1 月），中国国家图书馆藏。
④ 《蔡锷电请中央协款》，天津《益世报》1916 年 7 月 9 日。
⑤ 中国第二历史档案馆藏档案。

陈强、张学济电请熊希龄"联合湘中要人"，"极力主持"蔡锷督湘。说："慈密。湘省自汤逃走，曾继梧代理都督，地方安静如常。惟近日屡接省电，湘督一席各有主张，至今尚未推定，纷纷扰扰，人心不定。当此百端待理之时，非声望卓著者，莫能统一。强等筹商，拟举蔡公松坡督湘，已电省垣并各机关征求同意。我公关怀桑梓，谊切同舟，登高一呼，群壑皆应，务请极力主持，联合湘中要人，合词电促蔡归，并请中央任命。蔡未到以前，仍由曾代理，以免争端而维桑梓。立盼赐复，无任企祷之至。陈强、张学济全叩。佳。"①

**按**：7月13日，熊希龄收到此电。

▲报载滇、蜀护国军与周骏部开战以后至9日的战况。说：

周骏妄思占据川中，致不惜用兵黩武，以糜烂川民，资、内战事，顷正吃紧。据闻内江初驻周骏所部第十五师团长张鹏武军两连，资州仅驻两营，以为大局略定，必无甚争端也。不谓滇军左翼司令罗佩金率军五营突攻资州，滇梯团长雷飙亦同时率军一梯团突攻内江，两县猝不及战，因之失陷。现周骏令团长刘湘所部驻隆昌川军五营进取内江，又成都派去之援兵八营已抵资阳南津驿五里店一带，拟夹攻资州，然而隆昌又被熊克武袭取矣，此滇军由川东陆地进攻之情形也。又闻彭山县已有滇军过境，当路一带之人民不知底里，相率迁避，此滇军盖由川东水道上行者。至建昌方面消息，滇军现仍与汉军隔金沙江相持，此则滇军川南袭取之情形也。

滇军攻破隆昌、内江各县后，周骏甚为恐慌，于七月六号召集川省绅耆曾鉴、曾培、尹昌龄、倪焕奎及军界孙兆鸾、杨维、王陵基等共六七十人（前参事会会员皆在内，省议员亦多有到者）在军署内苣园开会，首提议财政实行整顿各厘税以充军实，次议对滇办法。曾鉴谓对滇问题不难解决，只问能否听中央命令，请付表决。于是有十分之八九起立赞成，军界人员亦谓军人只知服从，岂有不听中央命令之理。最后议定欢迎刘军长存厚进城，维持现状，众皆一致。当即派员

① 以上二电见《熊希龄先生遗稿》第2册，第1918—1919、1921页。

赴新津欢迎刘氏进城，暂摄军权，以待蔡锷。

周骏日前曾派第二师旅长钟云鹄等赴新津，婉劝刘存厚迅到成都维持大局。周之左右有恐刘氏到后，对于个人位置上有所不利，故设计多方留难，钟等大为愤愤。见刘存厚时，备述周左右之无礼，刘氏因之不满意。昨周又派城防司令王陵基到新津劝驾，王到新津，刘军言刘在对河之老君山，王渡河至老君山，该处刘军又言已往邛州，其实系刘故意不面（见）王也。王亦知周、刘之意见，因之亦不满意。王回省后，即率其军向东路去，称赴前方作战，而十五师补充团团长兼前卫司令官陈洪范见王去，亦率其军继之，陈氏亦与周本有意见者。此次王、陈出省，人皆料其必非作战也。

成都自王、陈之军开出后，现仅有兵一旅，刘存厚之军则于嘉定地方赶到两支队，又在新津拨两支队，同于七月八号早到距省城西南五六里一带地方环扎。左翼司令兼总指挥刘成勋则驻于省城南门外五里之汉昭烈庙内，其他红牌楼（距城十二里）、簇桥（距城二十里）、金花桥（距城三十三里）直到双流沿途，均驻刘军，其驻簇桥者系赖心辉支队。刘存厚则于七号夜由新（津）起节到双流，八号又由双流进驻簇桥。见成都并无动静，恐周骏退让之议出于伪诈，故是日刘派多数侦探进城侦察周之态度，及城内驻军地点与人数若干，且刘军徒手进城者已不少，人民皆谓刘军长将进城，多到南门鹄候者。

九号又谓刘军长将进城，人民正纷纷到南门观望，忽城门关闭，旋各街铺户亦关闭，人民奔走骇汗者比比皆是。而枪声隆隆大作，皆以为刘军与周军轰击矣，亦有疑为滇军到者。后始知护国军第一师师长杨维之军进城领子弹事（其详情已纪昨报），及事定而刘军长依然未到也。[①]

10 日

▲上旬，王北枢等人电请蔡锷"俯临"四川"省治"。说："叙府蔡都督公鉴。滇中首义，民国不亡。蜀为战区，忍死待治。昨读中央命令，我公以力征之师，膺督川之任。欢呼忭舞，腾起海隅。即望俯临省治，发挥

---

① 《周骏势已穷蹙矣》，《申报》1916 年 7 月 24 日。

仁勇，使我兵燹同胞，咸登衽席。万里侨民，望西百拜。□曹□人地不宜，已两电中央，恳收成命，蜀事善后，专望我公，不胜恳祷之至。四川旅沪同乡会正会长王北枢，副会长朱伯为，会员陈汝荫、胡彤等全体公叩。"[①]

▲蔡锷电复张敬尧，段祺瑞"必能当选"为"新任总统"，现时"不宜另倡异议，致滋纷扰"。说："庚电敬悉。段公人望、勋业、道德、经验允胜元首之选，弟早有此主张，惟于法律上苦于无从过渡。现黄陂继任，既合法律，又顺舆情，似不宜另倡异议，致滋纷扰。至于选举新任总统，为期非遥，届时人心所向，芝老必能当选。天下事往往欲速不达，听天由命，又自有水到渠成之日。执事明达，当能鉴此也。"

又电复王北枢、朱伯为、陈汝荫、胡彤（按：王北枢时任四川旅沪同乡会正会长，朱伯为任副会长，陈汝荫、胡彤皆系该会会员），"不日当力疾西上，暂支危局"。说："电悉。过承藻饰，惭悚无既。锷为尊重中央威令，并勉塞邦人责望，不日当力疾西上，暂支危局。惟川事糜烂，整理为难，诸公桑梓关怀，定多筹策，尚希随时赐教为盼。锷叩。蒸。"

又电复张辉瓒，"精神尚旺，现正一意医调，或可喜占勿药"。说："宥电垂询极感。锷患喉病，久失调节，遂致失声。幸精神尚旺，现正一意医调，或可喜占勿药。谨复奉慰，并谢。锷叩。蒸。"[②]

又电贺国务总理段祺瑞、各部总长"入秉国成"。说："奉传新命，入秉国成。一特明良，万方宗仰。愿宏远谟，敬迓无疆之庥。借祝蕃厘，永有不朽之业。蔡锷叩。蒸。印。"[③]

▲梁启超电告段祺瑞，"滇、黔、桂、蜀、浙必拥护中央"。说："冰密。佳电悉。粤局任贤解纷，感佩硕划。已电两造，力劝自止戈，惟陆到任须数月后，龙署任期内恐仇之者仍有借口。昨托人劝龙自辞署任，彼倘见听，能以桂师长谭浩明或莫荣新暂署，则粤难必靖；或令朱迅赴任，朱到后即派兼署亦可。滇、黔、桂、蜀、浙必拥护中央，超敢保证，湘、粤内容复杂，乱未易弭，乞深留意。闻新阁员决不来，超于海上政客接洽，甚希末由进言，希见谅。戴戡尝极言本籍人任民政不便，度彼必辞新任。

---

① 成都《国民公报》1916 年 7 月 23 日。
② 以上三电见曾业英编《蔡锷集》（二），第 1454—1455 页。其中复王北枢等人电据天津《益世报》1916 年 7 月 23 日校。
③ 《北洋政府档案》第 114 册（《陆军部》第 7 册），第 153 页。

此君才具开展，而醇洁稳健，实当代有数人才，不宜弃置，能量移他省最善。又超与康南海，私谊虽鹭［笃］，然政见不同，久不共事，彼所派代表之言，论及其他主张，皆与超无涉，并附闻。超。蒸。"①

又"千万火急"电告刘显世、蔡锷，宜由蔡锷领衔联络各督军、省长电请黎元洪"于用人行政，常无偏倚以招轧轹"。说："护密。必亲译，洽密。微、鱼电计达。北系、国党之争日剧，祸根半在公府，盖鄂军人与民社派构煽也。万一生变，黄陂将为之殉。北系谓松若能持正提挈，愿听指挥遏暴动。今宜由松领衔联各督长电黎。代拟电云：自约法恢复，国会重开，天下喁喁望治。凡百庶政，得我大总统及政府、国会主持。某等待罪边疆，本不敢越职喋渎，惟默察事势，大局虽似敉平，隐忧正复不少。近缘粤事，互有责言，履霜坚冰，杞忧何极！窃以为立宪政治之作用，在使国中各种固有之势力，同时并存而善为调节。若一种势力伸张过度，最易酿成法外之冲突，而国基或因之破坏。欲防此弊，固须赖各方面之有力者能自为节度，于正当竞争之轨道内，存相当之交让精神，尤赖最高总揽机关，于用人行政常无偏倚，以招轧轹。我大总统德量渊宏，睿虑周审，用中执两，谅有权衡。望一面拔擢新进，以发扬朝气；一面仍倚重耆硕，以奠定众心。拔新进，宜裁抑彼奔竞倾轧之风，以养廉耻；倚耆硕，宜导以开明进步之轨，以应时势。天下幸甚云云。此电能联独立各省合发最善，否则蔡、罗、戴先发，滇、黔、桂各自发。何如？知名。蒸。"②

又电告宜昌商会李尧琴转蒋方震，已电劝蔡锷来沪。说："夏密。得松微电，病增剧。已电劝速来沪。超。蒸。"③

又电告天津熊希龄、籑念益，蔡锷病剧，"请恳元首、总理给假两三月，以戴任蜀省长兼署督"。说："建密。青电已转谭、汪、徐，顷得松微电称，病转剧，食锐减，德医谓须离蜀疗养，已电劝其速来。请恳元首、总理给假两三月，以戴任蜀省长兼署督，戴返黔非宜，季公盍筹荐一人耶？前有电费，该局开单索，乞秉公告部免费，何如？超。蒸。"

11 日，熊希龄、范源濂、周大烈电复梁启超说："建密。蒸电悉。松坡因病请假，川事必不可问，照例长官准假，应由参谋长代理职权。戴赴

---

① 《护国之役文电稿》（1916 年 2 月至 1917 年 1 月），中国国家图书馆藏。
② 《护国运动资料选编》下册，第 722 页。
③ 《护国之役文电稿》（1916 年 2 月至 1917 年 1 月），中国国家图书馆藏。

蜀能否统一滇、川军队，公须熟酌，中央政府未必能照此办法。弟前主戴赴湘，以湘尚有许多关系，稍有把握也。汤督出走，湘阴尚拥兵七千人，省城曾（按：指曾继梧）代督一日，又让于潜（按：指程潜），其似属纷扰。陆督虽奉中央任令，现驻衡州，鄂、湘电断，恐未接到。乞公速由沪电转粤至衡，催其迅到长沙，维持秩序，免有后患，不胜迫祷。电费即函政府，饬局开支公款，得复再闻。希龄、源濂、大烈同叩。尤。"①

▲陆荣廷"急"电告知北京政府，各省将军、都督、巡按使，各路总司令，岑春煊，上海国会议员转唐绍仪、梁启超、温宗尧、王宠惠，已于10日启程回桂。说："此次举义，原系护法，现在约法、国会已皆恢复，临时内阁亦已发表，武力之解决已终，法治之建设伊始。此后国家大计，应听政府、国会主持，凡我义师，亟宜各回防地，保卫治安，听候中央命令。荣廷现于蒸日由衡启程回桂，所部各军经饬陆续驰回原防。特以奉闻。荣廷叩。蒸。印。"②

▲报载路透社"北京电。政府已命周骏即离成都。闻中央政府电令蔡锷、曹锟、张敬尧劝周卸让。据华人消息，谓周如不允，则蔡锷将以严厉方法对付之"。③

## 11 日

▲蔡锷电复国务院、陆军部，周骏"非痛加惩创，未易就范"。说："华密。支电敬悉。周骏尚以重兵扼守龙泉驿，势非痛加惩创，未易就范。承以酌留军队垂询，极感援助。惟周骏所部兵多而力弱，以锷部剿之，绰有余裕。川省兵数众多，拟从此渐谋收束，不须多留，致贻后累。至锷喉痛日笃，难胜繁剧，已迭次切电陈情，伏侯鉴察。锷叩。真。印。"④

又"火急"电请梁启超"切电中枢"，"速予解职，俾得东渡养疴"。说："护密。锷喉病自德医阿密思施治后，肿痛更甚，饮食俱难下咽，发音更微，闷楚殊甚，精神亦觉委顿。阿已回渝。据称蜀中无械无药，且天候不良，劝早赴沪疗治，否则恐陷哑废等语。前得督川命，即电呈中央荐罗佩金自代。

---

① 以上二电见《熊希龄先生遗稿》第 2 册，第 1919—1920 页。
② 《军务院考实》第四编《各省文电》，第 91 页。
③ 《译电》，《申报》1916 年 7 月 12 日。
④ 《北洋政府档案》第 114 册（《陆军部》第 7 册），第 154 页。

如仍用军、巡旧制，即以循若分任巡按一席，迄未得复。继复电请乞假数月，以罗暂行护理，亦未报可。即部曲将领及川绅代表，亦多方尼吾行。此种恶作剧，实所不解。自度症候已由慢性而成顽固性，若再荏苒不治，纵无性命之虞，亦必成哑废。万望吾师为我切电中枢，速予解职，俾得东渡养疴。川事有罗、戴担任，可保其必能翕然无间，渐就安理。周、王小丑，经临之以兵，现已穷蹙，日内当可就范。并闻。锷叩。真。"①

14 日，梁启超"万急"电复泸州蔡锷说："义密。真电寒奉。病既属慢性，若能稍支，当一晋省接任，筹得善后费安插军队，乃请假数月疗养。国步益险艰，蜀所关极巨，弟之生命宜为国护惜，弟之权力亦宜为国保持，二者得兼，最所望耳。罗、戴署任事，已电商中央，或先任戴省长。何如？盼立复。超。寒。"②

又以"明电"电蔡锷转赵尧生（按：赵熙，字尧生）说："不孝积孽，天夺我君，奔丧末能，觍活自艾，辱喑责善，敢不兢承。松坡婴疾，遄听旁皇，已屡电劝若稍可支，当受新命，以完对蜀之责。若非迁地不能已疾，亦愿蜀士为国护惜此贤，暂予休沐也。启超稽颡。寒。"③

▲梁启超电告北京籍忠寅，蔡锷果须赴沪治病，则戴戡"宜在蜀"。说："振密。庚悉。已电西南，惟往复电极濡滞，公致戾电尚未得复也。循返黔，决非宜，乞设法量移。得松微电，病转剧，恐须来沪。果尔，则循宜在蜀。教育基金事，弟对滇不便措辞，由公电志（按：指任可澄，字志清）、苏（按：指陈廷策，字幼苏），何如？吾辈方针，非公偕季（按：指蹇念益，字季常）来切商不可，望坚拉彼一行。盼复。超。尤。"④

又"万急"电告陆荣廷，已遣范治焕赴湘助其"区处湘事"。说："护密。阳、庚两电欢迎莅粤，想达。迭接粤港绅商来电，望公如岁，嘱超劝驾，望公必受命勿辞。湘人力攻陈（按：指陈宧），恐须易人，公既暂署，即不能不区处湘事。湘党派极复杂，听言乞加慎。有范君治焕为弟与松坡至交，最熟湘情，现与弟同居，特遣来湘助公擘划，今晚动程。又济武来托言，请公待汤前督力主调和，顷其兵驻湘阴，公必能善处也。启

① 曾业英编《蔡锷集》（二），第 1456—1457 页。
② 《护国运动资料选编》下册，第 728 页。
③ 《护国之役文电稿》（1916 年 2 月至 1917 年 1 月），中国国家图书馆藏。
④ 《护国运动资料选编》下册，第 724—725 页。

超。尤。"

又"千万火急"云南都督府任可澄、陈廷策，贵阳都督府熊范舆、刘显治说："贵密。任命督长等令想已到，不先求军院及本人同意，诚可议，然实缘手忙脚乱，非有恶意，即前次任阁员亦然。且各事非尽出自段，若有咎，黎亦当分任。今内外两方形势日趋险恶，各督军决宜受命，勿生支离，志、循两公则不妨辞。鄙意颇主滇、黔暂采军民合治制也。京举措固多不惬，然极端反抗论必生反动，请冀、周两公慎听善择。盼立复。超。尤。"

又"千万火急"电南宁陈炳焜并转行营陆荣廷说："都密。任命督长明令想已达，未经军院及本人同意，诚可议，然非有恶意，且各事并非全由段作主，有咎黎当分任。前次任阁员，除许外皆黎亲简也。罗任桂长，恐当自辞。鄙意甚盼桂、滇、黔暂采军民合治制，已陈中央，未审听否？两公督军望必受命勿辞。近沪上反抗中央论大昌，吾谓黎、段皆贤者，惜辅佐皆不得人耳。今抗窘之徒惹反动，不陷国于亡不止，愿两公远虑慎听。超。尤。"①

12 日

▲蔡锷电复梁启超，"病必须转地疗养，已迭电辞职"。说："鱼电敬悉。锷病必须转地疗养，已迭电辞职。日来黄陂仍电催接任，似迭电均尚未到。昨又切电以派罗佩金护理为请，所以泯违命之嫌，且杜争竞也。乞为锷转电黎、段，期必得请，复电朝到，锷即夕行。奉教有期，私怀一慰。曹锟奉令撤回，适合蜀人之愿。锷派代表刘云峰、袁华晖［选］两人行已旬余，已嘱其赶道过沪，趋请教命，然后赴会。惟两人系锷部代表，若蜀省尚须另派，当由受任者酌办耳。锷叩。文。"②

12 日，梁启超"十万火急"电告刘显世、泸州蔡锷，戴戡当在"蜀、湘、粤三处"谋得"一当"。说："亲译，洽密。周公微电文奉。湘局纠纷，曾代督（按：指曾继梧）一日即被排，中央任武鸣署湘督，陈宧补实，想已知。陈必不能到任，粤事又亟待武鸣解决，湘不能不急

---

① 以上三电见《护国之役文电稿》（1916 年 2 月至 1917 年 1 月），中国国家图书馆藏。
② 曾业英编《蔡锷集》（二），第 1457 页。

觅替人。弟等力主循若，而某党拼命为谭延闿争，非得不休。昨得松公微电，知病转剧，恐须离蜀，似此则蜀又生问题。熔轩究能否与松一体，超未深知，若稍有不稳，则松请假中，当委循代。又朱（按：指朱庆澜）辞粤省长，超为乡计，亦欲迎循。要之，循黔长新命，必宜力辞，蜀、湘、粤三处，当谋得一当。请两公各电黄陂、建威荐循，或湘或蜀，斟酌措辞。超则拟并保入粤，所保参差，不为病也。又黔省长拟共荐铁岩，何如？盼立复。别一电，由松转熔轩。松谓宜转则转去，否则搁置。松病状，乞续告。超。文。"①

又电泸州蔡锷转罗佩金说："护密。经年共事，尺素未通，葳写之怀，与日俱积。得松电，知病转剧，须东下疗养，蜀事举公自代等语。松体本弱，今渐成痼疾，我辈当为国家护惜此贤。若中央能允所请，望公更勿辞。公虽有桂长之命，然桂局安谧，所待于公者不如蜀之切也。如何？盼复。启超。文。"②

14 日，蔡锷再电告梁启超说："奉蒸电。深荷眷注。前电中枢，请假就医，尚未复。前请督军一席，以熔轩护理。若仍军民分治，循若以长民政。请师代电黄陂请命。锷叩。定〔寒〕。"③

17 日，梁启超"□〔十〕万火急"电复泸州蔡锷说："义密。文、寒两电悉。段来电，谓请弟卧治，自委代理，不必改命。鄙意亦望晋省接任，一月后再请假。病情许否？盼立复。截留盐款事，已否商办？借地方债，愿否？财部饬中行垫尊处廿卅万，顷正交涉。超。筱。"④

▲报载黎元洪"以政府名义"，将"迭次"与段祺瑞筹议的对"军事上一切重要问题"的"最后办法"，"分电湖南陆荣廷、四川蔡锷、浙江吕公望、广东龙济光、广西陈炳焜、云南唐继尧、贵州刘显世七省督军，征询最近军事之要点：（一）各该省军队之种类；（一）各项军队现驻之地点；（一）现在军队之额数；（一）各项军队撤退后与地方上有无特别之关系；（一）各项军队于防务上所负之责任；（一）各项军队撤退后拨驻何处

---

① 《护国运动资料选编》下册，第 725—726 页。
② 《护国之役文电稿》（1916 年 2 月至 1917 年 1 月），中国国家图书馆藏。又见《护国文献》上册，第 255 页。
③ 曾业英编《蔡锷集》（二），第 1458 页。
④ 《护国之役文电稿》（1916 年 2 月至 1917 年 1 月），中国国家图书馆藏。

为宜，是否仍回原屯驻地，均须逐条电复中央，以凭参考，而昭慎重"。①

又载其间段祺瑞也"为收束军队，叠经特开阁议会议，参谋本部王聘卿总长等讨论办法，并通电南北各省军政官长商榷政见，以期早日实行统一，共卫邦基。兹悉现议临时计划，除第一期实行裁汰、遣散已招募未训练之各项军队外，拟将各省新增加之曾经训练、有战事经验之各军队，一律暂行合于旧有陆军，按序编列，定为某省陆军，冠以新旧字样，以资区别，借定现状。俟统一大定，编订新军制后，再议去留，分别支配各省，以定久局。闻日内即通电各省，征集政见，用备实施"。②

### 13 日

▲梁启超"万急"电告戴戡，蔡锷"荐公自代"。说："护密。佳电悉。都督名称，绝不坚持。顷明令已发，前电已主张迅速受命，想已达。公万无受黔职理，但松既须暂养，蜀局不宜放弃，松荐公自代，若得请，愿公勿辞。天津密商各节，日内亦拟为文记之。黔对季、敬（指蹇念益、陈国祥）是否有误解，乞密示。超。元。"③

又电刘显世，已电蔡锷对曹军"速主遣"。说："洽密。庚电文奉。为松为蜀计皆周到。已即电黎、段。前接京电，述段言，曹军悉听松处分，或遣或留助皆可，已即电松属速主遣，今当更以此情密达京。松若东下，当挟德医行，百里、孟曦诣松处，日内当达。超。元。"

又"十万火急"再电刘显世说："洽密。蒸电元奉，微末电元已复，想达。干留湘则粤无办法，干去湘则湘无办法，为救近祸，已劝暂留。恐此老翩然高蹈，湘、粤两不顾耳，望公及松、循更哀恳之。循入湘事，顷方进行，成否未必，但松若离蜀，则鄙意谓必须以循承乏，如何？盼立复。又冀电拟俟正式政府成乃撤军院，恐是受人运动，似此捣乱，恐正式政府明年今日亦不成，望联桂、蜀警告冀。知名。元。"

又"十万火急"电南宁陈炳焜并转行营陆荣廷说："义密。干公霁电元奉，得黔电，称公拟拨队返全州，超为粤计，恨不得公奋飞遄返。但湘局如麻，五日易三督，公去恐秩序永无恢复之期，似不能不暂留。最好由

---

① 《电询军事要点》，成都《国民公报》1916 年 8 月 3 日。
② 《收束军队办法》，成都《国民公报》1916 年 8 月 3 日。
③ 《护国运动资料选编》下册，第 728 页。

公电京以戴循若任省长，公俟彼到后将桂军拨留数千交彼镇湘，公即可行。粤事请公即电允接任，仍保月波或日初先行接署，以解危局，否则龙、李之争未已也。罗任桂省长，想必自辞，桂实以暂行军民合治为宜。军院闻滇忽主缓撤，不解何故，中央举措虽多不满人意处，然各方面利用军院名义行种种罪恶者大有人在，望两公更以己意警告冀公勿代人受过。干公在湘，当知湘中人欲横流之怪象，此即全国小影也。惟望桂、蜀、滇、黔能超然于腐败乱暴两派势力之外，为国家保一部分之元气耳。启超。元。"

又"急"电北京籍忠寅说："振密。孝怀同鉴。孝两电悉，已照办，惟谭暂代龙事，似必须办到，粤局乃有解决。湘方大乱，干安能遽行？粤人又安能容龙数月耶。循长黔，实不宜，陈（按：指陈宦）既不能入湘，干又不能久，惟以循任湘省长，迅速到任，俾陆以湘委之，而自解粤纷，则两局皆略定耳。松病转剧，恐须离蜀，则循又非暂摄蜀篆不可，已电密商，湘事姑进行，何如？超。元。"

又电段祺瑞说："冰密。文电命告唐督调回李军，庚日已有电去，昨再电促，皆未得复。然拥兵万里外，未必能受遥制。盼桂军持正，战或可息耳。朱省长允就任否？盼切之至。龙久留，终授口实也。超。元二。"①

14 日

▲蔡锷电谢四川省议会副议长钟书船"来电欢迎"。说："宥电悉。川事棼如，急待整理。周乱戡定，即当西上。来电欢迎，感歉无已。特复，并谢。锷叩。寒。"②

▲李烈钧电告蔡锷，所部与龙济光部冲突情况，并"顶祝"蔡锷"督川"。说："袁伏天诛，大局得解。我公奋威川边，辛苦备至，诸将士凌冒艰险，尤切钦崇。赖兹百战之功，卒续共和之命，义声赫奕，滇风飞扬，虽死士伤怀，不无怅触，然精魂凄厉，亦表英灵。昆海洋洋，懦顽俱立，痛定思痛，行自勉奋，此可为诸公同声庆慰者耳。敝部自扬旆东下，远及粤关，遇龙氏（按：指龙济光）阴谋反复，猜忌横生。前军抵韶，致受意外煎逼，猝启衅端。幸士马精妍，师行整肃，虽悬军深入，尚足自全。殊

---

① 以上五电见《护国之役文电稿》（1916 年 2 月至 1917 年 1 月），中国国家图书馆藏。
② 曾业英编《蔡锷集》（二），第 1458—1459 页。

龙意未逞，复严布重兵，截断江流，后路交通为之阻塞。江日忽麾兵上逼，袭我后部，炮多械利，奋力扑攻。赖将士勇厉，激战三日，始逐渐击溃。龙军懵于战术，死伤千人，复阵毙主将李文运及营连长七八人，退窜百余里，粤海溯然，群山欢动。虽滇声高厉，分道成响，亦远挹威棱，借相荡励焉尔。顷闻中央任公督川，西蜀古称天府，物力雄富，属当战冲，疮伤在目，非智勇如公，未易恢复。临风遥听，盛想奚如！国事如麻，政本犹蹶，膏肓沈疾，愿公更有以起之。钧病体疲痡，行当息影，私心顶祝，无任屏营。烈钧。寒。印。"①

▲梁启超电告南宁陈炳焜并转行营陆荣廷，北京当局对谭浩明暂任广东护督始终踌躇的原因。说："义密。迭奉电，知干老宏缨冠之义，拯我粤民，感激零涕。昨得京讯，始悉政府对于月波暂护始终踌躇之故，盖恐龙军未安插遣散以前，桂军入城必有冲突，或至巷战。故欲朱省长以各方面绝无关系之身，与龙当交涉之冲，了此一着，用心甚苦。政府绝不袒龙，弟今已信之，其安插遣散之法，似亦无把握。朱省长今日来晤，其人诚悫廉明，绝无权利思想，无官场习气，崇拜干老出于至诚。此次子身入虎穴，殊可敬，望凡百委信，必能多所臂助。超特派黄君孝觉来谒干老，面陈大局情形及粤事，铣日由沪动程，届时乞赐接洽。超。寒。"②

▲报载"蔡锷派兵进剿周骏，其前队业已交战，周军大败。其王陵基之军，已向成都退避，内江等处，早入蔡军之手。日前来电报告，中央以周抗违命令，罪无可逭，政府电蔡，从速剿平"。③

又载黎元洪表示任派"蔡锷为四川督军，陈宧为湖南督军，或能除去兵乱之源"。说："十二日《新支那报》云，日本代议士伊东知也氏于十日上午，至东厂胡同总统府进谒黎大总统，会谈约一小时，对于时局交换意见。兹录其要点如下。一修改约法。恢复旧约法事，前虽有少数反对者，然大势固非可反抗。复活之旧约法是否全适中国国情尚未能知。若加修改，效法美、法，两国国情既异，他日引起种种障害，甚为明白。故宜鉴民国情形，为适当之修改。此事须待国会议决，公府关于修改法案亦颇有研究云。一收拾时局。关于收拾时局，深得国民之后援及日本之同情，余甚感

① 《李烈钧文集》，第284—285页。
② 《护国之役文电稿》（1916年2月至1917年1月），中国国家图书馆藏。
③ 《专电·北京电》，天津《大公报》1916年7月14日。

谢。国会开会日期今已渐近，然广东、湖南、四川等省仍有战事，深抱缺憾。南北支叶问题多不一致，局面之所以不能急速收拾者实在于此。撤废肇庆军务院问题甚属重大，经与抚军长岑春煊商议数次，并应南方之要求，使龙济光离粤，陆荣廷继其后，任派蔡锷为四川督军，陈宦为湖南督军，或能除去兵乱之源。一对外问题。中国苦于内乱，内政上有种种障害，欧战终结后之对外关系当更困难。日政府及国民反对袁前总统之施政者，非反对中国及中国人民，仅反对袁氏一人。今袁氏亡，日本朝野对于中国之同情，余深感谢。亚西亚者，亚西亚人之亚西亚也，中国当与日本确立东洋和平，以增进两国民之利益云云。"①

15 日

▲蔡锷电请黎元洪，"仍俯照前电所陈，明发命令，委员暂行护理"其职。说："华密。鱼电敬悉。上承宠眷，下悯民瘵，苟可勉强支持，何敢稍存诿卸。惟病势沉绵，非转地疗养，难望痊可。惟循分致身，不敢自爱，而旷职待尽，于事何益。顾重念倚畀之殷，亦不敢再言辞退。惟有恳赐怜恤，仍俯照前电所陈，明发命令，委员暂行护理，俾得即日东下就医。一俟病体稍痊，敬当遄返就职，力图报称。临电恳切，鹄候核准。蔡锷叩。删。印。"②

▲梁启超电告天津蹇念益转籍忠寅，蔡锷、戴戡"军功最高而最苦"，但蔡向中央所开军费却"啬极"。说："振密。寒电悉。得黔文电，称松受德医诊后病增剧，数日来稍好。松来电仍力求给假，且言罗、戴分任军、民，必能了蜀事。惟别一电言，万不得已，当进省一镇抚乃行。此间去电，劝受任一月后请假，俟得复当以闻。军院蔡、刘、陆、陈、吕、戴连电主速撤，唐本倡速撤，近忽有待正式内阁之议，恐别受运动，已再电力驳。岑则本不自由，然独力断不能抗。李根源来电亦尚和平顾大局也。军费交涉，已去电切告核实，蔡、戴军功最高而最苦，蔡所开可谓啬极，肇庆一派用去捐借各项已不菲，劝其啬报，未必有效也。超。删。"③

又"千万火急"电询刘显世、蔡锷并转戴戡，蔡锷保罗佩金"自代"，

---

①《黎总统与日本议员之谈话》，天津《大公报》1916 年 7 月 14 日。
②《蔡松坡仍欲东下就医》，长沙《大公报》1916 年 7 月 30 日。
③《护国之役文电稿》（1916 年 2 月至 1917 年 1 月），中国国家图书馆藏。

罗确为蔡锷"心腹否"？说："洽密。前因松须离蜀就医，电商政府以循署督。顷得亮侪电云，松、循事，当局已允照办，请电告松请假。惟循继任，对于军队、绅民有无把握，罗、殷（按：指罗佩金、殷承瓛）是否不至掣肘，务请先电松、循一商。如不妥，当别设法，或以循督军，孝怀任省长，何如？正译间，闻政府接松电，保罗自代。然则更须电松妥商。忠寅。寒。等语。连日为焦虑此事，电又濡滞，益焦灼。鄙意松能一到省接任，部署定，乃请假最妙。循究能完全统驭松部否？罗确为松心腹否？乞用十万军火急复。超。删二。"①

▲熊希龄电告辰州道尹张学济暨陈纬丞、谢伯勋，蔡锷"一时难以抽身"任湘督。说："湘督事，中央已简陈宧，未到任前令陆署理，龄与静生、印昆联电反对，尚无结果。惟为目前维持秩序计，陆督有重兵在湘，就近署理，实较便利。松坡患喉病甚重，有拟请假离蜀养疴之电。现因周骏盘据成都，松坡规划进剿，恐一时难以抽身。且俟陆督接任后，再行设法。沪上有主持黄克强、谭组庵回湘者，龄意吾辈宜立于维持地位，不可以本省人治本省，致多困难，而启竞争，此为保全桑梓第一要义。"②

▲报载"近日川湘粤三省因个人之竞争，致又发生战事。兹闻政府对于该三省争局，决意迅筹善后办法，以免牵动大局。昨日已电由各方面分别责成办理。四川周骏之窃夺军权，责成蔡松波督军直趋成都，迫令其即日离川遵令来京。湖南省城之变乱，责成陆署督军克日督队到省，维持一切。广东李、龙之冲突，责成岑西林就近和解调处，并详筹善后办法，呈候核□（准）。近闻中央接有密报，滇军罗总司令各军队已将隆昌、内江等处攻下后即时进逼成都，与周交锋，周已全军败北，自先潜逃，罗军将入省垣云云。段内阁接电后，即去电详询，尚未接到确实详报。陈二安氏虽已离去成都，而行踪尚淹滞于川、鄂之间。近日湖南又有非常之变，致地方秩序因之紊乱。陈二安闻此情形，不愿再就湖南督军之任，日前曾电达政府辞职，加以湘人对于陈氏亦不满意，连日纷电北京，请求另易贤员，政府不得已，乃为该省督军继任者之选，拟一俟选定后即为策令之发表。据闻该省督军之继任者，不出以下三人，一谭延闿，为黄兴及湘省议员所

---

① 《护国运动资料选编》下册，第729—730页。
② 《致辰州张容川陈纬丞谢伯勋电》（1916年7月15日），《熊希龄先生遗稿》第2册，第1928页。

推保；一唐蟒，经康南海拍电中央，力保其堪胜督湘之任；一陆荣廷，以陆现署湘省督军，且已抵省，此际实授该职，乱事易于收拾。又闻陆于九号抵长沙后，曾特派代表刘都宸来京晋见大总统，报告湘省秩序紊乱情形，并请示办理善后种种机宜。刘代表于十二日晚车到京，次日即赴公府面谒极峰。日昨（十四）刘代表又蒙大总统传见，谘询湘事，颇为详细。闻刘氏准于今午（十五日）十一点三十五分乘京汉车回湘，大总统赠与陆督军纱衣料及贵重物品多端，托刘氏带回长沙转交。惟据英文《京报》则云，广西护国军总司令陆荣廷已率其部下，由湘起程返桂，拟在桂省略为布置，即往广东代龙济光就督军之职，证以陆氏最近所发通电，后说殆事实也"。①

又载《大陆报》17 日"北京电。上海国民党请任黄兴督湘，李烈钧督粤，政府不允"。

同日，路透电也说："湘省时事，仍无进步，军事当道仍催逼政府任黄兴督湘，黄未到任时暂以刘人熙代理督军职务。中央政府已允任刘人熙代理督军，并谕陆荣廷迅速赴粤就督军职。但闻黎总统决计不允任黄兴督湘。"②

16 日

▲梁启超电告段祺瑞，蔡锷建议"暂以罗、戴分摄军、民"等情。说："冰密。咸电奖饰，转增惶恐。续接刘督文电，云任公先生蒸电悉……显世。文。等语。查速撤军院，唐督本最初赞成，乃虞日来电，忽有俟正式内阁成立之语，不知何故，超蒸电所力驳者即此。现全体几皆一致，唐督当不至更持异议，惟望早撤一日，则大局早定一日耳。松坡频电托代请假，谓暂以罗、戴分摄军、民，必无陨越，而蜀绅民来电，托挽留松者已十余通，其辞哀切。已数电询松能否晋省受任，一月乃行，尚未得复。干卿积愤于湘中民军举动，倡议各省义师须速回原防，听命中央，蒸日已由衡拔队返桂，时尚未接署湘督命也。极盼干解粤厄，已数电哀恳其勿辞，亦未得复。此老太恬淡高尚，屡言决意归隐，公及华帅能别更发私电，责以大

---

① 《川粤湘之善后问题》，《申报》1916 年 7 月 18 日。
② 《译电》，《申报》1916 年 7 月 19 日。

义，使勉任难局，则吾粤受赐更宏矣。夫惟争权利者若鹜，故避权利者益若浼，人之度量相越固远，抑世变亦正未知所极也。感慨填臆，辄发狂言。启超。铣。"

又电告唐继尧、泸州蔡锷、刘显世，南宁陈炳焜并转行营陆荣廷、松坎戴戡说："义密。有人条陈恢复临时稽勋局，真不知人间有羞耻事。政府务敷衍联络，或将许，请电京反对。超。铣。"①

▲报载"粤东军务院，违背宣言，延不取消，已大招物议。即独立省分，如浙、滇、黔，亦均有不满意该院之处。闻该院日前曾有赞同取消之电到京，惟另提出种种要求。此电已经各当局密议数次，曾于日昨为正式之答复。大略提出两项意见，一自此次要求案提出后，即不得再有加入之款，无论何方面提出者均为无效；一此次要求之案绝对的不能照准者，为要求该院二千万元之解散费，及新招民军不得解散，及某某省督军、省长由该院推荐另行更任等款，余则尚可从长商榷云"。②

又载"据沪报载，上海各重要人物，前日均接有肇庆军务院来电，大致谓近来有人主张裁撤军务院，取消各省独立，殊属一己之见。查组织军务院，宗旨在推倒袁氏、恢复约法、召集国会、改组内阁、惩办罪魁、刷新政治诸事。现在袁氏虽死，约法虽复，而国会召集尚未开会，内阁尚非正式改组成立，至惩办罪魁仍未解决，刷新政治尚无希望，且帝制余孽依然盘踞要津，袁氏死党到处破坏大局，祸机四伏，险象环生，揆诸以上情形，万无即时裁撤之理由，前此独立各省当与军务院一致行动，刻下亦无取消之必要。事关大局，自宜慎重进行，非俟要求各端完全达到目的，决不能取消云云"。③

又载"现在南北意见多未融洽，因之外间发生种种谣传，人心又形恐慌。沪上各名流虽已设法调停，然意见横生，名流中居其多数，真正调人如梁、汤等不过一二人而已。昨据政界密息，最近蔡锷、唐继尧、任可澄、刘显世、戴戡诸君，因南北意见相持，于大局前途殊极危险，已电陈中央请担任调停之责，以期统一大局早日成立。当由段总理复电极表欢迎，既

① 以上二电见《护国之役文电稿》（1916 年 2 月至 1917 年 1 月），中国国家图书馆藏。
② 《军务院要求案之电复》，天津《大公报》1916 年 7 月 16 日。
③ 《军务院尚不应取消耶》，天津《大公报》1916 年 7 月 16 日。

有此强有力之调停者，庶几大局之解决或可稍易云"。①

又载"周骏抗不应召，政府曾令蔡督军松坡相机剿办。当时蔡曾来电请拨款三百万元，以充军饷。政府以库空如洗，实无现款可拨，而川省正在用兵，又万难姑缓。闻已电准其将川省自流井等处盐款就近截留，以利师行云"。②

18 日，又载"自浙省督军吕公望电致中央，主持取消军务院之后，各省对于该院之苟延残喘，已视为损失价值。日来，蔡锷、陈炳焜、刘显世、戴戡、任可澄等先后来电，亦正式声明肇庆军务院无存在之理由，所有滇、黔、桂等省均已宣告与该院断绝关系等语。据此以观，则该院忝然存在，不但背弃宣言，且亦太无谓矣。"③

21 日，《字林西报》又披露中国"省见"仍然"甚烈"，是"为时事中最重要之事端"。说："北京通讯云，汤芗铭（鄂人）治湘三年，手腕太严，诛戮革党与政治犯多人，故湘人对于鄂人感情甚恶。自汤芗铭逃汉后，四、五两日鄂人之在长沙者，致被杀死千人左右。湖南省见甚烈，是以陆荣廷决不能久在长沙，湘、粤两省几自视为独立国，此即陈宧不能督湘、陆荣廷不能督粤之原因。赣、鄂两省皆有排逐北人之密谋，王占元与李纯刻皆竭力设法维持两省治安，并请政府速筹消弭南方省见之策，否则北方亦将效鬓而起逐南人矣。苏、蜀人民亦欲去冯国璋、蔡锷，而以本省人物代其职位，此为时事中最重要之事端。江苏驻北兵甚多，冯国璋暂时当无危险。惟众料周骏虽败，蔡锷亦难久在成都，今蔡锷已声明其辞职归隐，克日养病之意。鲁省亦有撤去张怀芝之请求，黎总统、段总理及财政部陈总长拟续募大借款五千万元，以盐税余款为抵，鲁克斯之受聘为北京中国银行副经理与此有关。据某华员云，将来银行团中德国位置或为美国所代有云。"

但《申报》对此论持异议，特于该报道之末，加按语说："省见原为中国人所容有，特此篇所论原因，则于事实不无出入也。"④

---

① 《蔡唐等亦侪于调人之列》，天津《大公报》1916 年 7 月 16 日。
② 《电准蔡督军截款充饷》，天津《大公报》1916 年 7 月 16 日。
③ 《军务院已成孤立》，天津《大公报》1916 年 7 月 18 日。
④ 《西报之南北省见说》，《申报》1916 年 7 月 21 日。

17 日

▲梁启超电请熊希龄、籍忠寅，代求中央许蔡锷"由川借地方债"。说："建密。秉兄删电，对两行伟划，正符贱指，既不见采，只得听之，雌黄之口不足介也。两事奉商，请与孝怀协力。一、松坡已受任，但须请假三月，其所请三百万，中央已无现可拨，大借款成立又无期，拟劝由川借地方债，望代求中央许可。二、陆肯否到粤未定，即肯亦不能速。龙署任中，粤难未已，朱能速赴任亦一办法。惟闻朱方力辞，鄙意欲孝怀代之，孝熟粤情，张、林两军为之用，且陆、龙恶感亦不轻，请得一人往周旋较好。请两公强孝怀同意，再为当局极陈得失。惟莫擎宇三电称，龙将包围潮州，请告段劝禁。超。筱。"①

19 日，熊希龄电复梁启超说："建密。筱电悉。孝怀、亮俦均在津，当与详商：一、松坡地方债只要办动，中央决乐从，孝怀入都接洽；二、孝怀力驳省长之说，其理由亦甚充足，可另觅人；三、龙兵围潮，孝怀谓其无兵可分，恐非确耗。再，松坡需款，若办地方债，亦虑缓不济急。龄据岱杉言，似以盐款为可设法，请电告松坡，速电政府要求，并派亮俦及萧立诚为其代表，以便与前后任署长暨丁恩交涉，或有把握，龄必从旁尽力，公意何如？乞酌度。希龄叩。皓。"

20 日，梁启超电复熊说："建密。松受职暂留，已自电乞拨盐款，乞向当局力为疏通，俾照准，切叩。弟亦拟自电澜，可否？乞示复。超。哿。"

同日，熊再电复梁启超说："建密。哿电悉。昨电请松坡派代表与盐署交涉，系指将来川省盐款而言，目前七月杪，五团应付回盐税余款，约有三百万元，中央所恃为军饷要需，松坡可求中央划拨四五十万元，或者可行。公须径电黎、段，财部自顾，必有吝色。龄与部已断关系，难为疏通，乞谅。又闻蔡伯浩所经手鸦片印税，尚有数百万存沪。公托人密探盐业银行及蔡之胞弟，或有端倪。此款果确，移拨四川及军务院亦甚便利。昨孝怀在此，已与商及，特复。希龄。哿。"②

▲16 日，戴戡电告唐继尧等人，不得已"遵将所部北路各部队进驻川

---

① 《护国之役文电稿》（1916 年 2 月至 1917 年 1 月），中国国家图书馆藏。
② 以上三电见《熊希龄先生遗稿》第 2 册，第 1937—1938 页。

东", 计划于 21 日出发。说: "唐都督、任子 [志] 清先生、陈都督并转陆都督、梁任公先生均鉴。自大总统继任后, 戡即将所部军队分别撤回, 一面电请辞职, 松公以周骏西犯, 川正纷扰, 切电暂缓引退。旋又值曹将军奉令回防, 川东尤空虚可虑, 复迭电促戡率师入川, 以资镇摄。而曹将军亦再四电促, 谓重庆最关重要, 附近各县势甚岌岌, 若不从速接防, 治安将不可保。窃以国是既定, 戡忽入川, 实非所愿。惟川自周骏称兵, 地方惊扰, 匪徒之相乘, 川军之不足恃, 已成了之局。蔡、曹将军一日数电, 又以避嫌为畏难苟安之计, 不得已始遵将所部北路各部队进驻川东。戡准念一出发, 除由松公将此情形详电中央外, 理合专电上闻。惟冀川事早得肃清, 不仅川民之幸, 黔边千余里亦可不受惊扰矣。戡叩。铣。"①

17 日, 蔡锷电告黎元洪、国务院、陆军部, 已饬戴戡派队分头接防曹锟原防地。说: "华密。昨准曹将军奉令回防, 请派队接防等由。查川东一带元 [原] 多土匪, 军兴以来, 骚动更甚, 非有得力军队统以威望素著之员, 难资震慑。当饬本军右翼戴司令戡派队分头接防。该司令 (仍) 驻重庆, 居中调度, 以重防务, 而卫地方。合亟报闻。蔡锷叩。筱。"

又电复光农闻等原经界局旧属, 对他们贺其任为四川督军表示感念。说: "来电慰悉。南北暌隔, 缅想为劳。机缘如凑, 良晤匪遥。贱恙小瘳, 希释远念。蔡锷。霰。"

**按**: 据《民苏报》记者赵默称, 此为蔡锷 "被命为四川督军时, 经界局旧属光农闻等去电致贺" 时, 蔡的复电。

又电告四川各道尹、知事及各护国军, "嗣后各军勿再事招募"。说: "查各处义军近仍派员四出招募, 并无故离防, 侵扰邻封。大局既定, 川乱将平, 此等举动, 殊碍地方治安, 应即通令严禁。嗣后各军勿再事招募, 非有命令, 不得擅离防地, 违者即以匪论, 严予剿除。泸行营督军。筱。印。"

18 日

▲蔡锷电复成都周骏, 拟力疾晋省, "首途有日"。说: "铣电敬悉。

---

① 《公电》, 上海《时报》1916 年 7 月 24 日。

前以中央命令未见实行，是以奉令进兵，致有资、隆之役。今执事既遵令北上，则蜀事自百纷悉解，半岁兵祸从此结束，息事宁人，深为蜀庆。锷引疾之假，迄未得请，讵意中央期许之重暨蜀民嘱望之殷区区一身，不敢自爱，拟力疾晋行，首途有日，先此奉复。盼为通布军民，致此拳拳。蔡锷叩。巧。印。"①

又电告川东各军政要人，"委本军右翼总司令戴为川东各属巡阅使"。说："戴总司令、罗总司令、唐代道尹、王司令、刘旅长鉴。年来川东各属，土匪蜂起，骚扰不宁，兹委本军右翼总司令戴戡为川东各属巡阅使，率所部来川维持治安，弹压地方。川东各属文武官吏、水陆军警均归该使节制调遣，以一事权，而资镇慑。仍将办理情形随时报阅。除报中央外，希转饬所属遵照。督军蔡锷。巧。印。"②

▲梁启超"十万火急"电复贵阳督军府熊范舆、刘显治应商八事。说："洽密。盐电筱悉。应复商如下：一、段嘱劝松卧治，自委罗、戴护理，不必改命，盖忧他人不能镇也。但罗、戴皆有特任本缺，同列安能擅委？弟又未审蔡、罗情分何如，颇虑松离川即难回任，故终欲松留，但当问病状耳。若径以蜀委罗、戴，可保地盘不失，则松稍回翔，谋移鄂，亦非难。果尔，则以罗护督、戴径调补何如？二、蜀、黔稍借地方债，资善后，公等谓可否？果尔，请提担保品，当设法交涉，求中央拨济，彼亦仰债耳。三、段初不明党派分野，孝怀、静生、亮侪去后渐了解，其特电松、干、蒉、周、循，即表示提携，初步甚可喜。自与吾党接近，退志亦渐减，复电不必劝留矣。联甲对乙，恐终不免，周、松、循宜与多通电，特表好意，冯处亦然。弟当更告干、舜。四、滇近与此间似稍落落，有何内幕，能探告否？得便望忠告之。五、沪上党人有专以排吾辈为事者，孙洪伊一派尤可恶，某党稳健分子亦大忧之，现正谋选择提携，或竟有效。六、国会能开否，仍属问题，恐因议员资格之争，先已自杀，幸而能开，阁员同意，必大捣乱，恐亦无疾而终。果尔，则前途变幻正多，祸福未卜，应付之法，徐察续商。七、中银问题复杂，季常不肯任新任，徐恩元必站不住，顷方谋由商股主张用人。八、此间同人皆窘甚，无一文公款，旅费酬应，皆各

---

① 以上四电见曾业英编《蔡锷集》（二），第1459—1460、1435页。
② 《川东巡阅使权限》，成都《国民公报》1916年8月20日。

自筹，欲组无形之党，即此已忧竭蹶。若思积极进行，总须筹备及此，请商松、周，在善后费项下有法可设否？吾党今虽取冷静态度，亦不能长此终古也。各节盼复。知名。啸。"①

又电北京周孝怀说："香密。罗必须留川，桂长须用吾辈人，望荐亮侪。闻有庄蕴宽说，非打消不可。戴任力辞，戴宜调川，黔长以熊范舆最妥，现黔事皆熊主持也。任请力谋调京任一要职（按：此处原系'任一总长'，涂去改为'任一要职'）。湘督某党力主谭，殆不容不许。湘长须得一人调和，张其锽甚好，秉三知此人，癸丑曾拟粤长，次则俞明颐亦可。沧。啸。"②

19 日，又电复黎元洪、国务院，条陈"目前结束"四策。说："大总统、国务院钧鉴。奉筱日大总统钧电，以军务院之成立、取消，各应时宜，渥垂奖勉，并勖以将来匡济之责，询以目前结束之条，凡在同人，宜同钦感。启超猥以书生，激于义愤，追随诸师，偶赞戎机。嗣以遭忧，自陈解职。各方既职责有归，局外本无劳喋渎，辱齿明问，略献愚忧。（一）此次西南以护法之故，出师逾十万。滇、黔、桂皆瘠省，粤督则始终不与肇庆以开诚一致，故各方面军费所出竭蹶万端，多恃息借，以支军食，而正饷则积欠无着。今图收束，非可空言，望饬所司迅予筹维，俟各省及前敌各军，核实册报，提前拨给。（二）新简川督蔡锷，积劳致疾，屡电乞休，复委启超代为陈请。蔡君年力富强，报国之日正长，国家护惜人才，似当曲为矜恤，可否俟周骏乱定，许其休沐。（三）第二滇军总司令李烈钧，劳苦功高，昔任封疆，既积经验，年来忧患饱经，益复敛才就范，似宜优加倚畀，竟其贤劳。（四）此次死事诸贤，在义宜有崇恤，其阵亡将校，乞饬各军主帅从速册报。启超所知，有广西代表前中国银行总裁汤觉，因谋两广平和，在粤遭戕害，同难者尚有陆军少将谭学夔、广东警察厅长王广龄等，皆一时俊彦，为国捐躯，似宜优加表恤，以慰忠魂。以上随述所感，略酬尧询，其余大计，政府、国会自能主持，未敢多渎，谨复。梁启超叩。皓。印。"③

▲黎元洪电谕刘存厚，"军务善后"，"仰就近商承蔡督军办理"。说：

---

① 《护国运动资料选编》下册，第 730—731 页。

② 《护国之役文电稿》（1916 年 2 月至 1917 年 1 月），中国国家图书馆藏。

③ 《梁启超复大总统国务院电》，天津《大公报》1916 年 7 月 23 日。

"泸州蔡督军转刘司令存厚。歌电悉。执事为国宣勤，久劳栉沐，挽回劫运，再造河山，伟略殊勋，宜膺懋赏。国家多故，来日方长，宏济艰难，当仁不让。军务善后，并仗荩筹，凡百事宜，仰就近商承蔡督军办理。黎元洪。巧。印。"①

19 日

▲陆军部电请蔡锷、曹锟派兵保护川商运丝、茶过境。说："泸州探投蔡督军、重庆曹总司令鉴。华密。准四川旅沪议员张知竞等电称，川省丝、茶关系外贸甚巨，恳电饬川省沿途军队，凡遇川商载运丝茶出口，准于就地呈请派兵护送过境等因。在北军尚未全撤以前，希由曹司令查照办理。既撤之后，则希由蔡督军转饬照办。特达。陆军部。皓。印。"

又电复张知竞等人说："上海国会议员张知竞先生等鉴。删电悉。在北军尚未全撤以前，应由曹总司令查照办理。既撤之后，则应由蔡督军照办。除分电知照外，特复。陆军部。皓。印。"②

▲黎元洪颁令蔡锷给假一月。说："四川督军兼省长蔡锷自泸电呈，因病暂难赴任。蔡锷着给假一月，就近调养。此令。中华民国五年七月十九日。国务卿、陆军总长段祺瑞，内务总长许世英。"同时，"特任罗佩金护理四川督军兼省长"。③

8 月 4 日，蔡锷电复黎元洪，拟于 8 月 5 日将职位"交由罗佩金护理"。说："前奉策令蔡锷给假一月。又奉令特任罗佩金护理四川督军兼省长各等因。当以省局未定，不得不力疾入省，暂行就任，以安人心。现在秩序大定，可无他虞，拟于八月初五日遵照前令，交由罗佩金护理，以资休养。除呈报咨饬外，合电闻。蔡锷叩。支。"④

又电陈北京政府"拟于八月初五日遵照前令交由罗佩金护理督军兼省长篆务，以资休养"。⑤

又颁发咨文布告说："为布告事。案查前奉大总统策令，蔡锷给假一

---

① 成都《国民公报》1916 年 7 月 26 日。
② 以上二电见中国第二历史档案馆藏档案。
③ 《护国运动》，第 773 页。
④ 《蔡锷集外集》，第 384 页。
⑤ 中国第二历史档案馆藏档案。

月，又奉令特任罗佩金护理四川督军兼省长各等因。奉此，本督军兼省长自出师以来，蒙犯风露，遂抱采薪，既蒙给假养疴，本拟即日退处，顾其时省局未宁，事机转捩，介在呼吸，重念水深火热，蜀父老责望方殷，良不忍以一日偷安，或致坐昧事机，转重生灵之祸，是以不违将息，力疾西来，勉塞众望。到省以来，昕夕部署，略具端倪，乱源已清，全局大定，从此陈纲立纪，平治可期。且罗护督军兼省长廉正公明，才望久彰，辛亥以来，全国俶扰，独滇省一隅秩序井然，盖群策群力，尤以罗护督军之力为独多。此次奉令兼权，彰往察来，本督军兼省长确信其为守兼优，必能以治滇者治蜀，为吾蜀父老造方来之福，为本督军兼省长补未尽之过也。兹定于八月五日咨交护篆。除呈报外，合亟布告全省文武官民，一体知悉。须知中央命令，允宜服从，蜀省安危，各有权责。以后上下一心，共图治理，勿以私见而图破坏，勿以疑虑而启纷扰，集思广益，开诚布公，蜀中天府，固大有为。本督军兼省长念此邦之肯綮，犹愿一病霍然，他日重来与父老共话升平也。此布。"21 日，又载 7 日报载罗佩金"已于五号接任护篆"。① "闻罗已于昨日（五号）午前十时就职，蔡督军将赴沪养病，此间传蔡甚为中央信任，有授参谋总长之说，恐其不再来川。惟询之政界，则谓蔡授参谋总长说，谅非确息，如果有此，当系遥领，盖中央亦决不令蔡去川也。"②

▲蔡锷急电告唐继尧、刘显世、戴戡，"所谓善后问题者俱易解决，惟关于个人之权利加减问题最易为梗"，吾辈中"果有三数人身先引退，飘然远翥"，"为后来留一榜样未始非善"，并指荐罗佩金为其奉身而退后的"继任者"。说："义密。冀公洽电敬悉。奖饰溢量，感愧奚似。窃意锷前者之出，秉诸良知，今兹之退亦然。前者纯为国家问题，今则牵及一身问题。纵公等尚欲强锷以问世，试问世界中焉有哑人可以当政局潮流之冲者钦？冀公谓善后问题均未解决，系铃解铃仍在吾辈，洵属至言。而所谓善后问题者俱易解决，惟关于个人之权利加减问题最易为梗。今侪辈中果有三数人身先引退，飘然远翥，实足对于今日号称伟人志士、英雄豪杰一流，直接下一针砭，为后来留一榜样，未始非善。而锷处地位，纯系带兵官，

---

① 蔡锷布告及信息见成都《国民公报》1916 年 8 月 7 日。
② 《蔡督军请假养疴之消息》，《申报》1916 年 8 月 21 日。

战事既了，即可奉身而退，斯亦各国所同然。务望冀公为大局计，为友谊计，切电在川滇军各将领，以后一切善后问题，当完全负责办理，俾锷得以克日东渡，无任盼祷。至继锷之任者以榕宣［轩］为最宜。榕轩此次相偕入川，深觉其性情和厚恬淡，尤能勇于任事，遇事能见其大，实负重致远之器。弟昔年对之微有不慊，今觉前此所见者谬也。望冀公以信弟者信榕则幸甚。锷叩。皓酉。"①

又电告北京各部、局、署，京兆尹，各省督军、省长、都统、巡阅使、镇守使，将于"七月廿一日由泸首途，力疾赴省，勉就新任"。说："锷奉命督蜀，当以病体未痊，迭电陈情，迄未得请。敬维中枢倚畀之重，重念蜀民竭蹶之勤，区区此身，何敢自爱。兹遵于七月廿一日由泸首途，力疾赴省，勉就新任。蜀难方棘，任重材轻，尚乞时赐良箴，俾免陨越。四川督军兼省长蔡锷叩。皓。印。"②

又电告"各局送各道尹并各县知事、各军队长官"，"仰各转录晓谕"熊克武铣电，"用杜流弊"。说："各局送各道尹并各县知事、各军队长官均览（鉴？）。顷接资州熊司令克武铣电，文曰：克武前在川中，治军两年，名字颇为蜀人记忆。此次滇黔首义，又复□□归来，勉任招讨之责，各地同志，谬相推重，多树同一旗帜。就中举动文明、军纪严肃者，固名实相符，希图假冒名义以相号召，往往为害地方者，亦复不少。现在大局既定，川难稍平，亟当力谋收束，以减人民担负。岂容若辈铺张扬厉，搔［骚］扰闾阎。嗣后如有用招讨军名义，行为不合正轨者，准各地军民长官严行惩办，勿稍瞻徇，并希准此意出示晓谕为盼。四川护国招讨军司令官熊克武叩。铣。印。等语。查熊司令电陈各节，系为严惩假冒、（骚）扰闾阎起见，洵属目前急务，仰各转录晓谕，用杜流弊，并随时查办为要。泸行营督。皓。印。"③

又电告"各局送各道尹、各县知事、各征收局长、榷税局长"，各属征收税课"照章征收，严戒苛索"。说："昨奉策令，兼理军民，当以病体未痊，迭电陈情，迄未得请。兹奉电令，饬即迅赴新任等因。遵于七月廿一号由泸首途，力疾赴省，接任视事，除呈报并通饬外，希各转饬一体遵照。

① 曾业英编《蔡锷集》（二），第 1461—1462 页。
② 《护国运动》，第 772—773 页。
③ 《熊司令洞悉流弊》，成都《国民公报》1916 年 7 月 28 日。

大局初定，地方秩序亟应整理，希各振刷精神，力图上理，勉为循良，为蜀造福。各属征收税课，尤应清除积弊，照章征收，严戒苛索，借纾急困，而苏民力。至每月征存各款，应各按期详解，就近缴由各道尹代收转解，以清军需，不得违延拖欠，或侵蚀挪移，致干重究。省长。皓。印。"①

又电请陆军部段祺瑞释放董继。说："云南军官董继祗嫌在狱，乞饬释令来川服务为祷。蔡锷叩。皓。印。"

26 日，陆军部电复蔡锷说："皓电悉。董继已呈请特赦，俟奉批后，即令赴川。陆军部。宥。印。"②

8 月 9 日，报载蔡锷"有电到省，云昨奉督川之命，当以病体未痊，迭电陈情，迄未得请。兹奉电令饬即迅赴新任等因。遵即于二十一号由泸首途，晋省履任。除呈报并通饬外，希即通饬一体知照，并饬各该所部各就原驻汛地听候命令，不得妄动，滋扰各处，义勇一律停止招募，倘有阳奉阴违，假借名义，再事招募者，一经查出，以聚众扰乱大局论，希各遵照勿违。督。皓。印。现时川省所最苦者惟假名招募，以扰累地方为甚。松坡首先禁此，已得为政之要领矣。顷蔡已派庞光治、阮甸咸为慰问员，赴川西慰问孙、吴、丁、张等护国军，谓凡在独立以前起义者，当特别优待。滇军司令罗佩金闻日内可到省，其所部军队拟驻北关外之凤凰山，熊克武、张午岚等军皆归其节制"。③

▲梁启超"十万火急"电告南宁陈炳焜转行营郭松年，其未向中央陈说由岑春煊督粤，而力劝陆荣廷督粤缘由。说："护密。铣电皓奉。粤督属西林，固所最望，然中有曲折为难之处。章行严从肇来，力言勿主张西林，一因西林所以为重于天下，因其言行一致，既屡宣言袁倒己隐，必须实践，以全威信；一因未审中央对西林态度如何，万一差池，则我辈迹近代西林干求，反损威望。故弟托人向中央陈说，本岑、陆并提，行严颇相怪责。至中央方面则静生、九峰入京后始悉其内容，段实不知粤中真相，颇受龙先入之言。虽非祖龙，而颇虑去龙将生大变，或且牵及全局。盖未独立各省颇议吾辈待龙操之过蹙，即冯亦不免也。弟初本谓宜听粤人自谋去龙，而唐、温诸贤皆谓宜责政府，遂连名数电请黜。办到此着，已费力无数，

---

① 《蔡省长注重征收》成都《国民公报》1916 年 7 月 28 日。

② 以上二电见中国第二历史档案馆藏档案。

③ 《周骏出走时之川省状况·蔡松坡昨有电到省》，上海《时报》1916 年 8 月 9 日。

不意明令既下，乃各省同时发表，粤则朱为省长。骤读不胜骇叹，事后乃知原欲以朱署督。嗣知其不可乃止，仍欲于武鸣未到前使先与龙交代，惟事前亦并未得朱同意，朱现仍力辞。此次任总长、任督军省长皆未求本人同意，亦未与西南要人一商，以致各方面咸不满意，在政府实似以威信为戏。然若曲为之原，与其谓之有恶意，毋宁谓之不接头。且微闻计划非尽出段阁，盖别方面亦事杂言庞也。朱为人弟虽未识，闻甚正直，能任事，故不复反对。但今彼已辞，又不成问题矣。此时粤事收回成命似颇难，为纾粤难计，武鸣终以一屈就为宜，望力劝驾。元勋高蹈以属末俗，诚救时要药。弟若非为桑梓奇祸所迫，亦决不愿以此污我武鸣也。又尊电谓武鸣遭忌谣诼，以高洁绝尘之人犹不免此，世道可叹，然只宜一笑置之。弟在此所蒙谣谤，每日必有一二起，数日前盛传汤督出走，由弟电商武鸣逼之。言者凿凿，似此类事，不下十数件，何从理辨，听之而已。弟因在苦次，谢客不见，人多疑其慢，亦致谤之由。若有蜚语传至武鸣，望勿见信，仍乞劝武鸣勿灰心维持粤局。启超。皓。"

## 20 日

▲梁启超电复戴戡，"军民分治"说仅为"手段"。说："义密。齐电皓奉。军民分治说，全为免取消独立痕迹之一手段，已不复持，勿念。超。哿。"

又"十万火急"电告泸州行营蔡锷，可派籍忠寅、萧立诚与财政当局交涉拨盐款事，熊希龄当力助。说："亲译，洽密。巧电悉。病松晋省，甚慰。拨盐款事，京已复电否？如未复，可专派亮侪、立诚与财政当局及丁恩交涉，秉三当力助，欲借地方债，亦可设法。又中央分配四川四年公债百五十万，一切手续完备，二安派员杨延厘提解，途中闻军兴，遂停解。其票现存上海，可商抵押四五成之值。弟如急需，亦可速办。盼立复。超。哿。"并复电泸州蔡锷说："义密。铣两电皓奉。已电京，得复再闻。超。哿。"

又电请北京天顺祥周善培为蔡锷向黎、段力谋 300 万饷款。说："香密。松允暂留，请告黎、段，善后费三百万，彼已自电院部请拨盐款，望力谋成。郭松年电，言蔡、陈皆兼省长，粤何故以朱掣肘，代武鸣不平，且斥尊电'庆得臂助'语，请善解。赵炳麟述许世英语，谓我电京诋乐斋

（按：指岑春煊），已电许究原电，公似宜向乐一辨。超。哿。"

又电请天津熊希龄、籍忠寅，向当局疏通准拨盐款。说："建密。松受职暂留，已自电请拨盐款，乞向当局力为疏通，俾照准。切叩。弟亦拟自电澜，可否？乞示复。超。哿。"

又告刘显世，蔡锷署任问题可暂搁。说："义密。巧、酉两电皓奉。松既可暂留，则署任问题自暂搁，若必要时，当设法令同时发表也。希陶盼速来。超。哿。"

21 日，再次电请熊希龄，力谋蔡锷所请盐款等事。说："建密。并转亮、孝。皓电悉。一、松盐款已电京请拨，乞力谋。二、朱（按：指朱庆澜）宜待陆（按：指陆荣廷）受命后乃往，恐陆不知朱之为人，万一误会，粤局全僵。三、松请任循为川东等处巡阅使，已有电到京否？湘某派苦无地盘，争湘甚力，似不必更为循谋，徒增恶感。最好李烈钧督湘，组安为省长。某派于湘必不放让，于李必求位置，不如冶诸一炉。四、莫擎宇为粤中首义，欲得潮梅镇守使正名，以镇卫地方，得便一提。五、冀首义功高，未得特殊地位，中央宜有以慰勉之，或大勋位，何如？若名义暂想不出，函电优礼，决不可少。各节盼复。超。个。"①

同日，熊希龄电请农商部总长张国淦、周孝怀，活动任李烈钧为湘督，谭延闿为省长。说："建密。顷得梁任公电，谓松坡有请派戴戡为川东巡阅使之说，戴既留蜀，可否即恳中央，以李烈钧任湘督，谭延闿任省长，足以息争宁人等语。李烈钧在赣办匪甚严，其人尚有军人气节，且受主座知遇，又经一番挫折，当能胜此艰巨。辅以组庵，和平补救，亦甚相宜。任公此议，龄表同情，乞两公酌度转达政府，无任盼祷。希龄叩。马。"

又电告梁启超、徐佛苏、范源濂说："建密。个、祃两电悉。湘事甚佩远虑，已电乾若、孝怀两君，其文曰：农商部张总长、天顺祥周孝怀先生鉴。建密。顷得梁任公电谓，松坡有请派戴戡为川东巡阅使之说，戴既留蜀，可否即恳中央，以李烈钧任湘督，谭延闿任省长，足以息争宁人等语。查李烈钧在赣办匪甚严，其人尚有军人气节，且受主座知遇，又经一番挫折，当能胜此艰巨。辅以组庵，和平补救，亦甚相宜，任公此议，龄表同情，乞两公酌度转达政府，无任盼祷。希龄叩。马。等因。特奉布，其余

---

① 以上八电见《护国之役文电稿》（1916 年 2 月至 1917 年 1 月），中国国家图书馆藏。

亦函托乾、孝办理，再复。希龄叩。马。"①

22 日，梁启超等人再次电告熊希龄说："建密。戴入湘必难站，徒酿恶感，请必停止进行。超、佛、濂、祃。"②

▲蔡锷急电告知梁启超，"病状稍瘳，精神已复，饮食亦觉大进矣"。说："治密。周骏屡为我军所败，穷蹙思遁。昨得其来电，诿为未得中央命令致误，非有他图，并力劝驾赴蓉。接前敌将士及各属绅民函电，亦纷纷请求速西上就任。群情敦迫，殊难恝然。兹定于廿号舆疾就道。拟抵蓉后，部署粗定，仍当乞假数月，转地疗养。锷病经德医施治后，肿痛更剧，声音全失，精神萎顿，饮食骤减。半月以来，屏药弗御，静居舟中，病状稍瘳，精神已复，饮食亦觉大进矣。知注并闻。锷叩。号。"③

▲报载刘存厚午后入成都，"各界多前往欢迎者，刘但以军长名义暂任维持，一面以现情电告中央，一面电蔡松坡催其速来"。④

又载路透社"成都电。滇军在距简州北十里之石桥击败蜀军，现距成都仅一日路程。蔡锷来电，谓拟即由泸州赴省。蔡电到后，众大欣慰。刘存厚明日可抵此，周骏曾命刘于蔡锷未抵前代理督军"。⑤

21 日

▲梁启超电告贵阳督军府熊范舆、刘显治，"今同人秘议"各事项。说："亲译。治密。并转周、松、循、志、苏五公。铁巧电皆奉。前商铁公出山，实为责任观念所驱，循来电亦不谋而同，此固不汲汲于今日，尤不专系铁一人，且相机再议，秉、亮诸公仍极谋循入湘，只得听之。此间最同志诸人，近颇有所决，超虽仍暂冷静，惟同人须积极猛进。多数议员日谋自杀，虽某党稳健分子亦深忧之，若吾辈消极，以国为孤注，委诸鼠辈，实无以对天良。今决组强固无形之党，左提北洋系，右挈某党一部稳健分子，摧灭流氓草寇。两派在现国会即开始讨伐，惟能否制胜，殊未敢知，若鼠辈胜利，则国会必自杀。新选举必须大张吾军，察舆情所趋，全胜未

① 以上二电见《熊希龄先生遗稿》第 2 册，第 1939—1940 页。
② 《护国之役文电稿》（1916 年 2 月至 1917 年 1 月），中国国家图书馆藏。
③ 曾业英编《蔡锷集》（二），第 1463 页。
④ 《周骏出走时之川省状况·刘存厚于昨二十号午后入城》，上海《时报》1916 年 8 月 9 日。
⑤ 《译电》，《申报》1916 年 7 月 23 日。

始无望。果尔则政轨可立，国基庶定，惟不能坐致，须群力奋斗。拟略仿同盟会办法，每省秘推一二人，主干脉络，力求灵通，步调力求一致，京沪两中心点垄断舆论机关，西南巩扩地盘，军界厚植后盾。惟目前有两要着，一、各省要人须集沪会议一次，商定一切方略，铁、陶、志、苏四公，最少须二人速来。一、若无公款，悉成虚谭，宜在蜀、黔善后费中设法筹廿卅万。松既接任，蜀款易筹，已别电述。黔要求若干，乞即示，中央必无力发给，惟筹借而要彼承诺耳。前因居丧伤感，且思以不争风属天下，故颇主消极。今同人秘议，结果如此，谨闻。敬民今日到，属致意。佛苏吾党第一健者，望与直接通问，并盼复。知名。个。"①

▲蔡锷函告黄德润，"奉命督川"，荐贤自代，未蒙允准，打算川事部署略定，即"乞假数月，赴沪就医"，并对其"代垫款入东川铜股"，表示"当即设法如数缴还"。说："玉田老伯大人执事：昨奉还云，敬谂提躬多祜，公私百吉，幸甚！幸甚！筹饷局得公主持，用能比户不惊，筹集巨款，钦佩曷似。南防迭次变乱，盗风尤炽，我公此次南巡，必能永靖乱源，登斯民于衽席，易胜额颂。锷奉命督川，迭电陈情，荐贤自代，一以偿夙愿，一以养疴，迄未蒙允。而滇、川将领及各处绅民函电纷驰，环乞赴蓉一行，多有以去就相争者。此情此境，实难恝然作绝裾之行。兹于廿一号由泸启程，顷抵隆昌，计一星期内可达成都。周、王为我军所蹙，节节败退，一面向我投诚，一面复欲引败残之余，窜出东南。已饬前敌各军分道堵截，毋令滋蔓。川局经此一役，其他当迎刃而解也。锷喉病起于去冬，戎马倥偬中未予治疗。荏苒日久，已由慢性而成顽固性，月来更觉加剧。前经德医阿思密施治后，肿痛更甚，竟至完全失音。半月来，屏药弗御，稍见瘳复，然亦仅也。据各西医均称此病为日太久，非就专科医院治疗不可。锷决拟俟将川事部署略定，即乞假数月，赴沪就医。如能从斯脱离政缘，还我平民自由之身，尤幸事耳。承代垫款入东川铜股，深感盛谊，当即设法如数缴还。如尚可加股，拟入万金，未知犹有此额否？川中本年可望大熟，并闻。手此，敬请台安。蔡锷顿首。七月二十一于隆昌行营。"②

▲报载蔡锷自泸州启程赴省城沿途有关情况。说：

---

① 《护国之役文电稿》（1916 年 2 月至 1917 年 1 月），中国国家图书馆藏。
② 曾业英编《蔡锷集》（二），第 1464 页。

　　蔡督军于二十一号由泸启节来省，本拟二十号启节，继因事延搁，至二十一号早六时始行起程，各界人员出城欢送，极一时之盛。同行之行营参谋长系王君兆翔，湖南秭归县人，行营执法处处长系王君维，江西人，其余人员不多。

　　闻蔡督军于二十四号午后四时已到资中，如中途不耽延，二十八号即可到省。并闻蔡在泸县时，曾通电各电局送道尹知事并转各护国军云……（按：通电即筱电，见本月17日记事，这里从略）。

　　蔡督军未到省时，电请刘军长代出布告一通，文云：川民苦兵革久矣，袁逆倒毙，窃幸自此可罢兵卸甲，与我父老昆弟休养生息，共谋乐利。不幸周、王倡乱，挟袁逆伪命，节节西上，威逼陈督，各法团友军之劝阻，均置不顾，权利熏心，廉耻丧尽，国是至此，纪纲荡然。锷养疴在泸，适奉督川之命，自维锋镝余生，何能膺此繁剧，乃一再陈情，未奉谅许，不得已力疾首途，入省就任。顾疮痍之满目，嗟局势之纷扰，欲求整理之方，首在恢复秩序，冀我各部将士力顾大局，率队待命；各机关人员照常办公，勿懈厥职；各地方人民各安生业，勿肆张皇。自今以往，如再有造谣生事、图谋破坏、扰乱治安者，锷既受委托，责任所在，不得不代为殄灭也。为此布告，仰各军民一体遵照勿违，切切，此布。

　　蔡督军于二十一号由泸登程后，刘军长昨复派军署参谋萧士杰、何君甲驰往行辕欢迎，代表一切，已于本月二十四号首途矣。

　　此次蔡督军来川，所派之前队系罗佩金及雷飙两君，雷昨已到省城，罗亦将莅止，各法团纷纷欢迎。闻罗总司令系前清四川道员罗以礼观察之公子，雷梯团长亦系前清四川候补人员，罗并在四川生长者。蔡公派此二君者，以其熟识川省风土人情，将来协办川事，必能妥洽也。又闻罗现驻节简阳，拟候蔡督军到简，始随同入省。惟已发有明令云，此后无论何项军队，概不准驻省城内，所有省内维持治安之责，自以警察、宪兵、警备队等担任，并已饬前方各军悉驻城外，概不入城云云。

　　至于周骏则于二十号午后离去成都，当未行时在东较场调集所属军士，宣布此行宗旨，言词甚为短简，似有许多难言之隐。演说毕，即乘绿呢大轿，由武成门起出城，向金堂方面出发。周自谓此次失败，实因王陵基在简阳之大败，伍德明、刘湘、王聚奎、黄鹄举之纷纷解体云。周行至北门外龙潭寺地方，其同行者有五十八团陈国栋团长率该团一、三两营外，有炮兵、机关枪、工兵、辎重兵等。五十八团之第三营稍落后队，团长遂向该营演说，略云师长已去远，我军已不能赶上，本军不能不改易方针。演说毕，遂向郫县方面开去。陈之临难苟免，意在将来权利也。

重庆镇守使署留守司令官王聚奎，忽于本月（按：指7月）七号函致渝城总商会及各机关，宣布从是日起脱离周骏关系，与驻永川二十九旅旅长刘湘共表同情。而日前所招骏字军，亦将骏字取消，另改名目，可见周之众背亲离矣。①

又载路透社"成都电。周骏昨日离成都，刘存厚来此守城，以待蔡锷，大局尚安。闻简州开战，死伤数百人，滇军与刘存厚之军队当不致冲突。四乡情状，仍扰乱不安，但无危及外人之虞。蔡锷到成都后，时事当有迅速之进步。刘存厚已令雷飙与警务长纪廷璋（译音）往迎滇军入城"。②

又载周骏谋川与胡景伊有关，而刘存厚也与蔡锷护国滇军同床异梦。说："川督军不能接任，以致全川兵匪纵横，几成不可收拾之势。据知其底里者言，周之此行于〔与〕胡景伊氏不无关系，缘胡调京后常自盘旋观望，以俟时机。适帝政发生，滇、黔起义，大兵云集川南，胡遂遣多数腹心回川运动。而刘存厚等已行独立，无下手之处，惟周骏素忠于胡，又与北军联合，其参谋林必删、洪文璧二人遂径说周拥兵自卫。胡为暗中调停，不料一发难收。周既负天下恶声，而胡又为旅沪蜀人所攻诘，卒未能达其目的，乃多方运动，又匆匆入京。其目的何在，尚未大明，然而周之兴师动众，其遗祸桑梓已不浅矣。近闻周军屡败，自知大势已去，于是一面电止滇军进攻，一面令刘存厚入成都，将将军印务交其代管，己则统所部出走，倡言将遵命北上。二十一日，刘已有电到京，特致胡氏，报告一切。其文云：急。北京胡毅威将军钧鉴。存厚前以养疴，驻军新津县境，适值周崇武将军宣言北上，蔡益武将军尚未莅任，成都坐镇无人，势甚危殆，勉徇各界公民请求，力疾入省，仍以军长名义代行军民政务，借维现状，业经

① 《周去蔡来之川政局》，《申报》1916年8月10日。
② 《译电》，《申报》1916年7月26日。

通电在案。现在抵省数日，人心一律安静，地方秩序亦渐恢复。滇军罗总司令驻军简阳，已派员前往妥为接洽，双方和平解决，各护国军队亦均分别安辑，悉就范围。蔡将军未到任以前，存厚对于保卫地方责无旁贷，自当勉竭驽略，稍拯创痍，我公轸念梓桑，谨陈梗概。并恳转呈大总统暨各当道，兼告吾蜀旅京乡人，借纾□虑。特电奉闻，伫候明教。四川陆军军长代行军民政务刘存厚叩。祃。印。云云。此电于胡、周均仍其将军之旧称，已属可异，而于蔡之已有督军明令者亦以将军称之，诚不知其意云何，且在蔡军紧迫成都时，刘且有电直接寄呈总统。今既川局渐定，周已他去，何必借胡以转达总统？此其间蛛丝马迹，大可寻索矣。"①

25 日，又载路透社"成都电。前为周骏逐出之杨维，昨日复回成都，仍管理兵工厂事，因周骏刻已在逃故也。时事变迁如是迅速，人多异之。滇军已抵此，刻驻距成都十里之凤凰山，以待蔡锷。今日蔡锷至资州，刘存厚已派熊参谋长前往迎迓，以示欢迎"。②

又载孙中山主张扫荡"北方官僚派分子"。说："二十一日东文《天津日报》云，孙文主张将北方官僚派分子扫荡，以非由南方党人组织政府，不能收拾时局。张继等主张容纳南方之要求，使南方派人士就中央要职，以渐贯彻其主张，此渐进主义派于上海议员间大占势力。孙洪伊亦不日到京，占内务之一席。唐绍仪非绝对不欲北上，若形势有利即赴北京。又据昨日上海来电，驻沪议员数百名不日北上，由此观之，渐进主义派拟占势力以多数，而掣肘北方。表面上虽示南北融和之接近，但里面暗斗将由此而扩大。俟南北双方能以赤诚相见，而图收拾时局，尚须经许多波澜曲折云。"③

▲岑春煊电告唐继尧等人，已电复黎元洪、段祺瑞"转知各军，速与陆督接洽一切"。说："云南唐督军、任省长，贵阳刘督军、南宁陈督军、成都罗护督军并转蔡督军、戴省长、刘总司令，杭州吕督军分送上海唐少川、梁任公、温钦甫、王亮畴诸先生鉴。顷奉大总统筱电开，蒸电悉。据呈各军业已遵令，一律谨守现地。现在陆督到粤，仍望转知各军，速与陆督接洽，听候解决为幸。当经电复，文曰：北京大总统、国务院钧鉴。大

---

① 《京讯中之粤川善后谭·周骏违抗中央命令》，《申报》1916 年 7 月 27 日。
② 《译电》，《申报》1916 年 7 月 28 日。
③ 《东报载孙文之主张》，天津《大公报》1916 年 7 月 23 日。

总统筱电号奉，敬悉。蒙饬转知各军，速与陆督接洽一切。遵查李总司令
烈钧前接陆督东来之电，即经复电，声称已饬所部军队，静候陆督军命令，
莫、谭两军亦经由煊饬令，听命陆督军，遵照办理。现在陆督军抵肇，所
有一切事宜，复经电饬各军，禀承陆督军办理。除通电转知外，合并陈明
云云。特此电达。春煊叩。马。印。"①

22 日

▲蔡锷"急"电请梁启超"迅商沪中行交款三十万于天顺祥，克期汇
蓉，以应眉急"。说："洽密。昨接院、部电，允由沪行先拨二三十万元，
汇交来川等因。查成都公私款项，经陈督及周、王两次搜刮，硬软两货均
为一空。现本军人蓉，为维持救济计，需用甚急，拟请迅商沪中行交款三
十万于天顺祥，克期汇蓉，以应眉急，不胜盼祷。沪上借款条件如何？乞
探示。现周、王已遁，锷廿八可抵成都。喉病声哑如昨，但精神已复，肿
痛亦减。知注并闻。锷叩。养。"②

▲梁启超"十万火急"电告泸州行营蔡锷，蒋方震等日内当抵行营。
说："润龙来沪旬余，顷复东渡。百里偕孟曦已到渝，日间当抵尊营。超。
祃。明电。"

又电询刘显世、泸州送行营蔡锷说："松给假命已下，行止何如？盼立
复。超。祃。明电。"③

▲罗佩金电请梁启超"为全国计，力劝"蔡锷"勿辞，并电达中央，
万不可准"。说："梁新会先生钧鉴。二十日在贵阳行营奉松公转示先生文
电，过蒙期许，惭悚曷胜。金以能力绵薄，不敢与闻国事，已两年余。去
冬袁逆叛国，难容坐视，幸先生与黄诸公提携于上，金得附骥为国驰
（驱），荣幸何如。今袁逆虽遭天谴，而内讧更甚于外患，国是飘摇，民生
憔悴，金虽愚顽，何敢偷安？然独当一面，关系全国安危，况蜀事尤艰，
度德量力，万不敢奉命。松公体近违和，就人情论，亦宜使之稍事休养。
然以现在川局之纷扰，舍松公外，则无可以治理者。为川即所以为国，得
松公坐镇，其一切繁难，金与诸同志协助之，于松公之恙，谅无大碍。刻

---

① 《岑西林电告粤省近况》，成都《国民公报》1916 年 8 月 28 日。
② 曾业英编《蔡锷集》（二），第 1465 页。
③ 以上二电见《护国之役文电稿》（1916 年 2 月至 1917 年 1 月），中国国家图书馆藏。

周乱已平，松公于昨日由泸启节来省履新，省中今日已去队布置一切，尚望先生体金之愚忱，为全国计，力劝松公勿辞，并电达中央，万不可准，无任切恳。金奉命率师平定周乱，前后大小十余战，击破乱军三十余营，周骏已遁，不日可告肃清。同类相残，甚非本愿，为维持国法计，又不能不含泪誓师，此战争之苦况也。戎马仓皇，拉杂成词，请祈谅鉴。后学罗佩金。二十二日午。"①

又电刘存厚并转庞光志、阮鲁山说："急。成都刘总司令积之兄并转庞光志、阮鲁山两兄均〔钧〕鉴。积公马电，光、鲁两兄个电均敬悉。我军昨规简后，王部多数溃散，首祸已逃，其余收抚罔治。惟疮痍满地，触目怆怀。前此袁逆倒毙，国民责任已尽，驻马叙城，极思休养。迨周、王忍祸桑梓，陈督屡电求援，各界代表再四呼吁，奉命督师西进戡乱，良以同类相残，甚非本愿。然为维持国法、尊重民意计，不能不含泪誓师。如此战争，良心痛苦，彷徨马首，不尽恻怆。所幸天心悔祸，民德高深，义旗一挥，逆氛辄靡。现在祸首伤窜，川民得解倒悬，父老昆季，庆幸如何。蔡公克日履新，百端立可解决。省中秩序，昨商由嵇、黄、熊诸位代表，电请积公暂时维持，俾清权责。各路义军首领，诸多爱国志士，风雨艰难，同舟半载，收拾难局，端赖群贤，所部各队，统希暂驻原地，静待蔡公后命。雷、顾两梯团奉命今晨开拔入省，饬分扎龙泉驿、凤凰山及附近省外各处，请积公妥为指导。迩因仁寿附近，陈洪范等尚节节与熊、陈两部冲突，拟多方开导，如仍顽强，非量予惩创不可。弟暂驻简城，略为布画，并候督军到后，再随节入省，特先电达。请先向军民各界代布悃忱。罗佩金叩。养。印。"②

▲黎元洪电慰刘存厚。说："刘司令存厚号电悉。周将军遵令来京，省垣现状，重劳维持，殊深嘉慰。除电促蔡督军迅速赴任外，仍望极力保安秩序，抚绥军民，免生意外为要。黎元洪。祃。印。七月二十三号到。"

同日，刘存厚电恳北京财政部，委任毛席丰就近接办造币厂务。说："北京财政部总、次长钧鉴。川省财政，万分困涸，省会变故迭经，一切饷需、政费，仅恃大部造币厂挹注支撑。查有该厂铸造科长毛席丰，老成练

---

① 上海《民国日报》1916年7月26日。
② 成都《国民公报》1916年7月29日。

达，学有专长，业任科长四年。陈前成武将军及前兼理厂长陈培龙，经先后电请大部委该科长代理。周将军骏临省，另易郭、曾二员接办，旋即辞职，仍委该科长继任厂长。查该厂厂本，早经陈、周二将军先后提取净尽。该继任厂长，自力挪措，办理裕如。当此需才济时之顷，该厂长尤为不可多得之员。除就近加委接办厂务外，理合电恳委任，以专责成，而维川局。存厚叩。养。印。"①

23 日，又函请"各护国军首领"，"严束部伍，驻扎原地，静候蔡公莅省"。说："径启者。天祸吾川，民罹厄运，疮痍满目，救济大难。存厚养疴新津，承各乡先生、各法团暨诸父老不弃，以周、王已去，蔡公未来，敦促入省，暂维秩序。入省以后，探悉周、王确已远引，蔡公已于廿一由泸起程，存厚驻军省垣，亦只维持现状。周、王军皆溃散，川局可望敉平，蔡公既奉中央明令而来，当然率众欢迎。阁下师以义起，现已南北统一，省垣有主，亟应严束部伍，驻扎原地，静候蔡公莅省，自有正当办法。第恐远驻一方，未悉目前现状暨存厚入省态度，特泐寸简，付邮布闻。顺候台祺，即希鉴纳。刘存厚启。七月二十三日。"②

▲报载蔡锷特派慰问使庞光志在省城成都答《国民公报》记者问。说："蔡益武特派庞敬向、阮甸韩两君慰问各路义军，廿一号午间行抵省城。记者于廿二早晨投刺访之于东大街永成旅馆，至时见两君行装已备，行色匆匆，当由庞君接谈。庞君名光志，兴文县人。据云昨抵此间，已到刘军长、刘镇守使等处接洽，今将到郫、崇各县往见吴、孙、丁、张各司令。此次所负任务，系在慰劳义军，疏通隔阂。蔡将军以创义积劳，此次受中央敦促，勉当斯任。对于川省军事，力持和解主义，并无分乎界限，独立以前义军将加以特别优待。罗总司令道德学识甚为优长，故蔡将军畀以左翼重任，熊锦帆、张午岚、陈戎生诸军皆归其指挥，军令颇为严肃，所过地方，故甚静谧，不日即将轻骑来省。蔡司令对于财政已有成算，所委办理财政之员系杨伯纯君（名宝民，遂宁人），此次在泸迟迟未出发者，即因商筹维持金融事宜故也。现已积有多数款项，存储银行，金融行见活动，执兑换券者不必多虑也。民政方面拟以慎选良吏为入手办法。方谈至此，适有他

---

① 以上二电见《公电》，成都《国民公报》1916 年 7 月 24 日。
② 《军长致各护国军首领函》，成都《国民公报》1916 年 7 月 24 日。

客至，记者遂兴辞退出。"①

23 日

▲蔡锷电告陆军部，已通饬保护盐务。说："华密。养（电）敬悉。财部请饬剿匪，保护盐务，并饬各军官不得干预商盐等因。已分饬详查核办，并通饬遵照矣。蔡锷叩。漾。印。"②

又电请北京黎元洪、国务院、陆军部、参谋本部任命熊克武为重庆镇守使。说："华密。前奉电传策令：任命王陵基为重庆镇守使。等因。查此次周骏之乱，紊〔素〕由王陵基主动，前已电陈在案。现在蜀乱将定，自不应再令赴任，至滋后患。惟重庆重要，坐镇需人。查有前川军第五师师长、现充护国招讨军司令熊克武，深明大局，声望素著，以之镇守重庆，必于蜀事有裨。拟请任命该员为重庆镇守使，以资臂助，实叨德便。蔡锷叩。漾。印。"③

有回忆说："据罗佩金透露，蔡认为熊是国民党中稳健人才，自建招讨军以来，不任意护张队伍，作战也所到有功，无矜伐气象，有小心翼翼的风度，很加推重。"④ 由蔡锷此电推知，罗佩金此话应是可信的。

▲熊希龄、周大烈、籍忠寅电告四川行营蔡锷，中央将任其为参谋部总长，"万望勿辞"。说："寅密。中央将授公参长，已电公取同意，此职不甚劳，于公病体最宜，且得公在京接洽一切，将来大有作用，至就职迟速，视蜀事与公病情，悉听尊旨。任命后，即暂请假，亦无不可。无论在蜀或他适养病，中央皆愿公遥领，此着关系极大，万望勿辞。希龄、大烈、忠寅。漾。"

8 月 7 日，蔡锷电复熊希龄、周大烈、籍忠寅说："寅密。漾电敬悉。参长一席，自维才薄，深虞弗胜。昨奉都中公私来电，均谓暂时遥领，中有作用。锷僻在一隅，消息隔阂，昨电请任师代为酌夺，尚未奉复。总之，此事苟有益于全局，锷何敢矫辞，若仅关系个人升沉，则贱恙待养，不欲

① 成都《国民公报》1916 年 7 月 23 日。
② 中国第二历史档案馆藏档案。
③ 曾业英编《蔡锷集》（二），第 1465 页。
④ 李乐伦：《护国之役后四川的动乱局面》，《四川军阀史料》第 1 辑，第 89 页。

冒进误公，并以自误也，仍盼示复。锷叩。"①

▲梁启超电告泸州速送行营蔡锷，刘云峰、袁华选宜到南京与冯国璋"通殷勤"。说："护密。刘、袁两代表宜到宁与华帅通殷勤，请即电告华接洽。袁现已在沪，刘两三日内可到。超。漾。"②

24 日，又电复周善培，对中央意欲任蔡锷为参谋总长严重不满。说："香密。个电敬始奉。松领参谋，岂非投闲？失蜀而他无得，遂将全败。尚有术挽救否？循查办湘，必无效果，徒生恶感，若令未发，望力阻。任（按：指任可澄）为参议，真是顽笑，望必阻。陕、鄂省长出缺，宁不足位置耶？我辈为大局如此尽力，若结果如彼，真短气！乞设法婉达。沧。敬。"③

又"十万火急"电告刘显世、泸州递送蔡锷、重庆戴戡说："洽密。得京电，松领参谋，不日发表，奇极。又将派循为湘查办，将来或以省长兼督军。此事在汤未逃前诚可，现某派争湘甚烈，不得不休。循往必成仇，恐亦难镇。镕既护督，松又似不能不离川，结果恐松、循皆无着。松军善后费由松清结，抑并委镕各节，盼立复。超。敬二。"

又电刘显世说："洽密。个、养、漾四电悉。中央每不接头，松方受任而给假令下，循又不同时发表，阅报甚窘。此时万无又改成命理，好在假仅一月，且有'就近疗养'语，松进退自有余裕。惟一月后，镕当作何位置？松尚须离川否？乞早示，俾图应付。循督湘时机已错过，只能作后图，川东巡阅使已电京请简，不虑生枝节否。劝粤、鲁电可勿发，劝议员电仍请各处分发，不宜合用一稿。弟文易识认，尤不可措词以'尊重名誉''保持机关神圣为宜'，议案以少为贵，最当声明，但电当致议员个人，不必致机关。超。敬。"

再电唐继尧，肇庆岑春煊，刘显世，南宁陆荣廷、陈炳焜，泸州蔡锷督军、罗佩金护督，重庆戴戡省长说："义密。冀公号电漾奉。超前因对峙相猜，大局甚险，故本冀公六月蒸电之旨，力主速撤军院，词涉危急，诸公不嗔责而垂采，钦感良深。中央举措诚多不满人意，然与其谓有恶意，毋宁谓不接头。敬民、静生、溥泉南旋，所述颇详允，大约南力既自审不

---

① 以上二电见《熊希龄先生遗稿》第 2 册，第 1942、1970 页。

② 《护国之役文电稿》（1916 年 2 月至 1917 年 1 月），中国国家图书馆藏。

③ 《护国运动资料选编》下册，第 732 页。

能摧北，与其对峙增猜，不若统一协议。新阁员久不北行，致中央不得有力之发言亦一失着，我谓彼不诚，彼亦谓我不诚，若缘此生反动，责任固分担矣。现院既撤，彼疑我者已解，但望阁员速往，国会稳健，彼此相煎不急，大局或可维持。善后费中央声言允任，惟须常敦促，事实上亦须彼筹款有着，索取乃有效。绵薄所逮，自当尽心。启超。敬。"

25 日，再次电告周善培说："香密。昨电词激，望勿照达。松电称芝与商长参（按：指参谋总长），征我意见。我言兼领无妨。松督湘，望主张。沧。有二。"

又"万急"电请内江迷送蔡锷说："护密。漾（电）悉。昨孝怀电亦言领参不日发表，鄙意不妨兼领湘事，已电京。公债抵押事办否？借款九六扣，八厘息，可办数十万，须指税项作抵，如何？复。超。有二。"

又分别以"任密""冰密"电告黎元洪、段祺瑞说："读明令知松坡已给假，甚慰。连得松坡电，引退之心甚决，一则须养病，二则欲矫争权之风。惟所部军队欠饷未有着落，悬然舍去，殊玷人格，为此甚着急。闻已电请就近拨川盐税，望赐核准。犹恐缓不济急，或数仍不足。闻月杪五国团应还盐款三百万，望饬先拨五六十万暂救，其余仍许续筹。又川中北军退后，蔡、曹屡电戴戡军往渝，顷已进发。戴绝非争权利之徒，中央当洞察。惟蜀境寥廓，土匪太多，松欲请任命戴调蜀省长，俾资助镇，可否准行？又闻黔求善后费三百余万，黔最瘠苦，而最持公道、顾大局，望有以慰奖之。各节盼示复。

再，此电乃漾日发，因所发任密电本查译不对，今改华密。钧座廿二赐任密一电亦译不出，请改发。仍乞别发密本。启超叩。有。"①

24 日

▲蔡锷饬四川各知事严查以枪支易银钱情事。说："为饬遵事。查现在各路归去军队，于沿河一带及各码头地方，往往有以枪支易银钱情事。夫以有用之枪支，不幸而遗失匪手，其危害地方，何堪设想？合行饬仰该知事速即派员严查，果有此种情形，务须会同该管各首人设法筹款收回汇报。

---

① 以上各电见《护国之役文电稿》（1916 年 2 月至 1917 年 1 月），中国国家图书馆藏。

此饬。中华民国五年七月廿四。"①

▲报载"北京电。将军府范参军熙绩新自泸州回，述蔡锷病势甚重，终日不能说话，即偶有一二语发音，甚轻，人不能闻。而且精神疲乏，颜色枯黑云云"。②

又载《文汇报》24日"重庆通讯云，渝城虽有乱象，今仍安谧。陈宦已由成都绕道抵此，所携北兵卫队为数甚众。蔡锷近派滇黔军来此维持治安"。③

又载四川"人心思蔡"。说："（川匪之悍者）啸聚又在里山，尤以忠州一带人数最多。然均统有头目，各不相残。佥曰：蔡锷督川，一律解甲，否则无论何人，断难平服。盖蜀中虽妇人孺子，其脑筋内莫不有一蔡将军在，崇拜之诚，可以概见。惟予（客自谓）本月九日由重庆动身时，松坡先生尚在泸州，病实不轻，沪上迎来之西医三人，咸谓外观虽是喉症，细察内部实伤在肺，非得空气较大之所，静养半年，断难告痊。若在泸、渝地方，与体气实不相宜，力劝为国自重，急应引疾暂归。蔡亦自知病根已深，亟欲交卸军务，前赴日本求治，已电中央预保罗佩金为代，不报。微闻最近主张拟到成都后，察看情形再行裁定。因周骏在省城外，已与熊克武交手，其结果周先小胜，而后大败，现退军三十里，静待蔡氏解决。自称此举由于误会，以初未接到中央开缺电令所致，实则尽是饰词，其野心固未除也（一说周已遁去，殆非真相）。蔡督军洞中其隐，已明发军令，骏军苟不自解散，即以匪论，由派出各师迎头痛剿。省人士闻报，欢声雷动，惟念周军本与匪通，传已公然联合，希图反抗，谣言因之纷起，深恐督军不至，地方必遭糜烂，日多去电敦促。闻蔡已允即日起节，先到重庆面会办，商定行止，或即在渝接印。故多数人之心理，只须蔡氏坐镇其间，匪患已不足平矣。"④

又载有人发文请蔡锷勿求去。说："据近日电传各路之消息，如蔡锷、陆荣廷皆有辞职之说。我期期以为大不可。盖我国今日，共和再造，日月重光，第一则由于蔡之仗义而起也，第二则由于陆之闻风景从也。无蔡督

① 曾业英编《蔡锷集》（二），第 1466 页。
② 《专电》，《申报》1916 年 7 月 24 日。
③ 《曹兵东下时之渝城景象》，《申报》1916 年 8 月 8 日。
④ 金戈：《四川归客谭》，上海《时报》1916 年 7 月 24 日。

军之崛起，共和无复活之机，无陆督军之景从，项城无取消帝制之意。前后层次，不难复按而得。今虽天相中国，项城殂谢，然国家大局尚未底于巩固，正赖国中豪杰共支危局，以免功败垂成，而慰国人之望。初何必于今日仍在风雨飘摇之际，亟亟求去耶，在诸君以功成身退，原无不可，然其如国家何？其如人民何？倘于今日坚执己见，互相求去，则未免与诸君救国救民之志尚有不符，窃愿诸君三思之。"①

又载北京当局对四川问题，仍多责成蔡锷。说："以现在时事关系之全局论，其最惹人注意，又最感处置困难者，粤省而外尚有湘、蜀两省。据政界消息，段芝泉总理于二十日上午，连接湖南刘人熙督军，并川省罗佩金总司令先后来电，密陈各该省恢复治安秩序之进行计划，并请速示机宜等情，内容陈请问题非常紧要。旋传众秘书，厅长徐树铮电邀参谋本部王士珍总长，并陆军次长张士钰等重要军政各员，均于是日午后一时在国务院宝镜堂开军事会议，讨论电复刘、罗两氏。并闻是日会议兼署外交总长陈锦涛亦须莅席，内有外交问题数事，亦与两省恢复治安问题颇有关系，均须同时电示办法也。川省方面所有蔡锷请假、罗佩金护理各节，虽经见诸明令，然中央之意仍多责成于蔡氏。段总理最近曾有电嘱蔡氏，务将川事布置大定，方可东下，措词甚为恳挚。蔡氏也在泸州养疴，所延者为德医阿密司，阿氏近曾有缄致京中某君，述及蔡氏病状，谓蔡虽患喉症，然甚轻微，决不如外间所传闻之甚，大约能静养一个月，必可望全愈等语。蔡锷告假电文云云，特作为引退计。当此大局甫定，政府又焉能令蔡氏遽退，故仅准假一月，非无故也。湘省方面，政府刻亦在积极筹划，已迭开特别密议。闻最近所核议者，已调令陈二安先行晋京，暂勿庸赴湘。如刘人熙果能维持政局，即以之实授督军。省长一席，政府仍拟以谭延闿担任，约俟查勘情形，即当发表。"②

25 日

▲梁启超"急"电熊希龄、周善培，请速以蔡锷表示仍以戴戡"长蜀为宜"告黎元洪、段祺瑞，并迅任蔡锷"督湘兼省长"。说："建密。松号

---

① 心森：《闲评二》，天津《大公报》1916 年 7 月 24 日。
② 《粤川湘之时局解决谭》，《申报》1916 年 7 月 24 日。

电文曰：循仍以长蜀为宜，因立功省分，声威已著，诸易就范也。湘督非循所宜，且难办到，湘杌陧与川、粤等，收拾大不易。锷自揣如以此席相畀，较之他人任此，事半功倍。长沙医药较便，于养病亦宜，甚愿告奋勇。锷离川后，拟仍以镕督军，循长民，两人合力，乃能了蜀事云云。似此则蜀、湘问题同时解决，湘似屈松，然退归救乡邻之急，正足表其不矜功竞权，亦可励末俗。望以此意达元首、总揆，请迅任松督湘兼省长，罗、戴调补蜀军、民，惟罗、戴之发表须同日。超。有。"①

又"急"电周善培说："香密。松号电自求督湘兼省长，力保循任蜀省长，原电已托秉转，请告黎、段照行，以解决湘局。罗、戴请调补蜀军、民，惟二人须同日发表。超。有。"

又电刘显世、泸州递送行营蔡锷说："治密。政府拟任循为湘查办使，惟事机已逸，现若往必与某派成仇，且站不住。顷飞阻，当罢议。川东巡阅使，松电到京，当发表。为蜀地盘计，循宜留，望松即电请并告循。蜀盐款已允拨，有现可提否？盼复。超。有。"

再电告蔡锷、刘显世说："治密。松号电有奉，已速达中央，请松督湘，镕、循调补蜀军、民。铁岩、希陶望以一人速来，百里已到蔡营否？超。有。"②

▲熊希龄电请黎元洪、段祺瑞"俯念大局困难，允照"梁启超所请，迅任蔡锷督湘兼省长，罗佩金、戴戡"调补蜀军、民"。说："院密。顷得梁任公电开，顷据松坡号电，文曰：戴仍以长蜀为宜，因立功省分，声威已著，诸易就范也。湘督非戴所宜，且难办到。湘乱与川、粤等，收拾大不易，锷自揣如以此席相畀，较之他人任此或事半功倍。长沙医药较便，于养病亦宜，甚愿告奋勇。锷离川后，拟仍以罗督军，以戴长民，两人合力，乃能了蜀事云云。似此则蜀、湘问题同时解决，湘似屈蔡，然退归救乡邻之急，正足表其不矜功竞权，亦可励末俗。望以此意达元首、总揆，请迅任蔡督湘兼省长，罗、戴调补蜀军、民。惟罗、戴之发表须同日。超。有。等语。查湘事议论复杂，屡得湘中军、绅各界函电要求，以黄克强、李协和、谭组庵、戴循若诸人为湘督，各持一见，龄以事关中央用人权，

---

① 《熊希龄先生遗稿》，第 1949 页。又见《护国之役文电稿》（1916 年 2 月至 1917 年 1 月），中国国家图书馆藏。

② 以上三电见《护国之役文电稿》（1916 年 2 月至 1917 年 1 月），中国国家图书馆藏。

未便由龄等无责任之人妄参末议，致涉纷嚣。兹据任公电称，蔡松坡自愿为国家了此乡难，实属解决此最要问题。谨以密陈，乞俯念大局困难，允照任公有电所请，国、乡幸甚！熊希龄叩。径。"

又电请四川蔡锷"主持正义，并电湘督、林司令，勿为匪徒所惑，免令桑梓人民惨遭痛苦"。说：

> 顷据湖南辰沅道尹张学济电称，济此次驻辰，专事剿匪，除分扎辰属各县防堵外，永顺为匪盘踞，每县约数千人，业定计划，先从永着手，派姚团长忠诚，督办永、龙、桑清乡剿抚事宜。于本月江日率队出发。该团长虞日行抵王村，据永匪首甘淦平等，派匪一千余人堵截中路河、虎视坪两处天险要隘，毁路拆桥，筑垒固守。该两处为赴永必经之道，既经匪军堵截，难以飞越。当由该团长派人四下查探，查有列夕小路可入，即会同帮办李必富，由列夕进兵，各以疑兵牵掣中路河、虎视坪两处匪军。元日上午我军行近捧夕岭，山势陡绝，有匪军七百余人，扼险据守，我军三面环攻，猱升而上，鏖战一日，毙匪十余名，余遂奔溃。当获匪首刘岩匠一名正法，并夺获旗枪刀矛多件，是晚驻军捧夕。有由永城新来匪军一百余人，乘夜扑营，仍被拒却。寒日进攻火坝场、皮家坳，匪虽极力抵抗，旋即败退，并进据距城六里之那岔后山，我军士气大振。突有甘等派来代表侯兰田，来致甘等悔罪投诚之意，欢迎我军入城驻扎。幸该团长察知其诈，严密防范，先派帮办李必富率兵前进，其余各营依次后进，以便互相援应。该帮办兵甫进城，埋伏匪军遽开枪猛击，弹急如雨，且居高临下，势尤便利。我军全无惧意，向前猛扑，警备队排长田荣轩及兵士潘玉德均受伤甚重。而徐海清等廿余人已冒死飞突过桥，伏匿桥下，望城仰击，对敌三小时之久，未能取胜。该团长即令营长彭仁稽率兵百余名，伏守该桥西道，防匪冲越。一面令营长田再荣率兵由右翼浮水渡河，攻击南门。令连长向志武，率兵由左翼渡河攻大西门。三面齐击，又二小时之久，毙匪二十余名，受伤者无算，匪尚死力抗拒。而我军营长田再荣率兵由南门梯钓入城，排长杨正炳、兵士秦齐仲首往开城，众官兵亦直扑城门，毁门直入，匪遂由东门逃窜。我军乘时追赶，夺获马二匹及枪械旗帜五百余件，追斩匪徒首级四颗，时已天暮大雨，

该团长遂收兵入城安民。城中良民未伤一人,惟侯兰田当被拿获正法,随派兵出城巡缉,分驻近城各要隘,以防余匪。次日探报,甘匪已逃往桑植、大庸交界地方去讫,此该团长克复永城之实在情形也。

查此次甘逆占据永城,抗拒官兵,实由罗剑仇所派,参谋方汉儒、余伯觐及秘书杨玉阶、宋哲臣四人为之主谋。查罗剑仇即罗瓒侯,前率匪起事大庸,济因恐北兵攻罗,借入永属,与黔边北兵联合,则西路受祸愈烈,当电蔡总司令,请电中央,准以罗军与护国军一律看待,均在停战范围内。罗军固得列为护国军,不过一时权宜之计。今罗乃欲借匪军以自重,竟派匪军占据永、龙、桑一带。省中清乡总司令林伯仙来电云,奉令罗军应扎永、龙、桑三县。湘事扰乱乃至如此,虽已电刘督,难免受人蒙蔽。济惟吊民伐罪,不问其军不军,只问其匪不匪,务恳详电湘督,严拿方汉儒、余伯觐、杨玉阶、宋哲臣等,并处罗剑仇以纵匪殃民之罪,以谢地方人民。至龙山、桑植两县,济已饬姚团长克日进剿,俟后再报,诸祈详示祗遵。学济叩。梗。等因。

查湘西自战事后,匪盗纵横,冒称护国军等,所在皆是。该道尹专重清匪安民,为近今首义者不可多得之员。应恳我公主持正义,并电湘督、林司令,勿为匪徒所惑,免令桑梓人民惨遭痛苦,是所至祷。希龄叩。径。①

▲报载黎元洪以副总统继任大总统后,对依法补选副总统一事,在一般人心理中拟议的候选人,蔡锷被列为首选。说他"滇南首义,源于蔡、唐之密谋。迨蔡氏冒险走滇,滇军始一致决心举义,苦战数月,收共和再造之功。国人本饮水思源之念,主张选为副总统,以隆其崇报"。只因蔡锷"恬淡为怀,已托病乞休,表示不近权利之意",才不得不表示"士各有志,何必相强"。②

又载川人易倩愚呈请黎元洪恢复稽勋局,并表示他"曾嘱同事雷飙",往托蔡锷"从旁提议,而亦以今非其时,徒唤奈何"。说:

蜀人易倩愚氏夙有才名,其素行如何,蜀中党人之曾在京被絷图圄,

---

① 以上二电见《熊希龄先生遗稿》第 2 册,第 1943、1946—1947 页。
② 《拟议中之副总统》,上海《时报》1916 年 7 月 25 日。

或由执法处幸蒙释放者多能言之，无待多赘。最近易氏闻有恢复稽勋局之呈请，其草此呈时，设一念及三四年中所曾经之已事，其感想不知何似，顾此呈文字亦颇有凄惋动人之处，可见文人固无所不可也。

为呈恳速予恢复稽勋局事。窃维崇德报功，国家重典，垂名纪绩，竹帛荣光。况九京义烈，姓字长埋，万室孤孀，饥寒莫告，不有殊异之机关，何酬伟大之功业。爰查前国务院临时稽勋局，于民国元年七月，经前参议院议决开办，合二十一省开国之积劳，成五千余年不世之创制，事至繁，公至要也。乃调查未竣，审议方开，适有癸丑之变，前局长冯自由去职，继任局长许宝衡，国务总理熊限令两月完竣，随又开除审议员数人。夫以至短促之时间与少数人员，办理至繁且巨之案件，其何能善，履霜坚冰，不寒而栗矣。记熊总理语审议员戴戡云，今尚有何勋之可稽？戴戡答云，本局稽勋，一为勋人、勋章之等级，一为死难抚恤金。查各勋人多未与〈于〉赣宁之事，而死义诸烈士、军人又悉在民国纪元以前，赣宁一役于稽勋局直了无妨碍，可谓义尽于言。而勋章则以粗劣驳斥，抚恤金虽未以明文取消，而实则无一钱之惠，致令生者坐泣于穷庐，死者含酸于地下，飘零孤苦，呼吁无门，而高牙大纛将军早属他人，衰草斜阳，烈士徒留孤冢。冠盖京华，泥沙金币，而抚恤金一案，从无人过问。倩愚等亦曾嘱同事雷飚，往托今蔡督军从旁提议，而亦以今非其时，徒唤奈何而已。鱼得筌忘，弓藏鸟尽，事之不平，而大可痛，孰有过于此者乎。顷阅报载，有冯自由、徐绍桢以保存、恢复等词呈请各在案。倩愚前实躬亲局事，故仅将稽勋局已过之痛史，为大总统崖略呈之。又，此次西南起义，保障共和，伟烈丰功，与前案后先辉映，殊荣异数，尤国民所急应请行。伏希大总统统筹全事，俯念先烈之热血未寒，而遗族之苦寒已极，嗷嗷待泽于今三年，倘再迟延，孑遗已尽，倩愚等请求速予恢复稽勋局，尤重在抚恤金案也。又，稽勋局调查各案，半出诸原事原人，而互相稽考于数十年中革命事实，较为详确，尤足以供国史馆之采求，诚为一举两善。大总统以手创民国之元勋，主再造共和之大政，集德福于一身，比公平于大造，谅蒙下采刍荛，而曲从民愿也。是否有当，训示祗遵。[1]

---

① 《易倩愚亦请恢复稽勋局》，《申报》1916 年 7 月 25 日。

又载 7 月 19 日刘显世反对恢复稽勋局一电，说："各省督军、省长，北京英文《京报》、《国民公报》各报，上海梁任公先生，《时事新报》《申报》《中华新报》转各报馆均鉴。顷上大总统并国务总理、各部总长、参众两院一电，文曰：迭接京、沪电，闻有人条陈政府，主张恢复临时稽勋局，言念前途，不胜忧愤。溯自民国成立，劝赏之滥，达于极点，□□者幸冀争趋，自爱者视之若浼，致使荣典等于弁髦，名器无足重轻，非惟中外有识所共讥，诚为世道人心之隐患。今值刷新政治之始，正宜力挽横流，扶持正谊，培国民之特性，励廉耻之大防，若复设此机关，适足导贪功者以夤缘之路，是虑国民弱点之不足而愈助长之，甚非正本清源之道。况维持国体，改革政治，乃国民应尽之天职。今兹之举，实因迫于救国之故，不得已而以兵戎相见，操戈同室，宁不疚心？且缘此而国家之元气凋丧几何，人民之生命财产损失几何，十数年内恐无恢复之望，试一述及已往之战史，正我国民垂涕泣而道之时也。若政府于此将有以明是非而垂法戒，亦惟严治祸首，以为惩前毖后之计，并于临难捐躯之先烈，致身为国之将士，有以抚恤而奖慰之，庶不失慎重刑赏之义。然此等事自可由主管院部分别核办，更勿庸另设专局，致等骈枝。抑显世尤有进者，方今强邻耽视，国势飞摇，正我政府国民卧薪尝胆之时，似非痛饮黄龙、恒舞酣歌之日。诚虑此局一设，既开拔剑击柱之风，更贻燕雀处堂之诮，影响所及，惰气乘之，使国民日惟争功竞赏之是务，不知其他，国家更复何望？区区之愚，惟冀大总统深维国本，严予□［指］斥，似于政治前途及人心风俗，裨益非浅。临电无任企祷待命之至等语，特闻。诸公如以为然，并乞鼎力主张，不胜□盼。世叩。皓。"①

**按**：从易倩愚呈文所言，可知蔡锷此时当与刘显世持同一意见，即暂不主张恢复稽勋局。

▲报载"少城将军衙门，自周、王军队开去，刘军长之军队复驻该处。现闻又复纷纷迁去，以便滇军开入驻扎"。②

27 日，又载"近日城内外发见有种油印物拒止滇军，其词涉及蔡督

① 《公电》，《申报》1916 年 7 月 25 日。
② 《将军旧署之让出》，成都《国民公报》1916 年 7 月 25 日。

军，刘军长特查禁，除出示晓谕外，并致函商会，问是否该会所发。兹将军长之布告及商会复军长函照录如下"：

军长之布告。刘军长昨出示云：为出示严禁事。照得新任蔡督军昔任滇南，勋猷丕著，中外咸服。今奉中央命令来督吾川，必能奠安川局。本军长昨同赴义，辗转相依，感情尤洽。所部官长士兵，朝昔[夕]相处，时阅半年，纪律严明，共闻共见。乃闻有人未谙情事，出有一种印刷物传播，若不明示查禁，诚恐摇惑人心，妨害秩序。除饬警厅严重干涉外，合亟出示严禁。为此，示仰军民人等，一体知悉。对于前项印刷物，如果发见，应即立行销毁，勿得稍相传布，轻信盲从。一经查觉，定即严拿究办，决不宽贷，其各凛遵，毋违。特示。

商会之复函。成都商务总会复刘军长函云：敬复者。顷奉大署函开，顷据报称，省城内外，发见有一二种油印物，发布传单，称各法团名义，意在拒止滇军，遂至涉及蔡督军。蔡公荩筹伟绩，人所共知。此次奉命来川，自能奠安川局，似此徒伤感情之举，恐于大局无益。但此项传单，究竟是否贵会所发，希即示知以凭办理等因。奉此，窃蔡公来川，敝会同人极表欢迎，省中发现之油印物，不识何人所为。敝会因其虽假托法团名义，而并未指出何项团体及团体领袖姓名，不过一种捏名揭贴，未生效力，是以置未过问。兹荷垂询，合亟函复。祗颂公安。七月二十四日。①

28 日，又载刘军长致律师公会函（按：与前商会复函中"顷据报称"以下文字完全相同）及复函。后者说："律师公会复刘军长函。径复者。顷奉军长函开（原文见前）等由。准此，查本公会系司法上三职之一，为中央法定机关，专以巩固国法、保障人权为主旨。而在会职员，各省皆有，纯取大同主义，不分畛域，凡关行政、军务方面事件，概未与闻。即与各方公文函电商榷意见，咸须盖用本公会钤[铃]记，由会长署名，以昭核实。兹奉前因，殊为骇异。蔡督赴任令出中央，欢迓不暇，何能拒止？此等无意识举动，离间承迎，眼小于豆、亟谋啖饭者所为。爱川实以祸川，爱公实以害公，本公会断不至丧心病狂，昧于趋势，陷公于危，蠢蠢如此。

① 《刘军长查禁油印物》，成都《国民公报》1916 年 7 月 27 日。

况此事与法律漠不相关，本公会又何敢违法隃越，徒滋恶感，传为笑谈。必系群小干进，借名捣乱，阳以博笃念桑梓之名，阴以酿不顾大局之害。况滇军纪律，素号严明，倚为唇齿，早在我公洞鉴。谅不至如袁兵败类，使吾川重生蹂躏之虞。即以蔡督军之大略雄材，断不使吾民再受陈前督种种不法之惨。除由本公会登报声明外，相应函复，并请饬查依法惩处，以杜捏窃，而维名誉，无任祷盼。顺颂公安。会长郑可经。七月二十六日。（立甲）"①

又载蔡锷昨电令滇军第一梯团雷梯团长时若，"招集周、王散军，以免流而为匪，为害闾阎。闻雷君奉此电令后，日内即行从事招抚"。②

30 日，又载"二十八号，刘军长退出皇城，驻于北较场。所有守卫之军，亦即撤去，由驻青羊场之滇军营长项、杨二君率队入城，随运辎重甚多，开到皇城，接卫督军署"。③

**按**：以上各信息表明刘存厚函查词涉蔡锷的"油印物"，很可能是此地无银三百两，也表明蔡锷此时对刘存厚已失去信心。

26 日

▲黄兴电请蔡锷，力劝戴戡"辞不赴湘"。说："核密。奉到蒸电，并晤醉六、士权（按：袁华选，字士权）两兄，借知战中苦况，并审病情，极为系念。尊恙自以早日来沪就西医调治为妥。弟甫抵沪，即闻湘变，汤督仓皇出走，内部心志不一。北兵屯聚岳州，窥伺甚严，势〔事〕机危迫。外间有运动戴循若君督湘之说，其实中央有吴光新督湘之内命。自汤督湘以来，吾湘苦痛，已难再忍。以湘人谈湘事，甚不愿以湘中地方为逐鹿之场。荏苒岁月，水深火热，而于根本建设，断难有望。戴君功高，湘人不敢明言反对，然本心实不惬洽。稍有微言，北兵必托词侵入。中央阳以湘督与戴，实欲激成变乱，授之北军，其计甚毒。望兄力劝戴君，辞不赴湘。为湘计，为戴君计，均得。吾湘连年受患已深，此后休养整理，实施所谓根本建设者，一切望兄早日回湘肩此责任，福我桑梓。顷闻中央令戴君赴

---

① 《刘军长与律师公会之往复函》，成都《国民公报》1916 年 7 月 28 日。

② 《雷梯团长招散军》，成都《国民公报》1916 年 7 月 28 日。

③ 《守卫军先期更换》，成都《国民公报》1916 年 7 月 30 日。

湘查办，事急，乞速审处。无任盼祷。兴。宥。"①

▲熊希龄、籍忠寅电告梁启超，蔡锷军饷，政府已电允其"先向四川稽核分所交涉，有绪必准"。说："建密。前奉个电，当托孝怀与中央接洽。兹据函述如下。一、松坡索款，政府已电松，请其先向四川稽核分所交涉，有绪必准。二、朱子乔至今犹辞，府、院促行，已告合肥，万无［勿］伤放翁感情，政府允电放翁申叙，朱来纯由黎意，恐其过劳，选此为佐。并告以朱之为人。朱可沿途逗留，侯陆到再往。三、莫任潮梅镇守使，日内即发表，惟与莫同资格之镇守使，尚有数人，宜同发表。四、夔之勋位不难办，所难者不能使陆、刘向隔，同奖又无以示殊异，方酌未定。以上均孝怀交涉结果，特奉布。龄、忠寅同叩。宥。"②

▲梁启超"万急"电告内江、成都递送蔡锷，黎、段嘱转劝其允就参谋总长。说："护密。黎、段来电，嘱转劝弟允就参长，到任迟速听便。弟以湘督兼此似无妨。盐款已核准，请即与稽核所交涉，能得若干，希速示。中银垫款正交涉，虽得亦恐无多。超。宥。"

又电告黎元洪说："华密。有两电祇奉。参谋事已转告松坡。松素以服从命令为职志，苟才力能任，当不敢辞。但病恐仍须静养，且地方事或未能遽尽摆脱，何时就职，或难定耳。启超叩。宥。"并电复段祺瑞说："冰密。有电悉。松坡诸承爱照，甚感。黔善后费明知中央亦急难筹措，顷查有蔡乃煌前办膏捐，每月收款尚不少，现蔡弟驻沪办理。拟恳就此项下拨定百万，饬蔡每礼拜将所收划交沪中国银行，陆续解黔。此次前后斡旋大局，黔用心最苦，出力最多，将来时局解纷，尚多资其臂助，而彼瘠苦边远，窘状非他省可比，为大局计，似亟宜有以慰之。务望我公力持指拨此款，其感激当有加也。启超。宥二。"

27 日，又"万急"电询刘显世说："洽密。宥电悉。蜀盐款，前交涉专指松军欠饷，未提补黔协饷。尊处与松交涉如何？乞详示。京电称黔索饷电未到，此间查有膏捐余款，已电段请拨黔百万，尚未得复，仍请尊处恳电要求。中行总裁徐为股东所攻，与此间感情亦伤，恐有阻挠。熊与陈亦闹翻，事益棘手。内人归宁，下月抵黔，需汇三千元，拟恳尊处就近划

---

① 《黄兴集》（二），第 855 页。
② 《熊希龄先生遗稿》第 2 册，第 1951 页。

拨，待内人到后托领，此间则将原数留交希陶，省汇兑转折，可否？复。超。沁。"①

▲刘存厚电恳四川旅沪同乡惠赐教言。说："上海同乡诸公鉴。时局奇变，川祸滋深，江海殊区，久疏音问。吉珊去后，存厚入省维持，以待蔡督之至。疮痍满目，经济奇穷，目击伤心，妄想补救，材力绵薄，如蚊负山。诸公学丰识卓，眷念西南，必已成竹在胸，算无遗策。谨代岷峨父老拜恳纾筹，尚幸时锡箴言，俾知趋向。刘存厚叩。宥。"②

▲报载"陈宧督湘"，湖南"无论何人，一致反对"。说："兹省议会议员彭兆璜等分电"蔡松坡、熊秉三两君并湘籍国会议员，请转达中央收回成命，并公举黄克强先生为湖南都督，请一并敬恳中央加以委任。"③

27 日

▲蔡锷电复岑春煊，表示此后当"力疾从事"，"务恳时锡良箴"。说："鱼电敬悉。奖许溢量，爱与时并。锷屡月奔驰，触发喉病，虽动履无碍，而发语暗涩，渐致失声。据医者言，非转地疗养，难望痊可。故前膺简命，迭电陈情，迄未许可。适遭蜀中内乱，周骏拥兵犯省，逼走陈督，矫制称尊。锷奉相机剿抚之命，分道出师，虽不及旬月，幸获戡定。而溃兵四散，群盗满山，乱象纷纭，不可终日。自维病体羸弱，岂堪胜此繁剧，亟拟谢病东渡，而中枢敦迫，蜀民维系，至再至三，无词可谢，不得已扶病入省，勉塞众望。日来仆马在途，目睹满地疮痍，良用恻怛。此后力疾从事，非敢为其有劳，聊以明其不忍。我公远怀旧部，久储宏谟，务恳时锡良箴，俾资先导为祷。蔡锷叩。感。印。"④

▲报载蔡锷"最近行踪"。说："本报顷闻蔡君于二十五号抵资阳属之南津驿。是夜即驻宿该处。闻二十六号可抵简阳云。（维）。"

又载"电委秘书"。说："日前蔡督军在泸将启节时，由泸电委自流井井绅胡铁华君为其秘书。现闻胡君已束装首途，大约会督军于中途云。（汇）。"

---

① 以上四电见《护国之役文电稿》（1916 年 2 月至 1917 年 1 月），中国国家图书馆藏。
② 《公电》，《申报》1916 年 8 月 4 日。
③ 《湘城近状谈》，上海《时报》1916 年 7 月 26 日。
④ 曾业英编《蔡锷集》（二），第 1467—1468 页。

又载"嘉慰张军"。说："蔡督行营之后队，运大批军饷，并随有行商货物多船。道经江安马腿子，突来股匪数百，施枪横截。正危急间，适川边张司令第二梯团军队出发，闻炮声隆隆，力疾驰救。鏖战数小时之久，击伤兵士数名、战马一匹，击毙匪徒数十名，该匪始行溃散，饷项商船得以无恙。闻蔡督军闻知，甚为嘉慰云。（仁）。"①

▲梁启超"十万火急"电告蔡锷必须参透"我无形之党不能不结"的意思。说："必亲译。洽密。敬电沁奉。弟去蜀而地盘能不失，则去亦佳。镕、循能相安，则分署，并加循会办军务最宜。湘督若弟不任，必属组安，循往必站不住，粤长亦不易得。醉六（按：指石陶钧）极主弟入湘，弟养病稍回翔，无往不可也。某派相排日剧，决举段副总统。以唐组阁，恐将激变，国会或且自杀。要之共和国终不能无国会，则我无形之党不能不结，否则自待屠割，国亦随之。弟宜参透此意，并告周、循。前致铁、希个电已转弟否？党费宜力筹。彼挟巨资，垄断国会，我辈求万数千金不得，甚可伤也。同人初主消极，今不能复忍，亦将出矣。知名。沁。"

其间，又拟有准备向段祺瑞进言的六条提要。说："一、芝老若肯决心担任政局，请为不就副总统之表示，俾西南得有所根据，以图拥护。用何种形式表示，措词尤宜注意，请熟商。一、北诸省所发通电，务宜慎重，勿授人口实，庶西南得遥相策应，不生障碍。一、宪法未制定以前，更宜忍耐，以维持现状。一、国会内幕实情之变化，宜随时十分注意。一、同人中明达稳健晓畅政治之人，宜使在各省行政官中有相当位置，俾得与诸督联络，为之补助，举联合拥护中央之实效。一、芝老幕府宜有一二与西南通声气之人。"②

并电询熊希龄，蔡锷督湘事达成否？说："建密。松漾电托转公，文云：盐款事，院电已由部饬稽核所酌拨，顷电部饬该所拨给四个月。盖不如是，仍无济，请设法疏通等语，望为尽力。松督湘事已达到否？孝怀返津，何人接洽？超。沁。"

同日，熊希龄电复梁启超，蔡锷督湘事，政府尚无复电。说："建密。沁电悉。已转盐署设法，得复再闻。松督湘事，各界均满意，惟政府尚无

---

① 《蔡督军近事三则》，成都《国民公报》1916年7月27日。
② 以上二电见《护国之役文电稿》（1916年2月至1917年1月），中国国家图书馆藏。

复电。顷静生、印昆、宗孟、仲恕在此，谈及公府秘书长一席，我公保荐四人，刻尚未定，群意联络黎、段及南北各派，莫如籍亮侪，乞公速增保一人，以凭元首采择。台意何如？乞复。希龄叩。沁。"

▲熊希龄电请盐务署次长李思浩，饬稽核所拨给蔡锷四个月军饷。说："华密。顷得四川督军电开，盐款事，院电已由部饬稽核所酌拨，顷电部请饬该所拨给四个月。盖不如是，仍无济，请设法疏通。锷叩。漾。等因。查川省收束军事，需款孔急，院、部既经允准，乞鼎力面商丁会办，允照所恳，将来责成该督保护盐务，当可恢复收入旧额也。所商结果，乞电复为荷。希龄叩。沁。"

29 日，李思浩电复说："华密。沁电悉。蔡督军请拨川省盐款济饷一案，迭准来电，并由院交议，即经切商总所，每月盐款除开支外，以四成济川，以六成交渝行，登入部账，已于哿、有两日电达蔡督军查照办理。并请保护盐务，统一拨饷，一面由总所电饬分所，径与接洽在案。现接蔡督军来电，拟在四个月以内全数拨给。并奉尊电，事同前因。苟可腾挪，敢不照办。无如军兴以来，中央需款日迫，点金乏术，罗掘俱穷，前与总所一再磋商，暂以川盐税款拨归部用。盖渝行垫饷为数甚巨，原期借资挹注。今以川饷紧迫，先其所急，分拨四成，实已竭蹶万状。除由部电复蔡督军，仍请查照哿、有两电办理外，特以奉复，并乞电致蔡督军，务必体念时艰，查照部电办理，至为感祷。思浩叩。艳。"[1]

▲报载《字林西报》北京通讯说："据知者云，龙济光俟陆荣廷到粤时，即愿交付政权。而川事大概已解决，蔡锷荐戴戡为省长，并推荐其他要人当可为蜀人所承认者分膺要职。众意湘事繁复难治，宜以蔡锷督湘，但苟川、粤两省不复有后患，则湘事不解决而自解决矣。蔡锷今享盛名，全国景仰，若以督湘，当可有济。设拥护宪法、勇武不怯之蔡锷，犹未能镇治三湘，则退驻长江下游之北军，或不能不用以资镇抚。"[2]

28 日

▲蔡锷电请陆军部饬周道刚"来川相助"。说："大部顾问周中将道刚

---

① 以上四电见《熊希龄先生遗稿》第 2 册，第 1953、1954、1957 页。
② 《〈字林报〉之时局进步谭》，《申报》1916 年 8 月 1 日。

在川治军有年，久孚人望，拟请大部饬令该员来川相助，并恳垫发川资，容即汇缴，不胜盼祷。尚希示复。蔡锷叩。勘。印。"①

又急电刘显世，请转告籍忠寅，他无意于"繁剧"的川事，而甚欲置身于"植国军之基础"的"北军"改造事业中。说："咸密。奉宥电，承拳注，至感。弟之思退，一以偿夙愿，一以病躯难胜繁剧，亟须趁时疗治，俾免哑废。蜀虽可为，但民情浇薄虚矫，绝不适于从军，若专用外军，屏绝土著，主客不相容，终成水火。加以连年变乱，巨绅良民，多习为盗匪，恬不为怪，澄而清之，谈何容易，故弟常谓治蜀非十年以上不能收效。开始二三年中，须临以雷霆万钧之力，芟夷斩伐，不稍姑息；俟乱根既尽，民志渐苏，乃嘘以阳和之气，培植而长养之，殊盛业也，而弟意甚漠然。北军朴勇耐劳为全国冠，惜少国家思想与军人智能，得贤将领以董率改造之，确可植国军之基础，弟甚欲置身彼中，为此后改良之导线，然刻病未能也。尚望以此意转达亮侪（按：指籍忠寅）是幸。锷叩。勘。"②

▲梁启超电复黎元洪，不必以蔡锷的位置"劳厪念也"。说："华密。咸电敬悉。知人善任，钧座自有权衡。松坡勇退心切，且须养疴，更无竞争地位之心，不必以彼之位置劳厪念也。启超叩。勘。"

同日，又两电教育总长范源濂，其一说："沧密。松督湘，宜速定。沧。勘。"其二说："沧密。孝、亮、诚同鉴。松督湘，都中同人有疑。即以川督本缺，领参谋亦可，惟罗、戴分署督、长，须同日发表。若仍督湘，似须以祖安任长。松饷，部曾饬中银廿卅万，公权（按：指张嘉傲）谓更须部加饬就的款挪垫，乃可设法。已电澜。黔款拟指拨蔡乃煌膏捐，已电段，请并助力。陆似无来粤意，以莫擎宇暂署，或是一法。（沧）。勘。"并电请财政总长陈锦涛能再饬中银沪行就的款"量予挪移"，以解决蔡锷军饷问题。说："华密。久别深念，我公当此万难之局，力任劳怨，钦佩何既。前承复电，允饬中银沪行筹垫蔡军急饷廿卅万，感极。旋与该行磋商，据称行无现款，若更得大部饬其察核的款，量予挪移，或可设法云云。窃思松坡以久病之身，亟图息肩，款之有无，关系生命，情最可哀。盐款现虽交涉，犹缓不济急，若承格外维持，虽升斗亦苏涸鲋。又，黔之窘急，

———
① 中国第二历史档案馆藏档案。
② 曾业英编《蔡锷集》（二），第1468页。

较他省尤甚，前曾挪用中银分行款，闻已报部恳作为原补协饷款，准作正报销，尚有求助之处，仍乞力予维持，幸甚。盼赐复。启超。勘。"

又电告重庆戴戡，蒋方震晤蔡锷后"仍望返旆"。说："义密。沁电悉。蜀人徯苏，遬听额手，勉竟贤劳，振此凋瘵。百里、孟曦想已晤。百里与松晤后，仍望返旆。超。勘。"

又"急"电天津熊希龄并转汪大燮说："建密。主座曾以秘书长相属，久辞卸。惟此席实要宜得公正明察才敏之人，且能联络南北各省感情、熟悉党派内容者任之。籍亮侪以北人而为滇、黔首义要人，又最为华帅所信倚，活动于政党者垂十年，妙选贤才无出其右，望两公述鄙意，力为推毂。启超。勘。"

29 日，又"万急"南宁陈炳焜并转行营陆荣廷说："护密。干老宥电勘奉。前不敢力主西林，实因中央疑虑未解，恐不得当，又恐龙抗命须攻取，皆损西林威望。今事势既殊，自当如尊电一致主张，已电京矣。尊恙何状？闻召于风人，恐病不轻，念极，乞速复见慰。超因丧中谢客，不谅者疑为简傲，加以有人忌嫉，专务相排，日造谣谤，无从辨起，灰心已极，真欲避世。不知曾有讹言入公耳否？公信超为光明磊落人，当必一笑置之。若觉超举措有失，更乞正言相责。仁盼复。启超。艳。"[1]

▲熊希龄电告梁启超，蔡锷督湘，政府可允，惟不知罗佩金、戴戡能否了结川事。说："建密。松督湘事，顷得孝怀由京电话，告以政府可允，惟不悉罗、戴能否足了蜀事。又谷九峰力争组庵为省长，殆有党见作用。孝怀如返津，湘事由静生接洽。希龄。勘。"[2]

31 日，梁启超电询范源濂，蔡锷督湘事将发表否？说："沧密。秉电称松督湘将发表，确否？果尔则罗、戴分署蜀督、长，必须同日发表，勿更参差。松领参谋已允就。超。卅一。"[3]

▲李乐伦回忆说，蔡锷这天抵达简阳，"曾与熊克武、但懋辛一度会谈"。时任四川招讨军指挥官的但懋辛与熊克武于 7 月中旬先后到达简阳，他们认为护国战争结束后，蔡锷对川事必有新的安排，熊克武提出今后如何自处的问题。但懋辛回顾"二次革命"以来与云南方面的关系，

---

① 以上七电见《护国之役文电稿》（1916 年 2 月至 1917 年 1 月），中国国家图书馆藏。
② 《熊希龄先生遗稿》第 2 册，第 1955 页。
③ 《护国之役文电稿》（1916 年 2 月至 1917 年 1 月），中国国家图书馆藏。

以及当前护国阵营内部"矛盾重重"的情况后认为，"无论川军、客军，他们的政治趋向各有不同，谁是与我们合作的朋友，殊难判明，与其在夹缝中讨生活，不免于受宰割，不如先行辞职，解散部队，善刀而藏。况且我们做到与战争相终始，酬答了我们倒袁的素心，重建共和，正是国民党人的义务，不是言功"。熊克武"同意但的看法，即时准备辞文，候蔡到来。六〔七〕月二十八日蔡到简阳，熊率队郊迎，复到蔡驻所面递辞呈，报告组织部队和作战经过。蔡退还辞呈，再三慰劳，且谓川东军事，正待前往料理，约熊速到成都，详商办法。熊不再辞，与但同赴成都"。

蔡锷到成都后，在提前召开的军政会议上，又"再次勉励熊克武勿萌退志，要熊稍待，与罗佩金商量好收拾川东的办法，再到重庆……会后，蔡曾单独接见熊、但，他说：'我查阅了四川的档案，赋税年达数千万元，人力物力都极丰裕，确乃西南重心，大有可为。我原想到中央，现在我不去中央了，仍要转来，因此非赶快就医不可。希望你们早到川东收拾整理，我们要长远共事。'"①

**按**：李乐伦，据《四川军阀史料》编者介绍，四川宜宾人，同盟会员。"曾参加辛亥四川保路同志军。护国之役，隶属熊克武率领的四川招讨军。"加以蔡锷在7月23日致北京中央政府的电报中也力荐熊克武为重庆镇守使，可知其回忆当属可信。

## 29 日

▲蔡锷发表就职任事通电。说："本督军奉令督川，遵即由泸起程，本日到省，即于是日就任视事。除呈报外，合亟通饬知照。大难初平，群情望治，愿我文武官僚各矢精诚，共臻上理，有厚望焉。督军兼省长。艳。印。"②

关于蔡锷带病赴成都的原因，有报载："参谋总长王聘卿呈请辞职，至再至三，近日已不到部视事，政府拟即允准其请，另选拟继任之人员。兹据某方面消息，参谋总长之继任者，政府已确定为蔡松坡。前日任蒋作宾

① 李乐伦：《护国之役后四川的动乱局面》，《四川军阀史料》第1辑，第86—89页。
② 转引自邓江祁《史海拾遗：蔡锷佚文20篇——纪念蔡锷诞辰136周年》，http：//www.xhgmw.com/html/xiezhen/renwu/2018/1214/26085.html。

为参谋次长之际,本拟同日发表此项策令,嗣因蔡松坡之离川至快尚在一月之后,因四川之督军系蔡松坡实任,续任之罗佩金乃系暂行护理。现在成都暂摄军务之刘存厚师长,声明该省军权须蔡松坡到省,直接交付至蔡松坡,再以军权交于罗佩金,方克离川,展转之间,非一月不能清楚。因此之故,蔡松坡长参谋之策令,大约俟四川军务交卸,略有头绪方克发表。惟另一消息则谓蔡之初意,本欲即行东下养疴,故罗佩金护理之命令已由中央发表,殊川省人士希望蔡氏自行布置川事之心非常殷切,忽闻蔡去罗代,而事实上且恐罗将即真,蔡将终去,于是对之不尽满意,一时函电挽蔡者络绎于途,蔡氏见此情形乃不得已带病赴省。昨已有电到京,略谓现已行抵内江,预计本月二十八日必能安抵成都省垣,到任视事,四川情形今已大有起色云云。又闻周骏离成都后,声称入京,然其行踪殊欠明了。刘存厚在省代行军民两务,暂行维持地方,军权交付后,刘将率所部拔队回渝,有将任为重庆镇守使之说。一说谓熊克武亦有此希望,然均揣测之词,未能遽断其孰确也。"①

关于蔡锷抵达省城之前四川军事形势的复杂情况,有报载:

> 罗总司令佩金昨同蔡督军至省城,闻罗在简州时曾通电京外各处云,北京黎大总统、国务院、陆参两部总长、各机关法团、各省督军省长、各镇守使、各军将领,本省各局分转各军旅、各道尹、知事,各报馆均鉴。本军建义护国,前此分道进发,故有左翼之区分,并承蔡总司令以此一翼之各军旅归佩金总司其事。曩以民国国家存亡关系,不敢不勉任艰危,以尽天职。迄今国是既定,此种名义应即取消。适值乱事复生,蔡总司令又以戡定之责相委,因是稽延,亦未敢遽请取消。现在大局底定,全国因国事改易之军旅名称,统应取消,以归划一,免滋纷扰,借抒民困。是以护国第一军左翼总司令名义应请立即取消。除呈请蔡督军并克日办理未尽事宜外,特此电呈。罗佩金叩。艳。印。

> 川省护国招讨军司令熊克武,前日派其参谋熊少白、李宗棠,军需官姚香泉等率兵士数十人到省,住湖广馆街坤生旅馆。熊司令则于

---

① 《粤川军民长官之善后谭》,《申报》1916 年 7 月 29 日。

二十九号抵省，并闻熊君前在资中时曾通电各处云，克武前在川中，治军两年，名字颇为蜀人记忆。此次滇、黔首义，又复归来，勉任招讨之责，各地同志谬相推重，多树同一旗帜，就中举动文明、军纪严肃者固名实相符，而希图假冒名义以相号召，往往为害地方者亦复不少。现在大局既定，川难稍平，亟当力谋收束，以减人民担负，岂容若辈铺张扬厉，骚扰闾阎。嗣后如有用招讨军名义，行为不合正轨者，准各地军民长者严行惩办，勿稍瞻徇，并希准此意出示晓谕为盼。四川护国招讨军司令官熊克武叩。铣。印。

北军第八师师长李长泰前奉命来川，驻扎合江一带，现奉令东下到重庆，司令部暂驻机房街商业学校。现因曹锟已经东下，拟留八师全军驻防川东一带，以资保护。

北军第七师长张敬尧全队去蜀，日前到渝城索款三十万，公家无款可提，乃向渝商筹款，由中国银行担任立约。渝城当商业凋敝之日，各商为顾全大局计，亦只得忍痛代筹，其有已经承认，而无现款交纳者，则通融至申、汉照交，可见民力之困难矣。

陈宦于七月二十号傍晚时抵渝，行营参谋长刘杏村昨有电致成都通知某君云，陈前督在渝住四日，即乘轮赴湘，闻刘君亦随即东下。

刘军长顷接重庆来电云，成都刘军长钧鉴。前年欧战发生，我国宣告中立，英法两国驻渝兵舰，依法解除武装，交由重庆镇守使保存。不料药力变性，于本日午后十时陡然爆裂，炸声隆隆，库成齑粉。适邻近街民失慎，火焰冲天，全城震恐。当由丽中督率所部一面设法扑救，一面分道弹压，黔、北两军在渝军官均蒙一体协救，登时扑灭，人心大定。惟弹暴仓猝，实非人力所能预防，损失之数，容后查明再陈。重庆暂编保安军司令官王丽中叩。径。①

关于蔡锷进入成都的情况，有路透社"成都电。蔡锷今日抵成都，极为人民所欢迎，各公共机关咸悬旗以迎之。昨日刘存厚之军队泰半已奉命调出省垣，驻扎各要区"。②

另有更为详细的报道说：

---

① 《蔡锷到任时之川军事》，《申报》1916 年 8 月 16 日。
② 《译电》，《申报》1916 年 8 月 4 日。

蔡督军于七月二十九号入四川省城，先时各军队均出城至沙河铺欢迎，省中各团体欢迎者有成都商务总会、省教育会、省农会、两湖公所、红十字会、妇孺救济会，各官厅局所人员则齐集于光华寺。午前十一钟，蔡督军行至得胜场，首马队，次步队，又次军乐队。蔡公乘四人小轿，沿途欢迎者，蔡公均因病不能多言，未克视临，派参谋官一一道歉。是日天雨泥泞，蔡公所乘之轿，均挂雨围。沿途兵队行立正礼，蔡公均举手还礼，着寻常服。瞻其仪容，虽在病中，其精彩仍与各报所登肖像相类，并不见减色也。是日夹道瞻仰丰采者甚多，闻有某君到皇城门口立候瞻仰，警卫队长官干涉之，某君告以崇拜蔡公之意，并云蔡公天下伟人，非寻常一省长官可比，必须一仰丰采。该长官以其言有理，遂为之指定地点。是日所见滇军皆极有精神，态度严整。城中各街皆高挂国旗，早起天雨未已，至蔡公入城时始有一线曙光云。蔡公抵府时，其军队已有陆续出城者。又是日与蔡公同时入城者，有秘书长李君、参谋长殷承瓛。至罗总司令佩金入城，则在蔡公入城之先。

蔡督军电聘两广都司令部总参谋蒋方震来川，昨同蔡公入城，并闻蒋君系由粤抵渝后，闻蔡公进省，即兼程西上，抵龙泉驿即与蔡公相遇。蔡公初不料蒋君来省如此神速，相见时喜出望外。滇军此次由叙、泸一带随蔡公至东路者，沿途分驻有十二营之众。

昨有某君与蔡督军有旧，前晚往龙泉驿迎迓。据云蔡公之病起于去年在京时，因公往统率办事处车上感冒寒风，遂觉喉中微痛，逐渐见甚。及出京时，登海船已愈矣。抵滇时又微发，及在纳溪躬临战线数十日，已不知其痛苦，停战后痛又大作。其痛在喉内，张口不能见也。自病后饮食如常，惟下咽时微痛耳。与人对谈，其声不能宏大，且不能多谈。其初延西医调治，并针数次，近又服中药，医生皆谓其病决无危险，不过办事上微觉困难。抵省后，已延川医陆锦庭诊治，系由修翰青君介绍。

前都督府民政厅长修翰青（承浩），闻已由蔡督军延入军府赞襄一切。闻蔡公拟仍畀以民政，修君则愿任秘书。蔡公近又罗致尹仲锡（昌龄）、邹怀義（宪章）两君助理政务，尹拟任政务厅长，邹仍理财政厅。

国会议员滇人陈铭竹（光勋）前数月由纳来省，为蔡公代表与陈接洽。成都独立之宣布，陈君之力为多，近陈君已同蔡公抵省矣。

蔡公柬约省中绅商界于三十号午后七时，在督署苣园宴会，座中闻有曾叟老（鉴）、尹仲锡、邹怀义、颜雍者（楷）、商会总协理周保臣（祖佑）、白米舟及樊孔周（起鸿）诸君。

闻蔡督军之秘书长系李日垓君，云南昆明人，反正之初曾任云南某司司长，参谋长系殷承瓛，此次战事参助颇多。①

又载"蔡松坡督军于七月二十八日抵成都城外龙泉驿。军署副官长彭泽率该副官处全部人员及成、华两县知事同到该廊欢迎。刘积之军长特伤令将皇城内旧军、巡两署修葺一切，以壮观瞻，且即率部下退出皇城，驻于北校场。所有军署守卫军亦即撤去，由驻青羊场之滇军营长项、杨二人率队入城，开到皇城接卫军署。至于欢迎各事，亦早布置，自大营门、皇城门直达公堂，均张灯结彩。又于各门悬五色国旗二面，所有甬道两旁均置红灯，皇城中洞亦开，苟由其处经过者，可直望至公堂。至二十九日，人民在大营门外围观者甚多，自皇城坝起，由贡院街、东大街直至城外之一洞桥、牛市口各街，均派军队驻扎，各该管警察分所亦照常加派巡警弹压，东大街各街口均有警察队持枪站岗，督军入城时，舆马皆绕道行。是日晨间，各界人员均出郭欢迎，牛市口设有欢迎地点，灯彩辉煌，并大书某某法团欢迎督军等字。政界、军界均在华光寺内，商会在李姓门道，其他各机关、各法团则以东大街直至大田坎街各客店门首地点。欢迎人员，军界为刘军长及军署人员、各军司令、各师师长。政界为西川道尹，政务厅，财政厅长，造币厂长，高等厅长、检察长，警察厅长、交涉署钱特派员及各领事、商会总理等甚多，不及备录。蔡松坡督军于十二时至牛市口，即入华光寺与刘军长握手并慰问。其他各人员略用茶点小谈后，复至其他欢迎地点。入城时为午后一时，各界人员亦随之入城，经过各处，人民观者夹道，凡军警敬礼，督军皆一一答礼。督军所率之军仅一营余，至皇城门奏军乐，鸣礼炮。入皇城后，军政人员亦纷纷前往禀安。"②

也有回忆说："全城悬挂国旗，刘存厚率领机关、法团、学校、地方耆

———————

① 《成都通信·蔡锷抵省后之状况》，《申报》1916 年 8 月 14 日。

② 《蔡锷入成都之盛况（七月三十日成都通信）》，上海《新闻报》1916 年 8 月 14 日。

老，赴牛市口迎迓。万人空巷，想一望风采。当时我亦在外东夹在人丛中一瞻这个倒袁英雄……我们大中学校青年学生，也都欣欣然认为蔡锷一定能把四川搞好。"①

同日，蔡锷发布接待来宾的时间与分别延见人员公启。说："径启者。锷承中央之命，应蜀中父老之请，力疾来省，亟欲详询蜀中疾苦，协谋拯救。惟军民各政，纷如乱丝，急待整理，来见人员，势难一一把晤，致废办公时间。且锷喉疾未愈，体劳声嘶，尤难面谈。兹特定会客时间为午前七时至十一时，普通周旋，应即减除，其有重要事件来陈说者，自应竭诚招待，以副诸同僚同胞、诸父老之盛意。兹特派萧人龙、李成桢、陈国铸、何文奎、寸性奇、蔺玉良、王先导、朱瑛、杜伯乾、李鸿钧、黄玉琨、项楚为军界招待，以参谋周世瑛长之；陈尧祖、李家珍、庞光志、唐声煌、刘俊杰为政界及各界招待，以曾秘书宝森长之，以便分别接洽延见。如有嘉谋硕划，非立谈可尽者，并望开具说帖见示，以省接谈时间。特此公启，并希谅察。中华民国五年七月二十九日。"②

又命令四川各道尹，各县知事、征收局代转其不准任何军队，在各地方擅行提取公款及借故筹款令。说："无论何种军队，不准在各地方擅行提取公款及借故筹款，如违即以军法从事。督军兼省长。艳。印。各知事、征收局长，恳尊处代转为祷。"

又电告黎元洪、国务院各部局，已于是日抵省，受任视事。说："锷本日午后抵省，即于是日受任视事。惟病体未痊，所有署内日行寻常事件仍委罗佩金暂行代理。现省垣安静，各地方亦秩序如常。谨电奉慰，伏候垂教。蔡锷叩。艳。印。"

又通电唐继尧、刘显世、陈炳焜，并转陆荣廷、岑春煊、李烈钧、梁启超、唐绍仪、李鼎新，请一致主张"特任岑春煊暂署粤督，勒令龙济光即日交卸"。说："义密。顷致中央电文曰：准唐督军电，龙济光奉调办矿，粤难庶已。惟陆督未到以前，龙势在粤，仍恐蓄谋图逞，终为西南大患。已电请中央饬速离粤，即令岑春煊暂署粤督等语。粤中近情，道远不得其详。惟查龙济光愚暗自专，不顾大局，既蒙明令调离，似不宜听其逗留，

① 吴光骏：《刘存厚的早期活动与"刘、罗"、"刘、戴"之战》，《四川军阀史料》第1辑，第119页。
② 曾业英编《蔡锷集》（二），第1468—1469页。据天津《益世报》1916年8月19日校。

致乘势生心，滋蔓难图。拟请俯采唐督之议，特任岑春煊暂署粤督，勒令龙济光即日交卸，实为西南之幸。锷与龙济光昔曾共事，深知其人，心所谓危，敬候裁夺等语。请一致主张，共扑此獠，以洗起义各省之羞。锷叩。"①

又电请钟体道、罗佩金、张澜"蔵便晋省，面商一切"。说："绵阳转顺庆钟师长、罗总参谋长、张道尹鉴。奉读宣言书，闳识高论，无任倾倒。周、王逞私抗命，言不成理，不值识者一喙。要非诸君子主持正论，作式群伦，则民听易淆，乱且靡［糜］定。自隆内交绥，周王败走，战事甫浃旬余，惊扰已及数郡，独川北各属晏然安堵，功高保障，时论所称。比者川局略定，一切善后，收拾为难。锷力疾西来，勉塞民望，念众擎之易举，冀噬肯其来游，诸君子敷政优优，盼即蔵便晋省，面商一切，实所翘企。顷闻张鹏舞所部散处安岳、潼川一带，不予安插，虑多扰乱。希即分头收集，改隶贵部，俾有归宿，并望先复。锷。艳。印。"

8月1日，又电请钟体道、张澜"设法开导"周、王所部。说："绵阳转顺庆钟总司令、张道尹鉴。华密。据（称）周、王所部向北溃走，麇集遂宁一带等语。不亟收拾，恐滋事端，希速会商，设法开导收集，即由海珊编配统辖，并先将现在情形电复。据周骏迭电遵令赴京，现在行至何处？希查复，即设法保护出境为要。蔡。东。印。"②

同日，周骏"急"电蔡锷，所部军队已交钟体道节制。说："成都蔡督军鉴。骏于铣日通电遵令北上，号日由省城出发，取道川北，并将所带各军与嘉陵道尹张澜商妥，暂交川北卫成司令钟体道节制，骏即轻骑北上，特电奉闻。周骏叩。东。"③

8日，黎元洪电告钟体道、张澜，此次所收周骏两营"办理"之法，应由钟"司令请示"蔡锷。说："局探投钟司令体道、张君澜：冬电悉。此次所收周骏军队两营，应由该司令请示蔡督军办理。大总统。庚。印。"④

▲戴戡"急"电请川东文武各官，遵照蔡锷命令，分别转知所属，严

---

① 以上三电见曾业英编《蔡锷集》（二），第 1469—1470 页。
② 以上二电见《补志关于周骏之要电》，成都《国民公报》1916 年 8 月 23 日。
③ 《公电》，成都《国民公报》1916 年 8 月 13 日。
④ 《补志关于周骏之要电》，成都《国民公报》1916 年 8 月 23 日。

守以下二事。说："永川刘旅长并转所属各团营，綦江、南川、长寿、垫江、梁山、涪陵、丰都、忠县、万县、云阳，夔府巫山各县长，并转川东属邻近各县长鉴。自黎大总统依法继任，国是既定，全国欢腾，中央迭次命令，首在力谋统一，恢复秩序。时戡尚驻松坎，一面撤退军队，一面通电辞职，嗣因曹将军奉命回防，蔡督电呈中央，以川东关系大局，命戡率师进驻要地，屡辞不获，业于廿六抵渝，一俟机关组织定后，再为通布。惟查近日各处报告，地方治安岌岌不保，川省迭经变乱，闻之实可悲伤。兹特遵照蔡督命令，略为宣示如下。（一）凡各属号称护国军、革命军、义勇军，无论曾否奉有蔡督及其他之命令，均应严守纪律，保全地方。并各将所部人数及枪枝迅速详报，以便妥筹善后。遇有土匪，亦当切实剿办，庶合军人天职，亦不至以善始而以恶终。如假借名义，扰害商民，其行为既为法所难容，终必不能幸免。（二）驻川北军原系国家军队，前此迫不得已，虽起战端，自总统问题解决，即已同心协力，保持治安，此时更不宜稍分畛域。况此次北归，系奉中央命令，如有借端留难，即是违反中央，苟非至愚，何苦自投法网。以上两端，希由各军官、各县长就近分别转知，一律遵守。除另电呈蔡督外，先此电告。戴戡。廿九。"①

30 日前后

▲蔡锷发布抵成都后"第一号饬"令，将此前军队提取的民间枪支，"缴由各地方官发还"民间。说："为通饬遵照事。案据内江县知事何宏济报告，自奉严禁招抚之令后，万姓腾欢，地方情形，为之一变。惟已提去之枪枝应如何设法收回，乞批示祗遵等情。据此，查各县公有枪枝，自系保卫地方之物，前因战事剧烈，提取备用，不过一时权宜之计。现在大局已定，川难旋平，此项枪枝，应饬各军队查明，向由何处提取、为数若干，一并缴由各地方官发还，俾民间不失公物，而保卫有资，于治安不无小补。除通饬外，合亟饬仰该○○，即便转饬所属，遵照办理，勿违。此饬。"②

又饬军队暨军事机关，自 8 月 3 日起实行"本府拟定"的"掉换铜元规则"。说：

---

① 《戴巡阅使致川东文武各官电》，成都《国民公报》1916 年 8 月 6 日。
② 《各县枪支仍归还》，成都《国民公报》1916 年 8 月 6 日。

为饬行事。照得省城自中、交各银行纸币停止兑现，金融停滞，市面恐慌，所有各军承领薪饷，行使困难。兹经本府拟定掉换铜元规则，合亟饬发。为此，饬仰该□即便遵办，转饬所属一体遵照，自八月三号起实行。自经此次规定以后，各军概不得持票到商号掉换，以维市面，而免纷扰。切切，此饬。

驻省军队及军事机关掉换铜元规则

（一）本规则为暂行维持川币市面恐慌现状，驻省军队由本府换发铜元，以资应用，而免滋生事端。

（一）省城造币厂每日所铸之铜元，悉数拨提本府，由军需课查明驻省军队之多寡，按数均分换给。

（一）本届分配，每日得换之数，定限如下：1. 每营（并四连营部）六十元；2. 梯团与支队本部二十元；3. 汉军营独立队、其他军事机关，按此标准比较之。

（一）每日（营）由军需长，（支队）（梯团）由军需官，（军事机关）由会计员开单，并同掉换之纸币，派兵持向军需课填给凭单，到利用钱庄兑换。

（一）每币一元，应换铜元若干，由课按照市价，逐日悬牌示知。

（一）驻省军队若有增减，造币厂铜元或赶铸加多，其分配定数有增减等情，随时由课通知查照。

（一）自本府换给铜元以后，不准持票到商号兑换。

（一）军队出差，有特别需要时，可具明理由，准例外换给。

（一）如有未尽事宜，随时修改。本则自八月三号实行。[①]

又为成都邮务管理局长函请刘存厚"通饬保护"其"本月五日""开发邮船"，以利"交通"，并"要求派队护送"事，发布通饬文。说："为通饬事。案准四川邮务管理局函开，径启者：前以水陆多阻，电请通饬保护，继因永川、大足交界沙罐沟劫案，函请饬限勒缉，均蒙先后复知照办各在案。仰见贵军长注重交通，下怀不胜感激。近各商纷纷请求开发邮船，

---

① 《军队换钱之办法》，成都《国民公报》1916年8月10日。

运递包裹，并称大局现已敉平，川事亦复粗定，邮船不行，商务何能恢复等语。本邮务长职司交通，责无旁贷。复静观大势，更不能不疏通水陆邮路，俾包裹通行，则商务先获其益，亦即恢复川省元气之一道。本邮务长拟将积存包裹等，定于本月五日，由船运渝，除饬犍、加、叙、泸一带各二等局，随时请求地方官派队护送外，相应函达，请烦贵军长查照通饬地方官，务于来往重信〔庆〕经过时，派队护送，并望分饬成、华两县知事及水道警察，亦暂时每次酌派队护送出境，至纫公谊。再者，成、渝陆路，如荣、隆、永川等县伏莽尚多，并望严饬该管地方官多派护送，以防不虞，尤深感祷等由。准此，除分饬并函复外，合行饬知。为此，饬仰该○即便遵照派队，妥为护送。切切，此饬。"①

**按**：成都《国民公报》报道此信息时说："邮船不通，已两月余，成都杜邮务长以现刻大局渐平，拟于本月五日开发邮船，利便交通。前函请刘军长通饬保护，并要求派队护送。兹得蔡督军通饬文云"。又说："所有包裹于昨七号，照常通运矣"。②

又对四川各军，包括在川的滇、黔军的编制和驻成地区的安排，做了如下规定："以周道刚继任四川陆军第一师师长，移驻合川。刘存厚仍任四川陆军第二师师长，又升为第一军军长，驻成成都。钟体道任四川陆军第三师师长，驻成川西北。以陈泽霈率领之护国起义军，编为四川陆军第四师，由陈任师长，驻成川西。以熊克武统率之护国招讨军，编为四川陆军第五师，由熊任师长并兼任重庆镇守使，驻扎重庆。滇军顾品珍、赵又新两梯团，改编为第一、第二两师，后又分别改为四川陆军第六、第七师，驻扎上下川南及川东一带。入川黔军驻扎渝、万等地。关于四川省长公署厅处及各道尹人选：尹昌龄为政务厅厅长，邹宪章为财政厅厅长，嵇祖佑为全省警备处处长，殷承瓛为川边镇守使，钟文虎为西川道道尹，修承浩为东川道道尹，张澜为嘉陵道道尹，熊廷权为川边道道尹兼川边财政分厅厅长。以上人选由北京政府任命发表。"③

关于川省的人事安排，雷飙回忆滇军存在严重独占倾向。说：

① 《饬军队保护邮船》，成都《国民公报》1916 年 8 月 8 日。
② 《邮政包裹已通》，成都《国民公报》1916 年 8 月 8 日。
③ 李乐伦：《护国之役后四川的动乱局面》，《四川军阀史料》第 1 辑，第 88—89 页。

　　松公在泸州时，喉病极剧，本拟将驻军及地方一切事宜料理妥当，即离川赴沪就医。川中军民各事交川滇黔各当事人共同处理。乃滇黔部属及川中军民，敦劝莅蓉办理善后。以事势论，非蔡公亲临蓉城，切实处理不可，蔡公亦知此事较打战尤为紧要，非亲到一次，无以对地方。深恐一篑之亏，激成千仞之溃，并恐遗害地方人民，反有以议其后者，不得已扶病西上，所经各地父老军民，莫不欣悦敬佩，祷祝健康。到省时，情势更佳，即如银行钞票，顿涨三四成，五老七贤，尤深倚重，赵熙老先生由荣县不远数百里来蓉亲视，表示敬意。余多愿充顾问，每日入署问事，诚难得也。当时飙与修承浩见蔡公病势甚重，非速就医不可，一晚进谒蔡公，谈及川事一切，颇感困难。飙曰：总司令既到此，第一莫把四川当作征伐地，第二莫把四川当作战利品，四川军政各界，有资格声望者，宜酌选任用，不可事事将就滇人，反有以害滇人也。否则，总司令出川之时，即川乱发生之日。况总司令病非寻常，宜速觅医诊治，并静养为宜，川局应从速决定，快刀斩乱麻，或易就范。松公深以为然，当时议定暂任周道刚为川军第一师长，熊克武以师长兼重庆镇守使，刘存厚以师长兼川边镇守使，敦请尹昌龄先生为政务厅长，加委卢师缔为督备部副司令，余未遽拟。次日，即到法国医院，用电光照肺部，医生云病势极重，肺部已坏，宜速休养。蔡公亦急思离川就医，但对川事不能不急定办法。即决定罗佩金为四川督军，戴戡为四川省长（戴此次起义，充护国军右翼总司令，决心最大，战功尤著，政治文事均素擅长，人尤廉节勤奋，论功行赏，当与滇军并提也），余照前日拟定办理，当电中央任用。而罗佩金等闻之颇不谓然，松公知之，不甚注意。对于军事，本拟将川滇黔军改编数混成旅，不拟扩大，但此非朝夕可办到，不过一计划而已。数日后中央即照所陈发表，罗佩金更大愤，川人也有非难之者，惟刘存厚事未发表，因殷承瓛死力争持，非要川边镇守使不可，迭与松公争论不惜。罗佩金深恐殷为督署参谋长，亦乘机代为要求，滇人赞同者尤多，蔡不得已，愤而予之。而罗等仍不满意，非将署省两职全权把握不可，只期蔡公一去，即可办到也。而中央要人政客党阀，只有非难蔡公用人不妥，尤以用罗佩金督川为不当，岂通论哉。以战功言，滇黔两军，任务相同，而力量声威，滇尤卓著，以罗督川，戴长省务，公平妥当之至，以势力言，非滇黔两省力量协同处理，万难措置裕如也。若以毫无战功势力，虽贤明如诸葛，恐难朝夕保也。况蔡公所任之师长、镇守使，又非绝对以战功劳绩言，此次之功劳最大者，并未安置一人，而此等同志并未尝有何要求，而怪蔡公之用人不妥当也，此可见蔡公为国为川，一秉大公而已，然川事必乱无疑者，公论鲜而造祸多也。修承浩调充川东道尹，坚不肯就，并拟随蔡返湘，飙亦拟护蔡同行，但梯团部结束未完，不能遽行。蔡公部署初定，即率李小川、修承浩、唐琜等离川赴日本就医。闻罗督仅备款万元，作川资医药等项，护行者颇感困难耳。行时在望江楼送别，绅商各界均到，蔡公颇有徘徊不忍去之意。又恐某等行为不谨，遗害地方，而送者尤多感慨系之，惟祝健康早复，重来治川耳。上船时，蔡公又嘱飙曰：你在成都久，情形熟习，且为滇黔川各军素有交谊，联络尤易，不宜遽去，使后事更难办也。飙已不忍再言。蔡行而成都各银行钞票，又低下三四成，五老七贤任事者纷纷出署，不复问事，不亦奇哉，不亦奇哉！（蔡公到渝时，飙曾复电代恳，谓陈二庵将军此次劳绩最多，而不容于川，刘存厚不惜牺牲一切，辅赞大业，而一镇守使不得，事甚不妥，情尤难忍，恳另设法安置。蔡公即电中央设法任用，故有任陈二庵为湖南巡按使、刘存厚为广西巡按使之命，两公均不愿就，聊尽此心而已）[1]

▲督军府副官处奉蔡锷令，公启"本府支发各项薪公等款"，一律暂停。说："顷奉督军命令，本署军莅任伊始，府中交代，均应照章清厘，所有本府支发各项薪公等款，应暂一律停止，俟清毕后，即行定期发领等因。奉此，合亟通告，一体周知。"[2]

30 日

▲蔡锷电陈黎元洪、国务院，已遵令自刊木质印信，自 30 日启用。说："遵令自刊木质印信二颗，文曰四川督军之印、四川省长之印，均于七月三十日分别启用。除咨饬外，合电报闻。蔡锷叩。卅。印。"[3]

---

① 雷飙：《蔡松坡先生生平事略》，《国防月刊》第 5 卷第 1 期，1948 年 1 月。
② 《薪公等款暂停发》，成都《国民公报》1916 年 8 月 9 日。
③ 曾业英编《蔡锷集》（二），第 1471 页。

又通电四川各电局，飞送各道尹，各县知事，征收局、统捐局局长。说："希将各该员履历暨到任到差年月造具清册，交邮加快递呈本公署察核，距省最远之县，限八月底到省。违者查明惩处。省长蔡。卅。印。"①

又饬四川省高等检察厅说："为饬知事。案奉大总统策令，任命蔡锷为四川督军兼（署）省长等因。兹本督军兼（署）省长于七月二十九日到任视事，并遵令自刊木质印信二颗，文曰四川督军之印、四川省长之印，均于七月三十日分别启用。除呈报、咨饬外，合行通饬，仰即知照。此饬。右饬高等检察厅。蔡锷。"②

又饬唐贤绰"转饬所属一体遵照"，"以后无论何种军队，所需饷项应详请该管长官通筹酌拨，不得自行筹款"。说："为通饬禁止事。据内江县知事何宏济报告，据征收糖税两局长面称，县中自杜团周师筹款已逾十万，刻下各军纷纷饬筹，拟请善后办法等情。据此，查军兴以来，军用浩繁，财政问题，公私交困。现在大局既定，抚绥宜急，何忍竭泽而渔，重累吾民？兹据前情，合行饬禁以后无论何种军队，所需饷项应详请该管长官通筹酌拨，不得自行筹款，致涉分歧，而滋扰累。除通饬外，合行饬仰该道尹即便转饬所属一体遵照。此饬。蔡锷。上饬重庆道尹唐贤绰。准此。中华民国护国第一军总司令（印）。中华民国五年七月三十日。"

又电复上海石陶钧、袁华选，对"党奥"蓬勃的时局，深感忧心。说："核密。顷接有电，箴告各语，当书绅。闻党奥近颇蓬勃，殊非前途之福。弟早作退计，乃愈堕愈深，失我自由之身，良用怃然。细察病情，非急切所能愈，即前途以湘事相委，亦难立时就任。以组安代任或即真，均所欣幸也。锷叩。卅。"

又电复陈国祥、籍忠寅，可保西南各省"始终持拥护中央，维持大局"，"决不至助长捣乱派之焰"。说："义密。两电敬悉。弟病非转地不可，川事罗、戴必能维持。□□□□（按：原文字或被初发表此电的《蔡松坡先生遗集》编者掩盖了，当为'宋卿芝老'四字）争权躁进则有之，至于外间所传种种阴谋，似不免言之过甚。凡事一趋极端必失平衡，国事因而杌隉，此后当引为大戒。我公贤达，当能潜移默运，泯祸患于无形也。锷乞假三月，东渡养疴，拟不预闻外事。张君丕轩极愿与通款曲，滇、黔、

---

① 《各道县人员具履历》，成都《国民公报》1916 年 8 月 3 日。
② 《蔡锷集外集》，第 389 页。

桂诸省遵当代为绍介。总之，西南各省，锷可保其必能始终持拥护中央，维持大局之旨，决不至助长捣乱派之焰也。"①

又"柬约"四川省中绅商界"午后七时在督署莅园宴会。座中闻有曾奂老（鉴）、尹仲锡、邹怀羲、颜雍耆（楷），商会总协理周保臣（祖佑）、白米舟及樊孔周（起鸿）诸君"。②

报载"督军府莅园宴会省中绅商"，为的是"联络感情。蔡主座，罗佩金总司令对座。左为英如曾、骆公骕、尹（仲）锡、邹怀羲、周保臣、白米舟、田中正、陈榕生梯团长、蒋百里、李于［梓］畅秘书长、钟云鹄梯团长、顾品珍梯团长、殷承瓛参谋长诸君。席右为刘积之军长，川边镇守使刘春霆，张蓬山、杨辛友师长，卢锡卿师长，熊锦帆梯团长，嵇叔庚警务处长，颜雍耆诸君。惟徐申甫君因父病未到。蔡是日身着白绸大衫，尚未修发，于来宾到时送茶后略致寒喧，席间位次偶有未合，亲临指挥。席终客散，且亲送至门外。是日蔡公在座时，发言声微而略嘶，气象沉毅，神彩畅旺。闻每日虽在病中，而眠食如常，食量在两大碗以上。起床甚早，公牍文件均亲自核阅，终日手不停披云。政务厅长已委尹仲锡，财政厅长已委邹怀羲。蔡公电请中央任命，一面先饬尹、邹到厅办公。高等审判厅长一席，由修翰青商请骆公骕担任，骆未允，继推颜雍耆，颜亦未允。现修仍敦促骆出而担任。省会警察厅长嵇叔庚历年维持秩序，甚著勤劳，前蔡公仍以嵇君为警（察）厅长，并兼恢复警务处长"。③

▲报载徐孝刚"详请"蔡锷准其辞去"本署参谋长及兵工厂总办两项职务"。说："为详请辞职事。窃孝刚于民国元年请假省亲回籍以来，杜门奉亲，不通宾客，不问世事，五年以来，胥如一日。本年三月，经前成武将军陈派充本署顾问，五月本省独立，复经聘充参事会参事，六月复命兼署参谋长。刚以绠短汲深，或致陨越，当经面辞再三，旋即请假出城养病。乃陈将军慰促数四，而军界同人复以大义相责，刚念此时渝军在近，北军讻惧，流言四起，惨剧将成。万一变起仓卒，则里门为墟，老亲讵能无恙，是以本捍卫父母之怀，迫而为维持桑梓之计。受事以来，北军倏战倏和，随时转变，调停两造，竭蹶不堪。及成武率兵北去，命刚代行代折［拆］，

① 以上二电一饬见曾业英编《蔡锷集》（二），第 1471—1472 页。
② 《成都通信·蔡锷抵省后之状况》，《申报》1916 年 8 月 14 日。
③ 《蔡锷至后之成都政局》，上海《新闻报》1916 年 8 月 18 日。

城中两日无主，幸无他变。崇武将军周入城以后，刚即具文辞职，请假养疴。虽未蒙允准，而屡躯多病，半月常在苦中，乃未几而有兵工厂之事。七月十日，刚在病院调治，忽闻炮声起自近郭，遂仓皇扶病入署，询问事由。旋奉总办厂务之命，固辞弗获，不得已勉强到厂就职。而该厂自经兵燹，一切荡然，所余者厂房、机器、材料及残缺之文件而已。刚到厂而后，召集员司，筹借款项，内外各厂，次第开工。数日以来，已各出有成品，忽奉周将军专函，复命暂代行拆。两日以后，周将军遵令北上，刘军长暂代维持。而我督军亦已由沪启节，不日晋省，是以力疾支持，静候大旆莅止。今幸节钺遄临，省门安堵。而孝刚自七月以来，老父卧病兼旬，守汤侍药，竟付阙如，惨痛之情，不可名状。是以请将本署参谋长及兵工厂总办两项职务开去，拣员接充，刚得以专侍医药，庶使天下为父母之有疾者，不至叹有子与无子等，而刚亦获免为名教之罪人。感戴鸿施，曷其有极，所有吁恳辞职缘由，理合具文详请督军俯赐鉴核，批示祗遵。谨详四川督军兼省长蔡。"①

8月2日，又载"兼代兵工厂总办徐申甫君辞职……本报顷闻督军力为挽留，未准其请。但徐君去志甚坚，不知督军能如俯如所请也"。②

▲报载对蔡锷的"希望"是，"一切踏实做去"。说："自辛亥以来，蜀中人民，苦盗贼极矣。去岁帝制发生，又罹兵祸，士辍学，农惰耕，工商大受其影响，苦哉。我父老、我兄弟、我诸姑姐妹，其何以堪。今何幸，首举义旗之蔡松波，惠然肯来，知必有一番整顿，树风声而苏民困，敢为我川人幸也。兴念及此，敬为蔡督军正告曰：请一切踏实做去，歌功颂德，自有人在。记者亦秉笔而俟诸异日。"③

8月7日，又载唐继尧代表陆军步兵上校李宗黄"到沪办理一切事宜，今因时局稍定，行将回滇复命，特邀请沪上名流贤哲及国会议员等，欢宴一品香。济济一堂，极一时之盛。与会者对于李君之回滇，均愿聆其高论。兹将李君所演说者纪述如下"：

> 敝省此次首义，虽由唐都督硕画苓谟，始克底定时局，然使无各

---

① 《徐申甫辞职续志》，成都《国民公报》1916 年 7 月 30 日。

② 《徐申甫辞职未准》，成都《国民公报》1916 年 8 月 2 日。

③ 质言：《时评二·对于蔡督军之希望》，成都《国民公报》1916 年 7 月 30 日。

省响应，及民党全体赞助，则成功决无如是之速。故今日共和再造，各省之响应者，与夫民党之赞助，均与有力焉。今日鄙人得与诸公聚集一堂，敝都督远在滇南，不克躬逢其会，握手言欢。鄙人谨代表敝都督，谨敬慰问诸公，并祝共和万岁、民国万岁。

虽然今日之会，确有乐观与悲观两种景象蕴蓄其中。鄙人所谓乐观者，因诸公均手造共和之伟人，以及有名之政治家，既具伟大能力，且具世界眼光。此后改良政治，旋转乾坤，皆诸公是赖。而诸公亦必念缔造共和之艰难、创造民国之匪易，从而发纾正大光明之伟抱，以期奠定中华民国之初基，利国福民，群公攸赖，此不独敝省军民所仰望公，即全国国民亦企望群公也。吾知中国政治，经诸公擘画，不久可以治平。自今伊始，真正之共和，将出现于亚东大陆之上，此吾所以存乐观者也。

所谓悲观，其中应分二种。（一）对于民国前途之悲观。夫天相中国，袁氏自殒，君〔国〕民望治情般，以为天下从此可太平矣。而孰料尚有未尽然者，元凶虽去，余孽及少数之腐败官僚暗中把持，上则蒙蔽黎、段，下则欺罔吾民，故政治前途，仍然黑暗。然今日之大患，不在政治之不能澄清，而在我民党之精神（拍掌）不能始终团结。辛亥之役，风起云涌，不三月而大江以南，悉归我民军掌握。然自共和告成以后，乃有少数志行薄弱之徒，即种失败之根。一则因做官心切，欲政府移至北京，遂不惜反其本来面目，阳托共和，阴与旧官僚联合，以遂其升官发财之计（拍掌）。甚至为虎作伥，破坏吾护国军之发展，此丧心病狂之事也。一则又因假革命党厕身政界，此辈原不识国家为何物，一旦暴发，于是恣睢暴戾，跋扈飞扬。其所作所为，无一不与腐败官僚如出一辙，且又过之（拍掌），动辄遭国民之轻视。袁氏目光炯炯，遂利用此弱点，使民党无立足之地，而遂其帝制自为之大欲。夫民党以有害群之马，故遂至危及国家，此最可痛心之事也（拍掌）。癸丑以来，民党经一次之大教训，此后痛定思痛，务宜悉反从前所为，作精神上之团结。无论投身何界，均宜清白乃心，实事求是，以得国民之作用，则将来官僚中较良分子可与民党握手，极腐败不堪者则必无形消灭，此天演之公例也（拍掌）。

（二）对于云南前途之悲观。吾国阴谋〈国〉家之心理，惯利用人之功名，以为自己之功名，甚至收而代之。辛亥之役，铸造共和者，楚人之功也，然未几而楚人无立足之地矣。回想往事，可为寒心。敝省为天良所驱使，此次首先起义，原系万众一心，早事预备，纯由唐都督自动者，乃有人大吹法螺，谓云南首义，系被人主使，遂将敝省以铁血换得之名誉，轻轻盗去。吾民党中人多知其诈而轻鄙之，然一般国民则鲜知者。夫是非不明，公理不辩，实为人群进化之大障碍（拍掌）。敝省军民淡于权利，此次共和再造，不敢有功，然铁血换得之名誉，则未便放弃也，故不得不表而出之。

尚有事欲请于诸公者，滇为协济省分，军兴以来，队伍增加，饷需浩大，且师行数省，转战千里，以一省之兵力，对抗袁家全军。所幸纪律严明，秋毫无犯，堪告无罪于国人。迩来七月有余矣，顾生命财产，损失甚巨。今后善后办法，如财政之接济、军队之安置，及战亡将士之惩[抚]恤等等，均拟请诸公由各方面助力，俾敝省不至有难收拾之虞，后起而拥护共和者，不至有恢心之虑。则不惟敝省之幸，抑亦民国之幸也。①

**按**：李宗黄代表唐继尧，首次通过媒体，以不点名方式，公开指称有人"大吹法螺，谓云南首义，系被人（按：暗指蔡锷）主使，遂将敝省以铁血换得之名誉，轻轻盗去"。

▲梁启超"万急"电复成都蔡锷，周善培"恐难遽来"。说："义密。感电悉。孝怀现在京，尚须往桂，恐难遽来。孟蕃住处待查。蜀财政厅似就近调张协陆最宜，张经验既富，成绩甚优，川、黔接境，情形易悉，且可联络调剂。弟谓然，请速商周、循，盐政即委立诚，何如？孟曦亦可助一切。超。卅。"

又"十万火急"再电告蔡锷说："护密。亲译。洽密。黎、段皆望弟遥领参谋，意在借联北军。同人多谓宜就，已复以松无成见，听中央所命。若命下，望勿辞。湘督有人拼命争，只得勿校。党人定策，举段副总统，唐组阁，将挟阁、会力，一举歼北洋系。冯密联各省谋自卫，冀似已加入彼党，干、舜不甚了了，已派人往告。吾辈何以自处，请与周、循、志熟

---

① 《唐继尧代表在沪之演说》，成都《国民公报》1916 年 8 月 7 日。

商。弟与冯似宜极通殷勤。顷谋调志长鄂，或可办到。蜀盐荐孟曦，何如？
超。卅戍。"

又电范源濂说："沧密。铁岩电称，循若既不能遽到省长任，黔民政无
人管，甚不便，似宜发明令，任刘督兼署，请转达。超。卅。"

又电请黎元洪、段祺瑞速任陆荣廷为粤督。说："华密。前为粤事与
唐、伍、王、温诸君上一公电，想达。龙不能与粤相安，谅政府所熟知，
所以隐忍审顾者，当缘继任难其人。以超所见，舍陆干卿外，无足以收拾
此局者。欲稍还龙体面，免其负固走险，莫如任为滇黔桂粤四省林矿业督
办，此彼所欲得也。一切托范静生面陈，乞垂念粤民，速予处分。幸甚。
启超稽颡。卅。"①

▲熊希龄电复梁启超，拟以两种办法解决蔡锷军饷问题。说："建密。
顷据盐政署长电称，沁电悉。蔡督军请拨川省盐款济饷一案，迭准来电，
并由院交议，即经切商总所，每月盐款除开支外，以四成济川，以六成交
渝行登入部账，已于哿、有两日电达蔡督军查照办理，并请保护盐务，统
一拨饷。一面由总所电饬分所，径与接洽在案。现接蔡督军来电，拟在四
个月以内全数拨给。并奉尊电，事同前因。苟可腾挪，敢不照办。无如军
兴以来，中央需款日迫，点金乏术，罗掘俱穷，前与总所一再磋商，暂以
川盐税款拨归部用。盖渝行垫饷，为数甚巨，原期借资挹注。今以川饷紧
迫，先其所急，分拨四成，实已竭蹶万状。除由部电复蔡督军，仍请查照
哿、有两电办理外，特以奉复，并乞电致蔡督军，务必体念时艰，查照部
电办理，至为感祷。思浩叩。艳。等因。查中央支绌，渝行困窘，亦属实
在情形。龄现拟两种办法：一、蔡可电部商榷，川省只要四个月整款，四
个月以后全归部用；二、川盐收入按月摊算，月约五六十万元，四成归川，
月约二十余万元，松坡收束军队，急须整数，似可就将此每月四成额，抵
借渝、沪外国银行，按月扣还，亦可得一急需整款。公意何如？乞电告坡
为荷。希龄叩。陷。"

又电告上海谭延闿，中央虽允蔡锷督湘，但目前仍须其赴湘先解决
"湘事纠纷"，"以待松至"。说："建密。函悉。中央已允松坡督湘，惟虑
松到任在数旬以后，目前湘事纠纷，必须设法先静。行严、静生公同商榷，

---

① 以上四电见《护国之役文电稿》（1916 年 2 月至 1917 年 1 月），中国国家图书馆藏。

拟请中央派公为查办使，或暂代嵩生为宣慰使，同往长沙，弭平风浪，以待松至。公意何如？乞酌示。希龄叩。陷。”

8月1日，谭延闿电复熊希龄说："电悉。从速发表，人心即定，查办、宣慰，均不宜有。嵩生想已晤。闿。东。"

2日，熊希龄又电复谭说："顷得段总理电，松难离蜀，湘事仍求我公担任，时势所迫，人力无如之何。只得亦劝我公迅速赴湘，救民水火，勿再推延，使湘害日深一日也。希龄叩。冬。"①

▲《申报》刊发时评，忠告做官者，说："革命之举，不但革帝制，并革所有一切玉成帝制之官。盖以使无此辈之官，帝制决不至于生长而发达也。虽然以前之做官者，既以希荣固宠之技，而祸我中国矣，今后之做官者何如，是乃我国存亡关系之所系也。故不得不陈一二逆耳之忠言，为做官者告。抑余先有一言，当为未做官之人告者，人苟无拯救中国之心，自问又无处理中国之才，平时又未有计划中国之成算者，决不可做官。若为谋生故而做官，则余非恶口，毋宁为商、为工、为苦力，即或至于为盗、为贼、为奴、为娼，而决不可以做官。何则？商工苦力固谋生之本分，即盗贼奴娼，虽贱而至于犯法，而其害仅及其身，或数人而止。若做官即尸位而不作弊，延误国家之患，已足召亡；若复作弊，则对此存亡呼吸之时，更何以堪？此〈此〉我所以对于未做官之人，不能不先尽一忠告也。"②

其忠告之二则说："既起做官之念，而又有做官机会矣，且不必问其抱负如何，先应自忖能牺牲一切否？利固牺牲也，权亦牺牲也，有时生命亦牺牲也，名誉亦牺牲也，所不可牺牲者，唯良心而已。何则？国家财政困乏，应有之官俸，尚且或减或欠，安有利之可图？官吏分内之权力，仅能曰〔日〕施之职守，断难滥用于私事，则其权于一己何益？天下纷纷，尚未全入正轨，身体或有危险，而心力又有交瘁之时，则死而后已之决心，决不能免。况乎开创之始，众疑所归，真挚之行，群谤所集，故每有人舍其利权，舍其生命，而其结果反受人击，而至灰心者，尚未能牺牲名誉之故也。是故，今日而发愿做官，实为至苦至辛之事，而无丝毫报答之可望，做官者第一不可不知者也。"③

① 以上四电见《熊希龄先生遗稿》第2册，第1957—1960、1963页。
② 冷：《时评·做官忠言（一）》，《申报》1916年7月30日。
③ 冷：《时评·做官忠言（二）》，《申报》1916年7月31日。

月底前后

▲石陶钧回忆，他这时在上海与"十九年前的时务学堂老师"梁启超"再度谈心"，并应蔡锷之托，对"梁启超一派有所箴规"。说："我看不惯"蔡锷的"扶病办公"。"（他）始急流勇退，扁舟出三峡。到上海时，黄兴已从美洲归国。我又住在福开森路黄家，知道黄的痛苦在其本系人物政治道德的堕落。蔡也同情黄的弱点，此次并对梁启超一派有所箴规，托我面达。"石陶钧于是在与梁的"谈心"中表示："就把全国一致倒袁的精神移作中国民族复兴的基础吧。"①

月底

▲蔡锷通饬各属，"严禁招安"。说："照得本军起义，纪律素极严明，所在滇中兵事，亦惟法令是遵。近有各处匪徒，胆敢假名滇军，服色装束一样，更借招安为名。各属乡场市镇，迩来抢劫时闻，官民不辨兵匪，以致乘机横行。屡经通饬各县，务须剿办认真，无如兵来匪去，骤难办理肃清。合行出示晓谕，告尔川中人民，严禁招安等事，责成地方官绅。倘有拉牵搂劫，无论是匪是兵，如能当场拿获，送官立正典刑。此后言出法随，其各一体凛遵。"

又颁布治匪办法告示。说："四川督军兼省长蔡示云。照得本军起义入川以来，约束军人纪律是很严的，所带来军队亦是受过教育、遵守法令、不敢乱为的。惟因战事日久，各处不安分的人，趁这个机会聚集徒众，不是假称滇军，就是称什么招安军，什么义勇队，如果真能招安，见义有勇，改过自新，不扰害地方，自属可取。但此辈不过假（义）勇队的名号，招摇滋事，估提团局的枪枝，抢劫人家的财物，估吃人家的饮食，还有什么拉肥猪、抱观音、抱童子，种种不法的事情。他还可恶的很，帽子、衣服也学我们军队一样的，所以地方人民见如此模样，只当真是兵，不知是匪，究不敢拿问他，官府也不敢查办。近来越闹的太不成了，各处的强匪越发多了，不能不设法先从我们的军队办法起，以（免）皂白不分，民间冤枉受害，官兵受恶名。本总司令已饬知各军队及你们的地方官遵照办理，以后不管什么招安军、义勇队，是官是兵，到你的地方，都要有他长官的护

---

① 石陶钧：《六十年的我》（节录），《湖南历史资料》第 2 期。

照，并要有他长官的印信，还要他的长官先行通知你们地方县官转饬你们地方团甲知道，你们查验的护照就不致误会了。倘有军队打扮的人到你们地方，未经带有这样护照，在先并未通知你们地方官使你们知道，那就不管他是什么官，是什么兵，你们保甲尽可把他捆送你们的地方官照律惩办。如果棒客，你们地方总须齐心，准你们将他拿获，送交地方官重办。这是先从清查我们的军队起首，以后总要派军队清乡，替你们除匪，使你们得安居乐业，本总司令于心才安。恐你们有未周知，为此出示晓谕，你们须大家遵照。但你们也须要安分营生，不得乱造谣言，借端滋事，不得藏匿盗匪，坐地分肥，致干查究。是为至要。切切，此示。"①

31 日

▲蔡锷电复籍忠寅、萧堃，为"四围情形所迫，致失自由之身"，"所谓弃蜀入湘之议，不过人代为谋"。说："洽密。俭电敬悉。袁氏既逝，锷决拟退休，乃为四围情形所迫，致失自由之身，徒呼负负。贱恙固无性命之虞，但延久不治，必成哑废，而日夜痛楚，语不成声，殊失人生乐趣，以故万虑皆空。所谓弃蜀入湘之议，不过人代为谋，殊无所容心于其间。蜀事部署，月内可定，一切当易就范。第恐愈久愈难脱卸，病态当更顽固也。锷叩。卅一。"②

▲梁启超"万急"电告成都蔡锷，熊希龄为其筹急款，已代拟有两种办法。说："义密。盐款事，部于智、有两日电尊处，允以四成拨贵军，六成仍交渝行。全拨四个月恐办不到。秉三代拟筹急款两种办法：甲、由弟电部商榷，川省只要四个月整顿，四个月后全归部用；乙、四成摊派，月可得廿余万，将此额向沪、渝外国银行抵借，整宗按月扣还。甲法自塞后路，似不可；乙法若谓然，请电示设法。超。卅一。"

同日，又"十万火急"电告蔡锷说："义密。亲译。洽密。艳（电）悉。循入湘事，某派剧烈反对，现已罢议。方议弟往，闻将发表，暗图抵制者仍甚力。遥领参（谋）长事，宜勿辞。弟若决去蜀，宜力保循任省长。某派排段阴谋已成熟，俟攻得粤后即攻闽，辅以湘为地盘，内挟阁、会为

① 以上二件见成都《国民公报》1916 年 7 月 29 日、8 月 2 日。
② 曾业英编《蔡锷集》（二），第 1473 页。

重，且欲拉弟长陆军，壮彼声势。冯则联苏、直、鲁、秦、皖、鄂、豫、赣八省，预备唐阁一成，宣告独立。今极力调和救正，恐难有效。吾侪宜速商自处之道，望先商定，更商滇、黔、桂。超。卅一成。"①

▲报载北京当局欲任蔡锷督湘，但朱庆澜赴粤受阻。说："湖南大局尚未大定，陈宧已力辞督军之职，而刘人熙年力亦衰，势亦万难久支。刻闻政府颇欲以蔡锷继刘人熙后任，用杜竞争，而维大局。以蔡锷之声望，且为湘籍，必为湘人欢迎无疑。但蔡之自身，自共和恢复，即欲归隐，嗣以周、陈交恶，不得已勉任川督，以求息事宁人。迨周退陈跑，蔡复称病，请中央任罗佩金署理督军。湘人闻之，径电中央，请蔡督湘。中央颇有允意，川人为桑梓起见，又复运动留川，蔡实有左右为难之势也。广东省长朱庆澜氏，原定日内出京，往粤就职。兹闻朱氏行期，忽又中变。探其原因，岑春煊昨一电来京，系托某君转请朱氏暂缓往粤。朱氏见之，早已迟疑莫决。某君旋又持陆荣廷氏来电，略谓各省督军多兼省长一席，何以广东独否等语。朱氏见之，益加心灰意冷，往粤益无期矣。按：陆荣廷氏素无权利思想，何致有此奇离之电？又岑之来电亦未言明原因，以情理言，上说或未必确也。"②

## 8 月

### 1 日

▲段祺瑞电告熊希龄，蔡锷刚入成都就任，不便骤移。说："院密。承示任公有电，已悉。松坡甫入成都受任，未便骤移。湘局已任组安，驾轻就熟，当可有裨珂里也。祺瑞。东。"③

▲曹锟电别蔡锷、戴戡等人。说："蔡督军、戴总司令、熊总司令、剑阁专顺庆钟司令均［钧］鉴。西来半载，时景英标，今当东旋，未获与诸公握手话别，怅歉如何。时事多艰，多赖毅力维持，共扶大局。川省匪氛未靖，民困未苏，尤须及时筹划。幸得松公主持，诸贤赞助，知必有以善其后也。锟即日率部乘轮东归，后会有期，再倾积愫，电邮多便，嗣后彼

① 以上二电见《护国之役文电稿》（1916 年 2 月至 1917 年 1 月），中国国家图书馆藏。
② 《蔡锷与朱庆澜》，《申报》1916 年 7 月 31 日。
③ 《熊希龄先生遗稿》第 2 册，第 1962—1963 页。

此可常通消息，以慰远怀。专布奉别，祈颂勋祺。曹锟。东。印。"①

▲报载《字林西报》成都通讯详报，近两星期来，蔡锷所部"进行无阻"，"时局大有进步"。说："两星期中时局大有进步，周骏已去，蔡锷已来，各事皆已进行，但若谓时事悉已大定，则犹未也。七月中旬，周骏之心腹王陵基弃周骏于成都，听其自为，己则率兵赴重庆，拟履镇守使之新任。迨抵简州，见地方极为沉静，心窃疑之，乃遣人往侦，俄而牒〔谍〕者回报，曾至城内察视，一切安静。但王仍不之信，谕将六寸大炮向城轰击，不意有乔装农夫者若干人潜至炮旁，逐退炮手，移转炮位，以王之利器轰王之军队。王部下倏被炮击，顿即溃散，有逃命者，有抢夺王所带之银物者，王无法招集旧部，乃设法渡江而去。又一消息谓王坠江而死，但最近传言谓王陵基实为在此间东北归吴某指挥之盗匪所擒。上述诸说未审孰是，但王之军队确已不复存在，而大炮等物确已落于滇军之手矣。王既失败，蔡锷方面之罗、刘、熊诸将乃得进行无阻。周骏知大势已去，与其力拒不如智退，遂在临去之前将下月房屋税提前征收，但集款未多，而事机已迫，周乃率兵于二十日退出。就成都而言，周尚能维持秩序，其部下兵士率皆训练有素，乃蜀省原有师团之一也。刘存厚事前不允入城，迨周出小东门后，刘始由南门而入。自此而后，各事较为安靖，蔡锷先锋队同日抵省。蔡则由泸州兼程而进，二十九日抵此，惜喉患未愈，语时不能高声，且感痛苦，医士劝其暂卸政务，以资休养。数日内，蔡将出省就医，大约当赴日本，目下一切公事，悉由罗佩金执行。罗滇人，似颇具材干，政务刻有蒸蒸日上之象。一般起义人物多得官职，熊克武将往重庆为镇守使，杨维为警备队司令，余者各得相当位置。惟刘存厚闻有愿得督军一席之意，今若蔡锷去而罗佩金代理督军职务，则刘将有何等行动乃一疑问。传说忠州复有拳匪，又匪首名罗千岁者，由藏边统带溃兵滋扰，惟癣疥之疾，不足深虑。今旅行之道已通，前途气象似甚佳也。前在永川大道上被盗拘留一日之华勒斯教士，今在成都，其所失行李，大都已觅获，并无备资向盗取赎情事云。"②

---

① 《曹虎威临别赠言》，成都《国民公报》1916 年 8 月 3 日。
② 《成都时局之进步》，《申报》1916 年 8 月 25 日。

**按：** 所述王陵基"坠江而死"不实。

▲蔡锷令宪兵司令部发布"军人禁令"。于是，"宪兵司令部公函致警厅云：民国五年八月二号，奉督军命令开：（一）士兵外出，乘轿街行者，几遍通衢，非特有玷观瞻，实于精神大有妨碍，应即严为禁绝，以振军声。（一）探查士兵，擅入人家，估借民房、器物者甚夥，以此漫无约束，殊非以军慰民之本意。尔后士兵需用品物，应由各该管官长妥慎办理，毋许士兵自由行动，滥入人家，致滋口实，而生流弊。（一）赌博原干律禁，军人嫖赌，尤有专条，仰领兵各官长以身作则，严加查禁，并由宪兵密查，如有违犯，即重惩不贷。此令。等因。奉此，敝部自应遵照办理。除详报外，相应备文函达贵厅，请烦查照转饬所属一体知照，实纫公谊"。①

7 日，再饬第四师师长，"禁军人乘轿街行"。说："为饬知事。照得本督军前禁士兵乘轿街行，业经通令遵照在案。惟长官为士兵之模范，嗣后除本督军暨伤病官兵外，无论官长、士兵，凡着军服时，一律不准乘轿，庶昭公允，而振军声。除分饬外，合行饬知。为此，饬仰该师长即便转饬遵照，毋违。此饬。"

据报载，"闻第四师师长现已转饬所属，一体遵照矣"。②

## 2 日

▲梁启超电复北京籍忠寅，蔡锷代表行踪。说："振密。卅一电悉。松代表刘云峰未到（沪），袁华选赴京，已介见静生，问静即知袁寓。超。冬。"③

▲熊希龄电告梁启超，蔡锷无法回湘，请劝谭延闿"担任湘事"。说："建密。顷得段总理电开，承示任公有电，已悉。松坡甫入成都受任，未便骤移，湘局已任组庵，驾轻就熟，当可有裨珂里也。祺瑞。东。等语。松不回湘，当因川事一时难离之故，望转劝组庵，请其担任湘事，勿再推辞，使湘受害也。希龄叩。冬。"

▲谭延闿等人电告熊希龄，湘省军界一致欢迎蔡锷。说："顷得湘军界电，一致欢迎松坡，望促从速发表。闿、书、亮、瑞。冬。"④

---

① 《军人禁令》，成都《国民公报》1916 年 8 月 8 日。

② 《再禁军人乘轿》，成都《国民公报》1916 年 8 月 11 日。

③ 《护国之役文电稿》（1916 年 2 月至 1917 年 1 月），中国国家图书馆藏。

④ 以上二电见《熊希龄先生遗稿》第 2 册，第 1963 页。

▲黎元洪颁令蔡锷"抚绥凋瘵，卧护西川"。说："四川督军兼省长蔡锷前因病呈请就医，曾经给假调理，并着罗佩金暂护在案。兹据该督军电称，已于二十九日抵省，力疾视事等语。尽瘁宣勤，至殷慰念，尚望抚绥凋瘵，卧护西川。至公署内执行寻常事件，仍准暂由罗佩金代行，用资节卫。此令。"①

7日，又令"重庆镇守使王陵基电请辞职。王陵基准免本职，所辖军队由蔡锷派员接管"。

又令"任命熊克武为重庆镇守使"。②

报载黎元洪电令蔡锷"安心调养"，是重庆法国领事报告蔡锷病情严重的结果。说："昨日命令令蔡松坡安心调养，所有寻常事件责成罗佩金氏代为处理。闻此项命令之由来，因重庆法国领事曾有电致驻京法国公使详述松坡病状，谓据为松坡医治之法国医生报告，松坡病症近虽稍痊，然病根已深，时时有触发之忧。苟非安心静养，断难望其全愈云云。法使据以告我当局，而蔡氏由成都来电，亦以病体未痊，请以罗代理寻常事件，因有前日之命。"③

为此，有人还为蔡锷的忘我精神撰写评论说："蔡锷带病入川，陆荣廷带病入粤，以勤劳国事，心力交悴之人，一旦事定，而不能稍令将息，亦可谓太不谅矣。虽然人病而扰之不宁，关系犹仅在一人也，若夫国家当大病之后，元气亏损，人人以为急宜将息矣。然而今日所以扰之者如故，不以其新病也而谅之，嗟乎，病后之力量能支持几许耶。"④

又载路透社"北京电。陆荣廷又请病假，当系以己为岑春煊旧属，故不愿与之公然冲突之故。政府以陆一再告病，大为着急，已电致蔡锷、梁启超，嘱其转促陆氏迅速赴任"。⑤

又载"川北盐务稽核分所卜协理同牧司法于众（均英人），于一号十一钟赴督军署与蔡督军面谈数十分钟。继又晤罗总司令诸君，畅谈一切"。⑥

又载"滇军饷项，六月未发，数月以来，仅有口食。日前所夺获北军，

① 《命令》，《申报》1916年8月4日。
② 以上二命令见《命令》，《申报》1916年8月9日。
③ 《蔡带病入川粤》，《申报》1916年8月7日。
④ 一子：《杂评一·川粤》，《申报》1916年8月7日。
⑤ 《译电》，《申报》1916年8月4日。
⑥ 《蔡督军接洽外宾》，成都《国民公报》1916年8月2日。

周、王军之银钱等项，亦归公有。现闻督军拟先行发饷两月。至于各军风餐露宿，服装多坏，督军亦拟饬厂赶造，以更换云"。①

又载"顷见省公署悬出牌示云，四川高等审判厅厅长委前任高等检察厅检察长曹兴蕲署理。四川高等检察厅检察长委前任高等检察厅检察官曾有澜代理"。②

3 日，又载"某政客谈蔡督军对于川政处理，川中军人首查学年等级，次保持先后秩序，终则量才，慎重职权。于此次各路护国军，正者欢慰，伪者痛剿。对于财政方面，先治内而后及外。至行政方面，用人不分畛域"。③

又载"省城各学校学子，因暑假时纷纷回家，现值暑假期满，闻蔡省长令省城各学校一律开学上课。并闻华阳中学校于本月七号上课"。④

4 日，又载蔡锷"于到省之次日，即将政务、财政两厅厅长委定，用专责成而谋整理"，"定能应对一切"。说："吾川自去岁军兴以来，人民无日不处于水深火热之中。及至停战议和，川西北之义旗遍举，而陈督尚未宣布独立，蓉城、渝埠均属北军所驻地点，主客怀疑，人心震栗。独立以后，王、周复拥众西上，兵临城下，战衅将开。所幸北来军士，人各思归，陈宦乃率之而去。周、王醉心权利，抗命逆行，资中、简阳叠遭惩挫，省城复有燃眉之急。迨至众溃兵离，乃弃城逃窜，省城之不罹于战祸者，其间不能容发，人心惊而复定，兵衅显而复消，怨浊思清，人同此意。故一般人民，盼望蔡督军之来，不啻大旱之望云霓，盖望其来斯，将有以拯斯民于水火之中也。兹蔡督军来此数日矣，理万绪千头之乱丝，扶病视事。在他人当不知由何入手，乃蔡督军于到省之次日，即将政务、财政两厅厅长委定，用专责成而谋整理。两厅长皆前清末叶之大吏，目睹前清沦亡，袁氏擅柄时，亦曾担负政务，亲见袁氏覆败，所谓两番俱是个中人者是也。富有经验，熟极巧生，膺此重任，定能应对一切。"⑤

又载 3 日德文"北京电。黎总统因蔡锷已于七月二十九日带病入成都

① 《滇军将发饷更衣》，成都《国民公报》1916 年 8 月 2 日。
② 《省公署委任录》，成都《国民公报》1916 年 8 月 2 日。
③ 《蔡督军政策志略》，成都《国民公报》1916 年 8 月 3 日。
④ 《华中校开学有期》，成都《国民公报》1916 年 8 月 3 日。
⑤ 鹃：《社说·蔡督军之用人观》，成都《国民公报》1916 年 8 月 4 日。

就督军任，特下令称赞之"。①

6 日，又载"蔡督军自经西医诊治后，言谈时声浪较大，现已在皇城内择定莅园（前参事会地）、柏山（现警备司令部地）两处休养。每日重要事件，始决于蔡君，其他轻微事件，暂勿预闻"。②

月初

▲蔡锷以"省长公署"名义通饬各属知事迅速清厘所属警察、警备队及商团、民团军械，"勿稍捏饰玩延"。说：照得各属设立警团，购领枪弹，原为保安捍圉之需，各该知事身任地方，亟应妥慎存储，借资保卫。惟川省自军兴以后，各处军队往来，时有提取团警枪支之事，维时道途梗阻，文报鲜通，以致传闻异词，莫由得其真相。刻值大局确定，伏莽未清，将欲荡涤匪氛，必先预储武备。除分别电饬外，合亟饬查。为此，饬仰该知事即将所属警察、警备队及商团、民团原有枪支子弹种类、数目共若干，现存若干，如有曾经护国各军及其他军队提借应用者，应将提借之数及何人经手，交给何项军队何人暨于何时何地收取，限于电到一星期内，切实查明，详复到署，以凭分别查令归还。事关清厘军械，该知事应即迅速将事核实办理，勿稍捏饰玩延，致干未便。切切，此饬。省长蔡锷。"

又通饬各属知事"嗣后征存税款，应随时照章报解，非奉有本公署暨财政厅命令，不得擅自动拨"。说："为饬行事。照得各属统捐糖税，征收各局为执行征收国税机关，所征款项岁有常额，向应报解省城及省外指令处所，以供接济中央暨全省军政费用。乃自军兴以来，各属秩序紊淆，每有假借名目向地方知事及征收机关估提税款，任意搜索，间有税款征存无多，更向地方绅粮估捐、估借，或指明在某项税款征收归还，或提前将正副各税勒限催追。种种违法举动，无非意在搜括，徒饱私囊，何尝为国家、地方着想？闻之深堪愤恨！本省长受事于糜烂之后，深为财政一端为庶政之根本，亟应力谋统一，回复原状。除饬财政厅将从前各征收机关被提款项，切实清查，详复核办外，合亟通饬。为此，饬仰该知事遵照，嗣后征存税款，应随时照章报解，非奉有本公署暨财政厅命令，不得擅自动拨，

---

① 《译电》，《申报》1916 年 8 月 4 日。
② 《蔡督军之养病地》，成都《国民公报》1916 年 8 月 6 日。

倘再有假借名目向该署、局及地方绅粮估提、估借款项者，无论何人应即由该署、局一面将人扣留，一面详报本公署核办。经此次通饬之后，如再徇情滥予，致令公款损失，甚或将人纵逃，不予扣留举发，定惟该知事是问。切切，此饬。"①

又通饬驻扎各县学校及公务处所军队，"为维持学务起见"，必须"择地迁移"，"并将迁移地点具报查考"。说："为通饬事。案据监理官林嘉瑞详称，查自军兴以后，各县学校及劝学所多有军队驻扎，致使学校因之停课放假者。现经大局妥定，自以恢复秩序为第一先事，而整理学校尤属先务中之至急。现值暑假届满，学期开始之时，自应一律开校上课，以免旷时废学。而驻有军队之学校，地方官绅未便请求迁移，以致不克及时开校，拟请通饬驻扎各县地方之军队及病院，一律移驻寺院，并饬各县办学官绅，迅速定期开校授学，以免玩愒。此外，一切公务处所，凡驻有军队者，请悉令择地迁移，以免妨碍办公。所有拟请通电各缘由，理合具详请祈钧部衡核施行，实为公便等情。据此，当经本督军批，详悉。所请通饬驻扎各县学校及公务处所军队择地迁移各节，系为维持学务起见，仰候饬行各梯团、支队查酌办理可也。此批。等语。除批印发并通行外，合亟通饬。为此，仰该□□遵照，即便择地酌办，并将迁移地点具报查考。切切，此饬。"②

▲警察厅奉蔡锷饬令，"查禁奸商"。说："案奉督军兼省长饬开，照得市场贸易，议价最宜公平。近来省城市面各军买卖物品，商民皆异常抬价，俨若有意居奇。迭据各军报告前来，若不设法维持，难免滋生事故，合亟饬行。为此，饬仰该厅即便转知商会，从速布谕各商，嗣后凡与各军交易，务宜公平办理，并由该厅随时派警认真查禁。设有不顾公理，故昂市价之徒，即予查明究办，以平市政，而协军心等因。奉此，除函知商会并出示晓谕外，合行饬仰各区署所一体遵照查禁。切切，此饬。"③

▲川边司令张煦请示蔡锷，"转饬道县严查借名磕诈各缘由，是否有当"。说："为详请转饬严禁事。窃袁氏专横，滇黔起义，仁人志士，闻风而兴。司令追随麾下，召集旧部，转战泸、纳。尔时敌焰狂猖，情危势迫，

① 以上二饬文见《救民水火之两通饬》，成都《国民公报》1916 年 8 月 8 日。
② 《军事汇闻·督军维持学务》，成都《国民公报》1916 年 8 月 11 日。
③ 《查禁奸商》，成都《国民公报》1916 年 8 月 8 日。

群策群力，借助维多。或因联络地方感情，或为离间敌军作用，或用接洽友军，或为资助饷械，分别委用，共济时艰，尺短寸长，各量其用。现大局既定，川祸已平，招募枪支早已严禁。惟查前任各员，或有肥遁鸣高深隐不出者，或恐假借虚衔在外磕骗者，应详请军署转饬各道县，查照前受本军委任，未经供职人员，现已一律取消，如有假借本军衔名在外招摇撞骗者，严行究办，以弭后患。除由司令出示并通电外，所有详请转饬道县严查借名磕诈各缘由，是否有当，理合据情详请察核，批示祗遵。谨详四川督军兼省长蔡。川边司令官张煦。"①

▲黄兴就湘督人选问题答客问说："鄙人自癸丑出亡后，遍游东西洋，专心考察政治，觉得各国政治均日进一日，我国因袁世凯有帝制自为之心，专横武断，蹂躏民权，以致共和政治微独不能发达，反就消灭。鄙人虽身居异域，而耿耿此心，固未尝一时忘情于祖国也。兹幸恢复共和，敢不悉心戮力，以从事于国家建设之一途，而尽我国民一分子之职责。至于湘督一节，鄙人未敢忘情桑梓，故鸣高蹈，特当此人欲横流之日，暂不欲置身政界，转增多口。鄙意湘督一席，最好是蔡松波。松波此次首义，名重东南，伟绩丰功，照人耳目。湘人欢迎自不待说，惟已任为四川督军，且有恙未痊，拟来沪就医。倘得松波督湘，则泯梦立解，鄙人谨为吾乡二千万人士欢祝。次则湘前督谭君组庵，素为湘人士倾仰，督湘数载，政声昭著，与湘省各界感情素称融洽，以之督湘亦可信其造福桑梓。"②

▲报载蔡锷在成都绅界会上表示川、滇非二国，不能说滇军入川是"侵略"，"我要在川省办事，不得不暂时留驻川省，事毕立即撤回"。说："日昨蔡督军延省垣各绅会议，初由蔡公高足修承浩招待，既就座。蔡公扶病临席，略言我自滇省起义，首及四川。不幸曹、张、李（按：指曹锟、张敬尧、李长泰）诸军入川，致川省大受蹂躏。又不幸陈、周（按：指陈宦、周骏）交恶，复受种种影响。此次奉命督川，因病屡辞不获。继乃请病假，旋因各方面欢迎，不得不扶病到省。窃以四川土地之大、物产之富，远过日本，使我经营数年，不特可使川省大治，并能使四川一省为全局增莫大之势力。惜病久未愈，不能不暂时休养，拟即请假三月，到东瀛或沪

---

① 《张司令请禁招谣》，成都《国民公报》1916年8月16日。
② 《黄克强推重蔡谭二君之谈话》，长沙《大公报》1916年8月6日。

上就医，所有军民事务暂交罗君佩金代行代拆。我历来办事倚为左右手者惟戴（戡）、罗两君，戴君现在渝，早经中央任命他处要职，罗君已任为广西省长，经我再三挽留帮助一切。又四川现有之护国军甚多，若用上年贵州办法，恐过于操切，反生他事。罗君向来办事刚柔相济，收效必胜于我。川省有少数人说滇军抱侵略主义，川、滇非二国，不能言侵略。即以过去之事实论，滇省前往贵州平乱，事平仍交还贵州人即可见也。现滇军在川者约计两师，我要在川省办事，不得不暂时留驻川省，事毕立即撤回。言次各绅相继发言，求蔡公只请假一月，即在川静养。蔡公允诺仍电请中央核准，然后发表。"①

3 日

▲蔡锷函复浙江督军吕公望，"大局粗定，道在拥护中央，力谋统一"。说："戴之仁兄督军麾下：前尘芜械计达。典签百里君来，借诵翰教，远道殷勤，期许过甚，感愧奚如。大局粗定，道在拥护中央，力谋统一。龙氏前次独立，本系武鸣压迫为之。今项城已逝，冀复窃据海隅，不知是何居心。害群之马，应为国人所共弃也。锷于七月二十九日抵蓉，沿途士民极为欢恰〔洽〕，想见川人茹苦久已。惟孱弱病躯，势难久任繁剧，刻已电准中枢委罗君佩金护理军民篆务，商办善后事宜。现交通已便，万里尺咫，务恳时锡教言为盼。专此奉复，并颂勋安。蔡锷顿首。八月三号。"②

▲梁启超电询成都蔡锷去留问题及川省的人事安排。说："护密。亲译。洽密。弟督湘本将发表，忽改组安以长兼督。弟若留罗，戴当作何处置？若去罗，戴能否相容？分署督、长，一驻成都，一驻渝，何如？若续假，请派署时，希见示。晓岚今日到，士权（按：袁华选，字士权）已入京，醉六（按：石陶钧，字醉六）返湘。超。江。"

又电北京范源濂说："沧密。鄂长请荐任可澄，欲北系军人与西南接洽疏通，此着最妙。沧。江。"

又以"明电"电告成都刘存厚说："敬电江奉。我公劳苦功高，万流同仰。三川疮痍满目，匡济需贤，想与蔡、罗诸公益抒伟划，共济时艰。

---

① 《蔡督军履任后之川省观·蔡督之谈话》，上海《时报》1916 年 8 月 18 日。
② 广东省博物馆、香江博物馆编《气吞河岳：辛亥风云人物墨迹展图录》，岭南美术出版社，2011，第 112 页。原件存香江博物馆。

政府倚畀云殷，恐未许公遽赋遂初也。肃复，并乞时惠教言。启超。江。"

4日，又"万急"电告段祺瑞说："冰密。昨转陆、陈冬电谅达。干老难进易退，此次幸允就粤任，以后关于该省军政，中央似宜专以委之，万不宜添设会办等名义，致彼有所掣肘。所请谭浩明护理一节，望必照准，立发表，因干最速须半月后乃能到，粤局万险以日计也。启超。支。"

又"十万火急"电告南宁陈炳焜并转行营陆荣廷说："义密。江电想达，月波护理已数电催京发表，想照办，仍盼干老兼程东下。又盼密告龙勉支，待谭交代，万一先逃，恐粤城仍糜烂。且各路军纷纷入城，将蹈湘覆辙，收拾益费力，公谓何如？朱省长力辞数次，黄陂强之，闻已允就。其人弟未识，然闻极公正廉干，若觉现在以军民合治为宜，望密示，当设法阻其行。桂省长罗君发表前，弟固一无所知，各方面亦皆未接洽。现松坡决意引退，罗必护川督，弟意本极主暂行合治，时论多不赞同，恐难成事实。桂长缺既悬，而都中政出多门，恐又突然发表，难以转圜，闻已拟议数人，桂议员某君运动尤烈。弟已屡忠告中央，谓任命独立各省长，宜先与督军商榷，请舜公事前注意。弟二月间寄干老信稿，有便仍乞钞寄。各节盼立复。超。支。"①

▲刘显世电请唐继尧、蔡锷等人"一致敦促"陆荣廷迅赴粤督新任。说："唐督军，梁任公先生，岑都司令探送陆督军、蔡督军，陈督军，吕督军探送罗护督军、戴巡阅使均鉴：□密。干老有电、云老卅一电顷始奉悉。干公督师入湘，冒暑致疾，至深系念。近自返斾桂林，屡辞粤督之任。而云老迭电敦促，急切归隐，环诵再三，具佩两公亮怀谦冲，足以振励末俗，风示来兹。窃念粤东为海疆重地，屏蔽南服，得云老撑持至今，力任艰难，遐迩钦服。倘能日久镇慑，则珠水不波，羊城安堵，民受其赐，幸何如之。惟自龙氏假电发露，云老百□排解，读卅一电，有初心何以自白之语，尤见苦衷。兹奉中央以粤事授干公，不忍云老久劳远役，拟仍请干公勉抑谦怀，迅赴新任。不惟有以慰水深火热之粤民，亦所以成云老艰苦维持之初志。干公忧先天下，当能俯纳瞽言。并恳诸公一致敦促为盼。显世叩。江。印。"②

① 以上五电见《护国之役文电稿》（1916年2月至1917年1月），中国国家图书馆藏。
② 《公电》，《申报》1916年8月6日。

▲川边各军将领暨各县知事电告蔡锷，回省请饷边军参谋杨建新已于 2 日"首途"。说："成都四川督军蔡、上草市街刘镇守使钧鉴。川边粮饷两无，各军时虞哗溃，民穷财尽，罗掘无方。昨在镇署会议，公举边军参谋杨建新回省请饷，缕陈危状，已于冬日首途，谨此电呈。川边各军将领暨各县知事等同叩。江。印。"并电请蔡锷促其"速回"。①

4 日

▲蔡锷"万急"电请黎元洪、国务院、陆军部、内务部，明令任命戴戡等人。说："华密。蜀中纷乱情形，已屡电陈览，并于东、冬两日电保戴戡会办四川军务，熊克武为重庆镇守使，殷承瓛为川边镇守使，周道刚为第一师长在案。现在百端待理，拟请明令即予分别任命，借资整顿，无任盼祷。蔡锷叩。支。"②

9 日，陆军部总务厅函呈总长段祺瑞说，四川蔡锷来电一件，"川东各事，诸多窒碍，拟请明令戴戡会办四川军务，庶权责既专，号令另行，于川东乱局，易于收拾"。又说四川蔡锷来电一件，"据请任命殷承瓛为川边镇守使，若蒙俯允，拟酌拨可靠军队，饬令随带前往"。③

▲7 月 28 日，康有为电告蔡锷，"催弟起兵，实我决策"，"顷闻重病，忧念至深，望为国珍摄"。说："松坡仁弟鉴。弟之才武，爱念无已。静生奔告弟过沪，乘舟（按：疑此'舟'字系'丹'字之误）波丸往港，惊忧甚。即电君勉（按：徐勤，字君勉）接船，延住我室而不遇。幸弟出险入滇，建此丰功。来任（按：指梁启超）各书皆得见，催弟起兵，实我决策。徐州危难，我罢（按：疑此'罢'字系衍字）罪也，故劝干卿独立，又派君勉率兵舰迫龙（按：指龙济光）独立以救弟。弟关系中国至大，顷闻重病，忧念至深，望为国珍摄。康有为。俭。"

4 日，蔡锷电复康有为说："康南海先生鉴。俭电敬悉。过蒙护持奖藉，既感且惭。贱恙自经阿医士诊治，不惟无效，益以加剧。据称川中无药无械，且天候不适，非转地就专科医院疗养，不易收功。近已切电中央，

① 《川边之近况》，成都《国民公报》1916 年 8 月 6 日。

② 中国第二历史档案馆藏档案。

③ 中国第二历史档案馆藏档案。

坚辞蜀任，一俟获准，即便东下。尚容晋谒，面罄一切。蔡锷叩。支。"①

又电告各部、署、局、处，京兆尹，督军，省长，都统，巡阅使，办事长官，护军使，镇守使，拟于 8 月 5 日遵令将四川交由罗佩金护理，以资休养。说："前奉策令蔡锷给假一月。又奉令特任罗佩金护理四川督军兼省长各等因。当以省局未定，不得不力疾入省，暂行就任，以安人心。现在秩序大定，可无他虞，拟于八月初五日遵照前令，交由罗佩金护理，以资休养。除呈报咨行外，合电闻。蔡锷叩。支。"②

▲熊希龄电告刘人熙，"顷闻中央因松坡暂难离蜀，将任组庵来湘"。③

## 5 日

▲蔡锷与罗佩金电复重庆周骏，对其"遵令北上"，已"饬沿途文武严加保护"。说："奉江电，敬悉。台从抵渝，极慰。执事遵令北上，已饬钟师长、戴巡阅使妥为护送，并饬沿途文武严加保护矣。重庆以下，舟行极便，骑从适足为累，随带部队拟请即交戴巡阅使妥为保部［护］，十五师事已经电达中央商办，祈勿念。蔡锷、罗佩金叩。微。印。"④

▲罗纶、萧湘等渝绅电请国务院准蔡锷久于川职。说："国务院钧鉴。四川叠经兵祸，遍地疮痍，疆吏纷更，奕棋靡定，人民愁痛，无所倚归。幸大府仁明，重任蔡督军，使负此巨责。下车以后，行稳健之政略，布公严之命令，兵氛以戢，人心以安，不特慰巴蜀来苏之望，实亦释国家西顾之忧。但太公报政，速亦三月，孔子教民，期以七年，若不久于其职，敢言阅克有功。以全局论，关系天下安危，实无有重于蜀者；以事实论，关系四川治乱，亦无有过于蔡者。大府如因他种状况，别有倚畀，亦恳俯循借寇之请，俾行用赵之谋，使蔡督得毕所建树，川人遂其苏息。大局幸甚，四川幸甚。罗纶（罗君北上过渝）、萧湘、江潘、向藩、曾鼎勋、赵城璧、温仁椿、古秉钧、汪德薰等叩。微。"⑤

▲黎元洪电告熊希龄，蔡锷"毋容［庸］续假"，由谭延闿任湘督。

---

① 以上二电见曾业英编《蔡锷集》（二），第 1474 页。
② 《要电》，《福建公报》第 183 号，1916 年 8 月 10 日。
③ 《致长沙刘督军电》（1916 年 8 月 4 日），《熊希龄先生遗稿》第 2 册，第 1966 页。
④ 成都《国民公报》1916 年 8 月 17 日。
⑤ 《绅民电留蔡督军》，成都《国民公报》1916 年 8 月 20 日。

说："院密。支电悉。昨接松坡冬电云，旧恙复发，请再给假两月，以便择地调养。当以蜀中大难虽经解决，而辖境辽阔，收束整理尚须时日，已复电在署调治，毋容［庸］续假，希即转告谭、汪诸君。组安乡望允孚，前任湘督，军民晏然，此次任命，实出众望，并希电劝，迅赴新任，切勿固辞。黎元洪。歌。"①

11 日，报载"四川督军蔡锷，昨向政府请假两月养病，已蒙照准……兹悉政府复有电致蔡氏，谓川事异常重要，如能勉强留川调治，仍以坐镇其间，切勿远离为上云云"。②

▲熊希龄电复谭延闿，蔡锷不能速离川，仍须"勉任其难"，出而督湘。说："尊意已转达，顷准段总理电开，支电敬悉。谭公明令已发，务请转电劝驾，顾全桑梓，勉任其难。祺瑞。歌。等因。目前湘极危迫，蔡又难速，章、范诸君皆以为无可如何，只得请公渡此难关，以救桑梓。谨劝公勉为此行，勿再推辞。或先赴京商榷，亦可稍有把握，乞酌裁。希龄叩。歌。"③

▲梁启超"十万火急"电告唐继尧、任可澄、刘显世、陈炳焜并转行营陆荣廷、蔡锷、罗佩金、戴戡、吕公望，宜慎待段祺瑞。说："护密。国会复开后，现象似尚平稳。惟副总统、总理两问题，颇有暗潮，一面则报纸盛传举段副总统，唐代组阁，国会中布置似略定；一面则路透电称，七省联合对抗，似亦非无因，误会相持，危机或起，默察趋势，忧心如焚。窃以段公德望，见推副座诚无间，然惟总揆、陆相两席，段老一旦脱离，是否国家之福，极须慎察。闻段老拟力辞选，若必选出，将一切卸谢，确否容续探奉。项城逝后，匕鬯不惊，实由黎、段两公合体结成中外之信仰，故人心得以维系。当此风雨飘摇之际，段若高蹈，代者虽贤，恐各方疑虑，未易骤免。此事关大局安危，视宪法问题尤亟，鄙意前此独立各省宜亟讨论。若谓目前危局，仍须段暂为支撑，宜协力谋维持。段若表示退隐，当合词责难，惟措词宜慎，不可侵国会权限，致惹误会。此间亦当向议员设法疏通，务求现阁员全体通过，维持现状，免生枝节。诸公伟划何似，希公决一致，慎进行，并迅示复。冯华帅公忠持平，实为大局枢纽，望常与通电密商，共图匡济。义密电本，冯处已有，并闻。启超。微。"

---

① 《熊希龄先生遗稿》第 2 册，第 1968 页。

② 《政府仍令蔡锷留川养疴》，天津《大公报》1916 年 8 月 11 日。

③ 《熊希龄先生遗稿》第 2 册，第 1969 页。

6日，再"十万火急"电告唐继尧、任可澄、刘显世、陈炳焜并转行营陆荣廷、蔡锷、罗佩令、戴戡，"此时似宜联电极峰，劝委信段、冯，求势力之均衡维持"。说："义密。微电计达。暗潮之生，原因复杂，初由政府措置乖方，如约法久延、奖龙取消独立、命陈督湘等事。民党亦进行太激，如海军独立、粤省会攻、山东争持、汉口暴动等事。而议员气焰太张，总长竞争太烈，最近以总理问题为焦点益惹恐慌。一月前，旧系本甚散漫，今团结日固，力为对抗准备，甚至传说唐阁若成，将宣告独立，张勋辈近发数电，其机已动。窃谓政治以国中各种势力调和为原则，欲剿灭异己之势力，殆不可能，徒以殃国。此次袁死，半由天助，安能独翊成功？若再争，国必无幸。日来华帅屡派人来商，超答以张、倪辈若无法外行动，西南自常保公正和平之态度。华允力为裁制，能否？殊未卜。今所最忧者，公府中策士太多，极峰把舵不定，旧系自危，荡决于法外，则大局真不可收拾。不幸有此，我辈何以自处？望亟熟议一致，此时似宜联电极峰，劝委信段、冯，求势力之均衡维持。又宜与冯常通电，解释误会，与彼同执调人态度。诸公谓何如？超。鱼。"[1]

上旬
▲蔡锷赋诗二首：

### 谒草堂寺

锦城多少闲丝管，不识人间有战争。

要与先生横铁笛，一时吹作共和声。

### 别望江楼

锦江河暧溅惊波，忍听巴里下人歌。

敢唱满江红一阕，从头收拾旧山河。

又为华西协合大学校题祝词。说："敬祝华西协合大学校：立国之本，曰富与教。富以厚生，教以明道。原人之初，维身与心。心失所导，厥弊顽冥。贤载西哲，有教无类。万里东来，循循善诲。文明古国，中华是推。文明大邦，英美是师。宏维西贤，合炉冶之。我来自滇，共和是保。戎马

———————

① 以上二电见《护国之役文电稿》（1916年2月至1917年1月），中国国家图书馆藏。

侄偬，未遑文教。瞻望宏谟，深慰穷喜。我有子弟，何幸得此？岷峨苍苍，江水泱泱。顾言华西，山高水长。"①

▲报载蔡锷抵达成都省城后所采取的相关军政措施。说：

护国军之编制，为目下重要问题。闻蔡督军已同罗总司令商有办法，大约先发表一种表册，交各军首领先行填报，内分数项：（一）兵数及其年岁、籍贯；（二）枪支种类及其子弹；（三）驻扎地点；（四）军官姓名；（五）招募时日。限期呈报后，再分别派员照表册切实点验，然后酌量编裁。

李守庄现随蔡督军入川，闻李在滇原办理银行，此次入川亦系任财政上之事务。现在尚未发表也。

蔡督军喉病，昨延中医陆锦廷调治，闻陆君对人云，督军之病纯系伤阴所致，病根实因过劳而成，须一面服药，一面仍重在调养。陆君所主之方，大多养阴之品。又闻蔡督军于三十一号，曾往平安桥街法国所设之修道医院诊疾，沿途均列步兵。

蔡督军昨特延川绅曾奂如、骆公骕、颜雍耆、张蓬山为顾问，周保臣、樊孔周为财政参议。樊已说明种种理由，请求陈铭竹、罗总司令代为辞职，并闻有聘赵尧生（熙）为顾问之说。

蔡督军拟请骆公骕任高等审判厅长，骆坚辞未允。闻现已委法庭某员代理厅长，拟俟得有相当人材，再行呈请任命。

新财政厅长邹怀义现已就职。闻政务厅长尹仲锡亦于日昨到厅料理一切。邹君昨日躬莅成都总商会，略述对于财政上目前救济困难、活动金融之计划，拟在重庆筹集巨款，以官产作抵，其手续以简单便利为要，并拟于今日在商会召集各商会议。

蔡督军布告云：本督军政崇宽大，至诚待人，所有附和周骏、王陵基之将校士兵，以及各项办事人员，概不追咎，咸与自新。其有年力富强、才堪效用者，务宜安分守己，静候录用。倘有怙恶不悛，造谣煽惑，阴图扰乱者，即属自外生成，本督军惟有执法严绳，以示惩儆，为此布告，各宜凛遵。②

---

① 以上诗文见曾业英编《蔡锷集》（二），第 1477—1478 页。
② 《蔡锷到省后之川政局》，《申报》1916 年 8 月 15 日。

又载蔡锷抵成都后的"批示"有如下一些。(1)"成都县民黄裕顺等，以假冒纠踞，恳请遣办等词，具呈督军府，奉批云：本督军未经到省以前，业已电饬各项义勇，一律停止招募，各就原驻地点，听候命令在案。据称省城附近，间有假冒护国军名义任意骚扰情事，殊堪痛恨。仰候派遣军队，分别办理，以苏民困。"① (2)蔡锷注销刘存厚前准冷遇春、刘荫西通缉案。说："刘荫西兴控丁厚堂于督军府。奉批云：前据丁梯团长泽煦详称，冷遇春、刘荫西等串谋攻城，并拉走李参谋仲符各情，请予通缉前来，当(经)前代理军民政务刘批准在案。兹据来禀，该丁泽煦复有攻城毁宅情事。彼此执词，极端不合，其中显有别故，姑将前准缉案，暂行注销，候即饬行第二军派员确即查明，具复核夺。"② (3)"批法政毕业生方正奎呈请铸金元一案云：据呈各节，不为无见，仰候查酌采择可也。此批。" (4)"通江胡飞鹏等，前以勒派花户银两，具禀该县知事一案。昨七号督军府批云：据称该县薛知事罚磕赃银至十三万余元之多，何以受害之家别无控告？其勒派花户银两，究系因何勒派，亦未指实，难保非挟怨诬评。姑仰嘉陵道尹据实复候核夺。此批。" (5)"昨七号，督军府批陆军步兵上校吕堃等，呈请维持大局一案云：呈悉。仰候电知戴巡阅使查办。此批。" (6)"法政毕业生何克刚以发行彩票、维持纸币，条陈省长公署。奉批云：蜀难新夷，建设方始，地方一切事宜，自应延揽公正绅耆，相为翼赞。然必饬县□行各乡公推正绅二三人，赴城集议，转滋纷扰，殊属窒碍难行。至提解款、禁招募，已由督军府电饬各军队、各知事遵办在案。又如发行彩票、维持纸币各节，欲为目前之救，实非根本之办法。" (7)"昭化王资生等，以该县北军骚扰情形，具呈督军府。奉批云：北军在县骚扰各情，殊堪恻念。至龙知事现尚有文，详请辞职，来禀谓言业已潜逃，恐有未确。仰嘉陵□（按：此处并不缺字，疑原报纸排版有误）道尹查明该知事，如尚在任，饬其将地方现状，妥为维持，勿使无辜良民，流离失所，是为至要。" (8)"朱子芹以肆行烧杀等词，具控李仲三等于督军府。奉批云：匪徒劫场，肆行烧杀，令人忿恨。仰候飞饬什邡县知事，调集警团，上紧兜拿，务获尽法惩办，以伸法纪，而靖地方。" (9)"成都县民钟福盛等以假冒护国军名义，

---

① 《分别办理假冒军》，成都《国民公报》1916年8月3日。

② 《注销冷刘之缉案》，成都《国民公报》1916年8月8日。

骚扰闾阎等词，具呈省长公署。奉批云：现在兵事告终，各路护国军已由督军府酌定编制办法，岂容再有不肖之徒，假托名义，扰害闾阎。据报杨凤山等估食估勒各情，闻之殊堪痛恨。亟应从严缉办，不使稍留余孽，苦我良民。所恳派兵驱逐之处，仰候咨请军府核办。"①（10）"川西道杨端宇君痛念各属黎庶，历遭兵燹浩劫，疮痍满目，哀鸿遍野。而各路伪护国军又复到处骚扰，拟带队出巡，视查一切情形。但其所属之独立营，前奉刘军长饬编，归第二军混成旅。该道尹详请督军饬拨警察队三队随往，以便办理。督军刻已照准，饬警厅遵办矣。"②（11）"财政厅长邹宪章君日前辞职"，"现省长批复，力为慰留，未允其请。兹探得其批云：详悉。财政厅长一职，业经饬委该员接充在案。其收票处总理暨火柴官厂名誉总理各职事务，均关重要，应仍照常兼办，勿庸请辞。川省筹收军票，已著成效，现在市面未收之票无多，更应始终其事，竟此一篑之功。本省长有厚望焉。此批。"③

## 6 日

▲四川西南总司令部胡重义奉蔡锷饬令，发布派军士巡各街布告。说："本月六日，案奉督军蔡饬开，案据省会警察厅长嵇祖佑详称，现在各路军队，均皆麇集省垣，管理既宽严各殊，性质复良莠不一，其不安分者难免有不规则之行为，借生事端情弊，拟请派得力军士，轮番执令在街巡查，俾易约束，以重纪律等情。查该司令原负有约束士兵、整肃军纪风纪之责，除批印发并分饬外，合亟饬行。为此，饬仰该司令即便查照办理，切切，此饬。本总司令约束军士，整肃军纪，责有难辞，既奉钧饬，理合遵照派遣得力军士，每日轮番执令，照查各街，以重纪律。兹准于本月八日执行，合行布告。为此，告仰各军士一体遵照，倘敢不守纪律，滋生事端，一经查觉，立予分别惩办。切切，勿违。"④

▲唐贤焯电告蔡锷，7 月 25 日夜"镇署炮弹爆发，实因热度增高，实无别故"。说："成都督军鉴。华密。艳电敬悉。遵即饬委巴县知事张继铭、

---

① 《督军省长之批示汇录》，成都《国民公报》1916 年 8 月 9 日。
② 《杨道尹请拨警队》，成都《国民公报》1916 年 8 月 9 日。
③ 《省长慰留邹厅长》，成都《国民公报》1916 年 8 月 10 日。
④ 《派军执令巡各街》，成都《国民公报》1916 年 8 月 9 日。

警察厅长吴国琛密查。旋据复称，七月二十五夜镇署炮弹爆发，实因热度增高，实无别故，并轰毙卫兵一名。次晨，保安司令王丽中约同同城官厅及英领事美哲同往履勘，计爆裂英国炮弹一千一百余发、中国炮弹五百余发、机关炮弹一万余发，并无德国炮弹。当请沈医士用寒暑表试验，据云热度已过九十度之危险，英领士［事］以自行爆发，亦无异议等情。道尹复查民国三年英国驻渝兵舰，炮弹依法卸存，镇署往年均由该舰派员检查，注意防范。本年未经派员点验，致涉疏虞。爆发后，经同城各官厅同往查勘，出示晓谕，绅商各界均已释然。迄今旬日，并未发现他种事故，亦无别项谣传。谨先电复，用纾廑念。东川道尹唐贤焯叩。鱼。"①

　　▲午后 7 时，蔡锷在督军府宴客，"军界要人赴宴者，有吴庆熙、丁厚堂、张达三、孙泽沛、卢师谛、张午岚诸君。至后八时始散席"。②

　　▲报载蔡锷布告四川禁止歧视纸币。说："为示谕事。照得省城近来一切物价，腾踊异常。推原其故，盖由中国浚川各银行纸币暂停兑现，而奸商市侩遂存歧视之心，暗中操纵，乘机牟利，以致银元、纸币价值，每元相差竟至五六百文之多，金融阻滞，生计日高。现在各银行业已筹备成立，纸币转瞬即将兑现，若不设法维持，殊于币制生计前途妨害匪细。除饬警厅随时查禁外，合行示谕。为此，示仰军民人等知照，嗣后对于中国浚川各银行纸币，务与现金一律行使，毋得再存歧视。设有不顾公义，操纵牟利之徒，故意跌落币价，定予严拿惩究，不稍宽贷。切切，此示。"③

　　又载"北京电。元首特制狮头宝刀，作名誉奖励，分九头、七头、五头三等，自蔡、陆、唐、岑、刘、吕、李、刘、罗、陈皆获此荣典，即日授与"。④

　　又载"蔡督军莅任后，以川省建设伊始，诸待整理，昨特谕令督、省两署人员，每日早七钟入署，晚六钟出署，逢星期仍照常办公，不得休息，俾免政务丛挫"。⑤

　　又载"四川宪兵司令长张示云，本司令现奉督军命令，严禁军人赌博、

　　① 《公电》，成都《国民公报》1916 年 8 月 13 日。
　　② 《督军宴会各要人》，成都《国民公报》1916 年 8 月 8 日。
　　③ 成都《国民公报》1916 年 8 月 6 日。
　　④ 《专电》，《申报》1916 年 8 月 6 日。
　　⑤ 《蔡督军停止星期》，成都《国民公报》1916 年 8 月 6 日。

乘轿及擅入民家，估借民房、器物，及一切不守纪律等事。如违查获，重惩不贷"。①

又载"警厅奉督率［军］兼省长饬，略谓本督署调查员报告，二十九日午后，省城南门一般人民哗然，谓皇城坝军人买米，不偿钱钞，于是米铺概行关闭，员即旋回皇城坝调查铺户，并无关闭情事，而买米不偿钱钞之言亦属子虚，确系一般败类造谣蛊惑，倘不严禁，恐扰治安。合即报告，伏乞钧裁等情。据此，查川事甫定，建设伊始，无端造谣，易惑民心，倘不查究，为害滋大。兹据前情，合行饬仰该厅长，即便严密查访。若果有信口雌簧之徒，借造谣以煽惑人心，一经查获，应立予枪毙，以昭炯戒。此饬。等因。奉此，合行密饬各区署所队，一体知照。此饬"。②

7 日，又载"昨五号（按：原文如此）上午蔡督军游劝工局，局长田澄伯君引导，遍游厂内各处。蔡君观览各成品，并询问工作，一切甚详，于此可见蔡君之留心实业也"。③

又载"督军府现新委前商业学校校长田明德、前泸县知事李传麟二君为秘书。两君均曾任李烈钧之秘者，轻车熟道，必能胜任愉快也"。④

又载"探闻督军昨通电各处，饬各地驻防军队，不得就地筹饷，所有饷项由省按月发给。日前自流井所筹之一万元，现亦停收"。⑤

7 日

▲报载"护国第一军第二梯团司令部日前枪毙一人，兹得该犯罪状照录如下。为晓谕事。查有逃弁张国樑在泸曾经争风斗殴，并敢拐带妓女，同军队行，当经派员拿获管押在县。现奉督军电令，按律惩办，以肃军纪等因。合亟将该犯枪毙示众，以儆效尤，切切，此示。（丑）。"⑥

▲梁启超电请北京六部口周宅籍忠寅转告北京当局，勿急促戴戡赴省就任。说："振密。蜀绅电促戴赴任。惟戴、罗不能融洽，已成事实。罗专务敷衍，党人编至七八师，财政基础全乱，督军嗾人与省长捣乱，安有办法。鄙

---

① 《宪兵司令之禁令》，成都《国民公报》1916 年 8 月 6 日。
② 《密查无端造谣者》，成都《国民公报》1916 年 8 月 6 日。
③ 《蔡督军注重实业》，成都《国民公报》1916 年 8 月 7 日。
④ 《督军新委两秘书》，成都《国民公报》1916 年 8 月 7 日。
⑤ 《禁止就地筹饷》，成都《国民公报》1916 年 8 月 7 日。
⑥ 《泸县处决拐妓兵》，成都《国民公报》1916 年 8 月 11 日。

意政府宜勿促戴赴省，但令其仍驻川东剿匪。中央若信任戴，请稍拨军械，厚其兵力，令其军直隶中央，饷指拨的款。得此贤坐镇川东门户，将来大局可保无虞。至川事，则俟三月后松假满时再议耳。知名。阳。"

8 日

▲梁启超"万急"电询成都蔡锷，行后饷款汇何人。说："护密。卅、江电阳奉。知决去蜀，诚无如何。想部署略定，百里望偕行。盐款事，卅一电详述，想达。外债依尊电条件，可借百万，惟廿日内外乃能定，望电院部请准借。仍指定亮侪代表交涉何如？得此，更加以盐款四成，暂足敷否？中行垫借，方敦促，或可得廿万。弟行后当汇何人？盼复。超。庚。"

又电南京冯国璋说："义密。请转徐佛苏先生鉴。顷接循若阳电，文曰：奉公微电，以总、陆相非芝老不可，戡极赞同，北方亟赖此老维持，众目共见。戡近与北军官长接洽，亦知此中关系最重。国势久已漂摇，岂容再经风雨，想国会诸公深悉大局，自有宏善之解决。至副座一层，戡以举华老为最当，业将此意通电前独立诸省。惟抵渝以来，诸未就绪，为未能以文字径陈国会，务乞我公将鄙意转达国会诸公，至为盼祷。戡叩。等语。特闻。乞转告华老，到京时并达国会同人。超。庚。"

又"万急"电告贵阳熊范舆说："洽密。微电悉。膏捐事，部称已定用途，顷再交涉恐无效。黔善后费仍宜恳电府院部力请，冀借款成［诚］能拨耳。内人归宁，二十内外抵铜仁，乞饬军吏照料。前托周公拨款三千，系沪银，当在此划还希陶，该黔币若干，乞届时照拨。又超前在安南扶病著《国民浅训》一书，已印成，定价一角五，苏、浙、豫等省各购一二万，分派各县，以期普及。拟寄黔万部，何如？乞复。超。庚。"①

▲财政部电请蔡锷查明已发行和未发行的中国银行云南分行兑换券，并电复。说："成都蔡督军鉴。华密。据中国行称，滇军持未发行云南行券调换小票，请酌筹准备等语。查上项行券已发未发数目，清分饬查明电复。至准备金一节，该总行现方筹备兑现，无力另筹，本部亦无款可拨，即请就地酌筹若干，交行照兑，已饬该总行转电分行，径与贵督军接洽矣。财政部。庚。"

①　以上四电见《护国之役文电稿》（1916 年 2 月至 1917 年 1 月），中国国家图书馆藏。

30 日，罗佩金代电复财政部说："庚电敬悉。云南中行券，已饬查明，共一百八万九千元，已发捋五十七万一千二百元，未发五十一万七千八百元。特复。佩金。卅。印。"

9 月 7 日，财政部再电询罗佩金说："华密。卅电悉。尚有应询各节：（一）滇行兑换券为滇督军取去者共二百万元，来电称领用一百零八万九千元，是否蔡督军携至四川之数？其余九十一万一千元现存何处？（二）已发之票五十七万余元，在何处流通？由何机关发行？现在是否兑现？（三）已发未发券，是否均加盖特别章记？以上均请查复。再，领用兑换券数内，未发之五十一万七千八百元，现存何处？增发愈多，清理愈难，请立饬停发，悉数点交附近中行分号，转送重庆分行保管。并希电复。财政部。阳。"

10 月 7 日，中国银行函复财政部说："敬复者。接准钧部财字二百三十五号函开，查云南分行未发行兑换券，前闻已在川、滇两省行使，当经本部先后去电四川罗署督军、云南唐督军查询实在情形。兹准罗督军电复称，上项兑换券，蔡督军携至四川之数，实只一百万元，已在宜宾、泸县、自流井、成都等处全数发尽，均可兑现，发行机关名曰护国第一军行军中国银行，券上盖有护国军总司令印章及该行总理私印，并签字为证。其余一百万元，仍存滇省等情。除电催云南从速查复外，相应照录来往电文，函知贵行查照。至前项兑换券究应如何处置，应即妥筹办法见复等因。并粘抄电文六件。查此案前准钧部光字五十二号函，并抄致成都蔡督军电稿，当经敝行照电四川分行，径与蔡督军接洽办理去后，迄尚未据报告。兹准前因，当再抄录往来电文，转行该分行妥筹办法，一俟具复到日，另行函达可也。敬致财政部。中国银行启。中华民国五年十月七日。"

14 日，云南督军公署代理财政厅长吴琨第 51 号训令，再次证实"蔡督军携川之券，实只一百万元，其余八万九千元概系角币。此项角币，因印刷不精，恐滋流弊，到川后未曾发行，现已全数销毁，曾经电部有案。至兑券一百万元在川发行者，以宜宾、泸县、自流井、成都等处流通最多，均盖有护国第一军总司令印章及护国军中国银行总理私印，并签字为证。"

1917 年 2 月 5 日，中国银行再函复财政部说："径启者。上年九月间，接准钧部财字二百三十五号函，以云南敝分行未发行券，经蔡督军将一百万元携赴四川使用一案，嘱筹办法等因。当经转饬四川敝分行就地调查妥议具复去后，兹据该分行复称，蔡督到川所携滇券，确系一百万元，均以护国第一军行军中国银行名义发行。现在未收回者，尚有五十余万元，准备毫无。刻闻中央已允拨济滇省善后经费三百万元，拟请转商财政部转饬滇省，使善后经费一经领到，拨由该机关将流通在川之滇券一律收回，仍解滇省交还滇行。是否可行，统希酌核等因。查核分行所称，钧部拨济滇省善后经费三百万元，究竟有无其事。如果属实，拟请查照该分行所拟办法施行。是否有当，仍希核示为荷。敬致财政部。中国银行启。中华民国六年二月五日。"①

▲报载"北京电。元首慰问蔡锷，汇参钱药费二千元"。又载"成都电。蔡锷喉症未愈，仍延中、西医治，云系积劳伤阴，西医用透视镜检验，称无大碍"。②

**按**：称蔡锷病情"无大碍"，实为官话。

▲午前9时，蔡锷"偕修翰青等共十二人，到北门外昭觉寺游，该寺僧迎于山门外。迎入后，该寺所驻军队之长官，均谒见督军。继后，督军步游该寺内各处，精神仍不稍乏，至午后尽兴，始入城"。③

9日

▲黎元洪颁令说："四川督军蔡锷呈督署秘书陈朴，原名陈佶，因案判处三等徒刑三年，褫夺公权二年。此次深资赞助，请予特赦等语。本大总统依照约法第四十条，特赦陈佶，免其执行。此令。"④

又"任命戴戡会办四川军务。此令。又令贵州省长戴戡未到任以前，特任刘显世暂行兼署。此令。"⑤

▲梁启超电询重庆戴戡，蔡病"实情究如何？公劝暂留"，蔡锷能否听从。说："义密。士行兄同鉴。阳电悉。即飞电段，请照拨，并托冯助。仍请二安及李长泰再恳电尤妥。百里电称松病极险，必须迁地。实情究如何？

---

① 以上六函、电见《护国运动》，第297—300、302页。
② 《专电》，《申报》1916年8月8日。
③ 《蔡督军游昭觉寺》，成都《国民公报》1916年8月9日。
④ 《大总统令》，天津《大公报》1916年8月11日。
⑤ 《命令》，《申报》1916年8月11日。

公劝暂留，松能从否？松去留不仅关川局，现北系与国党短兵将接，松去则更无人能有第三者资格，隐忧安极，若病实不支，则无可言耳。乞惊告松，并立复。知名。青。"

又电戴戡说："义密。齐西电悉。川情急切，士行可直赴京晤亮俦，自悉详情，希陶能迂道一至沪最善。季常现在东京，廿间当抵沪。超。佳。"①

又"十万火急"电问蔡锷说："护密。必亲译。洽密。盐署称已准尊处将八月至十一月盐款全拨。借款及其他尚须办否？弟究能暂留否？循若位置已定否？党费能设法否？统盼立复。知名。佳酉。"②

▲熊希龄电告梁启超，蔡锷军饷有着落了。说："建密。顷准盐署函开，四川盐款，财政部虞日已与松坡商定，将八、九、十、十一四个月收入全数归松用，十二月以后仍交中央。此事解决，松饷当有着矣。特闻。希龄叩。青。"③

▲蔡锷自成都启程东下，并发表告别蜀中父老文。说："锷履蜀土，凡七阅月矣。曩者驰驱戎马，不获与邦人诸友以礼相见，而又多所惊扰，于我心有戚戚焉。顾邦人诸友曾不我责，而又深情笃挚，通悃款于交绥之后，动讴歌于受命之余，人孰无情，厚我如斯，锷知感矣。是以病未能兴，犹舆舁入蓉，冀得当以报蜀，不自知其不可也。乃者视事浃旬，百政梦如，环顾衙斋森肃，宾从案牍，药炉茶鼎，杂然并陈，目眩神摇，甚矣其惫，继此以往，不引疾则卧治耳。虽然，蜀患深矣！扶衰救敝，方将夙兴夜寐，胼手胝足之不暇，而顾隐情惜己，苟偷食息，使百事堕坏于冥冥，则所为报蜀之志，不其谬欤！去固负蜀，留且误蜀，与其误也宁负。倘以邦人诸友之灵，若药暝眩，吾疾遂瘳，则他日又将以报蜀者，补今日负蜀之过，亦安在其不可？锷行矣，幸谢邦人，勉佐后贤，共济艰难。锷也一苇东航，日日俯视江水，共澄此心，虽谓锷犹未去蜀可也。蔡锷白。"④

▲罗佩金发布禁止谣言告示。说："照得蔡督出省，原为请假养病。本督护理篆务，恪守中央命令，一切布置妥贴，地方本自平静。闻有不肖之徒，胆敢摇惑视听，造出种种谣言，妄冀无端起衅，意在于中取利，居心

---

① 以上二电见《护国之役文电稿》（1916 年 2 月至 1917 年 1 月），中国国家图书馆藏。
② 《护国运动资料选编》下册，第 721 页，是书定此电发于 7 月 9 日，误。
③ 《熊希龄先生遗稿》第 2 册，第 1971 页。
④ 曾业英编《蔡锷集》（二），第 1476 页。

实同鸱鸮。须知抗命不祥，周、王可资借镜，拥重兵者如此，余又何苦抗命。已饬严密访查，拿获重惩示警，望我远近良民，慎勿妄听轻信，无事不宜自扰，其各凛遵为幸。"①

▲报载"成都电云。蔡锷督军是日离省往沪，川民极为婉惜，知此行于川省恢复之举不无延缓。省城至（重庆）之路，现尚不稳，川省又望政府早任刘存厚以重职，因深信其必可保川省通商无虞"。②

又载"四川督军蔡锷，现由成都往海岸养病，以便医理喉疾，所遗督军缺以罗佩金代署。并闻有荐刘存厚为四川省长云。蔡锷昨日宴飨护国军各统领，其经已［已经］任有职事者，部下各军队所留者甚少，余均给资遣散回家，并谕令各县知事收聚革命时由政府取去之军械。蔡锷督军是日离省往沪，川民极为惋惜，知此行于川省恢复之举不无延缓。省城至重庆之路现尚不稳，川省又望政府早任刘存厚以重职，因深信其必可保川省通商无虞云"。③

又载蔡锷 9 日离开成都情况。说：

> 蔡松坡督军于八月九日午前九时起程东下，兹将其起程之盛况述之如下。
>
> 先期之宴客。蔡氏决意行后，即于八月七日在皇城内设宴，请军界要人张午岚、刘积之、熊锦帆、卢锡卿、杨辛友、吴庆熙、丁厚堂等，至午后八时始散席。蔡君对于各要人，均异常嘉奖，并温语慰问云。
>
> 名胜之游览。此次蔡氏到成都，于各名胜地，初即拟游览，乃因事不果。至八月六、七两日，蔡氏始同修承浩诸人游武侯祠、青羊宫、昭觉寺等。凡到一处，无不遍游尽兴，始入城云。
>
> 绅商之挽留。八月八日，成都绅商始知蔡将行。是日午前，川绅曾鉴、骆成骧、颜楷等及商会总理周祖佑、樊起鸿等，到督军署挽留蔡氏。蔡答以罗佩金确能维持川局，且不久须来。各绅商见不可留，始兴辞而退。

---

① 《罗护督禁止谣言》，成都《国民公报》1916 年 8 月 11 日。
② 《西电译要（8 月 11 日）》，天津《益世报》1916 年 8 月 12 日。
③ 《特约路透电（8 月 11 日）》，天津《大公报》1916 年 8 月 12 日。

军长之谈话。四川陆军二军署刘积之君，见蔡君欲行，遂于八日午后到督军署。蔡君因与刘君系首义之关系，而又在川南方面同处数月，因之刘君亦不忍遽离。是夜刘与蔡作竟夜之谈。闻蔡所谈者，于川局大有关系，皆今后应办之事也。

速行之原因。蔡氏此次离省，人皆以为太速。兹闻其速行之原因，确系喉症之故。因前次蔡在泸县时，请西医诊治，据该医士言非割不可。日前到省又到平安桥外国医院医治，该西医亦言非割不可。因川省并无割喉之器具，医士又劝蔡速赴东京医治，不然再延数十日，则不治矣，蔡君因之遂速行也。

预备之船只。蔡氏起行既已决定，遂于八月八日派人在东门外前大柏木船二只、巡船十数只专载军队外，又有半头小船十余只。并闻一面电嘉定预备轮船一只以待，因近日轮船上驶可到嘉也。

出城之盛况。八月九日早，即大雨如注。蔡氏于前九时出城，军需行同行者，有修承浩氏，随率之军约两营左右。是日军界罗护督、刘军长、刘镇守使、杨师长、卢师长、熊总司令、张司令，以及其他各军队之团长以上者；政界尹政务厅长，省署四科人员，财政厅邹厅长，高等审判厅高厅长，警察嵇厅长，造币厂毛厂长，西川道成、华两县等，均送之于外东之望江楼上船。虽在降雨，仍极一时之盛矣。[1]

10 日

▲报载路透社"成都电。蔡锷已赴沪就医，众甚以此为憾。蜀省政局之安定，恐将因此迟缓。成渝大路下三段现仍不靖，蜀人有望刘存厚升居要职者，谓其材能可使治安早日恢复、商务早日安谧也。蔡锷于星期一日宴会护国军各领袖，蔡之同志授职者仅若干人，余皆领资回里。当道已命各县知事，收集近今帝制事变时，官家所失之枪械"。[2]

又载四川警察厅奉蔡锷饬令，通饬"各区署所一体协缉""前周骏委任之糖厘局局长叶露华"。说："为通饬事。案奉四川督军兼省长饬开，案据左翼总司令罗佩金详，案据第三梯团长顾品珍报告，本梯团占领资中后，

① 《蔡松坡东行志盛》，上海《中华新报》1916 年 8 月 27 日。
② 《译电》，《申报》1916 年 8 月 13 日。

前周骏委任之糖厘局局长叶露华，将关防、局款席卷逃逸。该局为资中收款重要机关，不可无人经理，当由本部委任左进思、章甫充资中糖厘局正、副局长，并兼理球溪河糖厘事务，并刊发关防，给领启用，以昭信守。惟查该局抽收糖厘出关，向用印花，而原发印花由成都财政厅领发，现已用完，当饬该局在资仿印。今据该员印就，送请盖印前来，现合转送钧部，请祈逐一钤印关防，以凭转发使用，实为公便等情。据此，查资中糖厘局实为收款重要机关，不可一日缺人。该前局长叶露华既将关防、局款席卷逃逸，经该梯团长委左进思接充，并刊发关防给领启用，以资信守各节，自属正办。至饬印印花，送请印发备用，原系一时权宜，不得不然之举，办理尚无不合，除补给委状，并将送到印花印发外，理合备文详请核准备案。再，该叶露华身充局长，胆敢席卷局款、关防逃逸，实为法所不容，应请钧处通饬严缉究办，以伸法纪，并将所携去关防注销，通饬作废，以杜弊混，实为公便。谨详。等情。据此，除批示照准外，查该叶露华身任地方财政，竟敢席卷公款，携带关防逃逸，实属目无法纪，亟应通缉，从严究追。除分饬外，仰该厅长即便转饬所属，一律严缉，务获究报。至该逃员代〔带〕去关防，应作废物，一概无效，并饬知照，此饬。等因。奉此，合行通饬各区署所一体协缉。此饬。"①

又奉蔡锷"省行政公署批"，通饬"解散警队"。说："照得本厅昨详拟将续编之警察三队队兵饬回各所服务，所招团丁，随即解散，并将加收一倍灯油捐钱，截至八月十五日为止，以后不再抽收，以轻人民负担在案。顷奉省行政公署批：如详办理。等因。奉此，除示谕周知外，合行饬仰各区署所迅将前送各队巡警姓名、人数，于三日内表报来厅，各队亦应将现在队内服务巡警姓名、人数，列表申报，以备考核，而便配派。至此项所招团丁，其中不乏办事勤慎、心地明白之人，并仰各区署员切实考查，严为甄别，加具考语，造册送候复验发交备拨齐，补受科学，挨次录用，以宏造就。切切，毋违。此饬。"②

又奉蔡锷"省行政公署批"，颁发"截止加抽灯油捐"告示。说："照得本厅前因战事发生后，省城关系重要，时机危迫，谣诼繁兴。当经详奉

<hr>

① 《通缉局长》，成都《国民公报》1916 年 8 月 10 日。
② 《解散警队》，成都《国民公报》1916 年 8 月 10 日。

前巡按使批准，于原编警察七队之外，再行抽拨各区巡警，续编警察三队，以备不虞。其各区巡警缺额，则招集团丁补充，所需饷项，加收灯油捐钱一倍，以作经费，并经录批通告在案。查前次续编警察队，原系维持一时危急现状起见。现在督军到任，省城秩序已就敉平，自应将续编之警察八、九、十三队队兵，分别拨回各所，照常服务，以期兼顾。所招团丁，截至本月十五日止，即予解散，俾得各务其业。该团丁等皆系土著良民，平时各有职业，自无游荡之虞。所有八月十五日以前应领饷项，照数给发。至加抽各街灯油捐钱以作团丁费用一项，并着截至八月十五日为止，以后不再抽收，用轻人民负担。昨经据情详奉省行政公署批准在案，除通饬各区遵照外，合行通告，一体知照。此示。"①

警察厅第二科函告各区署，"奉厅长面谕转奉"蔡锷命令，"阴历本月十四、十五、十六等日举行中华民国护国死难诸先烈招魂大祭"。说："径启者。顷奉厅长面谕，转奉督军命令，阴历本月十四、十五、十六等日举行中华民国护国死难诸先烈招魂大祭，各街居民人等均应悬挂国旗、灯彩，并设香案。即由各区署所通告，务使家喻户晓。届时并详为清查，如未照办者，立饬设备，毋稍疏漏等因。奉此，除商由二区署转谕各铺垫〔店〕铺，速行多制国旗，以便饬令各居民往购外，相应函达，希即查照。此致。即颂公安。"②

11 日

▲梁启超电复北京《国民公报》籍忠寅，中央宜切劝蔡锷"勿离蜀"。说："振密。佳电尤奉。松于歌日交代，已将尊电意切商，恐松有难处。罗移湘事宜，得复乃发表。中央宜切劝松勿离蜀。沧。真。"③

又电成都蔡锷转蒋方震，表示蔡锷能不离蜀"最善"。说："必亲译。夏密。都同人以松行后，地盘全失，危及大局为忧，与段商，欲熔（按：指罗佩金）调湘，循护督。段谓得松同意即定。是否可行？熔肯让否？滇军与循相容否？大局日急迫，蜀能不失，尚可联西南作第三者资格，或免

<hr>

① 《截止加抽灯油捐》，成都《国民公报》1916 年 8 月 10 日。
② 《预备大祭》，成都《国民公报》1916 年 8 月 10 日。
③ 《护国之役文电稿》（1916 年 2 月至 1917 年 1 月），中国国家图书馆藏。

破裂，否则助长冲突，不可收拾。望注意。松能不离蜀，最善耳。知名。真。"①

▲报载"成都电云。蔡锷昨日宴犒护国军各统领之已经任有职事者，部下各军队所留者甚少，除均给资遣散回家，并谕令各县知事收聚革命时由［从］政府取去之军械"。②

又载"北京电。蔡锷力保刘存厚，政府将使代督"。③

又载蔡锷所派与政府磋商"收束军事，办理善后"的代表刘云峰于是日抵京。说："四川督军蔡松坡氏抱疾赴蜀履事以来，该省赖以妥谧。据军界消息云，蔡氏因该省收束军事，办理善后，均极重要，特派陆军中将刘云峰君代表来京，与政府磋商蜀省一切重大问题。闻刘中将前晚（十一）抵京，昨午即赴公府晋谒大总统，报告四川最近情形。有谓刘君来京，与蔡督军辞职颇有关系，未知确否？"④

又载蔡锷离开成都前后的有关情况。说：

蔡督军已于昨（九号）七点钟出省城东门，登舟东下。先一日（八号）夜十钟即已发命令，召集随从各员，至次日尚有人预备饯送者，然已不及矣。先是川绅曾奂如诸君往留蔡督军，咸谓蔡未必即行也。乃于八号午前忽传蔡已命成、华两县雇船，于是各界奔走于曾、骆诸君及商会者甚多，复邀同曾奂如、颜雍耆、周保臣、史孔周诸君偕往政务厅晤尹仲锡君，再议挽留之法。因先往访修翰青，适修君他出，晤蒋百里，诸君告以必须挽留之意。蒋君则谓，据法国医生言，蔡病已深，非将政事完全搁下，到海边呼吸新空气，无可挽救；且云蔡公向来办事好胜者，若不离川，一切政治必萦扰于胸，疾何能愈？众以其言恳挚，不禁为川局叹息，遂不便再作挽留之计。日前所商致沪上周、蒲（按：指周培善、蒲殿俊）及梁任公各电已拟好，仅与蒋君一看，即不拍发，由某号汇款为蔡公延医来川之事，也已作罢矣。

蔡公临行前数日，约请军界诸君话别，至署内各人员亦于一号晚六

① 《护国之役文电稿》（1916年2月至1917年1月），中国国家图书馆藏。

② 《西电译要（8月11日）》，天津《益世报》1916年8月12日。

③ 《专电》，《申报》1916年8月11日。

④ 《岑蔡之两代表》，《申报》1916年8月16日。

时由蔡公约集话别多时，情致甚殷。政务厅长尹仲锡已声言抱病辞职，八号夜即将卧室具移出寓宅，厅内公件交四科负责，文牍拟稿直送省长矣。财政厅长邹怀义近亦具详因病辞卸。财政厅长及收购军票处总理并取消惠昌官厂名誉总理，昨奉四川省长行政公署批词挽留，但邹君辞志甚坚，仍拟再行辞职也。此次同蔡公东下者为蒋百里、修翰青、李副官长、某秘书、某医士诸人，闻共雇船十四只，随从兵队亦不甚多。

蔡公到成都后，以系首义要人，故无敢反对者，视事虽未一月，而于军政方面尚不掣肘，一切应兴应革之事亦逐渐进行。及蔡甫出成都，而暗潮即起。于是谣诼繁兴，又演出恐怖现象。八月十号，罗佩金氏出一韵示，谓照得蔡督出省，原为请假养病。本督护理篆务，恪守中央命令。一切布置妥贴，地方本自平静。闻有不肖之徒，胆敢摇惑视听。造出种种谣言，妄冀无端起衅。意在于中取利，居心实同枭獍。须知抗命不祥，周王可资借镜。拥重兵者如此，余又何苦抗命。已饬严密访查，拿获重惩示警。望我远近良民，慎勿妄信轻听。无事不宜自扰，其各凛遵为幸。此示出后，人皆谓有所指，因刘存厚氏近日在外县招集兵士，编制成军。蔡去之日，第二军左翼司令刘成勋氏又由新津回省。因此，外间造出谣言，谓刘为罗之勍敌，目下态度不明等语，其实皆揣测之词也。

十号夜，北门外忽枪声隆隆，有数十发之多，城内外均颇惊惶，以为乱事又起也。军警之巡查各街者甚严，各军营均已预备，罗氏不知真象，亦未敢开城出击，惟在城内布置一切而已。俟枪声息后，始派人缒城出探，因系黑夜，亦不知详细，惟报称已无事矣。是夜军警预备一夜，次早各军警机关均派人出城侦探，始知北门外距城约三里之昭觉寺内所驻之第四师军队，是夜有三连忽鸣枪数百发而去。据闻此三连军大约系往川北钟体道师长处者，前数日此间即有钟氏宣布独立之谣，确否固未敢决也。

川军中之有力者仅刘、钟二人，各有军二十余营，均有能战之士，加以种种谣言，罗氏不无稍疑。而滇军中之与罗为勍敌者，为滇军第四军军长黄毓成氏，日前在叙府闻蔡君将行，遂率军到成都，于八月十一号午后一时抵省城，率马队一连、警卫军一营、步兵两营，其他军队尚有在中途者，于是谣言又谓黄氏将与罗氏争督军矣。其实黄氏此行，系恐成都有乱，罗之兵力单薄，恐难济事，故速率军到成都也。然因黄氏系伟大人物，又值此暗潮日甚之时而来，故一般人造此谣言，以为又如陈宦去时之景象也。惟此等谣言愈出愈多，近日罗氏已派警卫军执令查街，持枪执刀，甚为严密也。①

又载《字林西报》北京电，梁启超、唐继尧、蔡锷、岑春煊难以当选为副总统。说："据可恃消息，谓段祺瑞将仍任总理，冯国璋将被选为副总统兼任江苏督军，盖以黎总统前任副总统时兼湖北都督职为前例也。北方各省及国会议员之一部分，闻冯有被选为副总统之望，甚为喜悦。至梁启超、唐继尧、蔡锷、岑春煊等，则因有种种原由难以膺选。"②

又载蔡锷对于督湘事，曾在政府再电"声明"下，"勉为承认"过。说："湘事纠纷已极，而解此纷纠殊非易易，前经某巨绅函致北京某某两要人，丐将此等情形转告黎、段两公，请为从速设法。因而数日以前，有戴洵［循］若氏率带重兵来湘查办之说（此事已经国务院密电来湘告知一切）。旋以戴氏虽为此次首义之人，然于三湘七泽间究竟未树重望，恐其抵湘之后仍不能得完满之结果，以故此说又已作罢。两日以来，又喧传蔡松坡氏将被督湘之命。记者初闻此语，深讶其不经，盖蔡氏甫经电告抵成都，何能又离川来此？旋晤某要人谈及此事，始知中央对于湘事之纷扰，起先本拟责成刘代督限期平定，如届期不能敉平，即将以武力解决。旋经某某两公参议谓，刘督全无兵力，断难有功，至以武力解决，则足以使湘城糜烂。计惟有简一声望素孚，且统有重兵之大员前往督湘，或足以镇慑一切，并力举蔡松坡氏为湖南督军，至四川一方面则请另自派员前往。黎、段两公亦深以为然，遂电致蔡氏请为担任湘督。蔡氏始则辞谢，继经政府再发电声明，所以蔡氏已勉为承认云云。此间人士对于蔡氏固极欢迎，然以记者私意测之，此说恐尚难做到也。"③

**按**：蔡锷对此则予以否定。④

---

① 《成都通信·蔡锷去后之成都恐怖》，《申报》1916 年 8 月 27 日。
② 《译电》，《申报》1916 年 8 月 13 日。
③ 《又有蔡锷督湘说》，《申报》1916 年 8 月 11 日。
④ 见本书 1916 年 7 月 31 日记事。

又载成都"督军府副官处启事云：现在本府从新规定官佐出入证章，业已造就，兹定于本月十号始，一律换给佩带。所有前发之铜质八角星形、椭圆形二种，及布质铃［钤］印一种官佐出入证章，统限自十号起至十三号止，此三日内，亲赴本处，换给佩带，过期无效。至弁兵、夫役前领之白布证，自十二号起至十四号止，仍赴本处换领"。①

12 日

▲梁启超"万急"电告云南唐继尧、任可澄，贵阳刘显世，南宁陈炳焜转行营陆荣廷，成都蔡锷、罗佩金，重庆戴戡，杭州吕公望，国会形势，日有变迁，"杞忧略释"。说："护密。微、鱼电计达。国会形势，日有变迁，近似趋平稳，诸镇得华老主持，激论亦渐敛。双方诸贤皆爱国，当能不驰极端，杞忧略释。前议上电极峰，稍缓无妨。仍希公决。超。文。"

又电告成都探投蔡锷，示以邹宪章、刘存厚不可重用。说："洽密。闻蜀财政长任邹宪章，蜀士大哗。此人乃小人之尤，二庵即纯为渠所误。川人衔之刺骨，能改任一人否？又刘（按：指刘存厚）虽功高，闻亦川人所愤，望以川边镇守使保之，万勿畀以督、长也。知名。文。"

并电询籍忠寅说："建密。松青日已行，蜀事至可念。闻保刘任省长，确否？请查复，且劝缓发表。超。文。"②

▲报载"蔡督军之去，绅界多挽留者，故其行期异常秘密。雷神庙预期所号之船，亦皆曰熊司令赴渝用者。及时，乃知蔡督军去，然送行者仍不少。可见行期虽密，而探访者未尝稍疏也"。③

13 日

▲黎元洪颁命说："川边镇守使刘锐恒，着开缺来京，另候任用。此令。"又"任命殷承瓛为川边镇守使。此令。"④

▲蔡锷抵达泸州，万急电北京范少阶，请"代筹"中央指派一兵舰至宜昌接其赴沪，"以免中途驳船之繁"。说："柏密。锷青日由蓉启行，元

---

① 《军府换出入证》，成都《国民公报》1916 年 8 月 11 日。

② 以上三电见《护国之役文电稿》（1916 年 2 月至 1917 年 1 月），中国国家图书馆藏。

③ 《蔡督军去后余闻》，成都《国民公报》1916 年 8 月 12 日。

④ 《命令》，《申报》1916 年 8 月 15 日。

日抵沪，喉仍不能发音。惟痛稍减，精神渐复。如蒙中枢指派一兵舰来宜昌，俾得径乘赴沪，以免中途驳船之繁，尤感。不情之请，尚乞卓夺代筹是幸。锷叩。元。"①

▲梁启超"万急"电告戴戡，在沪蜀绅及中央均极不愿蔡锷离川。说："护密。真日明令公会办川军务，想已见。此间蜀绅闻松行，骇汗失措，若大乱立至。日集此间哀求挽救，咸思卧辙吁恳留渝，顷已电闻。松究何以处此？希、士两公愿电（按：14日电）已达中央，中央极不愿松行，进止惟松自决耳。超。元（按：原为'愿'电，改为'元'电）。"

又电告范源濂并转籍忠寅，请当局再发一明令，责成蔡锷暂留勿离蜀。说："沧密。希陶、士行致亮兄义密电有电本否？意欲政府勿许松去蜀，谓松病非甚险，松行蜀乱立起。此间蜀士亦骇汗相告，责以劝松必留渝，勿东下，其词危苦。望告当局再发一明令，责松暂留，蓉、渝听所择，何如？沧。元。"

14日，又电请戴戡，蔡锷到渝即"飞告"行止。说："义密。松到渝后，行止乞飞告。若决东下，则拟住沪，抑别觅僻地。家眷来否？请详复。希陶似宜晤松后乃行。松即留渝，百里亦须返沪，因超来月拟一东游，欲与偕也。洽密、夏密本，请问希陶、百里各留尊处一份。超。寒。"

15日，又"十万火急"电询戴戡，蔡锷离蜀，是否"虑孤立"？说："护密。百里处夏密本亲译。松行，蜀人拟全体抗罗（佩金）。松是否于病外别有因？若虑孤立，川北各军拟全力拥护，公在川东助之，当可支。松能勿离蜀境，方有办法，渝地可适疗养也。盼立复。知名。删。"

同日，再电范源濂转籍忠寅说："振密。蜀人纷来电，谓松行，乱必起，力请明令切慰留渝，已电循。商浙（省）长，彼中有力者，咸谓周凤岐最宜，王文钦别有结托，切宜注意。请密告段。知名。删。"②

14日

▲黎元洪"任命修承浩为四川川东道道尹，赵又新署理永宁道道尹，张阆［澜］署理川北道道尹"。③

---

① 曾业英编《蔡锷集》（二），第1478页。
② 以上五电见《护国之役文电稿》（1916年2月至1917年1月），中国国家图书馆藏。
③ 《命令》，《申报》1916年8月16日。

15 日，又“任命尹昌龄为四川政务厅厅长”。“任命嵇祖佑为四川全省警察厅厅长。此令。”①

**按**：这些人均系蔡锷离川前举荐的。

15 日

▲四川旅沪同乡会王北枢等电请蔡锷留川摄养。说：“重庆戴会办转蔡督军鉴。顷读报载政体违和，于青日离省赴沪。窃以敉平蜀难，百端待理，今日之去留，为全川安危所系。中央望公卧治，吾民望公拊循，仁人悲悯为怀，宁忍遽萌引退。川中气候，摄养攸宜，恳驻福星，俾维时局。群申蚁悃，谨效攀辕。四川旅沪同乡会王北枢等叩。删。”②

16 日

▲蔡锷急电长沙财政厅长袁家普，询问母亲抵长沙确讯，并告将于 20 日自重庆东下。说：“闻家慈已抵省，确否？现寓何处？希电示。锷乞假三月，廿号由渝下航，拟东渡养疴。并闻。锷叩。谏。”③

▲梁启超“十万火急”电告梧州飞递陆荣廷、南宁陈炳焜，“政府不肯派谭接龙”。说：“义密。政府不肯派谭接龙，超极疑愤，曾七电力争。今据京讯，段意总欲龙就范交卸，恐谭入接仍冲突，或演巷战。故欲朱单骑就任，先与龙交涉，其条件则许龙带二千人以内驻琼州，前欠饷酌拨还，若能办到亦自佳，恐龙仍狡挟耳。闻觐光自徐州入京，趾高气扬，及见段后嗒然若丧，段不袒龙，似是实情，冀龙胆落就范耳。朱前未相识，顷来沪晤两次，似确为廉明、公正、质直之人，仅带随员五人，今日已行。闻到粤晤龙后，即往谒干老受机宜，彼于粤情隔膜甚多，幸极能受善。届时望推诚与商，并盼复。超。铣。”

17 日，又电复段祺瑞，望能令龙济光就范。说：“冰密。铣电敬悉。干督得尊电，于中央苦心，当能雪亮，将来与子桥（按：朱庆澜，字子桥）耦俱无猜，粤局不难立定。当即加电阐明尊旨，以助进行。龙军留五千，

① 《命令》，《申报》1916 年 8 月 17 日。

② 《公电》，《申报》1916 年 8 月 17 日。

③ 曾业英编《蔡锷集》（二），第 1478 页。

自非得已，惟驻地似尚须商，高州恐仍受窘，逐起纷争，琼州孤悬，向无民军，龙为自安计，亦宜择此。能晓以切实利害，令其就范最善，仍希卓裁。子桥昨已行，当电达尊意。启超。筱。"

24 日，再电复段祺瑞说："冰密。敬电悉。得肇庆马电，言干卿到后，龙始终未派员接洽，四电往商，皆置不答。又言筱、皓等日之战皆龙袭击，肇军应敌。又言滇军已退廿里，桂军已退十五里，每退则龙必蹑袭云云。已将原电函亮侪面呈，真相如何虽未敢断，然龙不理陆似是实情。其所要求滇、桂军退出粤境，此着安能办到？再以龙所要求中央各条证之，其意果复何居？其言岂可轻信？中央似宜责其即日送印交待，更议善后，严厉训饬，彼当不敢抗。一面饬萨上将监视，滇、桂挑衅诚有罪，但龙久踞粤，亦不宜迁就，一则授人口实，二则令干灰心，三则于中央威信有损，望更详审，确定方针示复。启超。敬。"

同日，又"万急"电告肇庆杨永泰，"苟绵力所能助者，不敢自卸也"。说："郝密。马电悉。龙凶狡至此，实堪痛恨，已据电中央，促其善决。西林、武鸣想已商定对付方针，并望示知，苟绵力所能助者，不敢自卸也。会办事前曾质问中央，复电谓绝无此事，此后有闻，当随时奉告，共图补救。并请转致西林、武鸣。超。敬。"

## 17 日

▲梁启超"十万火急"电告戴戡，"蜀不排客军，全因信仰松一人"。说："护密。亲译。百里带去夏密。松当已到渝。频日蜀士集商，谓松行，蜀必乱，蜀不排客军，全因信仰松一人。若以镕代，恐将群起为难，乱起而松再往收拾，则威望已损，人心已去。现时只须松肯留渝，苟有别种困难，公既为有力之后盾，川北张（澜）、钟（体道）军等亦一致拥护，收拾民军亦易，财政等事蜀绅商更可合群策相助，断无艰窘。伯英、子卿、孝怀言之甚详，且云但求松肯留，将相率归助。以大局计，时变未可知，松在蜀直接执西南牛耳，间接即可为重于全国。段之敬服松出于至诚，可以无求不遂，段、蔡南北提挈，实中国一线之命所托。松但能留蜀境，数月后公植基既固，松进退即可裕如。以养病计，到沪耳目所接，多呕气事，反不如在渝之得静养。日本尤万不可去，他地亦更无适者。渝气候良，风物美，运输医药便，松但身不出蜀境，假期中百事尽可不问。超及沪、京

同人十数辈意见皆同，请切商见采。当请政府发一温而严之明令，使松之留更无痕迹也。如何？盼立复。超。筱。"

又"十万火急"电戴戡转蔡锷，劝其"行止""务审慎，勿轻弃根本"。说："洽密。三电循，商弟行止，想达。沪实不宜养病，赴日尤险，东下后亦须在庐山等处觅僻地，诚不如留渝，俾循植基既固，弟虽行，蜀亦无变。为国，为西南，为蜀，为弟，为循，皆宜采此着，务审慎，勿轻弃根本。盼立复。财厅长可否任孟曦？或立诚？乞酌。组安已招秉均（按：即范治焕，字秉均）任湘政务长，并闻。知名。筱。"①

▲报载川北护国军钟体道、罗纶、张澜等人，现抱主旨为"以和平维持现状，以法律解决将来，以真理正谊澈贯人我"。说："川北护国军钟体道、罗纶、张澜、张成孝、陈经、余昂、龙光、许澍、郝熹、李进成、韩祖武、陈万仞、吴震、孔从周、王古烈、颜筊等，发表对于川局善后之意见云，慨自国难初兴，而蜀境先遭糜烂，国是既定，而蜀局尚际飘摇。数月以来，人蒙愁苦，大难小息，又遭闵忧，政失常纲，民无固志，颠连憔悴，危虑丛生。究厥由来，谁阶之厉？大致因少数过持地方观念之故，斯国家观念，遂漫置之，而有所不恤。设此风一倡，人执斯义，将南北可分鸿沟，省疆可成敌国，即道与县亦无妨各抚有众，据势自雄。至此，而天下人即不我过问也。已自相鱼肉而有余，迨中央持法以相绳，四邻执义以相责，直永堕我川人之荣誉，而贻笑于全国耳。若径因此而不惜背城借一，则胜负均无幸理，以私斗驱人于危地，亦徒令死者无名，生者包羞耳。夫前此之兴义而谋及干戈，为争我中华民国之死活荣辱，而并非为一地方、一部分人之权利势位而争也。大命初回之余，凡足以翊赞共和而扶植人道者，无问东西南北之人，均无妨举国家大权，或境内苍生以相付托，而无所用其忮求。福利苟可及人，续勋岂必由我？果我之才与力，不能旁逮，则正当偕行，携手与共厥功。若必示人以不宏，亦当处己于不败。因意气之冲激，冒不韪而自甘，以情感之背驰，遗实祸而勿恤。一返初心，应滋后悔，不堪再误，曷即转圜。转圜之方，首在遵从国法，盖国家之立，重有纪纲。而纪纲之所以确定，当兹国步艰难，惟恃在上者之首出提携，与在下者之共同扶持，夫然后相维相系，而得以各措其手足。否则大厦一倾，

① 以上六电见《护国之役文电稿》（1916 年 2 月至 1917 年 1 月），中国国家图书馆藏。

瓦石同解，凡在萧墙以内者，均将无所庇托。而环处卧榻之旁者，亦将仗义责言，一思无国之危，何容人我之见。惟本爱川之意，要共遵轨而行。是故居今唯一之计，欲解川局之纷难，惟倚中央为依归，凡我友军应宜各守厥分，静候今大总统命令，以为正式解决。国命所属，举蜀同遵，敢有背者，即为公敌，不能以私交之情，因而损灭亲之义。故本军现抱主旨，以和平维持现状，以法律解决将来，以真理正谊澈贯人我，而表襮于天下后世。畛域异同之间所不能问，公道国宪之外所不敢知，对于川局大事，私心所定之鹄，惟以静候中央命令为主。不自揣度，请以商诸当今豪杰，而共质之。"①

又载内阁政争之风潮已暂息，而副总统之竞争又起，"闻在某派所拟推选者为岑春煊，在与某派对峙之一派则拟推选冯国璋或徐世昌，各执所见，不甘退让。暗幕中之争端极为激烈，将来演成何项冲突，尚未可知。又闻另有调停派拟使前两派抛除成见，改举蔡锷以资调停"。②

18 日，又有"东文《天津日报》载北京电云，副总统问题经已由当局磋商多日，现已略定为段祺瑞、冯国璋、蔡锷三人，段、蔡二人极力辞退，结局以冯国璋为最有望。但冯能慨然允诺与否，今尚难知，非再与冯交涉，不能决定云"。③

18 日

▲蔡锷军医李丕章回忆，蔡锷在重庆时，曾为梁启超筹款办党。说："蔡是国民党还是进步党，我以为不应该随便肯定，但有一件事足以说明蔡是关心梁启超所主持的进步党的。当我们赴沪途中，到了重庆，蔡曾拍电要成都代督罗佩金筹汇三万元给梁启超办党。"④

▲黎元洪电复蒲殿俊等人，准蔡锷暂假二月。说："蒲君殿俊、张君习、孙君纶删电悉。蔡督迭次请假就医，以川事正资镇抚，历经电阻。嗣因该督喉病日剧，中西医诊□，均以择地疗养为宜。复经再三电请，情词

---

① 《川护国军之善后商榷书》，《申报》1916 年 8 月 17 日。
② 《副总统竞争中之暗潮》，天津《大公报》1916 年 8 月 17 日。
③ 《冯国璋之副总统说》，天津《大公报》1916 年 8 月 20 日。
④ 李丕章：《护国军中见闻二三事》，中国人民政治协商会议云南省委员会文史资料委员会编《文史资料选辑》第 10 辑，1979，第 358 页。

迫切，未便强留，是以准假两月，转由罗佩金护篆。据来电云，于本月九日由渝东下，一俟病痊，仍当促令回川，以慰众望。黎元洪。巧。"①

▲张学济、谢重光电请熊希龄与蔡锷"会电湘督"，准予酌留罗剑仇部"一营，或以枪枝为率，编入各师之内，余众悉令解散复业，使其率队赴省，离开庸境，以消隐患"，并告知蔡锷处，他们也"电达此意"。说：

> 宣密。准王镇守使正雅派副官□昌宪来辰，为罗剑仇事与济接洽。据称，罗一日不去大庸，则永、龙、桑、庸各县匪患一日难消，约同会师进剿。并述钧电，以大庸罗剑仇亟须解散，俾被匪各地人民得以息肩等语。仰见维持桑梓、拯民水火之盛意，莫名钦服。学济谬权辰沅道篆，辖境治安，责无旁贷，前派姚团长忠诚督办永、龙、桑剿匪清乡事宜，彼时罗之党匪甘清平、刘云山等，方扰陷永城，恃罗为援，险阻抗拒，幸该团长偕同帮办李警备队长必富，会师进剿，冒险深入，克复永城，甘、刘窜往乡间。罗竟派其匪军营长驻扎四都坪，为之声援，希图乘间犯辰，远近震恐，日有讹传。重光近奉委代绥靖镇篆，甫经莅事，深虞猝开战衅，牵动湘局，轻骑驰抵视察，刘已投诚，甘将踵至。惟罗仍聚众二千余人，负隅庸境，日以苛派抑勒为事。龙、桑各属竟以径委知事，省委者反阻匪众，莫能到任。龙山有市镇名里耶者，由罗自设分县，委官瞿姓治理，任意判狱，诛杀自由，蚩蚩之氓，莫分皂白，论者诧为奇事。本年湘西战祸，除麻阳、芷、黔外，以永、龙、桑为最巨，彼各属苦于兵争，兵退则已，纵有零匪，亦易驱除。永属何辜？至今仍沦惨劫。重光情迫里间，抚膺悲叹，怅乞师之莫顾，惟投笔以从戎，方冀免胄冲锋，至龙山方面与姚团长分途同剿。而罗剑仇实逼处此，若鲠在喉，动生机阱。省令无常，中间曾有永、龙、桑各县，由罗剑仇清乡之委任，此中情节，亦可想见其离奇。林德轩以全省清乡督办名义，将赴西路，以后有无变端，尤不可知。学济以王镇守使来意，与重光往来函商。窃以为罗剑仇无状至此，任听横强，终必溃裂，孑遗之民将无噍类。苟揭其纠匪罪状，各方兵力齐进，理势所在，彼之利钝，不待著龟。惟当北军未退之际，因其首

---

① 《公电·大总统准蔡松坡暂假电》，《申报》1916 年 8 月 20 日。

发难端，曾以义勇队名称，准其勇额限定二百名，蒙蔡总司令勉认，其时学济介绍扶持，不遗余力，诚不忍复与交哄，至于争权相混。今请曲恕其殃民，但觇其附义，恳公与坡公会电湘督，准予酌留一营，或以枪枝为率，编入各师之内，余众悉令解散复业，使其率队赴省，离开庸境，以消隐患。俾济等得各属清乡事项竭力从事，期于克日肃清，早解倒悬之厄，各属无数灾黎群沾厚赐，或亦釜底抽薪之一策。倘犹不率，惟有声罪致讨，以武力解决，不敢过事顾忌。如此委曲求全，实足化内哄于无形，区区苦心，如荷垂念而俯助之，岂独一己之私幸，仰企裁复，无任屏营。坡公处，亦已电达此意，合并奉闻。张学济、谢重光同叩。啸。①

▲报载戴戡与罗佩金劝勉蔡锷就任川督及其抵渝情况。说："川东巡阅使戴循若奉命到渝之日，各行政官吏均在海棠溪欢迎。是日渝中各界、各法团代表古绥之、汪云松、董麟书、傅奎安、杨崇阶、萧敬侯、曾铁琴、曾小学、向少桓、刘克成、陈禅生、沈慎修、刘作彬、赵璧完等，在太平门外行街设座欢迎。时已五钟，戴司令步行上岸，与各代表行一鞠躬礼，彼此接洽。闻各界所要求者，为清乡治匪、保卫治安等事。戴司命［令］答言：此次南方起义，实不得已用兵，幸彼苍厌乱，南方告捷，得以再造共和。黎总统继任，是起义之目的已达，各保疆宇，自治地方，可以庆无事矣。殊料川省突然发生事件，中央特任蔡总司令为督军兼省长，蔡意本不就任，继弟与罗司令等以云、贵、川唇齿相依，维持有责，救灾恤邻，天下公义等词相劝勉，蔡始允由泸起节晋省。继得蔡军电称，北军东下，委弟防守渝城，兼綦南、江津治匪事宜。弟以为区域既有限制，办理当不难着手，乃昨谒代表某某，以梁、涪、万、夔一带匪风尤炽，亦当负其责任，则区域广阔，诚恐一时难奏肤［肤］功，对于此事颇费踌躇。况清乡一事，弟在黔省曾经办过，每每匪患未除，而人民已受骚扰之害，总宜严束军队，循序渐进。治川方略，蔡督军想已智珠在握，成竹在胸，弟惟有静听命令。惟弟初次入川，地理乡关，极形隔阂，一切应兴应革，诸望各界随时会商，总期达到固国卫川、治匪保商之目的云云。各界均极端赞成，

① 《熊希龄先生遗稿》第2册，第1985—1986页。此电熊22日收到。

时已六钟，戴司令乃鞠躬辞出，乘骑入城，观者如堵。又闻戴使此次到渝，所率之兵约一混成旅，内有彭团长之一团及熊团长之一营，熊团中尚有两营现驻綦江。陈宧现闻在渝，请假一月，寓浮图关附近倪家花园。前月下旬，传说陈已赴湘者，非确息也。周骏、王陵基现已同抵重庆，住白象街某洋行内，并拍有长电至京，内容未详。"①

又载晚7时，罗佩金在省长公署召开政务会议，"各机关人员及绅耆到二十余人。首由罗省长宣言，佩金才识短少，受蔡公之委托，责任所关，绝不敢放弃。惟川局糜烂，百端待理，望诸先生有以教之。如有执行事件不合时宜者，诸先生或面言，或赐函，随时纠正，佩金绝不敢固执己见。并云此非谦词，言际颇有一种诚恳之意。语毕，乃入议题，直至十钟后方散。兹将议事结果，大略录下。（一）治匪办法。议决所获匪徒，均须交地方官详加审讯。地方官办匪，仍适用惩治盗匪条例及施行细则，但须详报省公署及高等厅考核。（二）集收枪支，并规复警备队及团防。由罗护督再行出示通谕，使有枪枝曾经各军提用者，得自行呈报。各路护国军曾提用此项枪枝者，应缴存各道署，离道署远者则由道尹指定处所。至团防等如何办法，当另提项目。（三）甄用人员。拟设一甄录处，章程已拟定，并拟聘骆公骕为处长，政务、财政两厅长副之。（四）考核财政及司法现任人员。议定由省长制定表式，发交各道，按表填注，限期报省。（五）征收及报解拨支各税办法。议决每月应拨各处军政费，按月由省长饬知财政厅临时指拨。（六）拨兑盐税。以稽核所张经理未到，从缓商议。（七）筹划维持两银行。交通银行兑换券，省城无行兑现，自不能照收，中国银行兑换券既得大宗盐款，自当即时兑现。拟先由限制兑现入手，办法决定仿军用票挂字式，以号数定之，务于阳历九月初开始限制兑现，一月以后即行完全兑现。至浚川源兑换券，决定停止行使。惟如何办法，尚待考究。此外尚有筹借商款，清除财政上积弊，及文职减薪、裁并机关冗员数案，尚未完全议决云。"②

其间，又布告各属说："蜀自军兴，莩殍遍野，疮痍满目，溯厥原由，皆由举义以来，在川军旅响应时期不一，以致战地张大，战期延长。所幸

---

① 《重庆之要人消息》，《申报》1916 年 8 月 18 日。

② 《纪川省之政务会议》，《申报》1916 年 9 月 5 日。

在蜀军民晓畅大义，故宁牺牲一部之利益，以出全国同胞于水火。嗣又忍痛戡乱，军民同德，义旗一挥，直曲立明，周、王解兵，战祸遂弭，从此振军安民，秩序不难恢复。惟地方经兵革之后，人民在疮痍之余，非亟整理，难期速安。本护督兼省长莅蜀以来，身在行间，八月于兹，周历各处，触目惊心，博访深虑，略知蜀中疾苦。兹先举治蜀急务，以与我官绅军民扬榷而共勉之。一曰治军，二曰安民，三曰理财，四曰用人。凡此四端，皆目前至重之急务，亦庶政最要之前提，先挈纲领，以为方针。他如提倡实业、振兴教育、开垦边荒、建筑铁道诸要政，亦须次第兴办，以期民困早抒，百废俱举。佩金为民请命，为国驰驱，虽督抚军民，决不敢稍存五日京兆之心，立此标准以自勉，并望各僚属亦本此方针以图治。佩金惟有开诚布公，集思广益，综核名实，信赏必罚，以与我邦人共求治理，奠安民生，上益国家，次裨闾里。更愿我邦人公平其心，宁静其气，士庶各循轨道，良善有自濯磨，勿时相惊以风谣，勿挟偏私误大局。内外一心，军民同德，庶治平可期，邦人有庆，斯则佩金之厚望也。"[1]

又载德文"北京电。副总统一任，冯国璋、蔡锷最有望。蔡现由蜀赴沪，政府已请其入京"。[2]

又载"北京电：元首特派范参军赴汉邀蔡锷来京，一面意使长参谋（部）"。[3]

19 日前后

▲蔡锷电告殷承瓛，"所购军需品已到"，一切由其全权"处理"。说："黄衡秋昨到渝，其所购军需品已到，一切由兄处理可也。弟廿一启行东下，中央已派舰迎候。病稍瘥，并闻。"[4]

19 日

▲季自求日记载蔡锷"自永宁"至重庆访陈宦，"言笑甚洽。午后于石洞中作局戏，余观蔡公形容枯槁，面有晦色，忧劳甚矣，恐不可以久支。

---

① 《罗镕轩氏宣布治蜀方针》，《申报》1916 年 9 月 5 日。
② 《译电》，《申报》1916 年 8 月 20 日
③ 《专电》，《申报》1916 年 8 月 18 日。
④ 曾业英编《蔡锷集》（二），第 1479—1480 页。

无为福始，无为祸先，岂不信哉"。①

▲梁启超"十万火急"电劝重庆蔡锷，"居沪非宜，赴日尤险"，"何如在渝"。说："洽密。咸电皓奉。蜀人吁留，血泪点滴。镕若真除，必群起为难，虽戡定，亦非善事，恐彼时靖难，仍劳吾弟。在渝坐镇，数月后局定，方无后顾忧。东下后，居沪非宜，赴日尤险，仍须觅深山静养，何如在渝。更希详审。超。皓。"

又"明电"戴戡转川北师长钟体道、道尹张澜，已叠电蔡锷，"嘱留渝养疴"。说："元电皓奉。轸念蜀艰，厚爱松督，盥诵增感。连日晤伯英、子卿，所谈悉如尊指。已叠电松，嘱留渝养疴，并托循若挽留，冀其病体可支，马首勿东。尊处想已就近更为接洽也。启超。皓。"②

▲报载德文"重庆电。蔡锷与陈宦定于二十一日由此启程，众虑蔡锷去后蜀省或将发生事变，第十八师师长李长泰已于昨日赴宜昌，北兵驻于重庆者尚有九百人，因船只过少，一时不能运清故"。③

20 日

▲陈宦离开重庆，乘"蜀亨"轮东下。季自求日记载："蔡将军傍晚来送，此公病甚，将赴沪就医。"④

▲报载蔡锷力保戴戡为四川军务会办，遭到川籍国会议员抵制。说："戴戡任护国军右翼总司令时，驻扎黔边松坎地方，未越雷池一步。嗣因周骏占据成都，戴乃进驻川东，以为蔡督援应，川人已迭电反对。近中央因蔡锷力保，授以会办四川军务。闻川籍国会议员李某、谢某等以戴乃新任之贵州省长，不待命令，自由行动，使中央因其所欲而予之，他日难保不效尤躇起。且川省主客各军环居错处情形已极复杂，再属以黔军，将益形纷扰。昨已晋谒国务总理，面陈种种理由，未识能否生效也。"⑤

▲黎元洪电复蔡锷、罗佩金、戴戡，将"良深警惕"其"明教"。说："蔡督军、罗督军、戴省长均［钧］鉴。华密。效电悉。立宪初基，含调

---

① 季自求：《入蜀日记》，《陈宦研究资料》，第 51—52 页。

② 以上二电见《护国之役文电稿》（1916 年 2 月至 1917 年 1 月），中国国家图书馆藏。

③ 《译电》，《申报》1916 年 8 月 23 日。

④ 季自求：《入蜀日记》，《陈宦研究资料》，第 52 页。

⑤ 《川赣议员对于桑梓官吏之主张》，《申报》1916 年 8 月 20 日。

和各方势力，使皆得有所存在，政治永无就轨道之日。元洪所虑如此，惟恐所行不应遗误全局。兹承明教，良深警惕。更望时赐箴规，俾得勿忘，息息省觉。是为至幸。黎元洪。马。印。"

22 日，戴戡电告罗佩金，他于 8 月 17 日以其与蔡锷三人的名义，电请黎元洪"用人行政"勿"偏倚，以昭大公"。说："成都罗护督军鉴。华密。效日致电一通，文曰：军急。北京黎大总统钧鉴。华密。自约法恢复，国会重开，天下喁喁望治。凡百庶政，得大总统及政府、国会主持，锷等待罪边疆，本不敢越职冒渎。惟默察时势大局，虽似敉平，隐忧正复不少。近经粤事互有责言，履霜坚冰，杞忧何极。窃以为立宪政治之作用，在使国中各种固有之势力同时并存，而善为调节。若一种势力伸张过度，最易酿成法外之冲突，而国基或因之破坏。欲防此弊，固须愿各方面之有力者，自为纪度于正当竞争之轨道，保存相当之交换精神，尚望最高总揽机关，于用人行政，期无偏倚，以昭大公。我大总统德量渊宏，睿惕周审，用中执两，谅有权衡。望一面拔擢新进，俾发扬朝气，一面仍倚重耆硕，以坚定众心。拔新进宜抑彼奔竞倾轧之风，以养廉耻；倚耆硕宜导以开明进步之轨，以应时势。天下幸甚。罗佩金、蔡锷、戴戡叩。效。等语。特闻。戴戡。二十二（日）叩。印。"①

**21 日**

▲陆军部电请成都罗佩金查酌刘锐恒"回防"问题。说："华密。据刘使锐恒筱电，前因陈督（按：指陈宦）电调进省，现正筹商饷事，一俟筹有现款，即行回防等情。镇缺，前已任殷（按：指殷承瓛），刘电殊无一字及之。回防是否妥便，希就近查酌，密复。陆军部。个。印。"②

**按**：刘锐恒，袁世凯任命的川边镇守使。蔡锷于 8 月 5 日遵令将四川交由罗佩金护理。此电反映了川、滇两军在权力上的争夺，以及北京政府的微妙态度。

---

① 以上二电见《公电》，成都《国民公报》1916 年 8 月 28 日。
② 中国第二历史档案馆藏档案。

21 日

▲梁启超"十万火急"电询重庆戴戡有关蔡锷消息。说:"松坡究已行否？沪上须赁屋否？速复。超。祃。"

又"十万火急"电告云南唐继尧、任可澄,贵阳刘显世,重庆戴戡并转蔡锷,成都罗佩金,南宁陈炳焜,肇庆岑春煊、陆荣廷,广州朱庆澜,杭州吕公望,长沙谭延闿,段祺瑞在众议院以 407 票通过为总理。说:"华密。马日众院四百十四人开会,段总理以四百七票同意,我前此独立各督省似宜明电致贺,并敦勉,以表南北一体、共济艰难之意。乞裁夺。启超。祃。"①

22 日

▲报载"汉口电。宜昌电云蔡锷、陈宦二氏于二十二日行抵宜昌,旋即下江"。②

23 日

▲梁启超电复北京籍忠寅,蔡锷 24 日由宜昌赴汉。说:"振密。松廿四由宜赴汉,病甚重,正聘医往九江。在沪不逗留,拟即赴东。超。梗。"

又电告唐继尧,任可澄,刘显世,南宁陈炳焜,肇庆陆荣廷、岑春煊、李根源,广州朱庆澜,成都罗佩金,重庆戴戡并转蔡锷,杭州吕公望,西安陈树藩,长沙谭延闿,韶州李烈钧,汕头莫擎宇,佛山谭浩明,梧州莫荣新,拟日内在京开汤觉顿追悼会,如有挽辞,请电京《国民公报》代缮汇奠,并请"追念同舟,共谋抚恤,以慰先烈"。说:"华密。汤君觉顿,当帝制初起,实与蔡、戴两公同谋举义。旋偕超南下在沪臂画。桂省倡义,在陆公幕中参赞一切,旋代表陆公入粤劝龙附义,竟在海珠惨被凶戕。丧此大贤,实国人不可恢复之损失,同人拟日内在京开会追悼。畴昔同义各省诸公,想同深哀感,如有挽辞,乞电京《国民公报》代缮汇奠。尤有恳请者,汤公身后不名一钱,且有夙债,老母孀妻抚幼子女四人,长者八龄,幼者在抱,沉痛奇苦,触目酸心。前承陆公致赙五千,得为稍理宿逋,暂

① 以上二电见《护国之役文电稿》(1916 年 2 月至 1917 年 1 月),中国国家图书馆藏。
② 日本人组织:《东方通信社电》,《申报》1916 年 8 月 24 日。

支日用。惟此后奉养衰亲，育成诸孤，前途茫茫，可胜悯恻。伏望诸公追念同舟，共谋抚恤，以慰先烈，殁存同感。赙款可由各地商务印书馆划汇，并闻。盼示复。启超叩。梗。”①

24 日

▲是日晚，蔡锷乘“太源”船离宜昌东下。陈宧乘“古宁”船往汉口。②

▲梁启超“万急”电告任可澄，蔡锷26日可抵汉。说：“贵密。月前四次专电尊处，迄未得复，究曾收否？闻请假入京，确否？幼苏行止如何？盼复。松坡宥日可抵汉。超。敬。”

又电复刘显世说：“义密。梗电悉。款当如命分别拨还。贱眷已到铜仁否？盼复。松坡宥日可抵汉，病颇不轻。超。敬。”

又电复唐继尧，沪上烟土案已判结，真相大白。说：“护密。皓电祃奉。我公光明磊落之概，得此益大白于天下。现案（按：指沪上烟土案）已判结，真相大白，悠悠之口，当可息矣。中国人性质，崇拜英雄之念薄，责备贤者之意多。此次西南首义，以功高动为一部分人所嫉忌，望公更坚持彻底查办之议，益劭令名。启超。敬。”

9月8日，又以“明电”请黎元洪、国务院“慎听浮议”。说：“自沪上烟土案发生，迹涉嫌疑，颇滋物议，及经判决，霾云已豁。乃闻道路传言，尚或致疑于云南当局，不胜骇叹。超自案发以来，博访各方情报，殆实由奸商假托护符，造兹恶孽。滇中派出各员，失于觉察，咎诚难辞。至滇中当局皆一时贤杰，公尔忘私，其必不至有此等非法行为，更何待辨。特恐苍蝇点白，市虎成真，非特贤者心迹被诬，且恐国家体面有损，望我大总统及国务员诸公鉴空衡平，慎听浮议，不胜大幸。梁启超叩。庚。”

又电复唐继尧说：“义密。冬、江、支电敬悉。烟土早经判决，拨云见天。张督口无择言，实可置之一笑。超顷上府、院一电，文曰：北京大总统、国务院钧鉴……（文同上电，这里从略）启超叩。庚。等语。谨闻。超。庚。”③

---

① 以上二电见《护国之役文电稿》（1916年2月至1917年1月），中国国家图书馆藏。

② 《蔡锷陈宧最近之行踪》，天津《益世报》1916年8月26日。

③ 以上五电见《护国之役文电稿》（1916年2月至1917年1月），中国国家图书馆藏。

25 日

▲报载"汉口电。前四川将军陈宦乘本日入港之太古轮船'湘潭'号来汉,蔡锷则定明日入港之日清轮船'大元'丸来汉,同行者有日本医师清水庄治氏"。①

又载陈、蔡如此隔日而行的原因,是为了照顾陈宦的面子。说:"前川督陈二庵在宜曾与蔡松坡会晤,本拟于二十四日与蔡各乘一轮起程来汉,嗣以蔡公沿途有人欢迎,相形之下未免难堪,乃于二十五日离宜,迟蔡一日到汉。然武汉官场亦大表欢迎,绅学各界趋谒者纷纷。陈为鄂人,鄂官民之酬应固不可少,而不谓旅鄂川人亦有发起欢迎会者。现陈寓汉口英租界某公馆内,不日往京。"②

26 日,又载"北京电。政府饬部备花车迓蔡锷"。③

又载蔡锷抵汉情形说:"蔡松坡由宜来鄂之前,王子春督军曾派有楚信巡防舰往宜迎护,及抵距省上游六十里之金口镇,又派有楚义巡防舰迎迓。军署副官长张厚德、中央政府代表王隆中等均乘该舰到金,拟请蔡松坡换舰径至武昌乙栈行辕,俾鄂中官绅各界得遂欢迎之忱。蔡以疾辞,仍乘'大元'商轮于二十六日午到汉口,寄碇于招商码头,即转行驶申汉之'江裕'轮官舱,王子春以下武汉各文武官均登轮谒见。蔡只见王子春、王隆中,略谈片刻,其余各官概辞未见。至晚差片〔弁〕向各机关辞行,并未登岸答谒即启碇下驶,楚材巡防舰则随后护送,出鄂境至九江折返。一般欲瞻仰伟人丰采者,莫不怏怏。"④

26 日

▲梁启超电请北京籍忠寅,宜以任可澄代张耀曾入阁。说:"振密。闻荣西决辞,继任莫如志清。首义诸贤,宜有人在阁,芝老多得一同调,阁议较顺遂,国会亦易通过。同人若谓然,请切实商榷。超。宥。"

又电北京范源濂说:"沧密。佛苏、亮侪同鉴。荣西在沪相晤,云决辞职当议员。超深望其留,为内阁增重。若志不可回,望向元首总揆荐任志

---

① 日本人组织:《东方通信社电》,《申报》1916 年 8 月 26 日。

② 《政军两界要人之行踪·陈二庵》,《申报》1916 年 9 月 1 日。

③ 《专电》,《申报》1916 年 8 月 26 日。

④ 《政军两界要人之行踪·蔡松坡》,《申报》1916 年 9 月 1 日。

清继任。阁员中有西南首义之贤，亦稍足塞天下之望。滇事宜专倚唐督，以示推信。任君学识志节勋业并高，似不宜久沦边徼也。如何？盼复。启超。宥。"

又电复北京西单头条与庐籍忠寅，蔡锷今晚由汉东下，说："振密。有电悉。松今晚由汉东下。公能一来接洽最佳。龙至今不交代，陆四电往不复，中央似宜严电戒饬，若祖龙，恐兆大祸。超。宥。"

又"明电"汉口天顺祥转询蔡锷，"由汉乘何船来？病情如何？盼立复。超。宥"。

28 日，再电告北京籍忠寅说："振密。松今晚到，望必有人来。超。勘。"①

▲报载蔡锷"由宜昌乘'大元'轮船来汉，于二十六日午前行抵距鄂省上游六十里之金口镇时，王子春督军已特派有副官长张厚德率卫队四十名乘'楚义'巡防舰代表至金口迎迓，大总统所派专使王隆中亦在该舰，欲邀请蔡公换乘该舰径莅武昌，故省垣文昌门外江干一带其时列有陆军步队、军乐队等候欢迎。讵蔡公急于赴沪就医，未允换轮，仍乘'大元'轮至汉，泊日清公司码头，并未登岸。武汉军民长官齐往轮中拜谒，惟王督军因有要公未克亲往。是晚即换招商局'江裕'轮往沪，并未乘'楚材'兵轮，所有各机关皆帖谢步。"②

又载"汉口电：四川督军蔡锷带同随员数人，卫兵百名，于今日来汉，即于本夕乘招商局之'江裕'船下江。该氏之病系喉头结核，衰弱殊甚"。③

又载"蔡锷已由汉乘招商局'江裕'轮船下驶，明日可抵宁，冯督军拟派师参谋长，齐省长拟派曹政务厅长登轮慰问"。④

又载蔡锷"二十八午刻抵宁下碇，冯（国璋）督军早经派定副官长何希贤乘汽车率领军警多人至江干站队恭迎。当由何君登轮敬致冯督军雅意，请其入城小作勾留。蔡君乃殷殷道谢。谓此次向中央请假，实因贱躯抱恙，医云非从速静养不可，故决计暂行解职，赴申调摄。承冯公雅意见招，本应入城一行，奈缘就医心急，请代转致，容俟贱恙稍愈，即当趋领教益云

---

① 以上五电见《护国之役文电稿》（1916 年 2 月至 1917 年 1 月），中国国家图书馆藏。
② 《湖北军界杂闻·蔡锷宦之行踪》，上海《时报》1916 年 8 月 31 日。
③ 日本人组织：《东方通信社电》，《申报》1916 年 8 月 27 日。
④ 《南京快信》，《申报》1916 年 8 月 29 日。

云。何君兴辞后，该兵舰即展轮东下云"。①

又载蔡锷"二十六日由汉口乘兵轮下水，昨晚七时半到沪，暂寓哈同花园，并闻蔡先生病体稍瘥，来沪就医。近以长途劳顿，拟静养数天，故一切酬应，将行谢却，有会晤蔡先生者云，喉音颇怯，精神尚健。又闻陈二庵氏与蔡先生同至汉口，即分途北上，并不到沪云"。②

### 29 日

▲梁启超电告黎元洪，段祺瑞，范源濂，南京冯国璋，杭州吕公望，云南分送唐继尧、任可澄，贵阳刘显世，成都罗佩金，重庆戴戡，长沙谭延闿，南宁陈炳焜，肇庆分送陆荣廷、岑春煊、李根源，广州朱庆澜，蔡锷昨晚抵沪，病势不轻。说："华密。松坡昨晚抵沪，病势似不轻，喉不能发音，夜间发潮热，非切实静养不可。现在沪小憩，恐仍须出洋就医。知念，谨闻。启超叩。艳。"③

30 日，黎元洪电复梁启超，请代为慰问蔡锷。说："梁任公先生鉴。艳电悉。松坡病势仍未轻减，甚为悬念。请执事就近代为慰问，并希将病状随时电示，以慰远怀。黎元洪。卅。"

冯国璋则电祝蔡锷"早占勿药，仔肩共任"。说："梁任公先生鉴。华密。顷承艳电，系念殊深。松坡转圜世局，功在苍生，国步方屯，正资匡济。切盼医调，早占勿药，仔肩共任，祷祝无涯。国璋。卅。"

31 日，段祺瑞电请梁启超劝蔡锷北上西山养疴。说："梁任公先生鉴。艳电承示松坡病状，殊念。秋风乍起，海浪甚恶，东渡就医，似非所宜。鄙意暂须在沪静养，稍愈北上，西山佳胜，颇宜养疴。又此间中西名医，不乏和缓。祈转劝何如？祺。卅一。"④

### 30 日

▲熊希龄电请梁启超劝阻蔡锷赴日就医。说："建密。闻松坡到沪，病势如何？甚念。同人等均以松不赴日就医为妥，乞劝阻，并复。希龄

---

① 《蔡松坡先生过宁补志》，上海《新闻报》1916 年 8 月 30 日。
② 《蔡松坡先生已抵沪江》，上海《新闻报》1916 年 8 月 29 日。
③ 《护国之役文电稿》（1916 年 2 月至 1917 年 1 月），中国国家图书馆藏。
④ 以上三电见《公电》，《申报》1916 年 9 月 1 日。

叩。陷。"

31 日，梁启超电复熊希龄说："建密。松病不轻，已入德医院，旬日后再定行止。超。卅一。"①

31 日

▲梁启超电告刘显世，蔡锷"已入医院"。说："义密。希陶昨到，询悉。尊状及黔情至慰，承厚赙，深不敢当。然得仁粟以祀，九原歆感，又安敢辞？谨百稽颡以谢。汤家隆赙同领，并谢张、刘、熊、戴、王五君。松病颇深，已入医院，须静养数月，方可望愈。前划款已拨希千七百。超。卅一。"

又电告重庆戴戡会办，蔡锷东渡就医暂缓。说："夏密。松病颇可忧，顷入院，东渡暂缓。尊处北械已续得否？松三月续假时，蜀局当图解决，盼公于此期内焕发声光，独秀三川耳。孟曦返京，沪无事，公盍留相助。超。卅一。"

9 月 1 日，又电告北京西单头条与庐，蔡锷已入德医院，绝对谢客。说："振密。松病侵肺，颇险。惟精神尚好，前有潮热，现已止。顷入德医院，绝对谢客，一星期乃能确悉病势。宪法问题，除谈话外，不欲多作，公等谓何如？超。东。"②

2 日，蔡锷发表"无论亲旧，谨谢枉顾。即赐示函件，亦概恕不作答"《启事》。说："启者。鄙人因喉患甚剧，来沪就医，承各界诸公及知好不时慰问，多未接待，抱歉良深。现已移居医院疗治。据医士言，病宜静养，并当屏除一切，故无论亲旧，谨谢枉顾。即赐示函件，亦概恕不作答。至国事多艰，何敢遽图卸责，惟孱弱病躯，暂时万难与闻。爱我诸公，应以今之时世，若未有锷之一人也者。一俟贱恙霍然，与国中贤士大夫晤教之日，当不鲜也。区区衷曲，幸希谅鉴。蔡锷谨白。"③

关于蔡锷抵沪后的情况，有报载"政界消息，四川蔡松坡督军近有意见书递呈政府，请于藏地建设行省，定名西康。缘边地东自打箭炉起，西至丹达山顶止，计三千余里。南抵云南维西、中甸，北至甘肃、西宁，计

---

① 以上二电见《熊希龄先生遗稿》第 2 册，第 1996—1998 页。
② 以上三电见《护国之役文电稿》（1916 年 2 月至 1917 年 1 月），中国国家图书馆藏。
③ 曾业英编《蔡锷集》（二），第 1480 页。

四千余里。至少设郡县八九十处。若无一定行政机关，综揽大纲，川省远隔，难于遥制，遇有变故，行师运饷，疲于奔命。明知开办之初，需款不赀，然缔造虽艰，收功至伟。谨抒管见，聊备采择云云"。①

又载"云南首义伟人蔡督军锷，请假来沪养疴，已于上月廿八日抵沪，暂寓公共租界静安寺路哈同花园。当时在沪名流、政客与夫忻慕蔡君之各友邦人士，以及湘省同乡，前往访谒者络绎不绝，花园左右，车水马龙，往来如织。闻蔡君丰姿，虽稍觉消瘦，而精神尚健，只以喉症未愈，故声音亦较前微细。兹悉江苏省议会与江苏省教育会，以及江苏县议会联合会，以蔡君首起义军，推倒帝制，恢复共和，丰功伟绩，莫可与京，识与不识，无不愿一瞻其丰采，一聆其伟论。今既养疴，欣逢来沪，特拟公同发起联合欢迎会，借伸欣慕之忱。业已致函蔡君，一俟得其允许，当即订期开会。又闻蔡君抵沪后，曾接到黎大总统一电，略以行旌抵沪，可否来京一行，以便就商国家各项要政。更派专员赴沪竭诚欢迎，并盼电复等因。但不知蔡君果能一行，用副总统求贤若渴，殷殷之意否也"。②

梁启超则回忆说："蔡松坡此次就医东瀛，过沪时曾对吾言纳溪之役，粮食不继，前后四十日，军中以砂杂米同煮充饥。"③

## 9 月

### 1 日

▲蔡锷电告唐继尧、刘显世、罗佩金、戴戡、肇庆陆荣廷，岑春煊、李根源转李烈钧，现暂入德人克里院就医。说："锷于前月（按：'前月'有误，应是'月前'）二十八日抵沪。此间喉科西医或推德人克里，现暂入伊院就疗，能否奏效，须俟旬日后方知，承注特闻。锷叩。东。印。"④

▲报载众议院议员陈允中等人拟向政府提出质问督军同盟书。说："众议员陈允中君近草有督军同盟之质问书，已得刘泽龙、于洪起、刘可均等三十余人同意，日内将提出议院。其议案原文云，军人以巩固国防为天职，

① 《蔡锷请将藏边建设行省》，天津《大公报》1916 年 8 月 29 日。
② 《蔡松坡莅沪志盛》，天津《大公报》1916 年 9 月 3 日。
③ 《梁任公在粤之演说词》，《盛京时报》1916 年 12 月 12 日。
④ 《蔡锷集外集》，第 389 页。

以绝对服从中央命令为要义，无结会集社之余地。顷报章盛传，有督军阴谋结合为各省区联盟会，日来风声益亟，浸至有十三省加入攻守同盟之说，以徐州为集合地。最近曹锟、张敬尧等得王占元绍介，往来军使，绎络于途云云。如果属实，其为不循轨道，昭然若揭。在中央宜早有所闻，一若持放任态度，恐将来一般武人，恣其跋扈之野心，盘踞要塞，拥兵自卫，互为犄角之势，推其所至，近之为列国之联邦，远之为唐室之藩镇，将置国家统一，中央威信于何地。内治不宁，外侮立至，关系于国家存亡者，间不容发，履霜坚冰，所由来者渐矣。按照《约法》第十九条第九款之规定，议员对于行政上有疑义时，得提出质问之例。兹提出质问书，即请政府明白答复，以释群疑。"①

2 日，又载"南京电。齐省长奉政府之电，命于江苏省应解政府之款内拨银一万元，交由上海道尹赠送蔡锷为治疗之费"。②

7 日，又载"昨晚公府秘书郭泰祺由津浦车抵宁，今日赴沪。闻奉元首命特往沪慰问蔡松坡氏"。③

8 日，又载"云南首义伟人蔡松坡来沪就医，因须静养，暂不预闻国事，现已移寓某医院，并暂谢友朋交际，以资调护。兹悉黎大总统因蔡君为国宣劳，积劳致病，故特派秘书郭泰祺来沪慰问，已于昨晨由沪宁火车抵沪，并赍有大总统亲赠参药多种。抵埠时，因蔡君业已移寓，特先至新任唐外交总长寓所，由唐君陪同前往，备述极峰拳念之殷"。④

月初

▲蔡锷为《盾鼻集》作序文。说：

帝制议兴，九宇晦盲，吾师新会先生居虎口中，直道危言，大声疾呼，于是已死之人心，乃振荡而昭苏。先生所言，全国人人所欲言，全国人人所不敢言，抑非先生言之，固不足以动天下也。

西南之役，以一独夫之故，而动干戈于邦内，使无罪之人，肝脑涂

---

① 《陈允中质问督军同盟书》，《申报》1916 年 9 月 1 日。
② 日本人组织：《东方通信社电》，《申报》1916 年 9 月 3 日。
③ 《南京快信》，《申报》1916 年 9 月 7 日。
④ 《大总统派员慰问蔡松坡》，《申报》1916 年 9 月 8 日。

地者以万计，其间接所耗瘁，尚不知纪极，天下之不祥，莫过是也，而先生与锷不幸乃躬与其事。当去岁秋冬之交，帝焰炙手可热，锷在京师，间数日辄一诣天津，造先生之庐，谘受大计。及部署略定，先后南下，濒行相与约曰：事之不济，吾侪死之，决不亡命；若其济也，吾侪引退，决不在朝。盖以中国人心陷溺之深，匪朝伊夕，酿兹浩劫，其咎非独一人，要在士大夫于利害苦乐死生进退之间，毅然有所守，以全其不淫不移不屈之概，养天下之廉耻，而葆其秉彝，或可以激颓风于既扇，而挽大命于将倾。盖谓国之所以与立于天地者必此焉赖，若相竞于事功之末，譬则扬汤止沸，去之愈远矣。锷既挥涕誓众赴前敌，屡濒于死，不死而得病。先生亦间关入两粤，当锷极困危之际，突起而拯拔之，大局赖是以定。先生不死于粤，其间盖不能以寸，而军中遭大故，抱终天之恨。呜呼！吾侪躬与于不祥之役，固宜为不祥之人也。今国体既已不失旧物，全国人民当创巨痛深之后，厌乱切而望治亟，但使国中干城之彦、搢绅之英，惩前毖后，鉴数年来酿乱积弱之原而拔塞之，则此等不祥之事，何至复见！则先生与锷之罪，其皆可未减也。

秋九月，锷东渡养疴，道出沪上，谒先生于礼庐，既欷歔相对相劳苦，追念此数月中前尘影事，忽忽如梦。锷请先生裒集兹役所为文，布之于世，俾后之论史者有所考镜，亦以著吾侪之不得已以从事兹役者，此中挟几许血泪也。若以此为先生之事功，先生且将蹙然无以自容，小子夫何敢！中华民国五年九月初九日，门人邵阳蔡锷谨序。①

4 日

▲报载蔡锷"亡"了周骏的"联邦"梦幻。说："川省自罗佩金护理督篆后，暗潮日甚一日，其所争之关系，非有何种绝大之理由也，不过党派之关系而已。其小部分之暗潮，同是川军，亦分多派，有速成派、武备派、同志派诸名目。但各派所争，均不甚烈。近日最大之两派，相持最烈者，系滇、川两派。而滇派之所以胜利者，又在国民党之关系。故此次罗佩金氏护督篆，熊克武、张午岚、卢师谛、杨维等均力为拥护。而非滇派，又非国民党之刘存厚氏，近因川东巡阅使戴戡将任省长，熊克武镇守川东，他人皆有位置，

---

① 曾业英编《蔡锷集》（二），第 1481—1482 页。

故刘部下多有愤愤不满意于滇派者，暗潮亦因是日烈矣。暗潮既烈，罗氏乃密为防范。而此时之最足淆惑听闻者，则为愈唱愈高之假借联邦说。原川省之创联邦说，不始于罗氏，当周骏入城后即有多数人主张联邦，一唱百和，大有割据川西之势。故周氏与蔡松坡之电，满纸虞、虢、吴、蜀也。蔡氏到成都后，此说偕周氏以亡。今蔡甫去，而倡是说者又大吹特吹，成都报纸亦有代为鼓吹者。内幕中人除偕报纸外，又纷纷上条陈于罗氏，罗氏均一一嘉纳。惟批舆论尚未成熟，政体改更应由人民公意云云。此等批示登诸成都各报，舆论哗然，皆曰倡此联邦说者，非罗督授意，即系仰承某某意旨者，而西南政策之说行将实验云云。而成都各报则有主张联邦者，亦有驳联邦说者，惟察诸厌乱之真正民意，则皆希望从此和平，不愿再有变动。盖倡之者，亦非真明于联邦政治之理，不过假借其名以行之而已。"①

5 日

▲蔡锷电告梁启超，仍以赴东就医为宜，"影响之谈，殊不足置信"。说："日来精神似觉稍旺，喉痛亦减，惟嫌主医过忙，不能于病情注意周到。而看护人尤为鲁莽灭裂，无术挽回。加以空气混浊，万籁齐鸣，殊非可以久居。锷意仍以赴东为宜，影响之谈，殊不足置信也。季常、运龙甚盼早来一晤，俾抉择一是。手此，敬叩晨安。锷谨上。五号上八。外致成都二电，乞饬译发。"②

6 日

▲熊希龄电询梁启超北上等事。说："建密。闻公月初北上，确否？松坡病状何如？乞示。龄叩。鱼。"③

8 日，梁启超电复熊希龄，决青日赴东。说："建密。松病虽未增剧，亦无起色，热度稍劳即腾，沪空气湿极不宜，且难谢尘事，决青日赴东。弟月杪或北行。超。庚。"

又电北京西单头条与庐说："振密。松病虽未增剧，亦无起色，热度稍劳即腾，沪空气湿不宜，且难谢尘事，决青日赴东。弟数日后赴宁、杭，

---

① 《川省暗潮中之假联邦说》，《申报》1916 年 9 月 4 日。
② 曾业英编《蔡锷集》（二），第 1480 页。
③ 《熊希龄集》第 5 册，第 589 页。

月杪始能北行。实斋顷在肇,可不与偕。蹇叔意在南归,待叔通来决。亮今夕入宁赴赣,约旬后归京。沧。庚。"

同日,又电复云南任可澄省长说:"贵密。鱼电悉。松病入院后,颇有起色,然热度稍劳即腾。在沪决难谢绝尘事,且空气湿,极不宜,决青日赴东,寓福冈。尊电所虑,同人多以为言,但以常理度之,当不至是。松迷信东医,渴欲航海,顺其心理,亦治疗一法。公何日行?盼示。松状请告冀、幼二公。超。庚。"①

▲蔡锷电告冯国璋、罗佩金、戴戡分送唐继尧、刘显世、陈炳焜、陆荣廷、朱庆澜、谭延闿,定9号赴日就医。说:"锷在沪就德医疗治,入院旬日,病象稍瘳。惟沪上人事纷繁,空气混浊,于贱恙极非所宜,现定九号东航,拟暂住福冈,该处濒海,气候温和,良医亦多,一切甚便,知注特闻。锷叩。鱼。印。"

10日,又电告冯国璋、吕公望、汉口陈宧、谭延闿、唐继尧、任可澄、刘显世、罗佩金暨同义诸贤、戴戡、陈炳焜、岑春煊、陆荣廷、朱庆澜等人。说:"贱恙厚承存问,感谢无量。顷因沪上空气不宜,且酬应太烦,已由本日东渡入福冈医院疗养,知注特闻。蔡锷叩。蒸。印。"②

▲梁启超"十万急"电告重庆戴戡会办,蔡锷力持其任省长为上策,而同人则欲先保其"川东范围"。说:"夏密。亲译。江、微电及孟曦电均奉。季常、孝怀、百里公商,恐公任省长反陷困难,欲先保川东范围,请明令划清权限,而松坡持省长说甚坚。彼青日东渡,决于首涂前辞职,请分别任命,谓公必能应付。观公微电,似非绝无可为,望熟审立决,迅即赐复,俾与中央接洽。段、冯对公十分信任,江电五、六、七三款可无虑,但能与镕相处,他非所虑也。曦宜即往蓉,东下无事,留川为宜。季常现在沪,拟由川回遵,但同人皆尼其行。超。鱼。"

8 日

▲梁启超电告段祺瑞,蔡锷电请开缺。说:"冰密。松坡决东渡就医,已电请开缺,保罗、戴分任督、长,想已达。明令稍缓发,一二日内当别

① 以上三电见《护国之役文电稿》(1916年2月至1917年1月),中国国家图书馆藏。
② 以上二电见成都《国民公报》1916年9月12日、18日。

电奉商手续也。松病已侵肺，沪上空气太湿，极不相宜。北行舟车劳顿，非所堪，东航乘极大舰，尚无虑。知注谨闻。超。庚。"

又"万急"电告成都罗佩金督军、重庆戴戡会办，蔡锷"濒行电请开缺，保两公分任督、长"。说："义密。松明日东矣，濒行电请开缺，保两公分任督、长。中央对此毫无成见，一惟松言是听，二则视两公意向耳。超叠与松谈，颇疑分治之难。前清督抚同城，不胜其敝〔弊〕，虽有石交，每愆干糇，岂必皆出私见？盖禀性有刚克、柔克之殊，政见有急进、缓进之异，在在可起参商，贤者时所不免。两公皆时局最有关系之人，深恐离双美而合两伤，影响于国家非小。持此义与松明辨，松则力言蜀境寥廓，蜀情复杂，非滇、黔两军倚角分布，不足安反侧。两公如车两轮，如鸟两翼，倘去其一，他亦难支。且言以两公胸襟之广，交期之深，必能同舟共济，力全始终。在蜀濒行已明宣此意，各方面咸极满足等语。松既灼见确信，局外更何劳疑虑。惟现在排外思潮，各省同概，以超所闻，蜀中形势，松留则莫或生心，松行则异论朋起。希冀者多，排挤斯起，或则排督，或则排长，甚或交煽督、长之间，图操纵利用。因应适当，友助固结，洵为事势所必要。然实行贯彻，却未易言，要在两公皆有圆满正当之觉悟，斯知百事迎刃而解，此宜注意者一也。党争之弊，国人久已疾首，要在为政者常能保持超然之地位，乃不为旋涡所卷以致自困。中央且然，地方行政尤以党见为厉戒。川省党派复杂，恶感颇深，长官周旋其间，非惟形式上不可涉其藩，即心境中亦不可印其象，此宜注意者二也。武侯治蜀，以'法行知恩'一语为政治大原。蜀中数年来，纲纪荡尽，民情偷玩，视武侯时尤甚，若稍存敷衍要誉之心，必至进退失据，既以祸蜀，终亦无由自安。值当扶持正人，培养元气，舜举皋陶，不仁斯远，此宜注意者三也。冗兵之害，病国已深，今后施政，裁兵最亟。起义各省，先循正轨，乃能责人。蜀中百事更新，尤当慎之于始，若徇情感，稍事扩张，则将来既以收缩之难，影响大局，目前亦以尾大之势，摇动机关，至财政能否相应，尚其余事，此宜注意者四也。凡此诸端，谅两公所熟知，徒以相爱有素，故敢率臆贡诚，为壤流之助。松坡濒行，殷殷以随时维持蜀事相勖责，其言肫恳。超虽驽下，安敢自卸。此后有所驱策，望不拘形迹，随时见示。棉〔绵〕薄所逮，不敢有辞。启超叩。庚。"①

---

① 以上三电见《护国之役文电稿》（1916 年 2 月至 1917 年 1 月），中国国家图书馆藏。

9 日

▲蔡锷电谢黎元洪、段祺瑞"厚爱",并告次日晨即"附轮东渡"日本福冈,专意疗养,"请准予开缺"。说:"锷自东下就医,倏已浃旬,迭承我大总统、总理钧电专员渥赐存问,感激莫名。本拟在沪疗治,稍瘥即北上,祗承我钧诲。奈连日消〔稍〕涉劳扰,热度骤腾,此间空气太湿,不适贱躯,拟往日本福冈,专意疗养,明晨即附轮东渡。除昨已专电呈请准予开缺外,合并报明。俟贱恙复原,即当归效驱策。谨谢厚爱,诸惟钧鉴。锷叩。青。印。"①

11 日,黎元洪电请梁启超转告蔡锷,"不宜轻率言去"。说:"梁任公先生鉴。顷接松坡青电,云已东渡就医,并请开缺,怅望无似。北上之约,既稽督军一职,关系全局,不宜轻率言去。务祈俟其瘥可,仍劝归国任职,共济艰难。海内健者,宁有几人,天方荐瘥,当不忍置身事外也。乞将鄙意转告为荷。元洪。真。"

段祺瑞则电告蔡锷"安心调养",川事有罗、戴,"请勿系怀"。说:"梁任公先生转松坡兄鉴。青电悉。秋浪方生,海行为念。东渡后万望安心调养,为国珍重。川事有罗、戴二公担任,请勿系怀。祺瑞。真。"②

▲梁启超电告段祺瑞,罗、戴"和衷,川局可无虑"。说:"冰密。昨电想达。松坡病势,非一年后决难任事,开缺实为正办。惟蜀人惴惴惧乱,欲其挂名数月,以待奠定。最好续给假三月,任罗、戴分署督、长,一面仍由陆军部电令责成戴戡督率所部及川东各军,分别剿抚肃清川东土匪。尊见如何,仍候裁决。罗对松绝对服从,近濒致超电,语极恳诚,言誓守松训,凡事与此间商榷。罗、戴近亦和衷,川局可无虑,乞纾念。超。青。"

又电复重庆戴戡说:"夏密。阳电悉。松辞职请分简督、长电,已上中央,大约不予开缺,仍令分署,别由陆军部电责成公督率所部及川东各军剿抚土匪。公自宜例辞,俟政府复电不许后,再请驻渝肃清地方,暂缓到省,何如?超。青。"

又电告范源濂,蔡锷明晨东渡。说:"沧密。松病稍可,明晨决东渡,

①　曾业英编《蔡锷集》(二),第 1481 页。
②　以上二电见天津《益世报》1916 年 9 月 15 日。又见《公电》,《申报》1916 年 9 月 13 日。

乞告同人。罗惇曧文学优，治事勤，望留勿裁。超。青。"

又电复长沙谭延闿说："安密。鱼电悉。沪嚣杂，且空气太湿，不宜病体，松决明日东渡。尊电所虑，此间同人亦多虑及，但未免神经过敏。病名既定，手术不施，当无意外，乞纾念。松嘱候公及凤、雪诸贤。超。青。"①

▲报载吕公望接"蔡松坡来函，准于十四日（赴）杭。现已饬张副官筹备招待"。②

**按：** 此当为先前的计划。

10 日

▲梁启超电复戴戡，蔡锷病虽有起色，但非二月后断难任事。说："夏密。支、阳电悉。弟与季常意，公姑在渝看形势如何，可进则进。昨已电京，请指的款，供贵军饷。耀庭日内来渝，面述一切。前电荐子节，非子良，能代谋，深感。松病日有起色，但非二年后断难任事，大局在在悲观，惟苏、赣两督，顷甚接洽，差强人意。超。蒸。"③

▲报载"《大陆报》云，蔡锷定今日乘日本邮船会社之邮船'山城'丸赴日本福冈县养病，待喉症全愈，始行回国。其夫人、长公子（按：非'长公子'，而是次子永宁），又李华英少将及其书记关君等皆陪同前往。惟密友如梁启超、蹇念益诸君均以日本现值霍乱盛行之际，蔡君之往，非惟无益，且恐有害，故竭力劝阻云"。④

11 日，又载"蔡松坡君去蜀时，原拟即赴日本，不在沪上勾留。继因信仰德医之心甚坚，欲求其一诊，以决病势之如何，遂于上月三十号移寓同济德文医学校附设之宝隆医院。主治医生为该校副监督克利博士，及五官科教员彼得博士。闻其病为喉头结核，肺脏亦被侵及，诊治后颇见轻。昨医生谓上海天气于此病颇不相宜，最好至普陀，或日本调养，见效方速。蔡君甚韪其言，故于今晨（十五号——按：此系阴历）八点钟出院，乘轮赴日。临行时，频向该院医生道谢，并捐廉八百元，以为该院经费。上海

---

① 以上四电见《护国之役文电稿》（1916 年 2 月至 1917 年 1 月），中国国家图书馆藏。
② 《杭州快信》，《申报》1916 年 9 月 9 日。
③ 《护国之役文电稿》（1916 年 2 月至 1917 年 1 月），中国国家图书馆藏。
④ 《蔡松坡君赴日养病》，上海《新闻报》1916 年 9 月 9 日。

《日日新闻》云……近闻蔡氏于昨日乘伏见丸往日本神户，同行者有其夫人、公子及李华英少将，与某书记官等"。①

11 日

▲报载王陵基电呈北京当局，声言其与周骏"实无异志"，乃为陈宧、蔡锷"构词陷害"。说："王陵基自败逃后，即绕川北下渝。至渝时，会上岸到某相识处，并留有一函致陈二庵，内有云独立非公之罪，勾引蔡、罗乃公之罪等语。王随即至涪州电呈中央，请辞川东镇守使职务，并谓伊与周骏均系拥护中央，实无异志，乃为陈、蔡诸人构词陷害云云。旋得中央复电，谓来电具征顾全大局，服从中央，所请辞职一节，已明令熊克武接任川东镇守使矣。"②

13 日

▲报载"东京《时事新报》神户电话"说蔡锷"已于十三日上午六时，乘'伏见'丸轮船至神户矣。参谋长蒋方震氏特由福冈来神，当日与中华民国领事稽镜氏、领事馆员及神户华侨代表等，乘小火轮至'伏见'丸迎迓。蔡将军之同行者，夫人李〔潘〕氏及亲戚儿童二人之外，为督军府副官长李华英氏，及从者四人。将军年三十有五，发长五分，色浅黑，无须，身着和服花条单衣，上加外挂，足踏黄皮短靴，体至清癯，似有忧色。而其犒远东之劳，则指咽喉以示不能发声，而表谢意，由蒋参谋长代言伸谢。据蒋氏及李副官长所言，则将军三月以前患此咽喉症，未克确定病名。船中惟饮粥及流动物，苟仰卧三小时，则痛苦不已。至福冈后，当即入福冈大学病院，家族等则拟在福冈附近赁一屋暂居，以便长久保养云。当时八时半，将军等即移乘'香港'丸轮船，正午解缆，向门司出发"。③

又载蒋百里代蔡锷"酬答"上海《新闻报》记者问蔡锷病情起因等情况。说："《大阪每日新闻》记事云，四川督军蔡锷氏于十三日乘'伏见'丸行抵神户，同行者为夫人蕙英女士、子永宁、副官长李华英、秘书唐璈等十余人。当日神户领事稽镜及参谋长蒋方震皆至船迎迓，蔡氏身穿黑色

---

① 《蔡松坡赴日养疴续志》，《申报》1916 年 9 月 11 日。

② 《川省军事近讯》，《申报》1916 年 9 月 11 日。

③ 《蔡锷抵日福冈情形》，上海《新闻报》1916 年 9 月 19 日。

白花和服，形容枯槁，偶与蒋言，其声甚微。移乘'香港'丸之前，日本报馆访事竞请拍照，镁光一闪，白烟满堂，蔡氏不觉扬声呼臭，急以巴拿马草帽自煽，且微咳，当即出室。蒋方震特代蔡氏酬答访事曰，将军所以致疾之由，犹有一般之历史在。苟以春秋之笔法衡之，则可谓致疾者乃袁世凯也。第二次革命之后，将军应召入京，谒袁于三海宫殿，将渡北海之际，忽觉一团肃杀之气飒然扑面，于是素以康健自夸之将军忽觉喉部微痛，其时即求治于在京之日医，以为非痛，则亦不深介意。且未几由京潜往天津，因而东渡，既吸新鲜海气，痛亦渐减，此次重渡日本，亦经验有此愉快之事。居无何，自日本别府归滇，不久病乃复发。顾将军终不以为意，率兵征川之后，护国军进至纳溪，战事日激，痛亦日亟。初惟觉言语艰涩，及抵泸州，乃全然不能发声。至南北军停战之约成、军务稍闲时，或泛舟长江，优游自乐，喉症得以稍减。顾泸州之地，空气不清，终莫能占勿药耳。项城既逝，南北调和，将军以七月二十日由叙州入成都，勾留九日。尝在法医之处诊察，医言此症迥非寻常，缓治难保不终身成哑。于是将军东渡之志遂决，虽黎总统、段总理等亦尝劝以北上在西山胜地静养，而将军则仍注目扶桑，盖以将军既爱九州之风光，复以云贵举兵计划，定于九州之别府，殊不胜其怀旧之感。且居于沪上等处，终难闭户谢客，非敢蔑视黎、段二氏之盛意也。上海固有名医，如中国红十字病院等，设备亦颇完全，然医多英、法人士，不愿别请德人至院。德国医院则又地处嚣杂，不适静养，故无已而背人劝告耳。至福冈后当入九州大学医科病院，受治于久猪保之吉博士，预拟逗遛三四月，以便静养。且已于松林中赁定一屋，以便纵览箱崎八幡、博多湾名胜。将军之喉痛不必尽因喉症，开战之前，劳心过度，实使其逐渐增重，而今而后幽居静养，实要药也云云。"①

▲黎元洪颁令蔡锷"再给假三个月"。说："四川督军兼省长蔡锷，前因患病给假一月，以资调治。兹据电称，假期已满，病尚未痊，恳予辞职等语。川乱甫平，善后待理，该督军劳苦功高，遐迩系望，安忍以疾遽言引去？蔡锷着再给假三个月，安心调养，所请开缺之处，应毋庸议。此令。蔡锷现在给假，特任罗佩金暂署四川督军，戴戡暂署四川省长，仍兼会办

① 《蔡锷喉症治疗详情》，上海《新闻报》1916年9月22日。

2418

军务。此令。"①

▲梁启超电告重庆戴戡,"仍兼会办"。说:"夏密。公任省长,自仍兼会办,且令统率所部及川东北各军肃清土匪,暂驻渝,军衔当告京发表。弟今日往杭。超。覃。"

又电告刘显世,蔡锷已请简戴戡任蜀省长。说:"义密。松蒸日行,病少减。海珠惩凶事,似宜待龙去后由粤密办。别松已请简循长蜀,发表后黔长不另简最妙,否则公似宜保铁岩,并告铁岩勿消极。弟今日偕希陶往杭,北上期未定。舍弟德猷病故,请告内人。超。覃。"

又电告陈国祥,蔡锷临行时,为戴戡的省长任职令的措词特地留了话。说:"振密。松临行留言,谓循省长若发表,令中必须有仍兼会办军务字样,否则,恐资格取消,黔军无所丽。又请加循陆军上将衔,以便驭军。请告芝老,黔省长暂不另简最善,否则莫如铁岩。若须如周保,请公径电黔。超。覃。"

又电长沙谭延闿转范治焕说:"均密。公任命之令,孙(按:指内务总长孙洪伊)不副署,可恼可笑。不审组公何以处之,拟电组调公,还来相从,何如?超。覃。"②

报载任命戴戡署理四川省长,原于蔡锷8日电保。说:"戴循若署理四川省长已见命令,此项任命之近因,系因本月八号蔡督军由沪电陈总统、总理,保罗佩金为督军、戴戡为省长,自请开缺赴日养病。总统、总理因重蔡君之请,故即日发表。惟以蔡君原电无国务院字样,遂未付国务会议而令下矣。在京蜀省议员多人对于此举极表反对,昨有某某数君发表意见,略谓川省目前最重要问题莫过清乡,所有种种善后,非待秩序恢复,无从着手,而戴循若长蜀则与此事极不相宜,盖辛、癸两役黔军在川积有恶感。前次西南起师,川人激于大义,自无反对贵州护国军之理,然军界恶感始终未除。此次戴循若于袁死之后带兵入川,名为恢复秩序,实则未出重庆一步,盖以黔军清乡则挑动旧怨,反足以激起反动也。重庆一地有镇守使,有道尹,有兵队,而戴氏忽以川东巡阅使名义专制一切,川人既不解其必要,且自睹其无功,于是各界反对,而川军尤甚。据此间所得报告,川军

① 《大总统令(9月13日)》,天津《大公报》1916年9月15日。
② 以上四电见《护国之役文电稿》(1916年2月至1917年1月),中国国家图书馆藏。

方面颇有不与兼容之势。今戴循若省长令下，为军事善后计，实最有可虑者在也。又戴君虽起义功人之一，然行政上之信用颇为不佳，从前戴君任贵州巡按时，实无政绩可言，川黔交界，故蜀人知之甚稔。最近省议会方面曾有电致政府，表示不信任之意，戴君若去，与议会必不能容，纷扰之作，恐无已时。夫四川承兵燹之后，非合军界、行政界、自治界全体，开诚协力，一致进行，断不能脱蜀民于水火之境。设令戴氏长蜀，则军界既有冲突之忧，绅民复乏信任之念，政府此举殊非蜀人之幸，亦非所以爱戴氏也云云。"①

▲报载四川省公署举行政务会议，曾鉴等绅界23人引当日蔡锷莅任之宣言，呈请罗佩金护省长"酌办四川大学"。说：

前日（十三号）省公署又开政务会议，是日罗护省长未出席，由政务厅长尹仲锡代行主席。其会议之结果，第一案（清理财政处简章）结果付修正，第二案（警团联合办事简章）修正后咨交省议会，第三案（酌办四川大学）经费拟在中资捐及财政厅某项经费内拨用。现将川省绅学界请建大学致省长文录下。

敬启者。世界日趋文明，教育日益发达，东西最强各国，其军旅政治□品之日进无疆者，皆其外见之标也，其根本未有不出于学校者也。中国以广土众民而见绌于全球者，学校不完全也；川省以广土众民而见绌于各省者，亦教育不发展也。中国学校之不完全，教育部限之也。中国方制万里，东南北三方，地势平衍，交通便利，尚有五大学星棋罗布之议。西南各省，土广人众，地边路险，议赋税则名曰大省，而推为冠冕；议学校则名曰边省，而弃若弁髦，不求政策之均，而欲人心之平，其可得乎。近来议教育者，阳以提倡国民教育为名高，而阴以消灭人材教育为实策，驯至各方，大学未开，而各省高校尽停，一般青年学子，进无所归，退无所就。中小各校，望风阻丧，而议者方以推广小学为大愿，其可得乎。绅等前于陈督任内，曾具理函请达部，就现在高校推广讲室，筹三十六万元酌办大学数门，附设预科，为全省□学生深造之。而部复深谅苦衷，一则曰事属正当，再则曰实

---

① 《戴戡长蜀之旅京川人观》，《申报》1916年9月19日。

堪嘉许，而卒以经费支绌，招生困难为辞，缓而废之。窃谓川省岁费几何，其有益于民者几何，区区之数，又得岁费百分之几何，政府不难按册而稽也。经费诚支绌矣，他务何不尽停，独至学校而吝之，此部文之难解者一也。各专门学校招生难足诚为事实，民国二年春高校拟招生二班，而各县毕业中学生踊跃前来，逐添招至四班，尚不能尽足。中学生之普通心理，欲进大学以深造者多，欲专门以速成者少。况距今三年，停止招生，则中学堂之希望升学者人益众，心益切，而概以专门例之，此部文之失察者又一也。今者专制既倒，共和重新，则教育行政，似宜在地方权限之内，中央一秉大公，当不苛为限制。前日蔡督莅任，宣言川省可以有为，愿矢十年心力，以强川省者为强中国之本图。英雄卓识，迥异群流，绅等何胜感佩。窃念川省一隅，以人数论之，多于日本、德国，日本建四大学八高等，德国柏林大学一校学生多至万二千余人，其余大学不可胜数。四川区区一高校，至多仅容五百余人，今并此而裁之，不知谋国者将何术争衡于列强乎。今虽蔡督病退，以大府素同心力托重川局，绅等前以此说进，深蒙嘉纳，允提各款急建大学，并通告滇、黔，协商并进。绅等或忝参顾问，或分司教育，仰思国家根本之图，俯念人民愤懑之意，既不忍国事全误于章程，尤不忍川民沉沦于仆隶，是以再四筹商，合词上恳大府力为主持，地方自行筹款，速建大学，先设预科，电请中央许可，即行着手试办，以慰群情，不胜祷祝之至。曾鉴、陈钟信、曾培、赵熙、骆成骧、周翔、颜楷、廖平、陆慎言、陈彰海、文澄、田明德、廖家淦、朱华绶、龚道耕、谭张铮、刘彝铭、文□、辜德华、邓汝昌、文天龙、刘震、王蜀琼。①

## 14 日

▲中华民国留日学生总会电告蔡锷"珍重"。说"松坡先生鉴。师兴云贵，义薄云天。戎马余生，积劳成疾。驱车庋止，感仰爱如。为国为民，珍重千万。九月十四日。"

10 月 14 日，蔡锷电复中华民国留日学生总会说："承恳笃问候，感

---

① 《川政务会议之要题·绅学界请设大学》，《申报》1916 年 9 月 28 日。

谢！蔡锷。十月十四日。"①

▲戴戡自重庆电告各界，表示为不伤蔡锷"之明"，虽然困难重重，如中央再不允请辞，"自不敢专为个人卸肩"。说：

　　成都及各县绅商军学各界执事先生均［钧］鉴。近日以来，各方以戡既经明令长川，函电交驰，督促赴任，并承先后派员来渝欢迎，隆情盛意，且感且惭。惟是区区之心，不得不推诚为诸先生一详言者。戡前此率旅来渝，本非获已，松公以东川糜烂，无力兼顾，迭电迫促。既念袍泽，更恤邻封，乃率偏师，就巡阅任。维时各属纷扰，几至不可究诘，而北军分驻渝城内外者，多至数万，风声唳泪，一日数惊，幸竭知开诚，相与周旋，始终相安无事，周、王残部，散处近郊者亦近万人，谣言蜂起，军心惶惶，幸急起收束后，迄今甚为谧安。至戡职权以外，如民政、财政、司法、官吏之去留等事，从未妄为干涉，非仅行政系统自应如是，亦以变乱之余，更换一人，于地方人民均有关系故也。嗣熊镇守使来渝，周师亦将就绪，戡以负责有人，即决返黔，借事休息。迭经商议，佥以地方亟赖维持之故，殷殷维絷，戡亦审时度势，觉人心尚形摇动，地方未能宁谧，如遽弃之而去，万一有变，是使来意无以自白，益重一己之咎，而伤蔡督之明。不图中央不以不才，重以川长，自顾凡庸，弥深惭悚。盖省长一职，事繁责重，实难胜任快愉，而今日之四川省长尤不易为，勿论其中千绪万端无从着手，即就此时迫不可待者，亦殊无解决之方。试条举之，一曰安民。自戡入川，耳所闻目所见，人民痛苦，实不忍言，欲为人民除此痛苦，第一步即在多得良有司，但戡于川中本籍、客籍人士，谁确膺民社既未深悉，用舍之间即难期其适当，如是则人民之痛苦终不足除。二曰财政。川省收入，本不为少，但经此次变乱，富者将沦为贫，贫者将不自给，欲恢复原有收入，谈何容易，而支出又势不容缓，牵萝补屋，已苦无法。不宁惟是，即假定收入可复原状，试就现在支出约略比较，不数甚巨，截长补短，更苦无切当之方法。三曰金融。自中、交、浚三行停兑以来，市面恐慌，有见端矣，循此以往，准情度理，恐币价

---

① 以上二电见《蔡锷集外集》，第393页。

将益低落，无复腾高之望。该三行发出纸币共七百万元以上，就中有应由中央担负者，亦有应由川省担负者，中央现势已极支绌，所仰望者借外债耳。夫借外债以供国用，利害得失，姑置不论，然能借与否，既未敢逆料，即使能借亦决非旦夕可期。就川省目前言之，凡公家收入支出，以及社会交换之用，转不能不仰给此项纸币，虽欲离脱，道亦无由。当中央债约未立成以前，如无术使之回复法价，岂特商民坐困，恐公家亦将陷于危境。今欲解此难题，本非易易，但使长官与商民诚信交孚，一方面确定财政上之基础，使收支渐渐适合，则种种救急方法，未尝不可行使。然戡于川，素无历史、事实上之关系，安能一蹴至此。上举三端，现在均属重要，尤以二、三两者急切。盖此两者无法解决，则现状已不可保，遑论其他。或谓此两者有财厅负责，勿庸深虑，不知财厅亦行政组织之一部耳，何能以之专责者乎。故戡再四筹思，终觉无甚把握，迭请辞职，实缘于此。中央如再不允戡，俟东川就绪，即当晋省与罗督军及诸先生切实筹划，共筹进行，如能于地方稍有裨益，自不敢专为个人卸肩计也。专此，借颂时绥。戴戡叩。寒。①

然而，反对蔡锷保举戴戡为四川省省长者，仍大有人在。说："戴戡系黔人，本为黔省省长，未奉中央长川明令之前，即自行带兵至渝，川人因多不满意者，而尤为滇派所忌。当蔡督军保戴氏为四川省长时，成都之陈光勋等均发电中央，反对戴氏，一面又从各方秘密运动，一时公民或团体之致电者颇多。在川人盖以前此黔军援川时之已事时留印象，故有一部分对戴不无恶感。在滇派则以为新植势力于川省，奚容又来分其势力者，故图将戴撤回贵州以免掣肘，亦其默喻之隐情。而戴氏已莅川地，又得任命，自不能有所反对，遂行罢手。于是将计就计，亦利用一部分川人以相为应付。而致电为戴声辩者，又往往见于报纸，既而中央任命戴氏为四川省长兼会办军务之明令发表，滇派大为恐慌，纷纷谋所以反对之者。卢师谛、杨维及其他之军人，均于九月十七号纷纷电中央，请收回成命，历陈戴之不宜于川，并称川省不宜再扰。又一面电戴氏痛诋之，即十七号一日成都

---

① 《戴戡宣布勉允长川电》，《申报》1916 年 11 月 4 日。

电局收此等电报费，共生洋一千余元。是日忙碌异常，且多有未发者，即此已可知反对戴氏电文之多也。电中措词尤以军界为强硬，闻某某所发之电，谓中央若不收回成命，戴氏必欲来省履新，则将以干戈相见于疆场，此其反对之最有力者。至个人名义所发之电，皆不过陈其利害而已。蓉城某某两报，又以成都报界公会之名义电中央，请将任命戴氏之成命收回，并撤回贵州。同时成都之报亦有声明并无报界公会者，盖该会去年即已取销，现成都确无报界之会也。总之，滇、黔两派皆以川省为其新势力之范围，而川人之急功近利者，于两者各有其所趋近，其自有一帜之显树者，则又两皆反对，惟实力或恐不及耳。四川一省，从此滇、黔、川三派必时相攻击，或且置政事于不顾焉。此则不能不令人私忧过虑，常抱一种悲观也。"[1]

11 月 17 日，报载路透社"北京电。蜀省情势与陕省相同，戴戡本为贵州省长，近则改任四川省长，蜀省对之颇有不赞成者。闻系代理督军罗佩金唆使而成。省议会于此意见亦不一致，而军界颇指斥罗督军，谓其排挤戴戡"。又载路透社"成都电。内江消息，谓该处军队因饷银逾期未发，势将哗变，司令特向商民借款，变乱乃免。闻戴戡不久将抵成都，蜀人虽有不喜戴戡之说，并不反对其来。众称述罗佩金之才干，谓其能维持成都治安"[2]。

### 17 日

▲梁启超电告成都罗佩金、重庆戴戡，蔡锷既然出洋，"不能不请开缺"。说："义密。超罩赴杭，筱始返。镕文、循寒电同日奉。所虑各节诚然。松在此曾持是力劝，而松自以既出洋，不能不请开缺。今明令既下，松仍挂名，两公皆暂署，困难或稍减，如何因应，望熟商见复。徐州风云甚急，想有闻，我辈宜以静制动。超。筱。"

又电告重庆戴戡，蔡锷三月假期后，"尽有回旋余地"。说："夏密。省长令下后，蜀情变何似？盼示。公似宜以川东剿匪自任，暂不到省，仍请镕兼代。好在松三月后假期中，尽有回旋余地。徐州联各省与某派相持

---

① 《川省反对戴戡之因果》，《申报》1916 年 10 月 6 日。
② 《译电》，《申报》1916 年 11 月 19 日。

甚急，大局恐生奇变，政府亦知渝重于蓉，不愿公离也。超。筱二。"

又电请徐州李道尹转告张勋，籍忠寅送别蔡锷后"即往南昌，日内当由宁诣徐"。说："定密。昨夕自杭归，奉少帅复松坡电，及公致亮才电，敬悉。亮送松行后即往南昌，日内当由宁诣徐，请告少帅。超。筱。"

又电告南京督军府转籍忠寅，蔡锷离沪之时曾去电徐州，派其为赴徐代表。说："振密。昨由杭返沪，未得公抵宁电，甚念。昨接京电云，闻徐州皓有会议，宁在内，万乞缓赴宁，函详与庐。删。等语。公所闻何如？专待尊电取进止，尤盼公来沪一商同行。又松濒行有电往徐，派公为代表。徐已两电欢迎，公务须一往。徐别有致公守密电，文曰……（按：原文系省略号）等语。超。筱。"

又电告天津熊希龄说："建密。铣夕归自杭。寒电奉悉。两造冲突日急，北行恐助长风潮，拟暂蛰居，以静待动。公谓何如，并愿闻仲恕意见。超。筱。"

又以"明电"电告陆军部探投刘云峰，所转蔡锷岚密电"无从译出"。说："转蔡督岚密电，无从译出，已寄福冈，有要事可向西单头条与庐索密本转来。超。筱。"

18日，又电告重庆戴戡，"吾辈总宜严守第三者态度，慎于发言"。说："夏密。巧电悉。徐皓日会议，闻专与四阁员为难，尚未及国会，调停恐甚难。段作何对待未确知，惟谅不至用武，大约不外交换电报，结果或内阁改组耳。吾辈总宜严守第三者态度，慎于发言。公守渝勿去最善，编师、请械等事当嘱亮侪面言。弟本拟北行，因风潮正急，暂安毋躁。松已入福冈大学病院，季、希尚在沪。超。啸。"[①]

其间，蔡锷电告梁启超，14日已入院疗养，"可望速痊"。说："沿途安善，病已大减，十四入医院疗养，可望速痊。叠承电询，深感，请纾（廑）注。"[②]

19日，梁启超通报黎元洪、段祺瑞及独立各省，"松坡由日本福冈来电，称沿途安善，病已大减，十四入医院疗养，可望速痊。叠承电询，深感，请纾廑注。等语。谨闻。启超。皓。"

---

① 以上七电见《护国之役文电稿》（1916年2月至1917年1月），中国国家图书馆藏。
② 曾业英编《蔡锷集》（二），第1483页。

并电告北京西单头条与庐说："松十四入院，沿途病大减，请告同人。超。皓。"

24 日，又电告徐州李道尹说："定密。顷接籍居由赣来电云，梁任公先生鉴。义密。筱电奉悉。松公派寅代表赴徐，本宜遵往，惟因宪法会议限制，请假日期甚严，寅须即日回京，不能再淹于外。非俟宪法议完，不能更出。如事关紧要，请松公另派他人，庶不误事，乞谅之。忠寅叩。哿。等语。除别函松坡外，谨闻。启超。敬。"①

▲报载黎元洪"于十八日发一长电致梁启超，嘱其转劝蔡锷迅由日本归国云"。②

27 日，又载"蔡锷电徨［复］大总统及段总理，谓现在喉症稍为略愈，因变换清净天气，致有此效果。大约在冬天方能旋国，至迟在明年春间"。③

10 月 27 日，又载黎元洪请蔡锷早日回国。说蔡锷抵日后，"即入福冈病院诊治调养，极见功效，不久即当全愈。闻大总统以时局艰危，扶持巨助，端赖人才，蔡松坡病既将次全愈，应请其早日回国商筹一切。日前特拍电章公使，请电转电慰问，并希望其早日回国，请章公使就近代为劝驾云"。④

19 日

▲报载中美联合义振会通电上海商会，申报、新闻报报馆，梁启超，唐绍仪，吕镜宇并转蔡锷，"望惠赐电音，以便函寄章程，诸事请教"。说："民国二年，本会总董朱立冈等与前国务总理兼内务总长赵秉钧、前驻华公使嘉乐恒等，会同组织中美联合义振会。当时中美元首均充会长，赵君、嘉君各充副会长、总董，中外文武商学名流各充总董、董事。美国由是首先承认共和，计不数旬，振款达逾数万。会事中停，另有别因。方今再造共和，天灾层见，经中外人士商同现美驻华公使芮恩施君，重兴兹会，各公使亦多赞成。迭商内务部修改章程，注重社会，联络感情，交换学识，推原道德，归本慈善，提倡实业，以振务为大纲，请内务部饬下所司如法

---

① 以上三电见《护国之役文电稿》（1916 年 2 月至 1917 年 1 月），中国国家图书馆藏。
② 《大总统电促蔡松坡回京》，《盛京时报》1916 年 9 月 22 日。
③ 《蔡锷预报返国时期》，《盛京时报》1916 年 9 月 27 日。
④ 《大总统敦请蔡松坡》，《盛京时报》1916 年 10 月 27 日。

行。交通部极力赞助，业已正式成立。贵督军省长，大局关怀，恫瘝在抱，将此报告，敬请教言。夫国家方兴，端赖良好社会，提倡大力，全在名贤。必社会道德崇高，斯国民程度，乃易增进。道德为虚位，其实验在慈善义赈。赈务事非一端，除雨灾、大役、水旱、风虫，专电急振外，如孤儿院、聋哑院、各医院、各工艺工程、诸小学堂，如平民工厂，无一非慈善事，无一非义振，本会皆一力通筹，次第兴办。盖自社会之学日昌，即振务亦寓生财，要使国家元气，相与弥纶，人类扶持，人道法随，世界更新，盖无事不与政治、富强相接，故美国名词，亦用以工代振，而非徒以义赈消耗为名高。中国民生日困，社会程度不能不日趋于早，稍有偏灾，即复难救，仁人君子能无痛心。查义振属自治范围，且以补自治之所不及。质而言之，纯是平民生计，一部分之民生日进，社会道德，日益加高，政府国家，实资利赖。难得中外如此热心，会事之昌，可立而待。且吾华侨在美日多，倘得兹会联合，则为裨益，更非浅鲜。方今慈善为世界通义，各国义赈互济尤多，五洲交通，闻风兴起，将来中外联合，亦在意中。倘蒙同意，望惠赐电音，以便函寄章程，诸事请教。兵马司前街十一号中美联合会义赈会。"①

21 日

▲蔡锷电告黎元洪、段祺瑞在日治疗情况。说："自到大学医院后，费久保、早稻两博士医术精细，治疗恳切，调养适宜，当可速痊，用释廑虑。"②

24 日

▲梁启超电请范源濂以教育部顾问等名义，招"蒙戴（戡）党之名"的蔡锷秘书胡宪入京"息谤"。说："沧密。蜀人胡宪，字铁华，松坡秘书，孝怀至交。顷因持论稍正，蒙戴党之名，欲避地息谤，请弟以教育部顾问等名义招来京，并分电罗、戴，嘱代劝驾。铁华为蜀中豪富，文学优秀，绝非求啖饭地，但借名义以自拔耳。望速办，并复。前书言中华交涉

---

① 《公电》，上海《新闻报》1916 年 9 月 19 日。
② 曾业英编《蔡锷集》（二），第 1482 页。

事，伯鸿已来妥订，可勿发书。超。敬。"①

下旬

▲报载蔡锷自日本函陈黎元洪、段祺瑞八大危险。说："据政界消息，在东京养疴之蔡松坡督军昨有长函一件，寄呈于大总统、段总理，函中字迹似非蔡君手笔，想系出自秘书之手。其内容系陈述八大危险。一、财政枯竭，仰给外债，危险一；二、军制错杂，军令不能统一，危险二；三、政府不知根本求治，徒饰外观，危险三；四、神圣国会，横被干预，危险四；五、民气嚣张，不知共和之真精神，危险五；六、行政人员只知利禄，任意攻击长官，有失官常，危险六；七、强邻逼视，谋我日亟，政府尚不知注意，危险七；八、各省军民长官于国会政治任意干涉，殊非佳兆，危险八。"②

10 月 17—19 日，古黄卢懋功在天津《益世报》发表《读蔡松坡〈八大危险之忠告〉书后》一文，赞许蔡锷所陈八大危险。曰：

> 呜呼。今之所谓中华民国者，非我四万万同胞掷头颅，流热血，以与彼国蠹民贼争死生存亡于枪林炮雨中所购来乎。既购来矣，当珍重爱惜，拥护培养，俾逐渐发达滋长，以蕲至于安全繁荣之域。何任意摧残竭力破坏，唯恐残喘苟延，稍留一线生机者。其为状，讵不怪哉。伟人也而违法如故，议员也而捣乱如故，其他阴谋之政客、跋扈之军人，以及旧官僚、新帝孽，形形色色人头畜鸣，牛鬼而蛇神，禽视而兽息，交错于其中者，不知凡几。民国政治舞台，当为若辈辟一新幕，以演成高丽、埃及、安南、琉球、印度、波兰之惨状，为我中国之拿手好戏，以博中外人士之鼓掌，同声为之叫绝也。不然，胡好乱性质，有继续遗传而未知所届，岂非国民之特性哉。吾乌知吾人之死于何所，又乌知吾国之亡于何时。言念及此，欲哭无声，吾已矣乎！吾已矣乎！读念及此，欲哭无声，吾已矣乎！吾已矣乎！读蔡松坡八大危险之忠告，当为我政府、国民痛下针砭，不知当局亦稍有动于中

---

① 《护国之役文电稿》（1916 年 2 月至 1917 年 1 月），中国国家图书馆藏。

② 《蔡松坡病中之忠告》，《盛京时报》1916 年 10 月 1 日。又见《蔡松坡忍痛发言》，上海《民国日报》1916 年 10 月 1 日；上海《新闻报》1916 年 9 月 30 日。

否？吾故推论及之，以为研究政局之一助。

所谓财政枯竭，仰给外债，危险一。财政为国家命脉，调济得宜则国兴，金融停滞则国亡。内政外交，胥恃财源为生活，断无府藏空虚，庶政竭蹶，而可以幸存于今日世界者。法国以路易十五、十六两代财政之紊乱，而撼天震地之革命兴；日本以德川末叶财政之紊乱，而三百年幕府之业化为灰烬。其他埃及之县〔悬〕于英，朝鲜之亡于日，南美诸共和邦之羁轭于列强，皆为财政枯竭之所致。仰给外债立国者，其结果必至于此。揆诸我国之现状，财政前途，当去破产不远也，其危险讵不甚哉。

所谓军制错杂，军令不能统一，危险二。军队编制，各国皆用以固国防，军额军费之分配，大率对所防之国以为标准。我国既无对外构衅之事，军计筹画，自当取收缩主义。一方固当察财政之状况，一方尤当审国家现势所需要。无此需要，扩张军备，适以开强藩要挟之风，启武人干政之渐，负担愈重，民气愈伤。况复军类庞杂，命令歧出，地方既无维持之效，中央转多尾大之虞。周之封建，唐之藩镇，拥兵自卫，残民以逞，其为害尚可言乎。粤中交哄，徐州会议，皆军制错杂、军令不一之纵之使然。望有军事之责者，当留意编制，免贻无穷之后患，则我国之受福多矣。

所谓政府不知根本求治，徒饰外观，危险三。凡国家立国方针，必有根本计画，国本民生之关系，在在缘此计画，而有利害得失之可言。否则，枝节而为之，俾人民之向心力日远，而离心力日甚。责任内阁之信任，将有无形解纽矣，此岂国家之福哉。夫国家之机关，必有国家之目的，国家之目的云何？一系国家自身之生存发达，一系国民全体之生存发达。国家自身之荣悴，与国民全体之荣悴，迭为因果，未可执其一以废其一也。国家政治，未有不根据国家之目的，以求现于实。第一，凡无目的者，不得谓之政治。第二，目的非属于国家，不得谓之政治。第三，不能使国家之目的现于实，不得谓之政治。斯三者备，然后国家系统的组织之政策，可以言矣。若涂〔徒〕饰外观，支离破碎，尚何福利之足云，有扰乱而已，岂果求治也哉。

所谓神圣国会，横被干预，危险四。国会为民意机关，各国国会权限虽各不同，然大要三种权能，万不可缺。一曰议决法律，二曰监理财政，三曰纠责政府。国会而行此三项权能，立宪之实可举，共和之基可固。□□以军人武力横加干预，其结果必生三种危险。法律之效力不伸，武器之威吓辄试，以少数压多数，其害一。侵害他人自由意思，使之服从强权，其害二。率此不变，一切合议机关，适足为豪强稔恶之护符，其害三。有此三者，即足以推翻立宪，破坏共和，而他之政治更无论矣。夫国家之命，托于政府，而政府所以治民者全赖法律，所以行政者全赖财政。今既以武力干涉国会，政府擅制殃民法律，国会不敢否决，何由抑其专横。政府增加国库负担，国会不敢驳诘，何由责其舞弊。更推而言之，政府专恣规避，或施行失当，国会更无从随事质问之、弹劾之，则国会之权能全失，而民意更洗荡无余矣。所谓立宪共和，其精神又安在乎。

所谓民气嚣张，不知共和之真精神，危险五。有共和之制，必有共和之民。若自由平等之界限不明，权利义务之原则不讲，责军士以服从，则借口平等而反抗；绳人民以法律，则借口自由而破坏。畀以选举之权利则放弃之而不知惜，被以纳税之义务则目为苛政，课以兵役之义务则訾为殃民，甚至问宪法为何物，瞠目而不能对，语国家组织为何事，结舌而不敢言。畀以言论、出版、集会、身体请愿、赴诉、参政诸自由，则又束手而不知所用，以此国民而言共和，其去法美两国之程度又岂可以什伯〔百〕计乎。法律乃权利义务之学，不知权利是谓奴隶之民，不知义务是谓野蛮之民，二者均不足与言共和。今我国人民，攘权夺利，虚伪叫嚣，狡诈百端，阴险莫测，恶劣之根性未去，法律之常识毫无，叩以民主政治，有不解所语之谓何。夫国之最高机关无过国会，故总统之行为无不经国会之同意，即无不受国会之制裁，通过法律，议决豫算，均系国会之特权。然而组织国会者国民也，国民之程度高则国会之权力张，以我国国民而欲产出良好之国会，所谓南辕而北其辙，又岂易能之事哉。

所谓行政人员只知权利，任意攻击长官，有失官常，危险六。官吏以担任国家事务为其义务者也。其权利亦不过受俸给而已。担任职务之际，宜注全力从事职务，不能兼营他职业而得生活之资料，妨碍职务之进行。且一方须不污官方，故不得为有辱官吏体面之生活，而损国家之威严。是国家所由与官吏以相当之俸给，维持必要之生活，并非一种权利之可言。我国行政人员，恃官吏为谋生之具，且视为一种特别权利保守之，唯恐或失，所以夤缘运动，昌言不讳。未得而患得，既得而患失，各挟争心，如中风狂，拥挤排击，习为故常。虽官吏对长官，有服从义务，苟有时妨害权利，即长官亦未有不出死力，以相抵抗者也。无他，彼既以官吏为谋生之具，官吏资格消灭，其谋生之路，亦随而消灭，焉有丧失生命，而不图谋抵制者，有是理乎。其任意攻击长官，即一种权利保障之手段，权利所在，丧权辱国，亦所不计，遑恤官常，以此情形，尚望政治之进步耶。

所谓强邻逼视，谋我日亟，政府尚不知注意，危险七。欧战未发之前，列强之所以谋我者，有所谓门户开放、机会均等政策，与划分势力范围政策双管齐下，特其间有轻重缓急之别。日俄偏于划分势力范围，然亦不肯显然与门户开放、机会均等主义反对。英德偏于门户开放、机会均等者也，然亦不肯决然放弃划分势力范围政策。殆亦有利于门户开放、机会均等方面者则共同保全之，有利于划分势力范围方面者则单独之瓜分之。今欧战发生，其情状又一变矣。日本攻落青岛，执东亚牛耳，各国不暇兼顾，而东邻隐然以主人翁自命。现又日俄协约告成，复值我国多事之秋，郑家屯交涉其见端矣。俄人复以蒙古问题向我交涉。彼强邻耽耽逼视，乘隙思张，我外交当局尚一再不能通过，无人负责，不亦可危之甚哉。

所谓各省军民长官于国会政治，任意干涉，殊非佳兆，危险八。立宪国之精神，所贵三权鼎峙，各方面皆能保持其特权于职务内自由行使，不受他方之干涉。故积极进行，事易举而责亦负。所以宪政精神，能发扬国光、巩固国围，增进社会之福利，拥护人道之尊严，盖以此也。否则，各省军民长官，对于国会政治，不知权限之所在，任意干涉，其结果不 [必] 至动摇国本，挫伤民气不已。彼十七省督军，弹劾张耀曾、唐绍仪等，并议解散国会，改组内阁。此等谬举，固由彼辈知识简单，脑筋腐败。所可怪者，我政府何以任其干涉，不加裁制？其中情形，令人殊费揣测。若谓兵符在握，中央无钤制之力，果势力养成，其收拾更难百倍。或谓投鼠忌器，有碍大局，彼辈野心勃发，终无消灭之可望。且彼藐视政府，蹂躏国会，不过对内关系，倘外人从而干涉，中国因此而致亡，政府虽有百口，将何以谢国民乎。

以上所列八大危险，苟有其一，亦足亡国而有余。况八端俱现，焉有幸存之理乎。吾读蔡松坡八大危险之忠告，不禁泪尽血枯，而痛惜不止也。

26 日

▲梁启超电请长沙石陶钧应蔡锷之请，赴日本福冈一行。说："长沙谭督军译转石醉六君。安密。松在福冈，医称肺尚未大坏，惟喉部颇蔓延，一月后体气渐复，疗以电气，可望愈。彼中除百里外，无通日语者，极不便，松极盼弟往。即为精神慰养计，弟往亦甚有补，望必一行。启超。宥。"

又电谭延闿说："安密。敬电悉。唐（桂良）、程（潜）事当即恳电秉三，托将原电呈当道。松极盼醉六东游，望谆切劝驾。超。宥。"

又电天津熊希龄说："建密。组安电述湘情，程颂云似须位置，其人才可用，组能驾驭。若有电请任职，不妨照准。桂良久在湘，殊非宜，请开复原官，调京成全之。并望为华丞谋一事赡其家，如何？盼复。超。宥。"①

本月

▲蔡锷为《盛京时报》十周年纪念题祝词。说："知其白，守其黑。蔡锷。"②

# 10 月

2 日

▲报载"最近时局上隐含之种种风潮，甚为激烈，政府已连次开议筹拟消弭之法。其最后之解决，拟以调停从事。闻大总统、段总理昨已将调停之必要各人物分配拟定，以期易于收效。闻除现政府各要人外，

---

① 以上三电见《护国之役文电稿》（1916 年 2 月至 1917 年 1 月），中国国家图书馆藏。
② 曾业英编《蔡锷集》（二），第 1497 页。

计为徐菊仁［人］、梁任公、冯华符［甫］、张乾若、阮斗瞻、荫午楼、任可澄诸君，蔡松坡虽在东瀛养病，亦请其遥为参赞。闻以上诸君，业已均得承认矣"。①

3 日

▲梁启超电询重庆戴戡，蔡锷先前所言"渝可筹款数万，究有着否"？说："夏密。游宁四日，与华帅晤谈极沉藪，大局一线希望所系也。久不得尊电，现反对风潮何如？公拟晋省否？前松坡言渝可筹款数万，究有着否？舍亲李子节老亲九十，家贫如洗，欲得贵阳川盐督销局差，公能向运使一推毂否？盼复。超。江。"②

月初

▲中华民国留日学生总会函请蔡锷出席共和纪念大会并赐教。说："松坡先生鉴。国事奔走，疲劳心血，临风景慕，曷胜崇拜之至。辰维旗旌灿然，尊体康健为颂。去岁袁氏窃国，群小罗拜。爱国之士，虽多痛心疾首，然为高压所挟迫，几至莫可谁何，此诚千钧一发之秋也。独先生鸿猷硕画，毅力精魄，登高一呼，万山响应，义师旆乎西南，景从遍于全国，共和再造，先生大有造于四万万同胞也。兹者干戈之余，国事底定，先生以精神之过疲，遂罹重疾，养疴东沪，何天之薄于待遇若此耶！惟是同人等侨学海外，情切桑梓，于月之十号开共和纪念大会，并欲一睹风采，以伸景仰之意，聊表欢迎之忱。想先生对此共和纪念必有无限感慨，布诸同人前而赐教勖焉。敬修寸笺，伫候旌旆，祗请勋安，统希察照。不庄。"

10 月 10 日，蔡锷函复中华民国留日学生总会说："总会执事先生钧鉴。共和纪念，锷以病躯，未克躬至，歉甚。除电祝中华民国万岁外，肃此。敬候公安。"③。

▲梁启超代冯国璋草一条列 8 条向国会请愿的个人意见电。说："近各界人士，因望治迫切，持论稍歧，责善频繁，闲招误会。大局本甚清宁，

---

① 《政府拟定时局上调停人物》，天津《大公报》1916 年 10 月 2 日。
② 《护国之役文电稿》（1916 年 2 月至 1917 年 1 月），中国国家图书馆藏。
③ 以上二函见《中华民国留日学生总会会务纪要》，《民彝》1917 年第 3 期。

外论乃滋疑虑，对外视听所系，最宜慎重相将。国璋以为今日政府已成，庶政自可徐图发展，目前所最希望者，则在国会信用孚洽于民，速制善良宪法，以定国本。拟联合各省，发一通电，表示此意。其文曰：……北京大总统、国务院、参议院、众议院钧鉴。窃惟共和立宪之政，其命脉全在宪法，其运用尤赖国会，无国会之共和国，未之前闻。此次国会重开，实应时势之要求，为全国所公认。某等忝膺疆寄，惟知拥护中央，对于国法上之中央最高机关，一例〔律〕竭诚拱卫，天经地义，无俟喋陈。议员诸君中经事变，益富经验，其必能自重职权，恪循正轨，为国家谋远大之福利，使国会威信益孚洽于人民，此亦某等所能深信。惟是宪法一日未颁，民志终一日未定。开会以来，倏逾两月，群情引领，载渴载饥。夫责望愈奢，则揣测纷起，实群众心理所同然。国民既抱亟欲得良宪法之热诚，故稍淹即若不餍其望，甚者更虑以不适国情之条文牵率加入，致酿异变。种种忧疑，半由此起，外人不察，或遂疑我国基未定，隐患方滋，威信所关，能无猛省。想我政府国会，必能互矢敬慎，促制宪大业之进行。某等分土司牧，默察所部各地民情趋向之殷，亦不敢不沥诚入告，借代辁采，除将某等个人对于宪法上之意见分别请愿外，谨合词电陈，伏望转达宪法会议，从速制定符合国情、餍慰民望之宪法，迅为公布，国家幸甚。某某等叩。等语……此举为息讹言、定民志起见，似不可少，若承同意，盼立示复，俾得联衔拍发。再，国璋拟用个人名义，条列对于宪法上之意见，向国会请愿。其大旨：一、采一院制，否则，参议院应有特别组织；二、不主设立国会委员会；三、平政院应为宪法上机关；四、解散众议院，不宜限制；五、任命总揆，不必经同意；六、议员不得兼国务员；七、审计员宜由元首任命；八、地方制度不宜列入宪法。以上各项，若尊意相同，能斟酌损益，分途请愿尤盼。国璋叩。"①

**按**：此电未明注日期，由文中"开会以来，倏逾两月"一语推定，因该次"国会行开会式"是8月1日（《护国军纪事·后编》第5期，1916年12月，第29页）。

---

① 《护国之役文电稿》（1916年2月至1917年1月），中国国家图书馆藏。

4 日

▲岑春煊通电伍廷芳、康有为、孙中山、黄兴、梁启超、蔡锷、温宗尧、王宠惠、吴稚晖等人，中华新报、时事新报各报馆，倡言"立国精要，在于调和"。说："曩者国难孔殷，间关遄返，以乡里旧游之督责，勉总师干。凡自兴师，以至今日，中间所经，屡有宣告，艰苦曲折，谅为全国之所共闻。春煊赋性粗疏，素行抗直，师中尤悔，随处有之。惟衰躯既付之国家，毁誉即听诸舆论。个人功罪，非煊所当言。其有不释于怀者，则国体粗定，隐忧未已。内外之势，失其平衡。新旧之争，渐征箕豆。罢兵数月，集议百回。南北之使，络绎于途。朝野之彦，提携于室。而所持不外朝三暮四之术，所议都在此胶彼漆之中。号称共和，首崇法制，今则对人之事八九，持法之事十不足一。纷纷扰扰，迄无已时。坐视大法未立而不能先，财政紊乱而不能救，冗兵满国而不能裁，教育寝废而不能举，甚至外交濒危而方针不能立，强镇恣肆而中央不能言，长此不已，何以为国？瞻顾前路，可为寒心。以煊之愚，窃思一国之大，利害情感，本难一致，其中尽有余地，任人回翔。为治者善保此余地则社会安，不善保此则秩序乱，故立国精要，在于调和，此无古今中外，实同一理。今吾国岌岌，乃于此理，未之讲求。试思民国以来，党派废兴之故，依例考证，决为不谬。当袁氏盛时，国人附和帝政，原非得已。而滇、黔既起，徒为义师，所劫持不能骤明，故义师功未及半。元凶遽归，正天假之缘，使吾父老兄弟，以清白之躬，重相提挈；而义师一方，又遽联各派贤俊，通力而合作；昔年党隙，涣然以消，此诚爱国之正基、调和之良会，正宜体调，剂之功用。本两利之箴言，各为其分际之所得为，各尽其职守之所应尽，只争其所当争，互让其所当让，国先诸己，私不废公。除蠹国殃民及曾助袁为虐、始终不悟者，屏不与同外，余俱应和衷戮力，虞诈胥捐。使所谓利害情感，得以平流而进，以崇人格，以厚国基，以定群业，以隆人福。两年以来，审此义者，颇复不鲜，顾知之匪艰，行之维艰，既笃信于平时，复远离于当局，虽亦政治之常态，实乃家国之大忧。春煊智虑短浅，举动疏阔，平日所行之不衷于律，盖百倍于诸公。然当同船共济之时，辄怀同志相勖之想，偶有所见，不敢自私。此间师旅，料简已完，贱志获偿，均托厚爱。以历年飘泊，谒墓久疏，既近里门，松柏在望。即于今日，由肇西发，遄归桂林，遂初心之志，差偿忧国之心未艾。窃本临歧之意，贡兹鄙陋之怀。

区区愚忱，伏维垂鉴。岑春煊叩。支。印。"①

▲梁启超以"明电""并登报"电请黎元洪、段祺瑞，彻查其有无派代表赴徐州会议事。说："昨由宁返沪，阅九月廿九日北京《兴中报》，称启超曾派代表赴徐州会议等语，事太无根，甚为诧异，乞饬彻查。启超。支。"②

5 日

▲蔡锷与唐继尧、岑春煊等人挽汤觉顿、王广龄、谭学夔联。说："才若晨星，国如累棋，希合而支持，乃聚而歼绝；君等饮弹，我亦吞炭③，与生也废弃，宁死也芬芳。"④

7 日

▲蔡锷电陈北京政府，"不可不速严厉对付"张勋等在徐州召集之会议。说："当此大局甫定之秋，而张勋等公然在徐州召集会议，对于国会、内阁又有种种非法之干涉，殊足耸人听闻。是正破坏国政、蹂躏大局、反抗中央、毁辱立法之行为，不可不速严厉对付。若使置之不理，今后各人自由行动，叛乱四起，时局益将不可救药，来日大难，未有艾也。"⑤

8 日

▲《申报》引《字林西报》消息，报道蔡锷之"去蜀，诚蜀人之不幸也"。说："自流井通讯云，蜀省将来治乱若何，今日未易预决。昔人曾谓四川先全国而乱，后全国而治，多扰乱之日，少安宁之时，故今有人逆料蜀省或尚不免有若干祸乱。闻省长颇不为蜀人欢迎，电京请另简者纷纷不已，又闻罗督军虽得民心，不愿久居，此席行将辞职。后说确否，固不可

① 《公电》，上海《时报》1916年10月9日。又见《军务院考实》附《两广都司令部考实·补录》，第1—3页。两件文字略有不同，重要的有：一、《时报》所载为"而滇、黔既起"，而《军务院考实》中则是"而滇、桂既起"；二、《时报》所载为"又联各派贤俊"，而《军务院考实》中则是"又适联各派贤俊"；三、《时报》所载为"此诚爱国之正基"，而《军务院考实》中则是"此诚建国之正基"；四、《时报》所载为"复远离于当局"，而《军务院考实》中则是"复迷离于当局"。
② 《护国之役文电稿》（1916年2月至1917年1月），中国国家图书馆藏。
③ 吞炭，自喻病喉失音。
④ 曾业英编《蔡锷集》（二），第1499页。
⑤ 《蔡锷集外集》，第391—392页。

必，然当蔡锷离蜀之时却有小小误会，故众意蔡锷他日必回蜀任。蔡备受蜀人欢迎，亦极为蜀人爱戴，蔡之去蜀，诚蜀人之不幸也。滇军与蜀省民军情意不投，滇军以为解散蜀军乃较善之方法。就革命而言，蜀兵在今日已无用处，鸟尽弓藏，自古已然。今蜀兵虽未尽数裁撤，然被遣散者已居多数，惟如之何始可解散之而不伤革命伟人之颜面，是为滇军司令煞费心思之问题。旋决定谕令蜀兵各回故里，蜀兵不允，滇军司令乃另筹善法焉。一日清晨枪声大作，吾人从梦中惊起，察枪声从三处而来，每处各有军营驻扎，未几见滇军将被擒者解送司令部，收其军械，予以资及便服若干，押送出境，驱之回乡，以此法处置盗匪极有效力，若被裁之蜀兵则似未可以盗匪论。然日前当地某官曾告记者曰：蜀兵皆盗也。此言是否有价值姑勿置论，惟此间三月前盗贼如毛，今日虽有盗案，亦迥不若从前之炽。人民安居乐业，恢复旧状，不复以盗贼为虑，然则滇军处置此事之有效已可于此见之矣。蜀省现银缺乏，商民颇以为苦，中国银行于革命时滥发钞票，大失民间信用，故中行钞票不能通行于商界，且此处所发行之钞票不能兑现于他处，尤不便于民间，在同一省分之内而尚有地方之限制，诚不可为法。交通银行顷在此间设一支行，或谓交行在蜀之营业当可发达，盖中行设此已久，除与盐务局往来外，固无甚出纳也。从前自流井有联合公司□〔销〕售盐之权，今则联合公司业已撤销，盐主可以自由□□，不复受公司之抑制，其乐可知。大雨数日，河水溢□□□□河堆□草，屋为水所淹，盐乃融化。幸限于一处，亏损无多，□货价值甚昂，因存货售罄，来源不旺之故。苟有适当商人来此营业，定可得甚好机会也。"[1]

11 月 18 日，又载路透社北京电，否认戴戡"不为蜀人欢迎"。说："蜀省军警代表与省会议员七十三人及公民数千联名电致政府，谓蜀人欢迎戴戡为四川省长，请政府谕戴速赴成都。又谓前以省会名义发出之电反对戴者，乃少数议员所为，不得大众同意。"[2]

9 日

▲黎元洪"特授孙文以大勋位"，"蔡锷以勋一位"。此外，唐继尧、

---

① 《蜀省之隐忧未已》，《申报》1916 年 10 月 30 日。

② 《译电》，《申报》1916 年 11 月 20 日。

陆荣廷、梁启超、黄兴、岑春煊均授勋一位。①

▲报载蔡锷被湖南省议会补选为参议员。说："湖南省议会补选参议员一事，自十月四号起至九号止，竭数日之力，仅产出参议员蔡锷及候补参议员章士钊、何盛林、唐支厦、熊相冕等五名。"②

27 日，又载蔡锷辞湖南参议员。说："（湘省议会）第七次开会，议员出席者七十四人，由彭议长报告往来文件，一为鲁省会赞成省制加入宪法来电；二为蔡锷辞参议员电（系梁任公由沪代发）。朗读毕。众请归卷。"③

10 日

▲黎元洪颁令，"特授孙文以大勋位。此令"。"特授蔡锷以勋一位。此令。""特授唐继尧、陆荣廷、梁启超、黄兴、岑春煊以勋一位。此令。""特授罗佩金、戴戡、朱庆澜、张怀芝、朱家宝、任可澄、陈炳焜、陈树藩、李根源、李长泰、周文炳、钮永建、陈炯明以勋三位。此令。""曹锟、朱家宝、张作霖、阎锡山、陆荣廷、唐继尧、杨增新、姜桂题、蒋雁行均给予一等大绶嘉禾章。蔡锷、郭宗熙、李根源、罗佩金、任可澄、程克均给予二等大绶嘉禾章。赵倜、倪嗣冲、刘显世均给予二等嘉禾章。戴戡、沈铭昌、胡瑞霖、田中玉、潘矩楹、汪步端均给予三等宝光嘉禾章。此令。""蔡锷、杨善德、丁槐、曹嘉祥、吴炳湘、萧安国、赵理泰、萧星垣、贾文祥、徐恩元、马鸿逵、钮永建、周道刚、唐仲寅、张建功、王麟、马永、刘传绶、邓骢保、金永炎、李烈钧、陆裕文、柏文蔚、刘祖武、韦荣昌、林俊、沈鸿英、杨敬修、赵玉珂、萧耀南、张国容、齐宝善、吴士芬、杨守霆、王懋赏、朱廷灿、来余良、李炜章、曾继梧、程潜、赵恒惕、陈初、任福元、李德厚、陈绍唐、党仲昭、任国栋、高振善、吴起恒、杨瑞文、谭庆林、高在田、倪毓棻、马联甲、邱昌锦、张德义、张培荣、刘之洁均给予二等文虎章。此令。"④

① 《兵事杂志》第 30 期，1916 年 10 月。
② 《湘省会补选参议员之结束》，《申报》1916 年 11 月 2 日。
③ 《湘省会选举正副议长》，《申报》1916 年 11 月 5 日。
④ 《命令》，《申报》1916 年 10 月 12 日。

11 日

▲报载"北京电。川省议会电劾罗佩金五款，请速罢斥。闻转蔡锷，促其归国"。①

14 日

▲梁启超电告北京籍忠寅，赏勋令已剪寄蔡锷，请速保。说："振密。元电悉。赏勋令已剪寄松，嘱速保。弟决铣日乘'伏见'丸返港。惟闻春间港政府曾下令禁我入境，未知确否？请托英使电港督，言弟到港省柩营葬，有便当往拜晤，请妥为照料。办妥盼复。叔通热病颇剧。超。寒。"

15 日

▲梁启超致电云南唐继尧、贵阳刘显世、南宁陈炳焜并转岑春煊、佛山陆荣廷并转李烈钧、广州朱庆澜、长沙谭延闿、杭州吕公望、成都罗佩金、重庆戴戡、西安陈树藩，已承命拟就海珠殉国诸贤请恤公电，"若承采择，请由冀公领衔拍发"，并请将蔡锷、李根源及"贱名并附"。说："华密。前承命拟海珠殉国诸贤请恤公电，谨拟文曰，北京大总统钧鉴。恭读九日申令，以前中国银行总裁汤叡赍志殉国，特予褒扬，并着陆军部查同时遇难诸人，一并优恤等因。仰见我大总统轸念先烈至意，感激莫名。查海珠之变，实军兴以来最惨之历史，殉难者皆一时俊才，百身莫赎。前总裁汤叡，志洁行芳，才优学赡，理财卓识，海内所宗。前在中国银行小试其长，手定规模，至今攸赖。帝制议兴，蝉蜕浊秽，奔走间关，备尝况瘁。初在京津，首参义谋，继历桂粤，力排纷局。鲁连之愿未偿，郦生之烹太酷。平生一介不苟，身后十口无归。追往念来，凄心酸鼻。同难诸贤，有陆军少将谭学夔，绝世妙才，湛深军学，滇师未起以前，即与同志密图匡复，专任粤事，筹划孔艰。有原任广东警察厅长王广龄，以坚苦卓绝之操，尽瘁厥职。前年粤遭水火奇灾，两旬废寝食，从事救护，民怀其德，有口皆碑。有广州商团总董岑伯著，商界异才，迭次毁家以资公益。所办商团，识者称为征兵模范。此三君者，俱以援助义师、维持粤局，思效缨冠之救，乃罹虺蜮之凶。又有护国军司令吕仲明，志切同仇，祸撄骈首。凡此诸人，

---

① 《专电》，《申报》1916 年 10 月 11 日。

皆以身殉国，视死如归，义烈所留，神人起敬。然皆身后茕茕，孀孤靡托。汤、王二贤，惨况尤甚。合无仰恳我大总统，除将该前总裁等事迹宣付史馆，并许在死事地所特筹褒扬表彰外，仍饬令陆军部对于各该员遗族分别优恤，以旌国殇而慰忠魂。某等不胜感怆待命之诚。某等谨呈云云。若承采择，请由冀公领衔拍发。再西林先生、协和兄并列名，则将请松坡、印泉及贱名并附。超。删。"

### 16 日

▲梁启超电告长沙范治焕，蔡锷病难求速效。说："均密。仆本日返粤，要电用护密由陆督转。《国民浅训》，湘订购若干？望函《时事报》张君劢。觉顿赙款能惠寄，俾汇存尤感。松病渐瘳，但难求速效耳。组、雪两兄并候。超。铣。"

又电告重庆戴戡说："夏密。寒电悉。蓉局如此，只可待稔恶自毙，松假满时局必有变，现宜以静制动，一切耀庭面罄。弟今日返粤，约一月后再来沪。季常本月在沪，来月返津。此间与段交涉，全托亮侪，公有事，望与亮直接。孟曦在何处？久不得消息，甚念。松病可望瘳，但难求急效，公复蓉绅电，望抄寄《时事新报》登载。蜀事宜登报者能多寄，尤盼。超。铣。"

又电告贵阳刘显世说："护密。超今日返粤，约一月后再出。季常下月返津。松病渐瘳，但难求速。超。铣。"[1]

### 20 日

▲蔡锷与唐继尧、岑春煊电请黎元洪，除将汤叡等人事绩宣付史馆，并许在死事地方特筹褒扬表彰外，并饬令陆军部对于汤叡等人遗族分别优恤。说："恭读九日申令，以前中国银行总裁汤叡赍志殉国，特予褒扬，并着陆军部查同时死难诸人一并优恤等因。仰见我大总统轸念先烈至意，感激莫名。查海珠之变，实军兴以来最惨之历史，殉难者皆一时俊才，百身莫赎。前总裁汤叡志洁行芳，品优学赡，理财卓识，海内所宗。前在中国银行小试其长，手定规模，至今攸赖。帝制议兴，蝉脱浊秽，奔走间关，备尝劳瘁。初在京、

---

① 以上五电见《护国之役文电稿》（1916 年 2 月至 1917 年 1 月），中国国家图书馆藏。

津，首参义谋，用慨［命］桂、粤，力排纷局。鲁连之愿未偿，郦生之烹太酷，平生一介不苟，身后十口无归，追往怀来，凄心酸鼻。同难诸贤，有陆军少将谭学夔，绝世妙才，湛深积学。滇师未起以前，即以同志密图，又复专任粤事，筹划孔艰。有原任广东警察厅长王广龄，以坚苦卓绝之才，尽瘁厥职。前年粤遭水火惨灾。两旬废寝忘食，以事救护，民怀其德，有口皆碑。有广州商团总董岑伯著，商界异才，迭次毁家以谋公益，所办商团，识者称为征兵模范。此三君者俱以援助义师，维持粤局，思效缨冠之救，乃罹虿蜮之凶。又有护国军司令吕仲明，志切同仇，祸撄骈首。凡此诸人，皆以身殉国，视死如归，义烈所留，神人皆敬。然皆身后茕独，媥孤靡托，汤、王二贤，惨况尤甚。合无仰恳我大总统除将该前总裁等事迹宣付史馆，并许在死事地方特筹褒扬表彰外，仍饬令陆军部对于各该员遗族分别优恤，以旌国殇，而慰忠魂。尧等不胜感怆待命之至。唐继尧、岑春煊、梁启超、蔡锷、陆荣廷、陈炳焜、吕公望、谭延闿、刘显世、罗佩金、戴戡、李烈钧、李根源、朱庆澜谨呈。皙。印。"[1]

## 26 日

报载蔡锷主张补选冯国璋为副总统。说："蔡松坡近为补选副总统问题，有电上大总统，谓副总统选举，关系国家重要，宜速举行，未可漠置，并极力推荐冯国璋氏为最适任之候补人。"[2]

30 日，又载国会"两院议员，自上午九点起，在众议院选举副总统，到者七百三十四人。王家襄主席，先用抽签法，抽出两院议员各八人为检票员。先由各检票员投票毕，然后由主席唱号，每四十人一次，鱼贯登台。分东西两写票所，每选举票一纸，附名刺一纸，分投两匦。第一次得票最多者为冯国璋，计四百一十三张。次为陆荣廷，计得票一百四十三张。黄兴得票三十三张，唐继尧得票二十八张，徐世昌、岑春煊、段祺瑞、蔡锷各得票十余张不等。其余得票一张者计十四人。所有各被选举人，无一人得票满投票人数四分之三，依法须再行选举，此第一次投票之情形也"。经第三次决选投票，"冯国璋得五百二十票"，"以过投票人数之半者为当选"。[3]

① 曾业英编《蔡锷集》（二），第 1497—1498 页。
② 《蔡松坡对于副总统补选之主张》，上海《时报》1916 年 10 月 26 日。
③ 《选举副总统会纪事》，天津《大公报》1916 年 11 月 1 日。

11 月 2 日，又载第一次开票结果，"在场人数七百四十一，票数七百三十四，票数少于人数。计冯国璋得四百十三票，陆荣廷得一百七十九票，其余岑春煊十九票，唐继尧二十五票，黄兴三十三票，谭人凤、段祺瑞各六票，徐世昌十五票，蔡锷五票，李烈钧三票，梁启超四票，张作霖、张勋亦有一票，汤化龙一票，贡桑诺尔布五票，章太炎、蔡元培一票，刘冠三、李灿时等一票，此第一次之情形也。开票宣布既毕，谓此次选票最多亦不及出席人数四分之三，无当选者，应为第二次之选举，遂宣告休息二十分钟。休息后复行散票，至两点五十分开票，此次投票结果，共计在场人数七百三十四，票数七百三十二，又票数少于人数，不生问题。冯国璋君共得五百二十八票，陆荣廷君共得一百八十票，其次，黄兴得六票，蔡锷、岑春煊均二三票不等，其最多数仍不足四分之三，宣告就得票较多之冯、陆二君决选。议长仍令旁听者退席，各议员投票毕，至四点四十分宣告开票。此次投票结果，在场人数七百二十六，票数七百二十四，亦票数少于人数，不生疑义。比较票数，冯君国璋得票五百二十，陆荣廷君得票二百零一，冯君得票过半数，当选为副总统，遂散会，时已五时云"。[1]

### 30 日

▲报载蔡锷自我安全保护意识极强。说："上海日报载称，蔡松坡氏在福冈大学耳鼻咽喉科院中疾已渐瘳，言语不觉十分艰苦矣。然福冈议会于（九月）二十二日下午派神崎议长为慰问使至院探疾时，蔡氏仍称病，谢绝不见，致神崎惟托院医转达慰问而去。据闻蔡氏所以今犹以不能谈话谢客者，或为避某方面之刺客，或则因蔡氏谈话于民国之大势有直接之大影响，如遇探疾之人强其启口，使民国时局反滋种种不便。故莫如以不能发声为一坚盾耳。又闻蔡氏每食必备同样之肴二簋，先在其一验毒而后置箸于其他，其自卫可谓严矣。蔡之夫人、家族等既移居于福冈职人町，每五六日必至院探疾一次。此外虽无他客，蔡氏并未见有寂寞之容。其操日语甚熟，故惟以院中看护妇二人侍疾，而悠然静养也。"[2]

---

① 飘萍：《北京特别通信（三十二）·选举副总统之详情》，《申报》1916 年 11 月 2 日。

② 《日报纪蔡锷近状》，上海《新闻报》1916 年 10 月 31 日。

# 11 月

**4 日**

▲蔡锷特电痛悼黄兴。说:"顷得噩耗,惊悉克公逝世,国失重望,举世所悲。卧病海外,痛悼实深,特电驰唁,借申哀忱。锷。豪。"①

报载蔡锷电请谭延闿"电中央特别优恤"黄兴,"如需联衔,可列锷名"。说:"长沙省议会谭组庵先生均鉴。惊闻克强逝世,痛悼至深。弟卧病海外,于其身后应行筹措及表彰,并请中央优恤各事,未能尽力,殊为歉然。克强舍身为国,功在天下,后世〔事〕应请组公电中央特别优恤。如需联衔,可列锷名,并希我湘绅耆发起表彰,崇报千秋,尤所盼感。锷。卯②。

又载蔡锷挽黄兴联及祭黄兴文。其挽联说:"以勇健开国,而宁静持身,贯彻实行,是能创作一生者;曾送我海上,忍哭公天涯,惊起挥泪,难为卧病九州人。"

其祭文说:"呜呼,伤哉!予继今将何从而视吾丰硕魁梧之克强君?孰故于此控抟而颠摧之?岂天上悲剧者而有抑塞磊落之功名心?呜呼,伤哉!我国体之发育,在甚不完全之态度,君既创作其轮廓而吹万不同以成一,胡为卒卒脂尔③逆旅之车轴,弃我如蚁赴汤、如羊失牧总总之四亿。呜呼,伤哉!君非仅长予十年也耶,而为予弱冠时相与矫翼厉翮于江户之敬友,既黯然别以若斯之匆匆,君其安用于旧世界为豪胆之怀疑,而批大郤导大窾,以一扫东方学者之唯唯否否?呜呼,伤哉!君始以趣起社会之动机,对于永静④之惰性,而以其悲智显;继以非利己主义之直接认识传习于沅、湘间,卒乃冒死以脱险。既同情激感夫九世复仇之义,君又变历史之声,而与自由思想以黄胄之发展。苟夷考其行而不谬,君其安忍此而与今世远!呜呼,伤哉!共和之胎影方新,专制之孽形如故,君乃崎岖关河,鏖战血肉,雷动云合夫天下之士,营八区而奋同盟,以张事实之兴

---

① 曾业英编《蔡锷集》(二),第 1499 页。
② 原文如此,代日韵目中无"卯"日,当指豪日卯时。
③ "尔"字,《盛京时报》作"余"。
④ "静"字,《盛京时报》作"靖"。

复。苟君谋之不臧，久神州之沉陆，何意忧能伤人，竟以促其天年若此之速！呜呼，伤哉！彼外死生而求为国得用武地者，乃君半生感谢之生活。及义旗飙举于武汉，君独以奋勇先登，开统御群众之道，而使敌为之气夺。嗣举世庆成功，而君且不以易其备尝险阻艰难之豪末。既困楚蒙难不足以屈挠而戕贼之，胡以浃旬间之公陃而竟不能以自振拔！呜呼，伤哉！际公私涂炭之极，正大盗移国之初，君乃排俗独行，羌北辙而南辕。亦兵机之不遂，予亦末由获断金而与之俱。谓足以愧彼动摇与暧昧者以万死，君独何为戚戚焉而不以自适其逍遥而容与？呜呼，伤哉。已矣，夫一国无人莫君知，苟欲知君又何牵于欲恶为？君苟不辟此荆榛者，即今鼎鼎隽望，伈伈伣伣，捐百躯溅万颈，方求一论列，而又何补于今国家之毫厘忽微？亦既劳君形而凋敝之，伤君之神其弥悲。呜呼，伤哉！人命其如凄风之振纸也，而君乃此幻象篇中①之第一缩图。诚勇刚强不可陵，所得之秉彝者不可以久假，乃破坏其肉体而挟其高贵者以他趋。讵乌托邦之待治，更危急于此疮痍鼎沸之九区。乃上违去其衰白之老母，而下以弃远其稚孤，君纵不欲以其家托诸后死之吾徒，翳我国人将此呱呱褓褓之婴孩国，托诸谁氏之将扶？呜呼，予已血为之厥，泪为之枯，念人世之靡常，壮健如君而犹速化，翻欲以造之物倒行逆施者，以自慰藉此浮沉一年余中之病躯。予言有穷，而痛将无有已时也。予继今将何从而视君之丰硕而魁梧？呜呼，伤哉！"②

按：报载张嘉森在《盛京时报》发表蔡锷祭黄兴文与联时，附有如下按语："蔡公松坡闻黄公克强之丧，哀悼竟日。八日以书抵予，属为代表往祭。附有祭文一、挽联一、为黄公身后请恤电一。孰知书来之日，欲祭人之公，乃己为受祭之人耶。呜呼，伤哉！今为布其遗文，且以公之悼黄公者转以悼公。呜呼，吾欲哭公耶则无泪，吾欲哀公耶则无声，哭耶哀耶，乌足以尽吾朋友生死、家国兴亡之感于万一耶。呜呼，伤哉！张嘉森识。"③

---

① 自"孹形如故"以下至"而君乃此幻象篇中之"一大段文字，不见于《黄克强先生荣哀录》一书。

② 以上电、文见曾业英编《蔡锷集》（二），第1499—1501页。

③ 《蔡公松坡之遗文》，《盛京时报》1916年11月15日。

8 日

▲报载 7 日晚,蔡锷"嗓音遽变之后,自知不妙,急招蒋方震至榻前,口授遗电,虽发音甚小,然犹能勉强道出十数语"。①

蔡锷口授遗电说:"国会、大总统钧鉴。锷病恐不起,谨口授随员等以遗电陈:(一)愿我人民、政府协力一心,采有希望之积极政策;(二)意见多由争权利,愿为民望者,以道德爱国;(三)此次在川阵亡及出力人员,恳饬罗督军、戴省长核实呈请恤奖,以昭激励;(四)锷以短命,未克尽力民国,应行薄葬。临电哀鸣,伏乞慈鉴。四川督军兼省长蔡锷叩。庚。"②

关于蔡锷弥留之日的情况,蒋方震、石陶钧、李华英等人通电黎元洪等人说:"七日早,医行注射,精神尤佳,朝、午均进粥一碗、燕窝一盅,及牛乳、葛汤等,与震等略说数语,甚快慰。并看窗外飞机,自以为此后将有转机。乃傍晚,气促痰涌,至八时更剧,二时遂笃,延至四时长逝。"③

石陶钧则电告长沙谭延闿说:"松公庚日早四钟长逝,乞达其遗族。陶。"④

报载蔡锷胞弟闻讣后,即刻"赶往日本奔丧"。说:"(湖南)省长公署财政顾问蔡君炼(按:蔡炼,字松垣)乃坡公之介弟,惊闻讣电,悲怆已极,当于九号晚乘轮赴沪,赶往日本奔丧。昨已通知当道查照矣。"⑤

13 日,黎元洪饬秘书厅将蔡锷"遗电抄交国史馆查照,以备他日编史之用"。说:"大总统对于蔡邵阳之遗电深为感念,蔡氏始终以国家为前提,原电词简意深,堪为今日治理国事者之座右铭。昨饬秘书厅将其遗电抄交国史馆查照,以备他日编史之用。再者蔡氏之遗电中,有愿捐除私见、热心爱国等语,大总统以蔡氏此言可当座铭,特令秘书厅将蔡公遗电所云节要,分送京内外各要人阅看,深望不负蔡氏遗言之至意。前日(星期五)为国务员赴公府宴会之期,除许总长去津未到外,余均列席。闻大总统于席间发言,克强逝世,松坡继之,临别遗言,均以幼稚之中华民国为念。

---

① 《蔡松坡逝世纪闻》,上海《新闻报》1916 年 11 月 13 日。
② 曾业英编《蔡锷集》(二),第 1502 页。
③ 曾业英编《蔡锷集》(二),第 1505 页。
④ 《长沙日报》1916 年 11 月 11 日。
⑤ 《湘人哀悼蔡松坡》,《申报》1916 年 11 月 20 日。

当此国步艰难之际，深望诸君体二君之意念，化除意见，同德同心，共济时艰，挽此危局，俾国势日臻强胜，并齐欧美，庶不负二君缔造共和之苦心，言时声容凄惨。末又议及国葬典礼，并闻国葬条例刻已由两院起草。据该院人云，条例中之要点，大致凡得受国葬之荣典者，文职以属于特任确有功勋者为限，武职以属于中将以上者为限，其外则开国元勋，与有特别功绩于国家者，均得与焉。恤金可给予十年以内，死者遗族给予年金，举丧时派大员致祭，并给丧费，下旗志哀。其平生事绩，宣付史馆立传，并设位于忠良祠内，以为国人观感。"①

### 9 日

▲梁启超通电黎元洪、段祺瑞等各方官员及时事新报等各报馆，报告蔡锷不幸逝世。说："顷得日本福冈来电，蔡公松坡因肺病延及心脏，于八日午前四点钟逝世，国家失此长城，痛悼何极！后事现由蒋君方震、石君陶钧在彼料理，谨先报闻。梁启超叩。青。"②

▲黎元洪电告蒋方震，已饬国务院派章宗祥"前往致祭"蔡锷。说："东京中国使馆章公使（按：指章宗祥）并转蒋君方震等，顷得蒋君庚电，惊悉蔡松坡于八日逝世，昊天不吊，丧我元勋。克强既殂，松坡又逝，人亡国瘁，薄海同悲，东望扶桑，悼痛何极。所有饰终典礼及灵榇回国办法已饬院迅速议行，其殡殓事宜，仰就近派员会同蒋君妥慎办理，并派章公使前往致祭。黎元洪。佳。"

"财政、农商各部总长亦均专电致唁，云大总统至昨日下午复派袁华选君为代表，趁晚车赴津乘轮东渡充吊唁之使，并会同蒋君方震等料理丧务，用费已预备二万元，告袁华选君从丰料理。"③

教育部总长范源濂则电告石陶钧说："醉六伯勋诸兄鉴。得电惊恸已极，松公功在国家，自有优恤之典，身后一切，望为妥办。本日暂由国务院汇五千元，托章公使转交。范源濂。佳。"④

▲报载正午，行蔡锷"入殓礼，服陆军上将制服，勋位勋章满佩胸前，

---

① 《松坡遗电与国葬典礼》，《申报》1916 年 11 月 15 日。
② 《公电》，《申报》1916 年 11 月 11 日。
③ 以上见《呜呼，蔡松坡·总统之唁电》，《盛京时报》1916 年 11 月 14 日。
④ 《蔡松坡先生哀电汇录（七）》，《申报》1916 年 11 月 22 日。

面色亦凛凛如生"。①

又载"日本朝野以中国前失黄兴，兹又遭蔡锷之丧，对于民国极表深厚之同情云"。②

又载"东京电。东京各报对于蔡锷在福冈病故之噩耗，皆深表哀悼之意"。③

又载"午后一时，众议院开会，议长汤化龙主席两次宣布延长时间，始足法定人数，主席宣告开议。先报告议员请假者三人，众无异议。多数表决报告毕，牟琳、褚辅成、刘崇佑等动议谓今日早时四点，政府接到日本电报，言蔡松坡先生病逝。按蔡君当去年帝制发生，反对最力，义旗一举，卒将袁氏推倒，有功民国，驾乎黄克强先生之上。今日逝世，哀悼何似，应照黄君之例，今日休会，并由本院名义去电吊唁，调查蔡君家属，格外抚恤，并下半旗，以表示哀悼之至意。主席谘询大众，均无异议，遂宣告散会"。

会后，众议院向蔡锷家属发唁电说："东京中国公使馆转蔡松坡先生家属鉴。顷得噩耗，本院同人金以先生玄黄再造，志决身歼，夺国命之所依，胡天心之太忍，除本日休会志悼，并另期开会追悼外，特先电唁。中华民国众议院。青。"④

又通电各省督军、省长、省议会，今日得知蔡锷病逝，特休会一日。说："本院今日得蔡松坡先生噩耗，特休会一日，并致电东京吊唁。俟开追悼会日下半旗志哀。特此电闻。众议院。青。"⑤

同日，参议院也"摇铃开会，副议长王正廷主席。议员出席者亦属寥寥，主席两次宣告延长时间，迟至一点四十分始足法定人数，主席宣告开议。黎尚雯、龚焕辰、李述膺等临时动议，亦因蔡松坡先生病故事，主张与众议院同。主席谘询大众，言无异议，遂宣告休会。"

会后，参议院向蔡锷家属发唁电说："日本福冈。福冈病院探转中华民国蔡公松坡家属鉴。得蔡松坡噩耗电，痛哭失声，罔知所措。公为共和再

---

① 《蔡松坡逝世纪闻》，上海《新闻报》1916 年 11 月 13 日。
② 日本人组织：《东方通信社电》，《申报》1916 年 11 月 11 日。
③ 日本人组织：《东方通信社电》，《申报》1916 年 11 月 10 日。
④ 《呜呼，蔡松坡·议院之体会》，《盛京时报》1916 年 11 月 14 日。
⑤ 以上见《福建公报·要电》第 260 号，1916 年 11 月 11 日。

造之元勋，民国伟人，天南一柱，大星崩殒，全国震惊，望瀛海以招魂，念丰功而增忉。谨于本月大会决意休会一日，并下半旗，以志哀悼。参议院。佳。"①

13日，又载"东京电。前四川督军蔡锷将在福冈举行丧仪，届时日本政府拟以特别礼节，对于友邦之元勋表深挚之哀悼。至其办法正由现因陆军大操逗留于福冈之寺内首相诠议"。②

14日，又载"闻昨午章宗祥公使又有电来，大致谓邵阳（松坡系湖南邵阳人）身故异国，自应归正首丘，业与日政府商议发给护照，特别优遇。日政府深以蔡氏为民国元勋，且又留学士官学校，入伍该国军队，似不能与寻常侨民看待。业允发给护照，由使馆派员伴送回国，俾忠魂得以安归故土云云"。③

10日

▲黎元洪颁布笃念蔡锷"殊勋"令。说："勋一位上将军衔陆军中将蔡锷才略冠时，志气宏毅，年来奔走军旅，维护共和，厥功尤伟。前在四川督军任内，以积劳致疾，请假赴日就医，方期调理可痊，长资倚畀。遽闻溘逝，震悼殊深。所有身后一切事宜，即着驻日公使章宗祥遴派专员妥为照料，给银二万元治丧。俟灵榇回国之日，另行派员致祭。并交国务院从优议恤，以示笃念殊勋之至意。此令。"④

28日，又颁令追赠蔡锷为陆军上将。说："勋一位上将衔陆军中将四川督军蔡锷，因病身故，当经令饬驻日公使章宗祥遴员照料丧务，给银二万圆治丧，并交国务院从优议恤在案。该督军维护共和，不避艰险，苦心毅力，卒底于成。溯念丰功，宜膺特锡。蔡锷着追赠陆军上将，以示优异。此令。"⑤

▲报载"今日国会休会志哀"，黎元洪"接蔡松坡逝世耗，特电章公使照料其丧事"。"两院得蔡锷噩耗，临时休会，议员中痛哭失声者公决将

① 以上见《都中各界痛悼蔡松坡》，《盛京时报》1916年11月14日。

② 《都中各界痛悼蔡松坡》，《申报》1916年11月14日。

③ 《都中将开追悼蔡松坡会》，《申报》1916年11月14日。

④ 《黎总统令（十一月十日）》，《盛京时报》1916年11月14日。

⑤ 《大总统令》，天津《大公报》1916年11月30日。

派员赴日代表祭奠，定期开会追悼，各机关下半旗。闻元首哀恸，已电章使理丧，立饬国院拟优恤条件，明日当颁布。"①

▲日本报纸以《革命家蔡锷在福冈大学医院逝世：悲壮的三十五年生涯》为题报道蔡锷逝世的消息。说：

> 今年九月以来，在福冈医科大学医院住院接受治疗的中国第三次革命的急先锋蔡锷将军于 11 月 8 日凌晨 2 时去世，享年三十五岁。主任医师、医学博士久保说："蔡锷氏在 9 月 14 日到本院来时，身体状况已经是两肺叶严重损伤，且咽喉喉头也都被伤及了。虽然感觉无望，但仍与稻田博士一同悉心施治，结果，普通食物也能吃了。然而，上月底随着气候骤变，又急剧衰弱，结核伤及肠子，就很虚弱了。不过，7 日有一阵子气色还不错，早上躺在床上隔着窗子眺望陆军的飞机。但到晚上 9 时半，骤然气虚，8 日凌晨 1 时病危，注射无效，2 时，如熟睡般逝去。夫人与儿子赶来医院已迟。"蔡锷先生遗体用防腐剂安置在医院，随后将运送回中国。（福冈特电）

### 寺尾博士谈：巧戏袁总统的难得之才

> 真是凋落之秋，先是黄兴之死，今蔡锷又逝，实在是无限感慨。蔡锷三十五年前生于湖南邵阳的贫苦人家，出生时父亲已不在世（按：此言不实），由母亲一手拉扯大，十四岁中秀才，中日甲午战争后入梁启超的时务学堂研究新学，又考入位于徐家汇的南洋公学修英语和政治经济学。后东渡日本，明治 37 年（1904）以优异成绩毕业于日本士官学校，后去湖南的武官学堂及武备学堂执教，先后于江西、广西创设日本式新军。蔡锷夙怀革命大志，第一次革命发生时，据武昌剿灭官僚。第二次革命时，他表面上乔装忠实，求袁调和南北，但南京、上海之革命军一败涂地，蔡之深谋无从施展，而终招袁之疑心，便飘然至北京，示无他意，竭力对袁巧为怀柔。袁对蔡赠以爵位与勋章，且约以每年给四千元。然随着袁复辟帝制日益甚嚣尘上，蔡断然决意，于一夜逃离北京来日本，潜伏别府、箱根等处。决然入云南，以迅雷

① 《专电》，《申报》1916 年 11 月 10 日。

之势令云南、贵州两省动员，打出讨袁旗号，事在去年12月下旬。于是蔡率云贵精锐入四川，频破北军。正欲一跃而横断长江北进之时，袁突然死去，南北妥协。他是善断善行之人，绝不轻举妄动，沉默寡言，坚毅，人格高洁，持渐进主义的革命主张，德高望重，富有常识，是这等难得之才俊。

### 蔡锷阵中抱病乘舆，驰骋战场

带日本参谋本部使命，在革命动乱中驻于云南，现为静冈俘虏收容所长的骑兵大佐嘉悦敏氏之谈话曰："蔡锷之死，令人惋惜。蔡系我士官学校骑兵科出身，在北京举行大演习之类场合，他作为审判官在我手下工作过，是才华横溢之策士。我此次回任途中路过福冈，曾去看他，但因他不能出声，见了面也未交谈。蔡之同志中，后继者有云南都督唐继尧、四川督军罗佩金及殷承瓛。其同志及部下一类人在蔡死后之势力当不会起变革。但黄兴去世，又失去蔡，还是南方派之大损失。在第三期革命中，蔡身为军队司令官，常立马阵前，打击北军，四川陷落实成于他之手，使各省独立望风断行。他是第三期革命之元勋，使此一回天事业成功。他之死，根源于此风马黄尘之中。从今年1月至6月间，他力疾乘舆，驰骋于阵旅之间，没有医生，缺乏粮食，烽烟中营养品之类自无供给，置司令部于永宁之地，身临战场，死期由此而提前。此次如能痊愈，他当为陆军总长之首位候补人选，但他自己所愿，似为担任参谋总长。（静冈电话）①

▲张孝准、章士钊等"十万火急"通电黎元洪等各处，请由梁启超担任蔡锷"身后一切丧事"。说："北京大总统、国务院、参谋部、参众两院、《中华新报》《国民公报》转各报、南京副总统、各省督军省长省议会、归化厅将军、热河都统钧鉴。顷接梁任公青电，文曰：天祸中国，松坡病竟不救，怆痛震悼，国人所同。丧事一切由超经理，各处各赙由上海康脑舛路十八号敝寓代收，望据电转京外各机关云云。特闻。张孝准、章士钊、彭允彝、欧阳振声、张家森、张烈、林摄、周善培、吴贯因、陈敬

---

① 东京《朝日新闻》1916年11月10日。

第、袁思亮。蒸。印。"①

▲孙中山电悼蔡锷："闻松坡先生忽逝，哀悼不胜。除派周应时君敬诣丧次赙唁外，特此电吊。孙文。蒸。"

▲成城学校校友会也电悼蔡锷："本校校友接中华民国陆军大将蔡锷君逝世之讣，不堪痛惜。兹谨表哀悼之意于中华民国故陆军大将蔡锷遗族之前。成城学校校友会副会长冈本则锋、会长文学博士泽柳政大郎。大正五年十一月十日。"②

关于蔡锷入住日本福冈医科大学附属医院就医及逝世情况，各报多有报道，这里择要介绍若干。

9 月 26 日，报载"上海《日日新闻》云：旅沪某日人昨由日本福冈归沪，谈及其在九州大学病院探闻蔡松坡氏情形曰，蔡氏于十五日（按：实际是 14 日）入院，即经稻田、久保田两博士详细诊察，据言肺脏中并无症候，虽旅行时稍感风寒，致肺部呈有异状，庸无伤也。及诊其他各脏亦无疾病，颇令人心安无恐。惟咽喉病状殊难轻视，至今犹难决病名何似，一星期后当可手术疗治，其前则惟详细考察病状之经过情形耳。且该病院中自久保田博士以及各医看视病人无不恳切，病室设备亦令病人起有快感。入院以来，病人闻其病症不重，大起希望之心，皆足使蔡氏增加元气者。即如饮食一项，在本国时医生仅许食鸡蛋、牛乳及其他流质，致病人身体日见衰弱，及入大学病院，久保田博士即许饮食，一如常人，蔡氏因日本菜久不得尝，甚欲食之，乃出菜单，列记日本菜数十品，任蔡氏自择之，于是食量加增。此外又有本国带来之中国厨丁，即食中国菜、西洋菜等亦至便利。院中固禁病人读书，然备有《笑林》杂志等，以便寂寞之时，可增兴味。至于福冈气候，与本国无大差异，温暖不寒，在病人诚为最适之地。加以秋气清朗，可资颐养，尤觉宜于病人者也。病床之侧，又有熟练之看护妇，故病人毫无不便之感。家眷居于附近，来往亦至便利云。"③

10 月 18 日，又载"在福冈大学病院治疗之蔡锷氏，其后经过良佳，据医师之诊断，病症非癌，故不久即可全愈（东京十七日东方通信社电）"。④

① 《蔡松坡死后所闻·梁任公担任经理丧事》，《盛京时报》1916 年 11 月 15 日。
② 以上二电见《蔡松坡先生哀电汇录（七）》，《申报》1916 年 11 月 22 日。
③ 《某日人述蔡松坡近状》，上海《新闻报》1916 年 9 月 26 日。
④ 《译电》，上海《时报》1916 年 10 月 18 日。

11月9日，又载"蔡松坡入福冈大学病院后，其症状渐就轻减……日来症状别无变化，为咳嗽大减，是一最佳现象。前此每晚必服吗啡一滴，今者不药而咳止矣。据医者稻田之言曰，肺部之范围过大，欲望全治颇难，幸病之进行甚缓，尚可以力防止之。现喉部左方已无所痛苦，右方正在竭力医治，二三日来颇觉减轻，饮食与前次所寄病床日志略同。足部、背部常有虚肿，医者谓系体弱之症，大约目下所能判断者，则病能治而为期恐甚长耳"。①

又载"东京电。蔡锷之病状，自七日午前起，已渐有不顺之征候，至八日午前一时，忽神色改变，施以各种治疗，竟不见效，延至三时，溘然而逝。其致死之原因，由于侵犯左右肺部，至最后复起肠结核症，遂于睡眠状态中死去。临终时，留东之家族皆不及送终。其遗骸拟施福尔买林消毒后，运回祖国。日本朝野以中国前失黄兴，兹又遭蔡锷之丧，对于民国极表深厚之同情云"。②

又载"四川督军蔡君松坡，因患病请假赴日就医，自入福冈大学医院后，经日医调治稍有起色……国人于忧虑之余，莫不望其早日痊愈。不料昨午总统府忽接在福冈照料之蒋君方震来电，声称自七号起，蔡君病势陡变，颇觉险恶，至八号晨已陷危笃状况。总统阅电，立时电命驻日章公使随时查报。此事传出，政界异常震动，深恐今明日内有万一之变。黄克强逝世未及一旬，今又聆此惊人消息，闻者惟有默祷蔡君之回春，而复深叹国运之不幸矣。又据确实消息，月前福冈大学两医学博士，曾有蔡君病状报告送达某处，据该报告书云，蔡君病喉甚剧，以常术论，惟有割取可愈。然蔡君同时患肺，不敢行使手术，现惟有用药调养，难期有效，恐难支持一年之久云云。据昨日之电报观之，则我有功民国之蔡君，其果自始即患不治之症乎。呜呼，酷矣"。③

13日，又载蔡锷"病故，据章公使电云，据福冈医院医士诊断书内载，蔡君喉中结核本甚难治，近因关于国事，五中焦灼，因转症为肺溃疡，嗓音遽变，遂致不救云云……蔡公逝后，九日正午行入殓礼……时章公使及王鸿年等均在旁照料。日政府各要人其素与公有旧者，是日亦均来参预。

---

① 《蔡督军病状近讯》，成都《国民公报》1916年11月9日。
② 日本人组织：《东方通信社电》，《申报》1916年11月11日。
③ 《总统府接蔡松坡恶耗》，《申报》1916年11月11日。

蔡之家属现亦均在东京，现已定灵榇回国后，再行治丧。闻昨午国务院提议拟与驻京日使商榷，请政府发给护照一纸，以便运灵榇回国"。①

又载"蔡之病系肺结核及喉结核，两者均属致命之症。蔡自请假游日就医，任〔住〕于福冈大学耳鼻喉科医院中，迄今已两月。本月五日以后，日以沉笃，是日大总统府连接蒋方震（及）（石）陶钧、（李）华英、（唐）嶷三君（皆蔡随员）来电报告蔡病加重，黄陂阅后极形焦灼。六日晚十时，又接驻日章使万急密电一件，详述松坡数日以来病状日益沉笃，势将不起等语。总统阅电未终，喟然长叹，继遂泪下如雨，立命召段总理入府。方挂电话，闻段至府请谒（因章公使之密电除呈总统外，并报告总理故也）。当时黎、段二公即密商良久，是晚即复一万急密电致章使，略谓蔡君松坡为恢复共和、西南首义之元勋，政府理宜特别加意优礼。饬令该公使亲至福冈医院慰问一切，并令将以后病状逐日报告政府。并另电王鸿年君在医院常川侍疾，以便照料，一面又电致梁任公、唐继尧两君磋商各节。三电去后，时已三更，段总理始辞黎归寓。次日（七日）午前十二时，又接章使来电，略谓蔡君病势，昨晚稍有转机云云。总统接电，方欣慰异常，孰意至是晚（即八日午前四时），蔡君病益加剧，自知不起，当即召蒋君方震至榻前，口授遗电，言不及私。嘱毕，遂微笑而逝，享年三十六岁"。②

14 日，梁启超通电北京黎元洪、段祺瑞，"范总长、张总长、王议长、汤议长、陈副议长、国民公报馆，天津熊希龄、南京冯国璋、云南唐继尧、贵阳刘显世、南宁陈炳焜、广东陆荣廷、朱庆澜、报界公会、梧州岑春煊、杭州吕公望、成都罗佩金、重庆戴戡、康定川边殷承瓛、陈督军、李省长、报馆、长沙赵师长、范政务厅长，上海谭延闿、唐绍仪、《时事新报》并转各报馆，转达蒋方震等人来电所述蔡锷"临终情形"。说：

> 蔡公松坡逝世，知同痛悼。本日得蒋百里等来电，叙述松公临终情形文曰：蒸电敬悉。今将松公最后病状、遗嘱、丧殡情形敬陈如下。松病自十月七日食量渐减，体微肿。本月初忽转下痢，肿渐消，食益减。医言病菌入肠，危状已现。然尚嘱拟办续假呈文，时精神尚佳也。

① 《蔡松坡逝世纪闻》，上海《新闻报》1916 年 11 月 13 日。
② 《呜呼，蔡松坡·疾革之情形》，《盛京时报》1916 年 11 月 14 日。

四日嘱买西瓜，约震等，至即强食，约分食之，颇饶兴。震等阻之，乃饮汁少许。当谈及我国现在政策，人民、政府宜同心协力，向有希望之积极方面进行。为民望者，身不道德，何以爱国？名斗意见，实争权利。日昨北京电询奖励在川战征人员，予精神太疲，应由罗、戴核实办理。言已，复矍然曰：予病深矣，万一不起，可将此意电达中央与国人，身为军人，未能死向疆场，必薄葬减我过。震等再三宽慰，不必计及国事。复曰：我亦无他言也。五、六两日病仍未止。七日早，医行注射，精神尤佳，朝、午均进粥一碗，燕窝一盅，及牛乳、葛汤等，与震等略说数语，甚快慰。并看窗外飞机，自以为此后将有转机。乃傍晚，气促痰涌，至八时更剧，二时遂笃，延至四时长逝。

窃自松公病初变时，比请章公使（按：指章宗祥）代电中央，应派员慰视，借商后事。不意剧变若此，当由震等谨将逝世情形径电中央。棺木长崎选购最上等者，衣尚旧衣，裕里中衣，上下均用白衣，着全套黑礼服，被褥白湖绉裹红缎面，棺内安置生前爱用伽楠珠一串，至鸽并宝大方晶章二个，口含金圆。灵柩现停崇福寺，每日诵经。现适秋，定火车，交涉须待十六日以后，已由章公使电恳中央派舰迎护回国，尚未得复。所有归国布置，并恳电沪早为料理准备。以上各节，敬乞通转，以俾周知。蒋方震、石陶钧、李华英、唐巘叩。真。等语。谨转达，伏乞公鉴。超叩。寒。印。①

其间，蒋方震等人也电陈黎元洪说："奉佳电，仰见我大总统笃念元勋，感涕交集。震等相从较久，目击病状，有不能不特为钧座陈明者。蔡公气体素壮，力冠同侪。此次病故，其近因在川难之殷，其远因在义师之起。当其子身南下，喉部虽稍见病状，病菌犹未及潜滋。自纳溪之役，躬亲指挥，出入锋镝，几及一月，喉痛愈甚，渐至失声，犹未知其病源在肺也。停战以还，方思解甲，何图蜀难相继而兴，力疾从公，益形困难。迨至七月二十九始达成都，八月一日招法医，始得病源，而疾已不可为矣。法医并谓多则二年，少则三月，震等尚以为医虑太过，而不知其言之适中也。一年以来，恶衣菲食，以伤其身，早作夜思，以劳其神。而使蔡公早

① 曾业英编《蔡锷集》（二），第1504—1505页。

自知为肺疾，而身不与军旅，犹可厚摄以终其天年。乃以亢健之身心，值国家之多难，处僻地则觅医无自，在军旅则调摄无方，一误再误，遂至自戕其身而不自觉。迄今追怀旧事，其一言一动，无非为今日致死之因，是蔡公虽未死于疆场，实与阵亡者一例。而临终之际，犹以未能裹尸于边徼为遗恨，其情可哀，其志尤可念也。伏念我大总统闻鼙思将，崇报懋勋，立功各省，返念前劳，敷陈遗绩，则饰终盛典，自足为国史之光。惟病状经过原因，震等知之较悉，不敢不为我大总统缕□上陈，以备采择，临电无任惶悚，伏乞钧鉴。蒋方震、石陶钧、唐嶷、李华英。"①

15 日，又载"大阪《每日新闻》云，四川督军蔡松坡氏于九月十四日东渡入九州帝国大学医院，由稻田、久保两博士为之医治，不幸症候初已难疗。未几复成结核，侵冒两肺，并使咽喉困郁，饮食维艰，体温至于三十九度上下，全瘳几无希望，故院医所定方笺，亦惟防中途之有变耳。服药之后，喉痛少减，体温略平，胃口渐进，颇嗜东式割烹之食，似不无转机之处矣。及十月中旬，病势俄然转恶。本月一日，乃因衰弱之余，成肠结核，而无端下泻，而目、四肢尽肿。逮六日仍无起色，七日晨天朗气清，蔡氏精神似稍复元，又以当日将有大操，南北两军之飞机嗡嗡然飞腾于福冈之天空，乃凭窗眺望以自慰藉，观其状似无急变。初不图入夜至十时左右，即忽然痰塞苦闷，而重入于危境也。稻田、久保两博士闻变，以注射等法急救，术尽无效，竟于八日上午二时，空抱无限雄图，悲怀千里之故国河山，而瞑目于此病舍矣。哀哉"。

又载"大阪《朝日新闻》福冈电话云，中国第三次革命元勋蔡松坡将军不幸竟于八日清晨逝于福冈医科大学病院。该院主治医员久保医学博士语及经过病状，略曰蔡氏所患病名，因蔡夫人、蒋参谋长嘱守秘密，故至今并未发表。其实则仍结核症耳。肺部结核既久，终乃冒至咽喉。当九月十四日入院之时，左右两肺已大疼痛，咽喉二部皆被侵冒，故诊察之余，即以为全愈终无希望，惟与稻田博士热心医治，以尽人事而已。不图服药之后，结果良佳。凡患喉症之热至三十七度，即难咽下饮食之物，蔡氏在中国时曾至四十度以上。东渡未几，竟每日由饭馆取日本肴饮食，一如常人。自九月下旬，惟见其体容之渐愈也。十月末气候变化，体亦忽弱，结

---

① 《蒋方震电陈蔡公积劳病故详情》，上海《中华新报》1916 年 11 月 20 日。

核由肺侵肠，泻症乍起，遂有油尽灯消之象。七日精神突复，晨间饮食良多，且横卧窗际，远眺飞机之上下纵横，欣欣然若有喜色。孰意其入夜遂弥留昏睡而不起耶云。据闻蔡夫人夜中闻变，即急抱爱子趋院视疾，顾已不及一别，恸哭之余，不辨人事。故蔡氏丧事，由蒋参谋长及石参谋副官商议之后，即于院中耳鼻咽喉科室中大殓。遗骸已施防腐之剂，当即送归本国云"。①

18 日，又载：

蔡松坡先生临终情形，公私方面尚俱未得详细报告，昨到东报记载较详，谨撮译如下，凡读此者当愈增其悲戚之感也。

医士述临终情形。蔡松坡于八日午前二时逝世，其主治医士福冈医科大学教授久保医学博士语曰，蔡君之病名，因其夫人及蒋参谋长谆嘱严守秘密，按其病仍为结核，其伤及喉头乃后起之事。九月十四日来此已双肺大痛，喉头、咽头并伤，无论如何，无回复之望，只得尽力与稻田博士热心治疗。而入院以来竟见意外之好结果，在中国时热度已在四十度以上，近顷降至三十七度，初喉头作痛，一切饮食的不能下咽。来此未久，不独能食流动物，并能食普通食物，每日由饭店购取日本食。自九月上旬至前月中旬，容态非常良好。前月底因气候变化，突见衰弱，结核伤肠，竟至下痢，恰如油尽之灯火渐弱而渐灭。七日，气象甚好，为从来所未见，朝起大思饮食，时适有陆军飞行机飞来，纵横翱翔于病院之上，蔡君在病室内隔窗瞻眺，非常欢悦。至夜间九时半，大见衰弱。八日午前一时已临于危笃之状态，注射无效，至二时乃状如睡眠而逝去矣。其夫人是夜归宅，危惧时遣人告知，急抱爱子奔至，蔡君已绝。临终时未能一见，实遗憾矣。

…………

日人之哀感。向有福冈县会代表，访问蔡君于大学病院，将事慰问时，以病势沉重，绝对谢绝会面。疑其不能复起，而后见中国报纸一再记载其对黎总统有关于时局之建议，彼一息尚存，固无时不以国家为念也，又窃疑其疾或不至若是之重。今始知蔡君至福冈后，得与

① 以上二文见《蔡松坡逝世后之余闻》，上海《新闻报》1916 年 11 月 15 日。

会见之日本人仅喜悦大佐一人。喜悦氏第三革命初起时，既在云南方面与蔡君有密切关系。蔡君平日常惓惓于日本人及日本之风光，惟爱国热烈，有时或为排日之主张，常及排日之行动，因此一部分之日本人对彼颇滋不悦，彼对此一部分日本人亦颇憎之。然其对于维新前后人物，如西乡、水户、大久保等则崇拜之深，决不让日本人也。

与蔡君会晤，而使人印象不忘者，厥惟其黑大而深有意味之双目，彼定睛注视时，无论何人，莫不觉其冷而且锐。自大病后，口语不便，其目之示意，尤为活泼也。①

又载"据东报载称，蔡君逝后，其夫人悲惨痛哭，不省人事，一切后事皆由蒋参谋长及石参谋副官等主持。其遗骸已施防腐剂，于九日在病院耳鼻咽喉科入殓，预备送还本国。又，蔡君于来福冈之前，已自知不起，故偕夫人及爱子举家而来。入院后，亦不使家族远离，殆从容以待死耳"。②

26 日，又载石陶钧函告张孝准蔡锷逝世过程，并请"运动政府用兵船"接其遗体归国。说："弟到东之日，松病渐倾于坏象。至本月一日，闻克公（按：指黄兴）去世，为之大戚，因此下痢更甚，精神益衰。弟每日见面，渐不能谈话。初五、六既呈险症，乃六日晚行注射后，初七日精神顿爽，并自谓前数日颇险，今日大快矣。夜间犹嘱写信上海买杏仁露。十时顷，气喘目直视，注射后稍安息。至八日午前一时，又因痰塞，喉断呼吸，继痰出，有呼吸，已极微弱。行人工呼吸法。静掩其目，平和安然而逝。嘱书遗电时，精神尚一丝不乱也，无一语及家事。弟此行，旬日之间丧两至友，公私之不幸，何至是耶？松坡系传染病，火车、船运载均其不便，且有损国体，请运动政府用兵船来接，如何？遗电当已公布，精神千古不磨也。弟本欲来沪吊克公，因松已到九分地步，故不弃之行。今则不久又可来沪与兄泣谈矣。"③

**按**：对于蔡锷所患何病问题，迟至 1995 年出现了一份所谓"珍档"，

---

① 《蔡松坡先生世逝［逝世］之哀史》，《盛京时报》1916 年 11 月 18 日。
② 《蔡松坡逝后之东来消息》，《申报》1916 年 11 月 18 日。
③ 曾业英编《蔡锷集》（二），第 1508 页。

说蔡锷得的是"不洁"之病。这年上海某刊在"珍档密闻"栏中发表《蔡锷将军之死一说》。该刊编者介绍说："满清逊位，袁世凯窃国称帝，蔡锷将军巧妙地从袁虎口里脱身返回云南，通电倒袁，各省纷纷响应，造成了倒袁的大势。蔡锷亲率护国军进入四川，驻节成都鹅市巷，原有的喉疾此时因疲劳过度遂至爆发。当时中外医生，各经蔡之左右介绍，一时云集官邸。刘云峰为当时成都喉科名医，蔡闻其名，亲书专函延请，措辞甚为恭谨，有'仰先生回春妙术，援振锷咽喉之危，得延呼吸之息，以尽除奸之志'等语。刘云峰即前往诊视，前后凡四诊。四诊后回家，叹息良久，命子把前后诊疗经过记录下来，并惋惜地说：'蔡将军虽带重病，精力极困，仍不失其温恭之容，望之似一儒生，并无武夫之感，只眉宇间隐含英气。'云云。"

又说：这份记录一直保存在刘氏家中，此后刘云峰去世，1959年刘子也逝去，其弟刘静庵去兄三十岁，特意到兄处抄得这份记录，并首次示于世人，足为蔡锷之死备一新证。该记录因系刘云峰子嗣记录、整理，故文中称刘云峰为"先父"，于病况、药方、治疗经过俱有记述。该记录略云：

（先父）见蔡形瘦神疲，面色枯晦，目框发黑，声音嘶哑，牙龈乌黑，舌质深红。舌上有绿豆大小白片，片心有粉红色小点，小舌上亦有红点。喉腔有些溃烂，疼痛不止。额上发热汗出，心烦（不）宁，脉弦疾，大便秘，小水深黄、量少。先父诊毕，暗惊此为杨梅毒，斯人也何有斯疾也？蔡是个极聪明的人，低声问是何症。先父见在座人多，不便答复。蔡向在侧的副官挥手示意，副官即请在座诸人入别室座谈。蔡再请问。先父说：'将军之喉疾是内外合因，内因是谋虑和操劳过甚，阴火内动；内阴亏损虽重，然将军壮年，调其阴阳偏胜，略事摄养即可，治之诚不难。所难者，外因之邪深入，一时难解也。'蔡请说明外因致疾之故。先父说：'某诚不明将军之过去，然毒邪之感染岂得无因，将军自知……'蔡闻之有戚色，叹说：'垂死之人，先生何必讳言，但求能延数月之命讨贼，平生之愿足矣。'先父曰：'将军金体，得无近不洁之人否？然而贵恙乃杨梅恶疾也。'蔡凄然点首，但请暂缓难忍之苦。先父即为之勉拟方药如下：蒲公英、打铁落、桑椹子、龟板、土茯苓、猪脊髓各一两；漏芦、珍珠母各八钱；猪心肺一片

（约二两）（外用吹喉散）。二诊：服药二剂后，喉间剧痛已减，精神稍好，心烦亦较前轻些，声音仍嘶哑。原方减去打铁落，加首乌藤八钱，童便少许，每次调药冲服。三诊：喉痛大减，当时蔡和先父均有喜色。先父嘱蔡说：'现时治法，一面清其毒邪，一面育阴安神，导使阴火下行。至于声哑，乃毒邪深结，一时难解，如求速误治，将不可为。'蔡深以为然。四诊：病情突然变化，喉痛又如前剧烈。先父骇怪，叩问翻病之因。将军摇头，以手示意在侧之副官，副官代答说：'昨日由昆明赶来的德国医生，为将军打针服药，从前日就停服先生之药，将军本不许，但经不起多人劝说，又望病好的心切，不料其后果竟至于此。'副官话未说完，又进来一群外国医生，手指口讲，议论纷纭，外医尚未出，而侍从又导入其他医生，中西医药杂投，父为之惊骇，知其不能专任，难以尽其技，乃婉辞谢出。这以后蔡锷病体惭〔渐〕笃，乃东渡日本就医，住福冈医院，五天后在日本逝世。

披露此"珍档"的编者最后表示："中医医案自《左传》中已能见之，医者秉忠实的态度，所作记录都基于亲见的事实，是足可倚重的一种史料。蔡锷自毁羽毛以求脱出樊笼，究竟是否伪装杂疾，史家论说纷纭，不能定论。从此份医案来看，则蔡将军为倒袁而付出的代价，不可谓不沉重，其精神不可谓不伟大。"①

**按**：蔡锷在日逝世后，人们痛悼之余，又怀着不同心态思考着其中某些问题，从而引发出两个重要社会传闻。一是怀疑蔡锷的逝世是日本人加害的。如蔡锷的"学生、部曲"，追随蔡锷"十余年，患难辛苦，尤备尝而深知"的雷飙所说："谣传为日本人嫉忌，而暗使医生谋害以毙命者也。一时疑信参半，几遍全国。"② 二是如蔡锷护国战争期间的军医李丕章所说："有人说蔡将军患的病是花柳病。"③

对于前者，后来也仍然有人在目睹日本侵略者残害中国人的情景时，

① 以上引文俱见张爱平《蔡锷将军之死一说》，《档案与史学》1995 年第 1 期。
② 雷飙：《蔡松坡先生生平事略》，《国防月刊》第 4 卷第 3 期，1947 年，第 55 页；第 5 卷第 1 期，1948 年。
③ 李丕章：《护国军中见闻二三事》，《忆蔡锷》，第 416 页。

会回想起当年蔡锷也可能是日本人害的。如 1928 年"济南惨案"发生后，就有人表示"自济南惨案发生以来，国人莫不切齿怒目，而尤于蔡公时之剜目割鼻为最痛心。一昨偶阅《梵天庐丛录》，内载蔡松坡智毙日奸细一则，益疑蔡锷在日就医之死有远因在焉"，[①] 意谓蔡锷这次死在日本福冈医院，是因他护国讨袁期间"智毙"过日本"奸细"（按：实际并无其事），日本人采取报复。但是，一是如有的报纸报道的，蔡锷的自我保护意识很强，即使日人有此企图也不可能得逞。二是如雷飙所说，因蔡锷随护"石陶钧、唐巘等护灵回国而询死时状况，又问其如夫人潘（惠英）氏，均云到（医）院时，病已十分沉重，医生云危险实甚，并无他项情节，乃知前传之非也"。[②] 而随着岁月的流逝、人们记忆的淡忘，后来已基本听不到这一传闻了。

然而，后者就不同了，不仅当时，即迟至 20 世纪 90 年代，如前所示，也还有人认为蔡锷患的是"杨梅恶疾"，并提出了一份所谓"先父"的诊视"记录"作为证据，发表在上海某刊的"珍档密闻"栏中。这样看来，对于后者，就不能不略加考察了。

首先来看蔡锷在成都找过什么医生看病，真的找过"刘云峰"这么个中医"名医"吗？1916 年 7 月 29 日，蔡锷到达成都以后，据当时媒体报道，的确请过中、西医诊病。有报道说：蔡锷"已延川医陆锦庭诊治，系由修翰青（按：修承浩，字翰青）君介绍"。[③] 又说："蔡督军喉病昨延中医陆锦廷〔庭〕调治。闻陆君对人云：督军之病，纯系伤阴所致，病根实因过劳而成，须一面服药，一面仍重在调养。陆君所主之方，大多养阴之品。又闻蔡督军于三十一号曾往平安桥街法国所设之修道医院诊疾，沿途均列步兵。"[④] 雷飙的回忆也证实蔡锷曾前往法国医院"诊治"，说他"次日，即到法国医院，用电光照肺部，医生云病势极重，肺部已坏，宜速休养"。[⑤] 上述《申报》两则报道，清楚说明给蔡锷看病的中医师，并不是所谓"刘云峰"，而是一个名叫"陆锦庭"的医师，是当时被蔡锷任命为四

① 阿弥陀佛：《蔡松坡与蔡公时之死》，《国闻画报》1928 年第 45 期。
② 雷飙：《蔡松坡先生生平事略》，《国防月刊》第 5 卷第 1 期，1948 年。
③ 《成都通信·蔡锷抵省后之状况》，《申报》1916 年 8 月 14 日。
④ 《蔡锷到省后之川政局》，《申报》1916 年 8 月 15 日。
⑤ 雷飙：《蔡松坡先生生平事略》，《国防月刊》第 5 卷第 1 期，1948 年。

川东川道道尹的修承浩"介绍"给蔡锷的。而蔡锷的病则"纯系伤阴所致，病根实因过劳而成"。

此外，"珍档"所言，也大有可议之处，有的明显不是事实，有的则大可怀疑。如说蔡锷"叹说：'垂死之人，先生何必讳言，但求能延数月之命讨贼，平生之愿足矣。'"袁世凯早在一个多月之前的 6 月 6 日便已呜呼哀哉，周骏、王陵基之乱也已平息，蔡锷奉命"力疾"来到成都，只为整理"纷如乱丝"的"军民各政"。[①] "袁氏既亡，万难俱解"，[②] 纵然还有若干盘踞四川各乡村的小蟊贼，岂能成为他如此放心不下，仍须延其"数月之命"的大患？显然，此言根本不可能出自这时的蔡锷之口，纯属刘云峰当众讲的故事而已。又如，说蔡锷经刘云峰"四诊"后，病情出现反复，由"喉痛大减"复为"如前剧烈"，原因是"副官代答说：'昨日由昆明赶来的德国医生，为将军打针服药，从前日就停服先生之药，将军本不许，但经不起多人劝说，又望病好的心切，不料其后果竟至于此。'"蔡锷因德医打针服药导致病情恶化，那是此前在泸州发生的事，而且德医也不来自昆明，而来自重庆（详下文）。这是蔡锷亲口交待过的。8 月 4 日，他在成都复电康有为说："贱恙自经阿医士诊治，不惟无效，益以加剧。据称川中无药无械，且天候不适，非转地就专科医院疗养，不易收功。"[③] 这里说的明明是"阿医生"，即泸州时的那位"阿密思"。由于治疗无效，蔡锷还打发他回了重庆，并未带来成都。事实上，在成都并不存在从"昆明赶来的德国医生"为蔡锷"打针服药"一事。再说了，蔡锷是 7 月 29 日到达成都的，8 月 9 日就离去了，仅仅待了十多天时间。在当时的交通条件下，即使真请了昆明的德籍医生，也不可能如此快捷地赶到成都。再如，说经刘云峰"二诊"后（按：每诊"二剂"药），蔡锷"喉间剧痛已减，精神稍好"，"三诊"后更是"喉痛大减"。那么，第一，三诊总计服了六剂药，中医疗效较慢，这是人们普遍认可的常识，刘云峰开的药方也神了，居然有如此奇效。第二，蔡锷已在泸州经历了一次"驱梅"治疗导致的痛楚，何以如此健忘，竟会在成都又一次接受刘云峰的所谓清"杨梅恶疾"的治

---

① 曾业英编《蔡锷集》（二），第 1468 页。
② 《刘存厚为调停战争致周骏书》（1916 年 7 月 8 日），《四川军阀史料》第 1 辑，第 249 页。
③ 曾业英编《蔡锷集》（二），第 1474 页。

疗？第三，蔡锷在成都，的确如梁启超所说"病甚重"，[①] 但并无刘云峰所说的这种反复情况。8 月 13 日，他在到达泸州时，电告北京的范少阶说："喉仍不能发音。惟痛稍减，精神渐复。"这哪有刘云峰所说因"三诊"后停服了他的药方而出现病情反复的影子？到了上海，蔡锷又告诉梁启超，经上海德国医院克里的治疗，"日来精神似觉稍旺，喉痛亦减"。[②] 可见，刘云峰这份所谓"珍档"，破绽实在是太多了，很可能是他们家的后人虚构的，实际并不存在。甚至有无"刘云峰"其人，也是个问号。何况退而言之，纵使确有其人，从其所述多为不符合事实的故事来看，也是难以让人信服的。

其次，再来看蔡锷护国讨袁以来的治病经过，看看各位医生对蔡锷的病情做了什么诊断，怎么治疗的，效果又怎样。在四川护国前线、上海以及日本福冈先后给蔡锷治过病的医生，有蔡锷的军医李丕章、德籍医生阿密思，以及法国、日本的医生。李丕章后来回忆说："蔡将军从北京到达昆明，声哑而不痛不咳。他自诉是在北方几个月前去山海关游览长城，受了风沙，从此声嘶，难于发音。我以职务关系，当上了蔡的医生，认为是慢性喉头炎。从昆明出发，一路之上，仅作一般治疗。及至叙永，蔡以总司令身份亲上前线，对敌作战紧张，他的声音恢复了，根本不需要任何医治。但是停战之局一定，喉痛大作，急电召我，我到了大洲驿，劝他回到叙永休养。蔡回叙永休养约一个月，喉痛完全消失，声音也大部恢复了。我们的诊断，仍然是慢性喉头炎。由于当时的医疗设备差，未能作进一步诊察，始终限于一般性的慢性喉头炎治疗。"又说："护国胜利后，总司令部向前方移动，蔡将军到了泸州，经在上海的梁启超电邀了重庆所谓德籍名医阿斯米者，先期到达泸州等候，为蔡医治。阿医生未经深入地检查，遽行驱梅疗法而用了一针旧德国洒佛散，于是反应剧烈，寒战高烧。"[③]

李丕章在这里告诉人们，梁启超邀请的重庆德籍医生对蔡锷的病做了"梅毒"的诊断，并予以"驱梅"治疗，但效果是不好的，不但未能缓解病情，反而引起了"寒战高烧"的副作用。李丕章此说，相当程度上为蔡锷本人所证实。7 月 5 日，蔡锷电告梁启超、唐继尧、刘显世、戴戡、罗佩

① 《护国之役文电稿》（1916 年 2 月至 1917 年 1 月），中国国家图书馆藏。
② 以上二电见曾业英编《蔡锷集》（二），第 1478、1480 页。
③ 李丕章：《护国军中见闻二三事》，《忆蔡锷》，第 416、417 页。

金说："德医阿密思到泸，连日诊治，砭药兼施，日来不惟无效，反觉痛楚加剧，食量顿减。现阿已于本日启程回渝。"20 日，再次电告梁启超说："锷病经德医施治后，肿痛更剧，声音全失，精神委顿，饮食骤减。半月以来，屏药弗御，静居舟中，病状稍瘳，精神已复，饮食亦觉大进矣。"① 蔡锷虽未明言德医的诊断是"梅毒"，但却清楚表达了治疗的结果加重了病情，而"屏药弗御"后，反而"病状稍瘳，精神已复，饮食亦觉大进矣"。岂不说明德医阿密思的"驱梅"治疗，是无的放矢的错误诊断？或许有人会问，那又怎么解释蔡锷在 7 月 5 日前一天答复梅蔚南的电报中，说他的喉病经阿的诊治，"已有明效，不日可占无〔勿〕药"② 了呢？毋庸多言，只要看一下蔡锷复电中那句"承注极感"，就明白不过是出于客气和礼节，为使这位自留学日本、再到广西、共事多年的老朋友不过于牵挂而已。

7 月 29 日，蔡锷抵达成都后，如前所说，既看了中医，也去法国医院看过西医。据当时同在成都的蒋方震，还有石陶钧、唐嶷、李华英，在蔡锷逝世后联名致黎元洪的电报中说，他们知道蔡锷"喉痛愈甚，渐至失声，犹未知其病源在肺也……迨至七月二十九始达成都，八月一日招法医，始得病源，而疾已不可为矣。法医并谓多则二年，少则三月。"③ 8 月 28 日，蔡锷抵达上海后，据护送蔡锷"出川到上海"的李丕章说，他"在梁启超的主持下，进入了宝隆医院，受到了另一位德籍医生克里的主治。他在 X 光的检查下，发现了蔡患有肋膜炎遗迹，进一步确定了喉结核的上行来源（按：当时医学上对喉结核的发展有上行下行之说，上行是先肺后喉，下行是先喉后肺）"。④ 也就是说，蒋方震等人通过成都法国医院和上海宝隆德国医院的检查，才知道蔡锷的"病源在肺"，患的实际是肺病。

9 月 14 日，蔡锷入住日本福冈医科大学医院，由稻田、久保两博士为之医治。据久保说，他们"诊察之余"，发现蔡锷"肺部结核既久，终乃冒至咽喉"，"左右两肺已大疼痛，咽喉二部皆被侵冒……以为全愈终无希望，惟与稻田博士热心医治，以尽人事而已"。但是，出于可以理解的鼓舞蔡锷战胜疾病的信心与消除新朋旧雨忧心蔡锷病情的原因，"蔡夫人、蒋参

---

① 以上二电见曾业英编《蔡锷集》（二），第 1451、1463 页。
② 《蔡锷集外集》，第 373 页。
③ 《蒋方震电陈蔡公积劳病故详情》，上海《中华新报》1916 年 11 月 20 日。
④ 李丕章：《护国军中见闻二三事》，《忆蔡锷》，第 417—418 页。

谋长"请求久保医生对蔡锷病情务守"秘密"。① 久保等医生受此嘱托，不但未对外透露蔡锷的真实病情，甚至还发表了一些不实信息，以致上海有的报纸在蔡锷赴日治疗期间，竟言之凿凿地报道说："旅沪日人昨由日本福冈归沪，谈及其在九州大学病院探闻蔡松坡氏情形曰：蔡氏于十五日（按：实际是 14 日）入院，即经稻田、久保田两博士详细诊察，据言肺脏中并无症候，虽旅行时稍感风寒，致肺部呈有异状，庸无伤也。及诊其他各脏亦无疾病，颇令人心安无恐。惟咽喉病状殊难轻视，至今犹难决病名何似，一星期后当可手术疗治，其前则惟详细考察病状之经过情形耳。"② 又说："在福冈大学病院治疗之蔡锷氏，其后经过良佳。据医师之诊断，病症非癌，故不久即可全愈。"③ 需要否认"病症非癌"，岂不说明已有舆情怀疑蔡锷得的就是"癌"吗？

蔡夫人、蒋方震的保密措施，还真瞒过了包括蔡锷本人在内的不少人。蔡锷一度对未来相当自信，十分乐观，以为很快就可全愈。9 月中旬，他电告梁启超说："沿途安善，病已大减，十四入医院疗养，可望速痊。叠承电询，深感，请纾（廑）注。"22 日，又电告黎元洪、段祺瑞说："自到大学医院后，费久保、早稻两博士医术精细，治疗恳切，调养适宜，当可速痊，用释廑虑。"④ 新朋旧雨，同样心情轻松，希望满满。26 日，梁启超电告长沙石陶钧说："松在福冈，医称肺尚未大坏，惟喉部颇蔓延，一月后体气渐复，疗以电气，可望愈。彼中除百里外，无通日语者，极不便，松极盼弟往。即为精神慰养计，弟往亦甚有补，望必一行。"10 月 16 日，又电告长沙范治焕说，"松病渐瘥"，只是"难求速效耳"。⑤ 乃至如前所说，国内一些媒体也对久保医生遵从蔡夫人、蒋方震请守"秘密"之嘱，而发布的一些不实信息信以为真，纷纷将其译载、介绍于国内。

但是，所谓"病症非癌"，"可望速痊"，代表的都只是蔡锷自己及其新朋旧雨与广大善良的人们的良好愿望而已，现实却是不以他们的意志为转移、极为残酷的。11 月 10 日，随着日本东京《朝日新闻》等报

① 《蔡松坡逝世后之余闻》，上海《新闻报》1916 年 11 月 15 日。
② 《某日人述蔡松坡近状》，上海《新闻报》1916 年 9 月 26 日。
③ 《译电》，上海《时报》1916 年 10 月 18 日。
④ 以上二电见曾业英编《蔡锷集》（二），第 1483、1482 页。
⑤ 以上二电见《护国之役文电未刊稿》（1916 年 2 月至 1917 年 1 月），中国国家图书馆藏。

纸题为《革命家蔡锷在福冈大学医院逝世：悲壮的三十五年生涯》一文的发表，人们的良好愿望便像肥皂泡一样破灭了。久保医生怀着沉痛而无奈的心情宣布，蔡锷已于 8 日凌晨 2 时不幸逝世，并打破近 3 个月来对蔡夫人和蒋方震的承诺，公开了蔡锷的真实病情及治疗经过，并在与《朝日新闻》记者的电话中补充道："蔡氏所患病名，因蔡夫人、蒋参谋长嘱守秘密，故至今并未发表。其实则仍结核症耳。"[1]昊天不吊，竟如此无情地以事实应验了成都那位不知名的法国医生，对蔡锷生存期"少则三月"的预言。

至此，关于这个社会传闻的真伪，便有了清晰的结论了。综观其治病过程，明显存在两种不同的诊断与治疗方向。蔡锷军医李丕章，在当时战争环境下，既无精良的医疗设备，又无齐全的药品，按咽喉炎给蔡锷治疗，应该是对路的。但是，由于蔡锷当年在北京，为摆脱袁世凯的监控，的确有过一段"醇酒妇人"的经历，战争后期到达泸州后，因此被梁启超从重庆聘来的德籍医生阿密思改变了诊断与治疗方向，转而对蔡锷进行所谓"驱梅"治疗，为后来某些人误导舆情创造了话柄。但从阿密思的治疗效果看，显然是不当的。因为他的治疗，非但无效，反而迅即加重了病情。到了成都，经过法国医院较为先进的设备的检查，证明蔡锷其实是肺出了问题，而且已经危殆。蔡锷在日本福冈医院逝世后，久保医生介绍其病情说，9 月 14 日来到本院时，"两肺叶严重损伤，且咽喉喉头也都被伤及了"，与成都法国医院的结论是一致的。久保虽未明言其治疗方案是不是治疗肺癌的方案，但从他遵从蔡夫人及蒋方震的嘱托，为蔡锷的病情代守"秘密"期间，传出否定其"病症非癌"，实则怀疑其为"癌"的信息看，显然不可能与此无关，绝不可能是德国医生的"驱梅"方案。何况还有久保等医生所说的治疗效果与蔡锷的病情变化可为证。久保说蔡锷"服药之后，结果良佳。凡患喉症之热至三十七度，即难咽下饮食之物，蔡氏在中国时，曾至四十度以上。东渡未几，竟每日由饭馆取日本肴饮食，一如常人。自九月下旬，惟见其体容之渐愈也"[2]。稻田也说："现喉部左方已无所痛苦，右方正在竭力医治，二三日来颇觉减轻，饮食与前次所寄病床日志略

[1]《蔡松坡逝世后之余闻》，上海《新闻报》1916 年 11 月 15 日。
[2]《蔡松坡逝世后之余闻》，上海《新闻报》1916 年 11 月 15 日。

同"。① 这说明久保等人的治疗是有效的，蔡锷的病情因此一度得到了缓解，与在泸州时经德医"驱梅"治疗后效果全无截然不同。可见，日本福冈医院的诊断及其治疗方案，与泸州德籍医生的诊断及其治疗方案是不同的，否则不可能出现如此大的反差，一个缓解病情，一个出现反弹。不过，久保又说，遗憾的是及至 10 月底，"随着气候骤变，又急剧衰弱，结核伤及肠子，就很虚弱了"。到了 11 月 8 日，久保终于无力回天，宣布蔡锷"如熟睡般逝去"了。

尽管久保医生最后宣布蔡锷所患疾病，其实"仍结核症耳"。但联系蔡锷逝世之前久保等人曾以否认其为"癌"的方式，暗示其恰恰是"癌"一事；又说蔡锷的病情事实上经历了一个由初起肺部，发展到咽喉，再到肠道的过程，即如今天所说，由肺部转移到咽喉，再转移到肠道的过程；加以其治疗方案的效果，又与德国医生采用"驱梅"方案的效果完全不同；何况早在这年的 6 月，社会便已流传蔡锷患的是"咽喉癌"，不然，日本代理驻重庆领事清水也不会在致外务大臣石井菊次郎的电报中说"蔡锷的病似咽喉癌"了。② 如此看来，前往泸州为蔡锷治病的德国医生阿密思的确是误诊了。因而与其说蔡锷患的是肺"结核症"，似乎不如用今天的话说，实际是因肺癌而逝世的，所谓"花柳病"者，如李丕章所说，乃是"与事实完全不符"的"诬蔑"。③

至于在日本随护蔡锷的石陶钧，何以在蔡锷逝世后函告国内的张孝准说蔡锷"系传染病，火车、船运载均其不便，且有损国体，请运动政府用兵船来接"，④ 那只能说明当时人们尚限于时代，仅知肺病会传染，而不知癌症是不传染的，并无证据可对其做什么臆想性的解释。

▲参、众两院汤化龙、王家襄、陈国祥等人函请两院议员将黄兴、蔡锷"一并礼以国葬"。说："敬启者。顷接上海彭静仁诸兄鱼电，以克强先生国葬事相属。查国葬于国家崇德报功，以及人心风俗闻系綦重，东西各邦靡不垂为显典，吾国独付阙如。窃念克强先生手造共和，赍志长没。本日又接松坡先生噩耗，民国伟人相继凋谢，不有崇报，何资彰劝？兹经弟

① 成都《国民公报》1916 年 11 月 9 日。
② 见本书 1916 年 6 月 23 日记事。
③ 李丕章：《护国军中见闻二三事》，《忆蔡锷》，第 416 页。
④ 曾业英编《蔡锷集》（二），第 1508 页。

等商拟由院提出国葬例条例，公决颁行，勒诸久远。素仰先生博通典礼，综贯中西，谨请公为条例起草员，定于本月十一日（星期六）上午十时，假众议院第一审查室开会商榷，届时务乞拨冗惠临。无任盼祷，专肃祗请议安。弟汤化龙、王家襄、陈国祥、王正廷、张继、牟琳、萧晋荣、张伯烈、黄群、蓝公武、刘崇佑、梁善济、李肇甫、褚辅成、吴景濂同顿。又闻已指定马君武、王正廷、吴涑、刘景烈四人为起草员。"①

11 日，戴戡电请南京冯国璋，"领衔入告，优加议恤，特予表彰"蔡锷并"分送北京国务院、参众两院、各部总长，陈二庵先生分送各省督军、省长，香港梁任公先生，梧州岑云阶先生"。说：

　　昨闻蔡松坡噩耗，惊恸无极。昊天不吊，丧此元勋，凡我国人，同声悲悼。前清之季，迄于今日，时有坠沉之虑，勉支大厦之倾，松公功在社稷，人尽知之，无待戡之置喙。特是数年以来，相共患难，知其志节之苦贞、思想之高洁，心乎国征，有至死不渝者。戡既友之而师事之，当此盖棺，无虑标榜，后死一日，讵忍湮没，惟垂察焉。

　　辛亥改步，松公在滇，匕鬯不惊，指挥大定。而援川、援黔以及征藏诸役，频年用师，积劳险危，毫无骄矜之气，常存节骨之风，论其品谊，岂类寻常。迨由滇入京，本欲于国家大计徐图所以补救，不意帝制议起，事与愿违。回忆当时，诡愿并进，陷阱四伏，自好者几以自全，安计其他者。乃定策于恶网四伏之中，冒险于海天万里以外，几经困厄，间道入滇，忍痛负重，卒成伟业，坚若卓绝未曾有。复以久病之躯，亲临战陈［阵］，举身家性命之关系，不敌其好义之苦心。奉命督川，虽仅旬日，而用人行政，一秉大公，至今川人震其功，尤佩其德。前过渝时，大难初平，相见泣下，每以国基甫定，民黎凋残，深虑国人犹有南北之见，一多新旧之争，长此肆扰，国将不国，忧愤时局，至于痛哭流涕。日商所以救国及治川者，卒无一语及私。即到东养病，时通函电，拳拳之念，仍在军国。与其谓松公之死于病，无宁谓其死于国也。虽然，此尚就戡一人耳目所及者。

　　自综其生平，数历中外，屡长军民，即无分外之饩，积俸亦可自

---

① 《呜呼，蔡松坡·国葬之建议》，《盛京时报》1916 年 11 月 14 日。

赡。乃因奔走国事，以致家无担石。此次首义，负累尤多。即此取予之间，实为迄今仅见。故戢于松公，所以重其学识、事功者无殊于人，特尤倾服其品德，足以风世而励俗。悲痛之余，言不尽意。拟请由我副总统领衔入告，优加议恤，特予表彰，实不仅戢感激也已。临电无任凄惶之至。戴戢叩。真。印。①

同日，熊希龄电请梁启超"通电各省，一致主持"予蔡锷以"国葬"。说："青电惊悉。人之云亡，邦国殄瘁。而吾党凋零，私尤悲痛。昨得湘电，群主国葬，望公通电各省，一致主持。希龄叩。真。"

又致电蔡永宁，对蔡锷的逝世表示深切哀悼。说："日本东京中国公使馆转福冈蔡世兄鉴。顷闻尊公讣音，国失长城，至深哀悼，谨电唁。熊希龄。真。"②

14 日，康有为电请黎元洪、段祺瑞交国会议行国葬蔡锷。说："北京黎大总统、段总理鉴。四川督军蔡锷德性清粹，文武兼资。昔督云南，威惠流布。吏民怀德，西南晏然。及见忌被幽，养晦燕京。抗袁逆谋，艰关出走。匹夫喝义，举国响臻。百战艰难，功成不伐。微松坡乎，今为洪宪之世矣。人之云亡，邦国殄瘁。抑可谓鞠躬尽瘁，以死勤事。国葬大兴，正为斯人。我国报功，礼亦宜之。公轸念元勋，伏希交国会议行，不胜大愿。有为。寒。"③

15 日，罗佩金、殷承瓛等请予蔡锷国葬。说："蔡松坡上将养疴日本，竟至不起，噩耗传来，举国悲悼。日昨国务院接到四川督军罗佩金、川边镇守使殷承瓛等合词电称，蔡公再造共和，功在民国，天降鞠凶，遽折梁栋，举国上下，同深哀悼。应请优予国葬，并在首都及建功地域树立铜像，并建专祠，以报蔡公之丰功伟烈，借留后世之永远景仰云。"④

16 日，唐继尧等人也电请黎元洪、国务院赐予蔡锷"国葬"礼仪，"并将事绩宣付史馆立传，准于京师及立功省份建立专祠，置造铜像，以彰国家崇报之典，而为后来矜式之资。"说："四川督军蔡锷以肺疾不治，殁

---

① 曾业英编《蔡锷集》（二），第 1503—1504 页。
② 以上二电见《熊希龄集》第 5 册，第 642—643 页。
③ 《蔡松坡先生哀电汇录（三）》，《申报》1916 年 11 月 16 日。
④ 《盛京时报》1916 年 11 月 15 日。

于日本医院，业由副总统入告，并奉明令颁给治丧费二万元，并派驻日公使章宗祥谨治丧事，饬部从优议恤，恩意已极周渥，何敢再事渎陈。惟尧等与该故督军始终共事，知之最深，谨再采举事略，为我大总统、总理陈之。该故督军自日本士官学校毕业归国，初在广西办理讲武学校，愤国事日非，即潜谋改革之事，深被嫌疑。调滇充陆军第十九镇第三十七协统领，复与同人秘密联络，准备一切，相时而动。值辛亥八月，我大总统在武昌首义，滇省遂举兵响应，不旬日间，全省奠定，比匕不惊，被推云南都督。任职以来，勤力不懈，庶事咸宜。以滇省财政困难，首倡减俸，月支薪仅六十元，至今因之，军民政事，赖以维持。入京之后，本欲有所贡献，而帝制潮流方热，避而不入。乃乘机南下，间道来滇，共谋举义，崎岖险阻，艰苦备尝。护国军起，督师出川，鏖战叙、泸，亘五阅月。其间泸战最烈，昼夜不休者，几四旬有奇，精神委顿，喉病加剧，实缘于此。大局既定，犹力疾驰赴成都，经营善后，俾军民安贴，然后东下疗疾，所谓尽瘁国事，死而后已。综其生平，既富于韬略，优于文学，尤娴习政治，是以综理军民，措置裕如，滇、黔、川、桂之民，迄今思慕不置。而治事精勤，操守纯洁，尤足为当世官吏师法。今身后萧条，不名一钱，老幼茕茕，言之心痛。惟其功德虽在西南为多，其所设施实有造于全国。丰功伟烈，中外具瞻，不有阐扬，何以光前励后。伏恳我大总统鸿慈，赐予国葬，并将事绩宣付史馆立传，准予京师及立功省份建立专祠，置造铜像，以彰国家崇报之典，而为后来矜式之资。是否有当，伏乞慈鉴施行，无任涕泣待命。唐继尧、陈炳焜、刘显世、任可澄、吕公望、罗佩金等同叩。谏。印。"[①]

21 日，李经羲也特电黎元洪，请为蔡锷"用国葬"。说："北京大总统钧鉴。国务院公鉴。原任四川督军蔡锷，勋烈品概，允推近今完人，天不假年，功成身逝。在个人隆名永享，原无借没世荣典之加，在国人钦仰靡涯，自应有崇德报功之请，当之无愧。颂者已多，梁君启超昨复有通电驰商请予国葬，愚以为逝者已矣，天夺英贤，既不能起居九原，毕伸宏造，则国人之敬慕元良，当以其人为矜式。考蔡氏生平，志行纯洁，具无量爱国血忱，犯险勇力，坚忍卓绝，沉毅实行。复能举当世所谓党派意见、权利思想，一扫而空，不留纤芥，专论勋绩犹浅也。伤哉！弥留数言，怀念

---

① 曾业英编《蔡锷集》（二），第 1506—1507 页。

危国，辞简意哀，洞见症结，若有无穷隐憾，冀发邦人猛省。后有继而兴起者，能完此公未竟之志，乃为精神之崇拜，非等形式之尊隆，拳拳抱疚，人有同心。至于酬庸旌善，国家具有典章，斯民犹存直道，祀社铸像，谁曰不宜？国葬固无先例，创始可自斯人，中西习俗虽殊，参酌能归至当。顷闻国葬条例，已交国会核议，如何裁择，上赖秉钧，固无待于续陈，敢祈付诸公论。李经羲。个。"①

**按**：该报在录李经羲此电之前，撰有如下前言："李君仲轩为赏识蔡松坡之第一人，在桂在滇皆李氏识拔之。兹因悼蔡公之丧，特电总统为蔡请用国葬。"

张謇也主张以国葬待蔡锷。说："日昨府、院接到张季直君来电，对于蔡松坡之惨逝，亦极力主张国葬。其电内容略云，蔡公松坡以义立人，以勇殉志，含生负气，异口同悲。顷闻有人提议国葬，謇以今无愧此礼者惟蔡公一人。愿我大总统、副总统、总理俯恤众哀，畀成此举，使海外知中国自有巨人，后世知今日主持公道，不胜企祷等语。"②

对于蔡锷的病逝，国内外舆论多有评论，这里择要介绍几则。

10 日，《申报》就蔡锷逝世，以"冷"的名义，发表题为《哀蔡锷》的时评。曰："呜呼，蔡锷死矣。蔡锷何以死？病而死也。何以病？以去年恢复共和时，转战滇蜀间，积劳而病也。然则，蔡锷之死非他，共和死之也。共和得蔡锷而复生，蔡锷乃因共和而遂死，爱共和者，其能不哀蔡锷耶。蔡锷之有功于共和也，不但在转战滇蜀之间。试问，去年帝制之流毒时，发难而反抗者谁？蔡锷其第一人也。蔡锷既发其难，又身当战地之冲，竭精劳力，以示革命者以模范，宜乎精力尽而病成矣。功成之日，即病成之日。蔡锷与共和，不能不视为一体。何则？今日之共和，皆蔡锷之精力成之也。是故，爱共和者，不能不爱蔡锷。而哀蔡锷者，又能不为共和哀耶。我尝于中国人物之中，得一最完备之人，曰蔡锷。有学问，有道德，能文能武，又能实行，而年又少壮，有为之日长，而国人之希望甚大，而奈何竟遂以死。哀哉！"③

---

① 《李仲轩为蔡将军请国葬》，天津《大公报》1916 年 11 月 24 日。
② 《国葬松坡与合悼黄蔡》，《申报》1916 年 11 月 21 日。
③ 冷：《哀蔡锷》，《申报》1916 年 11 月 10 日。

同日，还刊文说："去年今日之蔡锷，正在预备誓师起义之际，赫然一世之事，功发轫于此数日之内。而今日之蔡锷，乃遂长眠不起于异国病院中耶。数月前之蔡锷，误传恶耗于京中，迨后证实其不确也，则人皆转悲为幸。乃今日之恶耗，竟不能再如前之误传，而悲遂无穷耶。天既畀蔡以恢复共和之重任，宜有以爱惜之也。今既功成身退，乃并不许留其身于天壤间耶。以破坏共和之人，如是其力，卒由三数伟人起而挽回之，是国家尚有兴盛之气象也。今时局扰攘未已，而起义伟人相继凋谢，是岂所以兴盛我国家耶。呜呼，人之云亡，邦国殄瘁，吾不禁为民国前途痛矣。"①

11 日，又刊文评论蔡锷遗言说："念之哉，松坡虽死，而其对于中国之心仍未死也。其遗言之第一语曰：愿我人民、政府协力一心，采有希望之积极政策。然则今日之人民、政府不协力、不一心、不有希望，而非积极政策者，早在松坡心念中矣。松坡不忍直言，以伤其心。然而，闻松坡言者亦能有动于中，勿使松坡伤心至于永远而无极否耶。其第二语曰：意见多由于争权利。斯言也，盖已破的而直贯我人民、政府之心矣。然仍不忍弃绝，而示以补救之方曰：愿为民望者以道德爱国。盖争权利之徒，每借爱国之说，以蒙天下。松坡必已饫闻而厌听之矣，责之以道德，使人自问其良心。呜呼，松坡之言婉而其心弥苦，松坡之言曲而其旨甚严，松坡之身虽死而心未死。今若人民、政府闻松坡之言，而不知感法者，是直死松坡心矣。"②

韦礼德则"以法国政府及本人名义"致函唐继尧，对蔡锷的"病故"表示"最诚恳的悼忱"。说："顷闻蔡锷将军已于十一月八号在日病故。此种恶耗，在世界上必生重大之反响，本委员实深感悼。盖本委员对于蔡将军素极钦仰，以其在短寿期内，于军事方面已具种种特长，于政治方面亦具有公民之最高德性及最热之爱国心，是诚为世界之大政治家，而足表率吾人者也。本委员于最困难时与之相识，即知为贵国革命伟人，而为欧洲自由先导之亚洲代表，良以中国人民之众及其特性而论，在世界上应有相当位置。蔡将军之宏愿，即欲使中国得此位置，并以共和制度施诸国民，使在经济方面极力发展，而兼得政治上之完全独立也。是凡蔡将军之友人，

① 纳：《去年今日之蔡锷》，《申报》1916 年 11 月 10 日。

② 冷：《读松坡遗言》，《申报》1916 年 11 月 11 日。

对于其前途，均抱一极远大、极真实之希望，以深知其既具毅力，复富有稳慎持久之特质，实足以履行其宏愿也。至于中国与云南暨其最诚笃之同事，与夫敌忾同仇，如贵将军者，对于蔡将军之死，实甚可伤。然以其为国服务，鞠躬尽瘁，为精力之所不能而致死，实与死于战地无异。苟能举其原因而妥记之，实足为一般后人之模范。中国青年自更可于蔡将军之生平寻师表，而谋为与中国相称之人也。兹仅以法国政府及本人名义，向贵将军表示最诚恳之悼忱，并请向蔡将军家室代达此意为感。专此，敬颂勋安。韦礼德。一九一六年十一月十一日。"①

同日，《长沙日报》记者筠园在该报发表《悼蔡松坡先生》一文，说："自欧风东渐，旧德日沦，凡人之从事于国家社会者，非失于诡随，既失于矫激，独先生自锐志改革以来，乃心无日不在国家，而所行无事不循轨道，公德私德，皎然无瑕。自主讲军校以至总绾军符，经历之事多矣，而家无储财，身无长物，是难能也，是可为今日奔走革命而役志安富尊荣者风矣。"

16日，"《字林西报》云，顷据电传知蔡将军锷已在日本逝世，从此中国政界又弱一铮铮佼佼之人物。论者苟能取近数年来之大事，而摄取其正确之远景，则蔡氏为人之真价值益可以昭然在目矣。蔡原籍湖南宝庆府，毕业于日本士官学校，回国后由清廷界以训练广西新军之重任。旋以滇督李经羲奏调总办云南武备学堂。革命后任命云南都督兼理贵州事，既而奉召入京供职于将军府及统率办事处，寻迁经界局局长。迨帝制议兴，蔡氏间关赴滇，率先起兵，其事固已为外间所稔。盖蔡之丰功伟烈，实表见于滇师既起后之一二年间，若上文所述，不过就其身世情形而撮举概要，差比于发凡之论而已。当时，云南既首起义兵，四川亦闻风响应。川师由人民激之，将军导之，其始不过以主义之不同而力抗帝政，其后乃以对人之嫌怨而力排袁氏。蔡氏于共和政体，固为忠贞不二之臣，然宗旨之决择又务取和平，不尚激烈。故袁氏退位之议，非其所甚主张。川中革命之旗，既如云而起，蔡乃一一就其领袖之人，而反复磋商，卒就底定，于是中央有督川之命。然蔡之猝婴疾痛亦在斯时，奉命后乞一月假，冀稍养摄，而川人又争尼其行。观于周骏去蜀不及二旬，而全川烽烟顿息者，则其定变

---

① 曾业英编《蔡锷集》（二），第 1509 页。

致治之才为何如也。本年七月，中央准其留任调摄，盖欲其于卧治之中收坐镇之效。然至八月初，而喉病愈剧，猝成喑哑，遂于十日赴沪就医。初寓哈同花园，旋入某医院，禁亲友存问。最后有东瀛之行，而今乃以长逝闻矣。夫蔡氏为人，其卓荦可称之处甚多，而始终能抱定一己之见解，不屈不移则尤特色所在。例如帝制则倾覆之，共和则拥护之，而总统一席，袁为最宜，但设相当之保障，取其不至危及民国而已足，此又其所笃信弗疑，而亦足见其谋划之悉本于和平中正者也。虽以是而谤讟蜂起，怨尤丛集，然蔡氏惟知求利于国，悠悠之论，初不介意。夫中国有如此人才，方足以言救国，而奈何其不可多得哉，而奈何其又弱一个哉。"①

17 日

▲报载改由外国万吨商船迎蔡锷灵柩回国。说："蔡松坡病殁日本，外传政府将派军舰迎载灵柩回国，原属优礼元勋之意。当时确有此议，但目前因事实上之障碍，业已改计。盖军舰驶抵彼处，不能泊上码头，灵柩登舰时极形不便。且现在北洋诸舰，吨数皆甚少，若将灵柩安置舰面，播动太甚，且恐波浪亦能打及。而舱下又无可安置之处，不如仍搭外国一万吨以上之商船，运载较为安全，因之已将前议取消矣。又闻四川督军罗佩金，前因蔡公松坡乞假就医，奉令摄事，原期蔡督平日回任，即可卸肩。不意蔡氏竟一病不起，罗督即电请简员接替。其文略云，佩金受事以来，匆匆三月，蔡督竟一病不起，川事复纠纷万状，庸拙之躯实难再事支拄，并称交卸后躬亲赴沪，将蔡督灵柩迎葬，略尽私谊，即由海道回滇，遂我初服。云云。"②

18 日，又载"北京电。昨国务院常会：（一）请拨款接济政治犯；（二）请建蔡锷专祠于国都及立功省分；（三）拟用招商轮船随海容军舰护蔡松坡灵柩。"③

22 日，又载"云南首义元勋正任四川督军蔡锷在日本东京逝世，其灵柩中央方拟特派专轮迎护回国，乃蔡氏家属因遵遗命，毋事优异，已于前日（二十号）由东起程乘日本邮船来沪。本埠各官厅已接到驻日章公使电，

① 《外报悼惜蔡松坡》，天津《益世报》1916 年 11 月 16 日。
② 《蔡松坡灵柩回国之准备》，《申报》1916 年 11 月 17 日。
③ 《专电》，《申报》1916 年 11 月 18 日。

略谓蔡故督军锷灵榇已于本月二十日，由东京神户乘日本邮船'羽田'丸装运回国，不日抵沪。除电报中央外，到时希派员照料云云。驻沪杨交涉员接电后，即于昨日照会领袖领事，略云前故督军蔡锷灵榇，现由东京乘日本邮船'羽田'丸装运回国，不日抵沪，届时蔡公灵榇及中国军乐人等，须经过租界，相应函达查照转知各捕房沿途照料云云。本埠军警政各官厅自奉电后，已预备各派专员迎护，并商妥轮埠码头搭盖素彩，并闻蔡公停榇处已择定公园靶子路蜀商公所，灵榇拟暂置大厅。昨日杨交涉员特派译员杨小堂前往治丧事务所，会同布置停枢等一切事宜。又闻新任外交总长伍廷芳，原拟星期三启程北上就任，兹因得悉蔡公灵榇不日抵沪，故拟亲在灵前一奠，再行首途云。另一访函云，云南首义伟人蔡松坡先生灵榇将次归国，本埠官绅商学各界假宝山路蜀商公所开追悼会……兹悉主理会务之屈君，业向闸北水电厂定装电灯二百数十盏，所需自来水由该处日商六三花园赠给，不取水价。水电厂长曹元度，因追悼会定装之灯一百支光居多，恐灯线电力不足，特派稽查徐钟祖暨材料科前往调查后，即在该公所旁专建电池一所，以供应用。公所门前已雇匠盖造芦棚数楼，东西辕门均以松柏鲜花扎成牌坊，其内部布置亦已着手举办矣。"①

27 日，蔡锷治丧事务所电告章公使迎灵舰船由沪出发时间。说："东京中国公使馆章公使鉴。蒋公迎枢，顷已由政府派定'海容'兵舰、'新铭'商船，准于二十八日午刻由沪开赴长崎。希即转饬长崎领事，俟该舰等到岸，妥为照料，接洽一切。蔡公治丧事务所同人叩。廿七。"

又电蒋百里说："福冈大学病院蒋方震先生鉴。'海容''新铭'均准二十八正午由沪开赴长崎，'新铭'四十八小时可到，'海容'稍迟数小时，已电章公使转饬长崎领事接洽照料。萧立诚、林赞侯、符经甫同行，应备事物，皆已筹备。灵位魂帛，尊处想已备妥，船到及何日时启行，并盼电示。同人叩。廿七。"②

19 日

▲报载长沙的宝庆同人举行蔡锷追悼会。说："十九日，旅省宝庆同人

---

① 《蔡松坡先生灵枢回国之准备》，《申报》1916 年 11 月 22 日。
② 《派舰迎护蔡灵之要电》，《申报》1916 年 11 月 28 日。

假黄泥塅宝庆中学校开坡公追悼会，午前九时开会，主祭者为谭心休，次为军界致祭代表系胡兆鹏。既而二师九连兵士齐集礼堂前甬道两侧摄影，盖该连连长谢煜焘宝庆人也。再次为省会议员，最末为女界。会场布置均极完备，上供坡公遗像，其侧悬有挽词云，拼一死为四百万同胞争回人格，愿再生提五千年祖国独立寰球。"①

25 日，又载长沙举行蔡锷追悼会。灵堂上陈有"木板书籍二种：一标书系蔡先生在时务学堂所作札记，并注明是时先生名艮寅；一则标书在兵目学校充当教授时自编地形学讲义"。②

## 21 日

▲报载川省政界派系林立及其更迭情况。说："川省政界有民党与非民党之分，民党中又有川派与滇黔派之分，滇黔派中又有蔡松波系与唐蓂赓系之分，枝枝叶叶，外人甚难辨识。蔡氏去川，该系自当下野，所属之雷梯团长飙早已辞职，李秘书长曰垓现已去蜀，邹财政厅长宪章抱疾退休，硕果仅存者惟尹政务厅长昌龄，现亦借词以去，稽警厅长祖佑亦被排挤以去，故近日来，政界迎新送旧，颇甚忙碌。兹查新任政务厅长为李君守庄，前滇军银行行长也，于一号到厅视事，各科长以政务滞行，特进请谒，借瞻丰采，而李君接谈数语，即到江楼为某君送行。二号全厅各科长员又往谒见，待其训示，以定办事方针。李君接见诸人后，亦仅言'辛苦了'三字。教育科某君力言各校学款积欠数目未发，且因外国教习修金未送，致起交涉，应请维持。李君答以款项支绌，无法可设。又有某科员补充某君之说，请顾全国交，重视教育，李君迄无一言，诸人乃各逡巡而退。财政厅长为杨君伯纯，川人也，前曾在滇省游宦多年，自履新后即闻已在筹备学款，用纾各校积困，旋又奉到省署催发学款，饬知即谕当事某科长，设法先发三月。盖各校窘迫之状暨外国教习之交涉，杨君久已深悉，故特谕该科长照饬赶办。殊前日各校赴厅，几经唇舌，仅领得一月经费，而外国语专门学校并一月之款亦未领得。当经语校庶务质问，该科长乃以前奉省署饬发语校补给外国教习之款为词，庶务只得空回。日昨有某君托友转询

① 《湘人追悼黄蔡之余闻》，《申报》1916 年 11 月 29 日。
② 《三湘同哭蔡先生》，《长沙日报》1916 年 11 月 26 日。

杨君，略谓贵厅十月全体薪公，已于三十号一律发完，何以措款某校经费？杨君则以事由科长主持答之，据此可见杨君之困难矣。至于政、财两厅之外，政界之稍可指数者，厥为警务。目下川省警务处长及省会警察厅长亦均易人，新任处长为顾品珍，由卫戍司令转任者也；厅长为禄国藩，由六师团长转任者也，均于二号接事。卸任警务处长嵇祖佑君，则系另有差委，闻有荐任为重庆关监督消息，然亦莫能卜其究竟云何也。"①

## 28 日

▲报载四川罗佩金对蔡锷逝世消息，"秘密了一日"。说：

　　蔡松波之噩耗，罗督军得之最早，在十一月十号即有电来川。初，罗氏得此电，尚以为未确，拟不使人知，乃密饬成都卫戍司令官顾品珍氏检查各报馆，谓如有此等专电，请勿登载。顾氏奉此命令，于十号傍晚率队逐一检查各报社，均未得此电，亦不知其检查为何事也。十一号早，卫戍司令部杨副官长又以电话，遍向 [问] 各报得有关系蔡松坡之电否？是时四川《群报》《四川新闻》两报已得北京专电，称蔡于九号病故矣。某报答杨副官长称得蔡公噩耗，该副官长言此电不实，并言十一月四号蒋百里由东京来电，称蔡病已大减，待石（按：指石陶钧）某到东时，蔡即回国云云。四川《群报》得专电后拟出号外，已将印成。卫戍司令部固称不确，要求其不出号外，并不许注销。该报亦无可如何，听之而已。

　　是时，各报得专电，而不能登载者，皆甚不谓然。但实无法，皆以为专电纵不可登，将来大总统对蔡必有褒扬之命令，俟得命令后总可注销。不意成都有《四川新闻》者，系新组织之报，定十一月十二号出版，早即约有访员专电，因系未出版之报，检查员顾司令未及注意，及十一号得专电后，遂于是日午后先行出紧急号外，突然传遍于城内外，而蔡公逝世之噩耗遂不可隐密矣。某某两报见《四川新闻》已出号外，亦于十二号将专电注销。是日，罗督军亦通饬各机关停止停 [办] 公一日，下半旗志悼，省议会亦休会一日，各街商民多有自

①《川省政界要人之更迭》，《申报》1916 年 11 月 22 日。

行下旗者。十三号，各机关各商民仍多下半旗者。此等哀悼蔡公下旗志悼，并非如往日之庆祝事，故未由警察通知，以致参差不齐，其下旗之法亦各异，有误将五色除去二色半，只悬二色半者，并闻罗督军、刘（积之）军长等及省议会得噩耗后，均有电到东吊唁，而报界则时评、社说非常痛悼。

蔡公之于川有绝大关系，此次罗督军之初拟秘密不登者，非仅恐其不确也，且恐际此两派暗斗时，而某等将解体也。罗督军之得到四川，蔡之力也，其最初之举一般人颇为疑异，十三号四川《群报》时评指责倚蔡成名者，即不满意于罗氏也。但现蔡公方逝，川省当局与其有关系者有无意见发表，一时尚难窥测。然有识者皆谓蔡公之逝，于川省前途有绝大关系。又据一般人推测，此后滇系之势力必衰，滇、黔两系之争端或于此减少斗力，时局可望解决。而戴戡不久必能到省履新任，则川局最平静之结局也。

按：近据川电，黔、滇两派之争益烈，以常理论之，宜为蔡之一死所感动，而息其纷争矣。乃不为蔡死而息其争，反因蔡死而争益烈，松公有知，目其不瞑乎。①

# 12 月

## 1 日

▲梁启超电告长沙政务厅长范治焕，蔡锷灵榇约本月 4 日到沪。说："今晨由粤抵沪。松榇约支日到。此事似不能瞒太夫人，望专人往告，并就商葬地。同人意主岳麓，公等谓何如？盼复。超。东。"

2 日，又"十万火急"电告范说："昨电想达。松似以归葬岳麓最宜。果尔，则须速运，迟恐水浅难行，望即商其家迅复。再，松之弟及子侄应列名讣告者，请速询明，于明日电达此间，立待刊讣及谢帖也。超。冬。"②

同日，报载"东京电。故蔡锷氏之遗骸，先移中国政府派遣之'海容'军舰后，复由仪仗兵移入'新铭'轮船。旋于今日（二日）午后一时开向上

---

① 《川省得蔡松坡噩耗时之状况·秘密了一日》，《申报》1916 年 11 月 28 日。
② 以上二电见《护国之役文电稿》（1916 年 2 月至 1917 年 1 月），中国国家图书馆藏。

海，其遗族及他人等亦附该船，居留长崎之中国人等往送者甚多"。①

3 日

▲梁启超电请各当道赐函同意发起蔡锷纪念图书馆。说："蔡公松坡功在社稷，民不能忘，沪上同人议设一纪念图书馆，即在馆中奉祀铸像，庶可以范后人而垂不朽。拟恳我公赐衔发起，以资提倡。务乞垂诺，并盼赐复。梁启超叩。江。"

随即获得范源濂、程璧光、田文烈、李经羲、庄蕴宽、刘显世、任可澄、罗佩金、张耀曾等人的响应与支持。②

但是，冯国璋、段祺瑞等人电复此事以"发之自下"为好。因而 8 日梁启超电复南京冯国璋副总统，谨将前议作罢，由超等自下发起对蔡锷的纪念之举。说："华密。阳电奉悉。纪念之举，发之自下，乃表公论。钧座挈衔发起，反乖名实，诚如钧谕所云。今谨将前议作罢，由超等黾勉图成。仍希随时指示，维持殁存，同感。超俟松榇发引后即入都，届时当过宁受教。启超叩。庚。"

同日，梁启超电复段祺瑞说："华密。鱼电奉悉。纪念之举，发之自下，乃表公论。我公挈衔发起，反乖名实，诚如钧谕所云。今谨将前议作罢，由超等黾勉图成。仍希随时指示，维持殁存，同感。启超叩。庚。"

9 日，又对承诺署衔发起"蔡公纪念图书馆"者说："蔡公纪念图书馆承署衔发起，钦佩无量。顷此间各界咸踊跃赞成，惟须在发起人中公推一人为筹办主任，庶足专责成而策进行。乞公推示复。梁启超叩。青。除段、冯、张。"

15 日，又电复武昌王占元督军说："盐电敬悉。图书馆主任能得冯公，最昭郑重。惟兹事因带社会事业性质，故总统、副总统、总理皆未请列名发起，尚乞别推。谨复。启超。删。"

又电告天津熊希龄说："建密。图书馆发起征求同意之通电，伯唐未答，乞即面询电复。超。删。"

又电告范源濂说："沧密。征求图书馆发起同意之通电，伍总长未有回

① 《外电》，《申报》1916 年 12 月 4 日。
② 《蔡公纪念图书馆之发起》，《申报》1916 年 12 月 13 日。

音，乞即面询电复。超。删。"①

4 日

▲黎元洪颁令，蔡锷灵榇到沪时，派杨善德前往致祭。说："勋一位赠陆军上将、前四川督军蔡锷，在日本福冈病故，当经专派袁华选赴日本照料。兹据电称，该故督灵榇于本月二日上船回国，五日到沪等语。该故督功在国家，宜隆飨食，灵榇到沪，着派淞沪护军使杨善德前往致祭，以示优崇。此令。"②

▲梁启超电告长沙范治焕，蔡锷灵榇到沪后拟旬日内护送回湘。说："江电悉。灵榇明日到，拟旬日内即护送回湘，希筹备一切。超。支。"

又电告琼州龙济光督办，蔡锷灵榇明日抵沪。说："时局变幻，我公洁身而去，追怀曩谊，感慨系之。超前月旋里，展奠先灵，拜领宠挽，殁存永感。顷奉径电，于松坡之丧，特致哀悼，尤仰高谊。现灵榇定明日抵沪，政府饰终典礼，备极哀荣，差堪告慰。琼崖地利丰沃，实业最宜，公驻节此间，定多伟划，尚希时赐教言。超。支。"③

▲报载上海商界同人及蔡锷治丧事务所对迎接蔡锷灵柩的安排。说：

> 蔡公治丧事务所昨接"新铭""海容"两轮一无线电信，知蔡公柩船本月四号十二点钟可抵吴淞下碇，五号上午九时可抵码头登岸。本可径行驶进，因口外泊有英国军舰，须打看旗号，故须天明方能进口。该事务所接"新铭""海容"轮舰无线电信后，以蔡公柩船抵埠已有确期，所有迎柩登岸临时一切招待，亟应先行派定，是以于午后由该所主任蒋叔南邀集绅商学军各界同人集议，各界招待员由各界自行派人接待，俾得熟悉引导。至各界迎柩人员徽章，该所已于报名后分别送去，该所装设租界电话，昨日亦已接通，其电码第一千七百二十八号。兹将昨日商界同人所发公启，与蔡公治丧事务所启事及迎柩行列路由单分录于下。

> 商界同人公启：启者。蔡公灵榇于阳历本月五号即阴历十一月十

---

① 以上六电见《护国之役文电稿》（1916 年 2 月至 1917 年 1 月），中国国家图书馆藏。

② 《大总统令》，天津《大公报》1916 年 12 月 6 日。

③ 以上二电见《护国之役文电稿》（1916 年 2 月至 1917 年 1 月），中国国家图书馆藏。

一日上午九时抵沪登岸，凡我商界应下半旗以志哀悼，特此布知。

治丧事务所启事：其一，本月五日即阴历十一月十一日上午九时，蔡公灵柩到沪，在招商局江天码头登岸，凡欲加入迎柩行列者，请佩带蔡公遗像徽章，于九时前齐集江天码头，就敝所派员招待，并议定场所驻候，灵柩登岸依次加入行列。除分发通告及行单外，此布。其二，敬启者。蔡公松坡灵柩业经护运到埠，定于本月五日（即阴历十一月十一日）九时登岸，所有各界迎迓诸君，均请于是日上午九时以前佩带蔡公遗像徽章，齐集招商局江天码头，按照敝所指定地点分别驻候，俟灵柩登岸时照后开行列单，依次排行至蜀商公所门口，在沿马路依次停驻，俟灵柩先进入灵堂停放安妥后，由引导员挨次引导各界至灵堂行礼后各散。特此通告，即祈公鉴为荷。

迎柩行列路由单：一捕房马队，二惠儿院音乐队，三省立第一商业学校（以接洽先后为序，行走时以二人为一列），四南洋商学校，五南洋商业公学，六复旦公学并童子军，七青年会童子军，八工业专门学校童子军，九省立第二师范，十女子同义义务学校，十一中国妇孺救济会音乐队，十二闸北救火会，十三商界各团体，十四中国音乐班，十五像亭，十六遗电亭，十七大总统命令亭，十八勋章亭，十九服用亭，二十花圈，二十一海军，二十二护军使署军乐队，二十三陆军，二十四警卫队，二十五孝帏，二十六铭旌，二十七□帛，二十八执绋亲友，二十九柩车，三十各界乘车送柩者及空车。灵柩路线自招商局码头登岸，经行洋泾浜路，过三茅阁桥，进棋盘街河南路，穿过大马路，过铁大桥，经北河南路、宝山路，至蜀商公所。[①]

又载蔡锷灵榇已抵吴、沪。说：

迎运已故四川督军蔡公松坡灵柩之"新铭"商轮、"海容"军舰，已于昨日午后四时抵淞。其随船前往日本迎接灵柩之张百里及蔡公之弟蔡松垣，并其遗属妻子等均已同船归国。闻此次日本一带风雾甚大，"海容"军舰舰长杜锡珪对于驾驶航线颇有经验，得以安稳相随"新铭"左右，同时抵淞。据同去之人言，此次迎柩轮舰抵日，该处华侨

---

① 《迎接蔡公灵柩之布置》，《申报》1916 年 12 月 4 日。

及日本士绅对于迎柩之华官均脱帽欢迎，而柩船开行回华时又有日本官绅及华侨等数千人送出长崎，且致送挽联、素幛竟有五千余份之多。"新铭"商轮准今日天明驶入并岸。驻沪美国陆军将佐派舰长四人、水兵五十六人加入迎柩行列，亦可见外人钦仰蔡氏之心矣。至昨日上海浦东、浦西各学校音乐队请加入迎柩行列者，因报到太迟，已无地位排列，由治丧事务所办事同人婉言谢绝。

兹将该所派定之招待员姓字录左：张公权、范悯黔、钟扑臣、庄得之、刘原生、张岳军、张润农、沈信卿、贾季英、张百初、姚咏白、陆咏霓、杨少棠、张君劢、刘步青、吴璧华、何澄一、梁仲策、林赞侯。

又函云："海容"巡洋舰赴日迎护蔡松坡公灵柩，业于昨日午后与"新铭"商轮同时抵沪，已由"海容"舰长杜锡珪将蔡公灵柩由日护卫到沪日期，报告第一舰队林司令复部查照矣。①

## 5 日

▲蔡锷治丧事务所同人发表公祭蔡锷文。说：

蔡公治丧事务所同人公祭蔡松坡先生文云：维中华民国五年十二月五日，勋一位陆军上将四川督军兼省长蔡公之丧归自日本，实公薨后之二十七日也。含生恓惶，九宇震悼，旅沪人士执绋号恸者万数。既奉迎灵輀止于殡宫，乃敶祓陈词而公祭之。曰：呜呼，览史乘之恒轨，惟时危乃挺异人，而斯民受赐之厚薄，则视志事之能否卒伸。惟公以万夫之特丁阳九之屯，郁奇气于早岁，焕灵曜于壮辰。当清绌之方解纷，沧海其扬尘，公以一旅崎岖崛起边徼，遂使西南半壁势重于千钧。滇之瘠剧为诸镇最，公能使民乐而忘其勤，乃用之以援黔、援蜀，以及于藏、卫，寸寸弯强弓，而目曾不瞬眄。两载之治绩，既旷世而轶伦，怅明夷之未融。遵养晦于京国，能智全于猜鸷之朝，有以知公之所托。然犹不择事以瘁形神，常应机以寓规划，治井地则周知广轮，筹军旅则疆及戎索，傥所规什举一二，其所造于国者，抑当何若。谁

---

① 《蔡公灵柩回国纪》，《申报》1916 年 12 月 5 日。

生厉阶，帝制自为，盈廷盈野，走魅奔魑，公既天下物望，所集固当为彼其所最猜疑。室环谍骑，庭布锄魔，其影魁魁，其目睽睽。公夷然若无事，以出入于虎穴者八九十日，而从容部署万里以外之机宜。碧鸡晨号，金马宵驰，万众企缓，百灵护持，飞将军自天而下，千七百万父老子弟歌舞而从之。公曰：吾盖深恫极悯于内竞之不祥，吾诚不得已之所为，俏人格之荡堕，宁国命之孑遗，剑及屦及，飙驰电移，以数千饥卒当十万大敌，天下万国闻者，夫孰不为公危？公何以克敌致果，其神略非吾曹所能窥，惟侧闻公之所以瘁厥心力者，识与不识，其能勿感激而涟洏。纳溪相持一月有奇，敌骄而悍，我耗以疲，矢尽援绝，士病将疑，公盖不解甲、不亲榻者数十昼夜，遍提军士之耳而摩厉之，以大义之所期，竭移山填海之精力，以维持此不衰不竭之士气，然后出奇制胜，而蹙敌于不支。此数月间，食则杂糠砾，衣则截盖帷骸，垢不得浴，发椎不得治，公盖一切与士卒共此苦，而能分公运筹之苦者则谁？呜呼，虽以顽健之夫当此犹不克堪命，况公之常病而常羸。呜呼，谓国人为天所绝耶，国人所嫉者，天则夺其魄；谓国人为天所怜耶，国人所恃者，天复斩其年。天实爱公，俾公以功名自全，公实爱吾民，其曷忍一瞑不视而听其颠连。元首倚公以奠根干，政府待公以持衡铨，疆吏仰公以络枢轴，民献望公以决疑然，军士恃公以训以节，学子瞻公以励以志。工曰有公吾安吾肆，商曰有公吾乐吾廛，旅曰有公吾坦吾途，农曰有公吾田吾田，友邦仁公以增益信睦，先民歆公以严净山川。呜呼，今其为无望矣乎，凡所云云，悉随公以葬于九原。若夫滇人之哀庄蹻，蜀士之哭诸葛，斯又各怀切肤之痛，其曷能以言传？又况沅湘亲知招魂何处，山阳故旧闻笛潸焉，万方一哭，声闻于天，眼枯泪尽，赍以入泉，公其有知耶，其无知耶，胡宁忍予而羌不少延？呜呼哀哉，先民有训，所尚不朽，曷为而能，然有所立以永，于厥后薪尽传火，石穿积溜，是故仁人君子，心力之为，虽百世之下，犹食其报。公今形解，吾民号咷，公永神留，吾民临照，惟哀矜兹，不辜神罔，恫其来告。笔斯溪毛，灌彼黄潦，积诚可通，岂第其劳。呜呼，哀哉，尚飨。①

----

① 《蔡公治丧处祭文》，《申报》1916年12月6日。又见上海《时事新报》1916年12月6日。

▲《申报》记者为蔡锷灵柩回国刊文"感怆"说:"使无滇、黔首义,则今日之仍为民国与否,未可言也。使无蔡公之冒死经营,则滇、黔之果即举义,举义而能转战千里,以待各省之响应与否,更未可知也。然则吾同胞幸民国之不亡,而追维此民国所以不亡之人,以永永服膺勿去者,舍蔡公其谁归哉。今日为蔡公灵榇归国之日,回忆距今三月以前,蔡公渡东之际,吾侪固尝一致祝其早占勿药,翩然来归焉。孰意昊天不吊,夺我元勋,见其出而不获见其生还,旅榇归来,浦潮呜咽。记者于悼痛之余,尤不禁增一层感怆也。"①

次日,又刊文说:"昨日蔡公松坡之丧,来归沪上,中外人士迎公者,颜色之戚,哭泣之哀,动于至诚,哀伤之至,几有不自知者。盖不第素车白马,万人空巷,极举殡之盛况也。诚以公之功在山河,国民受公之厚赐,而丝毫未有所以报公。今者灵辆归来,英爽凭式,对此功成身死之元勋,虽欲强抑悲怀,而不可得耳。呜呼蔡公往矣,当此国基未固、风雨飘摇之秋,后死之责固匪一哭所能了事,我国民而苟不忘蔡公者,亦当如公之牺牲小己以拥护国家,毋使中华民国复于公存于公者,公死而遂有人亡国殄之悲,则蔡公之英灵其欣慰者当殆有甚尔。记者于哭公之余,愿矢一言,为国民励。"②

7 日

▲梁启超电告刘显世、任可澄,蔡锷"丧昨归,执绋万人"。说:"洽密。松丧昨归,执绋万人,举国摧痛,况于吾辈。周公论宪法电,钦佩无量。然虽呕尽心血,何从使彼辈觉悟?某党险狠异常,现已明相敌,志公否决,此其见端,实则勇于自杀耳。干老乡土观念太重,难与语大计。某党因其与朱有恶感,拼命运动,固不至被利用,然欲恃作西南中坚则无望。冀公处望志公常通电劝保令名,勿随人自杀。段极可敬爱,与吾辈可成沆瀣。弟旬日内入京,体顽健,虽哀恸,尚知自节。告贱眷勿念。超。阳。"

又电复重庆戴戡省长,"勿馁退",以竟蔡锷"遗业"。说:"夏密。支电悉。末段言滇事有误码,乞再示。川局恐将以王代罗,王必不敢与公为

①　庸:《吊蔡榇回国》,《申报》1916 年 12 月 5 日。
②　庸:《哀迎蔡灵之感想》,《申报》1916 年 12 月 6 日。

难，或较易处。孟曦往极善，彼如何对付，乞随报。彼党日谋自杀，拟以蜀为唯一根据，公宜勿馁退，以竟松公遗业。仆俟松灵归湘后即北上，函寄津意界舍下。公与段通电宜勤，段极沉鸷也。知名。阳。"

1917年1月2日，又电告成都戴戡说："夏密。数电并悉。黔军编师事即函告建威，得复再闻。银行事顷总裁摇动，且此人不可与语，俟数日后变迁如何再设法。段意决欲以王易罗，不易挽回，彼言将以王为过渡也。刘则俟局定后拟调使离蜀，前电托为故人之子吴恂昌谋一位置，能设法否？盼复并候孟、希。超。冬。"

8日

▲梁启超电请教育部范源濂总长设法急补蔡锷在美私费留学之弟蔡钟以官费。说："松坡之弟蔡钟，现在美私费留学，务请设法特别急补官费，并电美使转知本人。前闻元首曾垂询殷殷，并请呈明。超。庚。"

**按**：蔡钟回忆证实有此事。

同日，又以"明码"电请黎元洪、段祺瑞说："故蔡督东渡就医时，经范君熙绩传大总统钧谕，饬令酌带随员照料。旋由章公使交下公府每月津贴费千五百元，指明为随员薪俸及医药费之用，故督以千元照给薪俸，余五百元屡辞不获，亦经祗领。故督所带随员四人：一、秘书唐巇；二、参谋长石陶钧；三、副官长何鹏翔；四、副官长李华英。四君者，当故督由滇入蜀之始，即追随左右，刻未尝离，劳苦功高，度越寻常。故督卧病，谢弃百事，万里相随，服食医药，无役不服，风义之高，尤堪敬仰。今故督已矣，论公私尽瘁之义，吾辈殊愧对此数贤，今皆闲居失职，犹复奔走为故督后事尽责任。可否仰恳我大总统、总理广懋酬之谊，将前此津贴薪俸，继续发给。如承俞允，应由何机关祗领，恭候钧示。至于四君性行才器，以故督倚重之深，可以推见。为国家举贤熙绩起见，将来如何拔擢任使，想我大总统、总理自有权衡也。启超叩。庚。"

15日，梁启超电复黎元洪、国务院说："奉电饬蔡故督随员等晋京候擢用，传谕均感。副官李华英，经故督保送日本步兵学校，顷已就学。秘书唐巇、参谋长石陶钧、副官长何鹏翔，皆护随蔡灵返湘，葬毕敬当北上。谨代达。梁启超叩。"

9 日

▲梁启超电推长沙谭延闿、袁家普、范治焕为蔡锷遗孤教养协会评议员。说："同人顷设一蔡公遗孤教养协会，推执事为评议员，想承义诺。盼示复，详情立诚面达。超。青。"

11 日，又电告范源濂、天津熊希龄说："顷组织蔡公遗孤教养协会，公推两君为评议员，想乐负责。乞复。超。真。"

▲梁启超电请唐继尧"悉数录副"蔡锷"在滇文牍"。说："顷辑松公遗集，克期出版，请饬将松在滇文牍，一、光复前者；二、都督任内者；三、去冬起义以来者；四、与公及滇同人函件悉数录副，即寄沪斜桥路十六号袁伯夔汇收。又松戚潘家似存有松箱箧，即派人往一检，有应钞者，请并钞来。超。青。"

同日，又电请成都罗佩金说："顷辑松公遗集，公及叔桓兄处函件，乞饬录副，惠寄沪斜桥路十六号袁伯夔汇收。又周君惺甫处闻所存颇多，望并托转钞。超。青。"

还电请贵阳刘显世、重庆戴戡说："顷辑松公遗集，尊处函件，希饬录副，速寄沪斜桥路十六号袁伯夔汇收。超。青。"

又电请北京六部口周宅说："顷辑松公遗集，乞托人钞经界局文件。又有军事计划诸文，请托公侠搜罗。超。青。"

**按**：从后来仅印行过《曾胡治兵语录》《松坡军中遗墨》两种，而未能辑成蔡锷"遗集"看，唐继尧等人似并不重视梁启超所托之事。

▲梁启超电告唐继尧，"凡涉意见之言，切宜慎听"。说："护密。自闻松丧，哀痛欲绝。公数共患难，想哀更逾常，但后死之责方长，尚乞勉自节抑。顷党争日剧，前途不知所届，公关于宪法通电，说论危言，万流钦仰。然能否实施一二，已不敢知，自余凡百政务皆滞不行，长此纠纷，殷忧曷极。超顷草财政、军政意见书，持裁兵救亡说，日内付邮乞教。俟松归榇后，超亦入京一谒当道，痛苦陈词，望公盱衡全局，主持正论，凡涉意见之言，切宜慎听。余函详。超。青。"

又电告长沙谭延闿说："超东日抵沪，拟谒奠灵帏，奉唁孝思。公已奉榇归湘，不克躬送，歉甚。比想奉安有日，国事、湘事仔肩綦重，伏惟节哀。黄、蔡沦丧，国家前途，希望什堕八九，弟哀恸之余，几于万念灰尽。

惟后死之责愈复巨艰，吾曹自弃益无以对死友，欲与公相勖同保岁寒耳。松后事随时由范、袁两君转达，专唁不尽。超。青。"

10 日

▲梁启超电告刘显世、任可澄，蔡锷家事极复杂，设遗孤教养会，代理一切。说："洽密。周公佳电、志公鱼电悉。王师长明日到，届时赙款当代存。松公家事极复杂，现设遗孤教养会，代理一切。唐、罗对调，曾议及，惟唐、戴能否相安，终是问题。罗返滇，能服众否，亦须研究。蜀人排滇热甚盛，亦须顾虑，姑备一解耳。某党恃多数，勇于作恶，志公否决后，继以斗殴，恐大变在即。弟俟蔡灵归后北行。余续陈。超。蒸。"

10 日，又电告重庆戴戡说："夏密。亲译。青电悉。聚兴诚款已收，如命办理。觉顿赙款可得五万，由同人八人代理。松家事亦极复杂，顷设遗孤教养会经理之。蜀事有人提议唐、罗对调，又有议石醉六调罗，公谓何如？何日赴省，希随时报消息。弟廿四五乃北行。超。蒸。"

又电告天津熊希龄说："建密。松公归葬，决在岳麓，湘已预备。其家事极纷纠，故有遗孤教养会之设。赙款不欲通电募集，免违生前耿介之志。顷拟除亲知量力致送外，别以出版物筹措。弟旬内北行，一切面究。超。蒸。"

12 日，又电告成都罗佩金说："昨得晓岚电称，公寄松公治丧费五千元，由源利转交等语。乞即电该银号转交上海中国银行弟名代收，乃能领取。超。文。"

21 日，再电告刘显世说："洽密。超决廿三北行，在宁小住，月杪抵都。军械事，必向冯、段力恳，结果如何，届时另报。松公赙款已领。超行止，请告内人。超。马。"①

11 日

▲熊希龄电告梁启超，蔡锷归葬，应择地岳麓。说："建密。松公归葬，应于长沙岳麓择地，宝庆僻远，难资观感，乞酌定。再，时局变幻莫测，为松公遗族筹恤，似宜从速通电中央、各省借助。望公挈同人衔名通电何如？希龄叩。真。"

_____

① 以上各电见《护国之役文电稿》（1916 年 2 月至 1917 年 1 月），中国国家图书馆藏。

12 日，梁启超电复说："建密。松公归葬，决在岳麓，湘已预备。其家事极纷纠，故有遗孤教养会之设，赙款不欲通电募集，免违生前耿介之意。顷拟亲知量力致送外，别以出版物筹措。弟旬内北上，一切面究。超。文。"①

13 日

▲梁启超"十万火急"电告北京税务处孙宝琦督办，蔡锷"灵柩改由招商局'江宽'轮船入鄂，乞即电施监督发执照，免验行李，并盼复。超。元"。②

14 日

▲报载本日上海"各团体，假九亩地新舞台戏场开会追悼已故四川督军蔡松坡氏之期"：

> 会场一应事宜，预由二十一团体布署妥洽。该会场即设舞台之上，台中设祭案一，上列蔡故督军遗像，前陈金鼎一、花瓶五，供以香花。台口为演说台，左右为书记席，其东西两厢楼为男女来宾席，台下亦为男席。台上悬贫儿院、救火联合会挽额各一方，文曰：勋垺汾阳，痛失长城。祭案两旁陈设鲜花四盆，案前列贫儿院花圈二，收礼处设在该舞台门首售票处。司其事者为张梅生、刘映薇。收受各界投赠挽联等礼登记簿籍，□收受处东西列案各二，各团体各自派一二人专司签名，招待来宾，各团体亦俱派员承值。总干事为丁唐尧、莫子经，教育会为钱道民、王壮飞、胡少元，市经董办事处为徐静安，修志局为唐养儒、曾芝圃、钱绅斋、曾干臣，地方自治研究会为撒百清、姚玉荪，商团丁三余、范应生、吴鼎芬，救火联合会为陆翔贤、刘慎庚、邱子畏、钱国荣，公款公产经理处为张长门、张心泉、顾长在，慈善团为朱松溪、周礼生、郭少文，县议会为韩孝先，上海市学务委员为刘映薇，群学会为瞿季和、王伯英、杨友孙、王幕诘、王佑之，南商会为杨东山等。午后各界来宾陆续莅正，统计男女不下三千人。本邑文武各官厅，亦多有前往参预者。钟鸣一句有半，振铃开会。首由总

---

① 以上二电见《熊希龄集》第 5 册，第 667—668 页。
② 《护国之役文电未刊稿》（1916 年 2 月至 1917 年 1 月），中国国家图书馆藏。

干事莫子经报告开会理由，大致谓中华民国已将破坏，幸赖蔡氏举义，得以恢复共和，蔡氏实大有造于民国，追念临殒遗言，有争回人格之语，思之犹有余痛，同人等故有今日开会追悼之举也。报告毕，鼓乐大奏，来宾全体起立，向蔡氏遗像行三鞠躬礼。鼓乐暂停，即由王慕诘、贾叔香朗诵各团体诔文，毕鼓乐复奏，来宾再行三鞠躬礼。乐止，各就坐次，遂由莫子经介绍来宾演说。首蒋方震（字百里，海宁人），次石陶钧（字武任，又醉六，又介石，宝庆人），三梁任公，四沈仲礼。相继演说后，本尚有人继起演说，因已四下余钟，为时将晚，该舞台夜戏亟须筹备开演，逐宣告散会。兹将祭文、诔文，及演说词照录如下。

上海各团体祭文：中华民国五年十一月八日，松坡先生卒于日本福冈医院。梁木坏荫，大星沉芒。涛寒瀛海之声，云黯沪江之色。大名垂世，孔明长炳。芳微太岁，在辰郑亥，竟符罴梦。凡有血气，莫不伤悲。如此英雄，奚为短折。恨乏江淹，大笔刻画。丰功敢将，徐穉生刍。敷陈哀思，乃为诔曰：大圆毓秀，神州韫英，与天地参，诞生先生。大节磊磊，神武庚庚。霆霓激薄，魑魅廓清。材大景促勋高疾，小极西蜀，大渐东瀛。呜呼，哀哉。客岁徂冬，时事孔亟，谀佞逢恶，神奸觊国，祯夸石龙。毒痛沙□，言恬情干。利诱势逼，造作民情。铺张圣德，扬雄美新，尚征亮直，华歆颂丕，逊斯文饰，气盈独夫，崇丛六贼，昏昏冥冥，曷其有极。先生赫然，运大神力，京华脱罟，天池振翼。仗钺秉旄，披荆斩棘，义揭滇南，气吞燕北，不爽天罰，有罪神殛，还我本来，抉兹抑塞，重奠丕基一新民，则先生之功，万世楷式，巫阳下招，遄赴帝侧。呜呼哀哉，民气常伸，先生不死，祀为军神，载在柱史，作作精芒，如日腾驶，鼎鼎盛名，与国终始。前事可师，后生勿弛。载功简编，昭告奕□。呜呼，哀哉。上海县议员会、县商会、公款公产经理处、教育款产经理处、县教育会、塘工善后局、市乡经董办事处、救火联合会、商团筹备处、地方自治研究会、修志局、市乡学务委员办事处、县立各学校、市立各学校、慈善团、公立上海医院、开明公司、普益习艺所、贫儿院、群学会、内地电灯公司、华商电车公司。

上海市经董陆文麓诔词：呜呼，我国之不亡，赖有人心之不死者，以为之也。公大才磅礴，初见于云南反正之时，既而解职入京，所左亦左，碌碌无所表见，人几疑公之心已死矣。帝制焰炽，公间关赴滇。今日下马，而明日护国之军起，昆明池上，壁垒森严。一战胜川，遂有泸、叙。响应之省，若黔，若桂，若粤，若越，若秦，无不以公之号令为号令，则知公在京时，处心积虑，固已胸有成算，不然一怒而安天下之民，夫岂易言哉。功成身退，求药东瀛，叹疾勿瘳，天下震悼，顾公之身已死，而公之心未死。观遗电以积极政策希望政府，天下后世，犹见公之丹心耿耿也。十二月五日，公殡于沪上，工商军学各界执绋而行者以万计，人心不死，与公心同，推是心也，吾中华民国不足强也。滇池呜咽，蜀山苍茫，公归不复，遗泽孔长。呜呼哀哉。

上海县第一学区学务委员贾丰芸诔词：呜呼，世有人格教育，而后有人格战争，有人格战争，而后人格教育赖以不朽。公举义滇池，所谓为人格战争也。人格战争基于人格教育，惟得人格教育也厚，斯演人格战争也强，优胜劣败，适者生存，战争与教育无二理也。六月以来，人格之战争息，而人格之教育不息，忠信以为甲胄，礼义以为干橹，得力于人格战争者不少，天崩地坼，公归不复，而人格战争遂成历史上之过去名词，吾等体公□心以为心，则人格教育责无旁贷，庶几四千余年古国，犹赖此无形之人格战争，以维持于不敝也。湘水无情，蜀山犹怒，眷兹故国，魂兮归来。

蒋百里演词：先将蔡氏行状及留学时代历史略述一过（按：详下另录件），并谓今天诸君崇拜蔡氏理由，第一问题，必因反对帝制，然此事大家反对，所以成功。今为此崇拜先生，窃不为然，盖先生所为，大家可为。学问智识所同具都督，非先生一人，为何先生可做，人人不能做，究竟为何？都是人格关系。但人格二字，说起甚长。我中国谚有之品格二字，犹之物有格则成物，从骨节上说起就是立志。普通学生，智识与志气并济，先要有志气，可以做事。其中分为二端，一积极，一消极。当在东京，同在一处，有体育，因为有体育，影响及于精神。普通读书人有体育，可比寻常人尤为大，故体育为积极的。又有志气，如反对帝制，无体育则不能济其志气，故先生之体育、志气，从东京习学时积的。又有消极一方面，是刻苦一法，如留学时非常困苦，学生资格先要苦。今日崇拜先生，要知二十年前如今日亦是诸位学生的地位，则他日如先生者亦当不少，应美慕者在此，可见有志气可以做事。先生在日本所着衣服极陋，如日本苦学生，为同学所共见。后到北京，与在东京一般，租房甚小，自留学到死，无不在刻苦时代，所以克己的工夫最难。当时出洋，非官费难入陆军，先生志在陆军，故设法进去。今日能立大功，就是从当日极小、极易着手。现在先生已死，惟愿人人心中有一蔡公，他日继起有人，则先生虽死犹未死焉。

石醉六演词：略谓先生出京后，在上海遇非常危险，仅买一报。后由香港到云南，时已有病在身，因精神上所受的、身体上所受的，皆足致死。然其志不稍懈，故到滇卒立大功。我常偕行，到云南大局已布置定当。然当夕各方面的人，均以为军队甚难，因散处各方，未易聚集。先生计划与精神，我初见时气色不佳，问其理由，他说精神刺激之故。布置后由云南出发时，先生誓师时，早有必死之心，愿大家同归于尽。其日天气甚佳，惟云最多，故曰云南。先生动身之日无云，亦是奇事，云南人以为从古未有。路途艰难，云南为最，由云入川，其苦可知。每天一站，重庆上去，兵力日渐增多，自己不能不先走，还有贵州龙建章，所有军队实放心不下，所以刻刻留意。究竟先生为总司令是应走否，总司令并非指挥军队过了埠头在后动身，惟须先行，然后军敢跟上，故知当日困苦情形。但身体上所受的苦，没有精神所受的大。每日五点记簿，七点膳，八点走路，中间经贵州界，多日高山，非常艰难。那时自己病已深入，到四川后，最奇者平日多雨，路又甚窄，故多水，为难之甚矣。早膳后，安排一切，午膳休息，因先生抵川后，每于膳后将余剩之饭盛贮盒中，饥时取饮，每见其咽哽，我知其喉病已重。且先对于军事报告电报公事，手自披阅，又不多时，又要上马，一天走的路非常崎岖，平人坐轿，先生则不能走。总总方面看起来，先生所做得，人人可做得。将来电报印出后，方知所注的皆是先生手笔。且军中处处装电话，先生亲接，譬如三里路外有警告，则有电话来去，岂不灵便。天天在风霜雨露中牺牲，一日到了比［毕］州，是贵州重要的地方，有火神庙，该地方水气非常之重，住了几天，雪大非常，限于苦境。四日报告来，先生自己要去，参谋长说不要去，九日到了，又有剧烈的战争，清早亲到炮兵处四十分钟，望远镜望之，距敌甚近。警告来时，兵士皆愿赴前敌（青龙镇），敌人所据最坚固处。先生督军前进，敌人见我人没有携枪，因军火少，故先用枪刺冲锋，不轻易发弹也。所有的军官皆愿牺牲生命，故以后无论如何皆能用命，但敌人的枪弹范围，敌不远。我们先生做事非常精细，有一天正在吃饭，见一城楼为敌人最好目标，先生以时值军书旁午，安排军事如功课一般。因敌人有坚固营垒三处，我们部下兵力单薄，恐难取胜，先生即想一退兵诱敌方法，徐图再进，借此休息，训练兵士，振作士气，故后来泸州纳溪之战，虽二面受攻，均获奇兵制胜。先生为中国最有学识之军官，神妙不测。但惟一以诚心为用，是后来军中指挥官之模范。处此危境，能获胜者甚少，先生独能以少胜多（因军士不及敌人四分之一），且支持日久。最有价值之胜仗，系在三月初七一天，乘敌人暇怠，出兵战胜，夺获军械及机关枪不少。彼时我军没有机关枪，即用敌人之枪弹，于十七日并力攻打，自早上三时战起，至八时已经克复，占领敌地。他们炮兵见我们去，大叫红帽兵来了，大家便走。现在纪念品尚在那里，此役战胜，先生方说为常胜军矣。到了三月下浣，帝制取销，就此停战，随又料理善后，颇非易事。先生虽精神困惫，料事如常，无论患难，毫无畏缩，故知其精神百倍，而病益伏于此矣。

梁任公演词：略谓蔡公历史，蒋、石二君已详言之。二君与蔡公同处有年，知之甚悉，毋庸再述。惟启超深愿到会诸君，当自行思想研究蔡公以何种学识，始能获此伟大事业，而为天下人所崇仰者为要。而启超思想前情，如外国之那[拿]破仑、中国唐太宗等前代之人，现在之人万万学不到的，即如近世之曾文正公、李文忠公及蔡公等，均系天然之英雄。今诸君须学习为之模范者。第一要学学问，方能有受教育做伟事。第二须心地好，因蔡公心地光明，毫无权利思想，致成丰功伟业。且蔡公生平未尝受过自己私受快乐，及强迫他服从及勋荣之行为。且蔡公之吃食从未讲究甘美，但求清洁而能下咽无碍。衣服亦只图不裸体，粗破不拘，生平未尝受过丝毫之奢华。蔡公自十五岁就从湖南出来，求学无资，向亲戚告贷。到汉口、东京寻我，湖南长沙出来，只借得二毛钱，到了汉口借亲戚洋六元，由汉到京袁项城借给他洋一千元，到东后以三百元为学费，其余均为交友及公益之用，而自己出来则步行，未尝坐过车子。中国自民国以来，做过内阁总理、各部总长者，未及数年先后俨如二人，不知凡几。盖人之心理，均思想做总长如何阔绰，如何荣耀，如何受用，故人皆争做，如近日宪法审查会哄闹，实不成事。若辈皆为权利思想，惟蔡公因国事维艰，出为国民争人格，心地纯洁，窃愿国人效之。蔡公常言，人以良心为第一命令，良心一坏，则凡事皆废，窃愿国人念之。第三，蔡公行事坚强不挠，处己接物，心口如一，世人能步其后尘，不慕荣利，不贪虚名，凡百职事，能不论大小，保持责守，自能为社会所欢迎。当袁氏图谋帝制，全国人民均应各负责任，起而反对，能文者以作文反对之，能言者以演说诱导之，实为共和国地方绅士应尽之职。蔡公反对帝制，举义云南，他自己担任总司令兼先锋队，每日亲到火线，观察敌阵，他对于责任，丝毫不肯放松。我深望诸君，常常记念，谨守自己责任，不可放松。第四，蔡公作事非常谨慎，人家做事十分中，非有七八分、五六分希望者不肯去做，惟蔡则不然，他希望甚大，云南系穷地，起义后非特想推翻帝制，他尚须到西藏、缅甸等处，常虑我国财政支绌，贷借外债，将来不了。他之办事，先调查清楚，布置完备，然后发动。凡百作事，全在精神谨细慎密，不致失败，故以最短时间，而能成就恢复共和之大功。第五，他立志甚坚，无论公私各事，非达到目的不止。平居以孟子天降大任一节佩诵最深，故其处事勇往直前，不畏困难。至蔡公所带滇军共有多少，今日遇石君交来蔡君在战线亲书之战图上，最初仅至总数三千一百三十八人，而敌军则有四万余人，以少数之兵士轮替应战，以少胜多，实非易事。当蔡公出师时，曾言中国将来不了，此次举事，如不能成，决不亡命外洋，使国事更不堪问，故誓言如事不成，情愿身亡。誓师之前，曾将自己之精神、能力、学识，一一向兵士教道，故兵无虚发，战无不胜。蔡公之美德，虽系上天所赋，然国人须人人学习，将来如蔡公之美德、精神均可发扬，而中国亦可渐臻富强，则今日之会为不虚矣。

沈仲礼演词：略谓蔡公以铁血恢复共和，保全战地许多生命。当云南事起，红十字总会曾电陆军部，要求前往战地救护伤亡。因袁政府不允，鄙人不得已，请各敝会相助，前往救护。嗣本埠某报，指鄙人为袁氏侦探，有窥伺护国军战地行动情事。外人见之，即来电邀予回沪，予以办事未能中废，照常进行。后遇蔡公接洽，得以救护南军一千余人。

北军虽与予交涉，予终一视同仁。是蔡公非但能救国，更能救民，尤不能不令人感念焉。①

**按**：上述蒋百里所述蔡锷行状及留学时代历史如下：

公讳锷，字松坡，湘之邵阳人。民国四年冬十一月二十一日，公自津子身南走万里，入于滇、越。一月，誓师于滇南，所部盖三千人。既克叙、永，进规泸、渝，大战于纳溪。当是时，公之名震天下，而公之疾已不可为矣。两粤景从，浙、湘继起。黎公既正位于京师，川难复起，公犹未知其疾之甚也，仍视事，以五年七月杪入成都。翌日医来，则谢曰肺疾也，不可为矣。遂东下。四方尼其行者，谓公能驰驱于戎马之中，而独不能卧治于成功以后以为异。而不知一年来之劳形疲神，已摧残其生命，至于不可复救也。九月，东渡则稍瘥。十月杪，忽转痈，公虽自知不起，犹作激昂语。十一月四日，食众人以瓜，且曰各人在，其一分也。语详遗电中。七日之早，望飞机，犹欣欣然有喜色，曰：今日愈矣。傍晚，命索食饵于湘中。十时，气益促。八日午前二时薨。呜呼！当公以孤军当大敌，固早置其身于生死外也。

公少颖异常，衣布袍，手老子《道德经》，且诵且行于途。年十四，见知于江公建霞，入时务学堂。戊戌变后，间关东渡，欲以私费入陆军不可得，悒悒者二年余，卒达其志。时有倡亡国纪念会者②，或代署公名，而终请除去之。有为冷语者，则涕泣而言曰：先辈亦既死矣，苟得一艺以救国，复何恤于人言。壬寅春，闻父丧，不得归，则伏案终日，迄于午夜。知其病［痛］之深，而不敢劝也。既毕业于成城学校，以人少，不获即入军队，始归省。甲辰，以骑兵毕业于陆军士官学校。某年冬返国，由赣入湘，从事于军事教育。既应召入粤西，总掌戎幕，遍巡边徼，出入于瘴疠者经月，欣然有以自得。尝病热，药之不瘥，则跃马以出，走数十里。归，汗出大愈。盖公之强毅自克，出于天性。而孰知其自克者，乃适以自残也。在粤西五年终郁郁。既

---

① 《追悼蔡松坡先生盛况》，《申报》1916 年 12 月 15 日。
② 指 1902 年 4 月 26 日，由章炳麟、秦力山等人发起，在日本东京召开的"支那亡国二百四十二周年纪念会"。

入滇，众望悉归。

辛亥之役，匕鬯不惊，而定大业。时天下纷纷，或苦兵，或苦匪，或苦饷，而滇中晏然。陈师以出，援黔、援川、援藏，军用不竭，而都督之俸月六十元也。公治滇，英、法人尤敬畏之。滇师之初起，越督贻书于政府曰：是非姑勿论，若蔡公者，余衷心钦其为人。英人有教学于北京者，高举其拇（指）以告生徒曰：若蔡公者，当今第一。此一年前之事之言也。公以廉洁自持，而急朋友之难，则慨然无所惜。初入京，有为赁屋于某氏，一寻常邸宅也，而惊其华，且笑指仪门曰：可以八字题之曰"养尊处优，藏垢纳污"也。既而郁郁，亦委随流俗，不岸然以立异。然身兼督办、参政、将军、办事员等差，循例得俸，月可入五千元，公悉任其事，而辞其俸。四年春，病肠痈，就医于津，元气自是伤矣。一日深秋，早起渡南海，遇疾风而喉痛剧，遂病。时密议已定，公遂离京，以病辞。真也，非饰也。公不病，未必能成行，公不行，病未必即死也。呜呼，天耶？人耶？经界局既以经费无着而请裁，然早自八时起迄四时必躬莅，口述手批无倦容。尝曰：余〔愈〕当困难，精神始现。纳溪之役，士气稍稍衰，公能鼓舞之，率与俱进，士气复大振。其与军事，盖天才也。公身不魁伟，而绝有力。好弈，终夜不肯休，艺之强者，常以精神不继而负。其书法别成一家。公之东下，天下人无不想见颜色。有面谀者既退，公曰：呲！不算回事，战胜于国外乃为雄。呜呼，公今去矣。公之名成，公之志未遂也。

蒋方震曰：公尝谓，余衡岳之气未衰也。湖湘之士，旋乾转坤，当有三次。曾、左，其首次也。公之言信矣。谭、唐以还迄于公，皆以死勤事，其为一次耶？其为二次耶？呜呼，公之志未遂也！民国五年十二月八日，距公薨后一月，学弟蒋方震既护公灵自东返于沪，乃挥泪为之记。①

15 日

▲梁启超电请熊希龄赴日时随员带上蒋方震。说："建密。何日首涂？弟约月杪抵津，能待一晤否？随员望带蒋百里，蒋日语既佳，且与彼中军

---

① 曾业英编《蔡锷集》（二），第 1522—1524 页。

界、民党皆熟，既助公，亦为吾党广声气，望必见采，但须暂秘。盼复。能并带周国贤，俾资历练更佳，但不固请。超。删。"

又电告重庆戴戡说："夏密。寒电悉。亲译。政局险象日迫，公府与国会狼狈，阁员又从中劫持，段窘极。幸冯持正，绝不被利用，现吾党要人数辈在此商数种办法，待到宁与冯商定奉闻。浙意见与吾辈一致，滇态度近亦佳。弟廿三北行，各情请转告如周。公究赴蓉否？知名。删。"

又电请国务院秘书长张国淦速拨蔡锷"治丧费"。说："明令给松治丧费，请商部速拨，或寄此间，或寄湘督皆可。颇恃此治丧也。超。删二。"

又电复云南庾恩旸，"序文拟就，当即呈正"。说："元电敬悉。唐公功在民国，得公为之表彰，以垂后世，实获我心。序文拟就，当即呈正，先此奉复。超。删。"①

17 日

▲下午 4 时，蔡锷灵榇由"利用"舰自沪启航送湘。②

18 日

▲张謇率本县各校学生至码头路祭蔡锷，并发表长篇演说。其演词有两个版本，其一是：

今日诸生来此路祭蔡公松坡，课休一日，非休课也，上课也，上修身课也。良心者，修身课上所最注重。蔡公松坡，一能保存良心之人，修身课上之模范人物耳。今日之敬松坡者，非敬松坡，敬自己之良心而已。松坡有良心，诸生阅报当知之矣。当其将就学日本也，自家至沪，囊中仅有川资六百钱，在上海向友人借洋六元，遂至日本，其求学之坚苦若何，即由其有良心也。辛亥光复云南，以贫瘠之区，非倚他省不能独立，否则必搜括民财，强行逆施，松坡不肯，然卒能独立。光复后各省解兵，均向中央索巨款，惟云南不索一钱，足见其能自立矣，此亦由于其有良心也。

余在京师长实业时，始识松坡，时松坡任经界局事。松坡以予在南通尝办测绘、清丈，故以经界事质疑于予。予曰：公固读古人书，当知

---

① 以上四电见《护国之役文电稿》（1916 年 2 月至 1917 年 1 月），中国国家图书馆藏。
② 《蔡灵由沪回湘之盛况》，《申报》1916 年 12 月 18 日。

古人之办经界法，且外人之办法亦子所知也。其后松坡有疑即逐条询余，余亦逐条告之，其虚心有如此者，且言必称先生，其敬重尊长亦皆由其有良心也。

当帝制将发生，余先去，松坡后去，余与蔡公不谋而合。松坡至云南起义，遗书余曰：成败利纯，吾所不计，但求诸公主持公论以为助耳。当时通信具赖外人之传递，虽欲助之，谈何容易。

纳溪之役，松坡之军仅三千，当张敬尧二万之众，以一当八，虽报纸屡以获胜鼓励，吾知其必难免矣。而君卒能感动军心，运以奇谋，转败为胜，出人意料所不及。及功成而疾作，吾亦知其难以瘥矣，盖松坡起义，志在恢复共和，拯民于水火之中。共和复而民仍不能出于水火，在松坡之意，以为是反以我之以救人者害人，祸根实始于我，隐痛积心，此其所以不免于死也。今松坡已死，国人其能不负松坡与否，吾所不敢知也。诸生当知松坡生平极为干净，即由有良心也。今松坡已所致，诸生欲作一干净之人，亦复不难，但事事自问良心可矣。在学校中能谨守校规，尊师敬长，便是有良心，便是干净之人。若忽其事小，便是自弃矣。此余今日与诸生上修身课所说之良心也。良心不死，人格斯立，国家斯昌，良心苟死，人格斯隳，国家必亡。诸生苟能体谅余而力行之，庶不负蔡公矣。[1]

其二是：

今日公祭蔡松坡先生，鄙人所以先期知照各学校停课一日，教职员率学生整队步行来港与祭，并令诸生各出铜元数枚助备祭品，非以诸生之与祭照例应酬也，亦非以诸生装点南通场面也，尤非校中吝惜经费仅仅数品祭礼必令诸生出钱也，不过欲诸生对于此次与祭有一种非犹寻常之感觉，时时不去诸怀。质言之，即令诸生来江边上课，教师即鄙人，教课即修身，而课本题目即蔡松坡先生。诸生须知蔡先生之所以可敬者，不在云南起义，推翻帝制，拥护共和，而在能本其固有之良心，不争私利，不贪天功，以尽瘁于国事。云南在前清，本系

---

[1] 张謇：《率本县各校学生路祭蔡松坡训词（速记稿）》（1916 年 12 月 18 日），《校友会杂志》1916 年。

瘠省，借各省协饷断绝，蔡先生督云南二年，不向中央索一钱，不向各省乞一粟，而云南卒治。迨帝制祸作，复以京师一匹夫，只身归滇，挈三千之卒、三十万之饷，转战入蜀，破张其数万之师，支持四五月，迄于共和复活，大局粗定，即编遣义师，收束军队，不忍重吾民之累，贻政府之忧。诸生试思之，自蔡先生起义以来，闻有一次向人民勒捐者乎，闻有一事不为国福、不为民利者乎。诸生试再思之，民国大伟人、中伟人、小伟人盈千累万，谁欤不向中央索款者乎，即资格不足索中央之款，其所到之处，于我民痛苦又何如乎。蔡先生虽以病乞假，就医日本，然功满天下，望重泰山，他人处此，方挟其万钧之力，冀遂其大欲之求，吾知其宁死亦不肯撒手，何有于病？而蔡先生成功，不有飘然远行，望望而去，若将浼焉。呜呼，当今鼎鼎有名之人物，自许为国桢干者，孰有若蔡先生之洁白、之贞固、之高尚者乎，孰有如蔡先生之良心不昧者乎，此蔡先生之死所以不能不为中国痛也。蔡先生非第为政治家、军事家之模范也，尤须知其为学生好模范，诸生有如蔡先生为学生时之苦者乎，无有也。蔡先生以六百文到上海，在友人处告贷六银元，负笈东渡，抵日本后矢志向学，坚苦自立，支持数载，至于卒业，故在东时，留学界中莫不重蔡先生者。归国后不争名于朝，独入边省。至于滇，任练军之职，以滇之穷，不得展，仅练三四千。然光复之后，维持地方，春夏间之百战叙、泸，节制之誉盖全国，皆于为苦学生时植之基也。今日所以必令诸生来祭蔡先生者，非第令致敬于蔡先生也，欲诸生以致敬于蔡先生之故，而人人学为蔡先生，又非欲诸生学蔡先生之革命与起义也，欲诸生为学生时学其坚苦自立，以期于必成，为社会为国家办事时，学其不昧固有之良心，不争利，不争权，不争功，人人有此良心，即人人能为蔡松坡，社会以是宁，国家以是兴。否则，虽轰轰烈烈，倾动一时，于社会为贼民，于国家为祸水，中国之亡，可跂足待尔。①

张謇挽蔡锷联说："国民赖公有人格，英豪无命亦天心。"撰写有关文章的原作者按："此先师张季直先生联也。松坡丧归自日本，船经南通，先

① 《张季直之崇拜蔡松坡》，上海《时报》1916 年 12 月 28 日。

师率县人士公祭之。曾语门弟子云：'袁项城任北洋大臣时，威望已著中外，当时蔡松坡一弱龄童子耳。今日成败，判若天渊。汝曹识之，大丈夫当讲求立命之学，一时之功名富贵得丧险夷，乃至生死，都不足道也。'袁死，黎元洪继任总统，欲以松坡为内阁总理，曾派湘人袁华选征其同意，而有力者忌之。黎曾有书与季直师言而叹之，下联即指其事。"①

# 1912—1916 年

▲蔡锷应宾千君嘱题词说：

> 是水朝东，众星拱北。
>
> 明月待坐，清风扫门。
>
> 　　　　　　　　　宾千君属书。蔡锷。

　　方树梅跋："文官不爱钱，武臣不惜死，天下太平矣。善哉，岳鄂王之言也。民国伟人，不爱钱、不惜死者，松坡一人而已。松坡法书，笔力清健，有雄直气。护国瘁死，遗墨流传甚罕，余得斯联，捐民教馆中，与滇人士共宝之。方树梅识。印。"②

# 1917 年

## 1 月

### 7 日

▲松坡图书馆筹办处发布《征求蔡松坡遗著》启事。说："松坡图书馆

---

① 仪曾：《挽蔡松坡三副不同的联》，《京沪周刊》第 1 卷第 13 期，1947 年 4 月。
② 蔡锷手书，原件收藏于云南省博物馆。此题词未署年月日，难以判断，故置于最后。

筹办处昨日发布征求蔡松坡先生遗著之启事云：蔡公松坡功在社稷，不幸早世，未竟厥施，有气所悲，遐迩无闻。同人发起设立松坡图书馆于上海，建祠铸像。所遗书物，可为念纪者，无不征集保存，用资观感。至其遗著尤为蔡公一生精神所寄，亟应广为搜采，搜集成书，庶几公之精英，永在霄壤。凡蔡公生平服务之地所有公牍文字，以及与私人往还之书札，或为私人著述所作序跋，或在各处学堂及军中讲演之纪载，均望迅赐钞录、邮寄本处。其他如对于蔡公之遗闻轶事有所记述，以及此次哀挽之词，无论为联、为文、为诗，亦望录寄，俾附入全集，以示表彰之意，而永哀悼之思。同人等不胜感激企祷之至。上海新闸路三十号松坡图书馆筹办处启。"①

## 2 月

10 日

▲报载蔡锷的"产业"和"家族"情况如下："一、蔡松坡之产业。松公在乡有巨业三。（一）半节屋。此系祖业，与姊氏所共有，在宝庆东路。原本一栋，因风雨飘摇，未及修理，故成半节。现为姊氏独居云。（二）茅屋两进。此系松公尊人别开门面，在武冈山门。名虽两进，实只数间茅茨土阶，不让尧居也。（三）租谷五十石。此系太夫人膳产，松公在广西时所置，地在县城附近。太夫人前租居雷宅时，即以此资生，惟闻尚系典业云。一、蔡松坡之家族。松公家族连男、妇计算，不过百数十人，聚居宝庆城北五里之北港河，均业农，至松公兄弟始有读书种子。惟松公家久离原籍，业已三迁，曾祖迁居东路，父复迁居武冈。闻松公在广西时有一族人远来谋事，其人愚不识字，松公无法安置，送学印刷云。"②

## 4 月

12 日

▲湖南长沙举行蔡锷国葬礼。报载是日葬礼经过如下："蔡松坡上将本

---

① 《征求蔡松坡遗著》，《申报》1917 年 1 月 8 日。又见上海《时事新报》1917 年 1 月 8 日。
② 《蔡松坡轶事》，《长沙日报》1917 年 2 月 10 日。

定十二日出殡，缘十日、十一日均大雨滂沱，故蔡公营葬事务所即先期布告，谓届期如遇天雨，即行改期。及至十二日上午九时许，果大雨骤降，北风怒号，事务所办事各员即拟改期出殡。曾继梧总办以此为国葬之第一声，且中外会葬来宾均已冒雨莅止，信用所系，碍难更改，遂决定仍于是日举行。计是日会葬各人员，除大总统、副总统、各部院、各省军民长官暨本省各机关所派代表外，有谭人凤、孙道仁、刘揆一、周震麟、钟才宏、程子楷、刘承烈等数十人，其余如熊希龄、梁启超、孙洪伊、陆荣廷等亦各派代表会葬。至学校之整队前往者，共计男女一百五十三校，合计不下一万余人，路线延长至一里以外，均徒步执绋。又以人数过多，不能张伞，以致浑身尽湿，遍体淋漓。灵榇由藩围后营葬事务所出发，经东长街、贡院东街、贡院西街、督军署小东街、福星街、西长街出大西门，至中华汽船公司码头渡河。原拟除女学暨小学各生仅送至河干外，其余悉渡河送往（岳）麓山。届期因骤雨狂风，波涛汹涌，恐人数过多，不免发生危险，遂临时议定，所有各学校学生暨本省各机关、各团体代表，均只送至河边折回。至下午一点钟，灵榇登轮过渡，照上将例鸣炮一十七响。闻于下午四时，始行入窆。是日虽属大雨滂沱，而一般人民前往参观者络绎不绝。又是日各戏园停止演戏，各妙户停止丝弦，民间停止婚嫁，全城均下半旗三日，亦足见社会对于蔡公悲感之深矣。"①

**按**：1949年9月30日下午6时，中国共产党和中华人民共和国的缔造者毛泽东在天安门广场举行的人民英雄纪念碑奠基典礼上，宣读由他起草的纪念碑碑文。说：

三年以来，在人民解放战争和人民革命中牺牲的人民英雄们永垂不朽！

三十年以来，在人民解放战争和人民革命中牺牲的人民英雄们永垂不朽！

由此上溯到一千八百四十年，从那时起，为了反对内外敌人，争

---

① 《湘闻纪要·蔡故上将之殡仪》，《申报》1917年4月19日。

取民族独立和人民自由幸福，在历次斗争中牺牲的人民英雄们永垂不朽！①

在此前后，毛泽东还多次直接点名论及蔡锷。如：

1920 年 6 月 9 日，毛泽东在《湘人为人格而战》中说："湘人驱张，完全因为在人格上湘人与他不能两立。湘人驱张，完全是'为人格而战'，和蔡松坡云南誓师，说吾为人格而战是一样的。"②

1920 年 6 月 23 日，毛泽东在复湖南改造促成会曾毅书中说："呜乎湖南！鬻熊开国，稍启其封。曾、左吾之先民；黄、蔡邦之模范。"③

1951 年 1 月 13 日，毛泽东签发《革命牺牲工作人员家属光荣纪念证》（北京字第 0000 伍号）。说："查蔡锷同志在革命斗争中光荣牺牲，丰功伟绩永垂不朽，其家属当受社会上之尊崇。除依中央人民政府《革命工作人员伤亡褒恤暂行条例》发给其家属恤金外，并发给此证以资纪念。主席毛泽东。中华人民共和国中央人民政府之印。一九五一年一月十三日。"④

1959 年 5 月，"毛泽东对秘书林克说，他要写一部自辛亥革命到蒋介石登台的大事记，蒋介石集团本身的变化可以不写，但是蒋介石登台后的军阀战争要写进去。孙中山当临时总统，蔡锷反袁世凯，蒋、桂之战，蒋、冯、阎之战等等都要写进去"。⑤

---

① 中共中央文献研究室编《毛泽东年谱（1893—1949）》下卷，人民出版社，1993，第580—581 页。

② 《湘人为人格而战》（1920 年 6 月 9 日），中共中央文献研究室、中共湖南省委《毛泽东早期文稿》编辑组编《毛泽东早期文稿（1912.6—1920.11）》，湖南出版社，1990，第 481 页。

③ 《湖南改造促成会复曾毅书》（1920 年 6 月 23 日），《毛泽东早期文稿（1912.6—1920.11）》，第 490 页。

④ 转引自《我和外公眼中的蔡锷将军》，第 271 页。

⑤ 张贻玖：《毛泽东读史》，中国友谊出版公司，1991，第 208 页。

# 主要参考文献

中国第二历史档案馆藏蔡锷档案

中国社会科学院近代史研究所藏"洪宪"档案

台北中研院近代史研究所藏外交档案

台北中国国民党党史馆藏有关蔡锷档案

云南省档案馆藏蔡锷等人档案

云南省博物馆藏蔡锷未刊手稿

北京市档案馆藏蔡锷档案

中华书局藏蔡锷史事抄件

《民初滇黔史料》，中国社会科学院近代史研究所藏

《汤觉顿致梁启超函》手稿，中国国家图书馆藏

《护国之役文电稿》，中国国家图书馆藏

《惺庵日记》手稿本，云南省图书馆藏

剑名氏行：《来鸿汇编》，四川省文史研究馆藏

《护国运动档案资料摘抄》，手稿本，云南大学历史系印，1979

《蔡钟自传》，手稿

《湖南时务学堂题名》

李文汉手抄《前清宣统年间广西干部学堂风潮始末文件》

《广西谘议局第三次报告书》（甲编）

日本外务省外交史料馆藏档案

《日本外交文书》

《陆军士官学较历史（陆军士官学校沿革志）》，日本防卫厅防卫研修所藏

《日本陆军士官学校卒业支那留学生表》


《安徽公报》、《晨报》（北京）、《寸心》、《大公报》（天津）、《大公

报》（长沙）、《大共和日报》（上海）、《大汉国民报》（成都）、《帝国日报》（北京）、《法政学报》、《妇女杂志》、《广西官报》、《国防月刊》、《民立报》（上海）、《民彝》、《民主报》（北京）、《南风报》（广西）、《内阁官报》、《清议报》、《群强报》（北京）、《申报》、《神州日报》（上海）、《神州日报》（上海）、《盛京时报》、《时报》（上海）、《时报》（上海）、《司法公报》、《四川都督府政报》、《香港时报》、《湘报》、《小说月报》、《新闻报》（上海）、《亚细亚日报》（北京）、《亚细亚日报》（上海）、《益世报》（天津）、《游学译编》、《粤西》、《云南官报》、《云南政治公报》、《政府公报》、《中华民报》（北京）、《中华杂志》、《中外日报》（上海）、《宗圣学报》、《朝日新闻》（东京）

蔡端编《蔡锷集》，文史资料出版社，1982。

《蔡母王太夫人荣哀录》，铅印本，1935。

曹成章：《民主革命先驱刀安仁》，中国社会科学出版社，2010。

《参政院代行立法院会议纪录》。

陈旭麓等主编《辛亥革命前后——盛宣怀档案资料选辑之一》，上海人民出版社，1979。

陈旭麓等主编《义和团运动——盛宣怀档案资料选辑之七》，上海人民出版社，2001。

邓光祁：《护国元勋蔡锷传》，长沙岳麓书社，2015。

邓江祁：《史海拾遗：蔡锷佚文 20 篇——纪念蔡锷诞辰 136 周年》，http://www.xhgmw.com/html/xiezhen/renwu/2018/1214/26085.html。

邓江祁编《蔡锷集外集》，长沙岳麓书社，2015。

第一军都督编修处编辑《滇复先事录》，中国人民政治协商会议云南省委员会文史资料研究委员会编《云南文史资料选辑》第 17 辑，云南人民出版社，1982。

《滇省谘议局光复后之报告书》，1911。

丁文江、赵丰田编《梁启超年谱长编》，上海人民出版社，1983。

杜迈之等人辑《自立会史料集》，长沙岳麓书社，1983。

方行编《樊锥集（外一种：毕永年文)》，中华书局，1984。

冯自由：《革命逸史》，中华书局，1981。

顾鳌编《约法会议纪录》，文海出版社，1984。

广西文史研究馆编《黄绍竑回忆录》，广西人民出版社，1991。

贵州社会科学院历史研究所编《贵州辛亥革命资料选编》，贵州人民出版社，1981。

郭汉民、严农主编《蔡锷新论》，湖南人民出版社，1997。

胡滨译《英国蓝皮书有关辛亥革命资料选译》，中华书局，1984。

湖北安陆市政协文史资料研究委员会编《陈宦研究资料》，1987。

《护国军纪事》，上海中华新报馆，1916。

黄彦、李伯新编著《孙中山藏档选编（辛亥革命前后）》，中华书局，1986。

黄远庸：《远生遗著》，商务印书馆，1984年增补影印版。

李根源：《雪生年录》，1934。

李根源辑《永昌府文征》，1941。

李吉奎：《梁士诒》，广东人民出版社，2005。

李开林：《评唐继尧护国》，云南民族出版社，2006。

李文汉编纂《蔡卲阳年谱》，嵩明县教育科石印处代印，1943。

李希泌等编《护国运动资料选编》，中华书局，1984。

《梁任公知交手札》，文海出版社，1974。

两广都司令部参谋厅编纂《军务院考实》，商务印书馆，1916。

刘成禺等：《洪宪纪事诗三种》，上海古籍出版社，1983。

刘达武等辑《蔡松坡先生遗集》，亚东印书馆，1943。

刘泱泱编《黄兴集》，湖南人民出版社，2008。

刘禺生：《世载堂杂忆》，中华书局，1960。

龙璋：《甓勤斋诗文存》。

骆宝善、刘路生主编《袁世凯全集》，河南大学出版社，2013。

马忠文：《晚清日记书信考释》，凤凰出版社，2021。

毛注青：《黄兴年谱》，湖南人民出版社，1980。

毛注青等编《蔡锷集》，湖南人民出版社，1983。

彭国兴、刘晴波编《秦力山集》，中华书局，1987。

《黔阳危苣滨五十自述》。

上海图书馆编《上海图书馆藏唐绍仪中文档案》，上海人民出版社，2020。

石芳勤编《谭人凤集》，湖南人民出版社，2008。

石陶钧：《六十年的我》（节录），《湖南历史资料》第2期，湖南人民出版社，1981。

四川省文史研究馆编《四川军阀史料》，四川人民出版社，1981。

谭群玉、曹天忠编《岑春煊集》，广东人民出版社，2019。

谭锡康编辑《蔡松坡故事》，上海国民书局，1924。

汤志钧、汤仁泽编《梁启超全集》，中国人民大学出版社，2018。

《腾冲文化：腾越辛亥起义100周年特刊》，2011。

田伏隆主编《忆蔡锷》，岳麓书社，1996。

王耿雄编《孙中山史事详录（1911—1913）》，天津人民出版社，1986。

王锡彤：《抑斋自述》，河南大学出版社，2001。

王先谦：《虚受堂书札》，光绪三十三年刊本。

魏华龄主编《辛亥革命在桂林》，漓江出版社，1991。

夏晓虹辑《〈饮冰室合集〉集外文》，北京大学出版社，2005。

谢本书：《蔡锷》，团结出版社，2011。

谢本书：《蔡锷传》，天津人民出版社，1983。

谢本书：《蔡锷大传》，广西师范大学出版社，2013。

谢本书：《讨袁名将——蔡锷》，兰州大学出版社，1997

谢本书等编《云南辛亥革命资料》，云南人民出版社，1981。

谢树琼辑《杨振鸿张文光合刊》，1914。

《熊希龄先生遗稿》，上海书店出版社，1998。

徐辉琪编《李烈钧文集》，江西人民出版社，1988。

许恪儒整理《许宝蘅日记》，中华书局，2010。

阎伯川先生纪念会编印《阎伯川先生要电录》，台北“国史馆”，1996。

杨天石、王学庄编《拒俄运动（1901—1905）》，中国社会科学出版社，1979。

迤西陆防各军总司令部编辑《西事汇略》，1912。

袁泉：《我和外公眼中的蔡锷将军》，中华书局，2013。

苑书义等主编《张之洞全集》，河北人民出版社，1998。

云南社会科学院历史研究所、贵州社会科学院历史研究所编《护国文献》，贵州人民出版社，1985。

《云南省议会报告书》。

曾业英、周斌编《尹昌衡集》，社会科学文献出版社，2011。

曾业英编《蔡锷集》，湖南人民出版社，2008。张文惠主编《中华文史资料文库·政治军事篇》，中国文史出版社，1996。

张一麐：《古红梅阁笔记》，上海书店出版社，1998。

张鹰、曾妍编《张培爵集》，重庆出版社，2011。

中共中央文献研究室、中共湖南省委《毛泽东早期文稿》编辑组编《毛泽东早期文稿）1912.6—1920.11)》，湖南出版社，1990。

中国第二历史档案馆、云南省档案馆编《护国运动》，江苏古籍出版社，1988。

中国第二历史档案馆编《北洋政府档案》中国档案出版社，2010。

中国第二历史档案馆编《南京临时政府遗存珍档》，凤凰出版社，2011。

中国人民政治协商会议广西壮族自治区委员会文史资料研究委员会编《李宗仁回忆录》，内部发行，1980。

中国人民政治协商会议全国委员会文史资料研究委员会编《辛亥革命回忆录》，文史资料出版社，1981。

中国社会科学院近代史研究所近代史资料编辑部编《近代史资料》。

中国社会科学院近代史研究所中华民国史组编《中华民国史资料丛稿·清末新军编练沿革》，中华书局，1978。

重庆地方史资料组编《重庆蜀军政府资料选编》，1981。

周秋光编《熊希龄集》，湖南人民出版社，2008。

周钟岳总纂，蔡锷审订《云南光复纪要》，云南出版集团公司、云南人民出版社，2011。

朱德裳：《三十年闻见录》，长沙岳麓书社，1985。

朱宗震、杨光辉编《民初政争与二次革命》，上海人民出版社，1983。

辛亥革命研究会编『中国近现代史論集：菊池貴晴先生追悼論集』、汲古書院、1985。

# 后记　我的坚守

　　蔡锷人生短暂，经历也不太复杂，为其编著一部年谱性的著作，在学界大家看来，或许就是小菜一碟，并不是什么难事。然而，对不才如我而言，不好意思，却让大家见笑了。当我为其按下最后一个句号键的时候，不管好坏与成败，不管是否经得起日后时间、实践和读者的检验，坦率说，还是有点如释重负、难掩内心兴奋的。因为我毕竟勉力而为了，而且也大致体现了我的坚守和追求。

　　第一，了却了一桩心愿。蔡锷是我接触其史事后，迄今40多年来，在历史研究领域未曾或忘、始终关注的一个人。我对蔡锷的研究，始于20世纪70年代后期。当时，所在单位中国社会科学院近代史研究所接受国家任务，安排人员成立专门机构，编写多卷本的《中华民国史》。我与其他几位同事，被分配负责其中1912年至1916年袁世凯统治时期一卷书的写作，具体落实为撰写蔡锷反袁称帝、发动护国战争等方面的内容。随着研究工作的展开，我对蔡锷的史事发生浓厚兴趣，并随之产生了为其编著一部年谱性著作的意愿。

　　可是，撰写完这卷民国史后，我却仍然从事日复一日的集体工作。先是转入1928年至1932年的另一卷民国史的准备与写作，后又由所领导调派，离开民国史研究室，改做所刊《近代史研究》杂志的编辑工作。甚至退休后相当长的一段时间内，仍未摆脱集体事务。而特殊的教育背景和成长经历，又养成了我们这一代人所特有的、在工作上绝对服从组织安排的观念，不可能不顾组织的安排，放下集体工作，去做自己感兴趣的事。虽然在此过程中，也发表过若干论蔡锷的文字，但都是就事论事的个案研究，始终无法集中时间和精力，对蔡锷的事迹进行全面、系统而深入的研究。

　　不过，我并没有因此而放弃蔡锷的研究，不但仍然随时关注学界有关蔡锷的研究动态，了解又披露出什么新资料，提出了什么新观点，而且还随时留意发掘蔡锷的研究资料。无论什么时候，无论读什么书，无论翻阅什么报刊，无论研究什么问题，无论走到哪里，无论搜集哪方面的资料，即使与蔡锷毫不相干的，也忘不了夹带上蔡锷这单"私货"。只要遇见蔡锷的新资料，不管是直接的、间接的，都照单全收，一件不落。丝毫不敢依靠"文化快餐"，仅凭"短平快"方式弄来几件资料，便大发宏论，以期语惊四座，一鸣惊人。直到两三年前，经过40多年的日积月累，终于较为充分地奠定了此书的基础，才在社会科学文献出版社的鼓励和众多学界朋友的支持下，开始实施本书的编著计划，并如愿以偿地于今夏了却了这桩心愿。

第二，坚守了一个信念。我始终认为对于历史的解释和评价，可以也必然会言人人殊，"一千个人眼中有一千个哈姆雷特"，但是历史事实本身，就绝对只有一个。因此，历史研究必须优先做足史料辨析和史事考订工作，把历史事实搞定，使之成为无懈可击、无人能任意推翻的铁案。当然，限于各种不可测的条件，不见得能事事如愿、不折不扣地做到，但是义无反顾地为此而努力，则是必须的。这是我的历史研究生涯中的一贯信念，也是本书的坚持与追求之一。

我所以如此坚持，一是因为这是马克思主义唯物史观的要求，如恩格斯所说，历史研究的首要任务，是"把历史的内容还给历史"。[①] 我对恩格斯教导的理解是，研究历史必须先恢复历史的本来面目，否则，一切无从谈起，因为这是研究任何历史问题的核心和基础。那么，如何才能达成这一目标呢？老一辈无产阶级革命家陈云在工作方法问题上，说过这么一句话："不唯上，不唯书，只唯实。"[②] 我是这样理解陈云这一箴言的，他并不是说上面的话一概不要听，也不是说凡书都不要看，只是不能"唯此不可"而已，凡事都要从实际出发，不可不顾事实，曲意取悦于上或世。换句话说，就是要以事实为依据，去伪存真，实事求是，不能见风使舵，昨天还基于崇尚革命的社会主流价值观，说蔡锷"是一个资产阶级改良主义者"，"决不能把他打扮为'革命者'"，转瞬又不顾照样还是武昌起义后的那个"形势"，照样还是梁启超的那个"指示"，因社会主流价值观的变化，便忘了此前是怎么论定的，前后矛盾地来个180度的"开创性"大转

---

① 《马克思恩格斯全集》第1卷，人民出版社，1956，第650页。
② 见陈云15字箴言手迹，上海青浦区练塘镇陈云纪念馆藏。

弯，加冕其为"杰出的革命家、军事家、政治家"，令人无所适从了。

正因如此，20世纪80年代初，学界先进谢本书先生邀约我与他共同撰写"1949年以来第一部"《蔡锷传》，由他撰写前半部分，我负责云南辛亥起义后的部分时，我虽然高兴地答应了，还遵嘱起草了一份撰写提纲，并得到他的首肯，但因我后来发现，有些蔡锷史事的真相，学界意见分歧很大。如蔡锷到底支持过孙中山发动的"二次革命"没有？他与小凤仙究竟是什么关系？小凤仙真的是掩护他逃出北京的"侠妓"吗？他发动护国战争反对袁世凯称帝，只是不愿为"牛后"，而毫无民主革命思想基础吗？诸如此类，都还没有一个比较靠谱的事实认定，而我也尚无充分可靠的事实，对这些问题做出一个切合实际，或者比较接近实际的判定。为不影响谢先生的写作计划，只好怀着深深的歉疚致函谢先生，表达自己退出《蔡锷传》写作之意。因为研究蔡锷，撰写其传记，只是为"还原"这段历史的真实，并不是为了"抢沙发"，占先机。为此，事后竟有朋友调侃我，放弃这次难得的大好机会，岂不可惜？不然，你不也就是"第一部"《蔡锷传》的作者了？

二是受到在考订史实方面卓有成就的大学老师姚薇元教授的影响。姚先生在这方面著有两部影响广泛而深远的代表作，一是在清华研究院历史门研学期间撰成的研究生学位论文、1958年由科学出版社出版的《北朝胡姓考》，二是1942年对魏源所著《道光洋艘征抚记》进行逐段考证后写成的《道光洋艘征抚记考订》（1955年做重要修改后更名为《鸦片战争史实考》）。我为撰写学年论文和学位论文，特地学习过姚先生的《鸦片战争史实考》，还聆听过他在老师们畅谈历史教学与研究经验座谈会上的发言。他在一次座谈会上说："私人通信中的史料真实性最大，一般的档案尚比不上它，因为有些人为了地位等往往在给上级的材料里不说真话。如有些将军明明打了败仗，却报告上级说胜了。但在私人通信中即就往往会说真话了。"[①] 他还教导过我历史研究的入手门径。有一次，在他家里，偶然谈及太平天国的石达开，我发表了点极为幼稚的看法，他微笑着告诉我："研究历史，不能从观点出发，必须从钻研大量的史料出发，在钻研史料的基础

---

① 笔者1962年10月24日日记。

上，得出合符马列主义的结论。"① 姚先生这些言传身教，不仅当时给了"我最大的启发"，就是今天也还是我极为珍惜的宝贵财富。

此外，也是蔡锷研究的需要。蔡锷为反袁称帝，献出年轻的生命后，受到举国一致的尊崇与敬仰，社会上绵延不绝地涌现出大量追忆其生平业绩的纪念之作。这当然是再正常不过的事，套用毛泽东评价唐代徐有功的一句话，不要太低看自己了，能如"岳飞、文天祥、曾静、戴名世、瞿秋白、方志敏、邓演达、杨虎城、闻一多诸辈，以身殉志，不亦伟乎！"②

然而，细察这些追忆，又不难发现，虽不能说多为子虚乌有，但也不能说尽皆如实。本书前言已举过多例。可是，由于诸如此类的追忆多发于蔡锷的亲朋故旧，或者历史当事人之口，尽管与事实大相径庭，还是有不少历史研究者深信不疑，将其载入蔡锷传记及其相关史籍，这让我更加感到有坚守这一信念的必要。

第三，践行了一个设想。综观蔡锷短暂的一生，如学界先进所说，"主要做了两件大事，一是在辛亥革命时期，领导了云南的反清武装起义；二是在袁世凯复辟帝制时期，领导了反袁护国战争，立下特殊功勋"。③ 然而，就其本质而言，也就是一件大事，即献身民主革命。为此，在如何研究蔡锷这个问题上，我受多年来学界先进力倡历史研究要有"大视野"、整体思维的启发，也萌生了一个想法。虽限于学识，无力如学界先进所要求的，将蔡锷与周边国家甚至世界历史联系起来做"大视野"的研究，但也觉得在今天有了电脑设备，又有众多"大数据"平台可供利用，已告别以往那种只能靠手工抄录卡片积累资料的年代的有利条件下，从民主革命"敌我友"三个不同角度出发做点研究，虽谈不上什么"大视野"，或许也能有些新的创获。

于是，我尝试着做了如下操作。蔡锷作为本书的主角，当然是"我"方了，对其史事，毋庸赘言，自应不遗余力，悉数搜求。只要实际存在，或见之于事发之时的各方舆论，不管蔡锷自身以及各方舆论所持立场为何，正面也罢，反面也罢，自当事无巨细，予以如实辑录，以供后人审研、评判。至于"敌""友"两方，则以对蔡锷言行是否构成影响为准。凡是构

---

① 笔者 1963 年 2 月 19 日日记。
② 张贻玖：《毛泽东读史》，中国友谊出版公司，1991，第 102 页。
③ 《讨袁名将——蔡锷》，第 1 页。

成影响的，无论是直接针对蔡锷，还是间接针对蔡锷，甚至只字未及蔡锷，却影响着蔡锷言行走向与处事立场的，也皆在辑录之列，绝不放弃。如此践行下来，还真使以往研究中困扰着学界的一些问题，有了比较合理的解释。这里仅举三例，以见一斑。

例一。如前所说，迄今为止，学界依据 60 多年后的个人回忆，无不认为 1910 年 10 月下旬，广西桂林发生的"驱蔡"风潮，起源于广西同盟会支部为对付"表面没什么革命味道"的蔡锷。但是，依此"大视野"历史解读法，稍加考察便发现事实并非如此。因为此说依据的个人事后回忆，多为不实之词；又有其他政治势力，如广西谘议局、广西军界内部的不同派系，为广西的地方利益及军队派系间的私利介入其事；而且当时的广西同盟会支部也无发动"驱蔡"风潮的实力。至于蔡锷对待此次风潮，也不是什么"缓和矛盾"的态度，而是公开发表长文，对广西谘议局的"构陷"进行了坚决而严厉的驳斥与否定。而广西同盟会支部认为蔡锷"表面没什么革命味道"，也只是其自身革命嗅觉迟钝、不真正了解蔡锷而已，因为革命党人谭人凤就曾以其亲身经历证实，早在他 1905 年 7 月接受蔡锷与曾广轼电邀入桂之初，蔡锷就曾向他"披沥"过"英雄肝胆"，又在他回湘襄助隆回会党举事时，"临行赠手枪二十枝"，"遣教员岳森同归"，"及闻事败"，还特请他"星夜驰归，邀再赴桂"，让谭人凤"心甚感焉"。①

例二。有人认为 1913 年袁氏调蔡入京，并不是对蔡产生了"疑忌"，而是"想调用人才"，入京后给他那么多"头衔，甚至把他安排进核心军事机关"，"就是要先帮他树立威望，为日后重用做好铺垫"。但若把这年 6 月，梁启超提议由蔡锷组阁，"项城不愿"；② 8 月胡景伊电陈袁世凯速行更换江苏和湖南的都督，分别代之以冯国璋与蔡锷，袁世凯却借口"直、滇均关紧要，易人甚难，故此意而不敢轻动"，③ 婉言拒绝以蔡锷为湘督；以及 10 月 11 日，蔡锷赴京已经途次阿迷，仍然接到袁世凯"饬勉留任"的"支电"，并不等蔡锷抵京，又于 24 日即任命汤芗铭署理湖南都督，11 月前后黄元蔚所说梁启超和熊希龄"联同一致"，与袁世凯"为难"，已"相争三次"等事实联系起来看，便不能不让人深感，这不过是罔顾事实的推

---

① 《谭人凤集》，第 306、309 页。
② 《致梁思顺》（1913 年 6 月 13 日），《梁启超全集·函电二》第 20 集，第 84 页。
③ 中国第二历史档案馆藏档案，档案号：北十三 - ② - 25。

测而已，根本没有事实依据。

例三。有研究者否认 1915 年 12 月蔡锷回滇发动反袁称帝的护国战争前后，袁世凯有"诛杀蔡锷的命令"和唐继尧曾派唐继禹"阴为保护"之事。但对照一下尚有幸保存至今的几份反映袁世凯若干应对举措的电报，就不难发现这个判定，似乎还是过于武断和绝对了。其一是袁政府当时披露的唐继尧电复统率办事处及唐在礼的三通电报，证实袁世凯确曾"训令"唐继尧阻止蔡锷等人入滇。而唐继尧也曾电复参谋部唐在礼并转呈统率办事处，表示"昨据探报，蔡锷、戴戡到港，似有赴滇之意。当以两君行踪倏忽，莫测其情，经即飞电劝阻。昨复加派委员驰往探阻，未据报告。倘两君径行到滇，当确探其意旨，如果有密谋情事，当正言开譬，竭力消阻，否亦令其速即离滇赴京，勿稍逗留。"只要他"生命不受危险，绝不至有变故发生"。[①] 唐继尧在这里虽说的是"加派委员驰往探阻"蔡锷，但联系其此后的作为，很难说不是"阴为保护"蔡锷。其二是袁世凯密探赵国勋的密报和派往越南调查所谓"乱党事"的亲信唐宝潮两复统率办事处电，也说明张一鲲在袁政府的地位并不一般，否则赵国勋与唐宝潮不可能在密函、密电中特意报告张一鲲在云南被捕之事，同时也说明袁世凯的确有"捕获"并通过越南法国殖民当局"引渡"蔡锷的阴谋。[②] 其三是直到 1916 年 2 月 17 日，梁士诒还以"洪宪元年二月十七日"的伪年号，电饬蒙自关监督遵照"登极典礼经费办法"，筹备袁世凯登极典礼经费，[③] 说明 1915 年 12 月在阿迷的张一鲲并不存在收不到袁政府密电的问题。这些电报碎片虽无只字明令唐继尧"诛杀蔡锷"，但却明令过唐宝潮设法"捕获"蔡锷、唐继尧，通过法国殖民当局"引渡"回京，应该是"诛杀蔡锷"未成的后续动作。至于 1916 年 3 月 10 日，云南司法厅刑庭对张一鲲的死刑判决书，仅以其"卷款潜逃"入罪，[④] 而不是"因谋杀蔡锷未遂而枪毙"。关键就在这"未遂"二字，法律的准绳既以事实为依据，自然不能以"未遂"之事，定谳其罪了。

---

① 《云南省历次之电文汇志》，北京《爱国白话报》第 856 号，1915 年 12 月 29 日。
② 《唐宝潮报告龙济光与越政府商议企图诱捕蔡锷等情密电》（1916 年 3 月 13 日），《护国运动》，第 412 页。
③ 《税务处关于各关筹备登极典礼经费办法饬》（1916 年 2 月 17 日），《护国运动》，第 126 页。
④ 《云南公报》1916 年 3 月 24 日。

　　我这一设想，虽算不上什么"大视野"，但这些事实或许也可说明，学界先进倡导的"大视野"整体思维治学经验，的确是研究历史的良方，值得效法。

　　第四，兑现了一个承诺。对于历史研究，由于研究者的立场不同、占有史料的多寡不同、对史料辨析的不同、解释历史的方法不同，以及认识能力的不同，出现一些差错和不同意见是正常的，不足为奇。对于我自己研究中出现的差错，以及与同行发生的分歧，我明确表示过，为对历史负责，对读者负责，定当实事求是，坦诚以对，"有则改之，无则加勉"。当然，对于以事实为据的研究，也不轻言放弃。①

　　今天自我检讨一下以往的蔡锷研究，毋庸讳言，也是存在失误和不足的。早在十多年前，业余研究蔡锷的同行、广东发展银行谢正升先生就不吝赐教，坦诚而友善地指出我所编的《蔡锷集》，有的函电重复了，有的日期定错了，还特地制成正、误对照表发给我。并告诉我出错的主要原因，是我未能了解云南采用南京临时政府新历法，不是与南京新政府同步的1912年1月1日，而是稍后的1月15日，因而把蔡锷在此之前所发函电的"韵目代日"都视为阳历了，实际却是阴历。近年又有学界同行邓江祁先生指出我参加撰写的某文中所引手书"蔡阅，交刘编修"一语有误，原稿本封面上的手书不是"蔡阅"，而是"景阅"。事实证明，邓先生的指正是对的，我的辨识确实错了。将手书文字放大一下，便可清晰辨明，的确是"景阅，交刘编修"六字。此外，我重读旧作，也发现昔日有的论断有欠妥之处，如在《蔡锷与"二次革命"》一文中，仅依据蔡锷在"二次革命"一事中的表现，便质疑谢本书先生依据蔡锷一生事绩和贡献，称其为"杰出的革命家、军事家、政治家"不可取，是"离开历史实际，不适当地拔高其形象，夸大其历史作用，也不是历史唯物主义的态度"，② 这显然过于局限于短期事迹的效果了。

　　对于以上的失误和不足，本当早日对蔡锷和读者做出公开的承认和纠正，只因一直没有适当机会，未能如愿。及至今天拙作有幸获得中国社会科学院老年科研基金的资助，又承蒙社会科学文献出版社惠予出版，才终

---

① 曾业英：《再论击椎生不是蔡锷而是唐璆》，《河北学刊》2018年第4期。

② 《历史研究》1983年第1期。

于有了兑现承诺的平台，依据谢正升等先生的指教，纠正了一些以往研究中的失误和不足，也力所能及地坚持了若干从历史实际出发的研究。当然，限于个人认识能力与水平，不排除拙作又出现新的失误和不足。如此，即请允许我在此先敬请各位先进，一如既往，不吝赐教，不胜荣幸感激之至。

最后说一句，也是多年来我最想说的话：值此蔡锷 140 周年诞辰之际，谨以拙作献给清末民初杰出的民主革命家、军事家、政治家蔡锷陆军上将。

曾业英壬寅年仲冬

图书在版编目（CIP）数据

蔡锷史事日志：全五册／曾业英编著. -- 北京：
社会科学文献出版社，2023.12
（中国社会科学院老年学者文库）
ISBN 978 - 7 - 5228 - 1372 - 1

Ⅰ.①蔡…　Ⅱ.①曾…　Ⅲ.①蔡锷（1882 - 1916）-
年谱　Ⅳ.①K825.2

中国版本图书馆 CIP 数据核字（2022）第 256464 号

· 中国社会科学院老年学者文库 ·

# 蔡锷史事日志（全五册）

编　　著／曾业英

出 版 人／冀祥德
责任编辑／陈肖寒　白纪洋
责任印制／王京美

出　　版／社会科学文献出版社·历史学分社（010）59367256
　　　　　　地址：北京市北三环中路甲 29 号院华龙大厦　邮编：100029
　　　　　　网址：www.ssap.com.cn
发　　行／社会科学文献出版社（010）59367028
印　　装／北京虎彩文化传播有限公司

规　　格／开 本：787mm × 1092mm　1/16
　　　　　　印 张：159.5　字 数：2500 千字
版　　次／2023 年 12 月第 1 版　2023 年 12 月第 1 次印刷
书　　号／ISBN 978 - 7 - 5228 - 1372 - 1
定　　价／980.00 元（全五册）

读者服务电话：4008918866